YR ATLAS CYMRAEG NEWYDD

GOLYGYDD YMGYNGHOROL
GARETH JONES

CYFLWYNIR I
DAFYDD ORWIG
GOLYGYDD *YR ATLAS CYMRAEG*

UNED IAITH GENEDLAETHOL CYMRU
CBAC

Rhagair

Bu cyhoeddi *Yr Atlas Cymraeg*, dan olygyddiaeth y diweddar Dafydd Orwig, ym 1987, yn garreg filltir arbennig. Am y tro cyntaf cafwyd atlas safonol, lliw-llawn o'r byd yn y Gymraeg. Adargraffwyd yr atlas ddwywaith i ateb y galw mawr amdano. Cyhoeddwyd yr atlas hwnnw dan nawdd Cyd-bwyllgor Addysg Cymru; yn yr un modd y Cyd-bwyllgor sy'n sicrhau cyhoeddi'r atlas hwn ar ran holl awdurdodau addysg Cymru gan obeithio y bydd yn erfyn arall i hybu'r Gymraeg.

O dderbyn bod atlas cynhwysfawr, cyfoes o'r byd yn adnawdd creiddiol y mae ei angen ar iaith fyw ochr yn ochr â geiriaduron a gwyddoniaduron, penderfynwyd datblygu atlas Cymraeg newydd i roi darlun o'r byd fel y mae ar drothwy mileniwm newydd. Bwriedir i'r atlas newydd hwn fod yn ddilyniant i'r *Atlas Cymraeg* gwreiddiol, gan fabwysiadu ac adeiladu ar ei seiliau golygyddol cadarn.

Er mwyn manteisio ar y dechnoleg gartograffig ddigidol ddiweddaraf aed ati i werthuso a dewis o blith goreuon yr atlasau addysgol Saesneg diweddaraf. Roedd y grŵp ymgynghorol a fu'n cynghori Gweithgor Cyhoeddiadau Cyd-bwyllgor Addysg Cymru yn gytûn mai *Collins-Longman Student Atlas* oedd yn rhagori o ran eglurder y mapiau a'r dylunio, cydbwysedd ei gynnwys, ansawdd arbennig y delweddau lloeren a'r gronfa o ddata ac ystadegau rhyngwladol. Dyma'r atlas, felly, sydd yn sail i'r *Atlas Cymraeg Newydd*.

Bu gweithgor o chwech o arbenigwyr wrthi am dros bedair blynedd yn datblygu ac yn cytuno ar bolisi golygyddol ar gyfer *Yr Atlas Cymraeg* gwreiddiol. Cofnodwyd crynodeb o'r prif ganllawiau gan Dafydd Orwig yn rhagair yr atlas hwnnw. Atgynhyrchir y crynodeb, a mân amrywiadau i adlewyrchu rhai gwahaniaethau o ran cynnwys rhwng *Yr Atlas Cymraeg* gwreiddiol a'r *Atlas Cymraeg Newydd*, yn dilyn mynegai'r atlas hwn.

Mae enwau lleoedd yn ddrych i'r newidiadau gwleidyddol parhaus sydd ar waith ledled y byd. Er cyhoeddi'r *Atlas Cymraeg* trodd Burma yn Myanmar a Zaïre yn Weriniaeth Ddemocrataidd Congo. Mae ffurfiau enwau lleoedd cyn-weriniaethau Sofietaidd Belarus, Ukrain, Moldova, Armenia, Georgia, Azerbaijan, Tajikistan a Kyrgyzstan yn adlewyrchu eu statws annibynnol newydd. Yn naturiol, mae'r *Atlas Cymraeg Newydd* yn ymgorffori newidiadau diweddar i statws cenhedloedd a'u ffiniau, gan gynnwys ailuno'r Almaen, a rhannu'r Undeb Sofietaidd, Tsiecoslofacia ac Iwgoslafia.

Dymunir diolch i bawb a fu ynglŷn â chynhyrchu a chyhoeddi'r atlas newydd hwn. Diolch i Rhian Wyn Jones am olygu a chyfieithu'r gronfa ddata sy'n sail i'r mapiau a'r mynegai; i Moira Jones a Sheena Barclay, Adran Gartograffig Cwmni HarperCollins, Glasgow, am eu cydweithrediad parod a'u gofal manwl wrth baratoi'r argraffiad Cymraeg ar gyfer y wasg; i Rhian Ithel ac Eluned Rowlands am eu cymorth golygyddol gyda phroflenni'r mynegai; i Siân Roffe, Prifysgol Cymru Aberystwyth, am ei chymorth ysgrifenyddol. Llywiwyd yr holl waith drwy'r wasg gan Alun Treharne o Gyd-bwyllgor Addysg Cymru. Gan y bu'n rhan o dîm golygyddol cyhoeddi'r *Atlas Cymraeg* gwreiddiol bu ei brofiad yntau yn gaffaeliad mawr ac yn gyfrwng i sicrhau cyhoeddiad sydd yn garreg filltir arall yn hanes cyhoeddi yng Nghymru.

Y mae'r diolch pennaf, fodd bynnag, i Olygydd, Gweithgor a Phanel *Yr Atlas Cymraeg* gwreiddiol am lunio canllawiau manwl yn sail i waith map safonol yn y Gymraeg. O'r herwydd, cyflwynir yr atlas newydd hwn i'r diweddar Dafydd Orwig i goffáu ei weledigaeth, ei arweiniad a'i lafur.

Rwyf yn ffyddiog y caiff *Yr Atlas Cymraeg* [illegible] yn yr ysgol, y cartref, y swyddfa, y coleg a'r llyfrgell ag a gafodd *Yr Atlas Cymraeg* gwreiddiol.

Gareth Jones
Prifysgol Cymru Aberystwyth
Golygydd Ymgynghorol

4 Symbolau
5 Tafluniadau
6 Lledred a Hydred
7 Graddfa

Y DEYRNAS UNEDIG
8-9 Siroedd
10-11 DE DDWYRAIN LLOEGR
12 CYMRU
13 DE ORLLEWIN LLOEGR
14-15 GOGLEDD LLOEGR
16-17 GOGLEDD IWERDDON a DE'R ALBAN
18-19 GOGLEDD YR ALBAN
20 IWERDDON
21 Hinsawdd
22 Tirwedd
23 Daeareg
24-25 Poblogaeth : Mudo
26-27 Gweithgaredd Economaidd
28 Egni
29 Twristiaeth
30-31 Cludiant
32-33 Manceinion Fwyaf

EWROP
34-35 Tirwedd : Gwledydd : Yr Undeb Ewropeaidd
36 Hinsawdd
37 Poblogaeth
38 Gweithgaredd Economaidd
39 Twristiaeth
40-41 Moryd Rhien-Schelde : Europoort
42 YR ISELDIROEDD, GWLAD BELG a LUXEMBOURG
43 LLYCHLYN

44 FFRAINC
45 FFRAINC Poblogaeth : Gweithgaredd Economaidd : Masnach
46 PORTIWGAL a SBAEN
47 SBAEN Poblogaeth : Gweithgaredd Economaidd : Masnach
48 YR ALMAEN
49 YR ALMAEN Poblogaeth : Gweithgaredd Economaidd : Masnach
50 YR EIDAL
51 YR EIDAL Poblogaeth : Gweithgaredd Economaidd : Masnach
52-53 BASN Y MÔR CANOLDIR
54-55 CANOLBARTH EWROP
56-57 DE DDWYRAIN EWROP
58-59 FFEDERASIWN RWSIA

GOGLEDD AMERICA

60 Tirwedd : Gwledydd
61 Hinsawdd
62-63 CANADA
64-65 UNOL DALEITHIAU AMERICA
66-67 U.D.A. Poblogaeth : Gweithgaredd Economaidd : Masnach
68-69 U.D.A. San Francisco
70-71 MÉXICO a'r CARIBÎ

DE AMERICA

72 Tirwedd : Gwledydd
73 Hinsawdd
74-75 DE AMERICA
76-77 BRASIL : São Paulo
78-79 BRASIL Poblogaeth : Gweithgaredd Economaidd : Masnach
80-81 BRASIL Rondônia

AFFRICA

82 Tirwedd : Gwledydd
83 Hinsawdd
84-85 GOGLEDD CYFANDIR AFFRICA
86 DE CYFANDIR AFFRICA
87 KENYA
88-89 KENYA Poblogaeth : Gweithgaredd Economaidd : Twristiaeth : Nairobi : Masnach

ASIA

90-91 Tirwedd : Gwledydd : Olew y Dwyrain Canol
92 Hinsawdd
93 Monsŵn
94-95 Y DWYRAIN CANOL
96-97 PAKISTAN, INDIA a BANGLADESH : Calcutta
98-99 INDIA Poblogaeth : Gweithgaredd Economaidd : Masnach
100 BANGLADESH Poblogaeth : Gweithgaredd Economaidd : Masnach
101 Delta Afon Ganga (Ganges)
102-103 CHINA
104-105 DE DDWYRAIN ASIA
106 JAPAN
107 JAPAN Poblogaeth : Gweithgaredd Economaidd : Masnach

OCEANIA

108-109 Y CEFNFOR TAWEL
110-111 AWSTRALIA a SELAND NEWYDD
111 AWSTRALIA a SELAND NEWYDD Hinsawdd

Y PEGYNAU

112 CEFNFOR ARCTIG ac ANTARCTICA

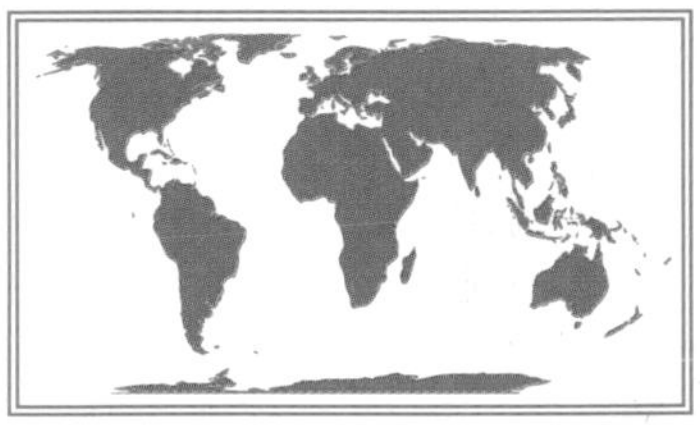

Y BYD

113 Cylchfaoedd Amser : Cyfundrefnau Rhyngwladol
114-115 Gwledydd
116-117 Tirwedd
118-119 Rhanbarthau Hinsoddol : Ceryntau'r Cefnforoedd : Stormydd Trofannol
120-121 Llystyfiant Naturiol
122-123 Tectoneg
124-125 Poblogaeth
126 Cyfraddau Geni : Cyfraddau Marw
127 Poblogaeth Drefol : Newid Poblogaeth
128 Llythrennedd : Disgwyliad Oes
129 C.G.C. : Perchenogaeth Ceir
130-131 Yr Amgylchedd
132 Cynnyrch Egni : Traul Egni
133 Cynnyrch Mwynau : Cynnyrch Tanwydd
134-135 Twristiaeth

136-143 **YSTADEGAU**

144-168 **MYNEGAI**
168 Canllawiau Golygyddol

SYMBOLAU

Defnyddir symbolau neu arwyddion arbennig ar fapiau i gynrychioli lleoliad ac i roi gwybodaeth.

Gall symbolau map fod ar ffurf pwyntiau, llinellau neu ardaloedd, gan amrywio o ran maint, siâp a lliw. Mae hyn yn golygu bod modd creu amrywiaeth eang o wahanol symbolau. Rhaid dewis y symbolau hyn yn ofalus er mwyn sicrhau bod y mapiau yn rhwydd eu deall. Defnyddir yr un symbolau fel arfer i gynrychioli nodweddion ar fapiau sydd o'r un math a graddfa o fewn atlas.

Rhan bwysig o unrhyw fap yw'r allwedd sy'n egluro beth mae'r symbolau yn ei gynrychioli. Mae allwedd i bob map yn yr atlas hwn. Gwelir isod enghreifftiau nodweddiadol o'r allweddi sydd ar fapiau cyfeiriadol yr atlas. Mae'r math cyntaf i'w weld ar fapiau 1:1 200 000 Ynysoedd Prydain, a'r ail ar y mapiau o weddill y byd sydd ar raddfa lai.

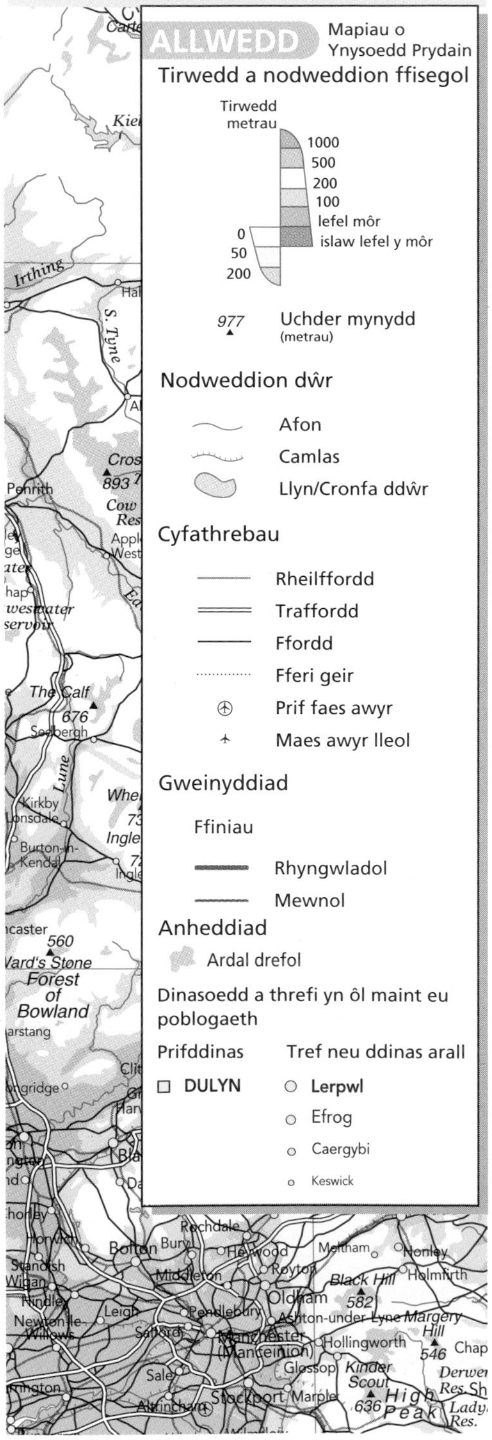

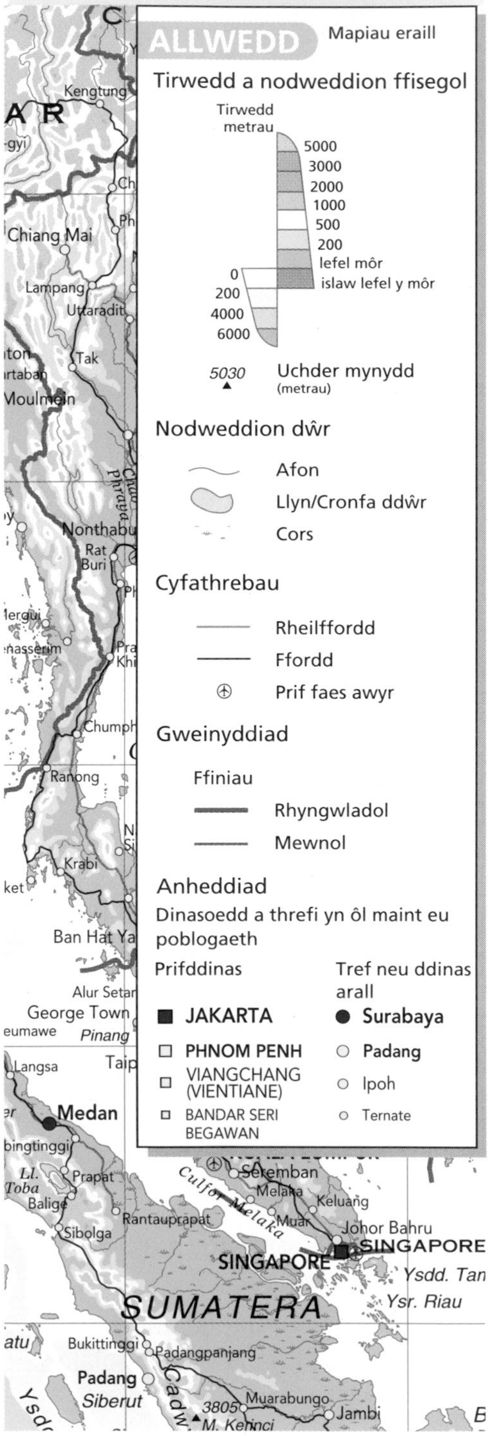

AMRYWIOL FATHAU O DEIP

Defnyddir amrywiol fathau o deip i wahaniaethu rhwng nodweddion sydd i'w gweld ar y mapiau yn yr atlas hwn. Dangosir nodweddion ffisegol mewn teip italig a gwahaniaethir rhwng nodweddion tir a dŵr.

Defnyddir llythrennau italig bach ar gyfer copaon mynyddoedd.
e.e. *Yr Wyddfa M. Kenya Fuji-san*

Defnyddir priflythrennau italig trwm ar gyfer cadwyni mynyddoedd mawr.
e.e. ***HIMALAYA YR ALPAU***
ROCKIES

Defnyddir llythrennau italig bach ar gyfer afonydd hefyd, ond mewn teip gwahanol i gopaon mynyddoedd.
e.e. *Tafwys Ewffrates Rhein Amazonas*

Defnyddir priflythrennau italig mawr trwm ar gyfer cefnforoedd.
e.e. *CEFNFOR IWERYDD*
Y CEFNFOR TAWEL
CEFNFOR INDIA

Pan fydd nodwedd yn ymestyn dros ardal eang rhoddir bwlch rhwng y llythrennau, a'u plygu weithiau i ddilyn siâp y nodwedd.
e.e. *S A H A R A*
M Ô R B E A U F O R T

Defnyddir teip unionsyth ar gyfer aneddiadau. Defnyddir priflythrennau ar gyfer prifddinasoedd.
e.e. **CAERDYDD**
PARIS
TŌKYŌ
MOSKVA

Mae maint a thrwch y teip yn cynyddu yn ôl maint poblogaeth yr anheddiad.
e.e. Bethesda
Abertawe
Bryste
Birmingham

Defnyddir priflythrennau ar gyfer enwau gweinyddol.
e.e. CEREDIGION
RONDÔNIA
KERELA
CALIFORNIA

Defnyddir priflythrennau mawr trwm ar gyfer enwau gwledydd.
e.e. **CHINA**
FFRAINC

Mae map atlas o'r byd yn dangos y byd cyfan ar arwyneb gwasatad y dudalen. Ond, mewn gwirionedd, sffêr yw'r ddaear. Mae hyn yn golygu bod angen dull o droi arwyneb crwn y ddaear yn fap gwasatad o'r byd, neu ran o'r byd. Nid oes modd gwneud hyn heb rywfaint o aflunio - ar fap bydd rhai rhannau o'r byd wedi cael eu hestyn, a rhannau eraill eu cywasgu. Enw ar ddull ar gyfer troi'r glôb yn fap gwasatad yw **tafluniad**.

Mae nifer o dafluniadau gwahanol, pob un yn aflunio gwahanol briodweddau i greu map gwastad. Gall tafluniad gyfleu arwynebedd cywir, siâp cywir neu gyfeiriannau cywir; ond i gyfleu unrhyw un o'r priodweddau hyn rhaid aflunio'r lleill. Wrth ddewis pa dafluniad i'w ddefnyddio ar fap arbennig, rhaid ystyried pa briodwedd y mae'n bwysicaf ei dangos yn gywir.

Mae'r prif fathau o dafluniadau i'w gweld isod, gan gynnwys rhai a ddefnyddir yn yr atlas hwn.

Tafluniad silindrog

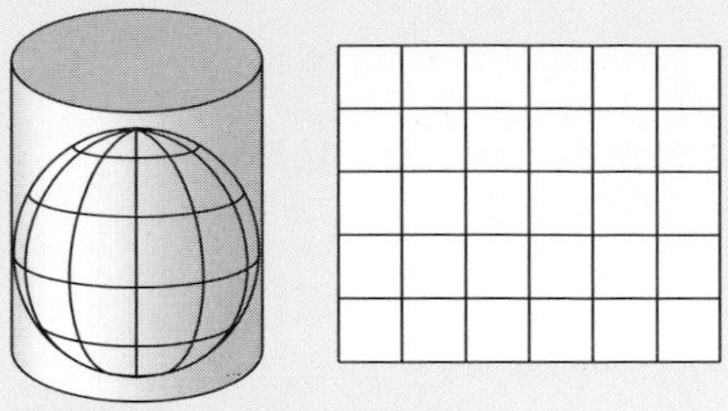

Llunnir tafluniadau silindrog trwy daflunio arwyneb y glôb ar silindr sydd yn prin gyffwrdd â'r glôb.

Tafluniad conig

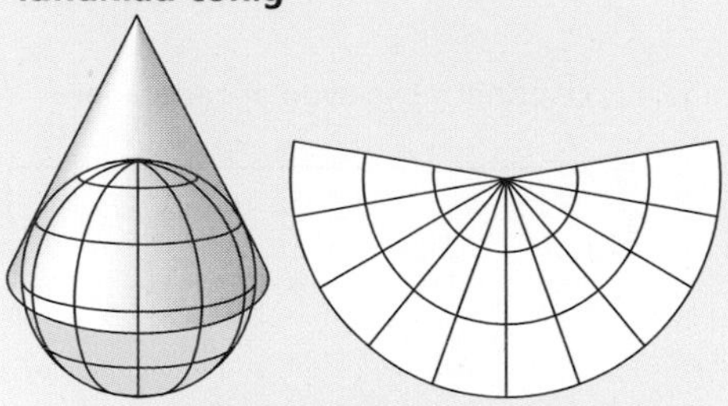

Llunnir tafluniadau conig trwy daflunio rhan o'r glôb ar gôn sydd yn prin gyffwrdd â'r glôb.

Tafluniad asimwthol

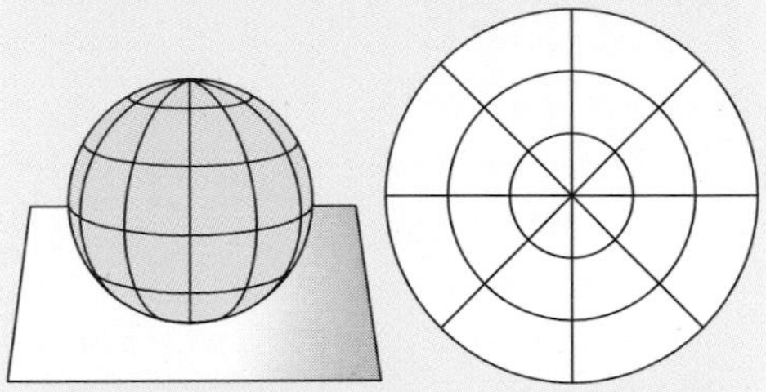

Llunnir tafluniadau asimwthol trwy daflunio rhan o'r glôb ar blân sydd yn cyffwrdd â'r glôb yn un man yn unig.

Enghreifftiau o dafluniadau

Tafluniad Mercator
De Ddwyrain Asia tt. 104-105

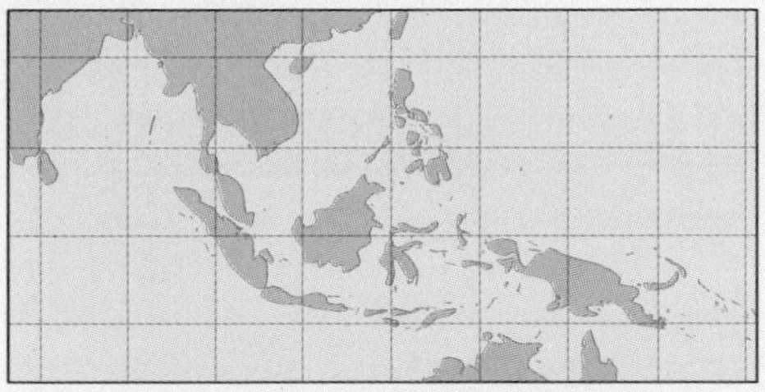

Tafluniad silindrog yw Tafluniad Mercator. Mae'n ddefnyddiol ar gyfer ardaloedd sydd 15° i'r de neu i'r gogledd o'r Cyhydedd lle mae aflunio siâp ar ei leiaf. Defnyddir y tafluniad hwn ar gyfer mordwyo oherwydd y gellir plotio cyfeiriannau arno yn llinellau syth.

Tafluniad Conig Arwynebedd-hafal Albers
Ewrop tt. 34-35

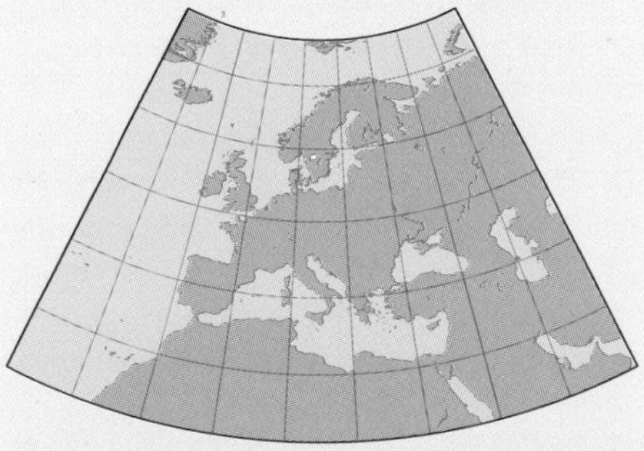

Mae tafluniadau conig yn fwyaf defnyddiol ar gyfer yr ardaloedd rhwng 30° a 60° i'r de ac i'r gogledd ac iddynt hyd dwyrain-gorllewin hwy na hyd gogledd-de - er enghraifft, Ewrop. Mae'r meridianau yn syth a'r un pellter oddi wrth ei gilydd.

Tafluniad Asimwthol Arwynebedd-hafal Lambert
Awstralia t. 110

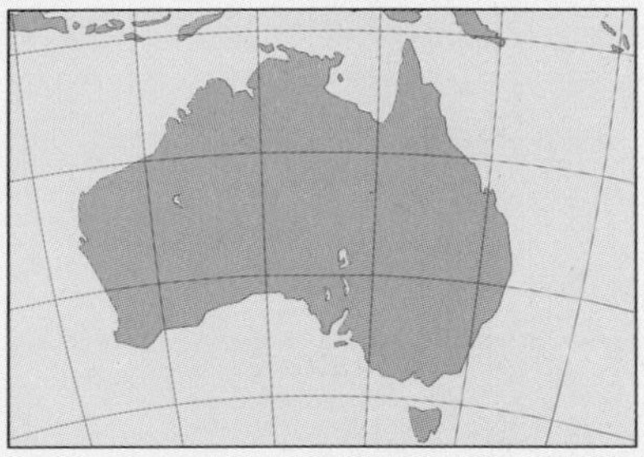

Mae Tafluniad Lambert yn ddefnyddiol ar gyfer ardaloedd â dimensiynau dwyrain-gorllewin a gogledd-de tebyg, fel Awstralia.

Tafluniad Eckert IV
Y Byd tt. 114-115

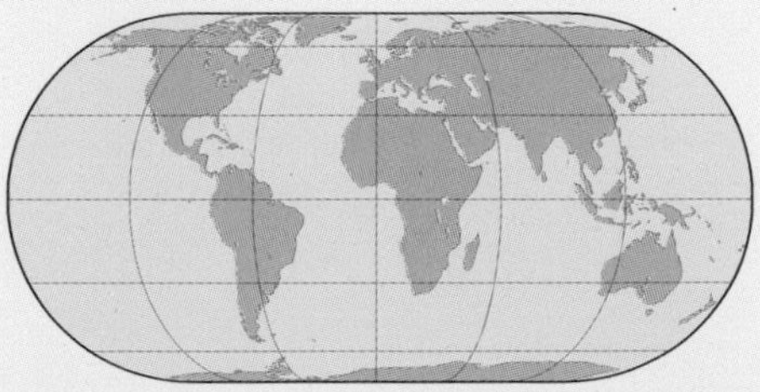

Tafluniad arwynebedd-hafal yw Tafluniad Eckert IV. Mae tafluniadau arwynebedd-hafal yn ddefnyddiol ar gyfer mapiau thematig o'r byd lle mae'n bwysig dangos meintiau cymharol y cyfandiroedd yn gywir. Mae gan Eckert IV feridian canolog syth ond mae'r gweddill yn grwm sy'n gymorth i awgrymu natur sfferaidd y ddaear.

Tafluniad Trimetrig Chamberlin
Canada tt. 62-63

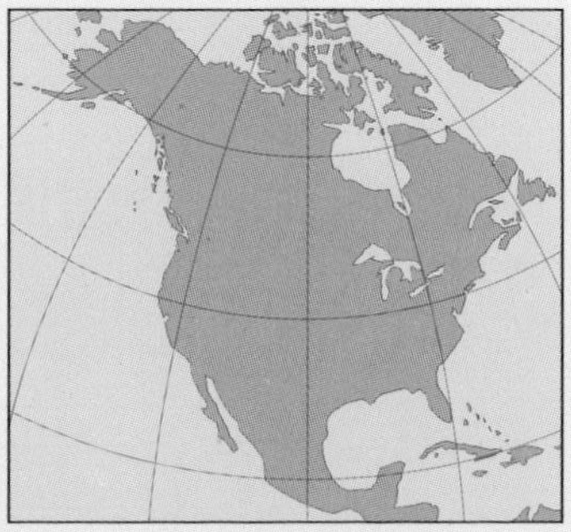

Tafluniad cytbell yw Tafluniad Trimetrig Chamberlin. Mae'n dangos pellteroedd cywir o ryw dri phwynt. Caiff ei ddefnyddio ar gyfer ardaloedd sydd yn fwy eang gogledd-de na dwyrain-gorllewin - er enghraifft, Gogledd America.

Tafluniad Stereograffig Pegynol
Antarctica t.112

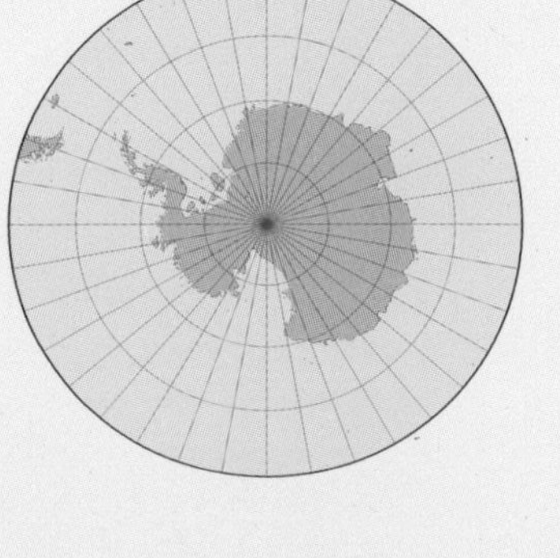

Nid yw'r tafluniad hwn yn aflunio o ran ongl na siâp dros ardaloedd bychain. Mae pob pwynt ar y map mewn safle a phellter cymharol cyson o'r canol.

LLEDRED

Llinellau dychmygol sy'n amgylchynu'r byd o'r dwyrain i'r gorllewin yw llinellau lledred. **Cyflinau** lledred yw'r enw arall arnynt gan eu bod yn rhedeg yn gyfochrog i'w gilydd. Caiff lledred ei fesur mewn **graddau** (°).

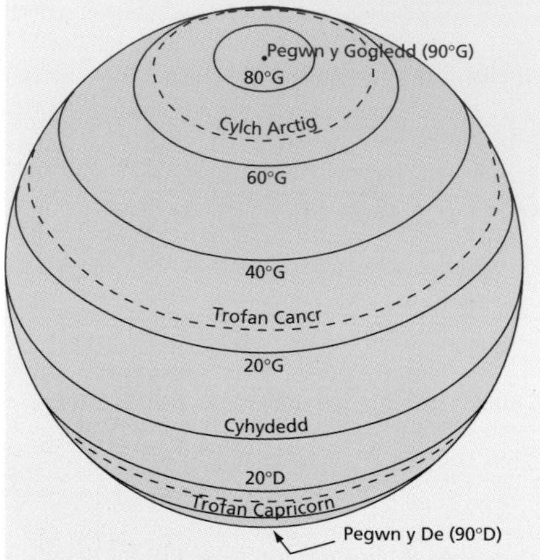

Y llinell ledred bwysicaf yw'r **Cyhydedd** (0°). Mae Pegwn y Gogledd 90° i'r gogledd (90°G) a Phegwn y De 90° i'r de (90°D). Mae gan bob llinell ledred rhif rhwng 0° a 90°, naill ai i'r gogledd (G) neu i'r de (D) o'r Cyhydedd. Llinellau lledred pwysig eraill yw Trofan Cancr ($23\frac{1}{2}$ °G), Trofan Capricorn ($23\frac{1}{2}$° D), Y Cylch Arctig ($66\frac{1}{2}$° G) a'r Cylch Antarctig ($66\frac{1}{2}$ °D).

Gellir defnyddio'r Cyhydedd fel llinell i rannu'r ddaear yn ddau hanner. Yr hanner sydd i'r gogledd o'r Cyhydedd yw **Hemisffer y Gogledd.** Yr hanner sydd i'r de o'r Cyhydedd yw **Hemisffer y De**.

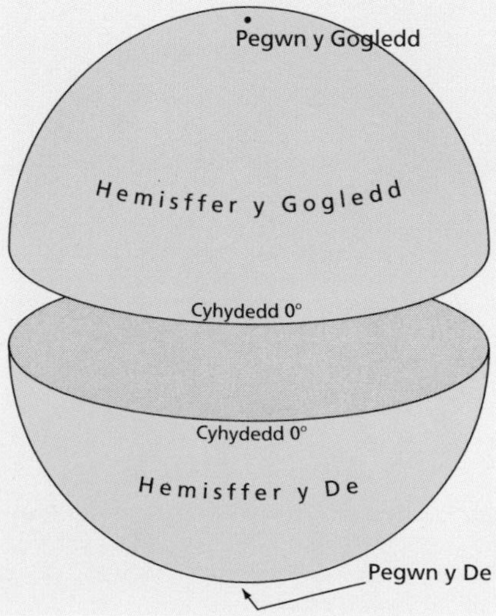

HYDRED

Llinellau dychmygol sy'n amgylchynu'r byd o'r gogledd i'r de, o Begwn y Gogledd i Begwn y De, yw llinellau hydred. **Meridianau** hydred yw'r enw arall arnynt. Caiff y rhain hefyd eu mesur mewn **graddau** (°).

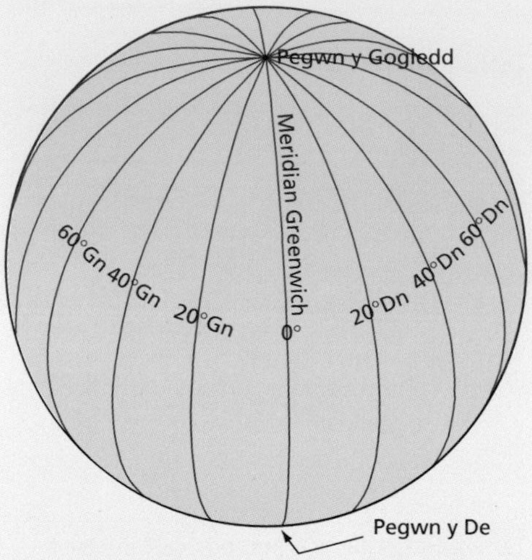

Y llinell hydred bwysicaf yw'r prif feridian (0°). Gan fod y llinell hon yn rhedeg trwy Arsyllfa Greenwich yn Llundain caiff ei galw'n Feridian Greenwich. Yn union gyferbyn â Meridian Greenwich, ar ochr arall y byd, mae llinell hydred 180° a elwir y Ddyddlinell. Mae gan bob llinell hydred arall rif rhwng 0° a 180°, naill ai i'r dwyrain (Dn) neu i'r gorllewin (Gn) o Feridian Greenwich.

Gellir defnyddio Meridian Greenwich (0°) a'r Ddyddlinell (180°) hefyd i rannu'r byd yn ddau hanner. Yr hanner sydd i'r gorllewin o Feridian Greenwich yw **Hemisffer y Gorllewin**. Yr hanner sydd i'r dwyrain o Feridian Greenwich yw **Hemisffer y Dwyrain**.

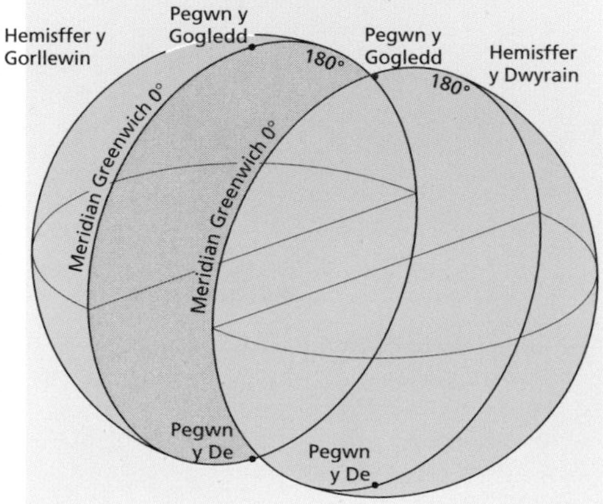

DOD O HYD I LEFYDD TRWY DDEFNYDDIO LLEDRED A HYDRED

Wrth dynnu llinellau hydred a lledred ar fap mae patrwm grid yn datblygu, yn debyg iawn i batrwm o sgwariau.

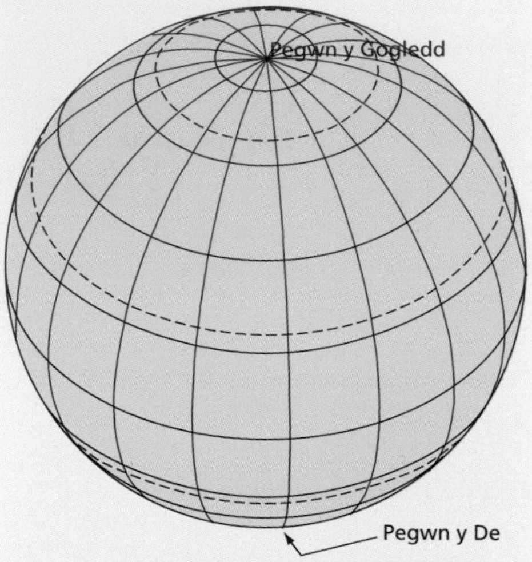

O wybod **lledred** a **hydred** lle arbennig, mae'n llawer haws dod o hyd iddo ar fap. Mae'n hawdd dod o hyd i Bwynt A ar y map isod achos ei fod yn union ar ledred 58° i'r gogledd o'r Cyhydedd a hydred 4° i'r gorllewin o Feridian Greenwich (58°G, 4°Gn).

I leoli lle yn fwy manwl gellir rhannu pob gradd o ledred a hydred yn unedau llai o'r enw **munudau** (′). Mae 60 munud ym mhob gradd. Ar y map isod mae Halkirk hanner (neu 30/60) o'r ffordd heibio i ledred 58°G, a hanner (30/60) o'r ffordd heibio i hydred 3°Gn. Felly lledred Halkirk yw 58 gradd 30 munud i'r gogledd, a'i hydred yw 3 gradd 30 munud i'r gorllewin - sef yn gryno 58° 30′ G, 3° 30′ Gn.

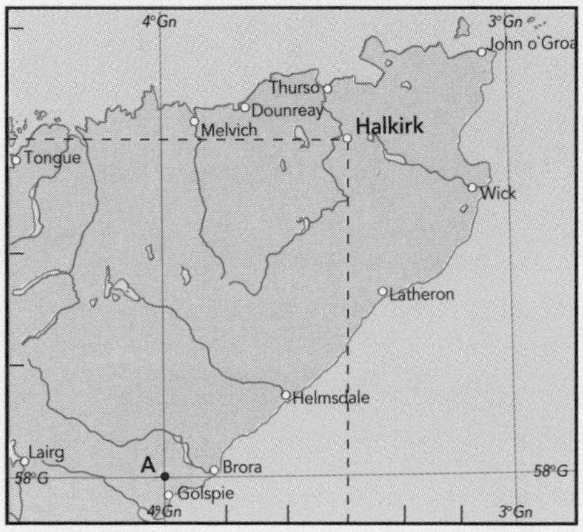

GRADDFA

I lunio map o unrhyw ran o'r byd rhaid lleihau'r arwynebedd er mwyn iddo ffitio ar dudalen. Bydd graddfa map yn dweud wrthym faint y cafodd yr arwynebedd ei leihau.

Gellir defnyddio graddfa map i ddarganfod pellter ac arwynebedd hefyd. Bydd graddfa map yn dangos y berthynas rhwng pellter ar y map a phellter ar y ddaear.

Mae sawl ffordd o ddangos graddfa ar fap:

(a) **ar ffurf geiriau**
e.e. 'un cm. i un km.' (mae un cm. ar y map yn cynrychioli un km. ar y ddaear); 'un cm. i un m.' (mae un cm. ar y map yn cynrychioli un m. ar y ddaear).

(b) **ar ffurf rhifau**
e.e. '1 : 100 000' neu '1/100 000' (mae un cm. ar y map yn cynrychioli 100 000 cm., neu un km., ar y ddaear);
'1 : 25 000' neu '1/25 000' (mae un cm. ar y map yn cynrychioli 25 000 cm., neu 250 m., ar y ddaear);
'1 : 100' neu '1/100' (mae un cm. ar y map yn cynrychioli 100 cm., neu un m., ar y ddaear).

(c) **ar ffurf llinell raddfa**
e.e.

MESUR PELLTER AR FAP

Pan nad oes pellteroedd wedi eu nodi ar fap gallwch ddefnyddio graddfa'r map i ddarganfod y pellter rhwng dau le. Llinell raddfa yw'r un rwyddaf i'w defnyddio. Rhaid i chi ddarganfod y pellter rhwng y ddau le ar y map ac yna gweld beth mae'r pellter hwn yn ei gynrychioli ar y llinell raddfa. I fesur pellter llinell syth rhwng dau bwynt:

a) Rhowch ddarn o bapur rhwng y ddau bwynt ar y map.
b) Marciwch y pellter rhwng y ddau bwynt ar ymyl y papur.
c) Rhowch y papur ar hyd y llinell raddfa.
ch) Darllenwch y pellter ar y raddfa.

Cam 1

Gosodwch y papur yn ei le a marciwch y pellter o A i B.

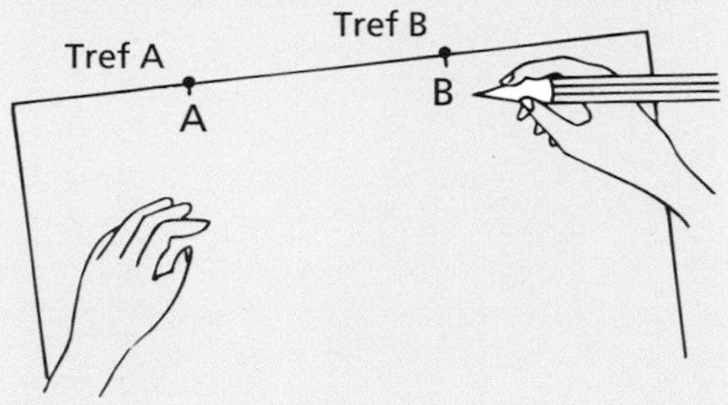

Cam 2

Cymharwch y pellter rydych wedi'i farcio ar y papur â'r llinell raddfa ar waelod y map. Ar y llinell raddfa 1.5 km yw'r pellter rhwng A a B.

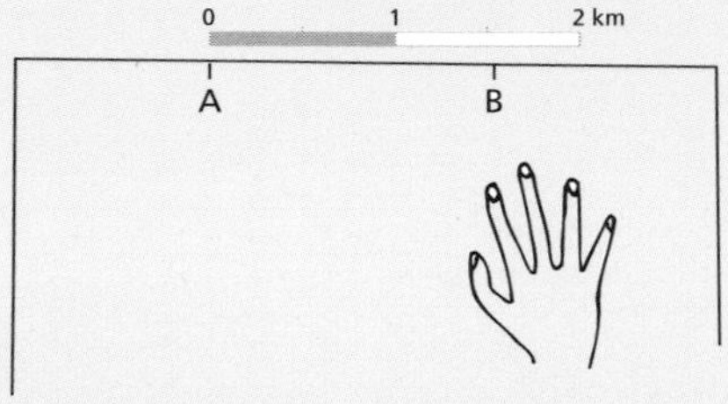

I fesur y pellter rhwng dau bwynt ar hyd llinell sydd heb fod yn syth:

a) Rhowch ddarn o bapur ar y map gan farcio'r man cychwyn ar ymyl y papur.
b) Symudwch y papur fel bod yr ymyl yn dilyn y troeon sydd ar y llinell ar y map. (Awgrym: defnyddiwch flaen eich pensil i ddal ymyl y papur ar y tro wrth i chi symud y papur o amgylch y tro.)
c) Marciwch y man gorffen ar eich darn o bapur.
ch) Rhowch y papur ar hyd y llinell raddfa.
d) Darllenwch y pellter ar y raddfa.

Dilyn llinell o amgylch tro: marciwch y man cychwyn yna trowch y papur i ddilyn y tro.

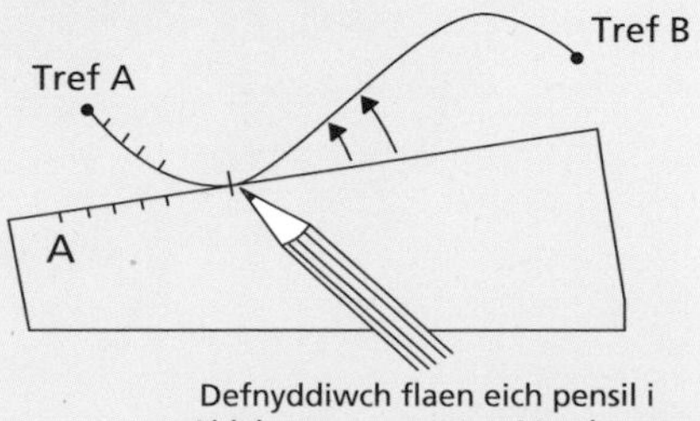

Defnyddiwch flaen eich pensil i ddal y papur ar y tro. Mae hyn yn atal y papur rhag symud o'r llinell.

GRADDFA MAP A GWYBODAETH AR FAP

Mae graddfa map hefyd yn pennu faint o wybodaeth y gellir ei dangos ar y map. Wrth i'r arwynebedd a ddangosir ar fap gynyddu, bydd y manylion a ddangosir ar y map, a'i gywirdeb, yn lleihau.

Graddfa'r map hwn yw 1 : 5 000 000

Graddfa'r map hwn yw 1 : 10 000 000

Graddfa'r map hwn yw 1 : 20 000 000

Y DEYRNAS UNEDIG
YR ALBAN
Caeredin
LLOEGR
Llundain
CYMRU
Caerdydd
GOGLEDD IWERDDON
Belfast
GWERINIAETH IWERDDON
GORLLEWIN CANOLBARTH YR ALBAN
1. GORLLEWIN DUNBARTON
2. DWYRAIN DUNBARTON
3. DWYRAIN RENFREW
GOGLEDD LANARK
Motherwell
Kirkintilloch
DINAS GLASGOW
Giffnock
Dumbarton
RENFREW
Paisley
INVER-CLYDE
Greenock
DWYRAIN CANOLBARTH YR ALBAN
Haddington
DWYRAIN LOTHIAN
Dalkeith
MIDLOTHIAN
DINAS CAEREDIN
GORLLEWIN LOTHIAN
Bathgate
CLACKMANNAN
Alloa
FALKIRK
Falkirk
SHETLAND
Lerwick
ORKNEY
Kirkwall
MORAY
Elgin
Banff
SWYDD ABERDEEN
Inverurie
DINAS ABERDEEN
Stonehaven
ANGUS
Forfar
DINAS DUNDEE
FIFE
Glenrothes
PERTH A KINROSS
Perth
UCHELDIR
Inverness
YR ALBAN
STIRLING
Stirling
ARGYLL A BUTE
Lochgilphead
GOGLEDD AYR
Irvine
DE AYR
Ayr
DWYRAIN AYR
Kilmarnock
DE LANARK
Hamilton
GOGORAU'R ALBAN
Newtown St. Boswells
NORTHUMBERLAND
Morpeth
DUMFRIES A GALLOWAY
YNYSOEDD Y GORLLEWIN
Stornoway
Ffin ryngwladol
Ffin genedlaethol
Ffin weinyddol
Prifddinas
Prif dref
YR ALBAN
1. GORLLEWIN DUNBARTON
2. DWYRAIN DUNBARTON
3. DWYRAIN RENFREW
4. INVERCLYDE
5. GOGLEDD LANARK
6. CLACKMANNAN

GRADDFA 1 : 3 000 000

0 25 50 75 100 km

Tafluniad Conig

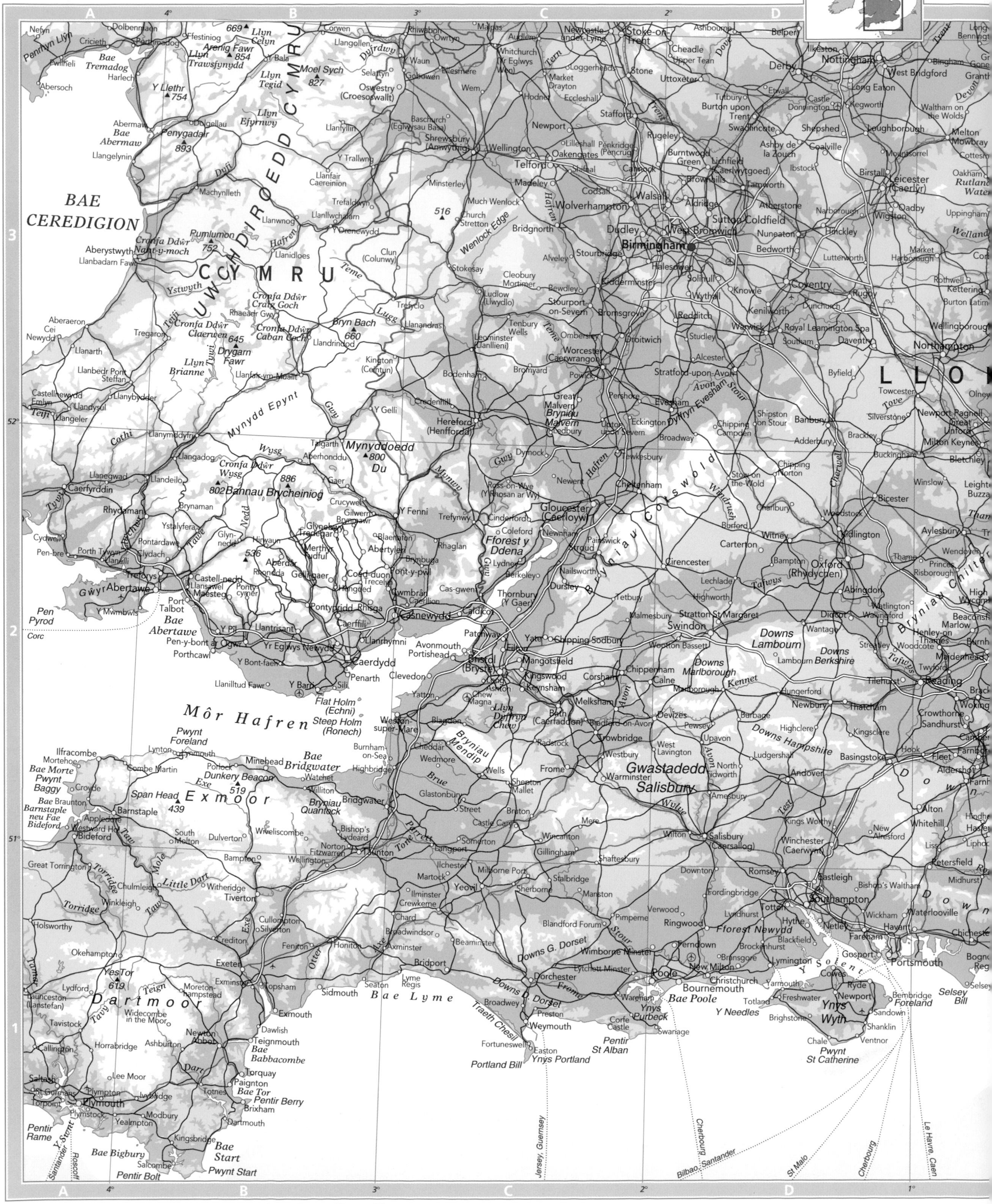

A
B
C
D
4°
3°
2°
1°
52°
51°
3
2
1
BAE CEREDIGION
CYMRU
UCHDIROEDD CYMRU
LLOEGR
Nefyn
Penrhyn Llŷn
Dolbenmaen
Criccieth
Porthmadog
Pwllheli
Bae Tremadog
Harlech
Abersoch
Ffestiniog
669 Llyn Celyn
Arenig Fawr 854
Llyn Trawsfynydd
Y Bala
Llyn Tegid
Moel Sych 827
Y Llethr 754
Corwen
Llangollen
Dyfrdwy
Y Waun
Gobowen
Selattyn
Oswestry (Croesoswallt)
Abermaw
Bae Abermaw
Dolgellau
Llyn Efyrnwy
Penygadair 893
Llangelynin
Llanfyllin
Dyfi
Machynlleth
Llanfair Caereinion
Y Trallwng
Trefaldwyn
Llanllwchaiarn
Llanwnog
Y Drenewydd
Hafren
Pumlumon 752
Cronfa Ddŵr Nant-y-moch
Aberystwyth
Llanbadarn Fawr
Llanidloes
Clun (Colunwy)
Teme
Ystwyth
Cronfa Ddŵr Craig Goch
Rhaeadr Gwy
Cronfa Ddŵr Caban Coch
Cronfa Ddŵr Claerwen
Teifi
Aberaeron
Cei Newydd
Tregaron
645 Drygarn Fawr
Bryn Bach 660
Llandrindod
Lugg
Trefyclo
Llanandras
Kington (Ceintun)
Llanarth
Llyn Brianne
Tywi
Llanbedr Pont Steffan
Llanfair-ym-Muallt
Castellnewydd Emlyn
Llandysul
Llangeler
Llanybydder
Mynydd Epynt
Gwy
Y Gelli
Cothi
Llanymddyfri
Wysg
Llangadog
Cronfa Ddŵr Wysg
802 Bannau Brycheiniog
886
Talgarth
Aberhonddu
Mynyddoedd Du 800
Llanegwad
Llandeilo
Caerfyrddin
Tywi
Rhydaman
Brynaman
Gaer
Crucywel
Gilwern
Y Fenni
Ystalyfera
Nedd
Tawe
Glyn-nedd
Hirwaun
Glynebwy
Tredegar
Merthyr Tudful
Blaenafon
Abertyleri
Cydweli
Pen-bre
Porth Tywyn
Llanelli
Pontardawe
Clydach
536
Aberdâr
Rhondda
Gelligaer
Coed-duon
Treclyn
Hengoed
Pont-y-pŵl
Brynbuga
Gŵyr
Abertawe
Treforys
Castell-nedd
Llansawel
Maesteg
Pontycymer
Y Mwmbwls
Pen Pyrod
Port Talbot
Bae Abertawe
Pontypridd
Rhisga
Caerffili
Cwmbrân
Caerllion
Casnewydd
Cas-gwent
Caldicot
Corc
Y Pîl
Llantrisant
Pen-y-bont ar Ogwr
Yr Eglwys Newydd
Llanrhymni
Porthcawl
Y Bont-faen
Caerdydd
Penarth
Llanilltud Fawr
Y Barri
Sili
Flat Holm (Echni)
Steep Holm (Ronech)
Môr Hafren
Pwynt Foreland
Lynton
Lynmouth
Porlock
Minehead
Bae Bridgwater
Watchet
Dunkery Beacon 519
Exmoor
Span Head 439
Ilfracombe
Mortehoe
Bae Morte
Pwynt Baggy
Croyde
Bae Braunton
Barnstaple neu Fae Bideford
Barnstaple
Appledore
Westward Ho!
Bideford
Taw
South Molton
Dulverton
Wiveliscombe
Williton
Bryniau Quantock
Bridgwater
Bishop's Lydeard
Norton Fitzwarren
Taunton
Wellington
Tone
Parrett
Langport
Great Torrington
Torridge
Chulmleigh
Mole
Little Dart
Witheridge
Tiverton
Winkleigh
Holsworthy
Exe
Cullompton
Silverton
Crediton
Feniton
Honiton
Otter
Axe
Axminster
Okehampton
Exeter
Exminster
Topsham
Exmouth
Yes Tor 619
Dartmoor
Lydford
Launceston (Lanstefan)
Moretonhampstead
Teign
Tavy
Widecombe in the Moor
Tavistock
Newton Abbot
Ashburton
Dawlish
Teignmouth
Bae Babbacombe
Horrabridge
Callington
Dart
Torquay
Paignton
Bae Tor
Pentir Berry
Brixham
Saltash
St Germans
Plympton
Plymouth
Torpoint
Plymstock
Ivybridge
Totnes
Lee Moor
Yealmpton
Modbury
Dartmouth
Kingsbridge
Bae Start
Pwynt Start
Salcombe
Pentir Bolt
Bae Bigbury
Pentir Rame
Y Swnt
Santander
Roscoff
Rhiwabon
Owrtyn
Malpas
Audlem
Whitchurch (Yr Eglwys Wen)
Tern
Ellesmere
Wem
Market Drayton
Hodnet
Baschurch (Eglwysau Basa)
Shrewsbury (Amwythig)
Wellington
Telford
Minsterley
Much Wenlock
Church Stretton
516
Wenlock Edge
Bridgnorth
Stokesay
Cleobury Mortimer
Ludlow (Llwydlo)
Tenbury Wells
Leominster (Llanllieni)
Bodenham
Credenhill
Hereford (Henffordd)
Mynwy
Ross-on-Wye (Y Rhosan ar Wy)
Trefynwy
Rhaglan
Cinderford
Coleford
Fforest y Ddena
Lydney
Berkeley
Thornbury (Y Gaer)
Newcastle-under-Lyme
Stoke-on-Trent
Loggerheads
Stone
Eccleshall
Stafford
Newport
Lilleshall
Penkridge (Pencrug)
Oakengates
Shifnal
Madeley
Codsall
Wolverhampton
Walsall
Dudley
West Bromwich
Birmingham
Stourbridge
Halesowen
Solihull
Alveley
Bewdley
Kidderminster
Stourport-on-Severn
Bromsgrove
Redditch
Droitwich
Ombersley
Worcester (Caerwrangon)
Bromyard
Powick
Great Malvern
Bryniau Malvern
Ledbury
Upton upon Severn
Eckington
Tewkesbury
Dymock
Newent
Gloucester (Caerloyw)
Cheltenham
Newnham
Painswick
Stroud
Nailsworth
Dursley
Tetbury
Cirencester
Bryniau Cotswold
Windrush
Cheadle
Upper Tean
Dove
Uttoxeter
Ashbourne
Belper
Derby
Etwall
Tutbury
Burton upon Trent
Swadlincote
Rugeley
Cannock
Burntwood Green
Lichfield (Caerlwytgoed)
Brownhills
Aldridge
Tamworth
Sutton Coldfield
Atherstone
Nuneaton
Bedworth
Coventry
Knowle
Wythall
Kenilworth
Warwick
Royal Leamington Spa
Southam
Studley
Alcester
Stratford-upon-Avon
Avon
Evesham
Pershore
Dyffryn Evesham
Stour
Broadway
Chipping Campden
Shipston on Stour
Stow-on-the-Wold
Ilkeston
Nottingham
West Bridgford
Long Eaton
Castle Donington
Kegworth
Shepshed
Loughborough
Ashby de la Zouch
Coalville
Mountsorrel
Ibstock
Birstall
Leicester (Caerlŷr)
Oadby
Wigston
Narborough
Hinckley
Market Harborough
Lutterworth
Rugby
Dunchurch
Daventry
Northampton
Byfield
Banbury
Towcester
Tove
Silverstone
Brackley
Adderbury
Chipping Norton
Cherwell
Woodstock
Bicester
Buckingham
Winslow
Milton Keynes
Newport Pagnell
Kettering
Wellingborough
Melton Mowbray
Oakham
Rutland Water
Welland
Uppingham
Rothwell
Burton Latimer
Charlbury
Burford
Witney
Carterton
Bampton
Oxford (Rhydychen)
Kidlington
Aylesbury
Thame
Princes Risborough
Wendover
Lechlade
Highworth
Tafwys
Abingdon
Didcot
Wallingford
Watlington
Bryniau Chiltern
Henley-on-Thames
Marlow
Swindon
Stratton St Margaret
Malmesbury
Wootton Bassett
Downs Lambourn
Lambourn
Downs Berkshire
Wantage
Streatley
Woodcote
Twyford
Reading
Maidenhead
Tilehurst
Kennet
Marlborough
Downs Marlborough
Calne
Chippenham
Corsham
Melksham
Hungerford
Newbury
Thatcham
Devizes
Pewsey
Burbage
Highclere
Kingsclere
Downs Hampshire
Crowthorne
Sandhurst
Basingstoke
Hook
Fleet
Farnborough
Aldershot
Upavon
Ludgershall
Andover
North Tidworth
Test
Gwastadedd Salisbury
Wylye
Amesbury
Salisbury (Caersallog)
Wilton
Kings Worthy
Winchester (Caerwynt)
New Alresford
Alton
Whitehill
Petersfield
Romsey
Downton
Fordingbridge
Eastleigh
Bishop's Waltham
Southampton
Totton
Ringwood
Verwood
Lyndhurst
Fforest Newydd
Hythe
Netley
Fareham
Gosport
Portsmouth
Havant
Wickham
Waterlooville
Chichester
Selsey
Pwynt Selsey Bill
Yate
Chipping Sodbury
Patchway
Filton
Avonmouth
Portishead
Bristol (Bryste)
Mangotsfield
Kingswood
Keynsham
Long Ashton
Clevedon
Yatton
Chew Magna
Llyn Dyffryn Chew
Bath (Caerfaddon)
Bradford-on-Avon
Trowbridge
Westbury
Warminster
Radstock
Frome
Blagdon
Weston-super-Mare
Bryniau Mendip
Burnham-on-Sea
Highbridge
Cheddar
Wedmore
Wells
Shepton Mallet
Brue
Glastonbury
Street
Castle Cary
Bruton
Mere
Wincanton
Somerton
Gillingham
Shaftesbury
Ilchester
Milborne Port
Martock
Yeovil
Sherborne
Stalbridge
Ilminster
Crewkerne
Chard
Broadwindsor
Beaminster
Manston
Blandford Forum
Pimperne
Downs G. Dorset
Stour
Wimborne Minster
Ferndown
Lytchett Minster
Poole
Bransgore
New Milton
Christchurch
Bournemouth
Brockenhurst
Blackfield
Lymington
Y Solent
Yarmouth
Cowes
Ryde
Newport
Ynys Wyth
Freshwater
Totland
Y Needles
Brighstone
Sandown
Shanklin
Ventnor
Chale
Pwynt St Catherine
Bembridge Foreland
Bridport
Lyme Regis
Seaton
Sidmouth
Bae Lyme
Frome
Dorchester
Downs Dorset
Broadwey
Preston
Weymouth
Traeth Chesil
Fortuneswell
Easton
Ynys Portland
Portland Bill
Wareham
Bae Poole
Ynys Purbeck
Corfe Castle
Swanage
Pentir St Alban
Jersey, Guernsey
Cherbourg
Bilbao, Santander
St Malo
Le Havre, Caen

GRADDFA 1 : 1 200 000

0 10 20 30 40 km

Allwedd
Tirwedd a nodweddion ffisegol
Tirwedd metrau
1000
500
200
100
0 lefel môr
50 islaw lefel y môr
200
893 Uchder mynydd (metrau)
Nodweddion dŵr
Afon
Camlas
Llyn / Cronfa ddŵr
Cyfathrebau
Rheilffordd
Traffordd
Ffordd
Fferi geir
Prif faes awyr
Maes awyr lleol
Gweinyddiad
Ffiniau
Rhyngwladol
Mewnol
Anheddiad
Ardal drefol
Dinasoedd a threfi yn ôl maint eu poblogaeth
Prifddinas
LLUNDAIN
Tref neu ddinas arall
Birmingham
Reading
Abertawe
Y Fenni
Wantage
MÔR Y GOGLEDD
SIANEL (Y MÔR UDD)
Y Wash
Y Ffens
Lefel Bedford
Y Broads
East Anglia
Uchderau East Anglia
Breckland
Tafwys
Ynys Sheppey
Downs y Gogledd
Y Weald
Culfor Dover
Twnnel y Sianel
Foreland y Gogledd
Ynys Thanet
Bae Pegwell
Bae Rye
Dungeness
Pentir Beachy
Orford Ness
Bae Hollesley
Pwynt Landguard
Y Naze
Pwynt Foulness
LONDON (LLUNDAIN)
Cambridge (Caergrawnt)
Canterbury (Caergaint)
Norwich
Ipswich
Colchester
Great Yarmouth
Lowestoft
King's Lynn
Peterborough
Bedford
Luton
Chelmsford
Southend-on-Sea
Maidstone
Brighton
Hastings
Eastbourne
Folkestone
Dover
Margate
Ramsgate
Harwich
Felixstowe
Clacton-on-Sea
GWLAD BELG
GORLLEWIN FFLANDRYS
FFRAINC
NORD
PAS-DE-CALAIS
Artois
Calais
Boulogne-sur-Mer
Dunkerque
Oostende
Lille
Arras
Göteborg
Esbjerg
Hamburg
Hoek van Holland
Zeebrugge
Dieppe
0°
1°
2°
3°
51°
52°
53°
E
F
G
H
I
1
2
3

Tafluniad Conig

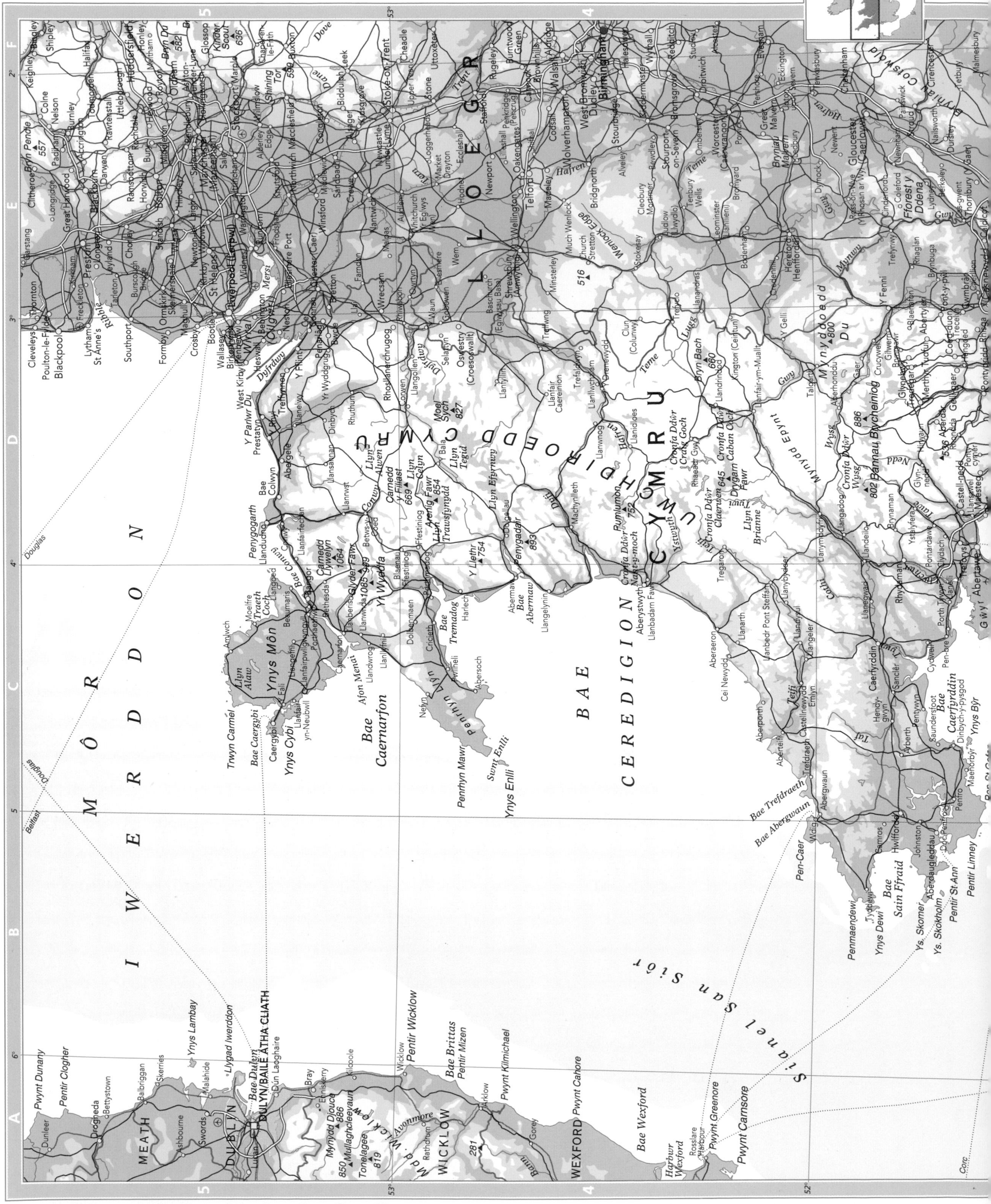

MÔR IWERDDON
BAE CEREDIGION
CYMRU
LLOEGR
MYNYDDOEDD CYMRU
MYNYDDOEDD CAMBRIA
Sianel San Siôr
Ynys Môn
Bae Caernarfon
Penrhyn Llŷn
Ynys Enlli
Bae Sain Ffraid
Bae Caerfyrddin
Bae Trefdraeth
Bae Abergwaun
Bannau Brycheiniog
Mynydd Epynt
Mynyddoedd Du
Bryniau Cotswold
Fforest y Ddena
Birmingham
Liverpool (Lerpwl)
Manchester (Manceinion)
Stoke-on-Trent
Wolverhampton
Shrewsbury (Amwythig)
Chester (Caer)
Hereford (Henffordd)
Gloucester (Caerloyw)
Worcester (Caerwrangon)
Aberystwyth
Caerfyrddin
Hwlffordd
Bangor
Caernarfon
Caergybi
Wrecsam
DULYN/BAILE ÁTHA CLIATH
Bae Dulyn
MEATH
DUBLIN
WICKLOW
WEXFORD
Bae Wexford
Pwynt Carnsore
Yr Wyddfa 1085
Cader Idris
Pumlumon 752

GRADDFA 1 : 1 200 000

0 10 20 30 40 km

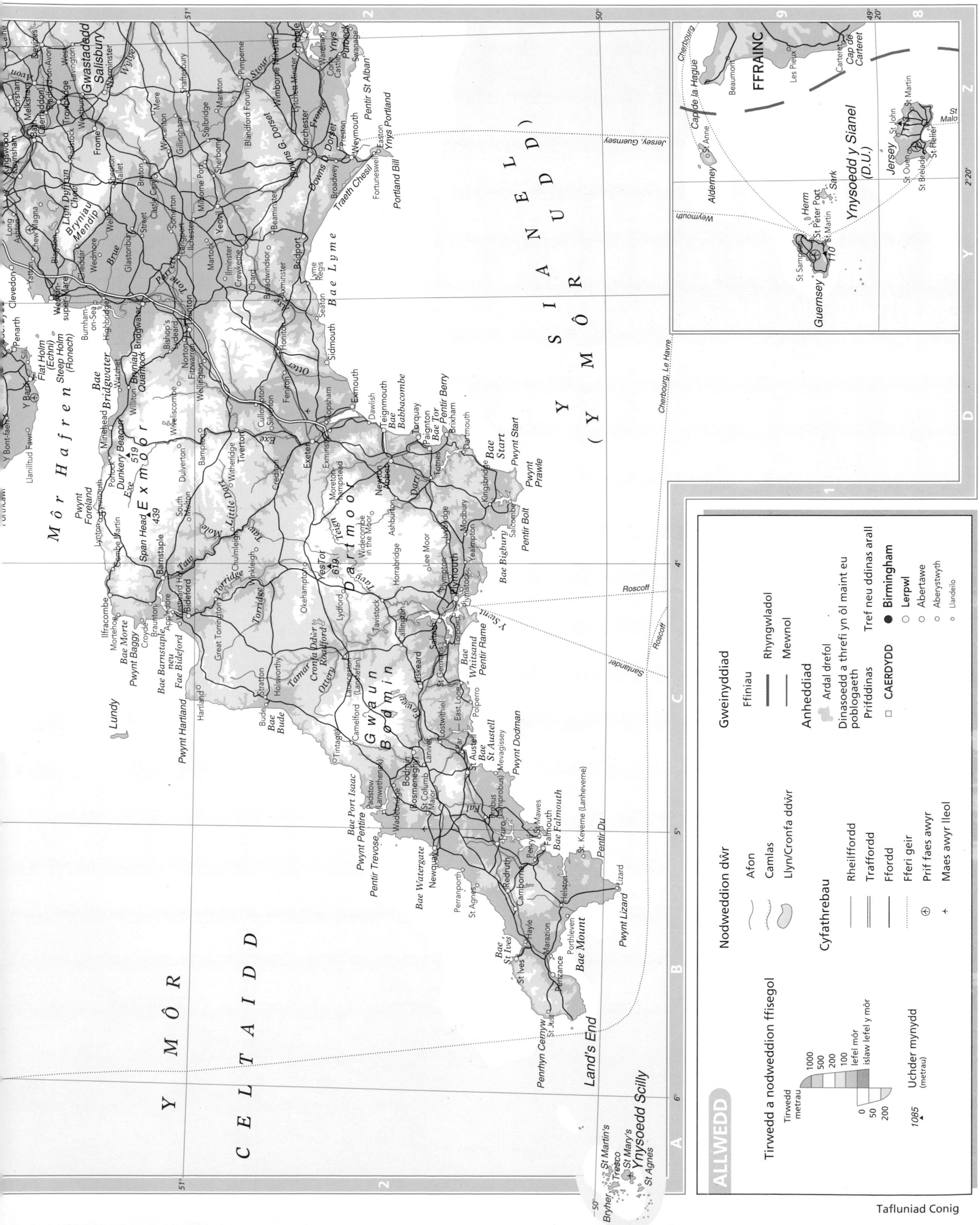
ALLWEDD
Tirwedd a nodweddion ffisegol
Tirwedd metrau
1000
500
200
100
lefel môr
islaw lefel y môr
0
50
200
1085
Uchder mynydd (metrau)
Nodweddion dŵr
Afon
Camlas
Llyn/Cronfa ddŵr
Cyfathrebau
Rheilffordd
Trafffordd
Ffordd
Fferi geir
Prif faes awyr
Maes awyr lleol
Gweinyddiad
Ffiniau
Rhyngwladol
Mewnol
Anheddiad
Ardal drefol
Dinasoedd a threfi yn ôl maint eu poblogaeth
Prifddinas
Tref neu ddinas arall
CAERDYDD
Birmingham
Lerpwl
Abertawe
Aberystwyth
Llandeilo
Y MÔR CELTAIDD
Y SIANEL (Y MÔR UDD)
Môr Hafren
Ynysoedd Scilly
Land's End
Dartmoor
Exmoor
Gwaun Bodmin
Ynysoedd y Sianel (D.U.)
FFRAINC
Jersey
Guernsey
Alderney
Sark
Lundy

Tafluniad Conig

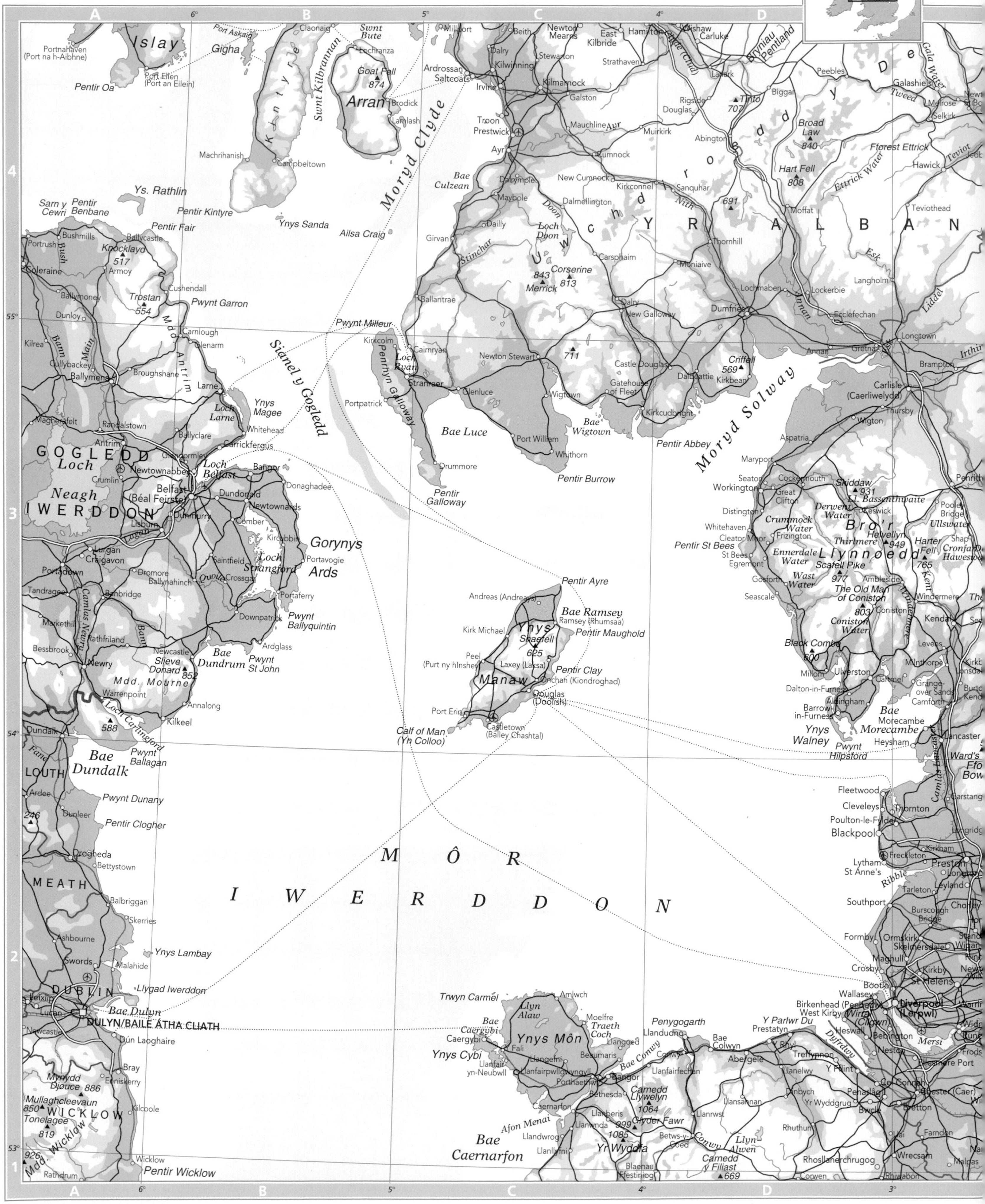

A
B
C
D
6°
5°
4°
3°
4
3
2
1
55°
54°
53°
Islay
Portnahaven (Port na h-Aibhne)
Port Ellen (Port an Eilein)
Pentir Oa
Port Askaig
Gigha
Claonaig
Swnt Bute
Lochranza
Goat Fell 874
Arran
Brodick
Lamlash
Swnt Kilbrannan
Kintyre
Machrihanish
Campbeltown
Moryd Clyde
Millport
Ardrossan
Saltcoats
Irvine
Troon
Prestwick
Ayr
Beith
Dalry
Kilwinning
Stewarton
Kilmarnock
Newton Mearns
East Kilbride
Hamilton
Wishaw
Carluke
Strathaven
Bryniau Pentland
Clyde
Lanark
Galston
Mauchline
Muirkirk
Cumnock
Rigside
Douglas
Tinto 707
Abington
Biggar
Peebles
Galashiels
Melrose
Tweed
Selkirk
Broad Law 840
Fforest Ettrick
Teviot
Hawick
Hart Fell 808
Ettrick Water
Moffat
691
Teviothead
Gala Water
Ucheldiroedd yr Alban
Y R A L B A N
Bae Culzean
Dalrymple
Maybole
New Cumnock
Kirkconnel
Sanquhar
Nith
Dalmellington
Doon
Loch Doon
Dailly
Girvan
Stinchar
Thornhill
Carsphairn
Moniaive
Corserine 813
843 Merrick
Esk
Langholm
Lochmaben
Lockerbie
Annan
Dumfries
Ecclefechan
Liddel
Ballantrae
Dalry
New Galloway
Ys. Rathlin
Pentir Kintyre
Sarn y Cewri
Pentir Benbane
Pentir Fair
Ynys Sanda
Ailsa Craig
Portrush
Bushmills
Ballycastle
Bush
Coleraine
Knocklayd 517
Armoy
Ballymoney
Trostan 554
Cushendall
Pwynt Garron
Dunloy
Mdd. Antrim
Carnlough
Glenarm
Kilrea
Bann
Main
Ballybackey
Ballymena
Broughshane
Larne
Pwynt Milleur
Sianel y Gogledd
Kirkcolm
Penrhyn Galloway
Cairnryan
Loch Ryan
Stranraer
Newton Stewart
711
Castle Douglas
Criffell 569
Dalbeattie
Kirkbean
Annan
Gretna
Longtown
Brampton
Irthing
Glenluce
Gatehouse of Fleet
Wigtown
Portpatrick
Bae Luce
Bae Wigtown
Kirkcudbright
Port William
Whithorn
Drummore
Pentir Galloway
Pentir Burrow
Pentir Abbey
Moryd Solway
Carlisle (Caerliwelydd)
Thursby
Wigton
Aspatria
Maryport
Ynys Magee
Loch Larne
Magherafelt
Randalstown
Whitehead
Ballyclare
Carrickfergus
Antrim
Glengormley
GOGLEDD IWERDDON
Loch Neagh
Newtownabbey
Loch Belfast
Bangor
Crumlin
Belfast (Béal Feirste)
Dundonald
Donaghadee
Newtownards
Dunmurry
Lisburn
Lagan
Comber
Kircubbin
Gorynys Ards
Portavogie
Lurgan
Craigavon
Portadown
Dromore
Ballynahinch
Saintfield
Crossgar
Quoile
Loch Strangford
Portaferry
Tandragee
Banbridge
Camlas Newry
Markethill
Rathfriland
Bann
Downpatrick
Pwynt Ballyquintin
Ardglass
Bessbrook
Newry
Newcastle
Slieve Donard 852
Mdd. Mourne
Bae Dundrum
Pwynt St John
Warrenpoint
Loch Carlingford
Annalong
588
Kilkeel
Dundalk
Fane
Bae Dundalk
Pwynt Ballagan
LOUTH
Ardee
Pwynt Dunany
246
Dunleer
Pentir Clogher
Drogheda
Bettystown
MEATH
Balbriggan
Skerries
Ashbourne
Swords
Ynys Lambay
Malahide
DUBLIN
Llygad Iwerddon
Leixlip
Lucan
Bae Dulyn
DULYN/BAILE ÁTHA CLIATH
Newcastle
Dún Laoghaire
Bray
Mynydd Djouce 886
Enniskerry
Mullaghcleevaun 850
WICKLOW
Tonelagee 819
Kilcoole
926
Mdd. Wicklow
Wicklow
Rathdrum
Pentir Wicklow
Pentir Ayre
Andreas (Andreays)
Bae Ramsey
Ramsey (Rhumsaa)
Pentir Maughold
Kirk Michael
Ynys Manaw
Snaefell 625
Peel (Purt ny hInshey)
Laxey (Laksa)
Pentir Clay
Onchan (Kiondroghad)
Douglas (Doolish)
Port Erin
Castletown (Balley Chashtal)
Calf of Man (Yn Colloo)
MÔR IWERDDON
Seaton
Cockermouth
Workington
Skiddaw 931
L. Bassenthwaite
Great Clifton
Distington
Derwent Water
Keswick
Whitehaven
Crummock Water
Cleator Moor
Frizington
Bro'r Llynnoedd
Thirlmere
Helvellyn 949
Pentir St Bees
St Bees
Egremont
Ennerdale Water
Scafell Pike 977
Harter Fell 765
Kent
Gosforth
Wast Water
Ambleside
Seascale
The Old Man of Coniston 803
Coniston
Windermere
Coniston Water
Kendal
Black Combe 600
Levens
Millom
Ulverston
Milnthorpe
Cartmel
Grange-over-Sands
Carnforth
Dalton-in-Furness
Barrow-in-Furness
Aldingham
Bae Morecambe
Morecambe
Ynys Walney
Heysham
Lancaster
Pwynt Hilpsford
Camlas Lancaster
Fleetwood
Cleveleys
Thornton
Poulton-le-Fylde
Blackpool
Garstang
Longridge
Kirkham
Freckleton
Lytham St Anne's
Preston
Ribble
Tarleton
Leyland
Southport
Burscough Bridge
Chorley
Formby
Ormskirk
Skelmersdale
Wigan
Maghull
Crosby
Kirkby
St Helens
Bootle
Wallasey
Birkenhead (Penbedw)
Liverpool (Lerpwl)
West Kirby
Wirral (Cilgwri)
Heswall
Bebington
Mersi
Runcorn
Neston
Ellesmere Port
Y Parlwr Du
Prestatyn
Dyfrdwy
Rhyl
Treffynnon
Y Fflint
Llanelwy
Connah's Quay
Caer (Chester)
Abergele
Bae Colwyn
Penygogarth
Llandudno
Conwy
Bae Conwy
Llanfairfechan
Trwyn Carmel
Amlwch
Llyn Alaw
Moelfre
Traeth Coch
Bae Caergybi
Caergybi
Ynys Môn
Llangoed
Beaumaris
Ynys Cybi
Fali
Llangefni
Llanfair-yn-Neubwll
Llanfairpwllgwyngyll
Bangor
Porthaethwy
Bethesda
Carnedd Llywelyn 1064
Afon Menai
Caernarfon
Llanberis
Llanrwst
Denbych
Yr Wyddgrug
Penarlâg
Bwcle
Llansannan
Rhuthun
Llanllyfni
Llanwnda
999
Glyder Fawr
1085
Yr Wyddfa
Betws-y-Coed
Conwy
Llyn Alwen
Bae Caernarfon
Llandwrog
Blaenau Ffestiniog
Carnedd y Filiast 669
Rhosllanerchrugog
Wrecsam
Farndon
Corwen
Rhiwabon

GRADDFA 1 : 1 200 000

0 10 20 30 40 km

ALLWEDD
Tirwedd a nodweddion ffisegol
Tirwedd metrau
1000
500
200
100
lefel môr
islaw lefel y môr
0
50
200
977 Uchder mynydd (metrau)
Nodweddion dŵr
Afon
Camlas
Llyn/Cronfa ddŵr
Cyfathrebau
Rheilffordd
Traffordd
Ffordd
Fferi geir
Prif faes awyr
Maes awyr lleol
Gweinyddiad
Ffiniau
Rhyngwladol
Mewnol
Anheddiad
Ardal drefol
Dinasoedd a threfi yn ôl maint eu poblogaeth
Prifddinas
DULYN
Tref neu ddinas arall
Lerpwl
Efrog
Caergybi
Keswick
MÔR Y GOGLEDD
LLOEGR
Ynys Holy
Ynysoedd Farne
Y Cheviot 815
Gweunydd Gogledd Efrog
Bryniau Cleveland
Bryniau Hambleton
Bryn Round 454
Dyffryn Pickering
Dyffryn Efrog
Wolds Efrog
Wolds Lincoln
Holderness
Aber Afon Humber
Pentir Spurn
Pentir Flamborough
Bae Bridlington
Bae Tees
Y Wash
Langstrothdale Chase
Whernside Fawr 703
Pen-y-Ghent 694
High Seat 710
Bryn Pendle 557
Kinder Scout 636
Bryn Du 582
Bryn Margery 546
Shining Tor 559
High Peak
Cr. Derwent
Cr. Ladybower
Cronfa Ddŵr Derwent
Fforest Sherwood
Ffen y Gn.
Ffen y Dn.
Ffen Holand
Tweed
Till
Tyne Ogleddol
Tyne
Wear
Tees
Greta
Swale
Ure
Nidd
Ouse
Wharfe
Rye
Derwent
Trent
Idle
Witham
Bain
Dove
Dane
Devon
Meden
Wensleydale
Bergen, Haugesund, Stavanger
Göteborg
Esbjerg
Hamburg, IJmuiden
Rotterdam
Newcastle-upon-Tyne
Sunderland
Gateshead
South Shields
Tynemouth
Whitley Bay
Middlesbrough
Stockton-on-Tees
Hartlepool
Redcar
Darlington
Durham
Whitby
Scarborough
Filey
Bridlington
York (Efrog)
Leeds
Bradford
Huddersfield
Wakefield
Kingston upon Hull
Grimsby
Cleethorpes
Scunthorpe
Doncaster
Rotherham
Sheffield
Barnsley
Lincoln
Skegness
Boston
Stoke-on-Trent
Manchester (Manceinion)
Stockport
Oldham
Rochdale
Macclesfield
Chesterfield
Mansfield
Newark-on-Trent
Worksop
Gainsborough
Louth
Mablethorpe
Hunstanton
Wells-next-the-Sea
Sheringham
Cromer
55°
54°
53°
2°
1°
0°
F
G
H
I
1
2
3
4

Tafluniad Conig

GOGLEDD IWERDDON a DE'R ALBAN

GRADDFA 1 : 1 200 000

0 10 20 30 40 km

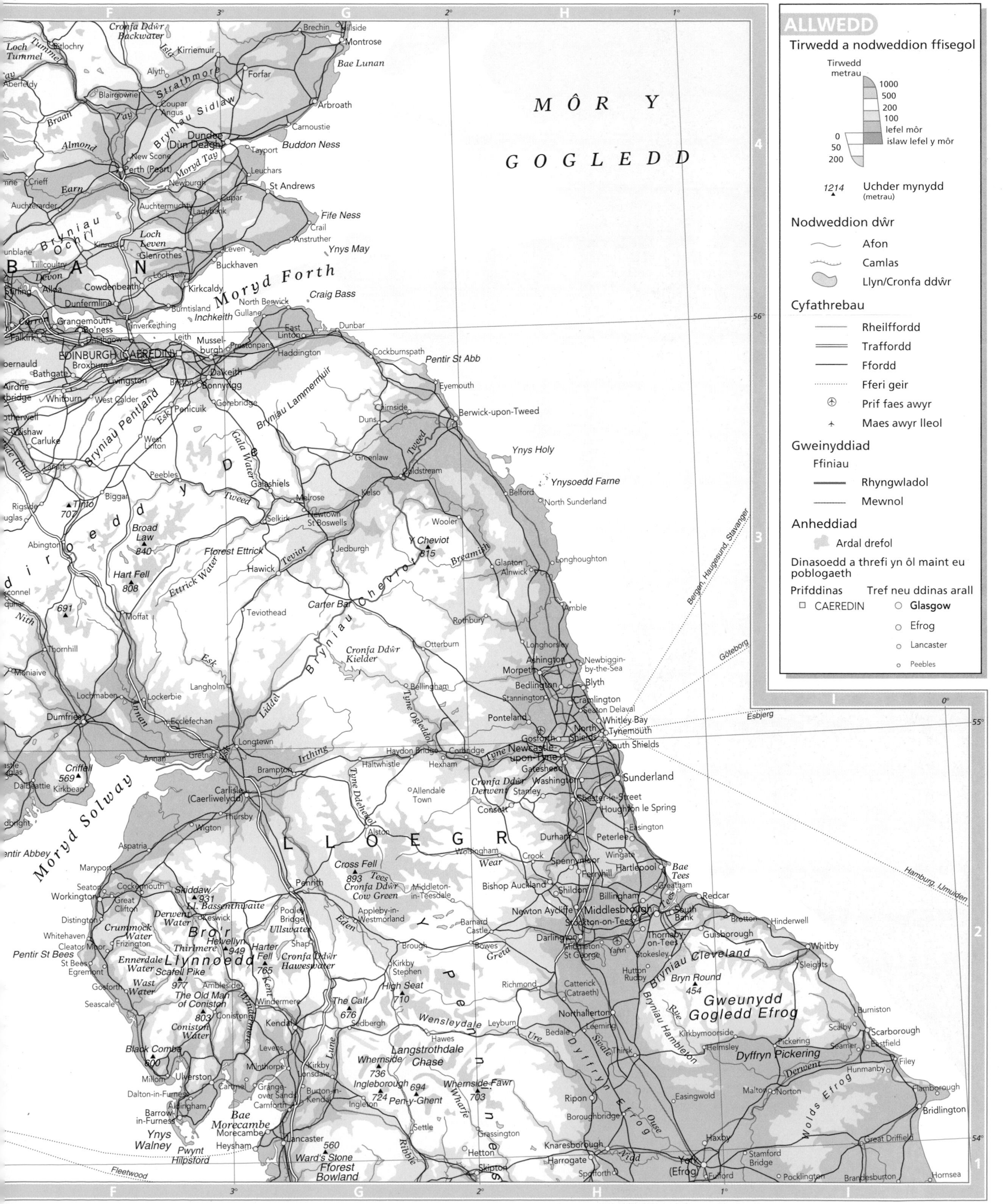
ALLWEDD
Tirwedd a nodweddion ffisegol
Tirwedd metrau
1000
500
200
100
lefel môr
0
50
200
islaw lefel y môr
1214 Uchder mynydd (metrau)
Nodweddion dŵr
Afon
Camlas
Llyn/Cronfa ddŵr
Cyfathrebau
Rheilffordd
Traffordd
Ffordd
Fferi geir
Prif faes awyr
Maes awyr lleol
Gweinyddiad
Ffiniau
Rhyngwladol
Mewnol
Anheddiad
Ardal drefol
Dinasoedd a threfi yn ôl maint eu poblogaeth
Prifddinas
Tref neu ddinas arall
CAEREDIN
Glasgow
Efrog
Lancaster
Peebles
MÔR Y GOGLEDD
Moryd Forth
Moryd Tay
Moryd Solway
Bae Lunan
Buddon Ness
Fife Ness
Ynys May
Craig Bass
Pentir St Abb
Ynys Holy
Ynysoedd Farne
Bae Tees
Bae Morecambe
Ynys Walney
Pwynt Hilpsford
Pentir St Bees
Bryniau Sidlaw
Bryniau Ochil
Bryniau Pentland
Bryniau Lammermuir
Bryniau Cheviot
Ucheldiroedd y De
Bro'r Llynnoedd
Y Penniniau
LLOEGR
Bryniau Cleveland
Bryniau Hambleton
Gweunydd Gogledd Efrog
Dyffryn Pickering
Wolds Efrog
Dyffryn Efrog
Cronfa Ddŵr Kielder
Cronfa Ddŵr Cow Green
Cronfa Ddŵr Derwent
Cronfa Ddŵr Haweswater
Cronfa Ddŵr Backwater
Loch Tummel
Loch Leven
Y Cheviot 815
Broad Law 840
Hart Fell 808
Tinto 707
Criffell 569
Skiddaw 931
Helvellyn 949
Scafell Pike 977
Cross Fell 893
High Seat 710
The Calf 676
Whernside 736
Ingleborough 724
Pen-y-Ghent 694
Whernside Fawr 703
Bryn Round 454
Black Combe 600
The Old Man of Coniston 803
Ward's Stone 560
Fforest Bowland
Fforest Ettrick
Langstrothdale Chase
Wensleydale
EDINBURGH (CAEREDIN)
Dundee (Dùn Deagh)
Perth (Peart)
Carlisle (Caerliwelydd)
Newcastle-upon-Tyne
Middlesbrough
Sunderland
York (Efrog)
Montrose
Arbroath
Forfar
Kirriemuir
St Andrews
Kirkcaldy
Dunfermline
Berwick-upon-Tweed
Alnwick
Morpeth
Durham
Darlington
Stockton-on-Tees
Hartlepool
Redcar
Whitby
Scarborough
Bridlington
Northallerton
Ripon
Harrogate
Knaresborough
Kendal
Penrith
Keswick
Lancaster
Ulverston
Barrow-in-Furness
Workington
Whitehaven
Dumfries
Hawick
Galashiels
Peebles
Moffat
Bergen, Haugesund, Stavanger
Göteborg
Esbjerg
Hamburg, IJmuiden
Fleetwood
56°
55°
54°
3°
2°
1°
0°
F
G
H
I

ALLWEDD

Tirwedd a nodweddion ffisegol

Tirwedd metrau

1000
500
200
100
lefel môr
0
50
200
islaw lefel y môr

1344 Uchder mynydd (metrau)

Nodweddion dŵr

Afon
Camlas
Llyn/Cronfa ddŵr

Cyfathrebau

Rheilffordd
Ffordd
Fferi geir
Prif faes awyr
Maes awyr lleol

Gweinyddiad

Ffiniau

Mewnol

Anheddiad

Dinasoedd a threfi yn ôl maint eu poblogaeth

Aberdeen
Inverness
Kirkwall

GRADDFA 1 : 1 200 000

0 10 20 30 40 km

Ynysoedd Orkney
Westray
Papa Westray
Pentir Noup
Pentir Mull
Goggledd Ronaldsay
Moryd G. Ronaldsay
Swnt y Gogledd
Eday
Moryd Westray
Sanday
Swnt Sanday
Rousay
Pentir Brough
Egilsay
Moryd Stronsay
Stronsay
Shapinsay
Auskerry
Loch Harray
Moryd Wide
Loch Stenness
Stromness
Kirkwall
Tir Mawr
Skaill
Copinsay
Bryn Ward 479
Hoy
Scapa Flow
Flotta
Burray
St Margaret's Hope
De Ronaldsay
De Walls
Burwick
Brough Ness
Moryd Pentland
Ynys Stròma
Skerries Pentland
Pentir Dunnet
John o Groats
Pentir Duncansby
Bae Thurso
Bae Dunnet
Pwynt Strathy
Thurso
Dounreay
Melvich (Mealbhaich)
Halkirk
Halladale
Loch Watten
Bae Sinclair
Wick
Tongue (Tunga)
Swnt Tongue
Naver
Ben Hope 764
Ben Loyal
Loch Loyal
CAITHNESS
SUTHERLAND
Loch nan Clar
Thurso
Latheron
Ben Klibreck 961
Helmsdale
Brora
Shin
Lairg
Golspie
Bonar Bridge
Dornoch
Moryd Dornoch
Tarbat Ness
Tain
Balintore
Moryd Moray
Loch Glass
Invergordon
Wyvis
Bae Nigg
Moryd Cromarty
Cromarty
Ynys Ddu
Conon Bridge
Fortrose
Moryd Moray
Moryd Beauly
Inverness (Inbhirnis)
Ness
Nairn
Findhorn
Loch Ness
Burghead
Lossiemouth
Kinloss
Forres
Elgin
Lossie
Rothes
Spey
Fochabers
Buckie
Portknockie
Cullen
Portsoy
Banff
Macduff
Pentir Troup
Bryn Knock 430
Isla
Keith
Aberchirder
Deveron
Turriff
New Pitsligo
Fraserburgh
Loch Strathbeg
Pentir Rattray
Crimond
Ugie Ogleddol
Mintlaw
Peterhead
Boddam
Cruden Bay
Ythan
Ellon
Dufftown
Huntly
STRATHBOGIE
Bogie
Insch
Oldmeldrum
Inverurie
Urie
Grantown-on-Spey
Strathspey
Bryniau Cromdale
Kemnay
Kintore
Dyce
Aberdeen (Obair Dheathain)
Westhill
Aviemore
Geal Charn 821
Avon
Don
Monadhliath
Kingussie
Newtonmore
Cairn Gorm 1245
Mdd. Cairngorm
Ben Macdui 1309
1291
Cairn Toul
Spey
Dee
Portlethen
Ballater
Aboyne
Banchory
Newtonhill
Braemar
Laggan
Loch Ericht
Grampian
1155
Lochnagar
M. Keen 939
Esk Ogleddol
Stonehaven
1008
Beinn Dearg
Carn nan Gabhar
Fforest Atholl 1121
Glen Shee
Water of Saughs
Esk Ddeheuol
Mayar 928
Inverbervie
Laurencekirk
Ben Alder
Loch Garry
Blair Atholl
Cronfa Ddŵr Backwater
Hillside
Brechin
Loch Errochty
L. Rannoch
Schiehallion 1083
Loch Tummel
Tummel
Pitlochry
Isla
Kirriemuir
Montrose
Forfar
Bae Lunan
MÔR Y GOGLEDD
Lerwick
Torshavn
Ynysoedd Shetland
Herma Ness
Unst
Pwynt Fethaland
Swnt Yell
Yell
Fetlar
Bryn Ronas 450
Esha Ness
Toft
Out Skerries
Bae St Magnus
Muckle Roe
Voe
Whalsay
Papa Stour
Melby
Tir Mawr
Foula
Lerwick
Ynys Noss
Bressay
Burra Orllewinol
Bergen (a Hanstholm) (haf yn unig)
Mousa
Sumburgh
Pentir Sumburgh
Ynys Fair
Stromness
Aberdeen
Lerwick
4°
3°
2°
1°
60°
57°
E
F
G
X
Y
Z
H
I
1
2
8
9

ALLWEDD

Tirwedd a nodweddion ffisegol

Tirwedd metrau: 1000, 500, 200, 100, lefel môr, 0, islaw lefel y môr, 200, 4000

1041 ▲ Uchder mynydd (metrau)

Nodweddion dŵr

- Afon
- Camlas
- Llyn/Cronfa ddŵr
- Cors

Cyfathrebau

- Rheilffordd
- Traffordd
- Ffordd
- Prif faes awyr

Gweinyddiad

Ffiniau

- Rhyngwladol
- Mewnol

Anheddiad

Dinasoedd a threfi yn ôl maint eu poblogaeth

Prifddinas	Tref neu ddinas arall
□ DULYN	○ Corc
	○ Killarney

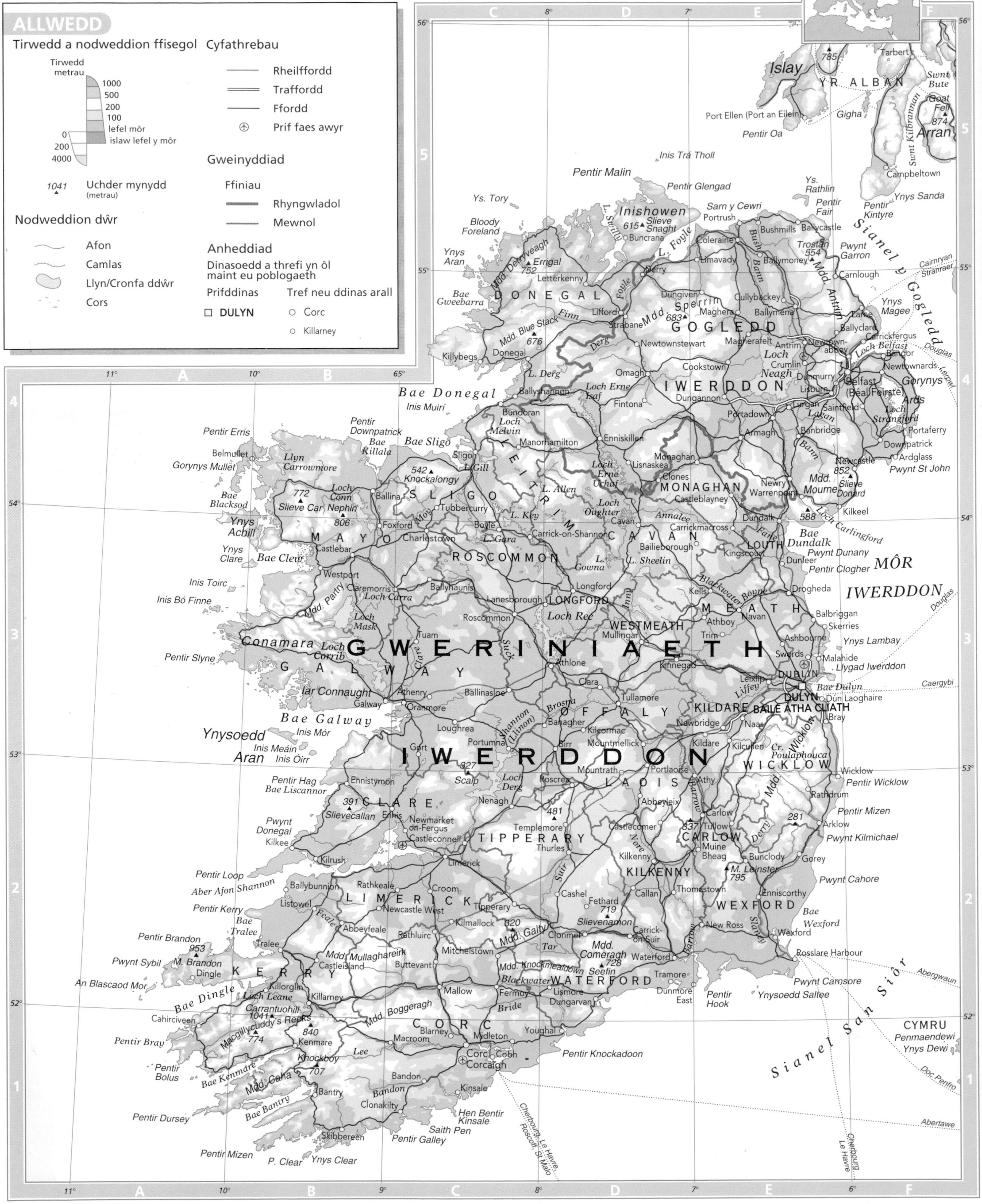

GRADDFA 1 : 2 000 000 — 0, 20, 40, 60, 80 km

Tafluniad Conig

1 TYMHEREDD

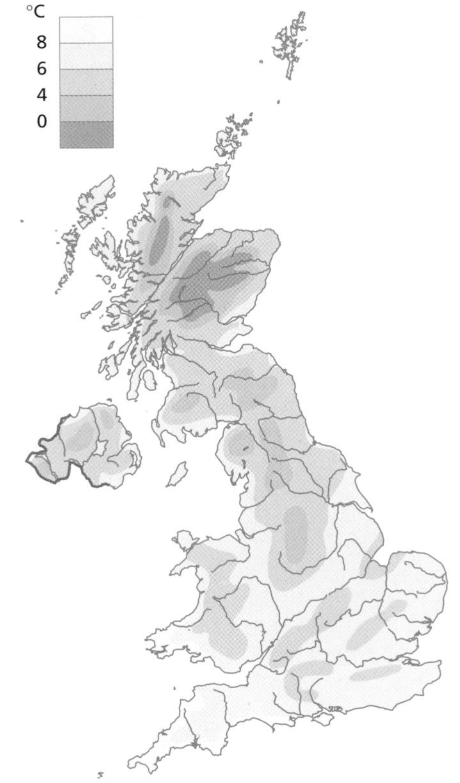

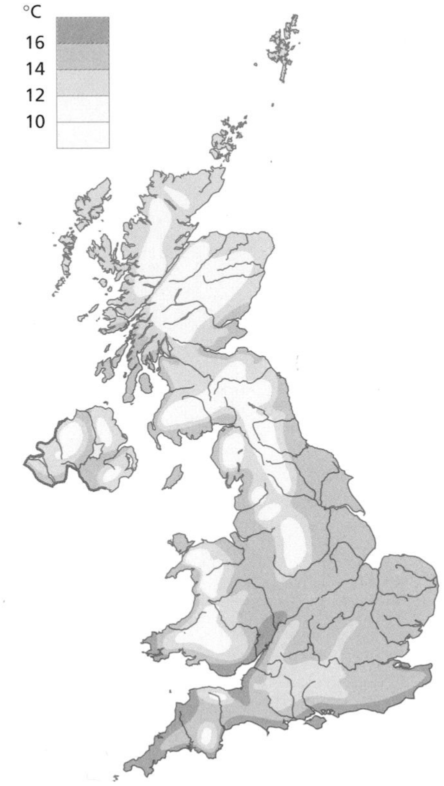

2 Y TYMOR TYFU

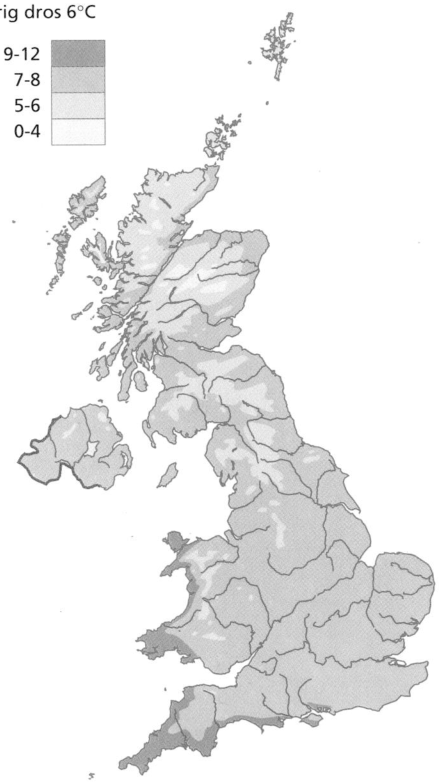

3 GLAWIAD BLYNYDDOL

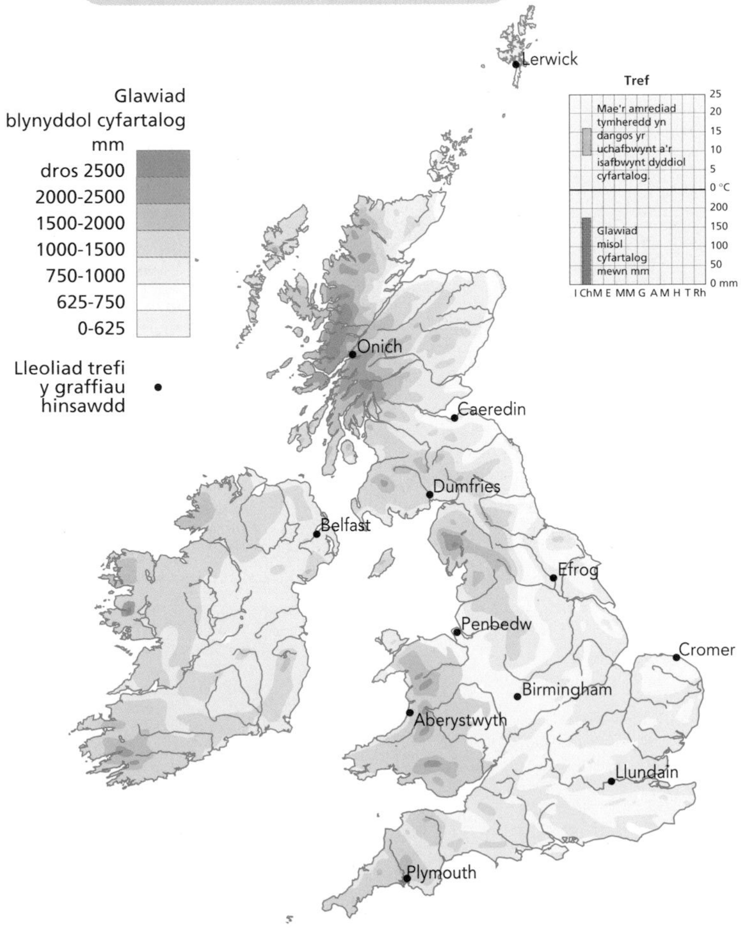

4 GRAFFIAU HINSAWDD

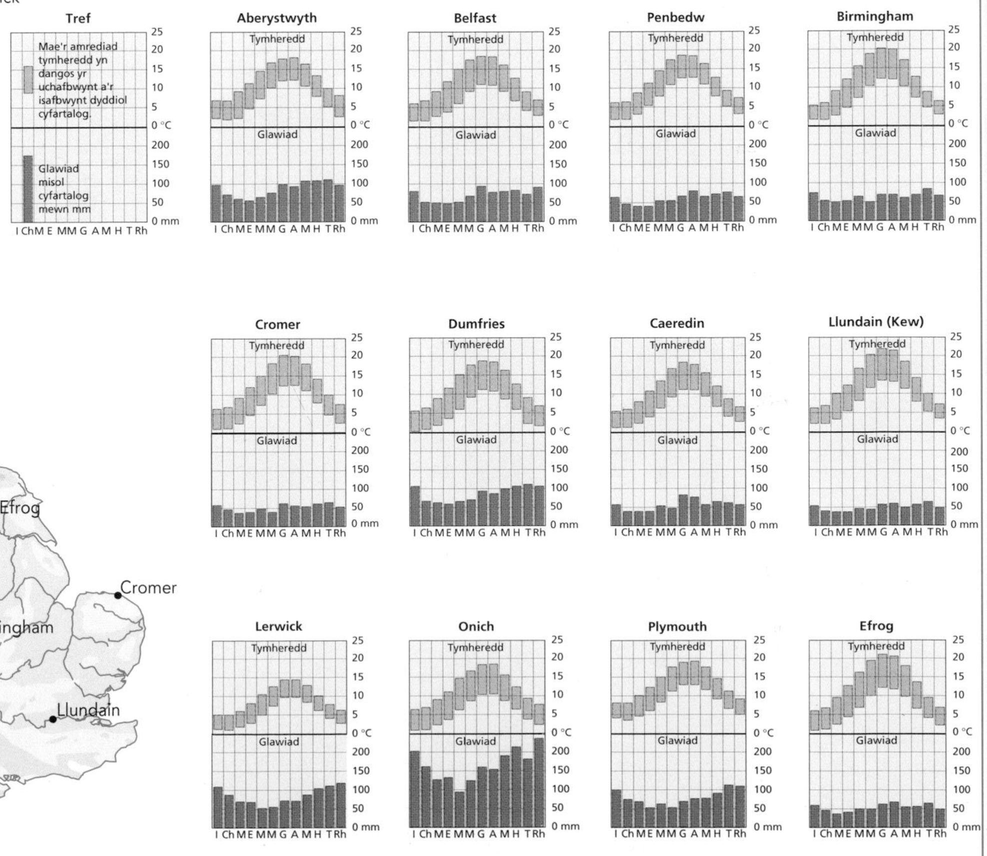

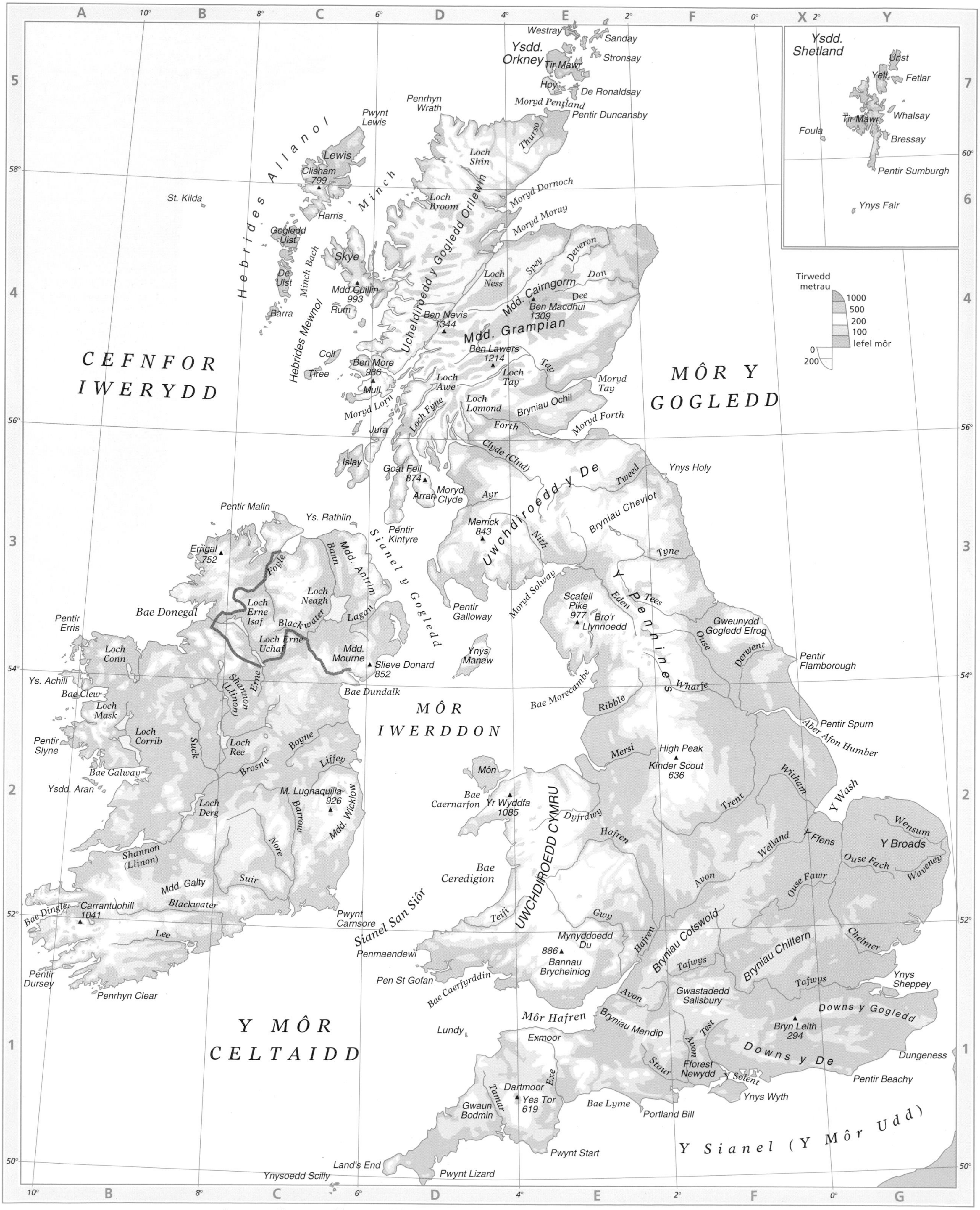
Ysdd. Orkney
Westray
Sanday
Stronsay
Tir Mawr
Hoy
De Ronaldsay
Moryd Pentland
Pentir Duncansby
Ysdd. Shetland
Unst
Yell
Fetlar
Whalsay
Tir Mawr
Foula
Bressay
Pentir Sumburgh
Ynys Fair
Penrhyn Wrath
Pwynt Lewis
Lewis
Clisham 799
Harris
St. Kilda
Hebrides Allanol
Minch
Gogledd Uist
De Uist
Barra
Minch Bach
Hebrides Mewnol
Skye
Mdd.Cuillin 993
Rum
Coll
Tiree
Ben More 966
Mull
Moryd Lorn
Jura
Islay
Loch Broom
Loch Shin
Thurso
Moryd Dornoch
Moryd Moray
Ucheldiroedd y Gogledd Orllewin
Loch Ness
Spey
Deveron
Don
Dee
Mdd. Cairngorm
Ben Macdhui 1309
Ben Nevis 1344
Mdd. Grampian
Ben Lawers 1214
Loch Tay
Tay
Loch Awe
Loch Fyne
Loch Lomond
Bryniau Ochil
Moryd Tay
Moryd Forth
Forth
Clyde (Clud)
Goat Fell 874
Arran
Moryd Clyde
Ayr
Pentir Kintyre
Uwchdiroedd y De
Tweed
Ynys Holy
Bryniau Cheviot
Merrick 843
Nith
Tyne
Moryd Solway
Pentir Galloway
Ynys Manaw
CEFNFOR IWERYDD
MÔR Y GOGLEDD
Pentir Malin
Ys. Rathlin
Errigal 752
Foyle
Bann
Mdd. Antrim
Sianel y Gogledd
Loch Neagh
Lagan
Blackwater
Loch Erne Isaf
Loch Erne Uchaf
Bae Donegal
Pentir Erris
Loch Conn
Mdd. Mourne
Slieve Donard 852
Ys. Achill
Bae Clew
Loch Mask
Loch Corrib
Pentir Slyne
Shannon (Llinon)
Erne
Suck
Loch Ree
Boyne
Brosna
Liffey
Bae Galway
Ysdd. Aran
M. Lugnaquilla 926
Mdd. Wicklow
Barrow
Loch Derg
Nore
Shannon (Llinon)
Suir
Mdd. Galty
Blackwater
Bae Dingle
Carrantuohill 1041
Lee
Pwynt Carnsore
Pentir Dursey
Penrhyn Clear
Bae Dundalk
MÔR IWERDDON
Scafell Pike 977
Bro'r Llynnoedd
Eden
Tees
Y Pennines
Gweunydd Gogledd Efrog
Ouse
Derwent
Pentir Flamborough
Wharfe
Bae Morecambe
Ribble
Pentir Spurn
Aber Afon Humber
Mersi
High Peak
Kinder Scout 636
Witham
Trent
Y Wash
Môn
Bae Caernarfon
Yr Wyddfa 1085
UWCHDIROEDD CYMRU
Dyfrdwy
Hafren
Welland
Y Fflens
Wensum
Y Broads
Ouse Fach
Waveney
Bae Ceredigion
Avon
Ouse Fawr
Sianel San Siôr
Teifi
Gwy
Hafren
Bryniau Cotswold
Bryniau Chiltern
Chelmer
Penmaendewi
Mynyddoedd Du
886
Bannau Brycheiniog
Tafwys
Ynys Sheppey
Pen St Gofan
Bae Caerfyrddin
Avon
Gwastadedd Salisbury
Tafwys
Mor Hafren
Bryniau Mendip
Test
Downs y Gogledd
Bryn Leith 294
Lundy
Exmoor
Avon
Downs y De
Dungeness
Stour
Fforest Newydd
Y Solent
Pentir Beachy
Exe
Dartmoor
Yes Tor 619
Tamar
Gwaun Bodmin
Bae Lyme
Ynys Wyth
Portland Bill
Y MÔR CELTAIDD
Y Sianel (Y Môr Udd)
Pwynt Start
Land's End
Pwynt Lizard
Ynysoedd Scilly
Tirwedd metrau
1000
500
200
100
lefel môr
0
200
A B C D E F G X Y
1 2 3 4 5 6 7
10° 8° 6° 4° 2° 0° 2°
50° 52° 54° 56° 58° 60°
0 50 100 150 km

GRADDFA 1 : 4 000 000

Taffluniad Conig

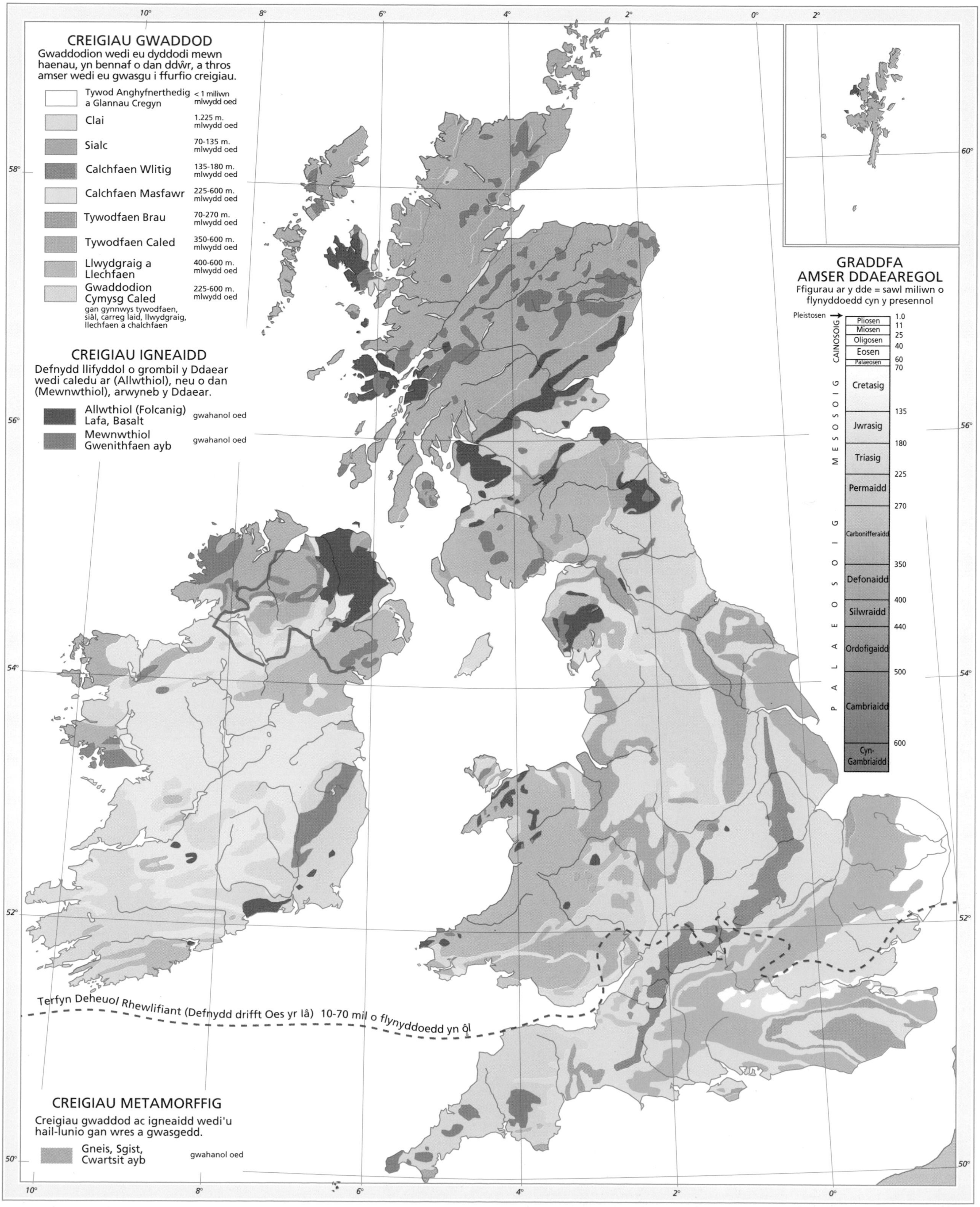
CREIGIAU GWADDOD
Gwaddodion wedi eu dyddodi mewn haenau, yn bennaf o dan ddŵr, a thros amser wedi eu gwasgu i ffurfio creigiau.
Tywod Anghyfnerthedig a Glannau Cregyn
< 1 miliwn mlwydd oed
Clai
1.225 m. mlwydd oed
Sialc
70-135 m. mlwydd oed
Calchfaen Wlitig
135-180 m. mlwydd oed
Calchfaen Masfawr
225-600 m. mlwydd oed
Tywodfaen Brau
70-270 m. mlwydd oed
Tywodfaen Caled
350-600 m. mlwydd oed
Llwydgraig a Llechfaen
400-600 m. mlwydd oed
Gwaddodion Cymysg Caled
gan gynnwys tywodfaen, siâl, carreg laid, llwydgraig, llechfaen a chalchfaen
225-600 m. mlwydd oed
CREIGIAU IGNEAIDD
Defnydd llifyddol o grombil y Ddaear wedi caledu ar (Allwthiol), neu o dan (Mewnwthiol), arwyneb y Ddaear.
Allwthiol (Folcanig) Lafa, Basalt
gwahanol oed
Mewnwthiol Gwenithfaen ayb
gwahanol oed
CREIGIAU METAMORFFIG
Creigiau gwaddod ac igneaidd wedi'u hail-lunio gan wres a gwasgedd.
Gneis, Sgist, Cwartsit ayb
gwahanol oed
GRADDFA AMSER DDAEAREGOL
Ffigurau ar y dde = sawl miliwn o flynyddoedd cyn y presennol
Pleistosen
CAINOSOIG
Pliosen
Miosen
Oligosen
Eosen
Palaeosen
1.0
11
25
40
60
70
MESOSOIG
Cretasig
135
Jwrasig
180
Triasig
225
PALAEOSOIG
Permaidd
270
Carboniferaidd
350
Defonaidd
400
Silwraidd
440
Ordofigaidd
500
Cambriaidd
600
Cyn-Gambriaidd
Terfyn Deheuol Rhewlifiant (Defnydd drifft Oes yr Iâ) 10-70 mil o flynyddoedd yn ôl
10°
8°
6°
4°
2°
0°
2°
58°
56°
54°
52°
50°
60°

1 DWYSEDD POBLOGAETH

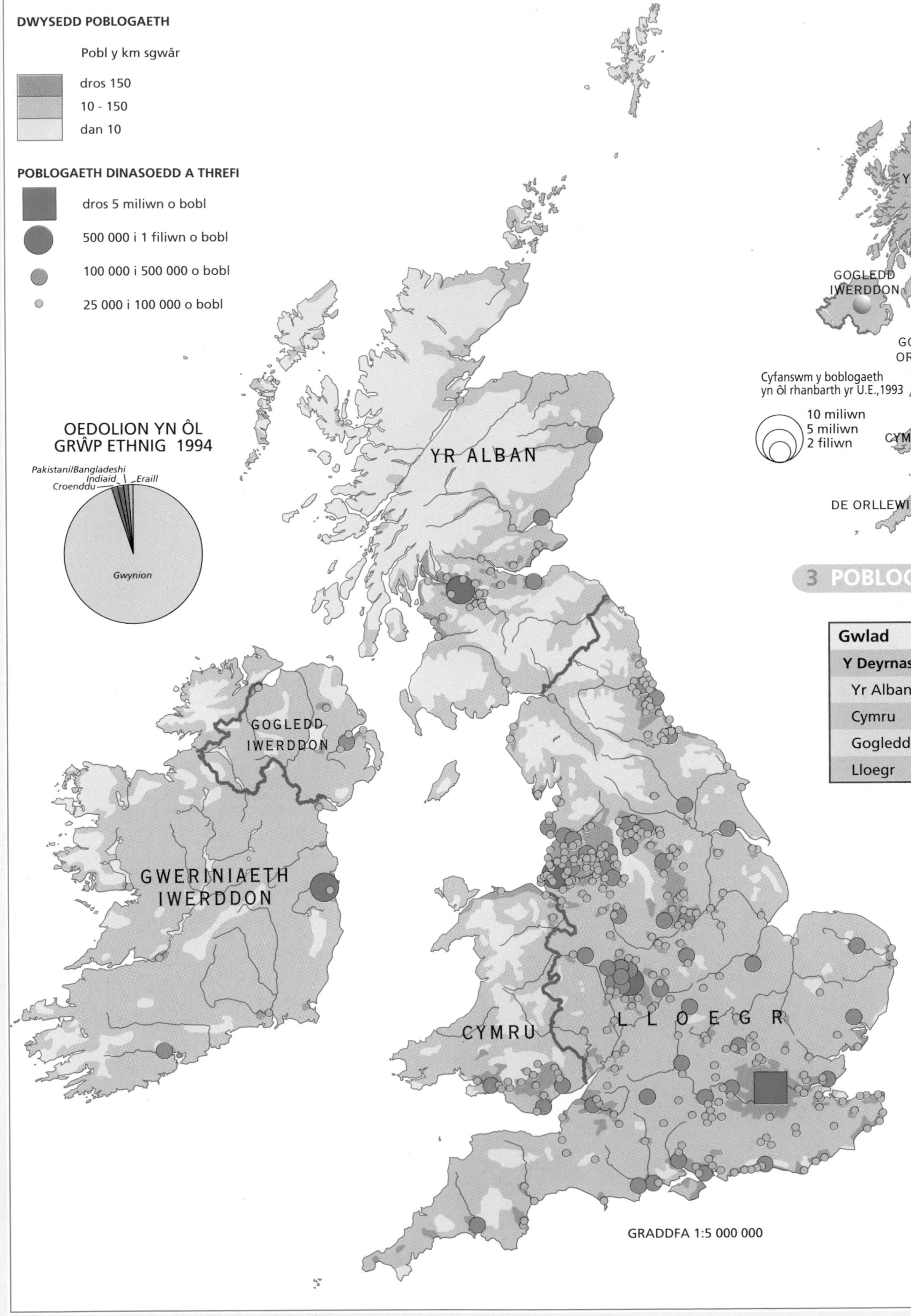

2 POBLOGAETH YN ÔL RHANBARTH

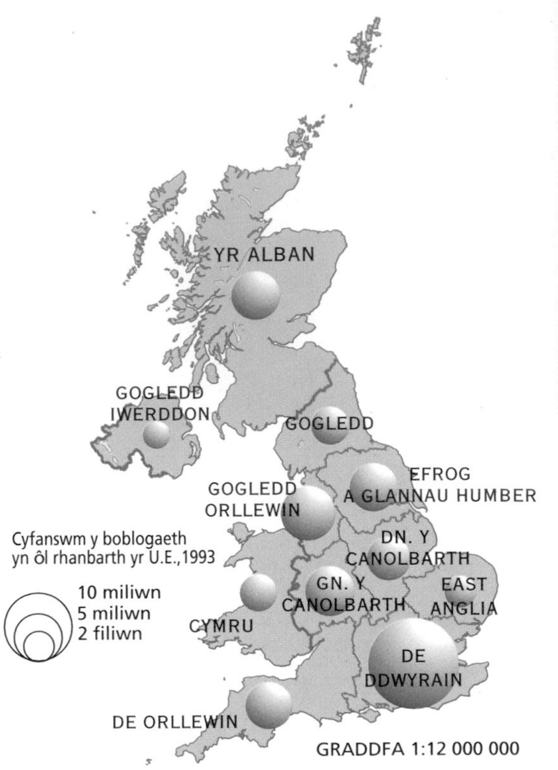

3 POBLOGAETH YN ÔL GWLAD

Gwlad	amcangyfrif 1993
Y Deyrnas Unedig	58 191 000
Yr Alban	5 120 000
Cymru	2 906 000
Gogledd Iwerddon	1 632 000
Lloegr	48 533 000

TWF POBLOGAETH 1901-2031

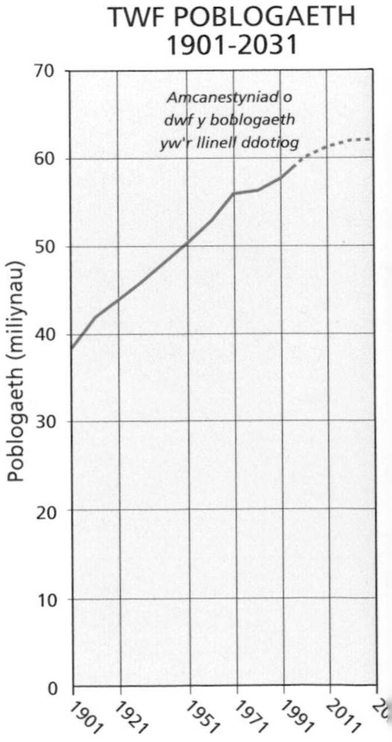

4 NEWID POBLOGAETH

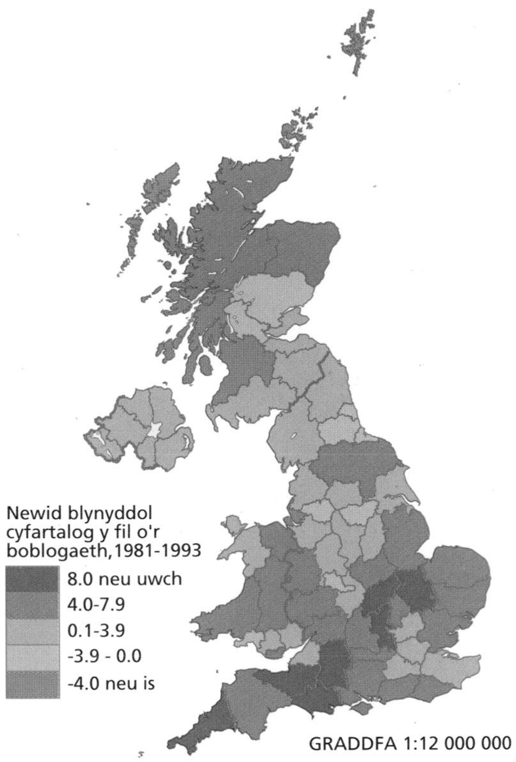

5 POBLOGAETH DAN 18

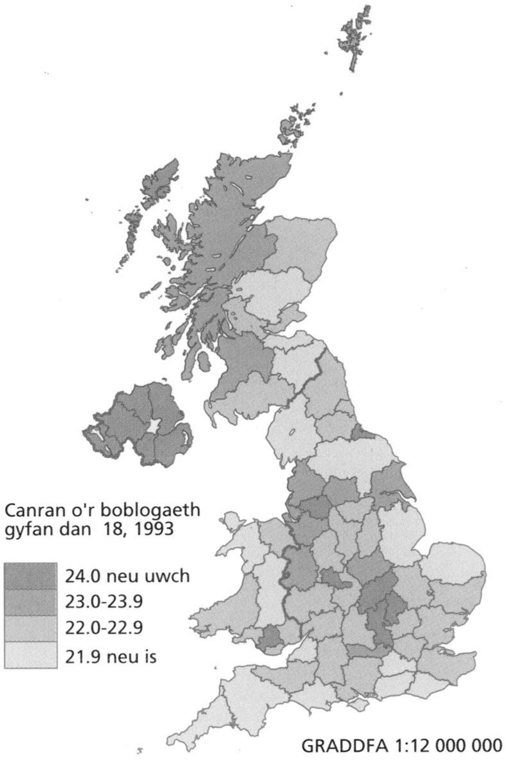

6 WEDI YMDDEOL

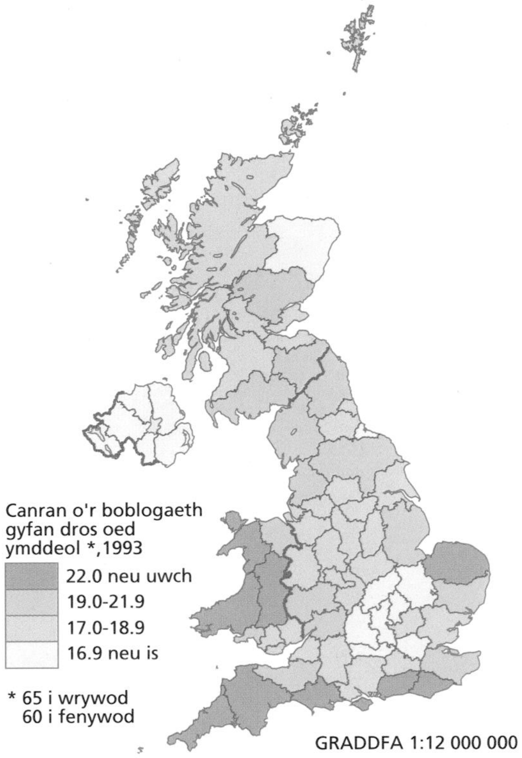

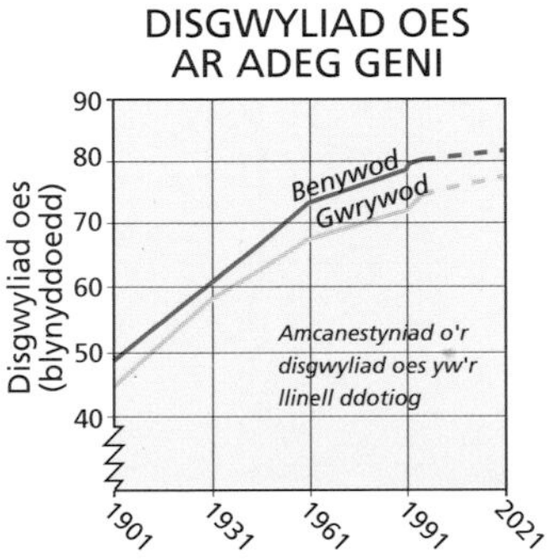

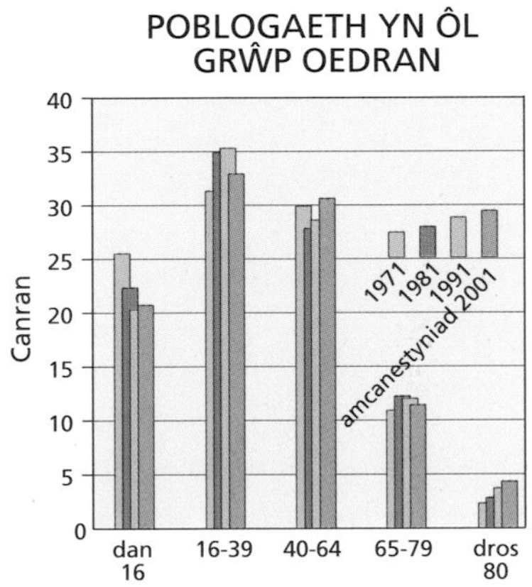

7 MUDO MEWNOL

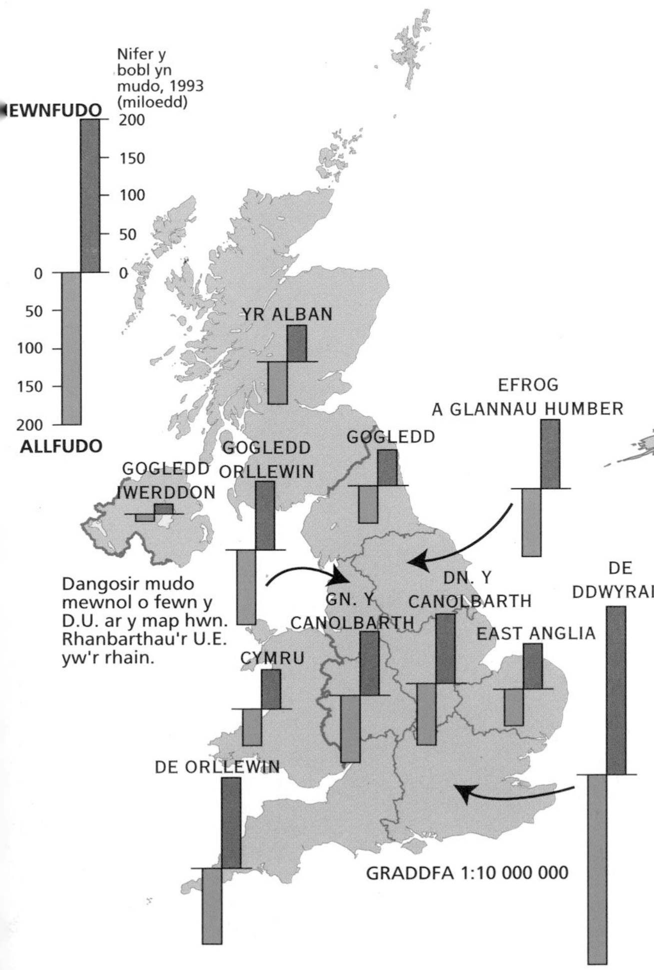

8 MUDO RHYNGWLADOL

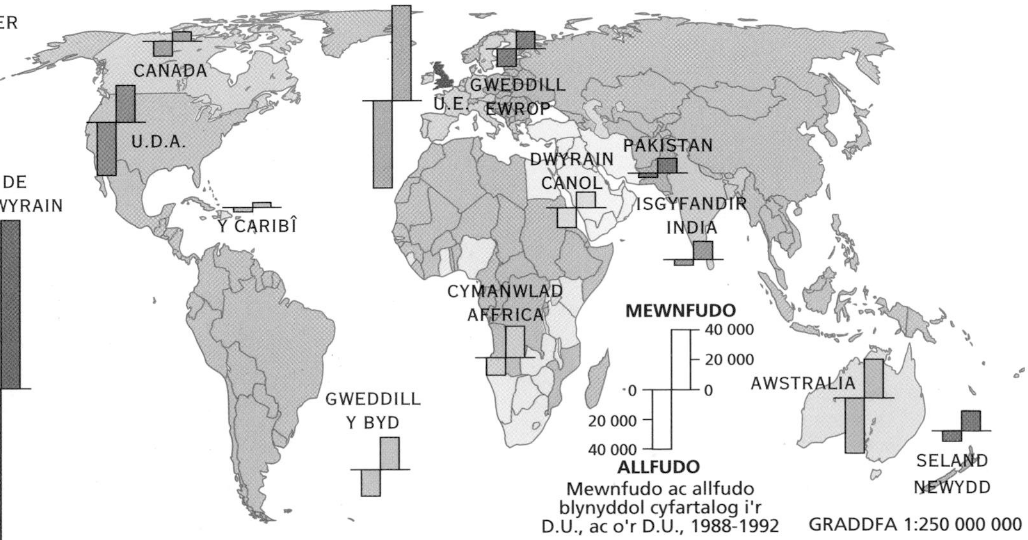

1 CYFLOGAETH YN ÔL RHANBARTH

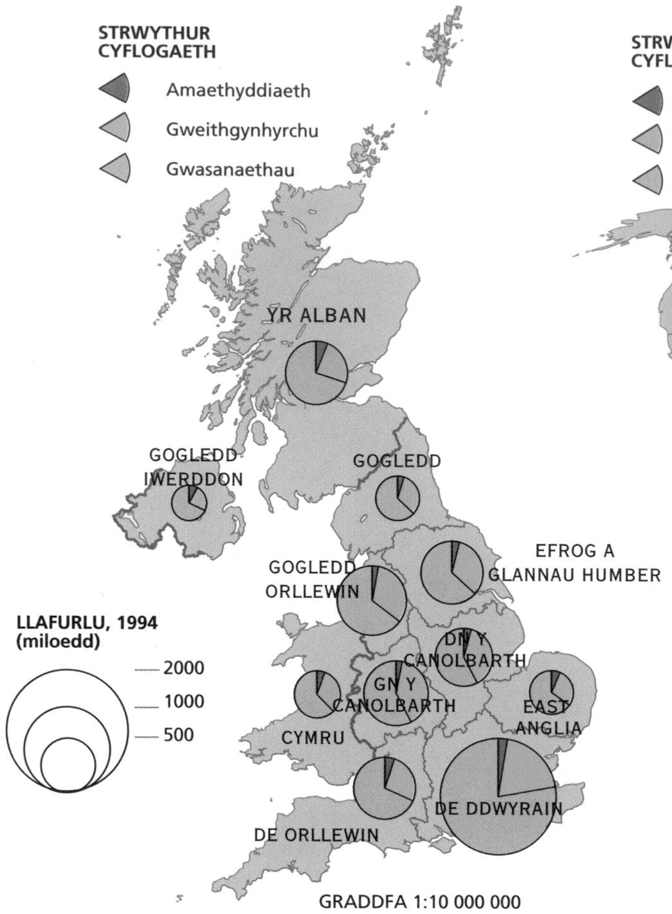

2 CYFLOGAETH YN ÔL SECTOR

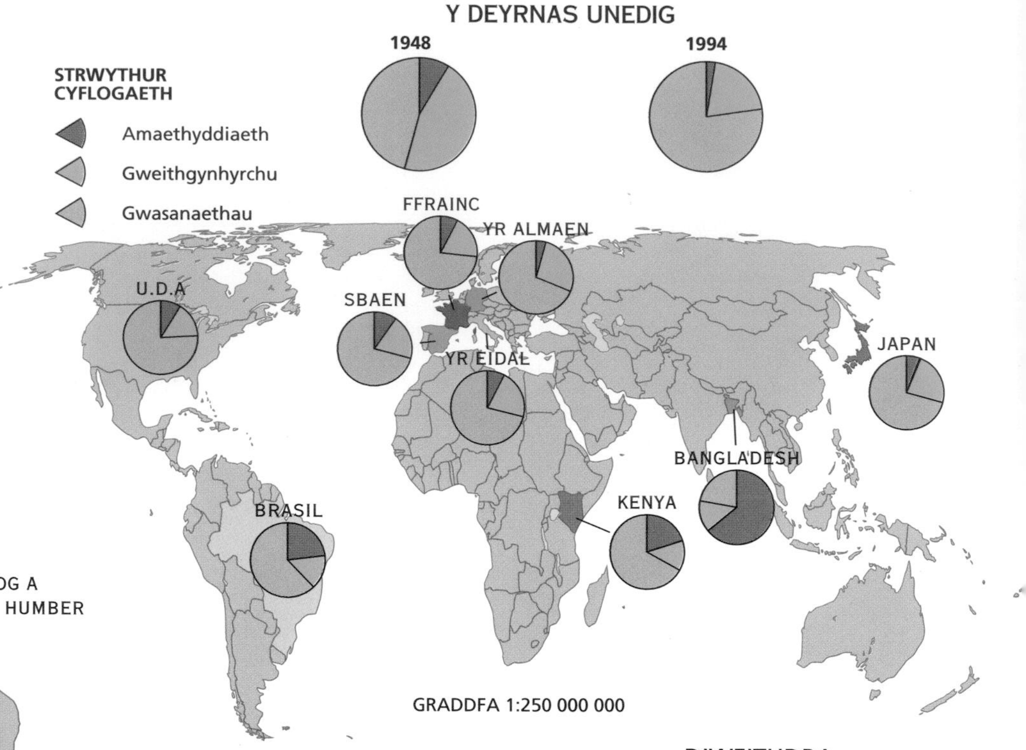

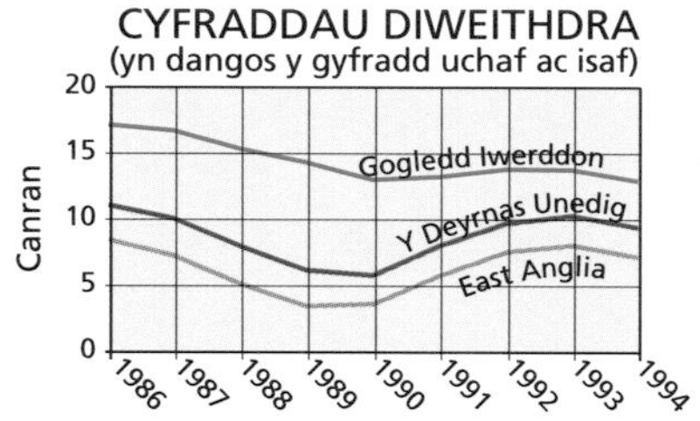

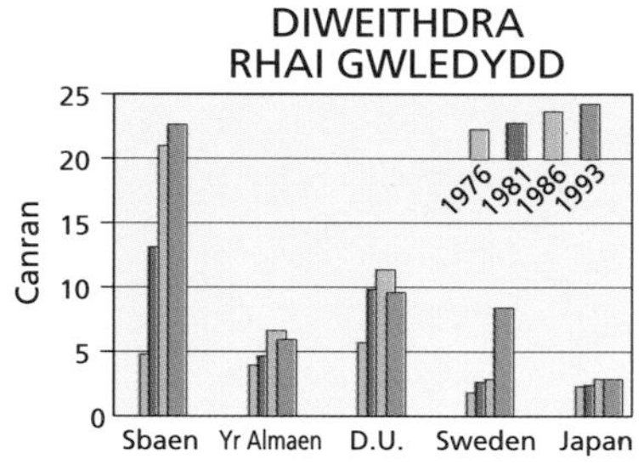

3 NEWID MEWN CYFLOGAETH 1981-1994

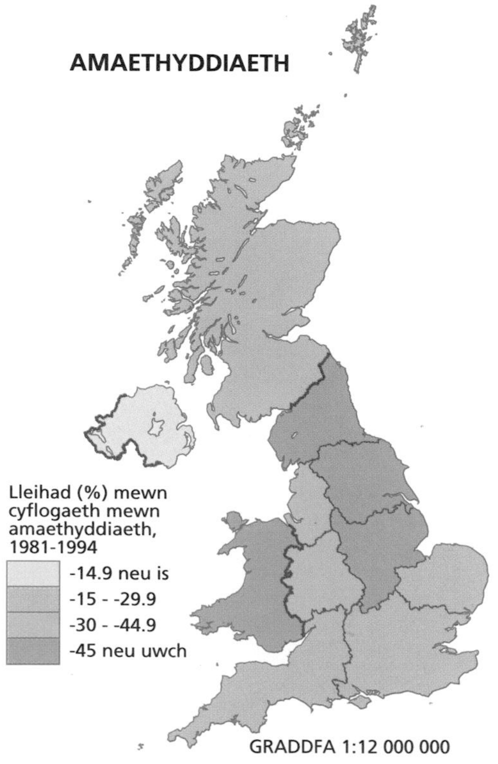

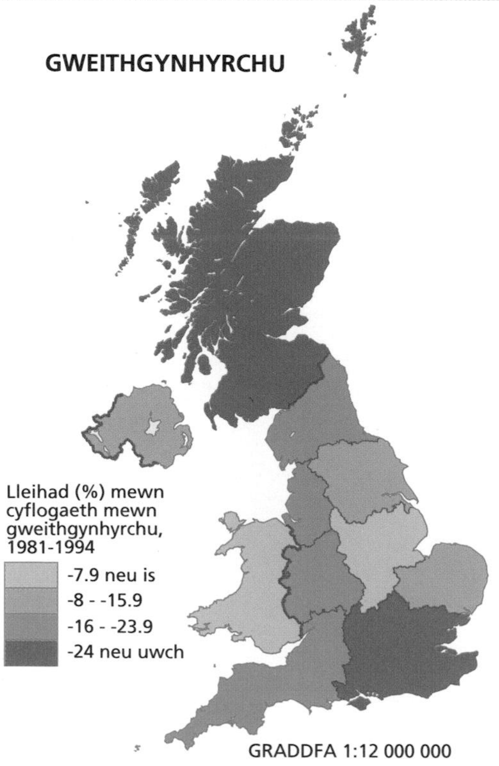

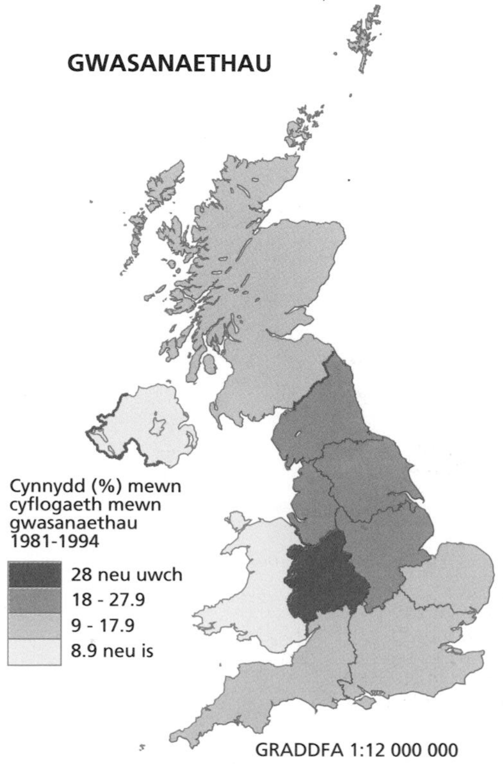

4 DEFNYDD TIR

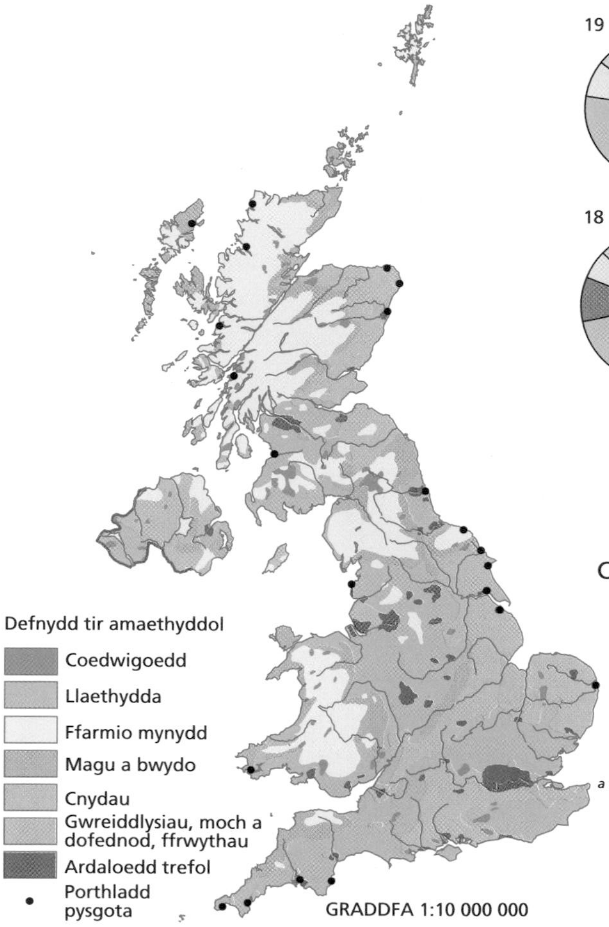

NEWID MEWN DEFNYDD TIR AMAETHYDDOL 1961-1991

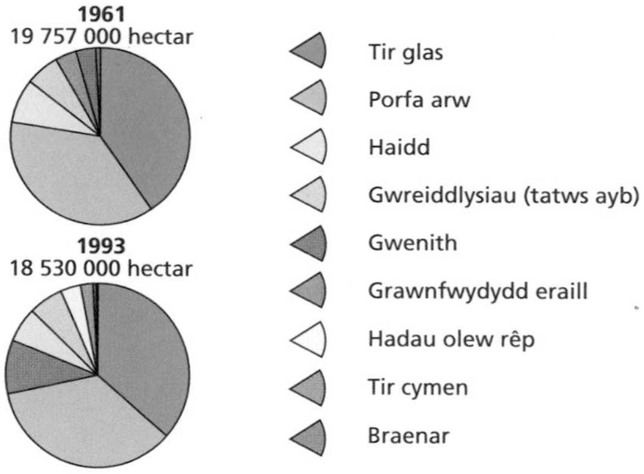

5 DIWYDIANNAU GWEITHGYNHYRCHU

CYNNYRCH GWEITHGYNHYRCHU, 1993 CYFANSWM £ 118 292 000 000

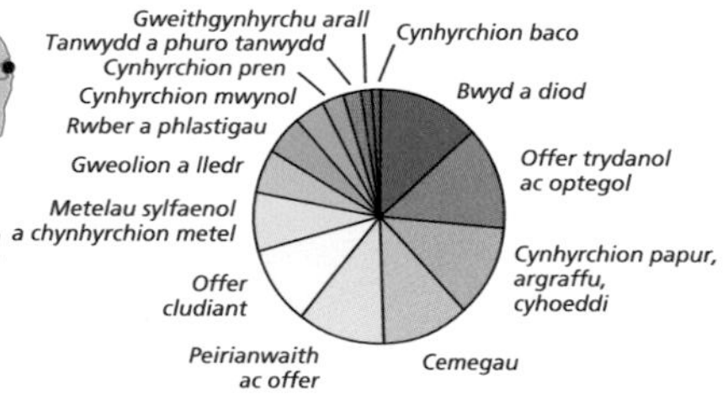

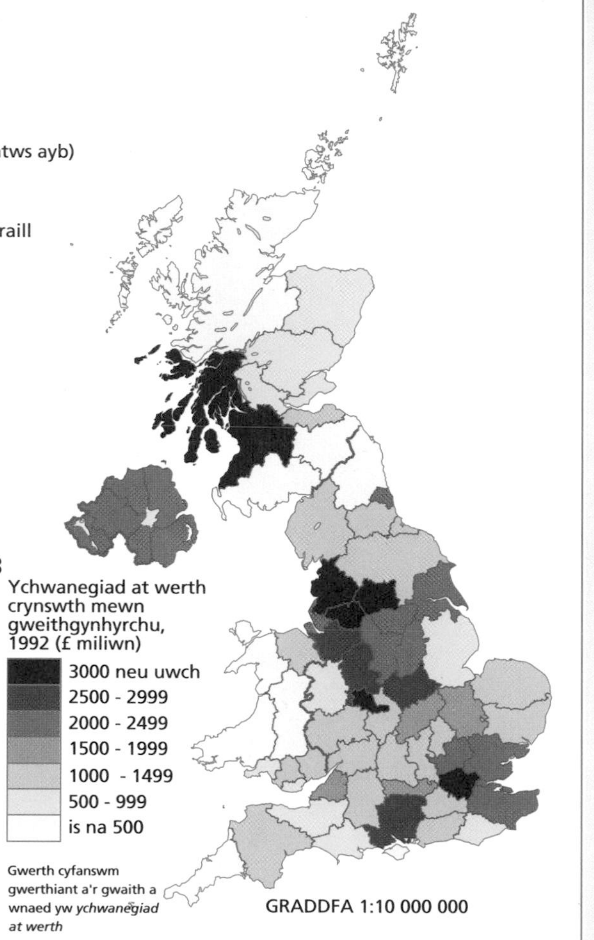

6 MASNACH RYNGWLADOL

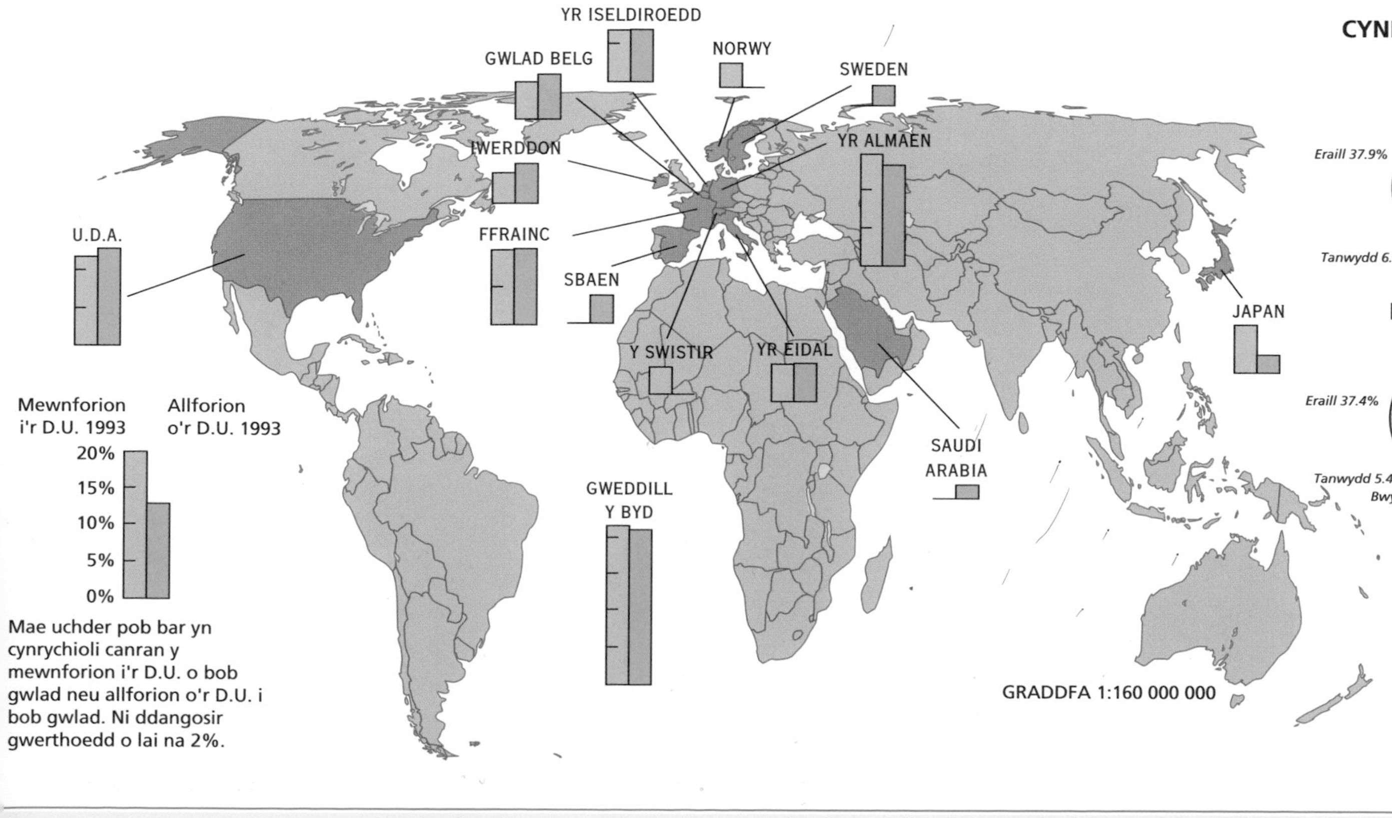

Mae uchder pob bar yn cynrychioli canran y mewnforion i'r D.U. o bob gwlad neu allforion o'r D.U. i bob gwlad. Ni ddangosir gwerthoedd o lai na 2%.

CYNHYRCHION 1993

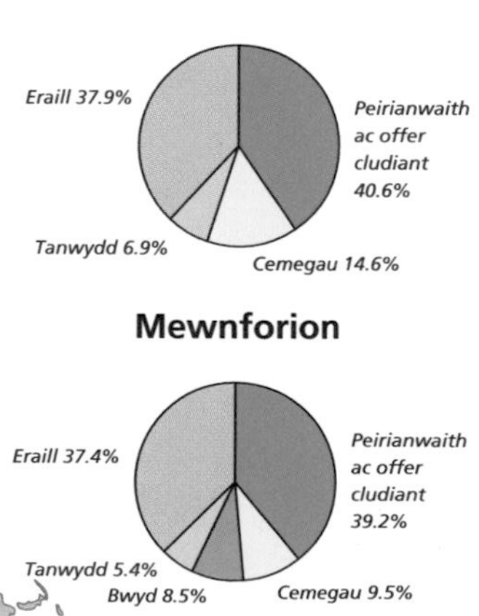

1 FFYNONELLAU EGNI

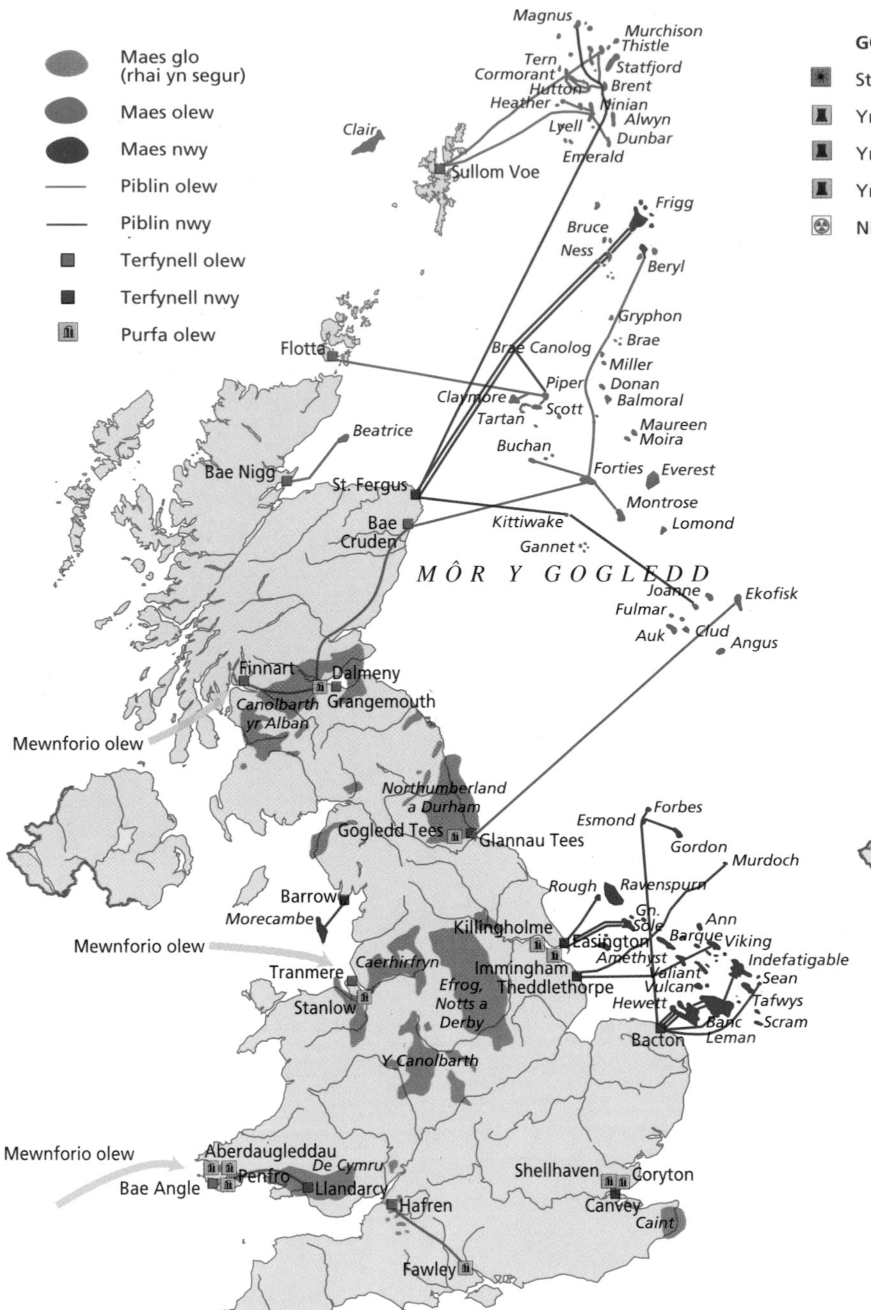

2 CYNNYRCH EGNI

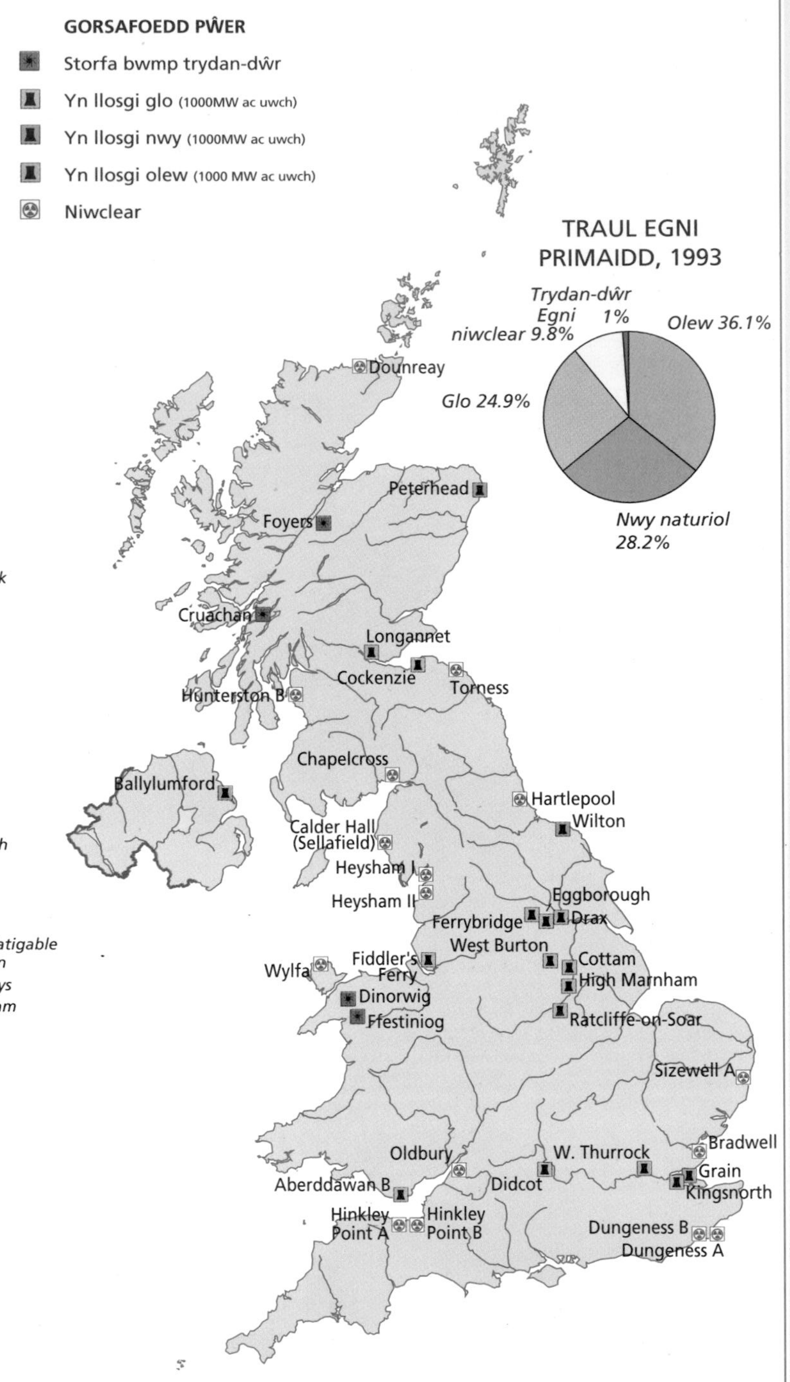

OLEW A NWY NATURIOL WRTH GEFN,1994

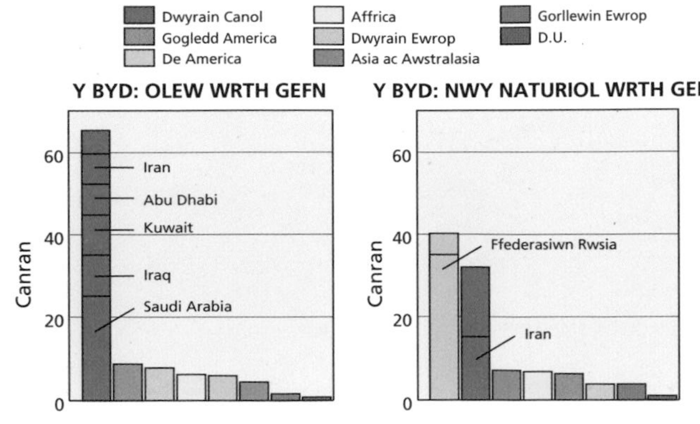

D.U. : CYNNYRCH OLEW, GLO A NWY NATURIOL

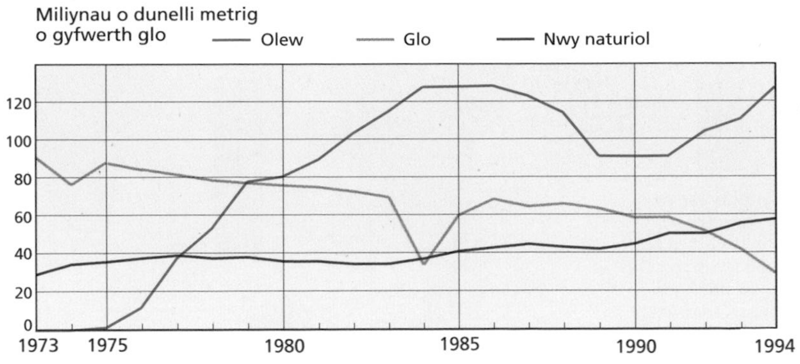

GRADDFA 1 : 8 000 000

Tafluniad Conig

1 ATYNIADAU I YMWELWYR

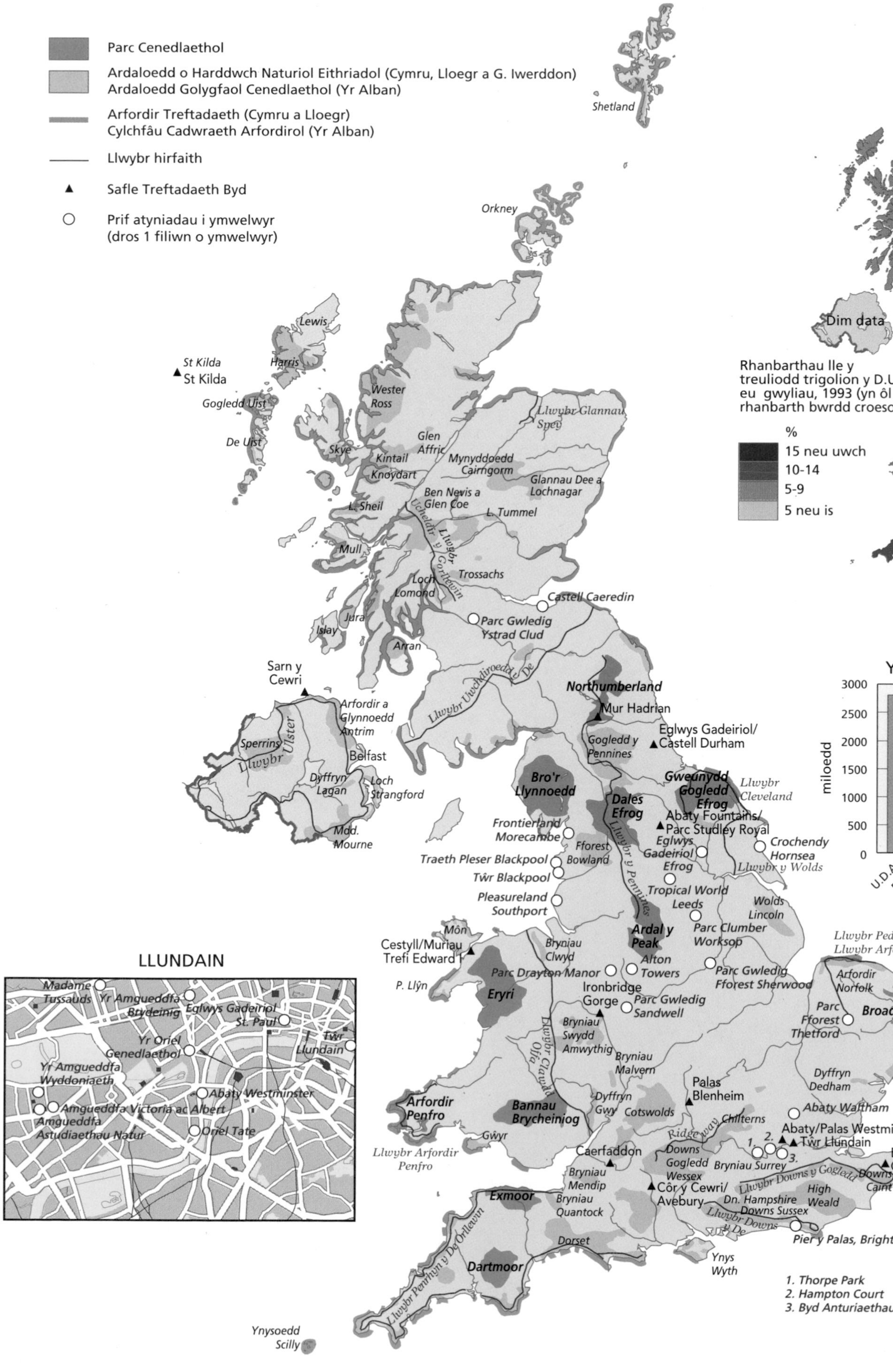

2 GWYLIAU YN Y D.U.

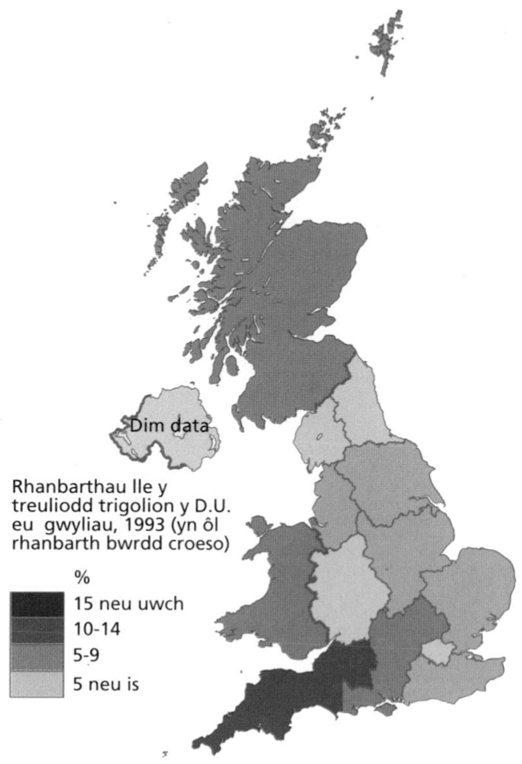

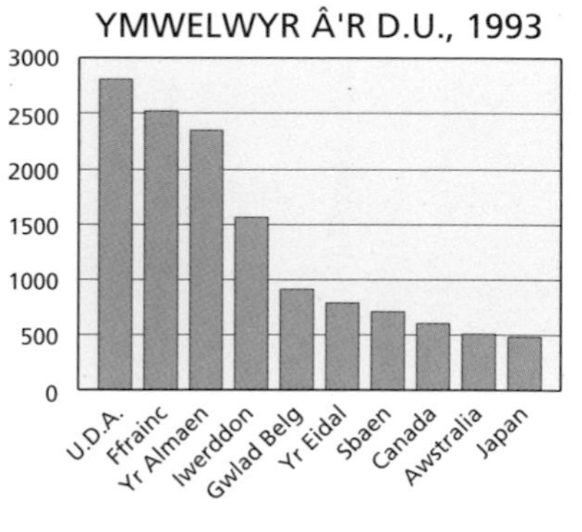

GRADDFA 1 : 5 000 000

Tafluniad Conig

1 RHWYDWAITH FFYRDD

2 RHWYDWAITH RHEILFFYRDD

TEITHIO I'R GWAITH, CYFARTALEDD 1991-1993

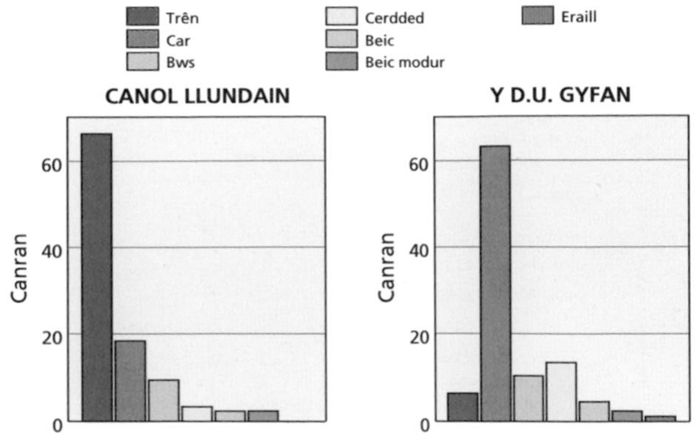

NIFER Y CEIR

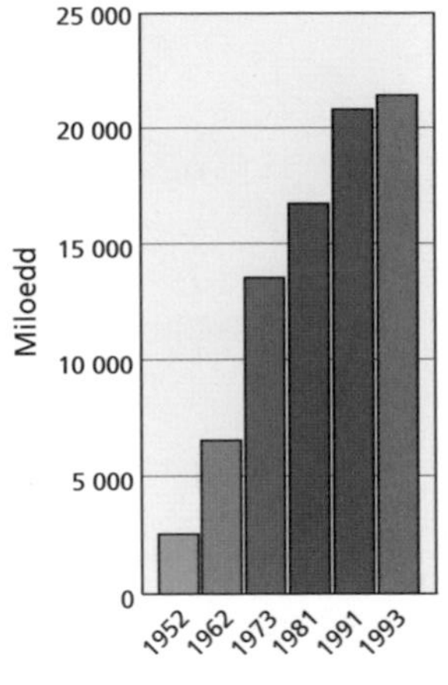

D.U. : CLUDO NWYDDAU AR Y FFYRDD A'R RHEILFFYRDD

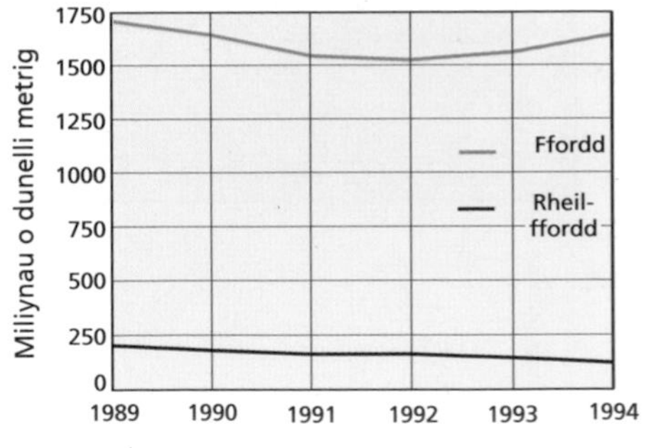

GRADDFA 1 : 8 000 000

3 PORTHLADDOEDD

4 MEYSYDD AWYR

NIFER Y TEITHWYR YN CYRRAEDD A GADAEL PORTHLADDOEDD PRYDAIN, YN ÔL GWLAD

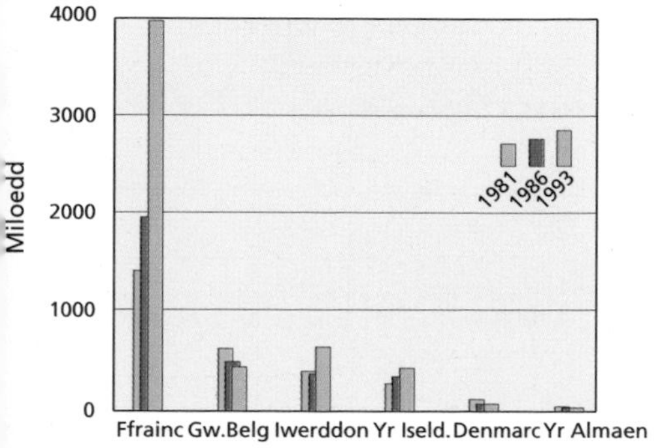

CLUDO NWYDDAU TRWY'R PRIF BORTHLADDOEDD

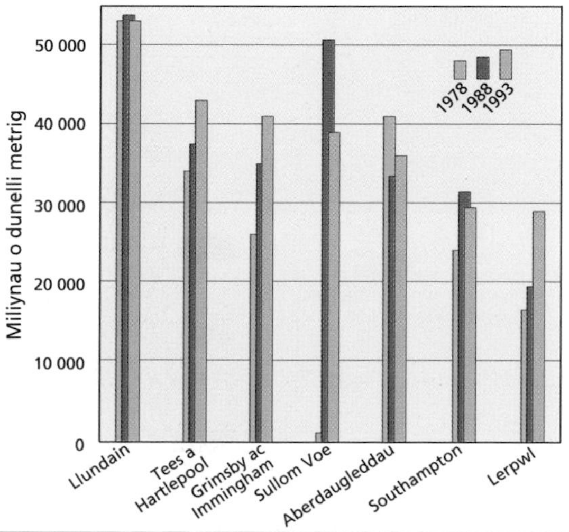

TEITHIAU AWYR O FEWN Y D.U.: DOSBARTHIAD TEITHWYR YN ÔL MAES AWYR, 1993 CYFANSWM 26 332 000

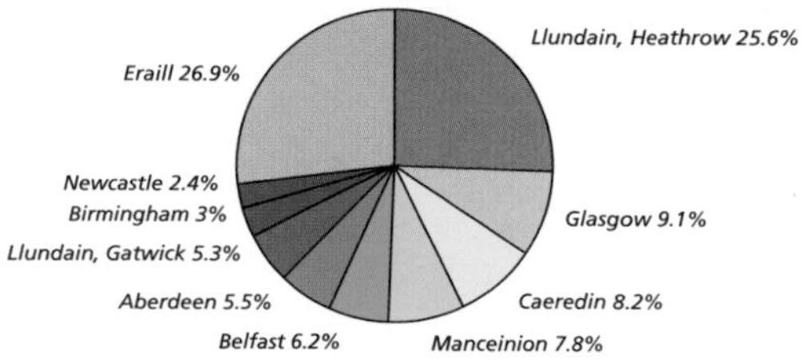

Gan gynnwys teithio i/o lwyfannau olew a symudiadau'r lluoedd arfog.

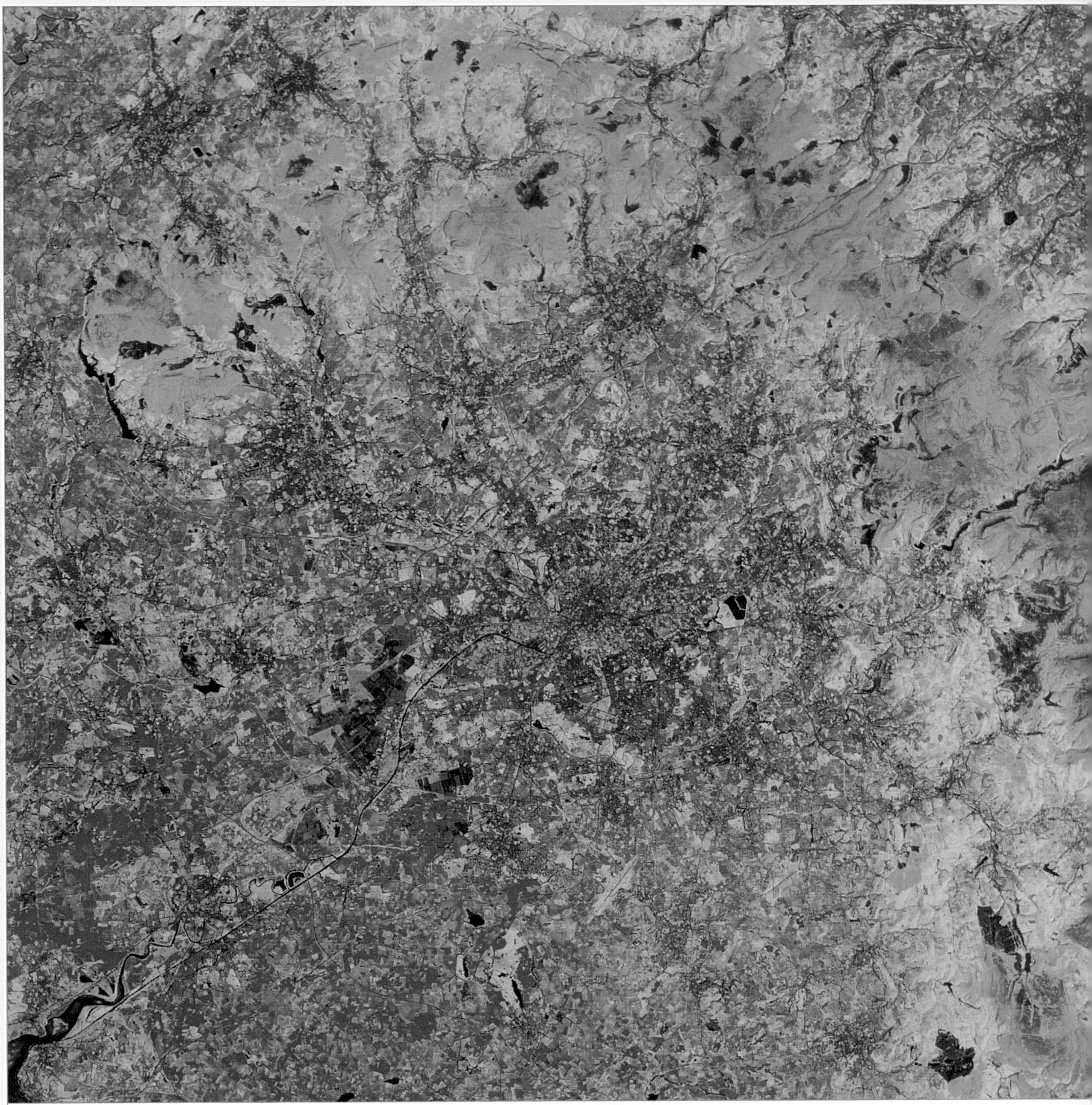

Ucheldir

Mae'r lliw glas/gwyrdd yn cyfateb i laswelltir dros 300 metr uwchlaw lefel môr ar y map gyferbyn. Yn ardaloedd uchaf y Pennines mae'r lliw yn troi'n wyrddach wrth i'r glaswelltir newid yn weundir, er enghraifft o amgylch Shining Tor.

Iseldir a thir âr

Yr ardaloedd sy'n amgylchynu Manceinion yw'r ardaloedd lliw oren a choch. Mae'r tir amaethyddol ar lan afon Mersi yn gochach.

Ardal adeiledig

Mae'r ardaloedd hyn yn las tywyll ar y llun lloeren. Yr ardal adeiledig fwyaf yw cytref Manceinion. Yn rhan uchaf y llun lloeren, ar y chwith, mae ardaloedd adeiledig Blackburn ac Accrington yn sefyll allan o'r tiroedd fferm sydd o'u hamgylch.

Coetir

Gellir gweld rhai ardaloedd o goetir ar lethrau isaf Shining Tor, yn ogystal ag ardal fechan ger Alderley Edge.

Cronfa Ddŵr

Gellir gweld siâp arbennig cronfeydd dŵr yn ardal y Pennines - er enghraifft Cronfa Ddŵr Watergrove ger Whitworth a Chronfa Ddŵr Errwood i'r de o Whaley Bridge.

Camlas

Gellir gweld llinell syth Camlas Longau Manceinion yn rhedeg wrth ochr llwy troellog afon Mersi.

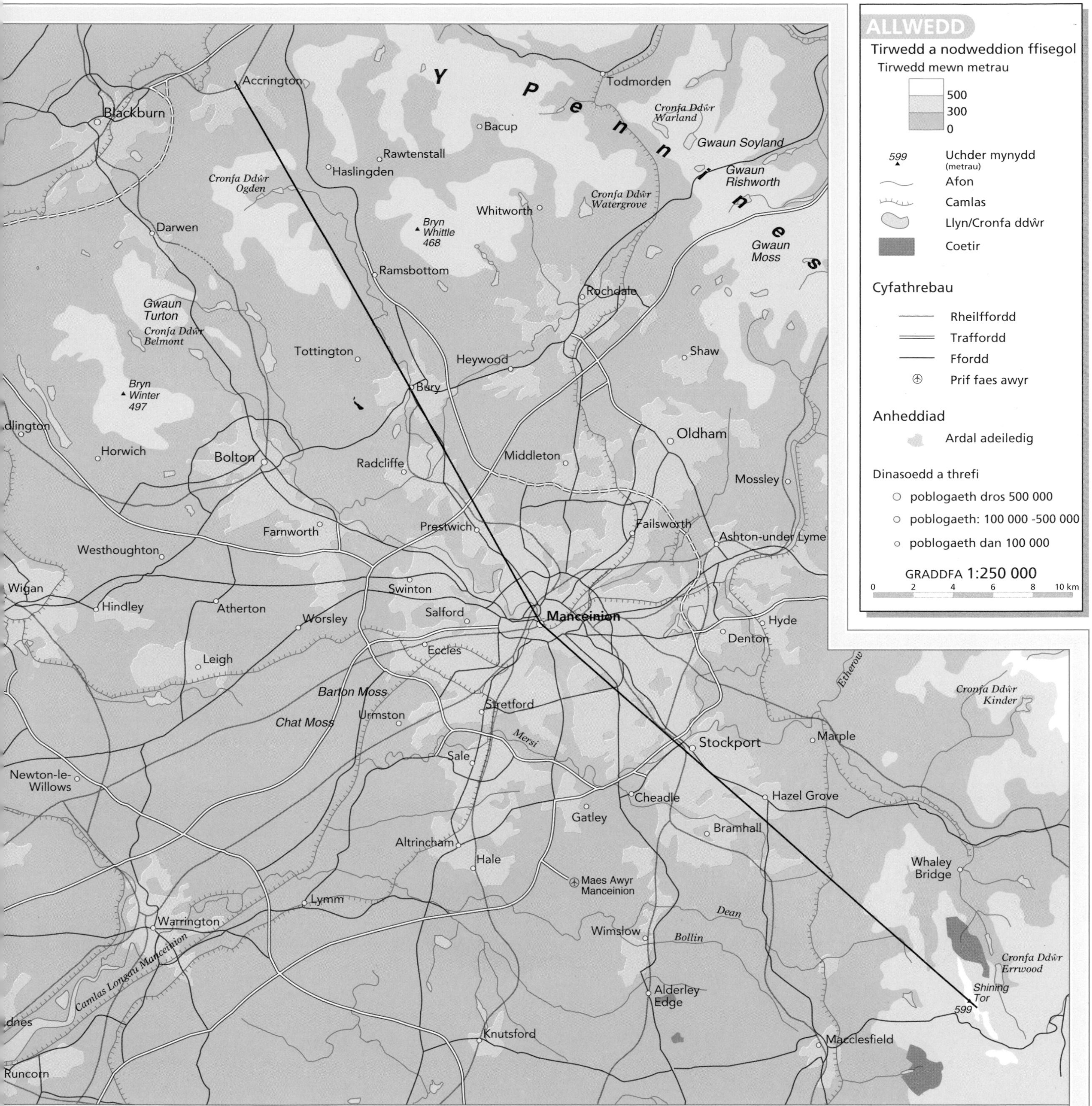
ALLWEDD
Tirwedd a nodweddion ffisegol
Tirwedd mewn metrau
500
300
0
599
Uchder mynydd
(metrau)
Afon
Camlas
Llyn/Cronfa ddŵr
Coetir
Cyfathrebau
Rheilffordd
Traffordd
Ffordd
Prif faes awyr
Anheddiad
Ardal adeiledig
Dinasoedd a threfi
poblogaeth dros 500 000
poblogaeth: 100 000 -500 000
poblogaeth dan 100 000
GRADDFA 1:250 000
0 2 4 6 8 10 km
Y Pennines
Accrington
Blackburn
Todmorden
Cronfa Ddŵr Warland
Bacup
Gwaun Soyland
Rawtenstall
Haslingden
Gwaun Rishworth
Cronfa Ddŵr Ogden
Cronfa Ddŵr Watergrove
Whitworth
Darwen
Bryn Whittle 468
Gwaun Moss
Ramsbottom
Rochdale
Gwaun Turton
Cronfa Ddŵr Belmont
Tottington
Heywood
Shaw
Bryn Winter 497
Bury
Oldham
Horwich
Bolton
Radcliffe
Middleton
Mossley
Farnworth
Prestwich
Failsworth
Ashton-under Lyme
Westhoughton
Wigan
Swinton
Hindley
Atherton
Salford
Worsley
Manceinion
Hyde
Denton
Leigh
Eccles
Etherow
Cronfa Ddŵr Kinder
Barton Moss
Stretford
Chat Moss
Urmston
Mersi
Stockport
Marple
Sale
Newton-le-Willows
Cheadle
Hazel Grove
Gatley
Bramhall
Altrincham
Hale
Whaley Bridge
Maes Awyr Manceinion
Lymm
Warrington
Dean
Wimslow
Bollin
Camlas Longau Manceinion
Cronfa Ddŵr Errwood
Shining Tor
599
Alderley Edge
Knutsford
Macclesfield
Runcorn

Trawstoriad o Accrington i Shining Tor

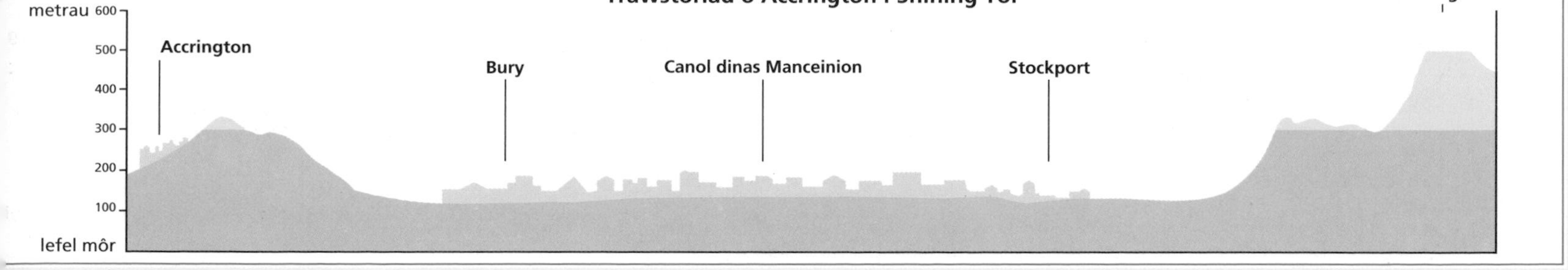
der mewn metrau
600
500
400
300
200
100
lefel môr
Accrington
Bury
Canol dinas Manceinion
Stockport
Shining Tor

30°
A
20°
B
10°
C
0°
D
10°
E
20°
F
30°
Jan Mayen
MÔR
BARENTS
Cylch Arctig
Húnaflói
Faxaflói
Fontur
Snæfell 1833
Vestmannaeyjar
Vatnajökull
Ynys yr Iâ
CEFNFOR IWERYDD
Môr Norwy
Penrhyn y Gogledd
Sørøya
Inarijärvi
Lofoten
Vesterålen
Ffiord y Gorllewin
Lapdir
Kemi
Lule
Ume
Indals
Gwlff Bothnia
Llychlyn
Tirwedd
Tirwedd metrau
5000
3000
2000
1000
500
200
lefel môr
0
200
4000
6000
islaw lefel y môr
Cap iâ
Føroyar
Shetland
Orkney
Hebrides Allanol
Ben Nevis 1344
Åland
Mälaren
Gwlff y Ffindir
Hiiumaa
Saaremaa
Gwlff Riga
Ll. Peipus
Vänern
Vättern
Gotland
Öland
Skagerrak
Kattegat
Môr y Gogledd
Ynysoedd Prydain
Pentir Malin
Bae Donegal
Bae Galway
Shannon (Llinon)
Iwerddon
Môr Iwerddon
Y Pennines
Prydain Fawr
Yr Wyddfa 1085
Y Wash
Penrhyn Clear
Sianel San Siôr
Tafwys
Land's End
Ynysoedd Scilly
Y Sianel (Y Môr Udd)
Culfor Dover
Ynysoedd y Sianel
Sjælland
Fyn
Bornholm
Y Môr Baltig
Ysdd. Ffrisia
Ijsselmeer
Weser
Elbe
GWASTADEDD GOGLEDD
Wisła (Vistula)
Warta
Odra
Bug
Corsydd Pripyat
Maas
Rhein
Taunus
Ardennes
Mosel
Seine
Marne
Mdd. Mwyn
Mdd. Sudety
Fforest Bohemia
Llydaw
Loire
Vienne
Allier
Saône
Vosges
Donaw
Inn
Bodensee
Jura
Dnestr
Carpatiau
Bae Vizcaya
Gwlff Gasgwyn
Gironde
M. Dore 1885
Massif Central
Ll. Genefa
M. Blanc 4808
Matterhorn 4478
YR ALPAU
Grossglockner 3798
Ll. Balaton
Tisza
Gwastadedd Hwngari
Mureş
Alpau Transilvania
P. Finisterre
Mdd. Cantabria
Douro
Duero
Ebro
Pyreneau
Copa Aneto 3404
Rhône
Po
Gwlff Genova
Môr Liguria
Côte d'Azur
Gwlff Lion
Corse
Appennini
Môr Adria
Alpau Dinarig
Sava
Morava
Mdd. y Balcanau
Mdd. Rodopi
Tejo
Sierra Morena
Guadalquivir
Sierra Nevada
P. S. Vicente
Gwlff Valencia
Ysdd. Baleares
Menorca
Mallorca
Ibiza
Sardegna
Culfor Bonifacio
Vesuvius 1281
Môr Tirreno
Gwlff Taranto
Corfu
Mynyddoedd Pindos
Môr Ionia
Zákinthos
Évvoia
Môr Aegea
Naxos
Dodeka
Culfor Gibraltar
Y MÔR CANOLDIR
Sicilia
Stromboli
M. Etna 3323
P. Passero
Creta
Llwyfandiroedd Uchel
Atlas Sahara
Atlas Mawr
Toubkal 4167
60°
50°
40°
30°
4
3
2
1
C
0°
D
10°
E
20°
F

GRADDFA 1 : 16 000 000

0 200 400 600 800 km

Cafodd yr Undeb Ewropeaidd (UE) ei greu ym 1957 gan Gytundeb Rhufain. Aelodau gwreiddiol y Gymuned Economaidd Ewropeaidd yr adeg honno oedd Yr Eidal, Ffrainc, Gorllewin yr Almaen, Gwlad Belg, Yr Iseldiroedd a Luxembourg. Tyfodd yr UE er 1957 ac erbyn hyn (1999) mae'n cynnwys 15 o aelod-wledydd. Mae mwy o wledydd yn nwyrain Ewrop wedi gwneud cais i ymuno â'r UE.

Bellach mae cyfanswm poblogaeth yr UE dros 341 miliwn.

1 TYMHEREDD A GWASGEDD: IONAWR

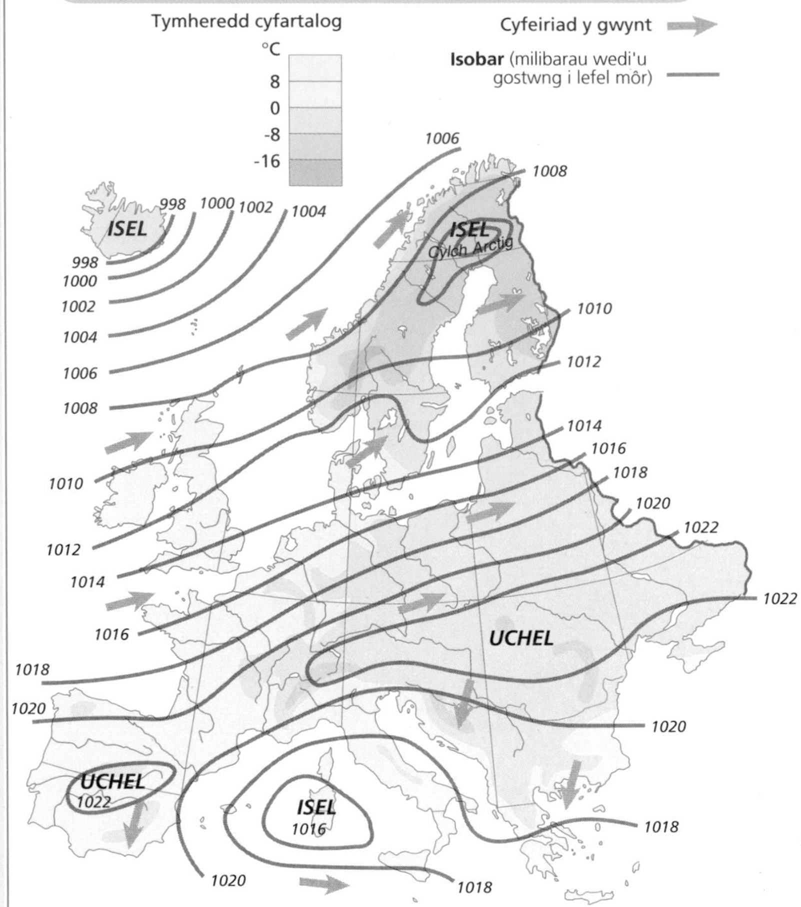

2 TYMHEREDD A GWASGEDD: GORFFENNAF

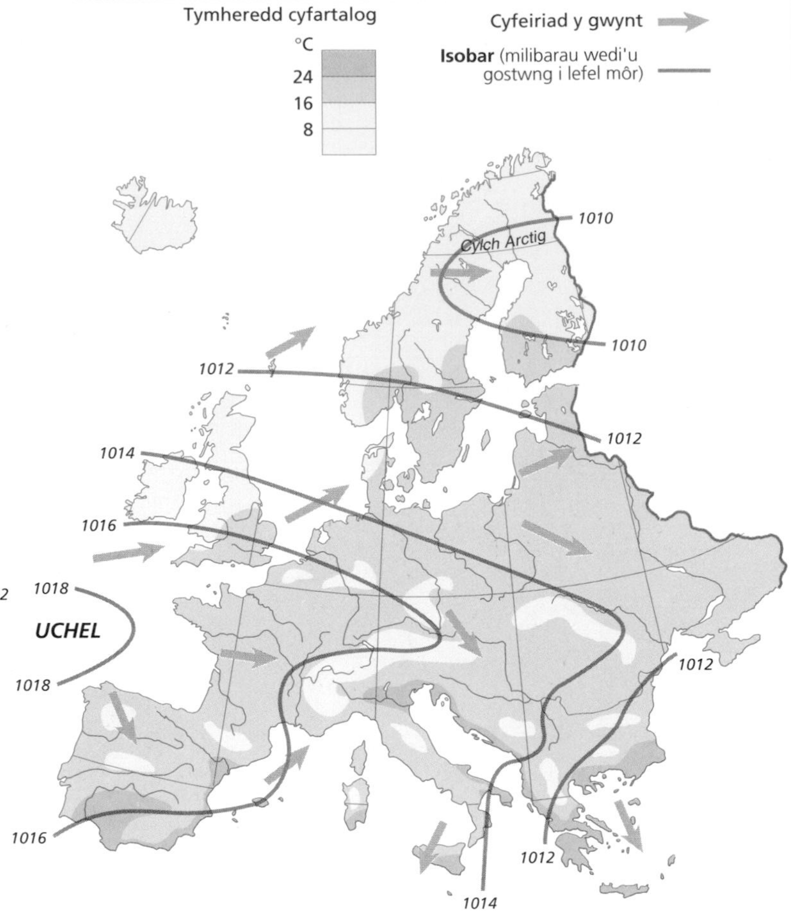

3 GLAWIAD BLYNYDDOL

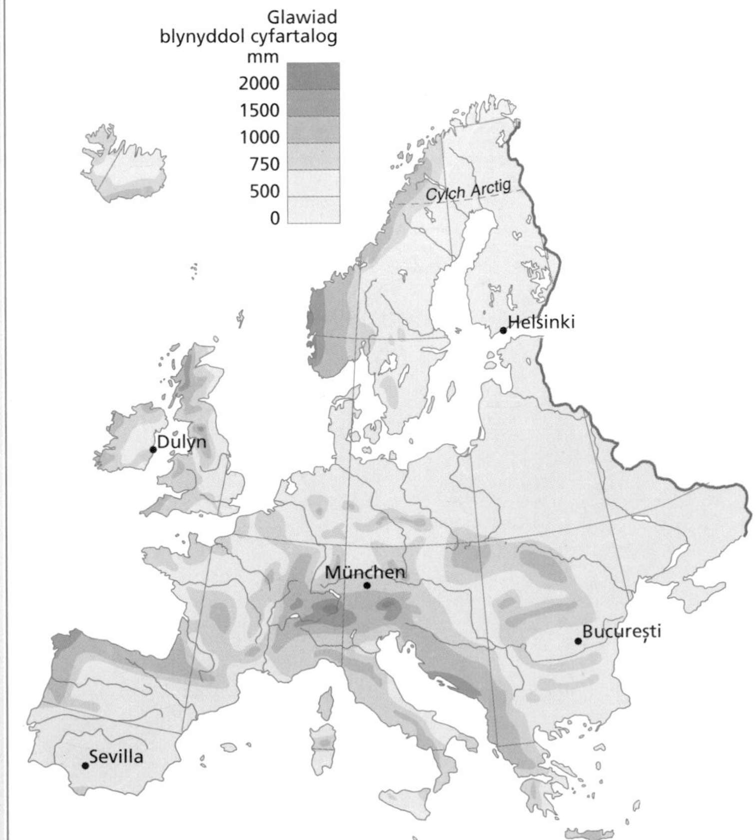

4 YSTADEGAU

Helsinki (46 metr)	Ion	Chw	Maw	Ebr	Mai	Meh	Gor	Aw	Med	Hyd	Ta	Rha
Tymheredd - uchaf (°C)	-3	-4	0	6	14	19	22	20	15	8	3	-1
Tymheredd - isaf (°C)	-9	-10	-7	-1	4	9	13	12	8	3	-1	-5
Glawiad - (mm)	56	42	36	44	41	51	51	68	71	73	68	66

Dulyn (47 metr)	Ion	Chw	Maw	Ebr	Mai	Meh	Gor	Aw	Med	Hyd	Ta	Rha
Tymheredd - uchaf (°C)	8	8	10	13	15	18	20	19	17	14	10	8
Tymheredd - isaf (°C)	1	2	3	4	6	9	11	11	9	6	4	3
Glawiad - (mm)	67	55	51	45	60	57	70	74	72	70	67	74

București (92 metr)	Ion	Chw	Maw	Ebr	Mai	Meh	Gor	Aw	Med	Hyd	Ta	Rha
Tymheredd - uchaf (°C)	1	4	10	18	23	27	30	30	25	18	10	4
Tymheredd - isaf (°C)	-7	-5	-1	5	10	14	16	15	11	6	2	-3
Glawiad - (mm)	29	26	28	59	77	121	53	45	45	29	36	27

Sevilla (9 metr)	Ion	Chw	Maw	Ebr	Mai	Meh	Gor	Aw	Med	Hyd	Ta	Rha
Tymheredd - uchaf (°C)	15	17	20	24	27	32	36	36	32	26	20	16
Tymheredd - isaf (°C)	6	7	9	11	13	17	20	20	18	14	10	7
Glawiad - (mm)	66	61	90	57	41	8	1	5	19	70	67	79

München (524 metr)	Ion	Chw	Maw	Ebr	Mai	Meh	Gor	Aw	Med	Hyd	Ta	Rha
Tymheredd - uchaf (°C)	1	3	9	14	18	21	23	23	20	13	7	2
Tymheredd - isaf (°C)	-5	-5	-1	3	7	11	13	12	9	4	0	-4
Glawiad - (mm)	59	53	48	62	109	125	139	107	85	66	57	47

GRADDFA 1 : 40 000 000

Tafluniad Conig

1 DWYSEDD POBLOGAETH

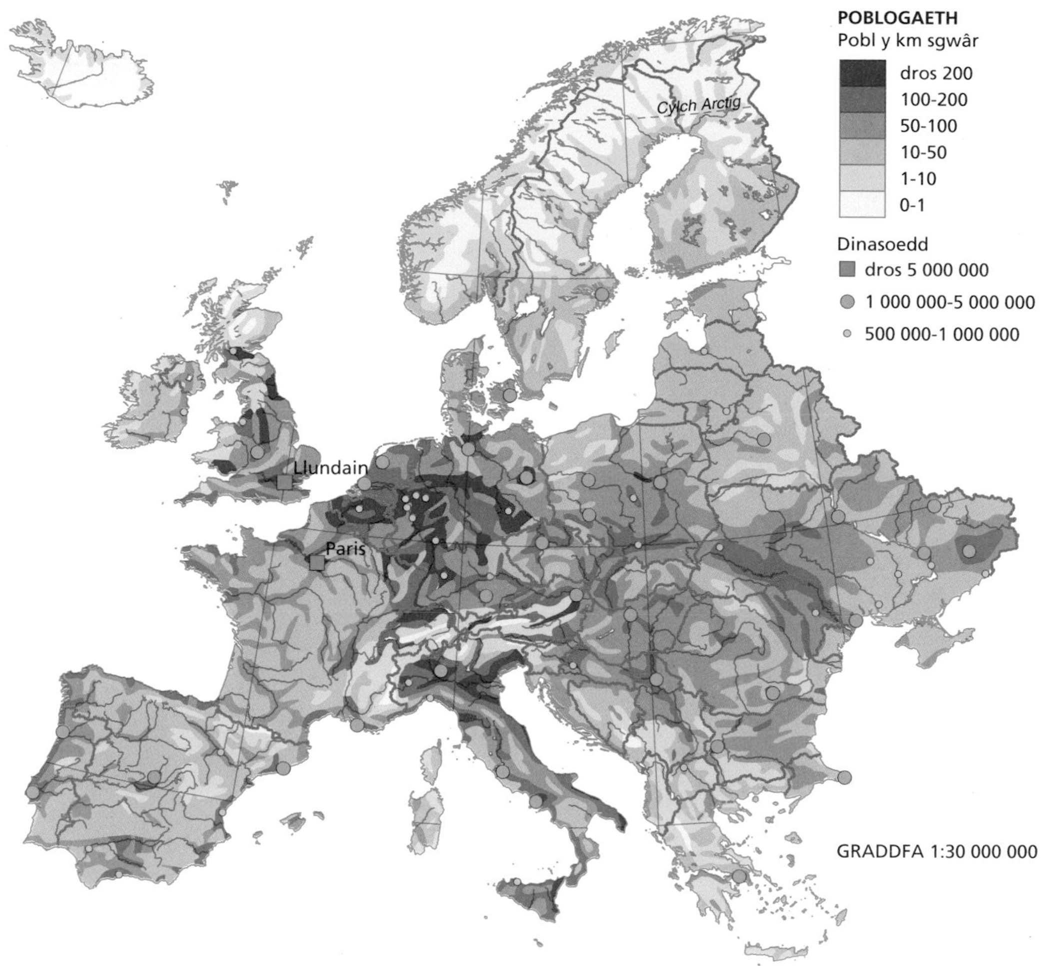

2 TABL POBLOGAETH

Gwlad	Newid (%) 1990-1995	Disgwyliad oes (bl.) 1990-5
Albania	0.9	72
Almaen, Yr	0.55	76
Awstria	0.67	76
Belarus	-0.14	70
Bosna-Hercegovina	-4.39	72
Bwlgaria	-0.5	71
Croatia	-0.1	71
Denmarc	0.16	75
Deyrnas Unedig, Y	0.29	76
Eidal, Yr	0.06	77
Estonia	-0.58	69
Ffindir, Y	0.48	76
Ffrainc	0.44	77
Groeg	0.41	78
Gwer. Iwerddon	0.28	75
Gwer. Tsiec	-0.02	71
Gwlad Belg	0.32	76
Gwlad Pwyl	0.14	71
Gwlad yr Iâ	1.06	78
Hwngari	-0.49	69
Iseldiroedd, Yr	0.72	77
Iwgoslafia	1.32	72
Latvia	-0.87	69
Lithuania	-0.06	70
Luxembourg	1.26	76
Macedonia	1.11	
Malta	0.67	76
Moldova	0.32	68
Norwy	0.45	77
Portiwgal	0.09	75
România	-0.32	70
Sbaen	0.18	78
Slofacia	0.36	71
Slovenija	0.29	73
Sweden	0.51	78
Swistir, Y	1.05	78
Ukrain	-0.1	69

3 POBLOGAETH DAN 15

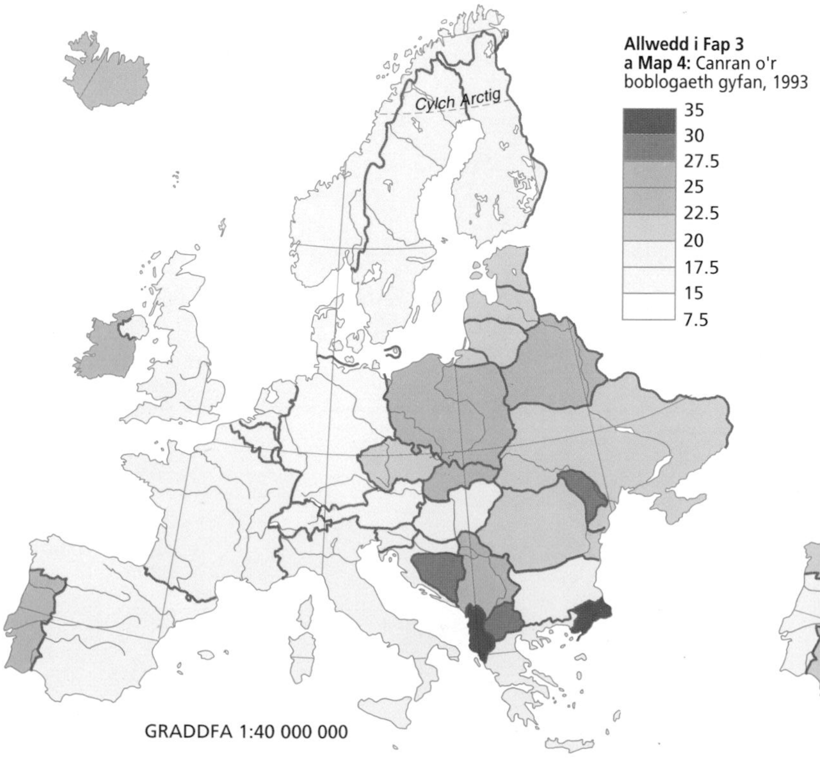

4 POBLOGAETH DROS 60

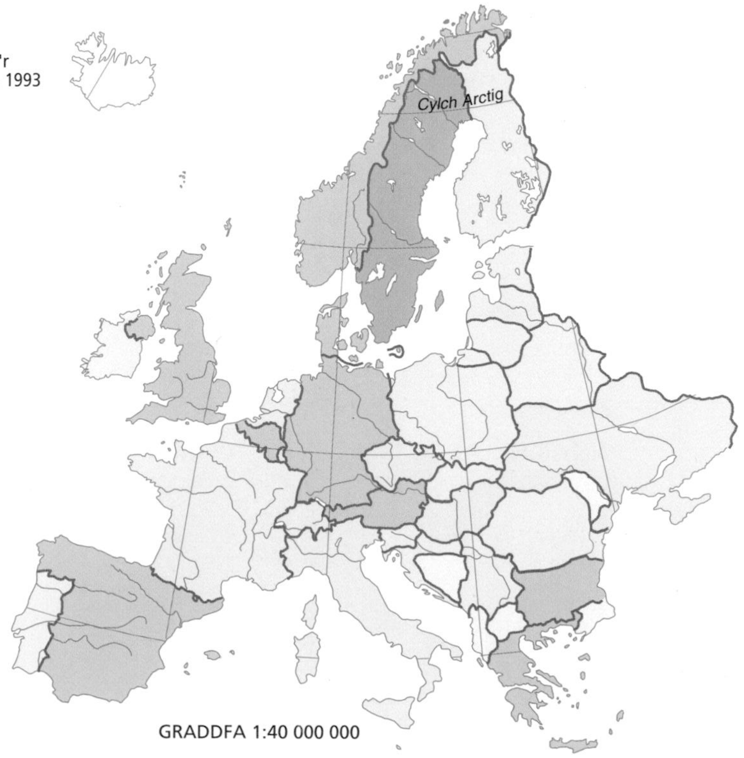

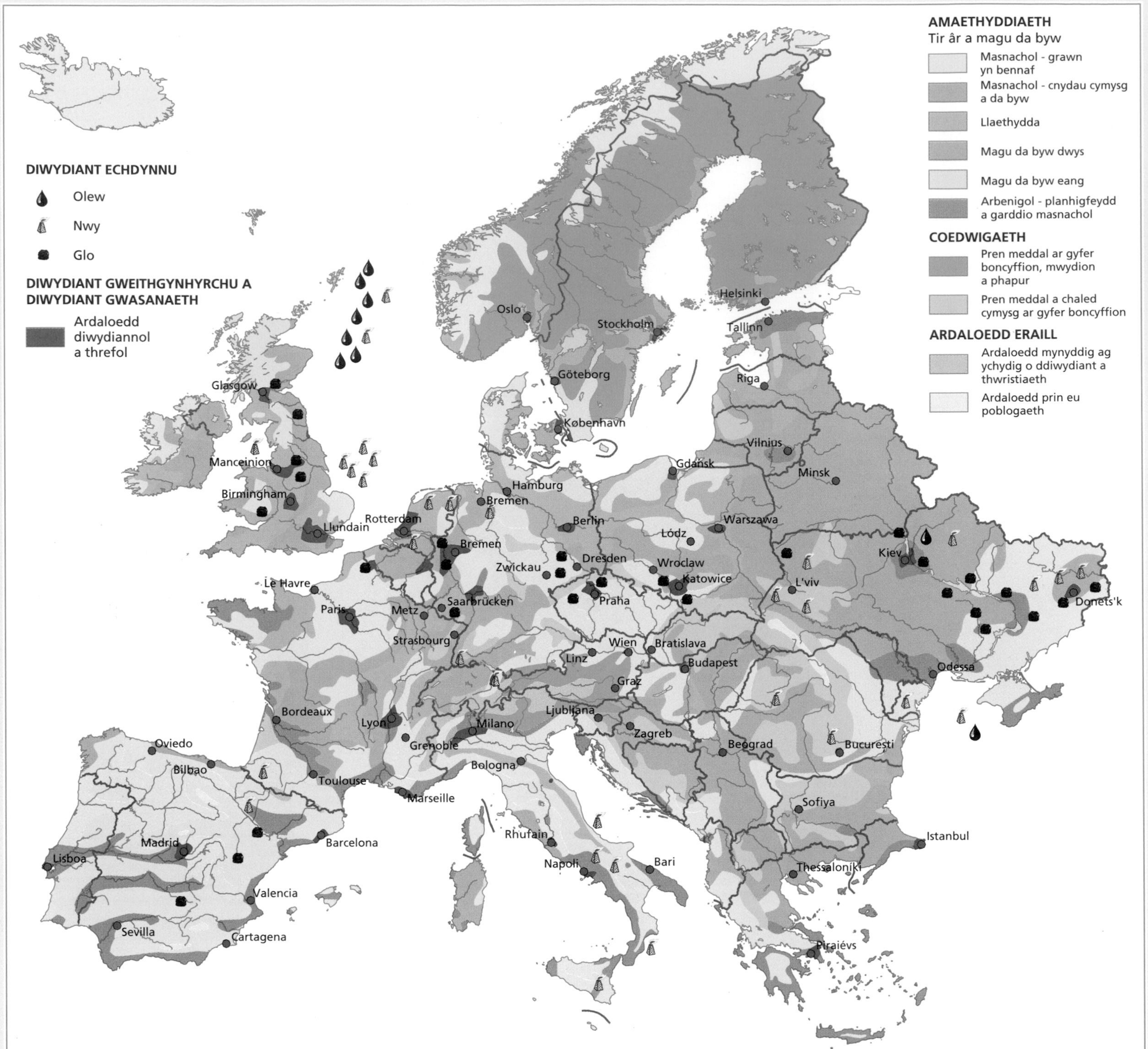

CYNNYRCH LLAETH, 1991

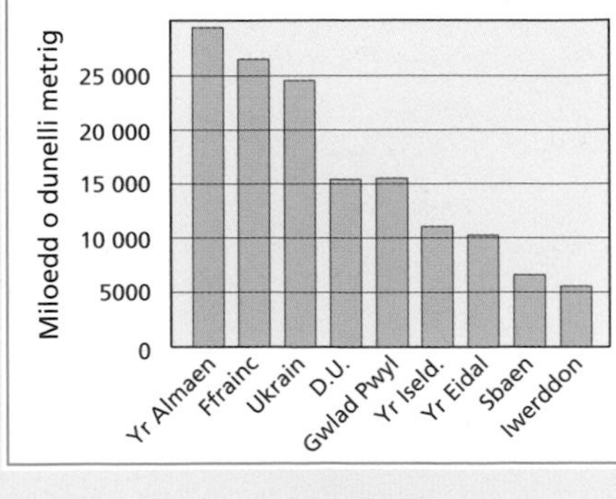

CYNNYRCH GWENITH, 1993

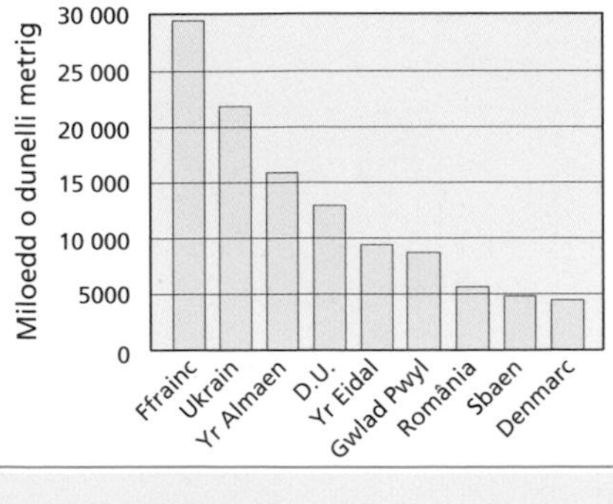

CYNNYRCH TANWYDD YN ÔL GWLAD, 1994

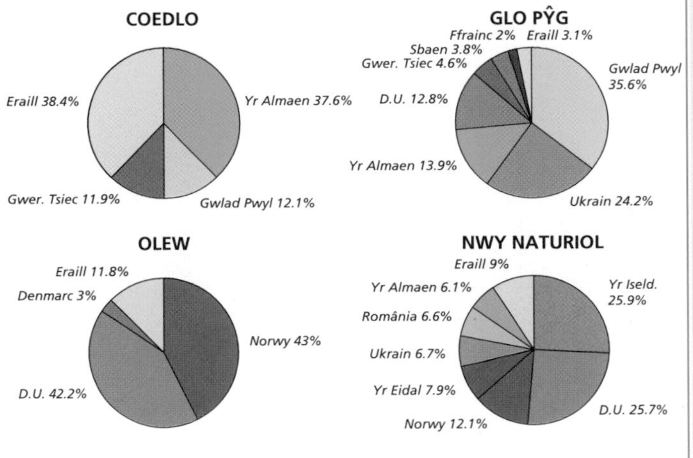

GRADDFA 1 : 20 000 000

Tafluniad Conig Arwynebedd-hafal Albers

TWRISTIAID YN CYRRAEDD

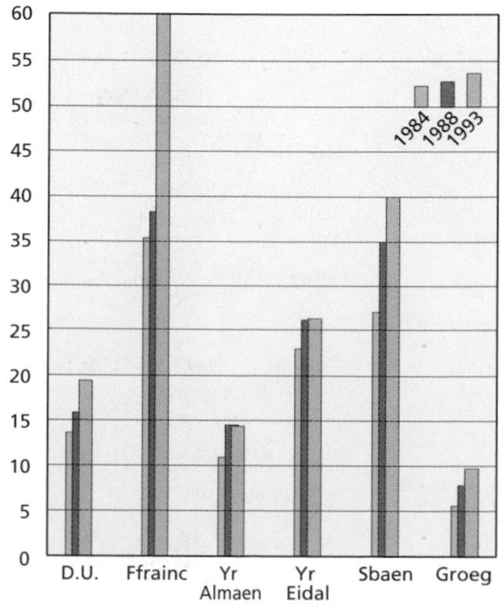

INCWM O DWRISTIAETH, 1993

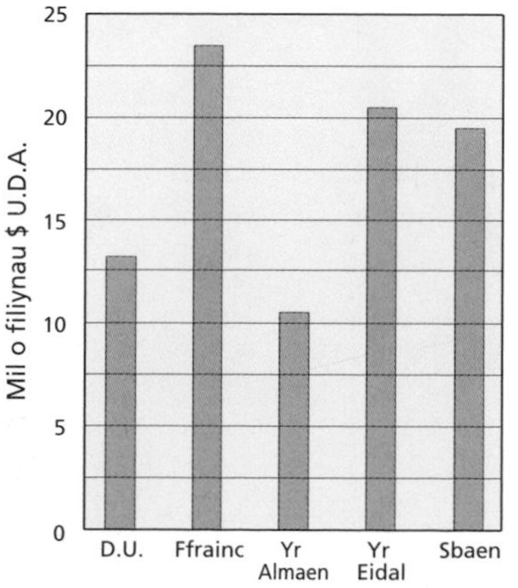

O BLE Y DAETH TWRISTIAID, 1993

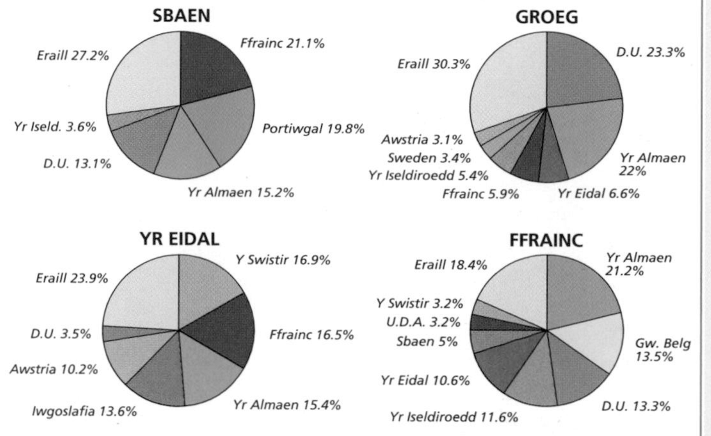

Ffynhonnell: *Yearbook of Tourism Statistics*, 1995

GRADDFA 1 : 20 000 000

Tafluniad Conig Arwynebedd-hafal Albers

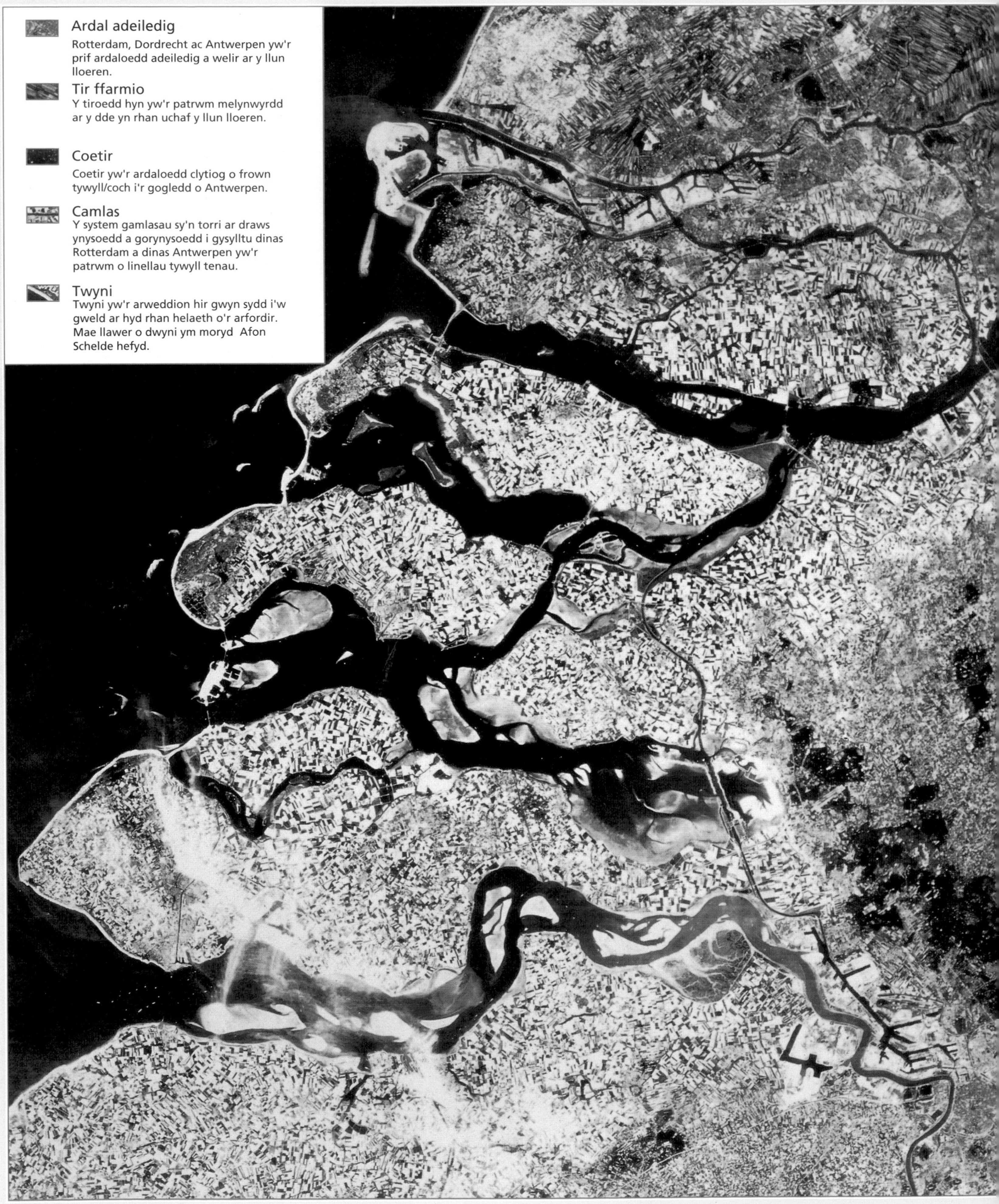

Ardal adeiledig
Rotterdam, Dordrecht ac Antwerpen yw'r prif ardaloedd adeiledig a welir ar y llun lloeren.

Tir ffarmio
Y tiroedd hyn yw'r patrwm melynwyrdd ar y dde yn rhan uchaf y llun lloeren.

Coetir
Coetir yw'r ardaloedd clytiog o frown tywyll/coch i'r gogledd o Antwerpen.

Camlas
Y system gamlasau sy'n torri ar draws ynysoedd a gorynysoedd i gysylltu dinas Rotterdam a dinas Antwerpen yw'r patrwm o linellau tywyll tenau.

Twyni
Twyni yw'r arweddion hir gwyn sydd i'w gweld ar hyd rhan helaeth o'r arfordir. Mae llawer o dwyni ym moryd Afon Schelde hefyd.

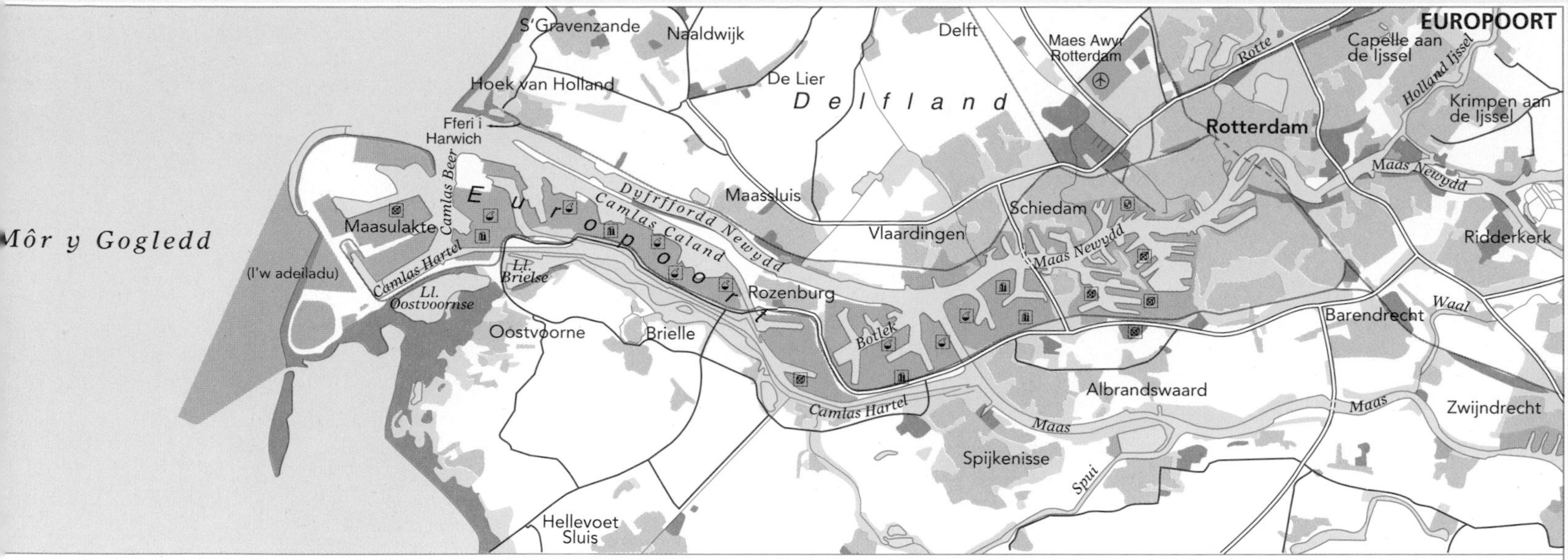

Cyfathrebau
- Rheilffordd
- Traffordd
- Ffordd
- Maes awyr

Defnydd Tir
- Preswyl
- Diwydiant
- Cludiant
- Parc
- Twyni
- Defnydd arall

Diwydiant
- Bwyd
- Cemegau
- Puro olew
- Cynwysyddion a dosbarthu

GRADDFA 1 : 260 000
0 2.5 5 7.5 10 km

Mewnforion
243 976 o filiynau o dunelli metrig

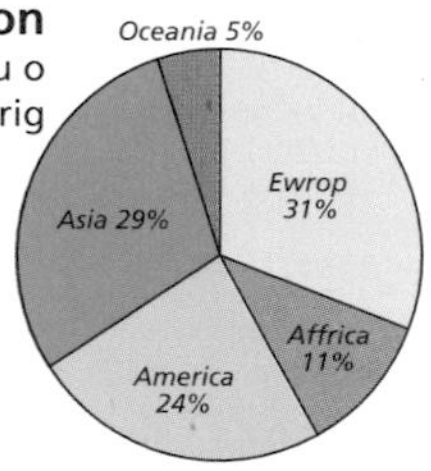

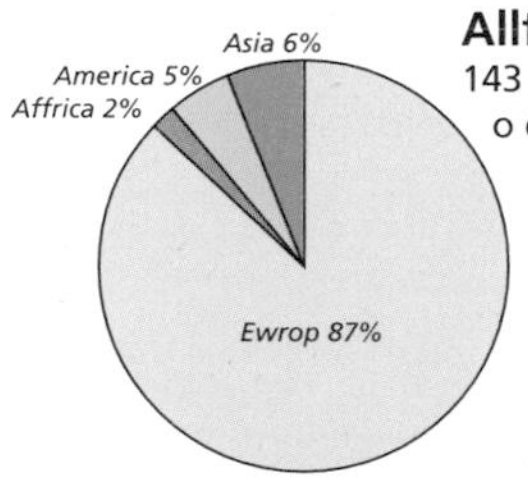

Allforion
143 804 o filiynau o dunelli metrig

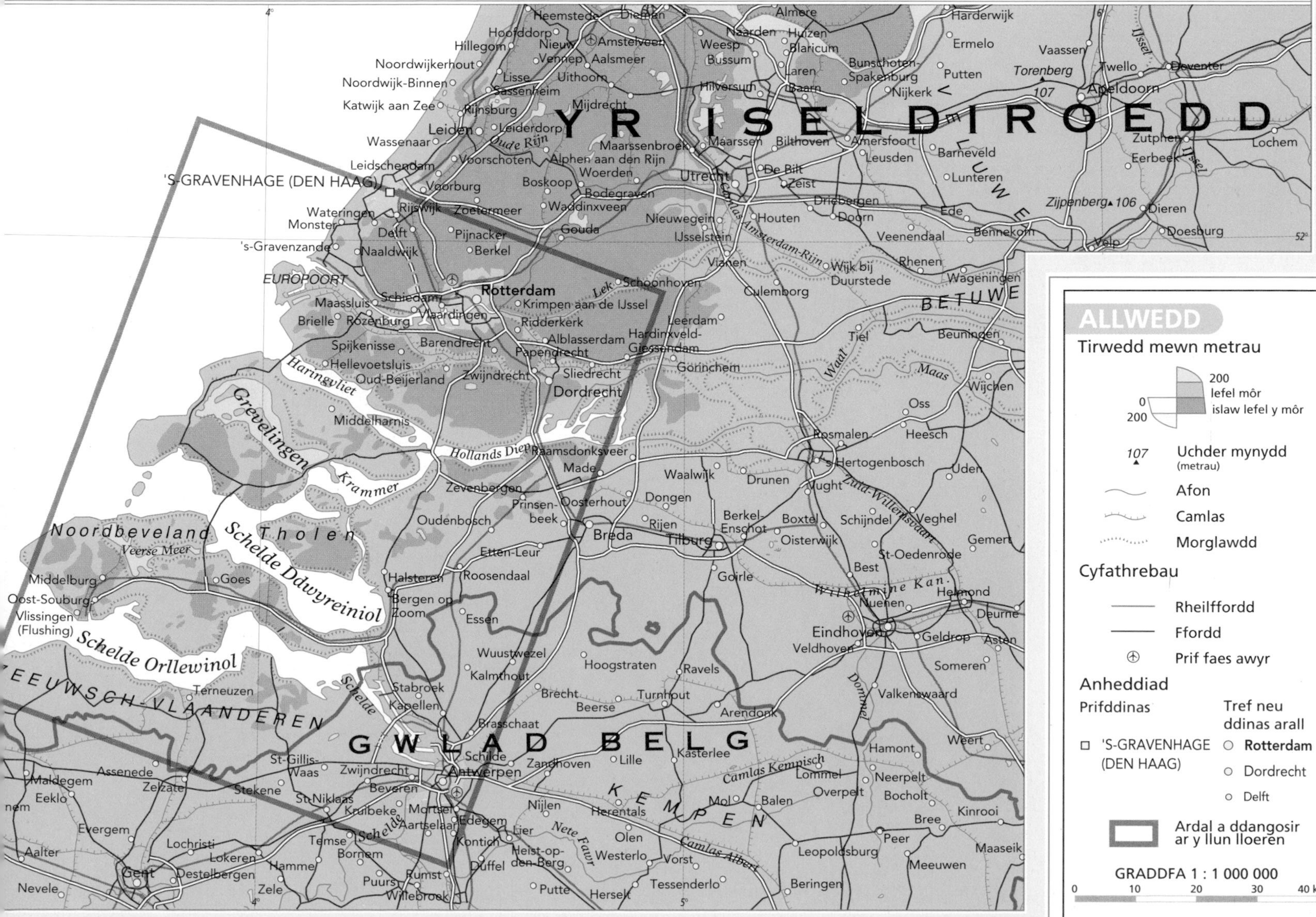

ALLWEDD

Tirwedd mewn metrau
- 200
- lefel môr
- islaw lefel y môr
- 0
- 200

107 ▲ Uchder mynydd (metrau)
- Afon
- Camlas
- Morglawdd

Cyfathrebau
- Rheilffordd
- Ffordd
- Prif faes awyr

Anheddiad

Prifddinas	Tref neu ddinas arall
□ 'S-GRAVENHAGE (DEN HAAG)	○ **Rotterdam**
	○ Dordrecht
	○ Delft

Ardal a ddangosir ar y llun lloeren

GRADDFA 1 : 1 000 000
0 10 20 30 40 km

Tafluniad Asimwthol Arwynebedd-hafal Lambert

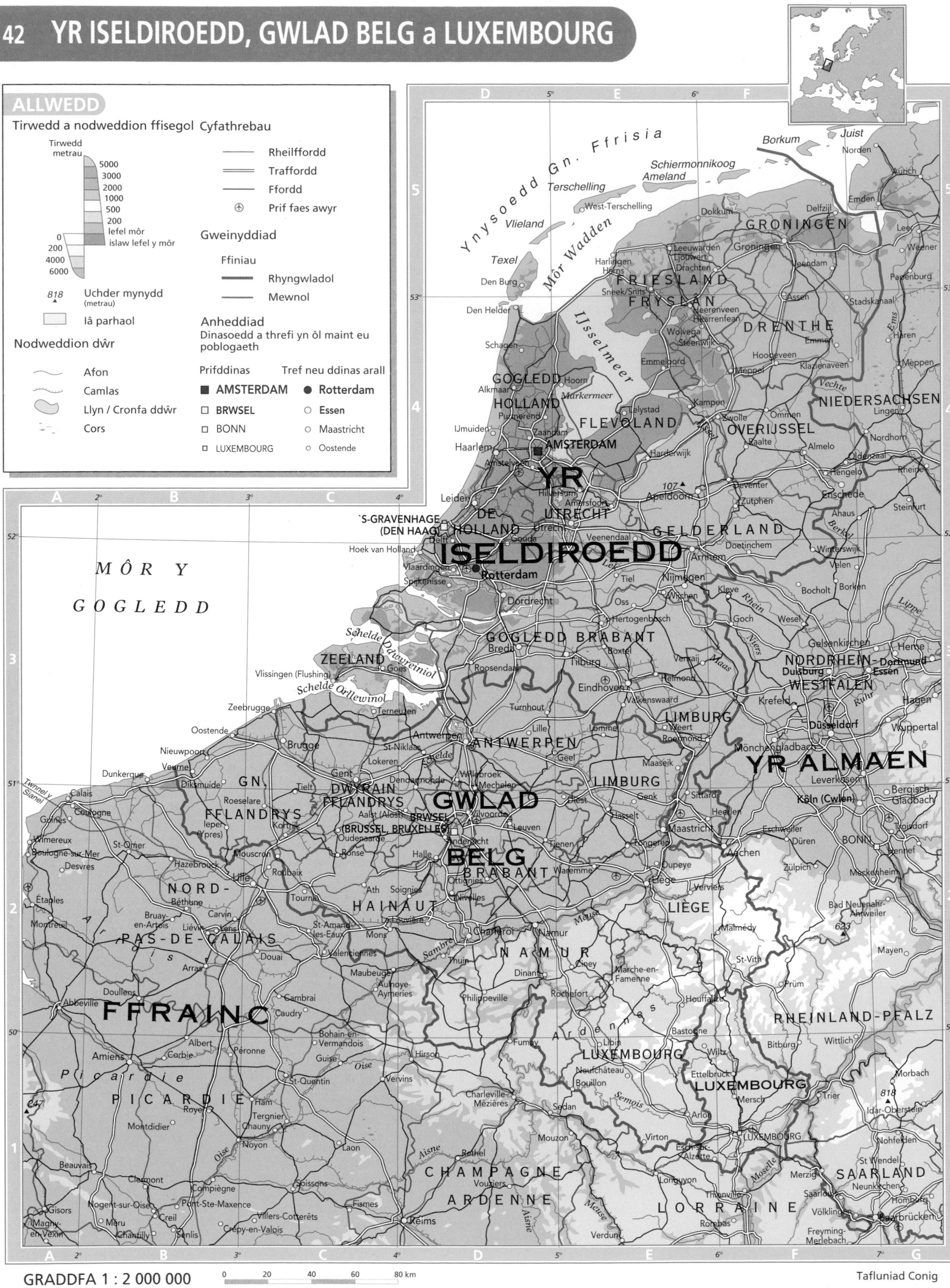
ALLWEDD
Tirwedd a nodweddion ffisegol
Tirwedd metrau
5000
3000
2000
1000
500
200
lefel môr
islaw lefel y môr
0
200
4000
6000
818 Uchder mynydd (metrau)
Iâ parhaol
Nodweddion dŵr
Afon
Camlas
Llyn / Cronfa ddŵr
Cors
Cyfathrebau
Rheilffordd
Traffordd
Ffordd
Prif faes awyr
Gweinyddiad
Ffiniau
Rhyngwladol
Mewnol
Anheddiad
Dinasoedd a threfi yn ôl maint eu poblogaeth
Prifddinas
Tref neu ddinas arall
AMSTERDAM
Rotterdam
BRWSEL
Essen
BONN
Maastricht
LUXEMBOURG
Oostende
MÔR Y GOGLEDD
Ynysoedd Gn. Ffrisia
Môr Wadden
IJsselmeer
Markermeer
YR ISELDIROEDD
GWLAD BELG
LUXEMBOURG
FFRAINC
YR ALMAEN
GRONINGEN
FRIESLAND FRYSLÂN
DRENTHE
GOGLEDD HOLLAND
FLEVOLAND
OVERIJSSEL
UTRECHT
DE HOLLAND
GELDERLAND
ZEELAND
GOGLEDD BRABANT
LIMBURG
ANTWERPEN
GN. FFLANDRYS
DWYRAIN FFLANDRYS
BRABANT
HAINAUT
NAMUR
LIÈGE
NORD-PAS-DE-CALAIS
PICARDIE
CHAMPAGNE ARDENNE
LORRAINE
SAARLAND
RHEINLAND-PFALZ
NORDRHEIN-WESTFALEN
NIEDERSACHSEN
AMSTERDAM
`S-GRAVENHAGE (DEN HAAG)
Rotterdam
BRWSEL (BRUSSEL, BRUXELLES)
BONN
Köln (Cwlen)
Düsseldorf
Essen
Dortmund
Ardennes
Picardie
Artois
Twnnel y Sianel
Schelde Ddwyreiniol
Schelde Orllewinol
GRADDFA 1 : 2 000 000
0 20 40 60 80 km
Tafluniad Conig

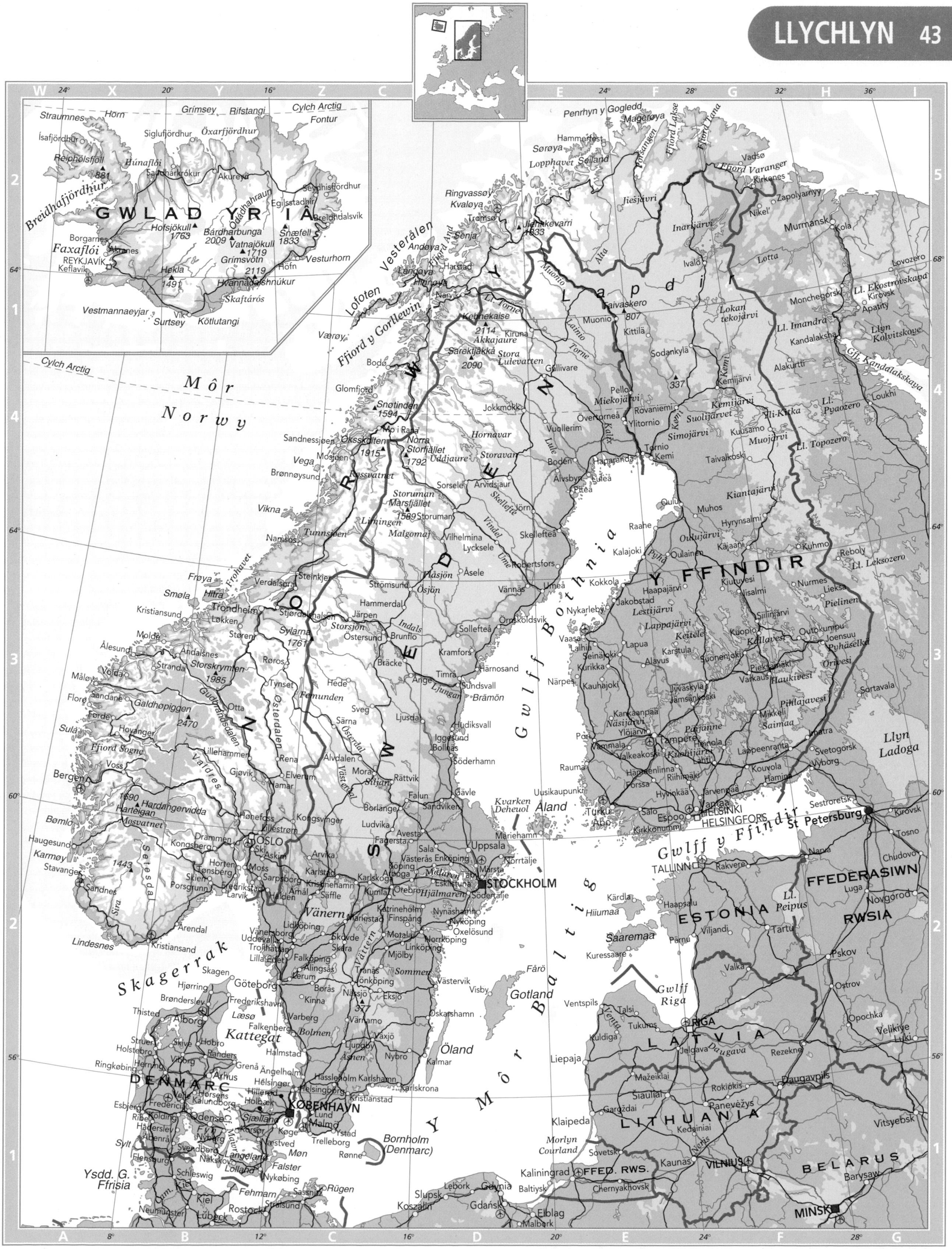
GWLAD YR IÂ
Straumnes
Horn
Grímsey
Bifstangi
Cylch Arctig
Fontur
Ísafjördhur
Siglufjördhur
Öxarfjördhur
Reiphólsfjöll
881
Húnaflói
Saudhárkrókur
Akureyri
Breidhafjördhur
Seydhisfjördhur
Egilsstadhir
Ódádhahraun
Breidhdalsvik
Hofsjökull
1763
Bárdharbunga
2009
Snæfell
1833
Borgarnes
Faxaflói
Akranes
Vatnajökull
1719
Grímsvötn
2119
Vesturhorn
REYKJAVÍK
Keflavík
Hekla
1491
Höfn
Hvannadalshnúkur
Skaftárós
Vestmannaeyjar
Surtsey
Vík
Kötlutangi
Môr Norwy
Cylch Arctig
NORWY
SWEDEN
Y FFINDIR
Lapdir
Penrhyn y Gogledd
Magerøya
Hammerfest
Sørøya
Seiland
Lopphavet
Porsangen
Fjord Lakse
Fjord Tana
Vadsø
Fjord Varanger
Kirkenes
Zapolyarnyy
Nikel'
Ringvassøy
Kvaløya
Tromsø
Senja
Jiešjávri
Inarijärvi
Ivalo
Alta
Haltiatunturi
Murmansk
Kola
Lovozero
Lofoten
Vesterålen
Andøya
Harstad
Langøya
Hinnøya
Narvik
Ll. Torne
Kebnekaise
2114
Kiruna
Akkajaure
Sarektjåkkå
2090
Stora Lulevatten
Muonio
Haltiavaara
Taivaskero
807
Kittilä
Sodankylä
Lokan tekojärvi
Lotta
Monchegorsk
Ll. Ekostrovskaya
Kirovsk
Apatity
Ll. Imandra
Kandalaksha
Llyn Kolvitskoye
Gff. Kandalakshskaya
Alakurtti
Værøy
Ffiord y Gorllewin
Bodø
Glomfjord
Snøtinden
1594
Mo i Rana
Oksskolten
1915
Norra Storfjället
1792
Uddjaure
Storavan
Hornavar
Jokkmokk
Gällivare
Pello
Miekojärvi
337
Kemijärvi
Rovaniemi
Ylitornio
Övertorneå
Vuollerim
Kemi
Tornio
Suolijärvet
Simojärvi
Kuusamo
Muojärvi
Yli-Kitka
Ll. Pyaozero
Loukhi
Ll. Topozero
Taivalkoski
Sandnessjøen
Mosjøen
Vega
Brønnøysund
Røssvatnet
Sorsele
Arvidsjaur
Boden
Haparanda
Luleå
Älvsbyn
Piteå
Skellefte
Jörn
Storuman
Marsfjället
1589
Vikna
Limingen
Malgomaj
Vilhelmina
Lycksele
Vindel
Ume
Skellefteå
Robertsfors
Oulu
Muhos
Hyrynsalmi
Kiantajärvi
Raahe
Oulujärvi
Kajaani
Kuhmo
Reboly
Ll. Leksozero
Namsos
Tunnsjøen
Frohavet
Frøya
Hitra
Smøla
Steinkjer
Verdalsøra
Trondheim
Kristiansund
Stjørdalshalsen
Løkken
Støren
Molde
Ålesund
Åndalsnes
Stranda
Storskrymten
1985
Måløy
Volda
Røros
Tynset
Sylarna
1761
Storsjön
Östersund
Brunflo
Järpen
Hammerdal
Strömsund
Flåsjön
Ösjön
Åsele
Vännäs
Umeå
Örnskoldsvik
Sollefteå
Indals
Kramfors
Härnösand
Timrå
Sundsvall
Ljungan
Ånge
Brämön
Bräcke
Hede
Femunden
Sveg
Särna
Österdal
Ljusdal
Hudiksvall
Iggesund
Bollnäs
Söderhamn
Älvdalen
Mora
Siljan
Rättvik
Västerdal
Florø
Sandane
Galdhøpiggen
2470
Otta
Førde
Hoyanger
Sulа
Ffiord Sogne
Gudbrandsdalen
Østerdalen
Lillehammer
Rena
Elverum
Hamar
Gjøvik
Valdres
Voss
Bergen
Hardangervidda
1690
Hårteigen
Møsvatnet
Bømlo
Haugesund
Karmøy
Stavanger
1443
Setesdal
Sandnes
Sira
Lindesnes
Kristiansand
Arendal
Skien
Porsgrunn
Larvik
Tønsberg
Horten
Fredrikstad
Halden
Sarpsborg
Moss
Ski
Askim
OSLO
Drammen
Kongsberg
Hønefoss
Lillestrøm
Kongsvinger
Ludvika
Borlänge
Falun
Sandviken
Gävle
Avesta
Fagersta
Sala
Uppsala
Västerås
Enköping
Köping
Arboga
Märsta
Norrtälje
Mälaren
Täby
Eskilstuna
STOCKHOLM
Södertälje
Karlskoga
Örebro
Kumla
Hjälmaren
Arvika
Karlstad
Kristinehamn
Åmål
Säffle
Vänern
Mariestad
Lidköping
Vänersborg
Uddevalla
Trollhättan
Lilla Edet
Katrineholm
Finspång
Nynäshamn
Nyköping
Oxelösund
Norrköping
Linköping
Motala
Mjölby
Vättern
Skövde
Skara
Falköping
Alingsås
Lerum
Göteborg
Tranås
Jönköping
Sommen
Västervik
Borås
Kinna
Nässjö
Eksjö
377
Varberg
Falkenberg
Värnamo
Oskarshamn
Växjö
Bolmen
Ljungby
Åsnen
Nybro
Kalmar
Öland
Halmstad
Ängelholm
Hässleholm
Karlshamn
Karlskrona
Kristianstad
Helsingborg
Helsingør
Lund
Malmö
Ystad
Trelleborg
Skagerrak
Skagen
Hjørring
Frederikshavn
Brønderslev
Thisted
Ålborg
Læsø
Kattegat
Struer
Holstebro
Skive
Hobro
Viborg
Randers
Herning
Ringkøbing
Århus
Grenå
DENMARC
Esbjerg
Fredericia
Vejle
Horsens
Kalundborg
Holbæk
Hillerød
KØBENHAVN
Ribe
Kolding
Odense
Sjælland
Haderslev
Fyn
Aabenraa
Nyborg
Korsør
Køge
Næstved
Sylt
Flensburg
Svendborg
Langeland
Nakskov
Lolland
Falster
Møn
Nykøbing
Schleswig
Ysdd. G. Ffrisia
Kiel
Fehmarn
Neumünster
Lübeck
Rostock
Stralsund
Sassnitz
Rügen
Bornholm (Denmarc)
Rønne
Słupsk
Lębork
Gdynia
Koszalin
Gdańsk
Baltiysk
Elbląg
Malbork
Kaliningrad
FFED. RWS.
Chernyakhovsk
Gwlff Bothnia
Kvarken
Deheuol
Åland
Mariehamn
Môr Baltig
Y Môr
Gotland
Visby
Fårö
Gwlff y Ffindir
Gwlff Riga
Kokkola
Nykarleby
Jakobstad
Vaasa
Lestijärvi
Lappajärvi
Keitele
Lapua
Seinäjoki
Kurikka
Alavus
Karstula
Närpes
Kauhajoki
Haapajärvi
Kiuruvesi
Iisalmi
Nurmes
Lieksa
Pielinen
Siilinjärvi
Kuopio
Kallavesi
Outokumpu
Joensuu
Pyhäselkä
Suonenjoki
Pieksämäki
Varkaus
Haukivesi
Orivesi
Sortavala
Jyväskylä
Jämsänkoski
Pihlajavesi
Kankaanpää
Näsijärvi
Ylöjärvi
Tampere
Päijänne
Mikkeli
Saimaa
Imatra
Pori
Nammala
Valkeakoski
Heinola
Kuohijärvi
Lahti
Lappeenranta
Svetogorsk
Vyborg
Rauma
Hämeenlinna
Forssa
Riihimäki
Kouvola
Hamina
Llyn Ladoga
Uusikaupunki
Hyvinkää
Järvenpää
Turku
Åbo
Salo
Espoo
Vantaa
HELSINKI
HELSINGFORS
Kirkkonummi
Sestroretsk
St Petersburg
Kirovsk
Tosno
TALLINN
Rakvere
Narva
Chudovo
FFEDERASIWN RWSIA
Luga
Novgorod
Kärdla
Haapsalu
Hiiumaa
ESTONIA
Ll. Peipus
Pärnu
Viljandi
Tartu
Saaremaa
Kuressaare
Pskov
Valka
Ostrov
Ventspils
Talsi
Venta
Tukums
RIGA
Kuldīga
LATVIA
Jelgava
Daugava
Rēzekne
Opochka
Velikiye Luki
Liepāja
Mažeikiai
Šiauliai
Rokiškis
Daugavpils
Gargždai
Panevėžys
Klaipeda
LITHUANIA
Kėdainiai
Vitsyebsk
Morlyn Courland
Sovetsk
Neris
Kaunas
VILNIUS
BELARUS
Barysaw
MINSK
W
X
Y
Z
C
D
E
F
G
H
I
A
B
24°
20°
16°
28°
32°
36°
12°
8°
64°
68°
60°
56°
1
2
3
4
5

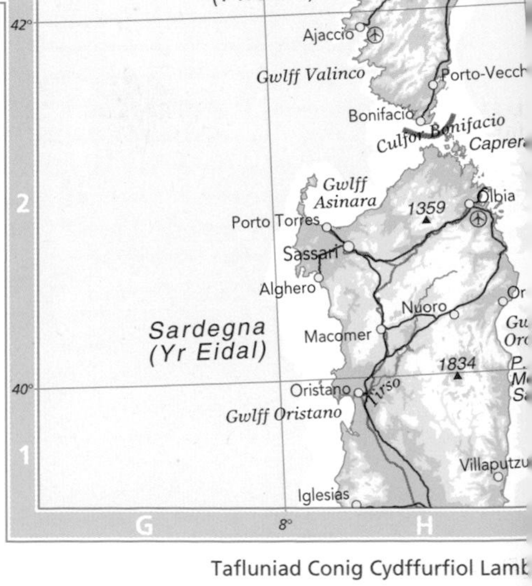

ALLWEDD

Tirwedd a nodweddion ffisegol

Tirwedd metrau: 5000, 3000, 2000, 1000, 500, 200, lefel môr, islaw lefel y môr; 0, 200, 4000, 6000

4808 ▲ Uchder mynydd (metrau)

Iâ parhaol

Nodweddion dŵr

- Afon
- Afon dymhorol
- Camlas
- Llyn / Cronfa ddŵr
- Cors

Cyfathrebau

- Rheilffordd
- Trafforddd
- Ffordd
- Prif faes awyr

Gweinyddiad

Ffiniau

- Rhyngwladol

Anheddiad

Dinasoedd a threfi yn ôl maint eu poblogaeth

Prifddinas	Tref neu ddinas arall
■ PARIS	● Marseille
□ BERN	○ Stuttgart
□ ANDORRA LA VELLA	○ St-Etienne
	○ Roscoff

1 RHANBARTHAU

2 NEWID POBLOGAETH

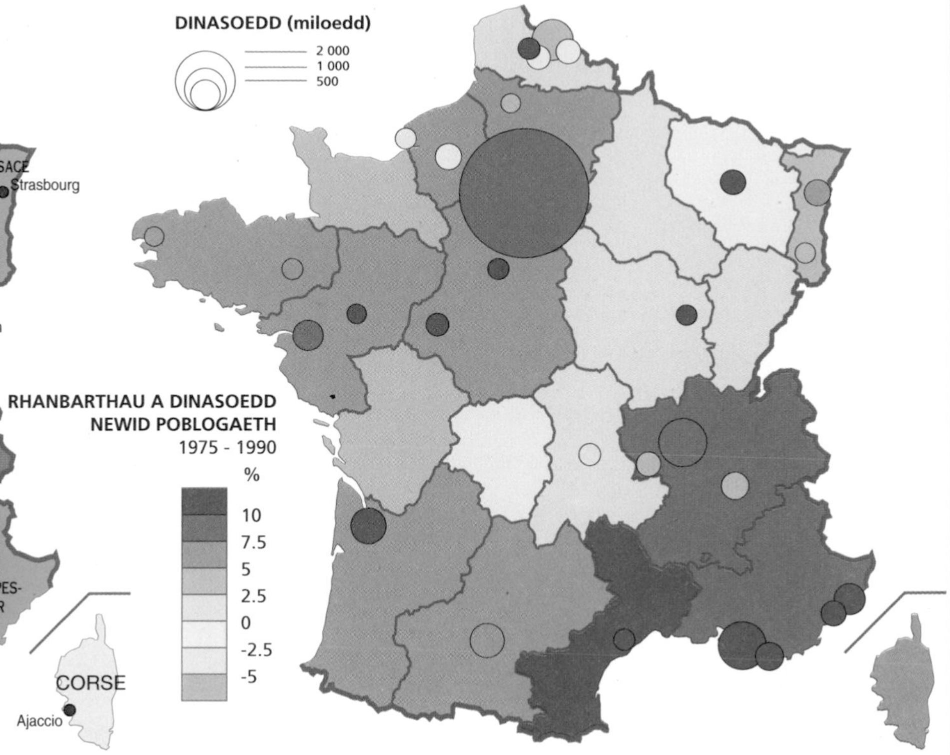

3 GWEITHGAREDD ECONOMAIDD

DIWYDIANT GWASANAETH
- Bancio a chyllid
- Twristiaeth
- Canolfan ddiwydiannol
- Cynhyrchu awyrennau
- Cynhyrchu ceir
- Cemegau
- Peirianneg drydanol

DIWYDIANT GWEITHGYNHYRCHU
- Electroneg
- Prosesu bwyd
- Peirianneg fecanyddol
- Gwaith metel
- Mwyngloddio
- Purfa olew
- Papur a chyhoeddi
- Cyffuriau a moddion
- Adeiladu llongau
- Tecstilau

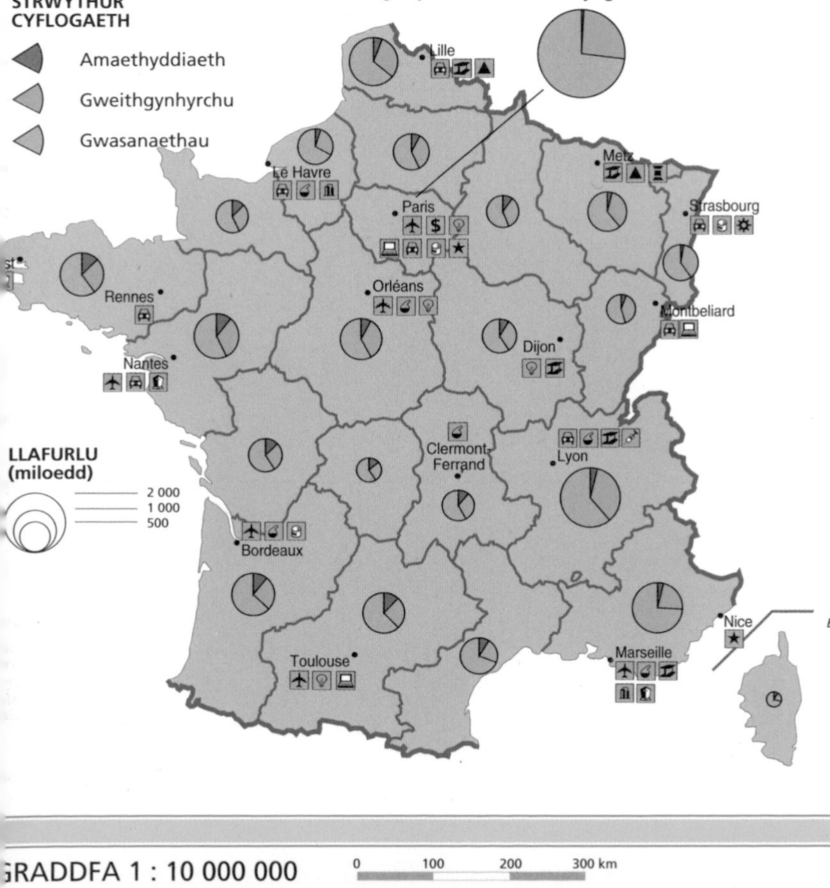

4 MASNACH

PARTNERIAID 1995

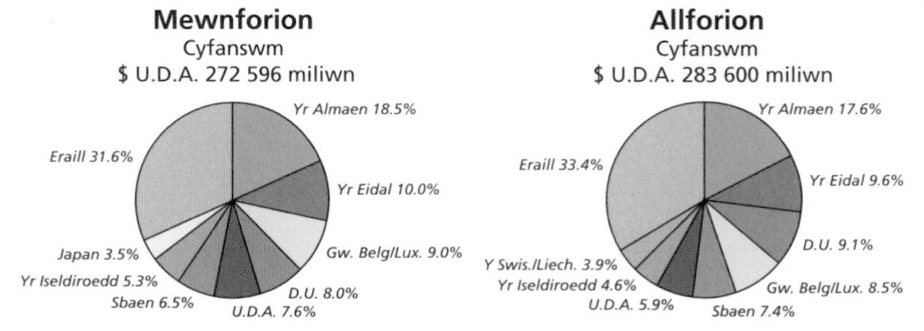

CYNHYRCHION 1995

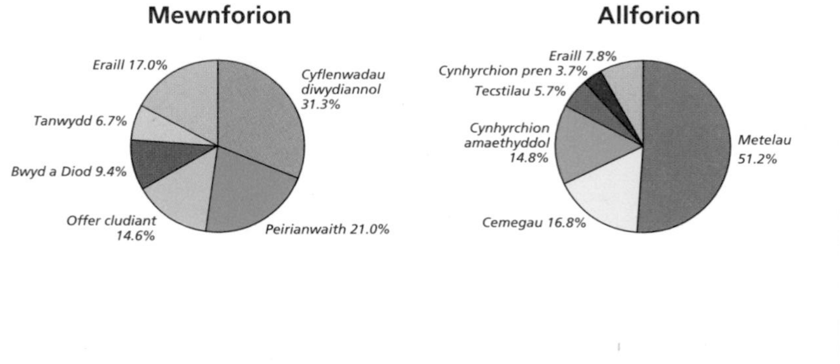

GRADDFA 1 : 10 000 000

0 100 200 300 km

ALLWEDD

Tirwedd a nodweddion ffisegol

Tirwedd metrau: 5000, 3000, 2000, 1000, 500, 200, lefel môr, islaw lefel y môr; 0, 200, 4000, 6000

3482 ▲ Uchder mynydd (metrau)

Nodweddion dŵr

- Afon
- Afon dymhorol
- Camlas
- Llyn / Cronfa ddŵr
- Cors

Cyfathrebau

- Rheilffordd
- Traffordd
- Ffordd
- Prif faes awyr

Gweinyddiad

Ffiniau

- Rhyngwladol

Anheddiad

Dinasoedd a threfi yn ôl maint eu poblogaeth

Prifddinas	Tref neu ddinas arall
■ MADRID	● Barcelona
□ ANDORRA LA VELLA	◎ Málaga
	○ Pamplona
	○ Benidorm

0 50 100 150 200 km

Tafluniad Conig Cydffurfiol Lambert

1 RHANBARTHAU

2 NEWID POBLOGAETH

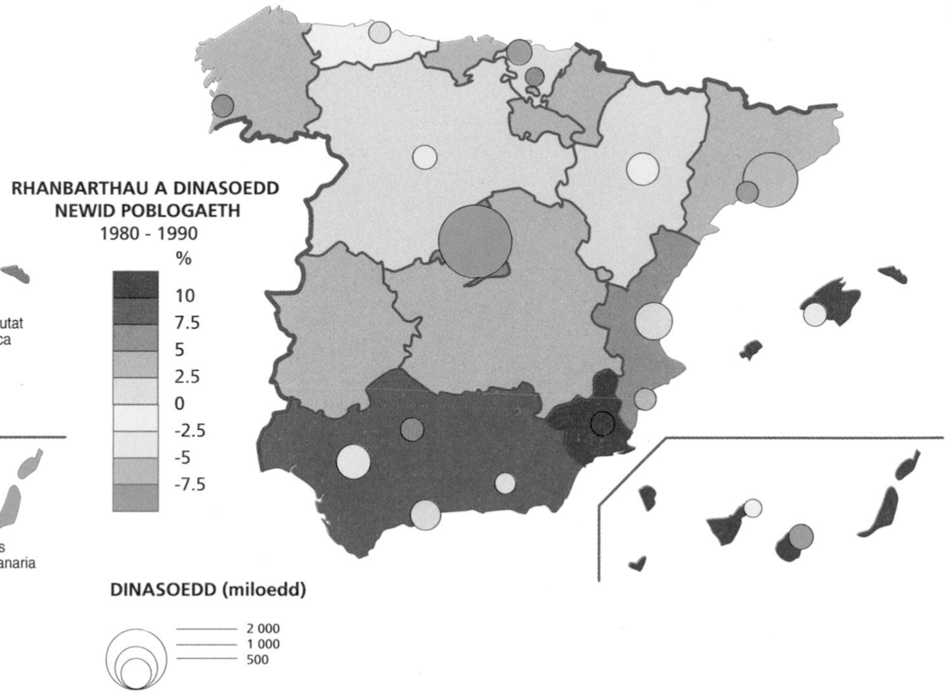

3 GWEITHGAREDD ECONOMAIDD

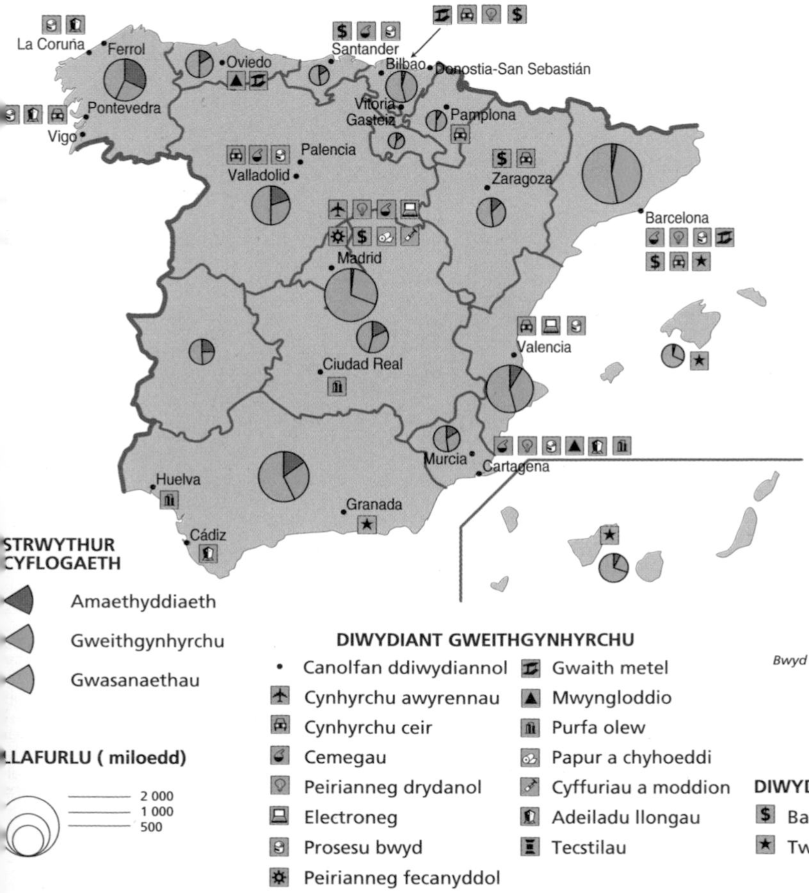

4 MASNACH

PARTNERIAID 1995

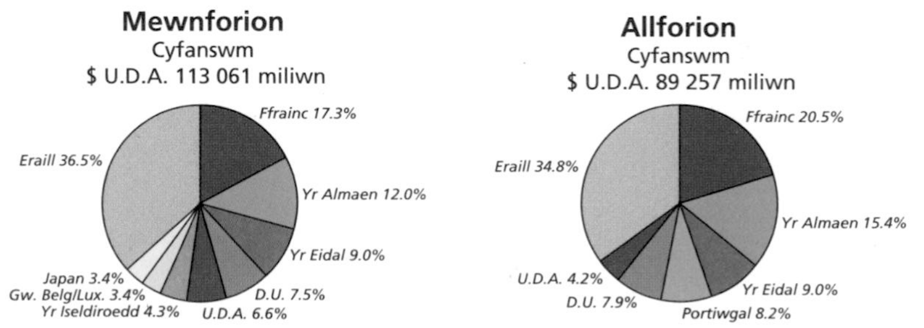

CYNHYRCHION 1995

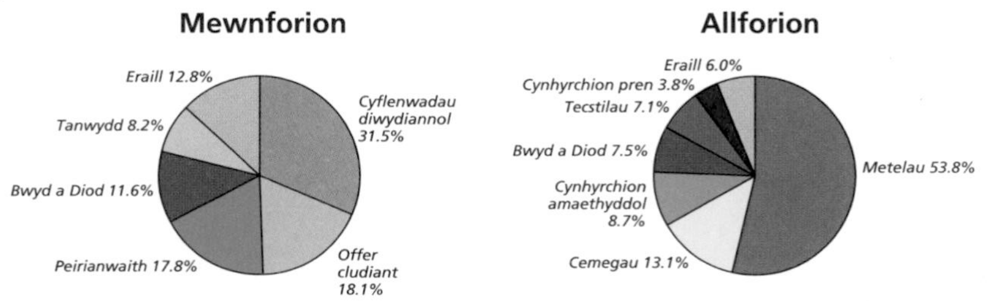

GRADDFA 1 : 12 000 000 0 100 200 300 km

ALLWEDD

Tirwedd a nodweddion ffisegol

Tirwedd metrau: 5000, 3000, 2000, 1000, 500, 200, lefel môr, islaw lefel y môr; 0, 200, 4000, 6000

1142 ▲ Uchder mynydd (metrau)

Iâ parhaol

Nodweddion dŵr

- Afon
- Afon dymhorol
- Camlas
- Llyn / Cronfa ddŵr
- Cors

Cyfathrebau

- Rheilffordd
- Traffordd
- Ffordd
- Prif faes awyr

Gweinyddiad

Ffiniau

- Rhyngwladol

Anheddiad

Dinasoedd a threfi yn ôl maint eu poblogaeth

Prifddinas	Tref neu ddinas arall
BERLIN	**München**
ZAGREB	**Dortmund**
BONN	Ulm
LUXEMBOURG	Tuttlingen

GRADDFA 1 : 4 500 000

0 50 100 150 200 km

Tafluniad Conig Cydffurfiol Lamb

1 RHANBARTHAU

2 NEWID POBLOGAETH

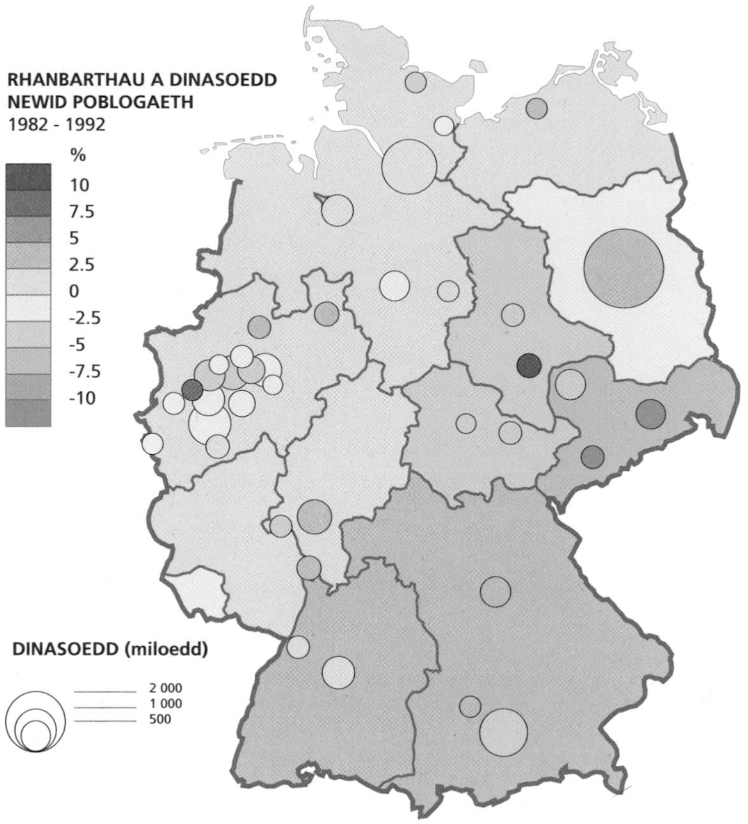

3 GWEITHGAREDD ECONOMAIDD

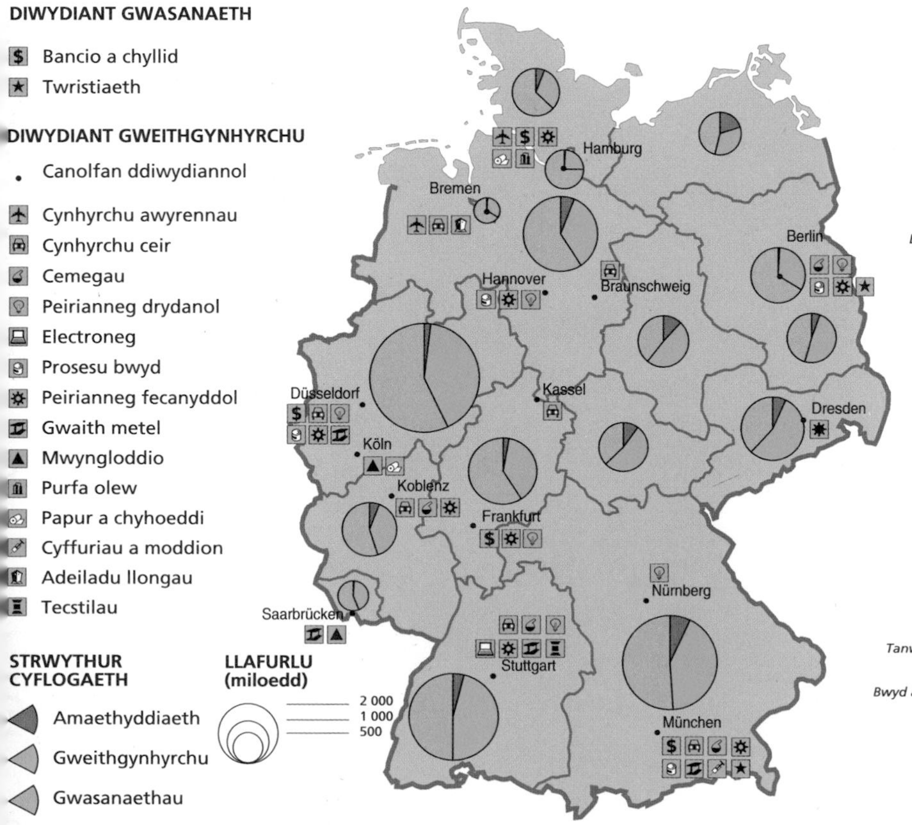

4 MASNACH

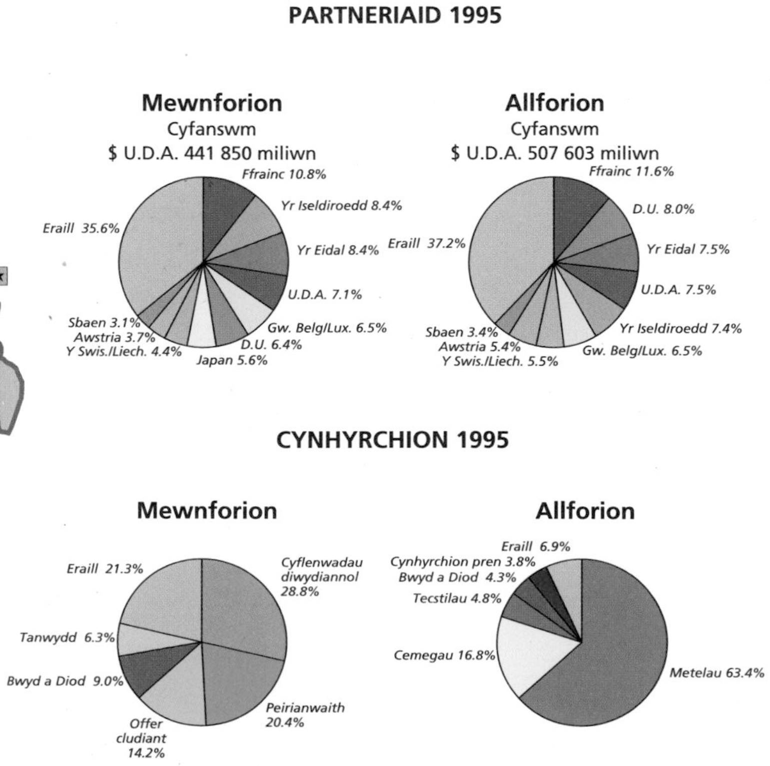

GRADDFA 1 : 7 500 000   0 100 200 300 km

Gweinyddiad
Ffiniau
Rhyngwladol
Anheddiad
Dinasoedd a threfi yn ôl maint eu poblogaeth
Prifddinas
Tref neu ddinas arall
ROMA
SARAJEVO
SAN MARINO
Milano
Genova
Venezia
Ragusa
ALLWEDD
Tirwedd a nodweddion ffisegol
Tirwedd metrau
5000
3000
2000
1000
500
200
lefel môr
islaw lefel y môr
0
200
4000
6000
4634 Uchder mynydd (metrau)
Iâ parhaol
Nodweddion dŵr
Afon
Camlas
Llyn / Cronfa ddŵr
Cyfathrebau
Rheilffordd
Traffordd
Ffordd
Prif faes awyr
GRADDFA 1 : 5 000 000
0 50 100 150 200 km
Tafluniad Conig Cydffurfiol Lambert
Y SWISTIR
AWSTRIA
HWNGARI
SLOVENIJA
CROATIA
BOSNA-HERCEGOVINA
FFRAINC
MONACO
SAN MARINO
ROMA (RHUFAIN)
MALTA
VALLETTA
LJUBLJANA
SARAJEVO
BERN
VADUZ
LIECH.
A L P A U
YR APENNINAU
Alpau Carnig
Alpau Morol
Dolomitau
MÔR ADRIA
Môr Liguria
MÔR TIRRENO
MÔR IONIA
Gwlff Genova
Gwlff Fenis
Gwlff Taranto
Gwlff Gaeta
Gwlff Salerno
Gwlff Policastro
Gwlff Orosei
Gwlff Oristano
Gwlff Cagliari
Gwlff Asinara
Gwlff Valinco
Culfor Bonifacio
Culfor Otranto
Corse (Ffrainc)
Sardegna (Yr Eidal)
Sicilia
Ysdd. Lipari
Ysdd. Ponza
Pantelleria (Yr Eidal)
Istra
Dalmacija
Côte d'Azur
Dauphiné
Milano
Torino
Genova
Venezia (Fenis)
Bologna
Firenze (Fflorens)
Napoli
Palermo
Bari
Catania
Trieste
Verona
Padova
Parma
Modena
Ravenna
Rimini
Ancona
Pescara
Perugia
Pisa
Livorno
Siena
Foggia
Taranto
Brindisi
Lecce
Salerno
Messina
Reggio di Calabria
Cagliari
Sassari
Siracusa
Grenoble
Nice
Marseille
Toulon
Genève
Lausanne
Zagreb
Rijeka
Split
Dubrovnik
Podgorica
Mte Bianco 4808
Vesuvius 1281
M. Etna 3323
Grossglockner 3798
M. Corno 2912
Gozo
Linosa
Ustica
Stromboli
Elba
Capri
Ischia
P. Spartivento
P. Passero
P. Sta Maria di Leuca
Po
Tevere (Tiber)
Arno
Adige

1 RHANBARTHAU

2 NEWID POBLOGAETH

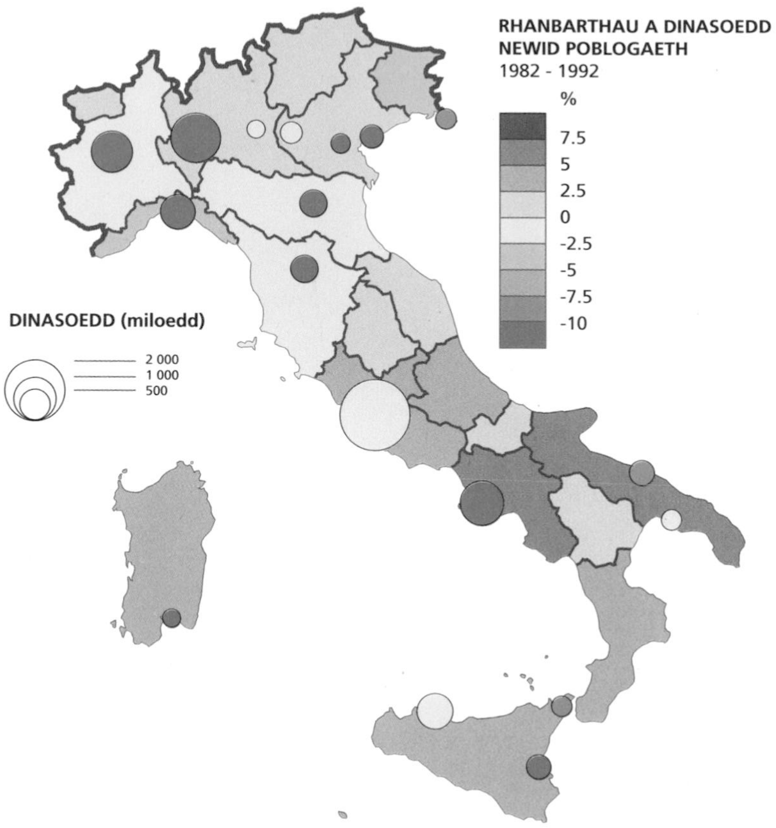

3 GWEITHGAREDD ECONOMAIDD

4 MASNACH

PARTNERIAID 1995

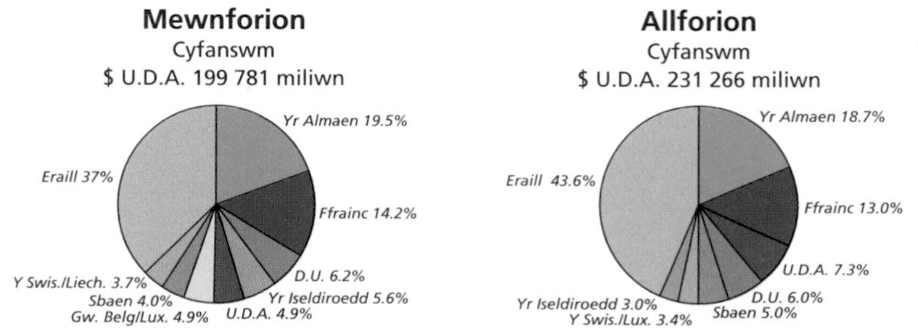

CYNHYRCHION 1993

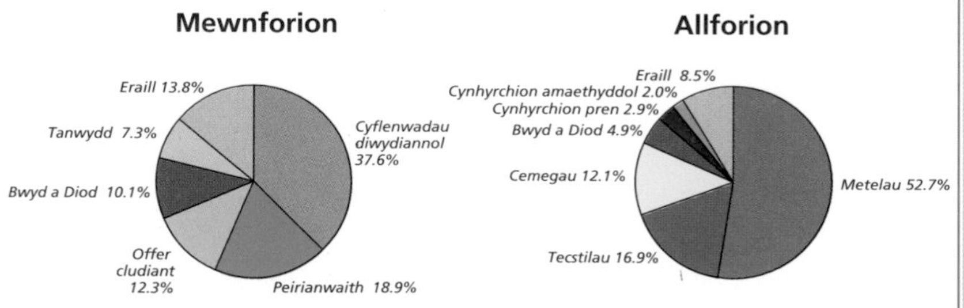

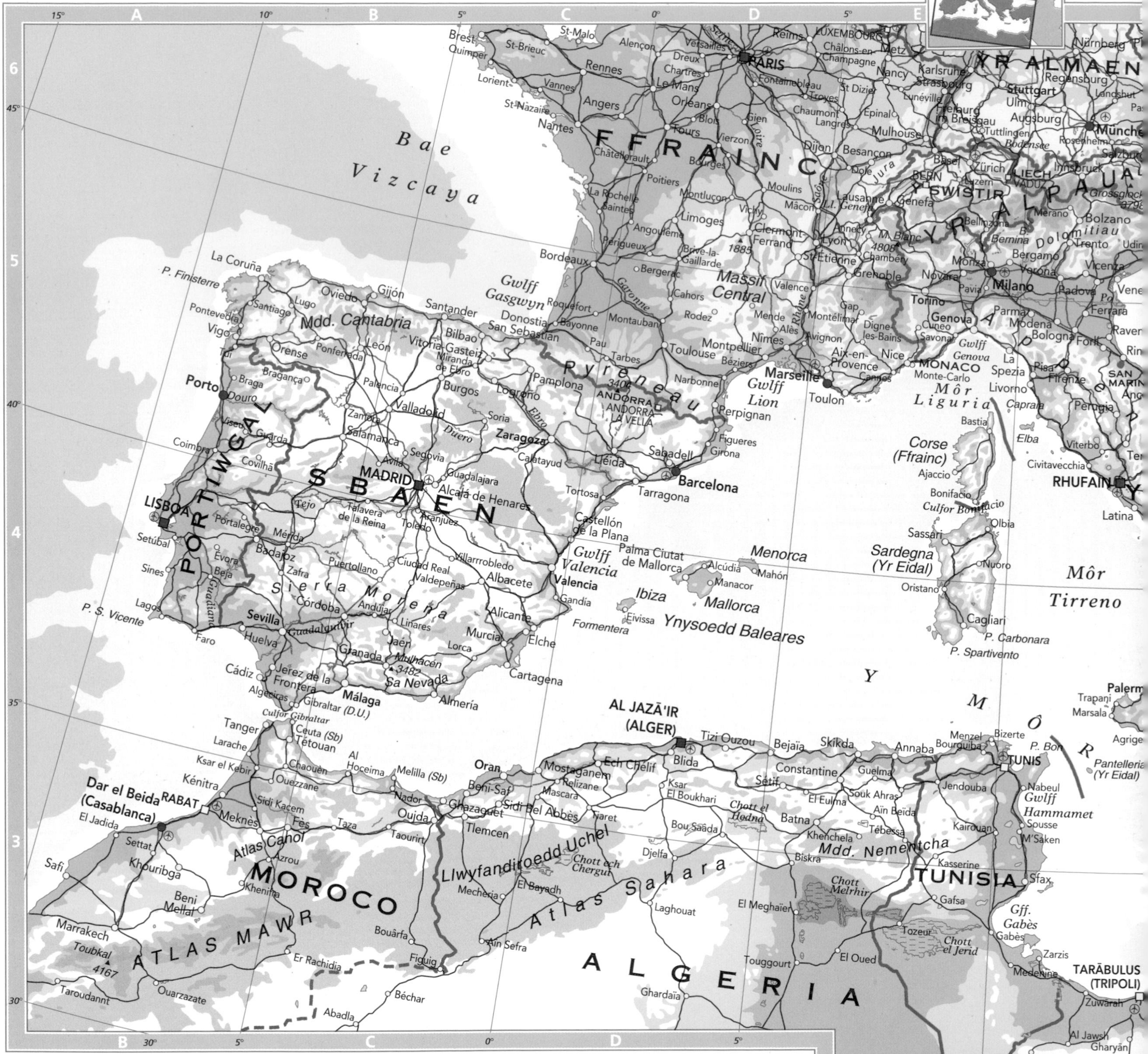

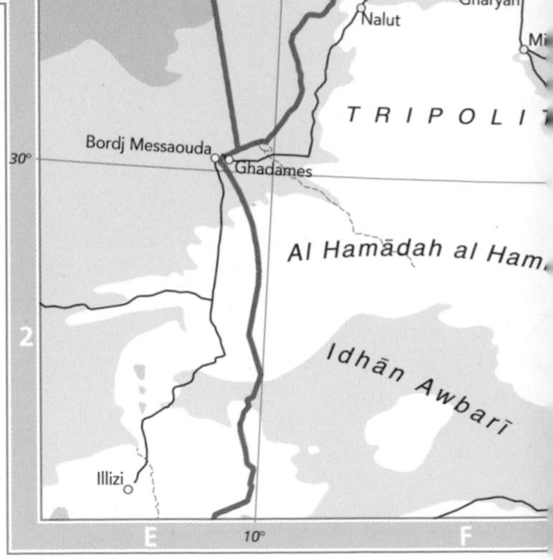

ALLWEDD

Tirwedd a nodweddion ffisegol

Tirwedd metrau: 5000, 3000, 2000, 1000, 500, 200, lefel môr, islaw lefel y môr; 0, 200, 4000, 6000

4808 ▲ Uchder mynydd (metrau)

Nodweddion dŵr

- Afon
- Afon dymhorol
- Camlas
- Llyn / Cronfa ddŵr
- Llyn tymhorol
- Cors

Cyfathrebau

- Rheilffordd
- Ffordd
- Prif faes awyr

Gweinyddiad

Ffiniau

- Rhyngwladol
- Dadleuol

Anheddiad

Dinasoedd a threfi yn ôl maint eu poblogaeth

Prifddinas	Tref neu ddinas arall
■ AL JAZĀ'IR	● Napoli
□ ZAGREB	○ Valencia
□ TIRANË	○ Nice
□ VALLETTA	○ Faro

GRADDFA 1 : 10 000 000

0 100 200 300 400 km

WERINIAETH TSIEC
SLOFACIA
WIEN
BRATISLAVA
BUDAPEST
HWNGARI
ROMANIA
Alpau Transilvania
Carpatiau
UKRAIN
MOLDOVA
CHIŞINAU
Mór Azov
Crimea
CROATIA
ZAGREB
BEOGRAD
BUCUREŞTI
BOSNA-HERCEGOVINA
IWGOSLAFIA
SARAJEVO
SOFIYA
BWLGARIA
Mdd. y Balcanau
Mdd. Rodopi
SKOPJE
MACEDONIA
ALBANIA
TIRANË
Mdd. Pindos
GROEG
ATHEN
Môr Aegea
Môr Creta
Creta
Môr Ionia
Môr Adria
Y MÔR DU
Mynyddoedd Pontig
Istanbul
Môr Marmara
ANKARA
TWRCI
Mynyddoedd Toros
Gwlff Antalya
CYPRUS
NICOSIA
SYRIA
LIBANUS
BEIRUT (BAYRUT)
DIMASHQ (DAMASCUS)
ISRAEL
Tel Aviv-Yafo
AMMAN
GWLAD IORDDONEN
Y Môr Marw
Sinai
El Iskandarîya (Alexandria)
EL QÂHIRA (CAIRO)
El Giza
YR AIFFT
Diffeithwch Gorllewinol
Diffeithwch Dwyreiniol
Y MÔR COCH
Pant Quattara
Llwyfandir Libya
Y Môr Tywod Mawr
Môr Tywod Calanscio
AS SARIR
CYRENAICA
LIBYA
Gwlff Sirte
Al Jabal al Akhdar
Banghāzī
Y MÔR CANOLDIR
Gwlff Taranto
Dnipropetrovs'k
Odessa
Kiev
Rostov-na-Donu
Krasnodar
Izmir
Konya
Adana
Halab (Aleppo)
Nil
Gff. Suez
Camlas Suez
Gwlff Aqaba

ALLWEDD
Tirwedd a nodweddion ffisegol
Tirwedd metrau
5000
3000
2000
1000
500
200
0
lefel môr
islaw lefel y môr
200
4000
6000
3798 Uchder mynydd (metrau)
Iâ parhaol
Nodweddion dŵr
Afon
Camlas
Llyn / Cronfa ddŵr
Cors
Cyfathrebau
Rheilffordd
Traffordd
Ffordd
Prif faes awyr
Gweinyddiad
Ffiniau
Rhyngwladol
Anheddiad
Dinasoedd a threfi yn ôl maint eu poblogaeth
Prifddinas
Tref neu ddinas arall
WARSZAWA
Kharkhiv
CHIŞINAU
Krakow
BRATISLAVA
Brno
VADUZ
Chelm
DENMARC
SWEDEN
Y MÔR BALTIG
FFEDERASIWN RWSIA
GWLAD PWYL
YR ALMAEN
GWERINIAETH TSIEC
SLOFACIA
AWSTRIA
HWNGARI
Y SWISTIR
YR EIDAL
SLOVENIJA
CROATIA
BOSNA-HERCEGOVINA
IWGOSLAFIA
Mynyddoedd Mwyn
Ucheldiroedd Sudety
Llwyfandir Silesia
Fforest Bohemia
Carpatiau
YR ALPAU
Dolomitiau
Gwlff Gdańsk
Gwlff Fenis
BERLIN
PRAHA
WIEN
BUDAPEST
LJUBLJANA
ZAGREB
KØBENHAVN

GRADDFA 1 : 5 000 000

0 50 100 150 200 km

LATVIA
BELARUS
UKRAIN
FFEDERASIWN RWSIA
Uwchdiroedd Canolbarth Rwsia
MOLDOVA
ROMÂNIA
Transilvania
Crimea
Môr Azov
Gwlff Karkinitskiy
Aberoedd Afon Donaw
Corsydd Pripyat
Cr. Kiev
Cr. Kremenchuk
Cr. Kakhouka
MOSKVA
Zelenograd
Mytishchi
Odintsovo
Podol'sk
Ruza
Gagarin
Belyy
Yegor'yevsk
Kolomna
Stupino
Chekhov
Serpukhov
Obninsk
Ryazan'
Vyaz'ma
Safonovo
Yartsevo
Velizh
Smolensk
Rudnya
Vitsyebsk
Navapolatsk
Polatsk
Daugavpils
Līvāni
Biržai
Panevėžys
Visaginas
Utena
Hlybokaye
Pastavy
Kaunas
VILNIUS
Alytus
Druskininkai
Grodno
Lida
Smarhon'
Maladzyechna
Lyepyel'
Orsha
Shklow
Barysaw
MINSK
Dzyarzhynsk
Stowbtsy
Mahilyow
Krychaw
Roslavl'
Kaluga
Aleksin
Tula
Uzlovaya
Novomoskovsk
Ryazhsk
Sukhinichi
Kirov
Dyat'kovo
Bryansk
Mtsensk
Orel
Yefremov
Dankov
Lipetsk
Yelets
Livny
Kastsyukovichy
Babruysk
Zhlobin
Baranavichy
Slutsk
Salihorsk
Hantsavichy
Pruzhany
Pinsk
Kobryn
Brest
Luninyets
Zhytkavichy
Mazyr
Rechytsa
Homyel'
Klintsy
Pochep
Trubchevsk
Navlya
Zheleznogorsk
Klimovo
Semenivka
Shostka
Horodnya
Chernihiv
Borzna
Konotop
Nizhyn
Stolin
Dubrovytsya
Sarny
Olevs'k
Ovruch
Chornobyl'
Kovel'
Volodymyr-Volyns'kyy
Luts'k
Rivne
Korosten'
Borodyanka
KIEV
Boryspil'
Pryluky
Romny
Sumy
Okhtyrka
Kursk
Shchigry
L'gov
Oboyan'
Gubkin
Staryy Oskol
Voronezh
Ostrogozhsk
Novyy Oskol
Rakitnoye
Belgorod
Volokonovka
Kharkiv
Chuhuyiv
Kup''yans'k
Novohrad-Volyns'kyy
Chervonohrad
Dubno
Zhytomyr
Boyarka
Vasyl'kiv
Fastiv
Pyryatyn
Lubny
Poltava
Krasnohrad
Izyum
Lysychans'k
Shepetivka
Berdychiv
Bila Tserkva
Zolotonosha
Cherkasy
Kremenchuk
Svitlovods'k
Lozova
Slov''yans'k
Kramators'k
L'viv
Horodok
Zolochiv
Ternopil'
Starokostyantyniv
Khmel'nyts'kyy
Vinnytsya
Zhashkiv
Smila
Shpola
Znam''yanka
Novomoskovs'k
Pavlohrad
Kostyantynivka
Horlivka
Yenakiyeve
Makiyivka
Dniprodzerzhyns'k
Dnipropetrovs'k
Krasnoarmiys'k
Donets'k
Stryy
Terebovlya
Dolyna
Chortkiv
Ivano-Frankivs'k
Zhmerynka
Uman'
Kirovohrad
Kolomyya
Kam''yanets'-Podil's'kyy
Tul'chyn
Dobrovelychkivka
Dolyns'ka
Zaporizhzhya
Volnovakha
Chernivtsi
Mohyliv-Podil's'kyy
Kryvyy Rih
Marhanets'
Nikopol'
Rakhiv
Darabani
Soroca
Kotovs'k
Yuzhnoukrayinsk
Dniprorudne
Tokmak
Mariupol'
Botoşani
Bălţi
Voznesens'k
Suceava
Orhei
Melitopol'
Berdyans'k
Baia Mare
Berezivka
Mykolayiv
Bistriţa
Piatra-Neamţ
Iaşi
CHIŞINAU
Tiraspol
Tighina
Rozdil'na
Kherson
Nova Kakhovka
Chaplynka
Cluj-Napoca
Vaslui
Odessa
Ochakiv
Heniches'k
Târgu Mureş
Bacău
Leova
Bilhorod-Dnistrovs'kyy
Oneşti
Dzhankoy
Odorheiu Secuiesc
Târgu Secuiesc
Bârlad
Alba Iulia
Tecuci
Kagul
Tatarbunary
Kerch
Temryuk
Sibiu
Sfântu Gheorghe
Focşani
Bolhrad
Vârful Moldoveanu
2544
Braşov
Galaţi
Reni
Izmayil
Yevpatoriya
Feodosiya
Brăila
Tulcea
Sulina
Simferopol'
Sudak
Făgăraş
Rm. Mindra
2519
Râmnicu Vâlcea
Buzău
Sevastopol'
Yalta
Ploieşti
Daugava
Neris
Nevėžis
Merkys
Neman
Dzisna
Dnepr
Druts'
Byarezina
Ptsich
Sluch
Tsna
Dakol'ka
Yasyel'da
Pripyat
Slovyechna
Desna
Snov
Iput'
Ugra
Upa
Oka
Tsna
Don
Sosna
Olym
Seym
Svapa
Psel
Donets
Oskil
Oskol
Styr
Irsha
Seret
Dnestr
Prut
Siret
Bistriţa
Mureş
Inhul
Inhulets'
Bug
Samara
Mezha
Vorskla
24° 26° 28° 30° 32° 34° 36° 38°
36° 38° 46° 50° 52° 54°
I J K L M N O P Q
1 2 3 4 5 6

Tafluniad Conig

ALLWEDD
Tirwedd a nodweddion ffisegol
Tirwedd metrau
5000
3000
2000
1000
500
200
lefel môr
islaw lefel y môr
0
200
4000
6000
3971 Uchder mynydd (metrau)
Nodweddion dŵr
Afon
Afon dymhorol
Camlas
Llyn / Cronfa ddŵr
Llyn tymhorol
Cors
Cyfathrebau
Rheilffordd
Traffordd
Ffordd
Prif faes awyr
Gweinyddiad
Ffiniau
Rhyngwladol
Mewnol
Anheddiad
Dinasoedd a threfi yn ôl maint eu poblogaeth
Prifddinas
Tref neu ddinas arall
ATHÍNAI
İstanbul
SKOPJE
Konya
LEVKOSIA
Thessaloníki
Dubrovnik
GROATIA
BOSNA-HERCEGOVINA
IWGOSLAFIA
ROMÂNIA
BWLGARIA
MACEDONIA
ALBANIA
GROEG
YR EIDAL
MÔR ADRIA
MÔR IONIA
Y MÔR CANOL
Môr Aegea
Môr Creta
Ynysoedd Ionia
Culfor Otranto
Alpau Dinarig
Alpau Transylvania
Mdd y Balcanau
Mdd Rodopi
Mynyddoedd Pindos
Dalmacija
Istra
ZAGREB
BEOGRAD
SARAJEVO
BUCUREȘTI
SOFIYA (SOFIA)
SKOPJE
TIRANË
ATHÍNAI (ATHEN)
Thessaloníki (Thesalonica)
Kríti (Creta)
Kikládhes (Cyclades)
Sporádhes Gogleddol
Gwlff Thesalonica
Gwlff Pátrai
Gwlff Corinth
Gwlff Taranto
Gwlff Saros
Gwlff Smyrna
Gwlff Messini
Gwlff Lakonia
Dardanelles
İzmir (Smyrna)
Kérkira (Corfu)
Zákinthos (Zante)
Khíos (Chios)
Olympus 2911
Musala
Donaw
Sava
Drava
Morava
Vardar
Dunav

GRADDFA 1 : 5 000 000

0 50 100 150 200 km

UKRAIN
MOLDOVA
Môr Azov
Gwlff Karkinitskiy
Crimea
Yevpatoriya
Simferopol'
Sudak
Feodosiya
Sevastopol'
Yalta
Dzhankoy
Kerch
Temryuk
Bilhorod-Dnistrovs'kiy
Tatarbunary
Kagul
Bolhrad
Reni
Izmayil
Galati
Brăila
Tulcea
Sulina
Aberoedd Afon Donaw
Hârsova
Cernavodă
Constanţa
Mangalia
Dobrich
P. Kaliakra
Varna
Kalininskaya
Slavyansk-na-Kubani
Korenovsk
Kuban'
Cr. Krasnodar
Krasnodar
Pashkovskiy
Belorechensk
Krymsk
FFEDERASIWN RWSIA
Novorossiysk
Tkhab 821
Maykop
Tuapse
Cawcasws
Sochi
Gagra
GEORGIA
Sukhumi
Y MÔR DU
Sinop
İnebolu
Bartın
Bafra
Samsun
P. Iğneada
Zonguldak
Kastamonu
Kızılırmak
Ordu
Giresun
Trabzon
Rize
Mynyddoedd Pontig
Kırklar Dagı 3352
3082
Gümüşhane
Kara Dag 3331
Bayburt
Çoruh
Sarıyer
Bosporus
İstanbul
Beykoz
Bakırköy
Kartal
Môr Marmara
Karabük
Devrez
Osmancık
Merzifon
Yeşilırmak
Niksar
Kelkit
Amasya
Kandıra
Sakarya
Düzce
Bolu
Körfez
Gebze
Gölcük
Gemlik
Bandırma
Çankırı
Çorum
Turhal
Tokat
Yeşilırmak
Geyve
Bursa
İnegöl
Bilecik
Sakarya
Beypazarı
Sungurlu
Kalecik
Keçiören
ANKARA
Çankaya
Kırıkkale
Yozgat
Zara
Sivas
Kızılırmak
Erzincan
Ewffrates
Bozüyük
Porsuk
Eskişehir
Polatlı
Delice
Şarkışla
Divriği
Tunceli
Arapkir
Cr. Keban
Balıkesir
Kütahya
Sivrihisar
Sakarya
Kırşehir
Kızılırmak
Elazığ
Gediz
TWRCI
Anatolia
Afyon
Yunak
Cihanbeyli
Ll. Tuz
Avanos
Nevşehir
Kayseri
3917 M. Erciyas
Pınarbaşı
Malatya
Ergani
Akhisar
Gediz
Uşak
Aksaray
Elbistan
Salihli
Akşehir
Ll. Eğridir
Göksun
Adıyaman
Siverek
Ödemiş
Dinar
Niğde
3756 Demirkazık
Toros
Kahraman Maraş
Cr. Ataturk
Nazilli
Menderes
Aydın
Denizli
Isparta
Eğridir
Burdur
Konya
Ll. Beysehir
Ereğli
Medetsiz 3524
Kozan
Kadirli
Ceyhan
Şanlıurfa
Viranşehir
Seydişehir
Karaman
Adana
Osmaniye
Gaziantep
Nizip
Birecik
Yatağan
Muğla
Korkuteli
Mynyddoedd Toros
Geyik Dag 2877
Mersin
Tarsus
Mezitli
Gwlff Iskenderun
Iskenderun
Kilis
Marmaris
Dalaman
Fethiye
Elmalı
3070
Antalya
Manavgat
Mut
Antakya (Antioch)
Halab (Aleppo)
Buhayrat al Asad
Belikh
Gwlff Antalya
Alanya
Silifke
Samandağı
Ar Raqqah
Ewffrates
Madinat ath Thawrah
Rodhos
Ródhos (Rhodes)
Lindhos
Kumluca
Anamur
Idlib
P. Andreas
Latakia
Jablah
Mdd. al Nusayriyah
Hamāh
SYRIA
LEVKOSIA (NICOSIA)
Keryneia
Ammokhostos (Famagusta)
P. Arnaoutis
Olympus 1952
CYPRUS
Larnax (Larnaca)
Pafos (Paffos)
Lemesos (Limassol)
Tartūs
Homs
Palmyra
LIBANUS
Tripoli
MÔR CANOLDIR

Tafluniad Conig

ALLWEDD
Tirwedd a nodweddion ffisegol
Tirwedd metrau
5000
3000
2000
1000
500
200
lefel môr
islaw lefel y môr
0
200
4000
6000
4750 Uchder mynydd (metrau)
Iâ parhaol
Nodweddion dŵr
Afon
Afon dymhorol
Llyn / Cronfa ddŵr
Llyn tymhorol
Cors
Cyfathrebau
Rheilffordd
Ffordd
Prif faes awyr
Gweinyddiad
Ffiniau
Rhyngwladol
Mewnol
Anheddiad
Dinasoedd a threfi yn ôl maint eu poblogaeth
Prifddinas
Tref neu ddinas arall
MOSKVA
Ufa
RIGA
Penza
TALLINN
Arkhangel'sk
ULAN BATOR
Kotlas
MÔR NORWY
MÔR BARENTS
Svalbard (Norwy)
Spitsbergen
Nordaustlandet
Tir Franz Josef
Novaya Zemlya
Môr Kara
NORWY
SWEDEN
Y FFINDIR
Gwlff Bothnia
Y Môr Baltig
ESTONIA
LATVIA
LITHUANIA
BELARUS
UKRAIN
MOSKVA
St Petersburg
Y Môr Gwyn
Gor. Kola
Murmansk
Arkhangel'sk
Nizhniy Novgorod
Kazan
Perm
Yekaterinburg
Chelyabinsk
Omsk
Novosibirsk
Samara
Volgograd
Rostov-na-Donu
Astrakhan'
Y MÔR DU
Môr Azov
TWRCI
ANKARA
Istanbul
GEORGIA
ARM.
AZER.
IRAN
IRAQ
SYRIA
MÔR CASPIA
BAKU
KAZAKSTAN
UZBEKISTAN
TURKMENISTAN
Môr Aral
Ll. Balkhash
Pant Caspia
Mynyddoedd Cawcasws
Ucheldiroedd Stavropol
MYNYDDOEDD WRAL
FFEDER
Gwastadedd Gorllewin Siberia
Gor. Yamal
Gorynys Gydanskiy
GRADDFA 1 : 20 000 000
0 200 400 600 800 km

ARCTIG
Mȏr Chukchi
Culfor Bering
Gorynys Seward
U.D.A.
Pt Hope
Ys. Wrangel
Gor. Chukchi
Ys. St Lawrence
Nunivak
Culfor Longa
Gwlff Anadyr
Anadyr
Ys. St Matthew
Mȏr Dwyrain Siberia
Cadwyn Koryak
MȎR BERING
Ysdd. Novosibirskiye
Novaya Sibir'
Kotel'nyy
Komsomolets
Ys. Oktyabrskoy Revolyutsii
Ys. Bolshevik
Severnaya Zemlya
P. Chelyuskin
Bolshoi Lyakhovskiy
Ambarchik
Cadwyn Kolyma
Omolon
Kamenskoye
Gizhiga
Mȏr Laptev
Gwlff Tonol
Indigirka
Srednekolymsk
Dzhigudzhak
Gwlff Shelekhov
Gorynys Taimyr
Mdd. Byrranga
Ll. Taimyr
Nordvik
Ust-Olenek
Olenek
Tiksi
Bulun
Kazachye
Yana
Kolyma
M. Pobeda 3147
Palana
Gorynys Kamchatka
Klyuchevskaya Sopka 4750
Ust-Kamchatsk
Cadwyn Cherskogo
Magadan
Khatanga
Anabar
Verkhoyansk
Cadwyn Verkhoyansk
Yagodnoye
Petropavlovsk-Kamchatskiy
Lena
Kotuy
MȎR OKHOTSK
Aldan
Okhotsk
Noril'sk
Severo-Kurilsk
Olenek
Markha
Yakutsk
Ust-Maya
Vilyuysk
Nyurba
LLWYFANDIR
CANOLBARTH
SIBERIA
Tunguska Isaf
Tura
Maya
Nelkan
Cadwyn Dzhugdzhur
Ayan
Okha
Ysdd. Shantar
Sakhalin
Nikolayevsk-na-Amure
Olekminsk
Aldan
Cadwyn Stanovoy
Ynysoedd Kuril
RWSIA
SIWN
Amgun
Aleksandrovsk-Sakhalinskiy
Poronaysk
Uglegorsk
Yuzhno-Sakhalinsk
Podkamennaya Tunguska
Vitim
Gwlff Tatar
Yenisey
Ust-Ilimsk
Tynda
Komsomolsk-na-Amure
Amur
Kholmsk
Wakkanai
Yeniseysk
Angara
Ust-Kut
Skovorodino
Svobodnyy
Blagoveshchensk
Khabarovsk
Cadwyn Sikhote-Alin
Asahikawa
Asahi-dake 2290
Kansk
Bratsk
Ll. Baikal
Krasnoyarsk
Nizhneudinsk
Cadwyn Yablonovy
Chita
Da Hinggan Ling
Bei'an
Yichun
Hokkaidō
Sapporo
Hakodate
Aomori
Hachinohe
Abakan
Usol'ye-Sibirskoye
Irkutsk
Ulan-Ude
Karymskoye
Krasnokamensk
Qiqihar
Harbin
Ll. Khanka
Ussuriysk
Vladivostok
Nakhodka
Akita
Sendai
Mdd. Sayan Gorllewinol
Sayan Dwyreiniol
Yenisey
Kyzyl
Hulun Nur
Mudanjiang
Jilin
Höysgöl Nuur
Ubsa Nur
ULAN BATOR
Chongjin
Changchun
CHINA
Niigata
Mȏr Japan
Honshu
JAPAN
Altai
MONGOLIA
Fushun
Shenyang
Anshan
GOGLEDD KOREA
Nagoya
Kobe
Osaka
Bayanhongor

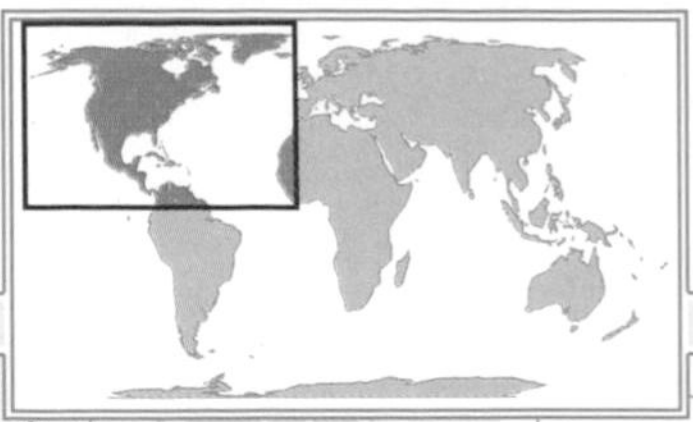

GRADDFA 1 : 40 000 000

Tafluniad Trimetrig Chamberlin

1 TYMHEREDD A GWASGEDD : IONAWR

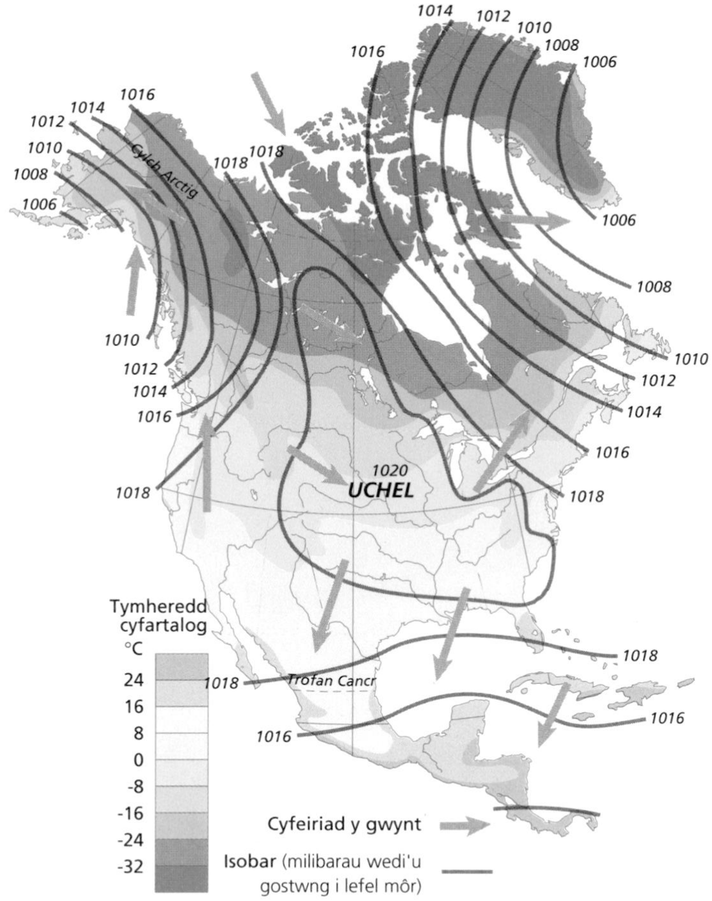

2 TYMHEREDD A GWASGEDD : GORFFENNAF

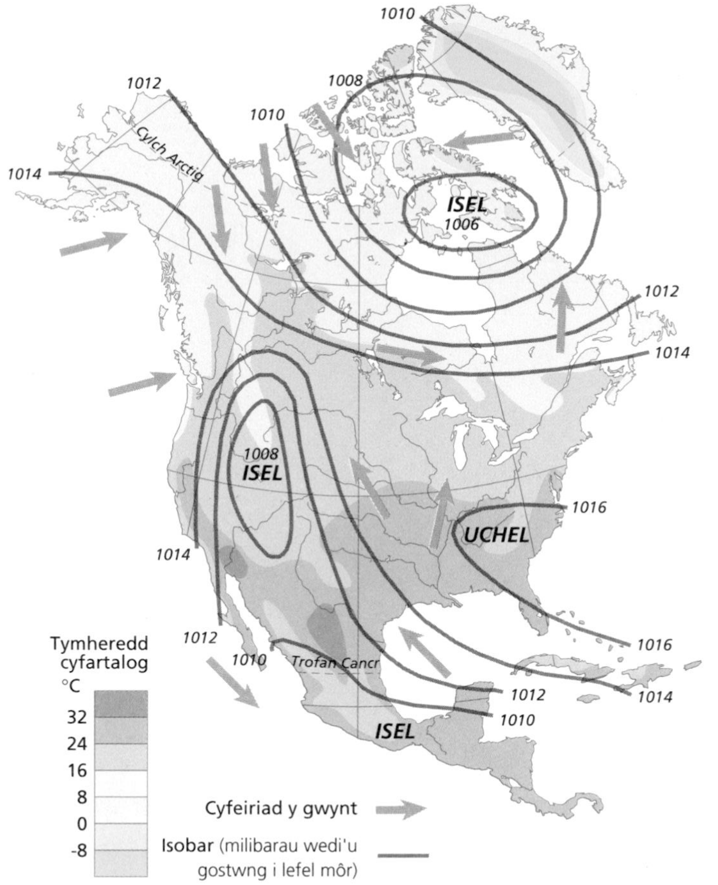

3 GLAWIAD BLYNYDDOL

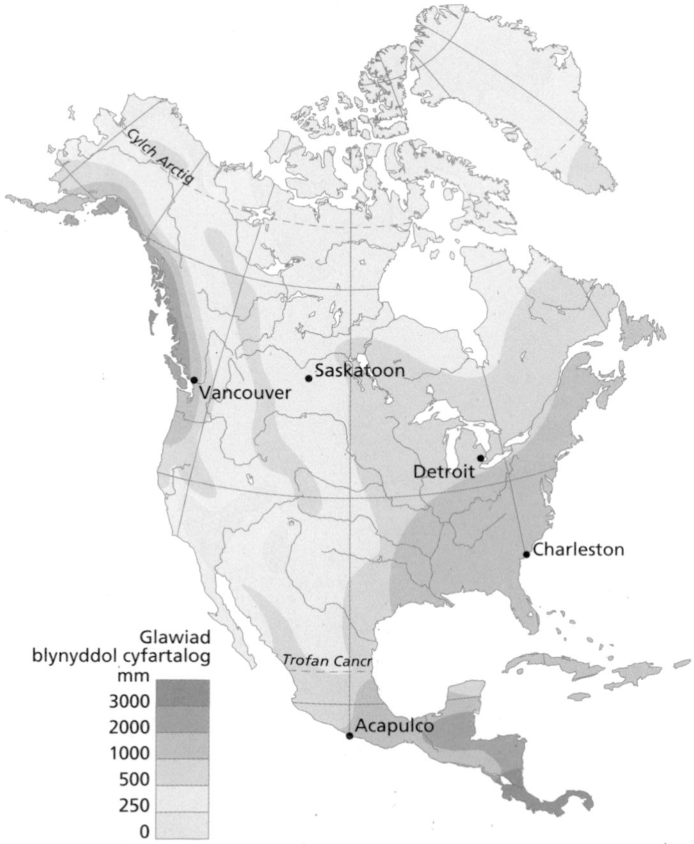

4 YSTADEGAU

Saskatoon (515 metr)	Ion	Chw	Maw	Ebr	Mai	Meh	Gor	Aw	Med	Hyd	Ta	Rha
Tymheredd - uchaf (°C)	-13	-11	-3	9	18	22	25	24	17	11	-1	-9
Tymheredd - isaf (°C)	-24	-22	-14	-3	3	9	11	9	3	-3	-11	-19
Glawiad - (mm)	23	13	18	18	36	66	61	48	38	23	13	15

Vancouver (14 metr)	Ion	Chw	Maw	Ebr	Mai	Meh	Gor	Aw	Med	Hyd	Ta	Rha
Tymheredd - uchaf (°C)	5	7	10	14	18	21	23	23	18	14	9	6
Tymheredd - isaf (°C)	0	1	3	4	8	11	12	12	9	7	4	2
Glawiad - (mm)	218	147	127	84	71	64	31	43	91	147	211	224

Charleston (3 metr)	Ion	Chw	Maw	Ebr	Mai	Meh	Gor	Aw	Med	Hyd	Ta	Rha
Tymheredd - uchaf (°C)	14	15	19	23	27	30	31	31	28	24	19	15
Tymheredd - isaf (°C)	6	7	10	14	19	23	24	24	22	16	11	7
Glawiad - (mm)	74	84	86	71	81	119	185	168	130	81	58	71

Acapulco (3 metr)	Ion	Chw	Maw	Ebr	Mai	Meh	Gor	Aw	Med	Hyd	Ta	Rha
Tymheredd - uchaf (°C)	31	31	31	32	32	33	32	33	32	32	32	31
Tymheredd - isaf (°C)	22	22	22	23	25	25	25	25	24	24	23	22
Glawiad - (mm)	6	1	0	1	36	281	256	252	349	159	28	8

Detroit (189 metr)	Ion	Chw	Maw	Ebr	Mai	Meh	Gor	Aw	Med	Hyd	Ta	Rha
Tymheredd - uchaf (°C)	-1	0	6	13	19	25	28	27	23	16	8	2
Tymheredd - isaf (°C)	-7	-8	-3	3	9	14	17	17	13	7	1	-4
Glawiad - (mm)	53	53	64	64	84	91	84	69	71	61	61	58

GRADDFA 1 : 75 000 000

Tafluniad Bonne

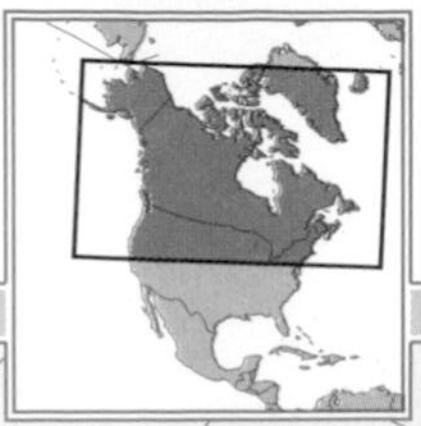

ALLWEDD
Tirwedd a nodweddion ffisegol
Tirwedd metrau
5000
3000
2000
1000
500
200
lefel môr
0
islaw lefel y môr
200
4000
6000
6194 Uchder mynydd (metrau)
Iâ parhaol
Nodweddion dŵr
Afon
Llyn / Cronfa ddŵr
Llyn tymhorol
Cors
Cyfathrebau
Rheilffordd
Ffordd
Prif faes awyr
Gweinyddiad
Ffiniau
Rhyngwladol
Mewnol
Anheddiad
Dinasoedd a threfi yn ôl maint eu poblogaeth
Prifddinas
Tref neu ddinas arall
OTTAWA
REYKJAVÍK
Montréal
Winnipeg
Québec
Churchill
MÔR BEAUFORT
Y CEFNFOR TAWEL
Gwlff Alaska
Bae Bristol
U.D.A.
ALASKA
CANADA
TIR YUKON
TIRIOGAETHAU'R GOGLEDD ORLLEWIN
BRITISH COLUMBIA
COLOMBIE BRITANNIQUE
ALBERTA
SASKATCHEWAN
WASHINGTON
OREGON
IDAHO
MONTANA
WYOMING
NEVADA
CALIFORNIA
UTAH
GOGLEDD DAKOTA
DE DAKOTA
NEBRASKA
Cadwyn Brooks
Mdd. Kuskokwim
Cadwyn Alaska
Gorynys Alaska
Cadwyn Aleutia
Mynyddoedd Selwyn
Mynyddoedd Mackenzie
Mynyddoedd Cassiar
Mynyddoedd yr Arfordir
ROCKIES
Cadwyn Cascade
Cadwyn Bitterroot
Mynyddoedd Salmon River
Ynys Victoria
Ynys Banks
Ynysoedd Pribilof
Ynys Kodiak
Ynys Vancouver
Ynysfor Alexander
Ysdd Queen Charlotte
Gwlff Amundsen
Llyn Great Bear
Llyn Great Slave
Llyn Athabasca
Llyn Winnipeg
Anchorage
Fairbanks
M. McKinley 6194
M. Logan 6050
Whitehorse
Yellowknife
Edmonton
Calgary
Vancouver
Seattle
Portland
Regina
Saskatoon
Winnipeg
Sacramento
Salt Lake City
Boise
Helena
Spokane
Victoria
Prince George
Prince Rupert
Juneau
Dawson
Inuvik
Fort Smith
Fort McMurray
Lethbridge
Medicine Hat
Great Falls
Billings
Bismarck
Fargo
GRADDFA 1 : 17 000 000

GRADDFA 1 : 17 000 000

0 200 400 600 800 km

GRØNLAND
KALAALLIT NUNAAT
(Denmarc)
GWLAD YR IÂ
REYKJAVÍK
Akureyri
Siglufjördhur
Seydhisfjördhur
Hvannadalshnúkur
Höfn
Ísafjördhur
Akranes
Keflavík
Faxaflói
Cylch Arctig
Culfor Denmarc
Gunnbjørn Field 3700
Tir y Brenin Christian IX
Tir y Brenin Frederick VI
Angmagssalik Tasiilaq
Upernavik
Saqqaq
Christianshåb Qasigiannguit
Ys. Disko
Sisimiut
Sukkertoppen Maniitsoq
Godthåb Nuuk
Frederikshåb Paamiut
Ivittuut
Nanortalik
Penrhyn Farvel
Thule Qaanaaq
P. Parry
P. York
Bae Melville
Bae Baffin
Culfor Nares
Ynys Ellesmere
Ynysoedd Queen Elizabeth
Ynys Axel Heiberg
Ys. Amund Ringnes
Ynysoedd Parry
Swnt Jones
Ynys Devon
Ys. Cornwallis
Resolute Bay
Swnt Lancaster
Ynys Somerset
Ynys Bylot
Arctic Bay
Gorynys Borden
Gorynys Brodeur
Pond Inlet (Mittimatalik)
Clyde River
Ynys Baffin
Bae Home
Culfor Davis
Gulff Boothia
Gorynys Boothia
Taloyoak
Gorynys Melville
Hall Beach
Ys. Prince Charles
Cap Ile Penny
Pangnirtung
P. Dyer
Swnt Cumberland
Basn Foxe
Llyn Nettilling
Llyn Amadjuak
Gorynys Foxe
Sianel Foxe
Repulse Bay
Iqaluit
Bae Frobisher
Ynys Southampton
Coral Harbour
Culfor Fisher
Ys. Coats
Culfor Hudson
Ys. Resolution
P. Chidley
Ys. Akpatok
Ys. Mansel
Salluit
Kangiqsujuaq
Bae Ungava
Kangiqsualujjuaq
CANADA
Povungnituk
Ysdd. Ottawa
Bae Hudson
P. Churchill
Churchill
Nelson
MANITOBA
Inukjuak
Feuilles
Kuujjuaq
Baleine
George
Caniapiscau
Nain
P. Harrison
Hopedale
Cronfa Ddŵr Smallwood
Schefferville
Llyn à l'Eau Claire
Cronfa Ddŵr Caniapiscau
Ynysoedd Belcher
P. Henrietta Maria
Fort Severn
Labrador
Labrador City
Wabush
Churchill
Happy Valley-Goose Bay
Port Hope Simpson
St Anthony
Culfor Ynys Belle
Cronfa Ddŵr La Grande 2
Cronfa Ddŵr La Grande 4
Cronfa Ddŵr La Grande 3
Fort George (Chisasibi)
Bae James
QUÉBEC
Gagnon
Havre-St-Pierre
Eastmain
Ynys Akimiski
Fort Albany
Eastmain
Fort Rupert (Waskaganish)
Ll. Evans
Ll. Mistassini
Mistassini (Baie-du-Poste)
Sept-Îles
Ynys Anticosti
Gwlff St Lawrence
St Laurent/ St Lawrence
Gaspé
Gor. Gaspé
Baie Comeau
Chibougamau
Cronfa Ddŵr Gouin
Roberval
Jonquière
Chicoutimi
Rimouski
Bathurst
Culfor Cabot
St Pierre a Miquelon (Ffr.)
Gander
Bonavista
Grand Falls
St John's
Corner Brook
Newfoundland
Channel-Port aux Basques
Glace Bay
Sydney Mines
Ys. Cape Breton
PRINCE EDWARD I. ÎLE-DU-PR.-ÉDOUARD
Charlottetown
NEW/NOUVEAU-BRUNSWICK
Edmundston
Moncton
Fredericton
St John
NOVA SCOTIA
Truro
Halifax
Ys. Sable
P. Sable
Yarmouth
Bae Fundy
Bangor
MAINE
Augusta
Portland
ONTARIO
Big Trout Lake
Winisk
Severn
Ekwan
Sandy Lake
Albany
Attawapiskat
Moosonee
Missinaibi
Harricana
Llyn St Joseph
Red Lake
Sioux Lookout
Llyn Nipigon
Nipigon
Longlac
Kapuskasing
Groundhog
Timmins
Amos
Val d'Or
Kirkland Lake
Llyn y Woods
Fort Frances
Thunder Bay
Rivière-du-Loup
Montmagny
St John
Québec
Trois-Rivières
Sherbrooke
Montréal
Ottawa
OTTAWA
North Bay
Sudbury
Chapleau
Sault Ste Marie
Llyn Superior
Ynysoedd Red
MINNESOTA
Duluth
Ashland
Marquette
MICHIGAN
Escanaba
TALEITHIAU UNEDIG
Minneapolis-St Paul
Green Bay
WISCONSIN
Albert Lea
Milwaukee
Rockford
IOWA
Cedar Rapids
Chicago
Llyn Michigan
Grand Rapids
Cadillac
Bay City
Flint
Detroit
Toledo
Llyn Huron
Bae Georgian
Owen Sound
Toronto
London
Llyn Erie
Erie
Cleveland
Oshawa
Peterborough
Ll. Ontario
Rochester
Buffalo
Syracuse
Binghamton
PENNSYLVANIA
Williamsport
Scranton
EFROG NEWYDD
Albany
VER.
M. Washington 1917
N.H.
Manchester
Lowell
Boston
MASS.
Worcester
Hartford
CONN.
R.I.
Providence
New Haven
Long Island
N.J.
New York (Efrog Newydd)
Penrhyn Cod
Môr Labrador
CEFNFOR IWERYDD
NEWFOUNDLAND & LABRADOR / TERRE-NEUVE-ET-LABRADOR
NUNAVUT
Baker Lake (Qamanittuaq)
Rankin Inlet
Llyn Baker
Nelson

BRITISH COLUMBIA
COLOMBIE BRITANNIQUE
ALBERTA
SASKATCHEWAN
MANITOBA
CANADA
WASHINGTON
OREGON
IDAHO
MONTANA
WYOMING
NEVADA
UTAH
COLORADO
ARIZONA
NEW MEXICO
CALIFORNIA
GOGLEDD DAKOTA
DE DAKOTA
NEBRASKA
KANSAS
OKLAHOMA
TEXAS
UNOL DALEITHIAU AMERICA
MÉXICO
GOGLEDD BAJA CALIFORNIA
DE BAJA CALIFORNIA
SONORA
CHIHUAHUA
COAHUILA
NUEVO LEÓN
TAMAULIPAS
SINALOA
DURANGO
ZACATECAS
Y CEFNFOR TAWEL
Ynys Vancouver
Vancouver
Victoria
Nanaimo
Seattle
Tacoma
Portland
Salem
Eugene
Spokane
Calgary
Edmonton
Regina
Saskatoon
Winnipeg
Boise
Salt Lake City
Denver
Aurora
Las Vegas
Reno
Sacramento
San Francisco
Oakland
San Jose
Fresno
Stockton
Bakersfield
Los Angeles
Long Beach
San Diego
Tijuana
Mexicali
Phoenix
Glendale
Tucson
Albuquerque
Santa Fe
El Paso
Ciudad Juárez
Chihuahua
Hermosillo
Ciudad Obregón
Culiacán
Los Mochis
La Paz
Monterrey
Saltillo
Torreón
Gómez Palacio
San Antonio
Austin
Amarillo
Lubbock
Oklahoma City
Cheyenne
Casper
Billings
Helena
Great Falls
Missoula
Bismarck
Fargo
Pierre
Rapid City
Sioux Falls
Colorado Springs
Pueblo
Grand Junction
Flagstaff
Yuma
Mynyddoedd Creigiog
Cadwyn Cascade
Sierra Nevada
Cadwyn Arfordir
Mdd. Bighorn
Mdd. Uinta
Mdd. San Juan
Mdd. Sangre de Cristo
Mdd. Sacramento
Sierra Madre Gorllewinol
Mynyddoedd Salmon River
Mdd. Gleision
Basn Mawr
Basn Harney
Llwyfandir Colorado
Llwyfandir Edwards
Mynyddoedd Burro
Llyn Great Salt
Llyn Powell
Llyn Mead
Llyn Flathead
Llyn Sakakawea
Llyn Oahe
Llyn Goose
Môr Salton
Gwlff California
Culfor California
Death Valley
Grand Canyon
Columbia
Snake
Missouri
Yellowstone
Colorado
Rio Grande
Pecos
Gila
Arkansas
Platte Ddl.
Canadian
M. Rainier 4392
M. Baker 3285
M. St Helens 2950
M. Hood 3427
M. Shasta 4317
M. Whitney 4418
Copa Gannett 4202
Copa Cloud 4016
Copa Kings 4123
Copa Wheeler 3981
Copa Delano 3710
M. Peale 3877
Copa Wheeler 4011
Copa Humphreys 3951
Copa M. Gwyn 4342
Copa Emory 2389
M. La Encantada 3096
Trofan Cancr
P. Flattery
P. Blanco
Pt. Arena
Pt. Conception
P. San Quintín
P. Eugenia
Bae Magdalena
Guadalupe (México)
Cedros

GRADDFA 1 : 12 000 000

0 150 300 450 600 km

ALLWEDD
Tirwedd a nodweddion ffisegol
Tirwedd metrau
5000
3000
2000
1000
500
200
lefel môr
islaw lefel y môr
0
200
4000
6000
4418
Uchder mynydd (metrau)
Nodweddion dŵr
Afon
Afon dymhorol
Llyn / Cronfa ddŵr
Llyn tymhorol
Cors
Cyfathrebau
Rheilffordd
Ffordd
Prif faes awyr
Gweinyddiad
Ffiniau
Rhyngwladol
Mewnol
Anheddiad
Dinasoedd a threfi yn ôl maint eu poblogaeth
Prifddinas
Tref neu ddinas arall
WASHINGTON D.C.
Efrog Newydd
OTTAWA
Memphis
Savannah
Elko
C A N A D A
O N T A R I O
Q U É B E C
U D A
U N O L I A E T H I A U
CEFNFOR IWERYDD
GWLFF MÉXICO
Gwlff St Lawrence
Llyn Superior
Llyn Michigan
Llyn Huron
Ll. Ontario
Llyn Erie
Bae Georgian
Llyn Nipigon
Llynnoedd Red
Llyn y Woods
Bae Fundy
Bae Chesapeake
Mynyddoedd Appalachia
Llwyfandir Ozark
Culfor Florida
Trofan Cancr
Penrhyn Hatteras
Penrhyn Lookout
Penrhyn Fear
Penrhyn Romain
Penrhyn Canaveral
Penrhyn Sable
Penrhyn Cod
NEW/NOUVEAU-BRUNSWICK
PRINCE EDWARD I. ÎLE-DU-PR.-EDOUARD
NOVA SCOTIA NOUVELLE-ÉCOSSE
MAINE
VER.
NEW HAMP.
MASS
CONN.
R.I.
NEW YORK
NEW JERSEY
PENNSYLVANIA
MARYLAND
DELAWARE
GN. VIRGINIA
VIRGINIA
GOGLEDD CAROLINA
DE CAROLINA
GEORGIA
FLORIDA
ALABAMA
MISSISSIPPI
TENNESSEE
KENTUCKY
OHIO
INDIANA
ILLINOIS
MICHIGAN
WISCONSIN
MINNESOTA
IOWA
MISSOURI
ARKANSAS
LOUISIANA
BAHAMAS
CUBA
WASHINGTON D.C.
OTTAWA
NASSAU
New York (Efrog Newydd)
Montréal
Québec
Toronto
Boston
Philadelphia
Baltimore
Chicago
Detroit
Cleveland
Pittsburgh
Buffalo
Rochester
Atlanta
Miami
Tampa-St Petersburg
Jacksonville
New Orleans
Houston
Memphis
St Louis
Kansas City
Minneapolis-St Paul
Milwaukee
Indianapolis
Columbus
Cincinnati
Norfolk
M. Mitchell 2037
M. Washington 1917
Mynyddoedd Allegheny
Ynysoedd Chandeleur
Delta Mississippi
Bae Apalachee
Llyn Okeechobee
Y Bytholwerni
Ysdd. Florida Keys
Andros
Grand Bahama
Great Abaco
Eleuthera
Long Island
Ys. Nantucket

Tafluniad Conig Cydffurfiol Lambert

1 DWYSEDD POBLOGAETH

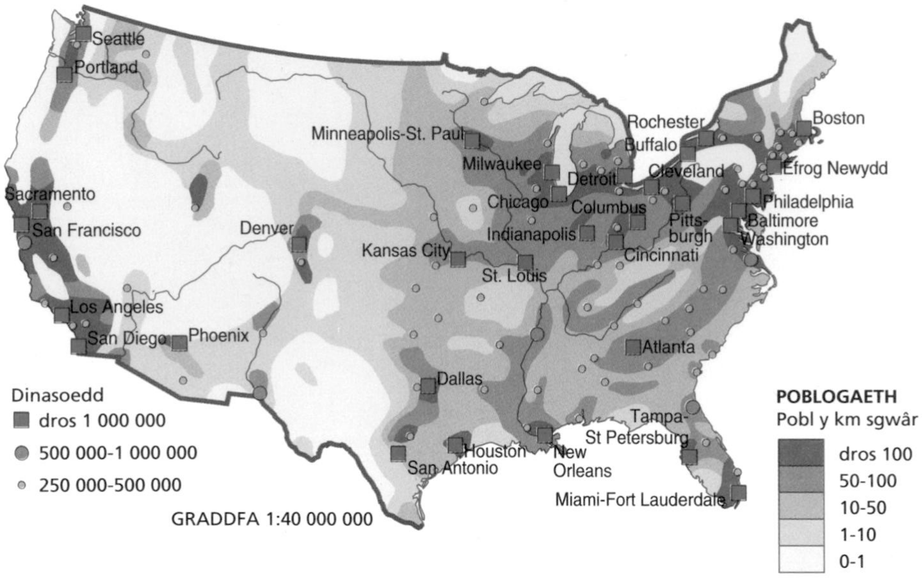

2 DINASOEDD MWYAF

Dinas	Cyfrifiad 1970	Cyfrifiad 1990	Newid (%)
Efrog Newydd	7 771 730	7 322 564	-6
Los Angeles	2 782 400	3 485 398	25
Chicago	3 325 263	2 783 726	-16
Houston	1 213 064	1 630 553	34
Philadelphia	1 926 529	1 585 570	-18
San Diego	675 688	1 110 549	64
Detroit	1 492 914	1 027 974	-31
Dallas	836 121	1 006 877	20
Phoenix	580 275	983 403	69
San Antonio	650 188	935 933	44

3 NEWID POBLOGAETH

CO. CONNECTICUT
D.C. DE CAROLINA
DEL. DELAWARE
GN.V. GORLLEWIN VIRGINIA
MASS. MASSACHUSETTS
N.H. NEW HAMPSHIRE
N.J. NEW JERSEY
PENN. PENNSYLVANIA
R.I. RHODE ISLAND
V. VERMONT

4 CYMHARU DWY DALAITH

CALIFORNIA		GORLLEWIN VIRGINIA
35 798 000	Poblogaeth 1994	1 820 000
33.1%	Cartrefi sy'n ennill dros $50,000	12.5%
124.5%	Newid incwm 1979-89	59.1%
7.5%	Diweithdra 1994	10.5%
23.4%	Addysg hyd at lefel gradd	12.3%
31.5%	Pobl yn siarad iaith ar wahân i Saesneg gartref	2.6%

5 TWF POBLOGAETH

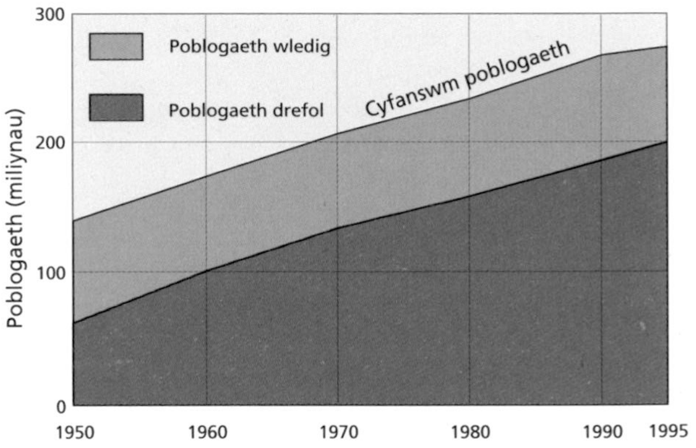

6 MEWNFUDO

MEWNFUDO I'R U.D.A YN ÔL GWLAD 1992
Cyfanswm 974 000

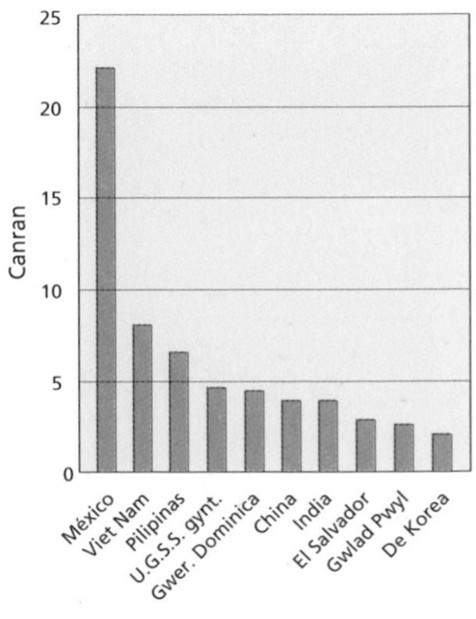

7 GWEITHGAREDD ECONOMAIDD

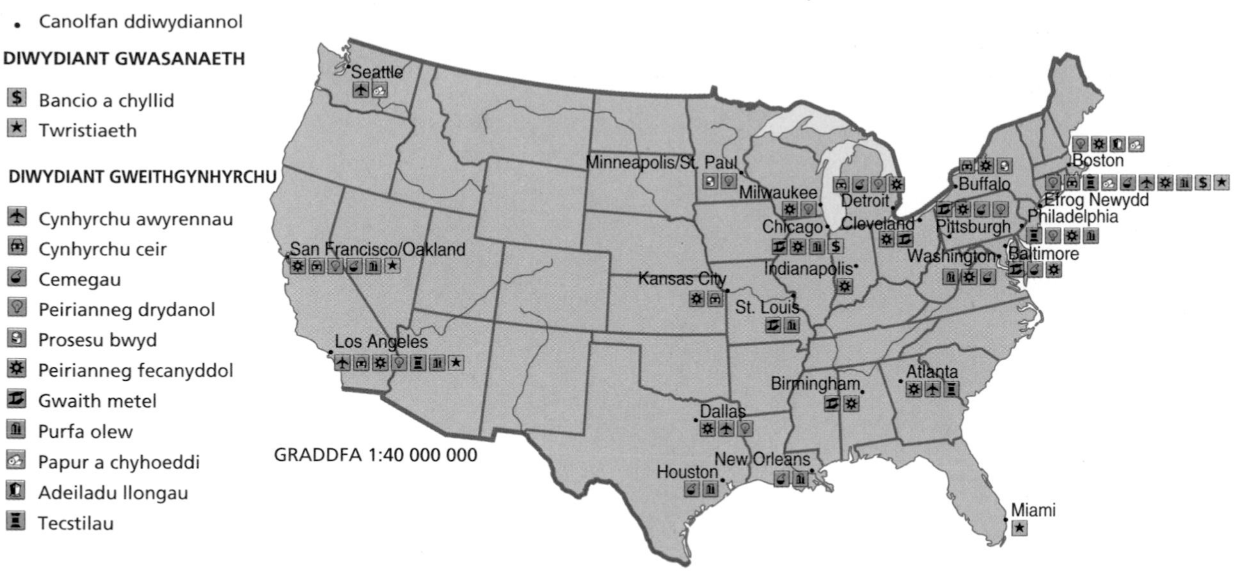

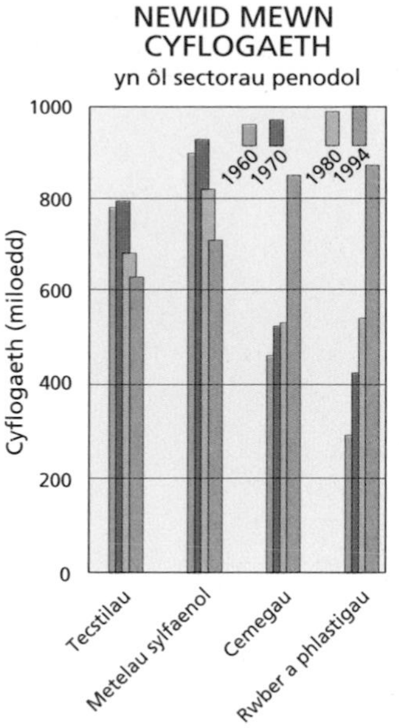

8 MASNACH

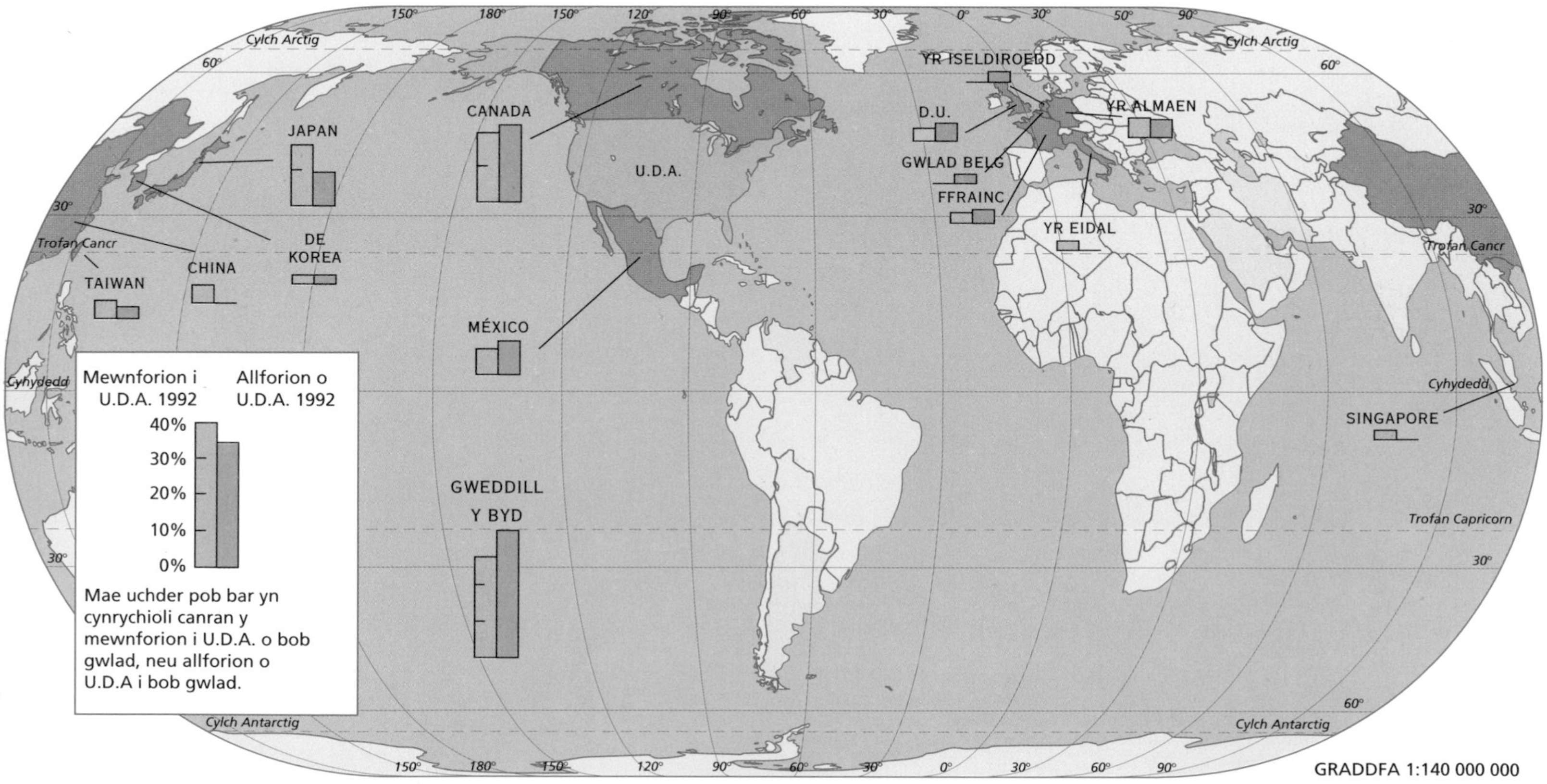

Allforion 1960
Cyfanswm : $ U.D.A. 20 717 miliwn

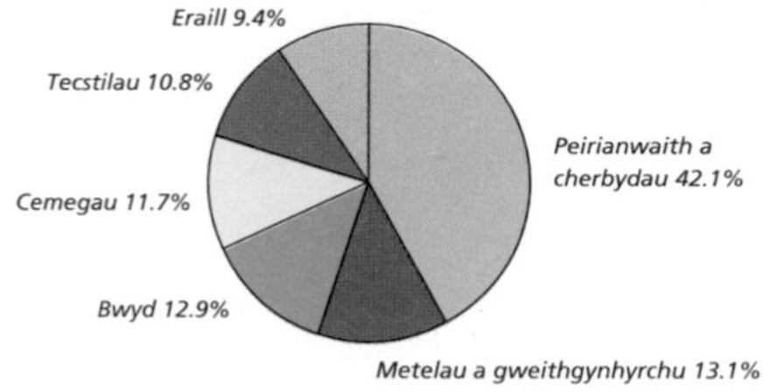

Allforion 1992
Cyfanswm: $ U.D.A. 448 164 miliwn

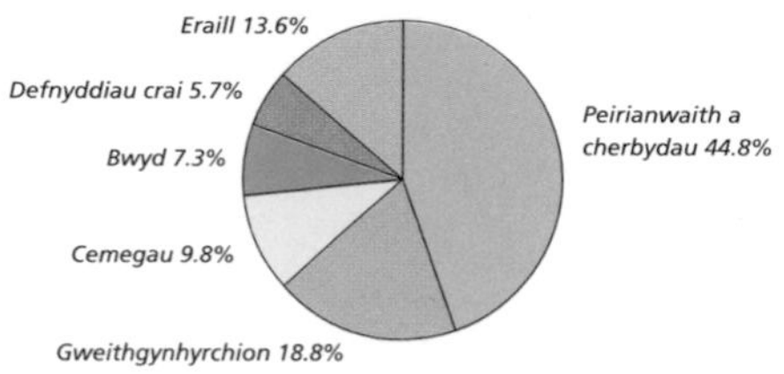

Mewnforion 1992
Cyfanswm: $ U.D.A. 532 665 miliwn

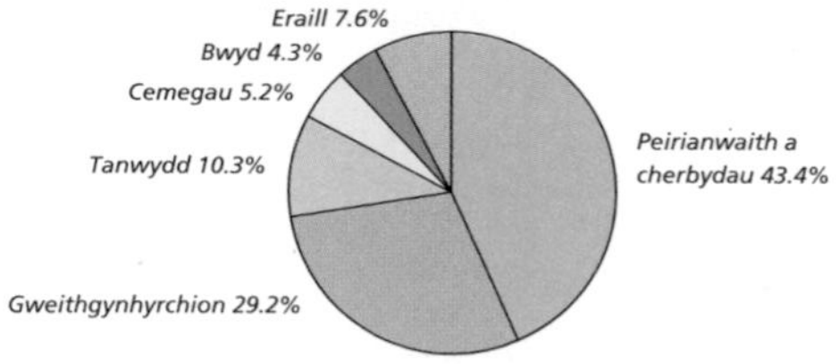

Ardal adeiledig

Mae'r ardal adeiledig sydd yn las/gwyrdd ar y llun lloeren yn amgylchynu Bae San Francisco ac yn ymestyn tua'r de i San Jose. Mae tair pont yn cysylltu'r prif ardaloedd adeiledig ar draws Bae San Francisco.

Coetir

Mae coetir dwys yn gorchuddio rhannau helaeth o Fynyddoedd Santa Cruz i'r gorllewin o Gylchfa Ffawt San Andreas. Mae ardaloedd eraill o goetir i'w gweld ar y cefnenau i'r dwyrain o Fae San Francisco.

Cors/Morfa heli

Mae'r ardaloedd o wyrdd tywyll ar y llun lloeren yn cynrychioli corstir yn ardal Nant Coyote a morfeydd heli rhwng Pont San Mateo a Phont Dumbarton.

Cronfa ddŵr/Llyn

Mae llynnoedd a chronfeydd dŵr yn sefyll allan yn glir o'r tir o'u hamgylch. Enghreifftiau da yw Cronfa Uchaf San Leandro i'r dwyrain o Piedmont a Llyn San Andreas sy'n gorwedd ar hyd y ffawtlin.

Maes awyr

Mae Maes Awyr Rhyngwladol San Francisco i'w weld fel llain o dir petryal llwydlas yn ymwthio allan i'r bae.

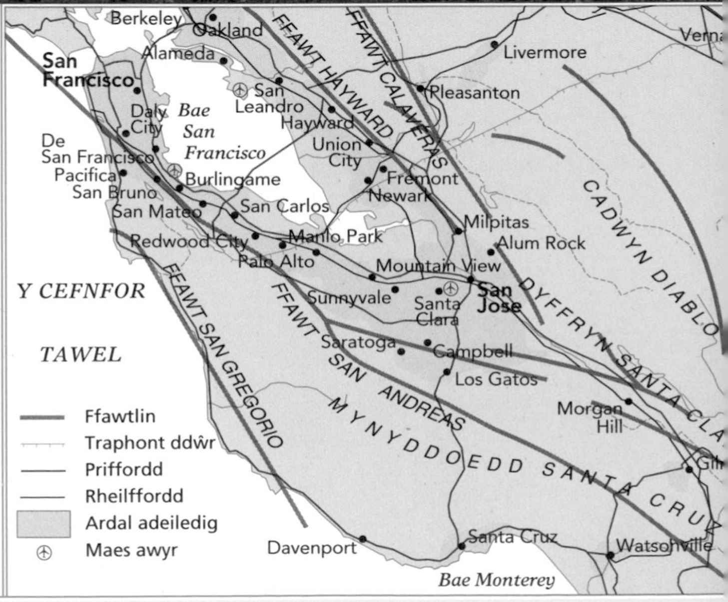

ALLWEDD
Tirwedd a nodweddion ffisegol
metrau
900
600
300
0
599
Uchder mynydd (metrau)
Afon
Llyn / Cronfa ddŵr
Cors
Morfa heli
Coetir
Cyfathrebau
Rheilffordd
Traffordd
Ffordd
Prif faes awyr
Anheddiad
Ardal adeiledig
Dinasoedd a threfi
dros 500 000 o bobl
100 000 - 500 000 o bobl
llai na 100 000 o bobl
GRADDFA 1:375 000
0
5
10
15 km
122° 30´
122° 15´
122° 00´
37° 45´
37° 30´
37° 15´
45´
30´
15´
San Rafael
Bae San Rafael
Pont Richmond - San Rafael
Richmond
El Cerrito
Albany
Cronfa Ddŵr San Pablo
Cronfa Ddŵr Briones
Walnut Creek
M. Diablo 1173
Lafayette
Cronfa Ddŵr Lafayette
Orinda
Alamo
Bryniau Duon
Corte Madera
Mill Valley
Gorynys Tiburon
Tiburon
Ynys Brooks
Berkeley
Danville
Nant Sycamore
Nant Bollinger
Cronfa Ddŵr San Leandro Uchaf
Nant Redwood
Ynys Angel
Sausalito
Gorynys Marin
Ynys Alcatraz
Pont San Francisco - Bae Oakland
Oakland
Piedmont
Golden Gate
Alameda
Nant Alamo
Nant Cull
Llyn Chabot
San Ramon
Dublin
Pt. Potrero
San Leandro
San Francisco
Maes Awyr Rhyngwladol Oakland
Castro Valley
Cefnen Pleasanton
Hayward
Cefnen Sunol
Llyn Merced
San Lorenzo
Cefnen Walpert
Daly City
Brisbane
Bae San Francisco
De San Francisco
San Bruno
Union City
Pacifica
Maes Awyr Rhyngwladol San Francisco
Pont San Mateo
Nant Alamedo
Pt. Coyote
Fremont
Llyn San Andreas
Burlingame
Foster City
Newark
Pt. San Pedro
Pedro Valley
San Mateo
Pt. Redwood
Nant San Mateo
Llyn Pilarcitos
Ynys Greco
Pont Dumbarton
Mynydd Montara
Cr. Crystal Springs Isaf
San Calos
Maes Awyr San Carlos
Cronfa Ddŵr Calaveras
Nant Coyote
Cr. Crystal Springs Uchaf
Redwood City
Maes Awyr Palo Alto
Milpitas
El Granada
Nant Pilarcitos
Palo Alto
Nant Berryessa
Pt. Pillar
Bae Half Moon
Menlo Park
Stanford
Penilencia Uchaf
Half Moon Bay
Woodside
Mountain View
Alum Rock
Arroyo Leon
641
Maes Awyr Rhyngwladol San Jose
San Jose
Llyn Felt
Sunnyvale
Santa Carla
Maes Awyr Reid Hillview
Y Cefnfor Tawel
Nant Purisima
Nant Lobitos
Nant Tunitas
668
Cupertino
Nant Silver
CYLCHFA HOLLT SAN ANDREAS
M. Du 838
Nant Coyote
Nant Corte de Madera
Nant Bogess
Nant La Honda
Cefnen Monte Bello
Nant Stevens
Campbell
Cronfa Ddŵr Nant Stevens
Cambrian Park
Nant Pomponio
Saratoga
Bryniau Santa Teresa
Nant Alamitos
Los Gatos
Nant Pescadero
Cefnen Butano
M. Bielawski 985
Cronfa Ddŵr Guadalupe
Cronfa Ddŵr Lexington
Cronfa Ddŵr Almaden
Mynyddoedd Santa Cruz
Pt. Pescadero
Nant Butano
Llyn Bean Hollow
Nant Gazos
Nant Boulder
Nant Los Gatos
Pt. Pigeon
758
Nant Whitehouse
Boulder Creek
Loch Lomond
Pt. Franklin
Nant Waddell
Nant Scott
Nant Mill
Ben Lomond
Bae Año Nuevo
Felton
Scotts Valley

ALLWEDD

Tirwedd a nodweddion ffisegol

Tirwedd metrau: 5000, 3000, 2000, 1000, 500, 200, lefel môr, islaw lefel y môr; 0, 200, 4000, 6000

5775 ▲ Uchder mynydd (metrau)

Nodweddion dŵr

- Afon
- Afon dymhorol
- Llyn / Cronfa ddŵr
- Llyn tymhorol
- Cors

Cyfathrebau

- Rheilffordd
- Ffordd
- Prif faes awyr

Gweinyddiad

Ffiniau

- Rhyngwladol
- Mewnol

Anheddiad

Dinasoedd a threfi yn ôl maint eu poblogaeth

Prifddinas	Tref neu ddinas arall
■ CD. DE MÉXICO	● Puebla
□ MANAGUA	○ León
□ SAN JOSÉ	○ Acapulco
□ CASTRIES	○ Guanajuato

GRADDFA 1 : 13 000 000

0 200 400 600 800 km

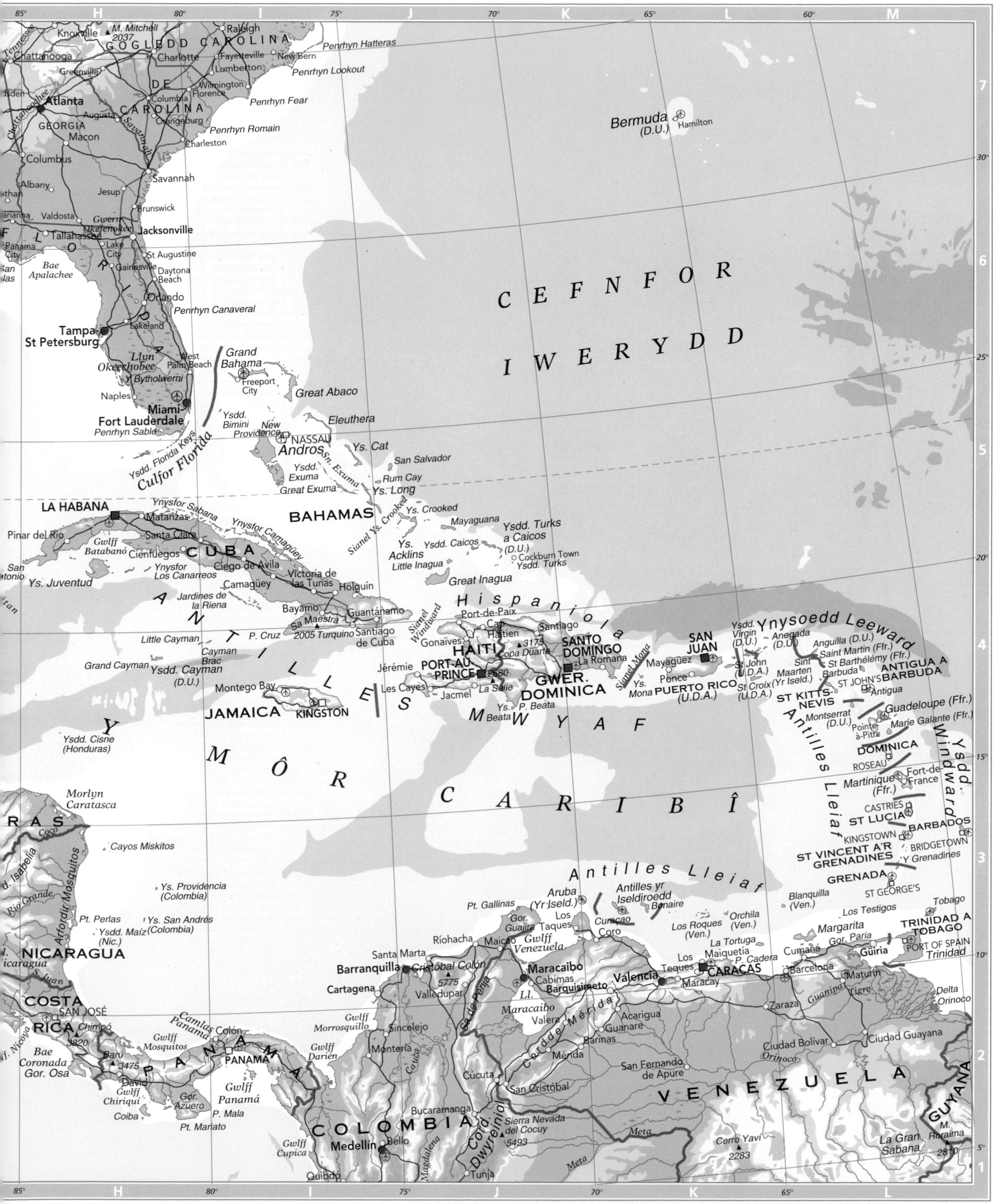
CEFNFOR IWERYDD
MÔR CARIBÎ
ANTILLES MWYAF
Antilles Lleiaf
Ynysoedd Leeward
Ysdd. Windward
Hispaniola
GOGLEDD CAROLINA
DE CAROLINA
GEORGIA
FLORIDA
Tennessee
Knoxville
M. Mitchell 2037
Raleigh
Chattanooga
Charlotte
Fayetteville
New Bern
Penrhyn Hatteras
Greenville
Lumberton
Penrhyn Lookout
Wilmington
Florence
Columbia
Atlanta
Penrhyn Fear
Augusta
Orangeburg
Macon
Penrhyn Romain
Charleston
Savannah
Columbus
Savannah
Albany
Jesup
Brunswick
Valdosta
Gwern Okefenokee
Jacksonville
Tallahassee
Panama City
Lake City
St Augustine
Bae Apalachee
Gainesville
Daytona Beach
Orlando
Penrhyn Canaveral
Lakeland
Tampa-St Petersburg
Llyn Okeechobee
West Palm Beach
Y Bytholwerni
Naples
Miami-Fort Lauderdale
Penrhyn Sable
Bermuda (D.U.)
Hamilton
Grand Bahama
Freeport City
Great Abaco
Ysdd. Bimini
New Providence
NASSAU
Eleuthera
Andros
Ysdd. Florida Keys
Culfor Florida
Ys. Cat
San Salvador
Sn. Exuma
Ysdd. Exuma
Rum Cay
Great Exuma
Ys. Long
BAHAMAS
Ys. Crooked
Sianel Ys. Crooked
Mayaguana
Ysdd. Turks a Caicos (D.U.)
Ys. Acklins
Ysdd. Caicos
Cockburn Town
Ysdd. Turks
Little Inagua
Great Inagua
LA HABANA
Ynysfor Sabana
Ynysfor Camagüey
Matanzas
Pinar del Río
Santa Clara
Gwlff Batabanó
Cienfuegos
CUBA
Ynysfor Los Canarreos
Ciego de Avila
Victoria de las Tunas
Ys. Juventud
Camagüey
Holguín
Jardines de la Riena
Bayamo
Guantánamo
Sa Maestra
2005 Turquino
Santiago de Cuba
P. Cruz
Little Cayman
Cayman Brac
Grand Cayman
Ysdd. Cayman (D.U.)
Montego Bay
JAMAICA
KINGSTON
Ysdd. Cisne (Honduras)
Sianel Windward
Port-de-Paix
Cap Haïtien
Gonaïves
HAITI
Jérémie
PORT-AU-PRINCE
2680
Les Cayes
Jacmel
La Salle
Santiago
3175
Copa Duarte
SANTO DOMINGO
La Romana
GWER. DOMINICA
Ys. Beata
P. Beata
Sianel Mona
Ys. Mona
Mayagüez
Ponce
SAN JUAN
PUERTO RICO (U.D.A.)
Ysdd. Virgin (D.U.)
St John (U.D.A.)
St Croix (U.D.A.)
Anegada (D.U.)
Anguilla (D.U.)
Saint Martin (Ffr.)
Sint Maarten (Yr Iseld.)
St Barthélémy (Ffr.)
Barbuda
ANTIGUA A BARBUDA
ST JOHN'S
Antigua
ST KITTS-NEVIS
Montserrat (D.U.)
Guadeloupe (Ffr.)
Pointe-à-Pitre
Marie Galante (Ffr.)
DOMINICA
ROSEAU
Martinique (Ffr.)
Fort-de-France
CASTRIES
ST LUCIA
BARBADOS
KINGSTOWN
BRIDGETOWN
ST VINCENT A'R GRENADINES
Y Grenadines
GRENADA
ST GEORGE'S
Tobago
TRINIDAD A TOBAGO
PORT OF SPAIN
Trinidad
Blanquilla (Ven.)
Los Testigos
Margarita
Gor. Paria
Güiria
Aruba (Yr Iseld.)
Antilles yr Iseldiroedd
Bonaire
Curaçao
Los Roques (Ven.)
Orchila (Ven.)
La Tortuga
Pt. Gallinas
Gor. Guajira
Los Taques
Coro
Ríohacha
Maicao
Gwlff Venezuela
Santa Marta
Barranquilla
Cristóbal Colón
5775
Maracaibo
Cabimas
Ll. Maracaibo
Cartagena
Valledupar
Barquisimeto
Valencia
Los Teques
Maiquetía
P. Cadera
CARACAS
Maracay
Cumaná
Barcelona
Maturín
Delta Orinoco
Tigre
Guanipa
Zaraza
Acarigua
Guanare
Valera
Corddir Mérida
Barinas
Mérida
Sa de Perijá
Gwlff Morrosquillo
Sincelejo
Montería
Gwlff Darién
Cauca
Cúcuta
San Cristóbal
Ciudad Bolívar
Orinoco
Ciudad Guayana
San Fernando de Apure
VENEZUELA
GUYANA
Bucaramanga
Sierra Nevada del Cocuy
5493
COLOMBIA
Cord. Dwyreiniol
Medellín
Bello
Magdalena
Tunja
Quibdó
Gwlff Cupica
Meta
Cerro Yaví 2283
La Gran Sabana
M. Roraima 2810
Morlyn Caratasca
HONDURAS
Coco
Cayos Miskitos
Ys. Providencia (Colombia)
Rio Grande
Arfordir Mosquitos
Pt. Perlas
Ysdd. Maíz (Nic.)
Ys. San Andrés (Colombia)
NICARAGUA
S. Juan
COSTA RICA
SAN JOSÉ
Chirripó 3820
Gff. Nicoya
Bae Coronada
Gor. Osa
Barú 3475
David
Gwlff Chiriquí
Coiba
Gwlff Mosquitos
Camlas Panamá
Colón
PANAMÁ
PANAMA
Gwlff Panamá
Gor. Azuero
P. Mala
Pt. Mariato

Taflunaid Asimwthol Arwynebedd-hafal Lambert

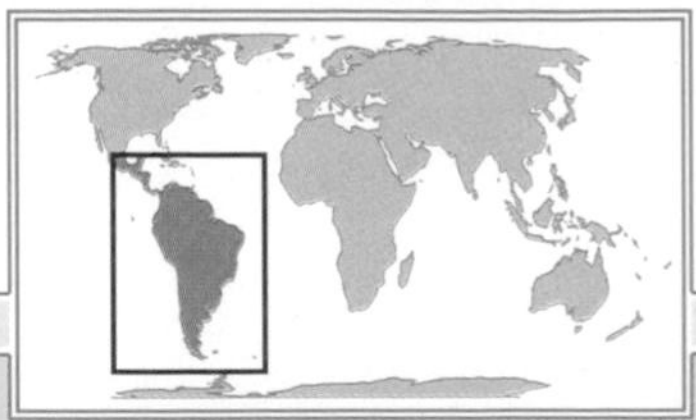

GRADDFA 1 : 80 000 000

GRADDFA 1 : 37 000 000

Tafluniad Asimwthol Arwynebedd-hafal Lambert

1 TYMHEREDD A GWASGEDD : IONAWR

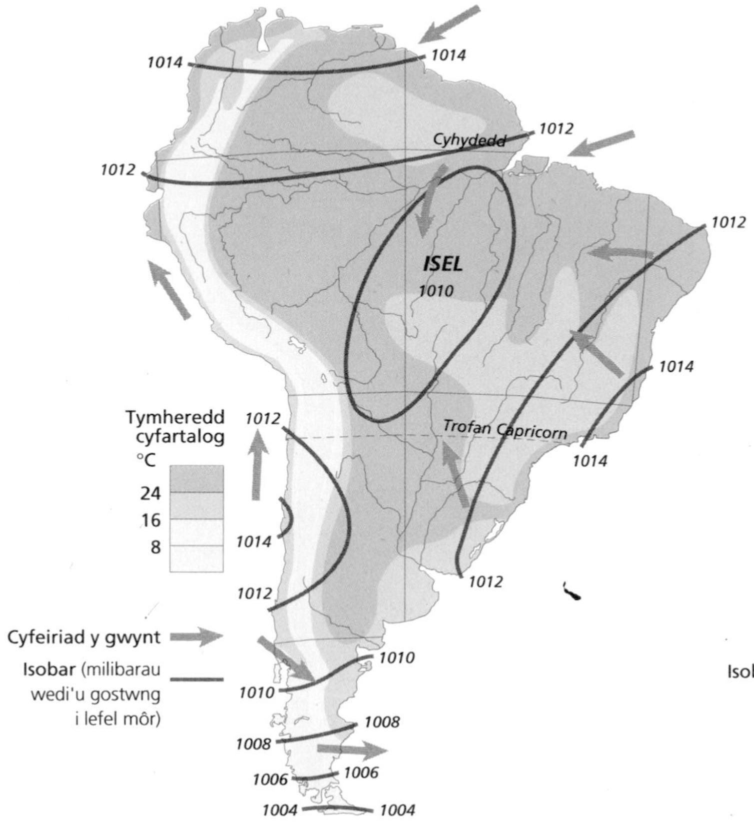

2 TYMHEREDD A GWASGEDD : GORFFENNAF

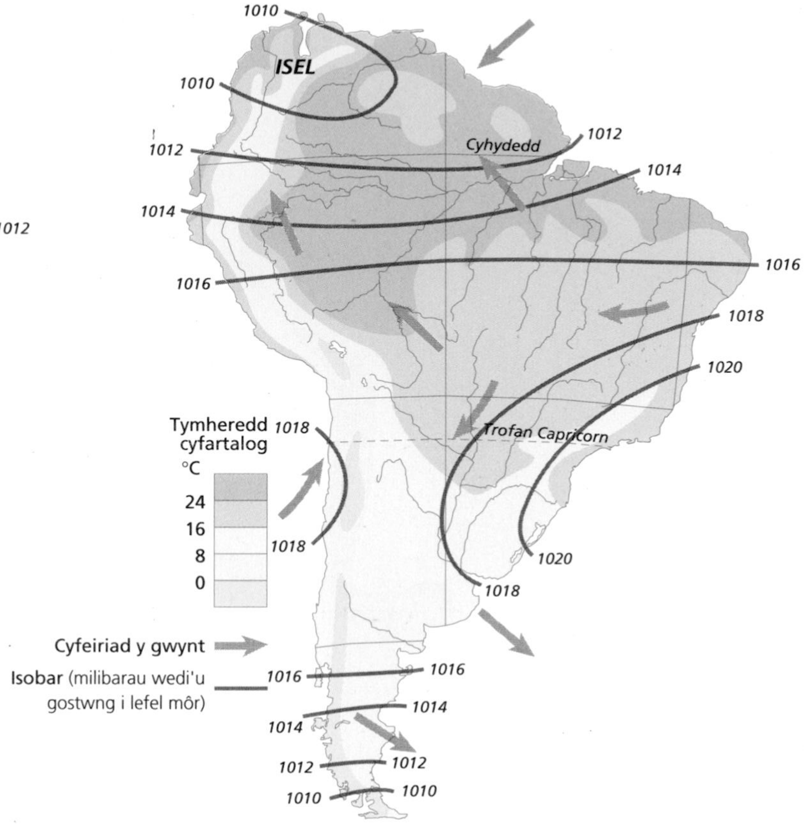

3 GLAWIAD BLYNYDDOL

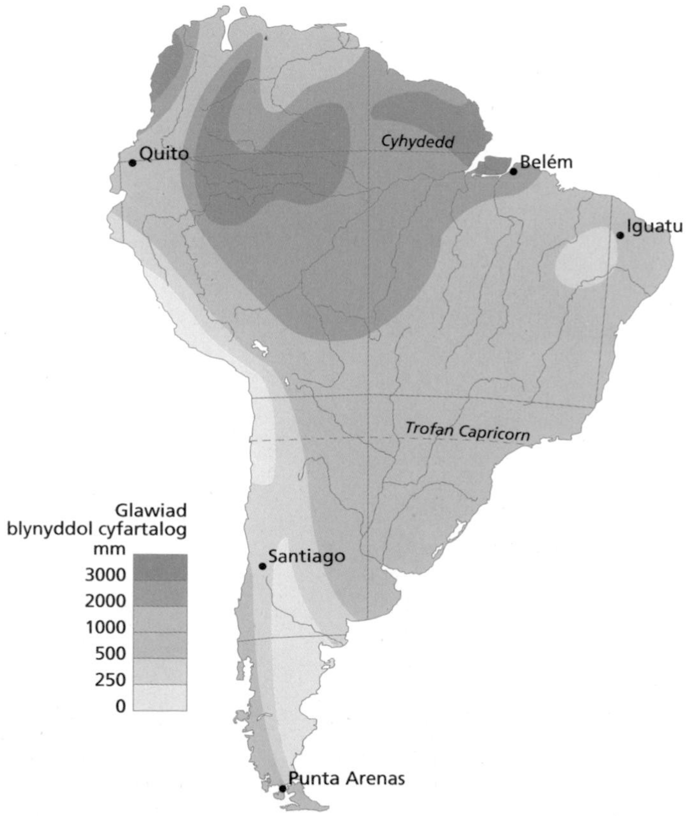

4 YSTADEGAU

Quito (2879 metr)	Ion	Chw	Maw	Ebr	Mai	Meh	Gor	Aw	Med	Hyd	Ta	Rha
Tymheredd - uchaf (°C)	22	22	22	21	21	22	22	23	23	22	22	22
Tymheredd - isaf (°C)	8	8	8	8	8	7	7	7	7	8	7	8
Glawiad - (mm)	99	112	142	175	137	43	20	31	69	112	97	79

Belém (13 metr)	Ion	Chw	Maw	Ebr	Mai	Meh	Gor	Aw	Med	Hyd	Ta	Rha
Tymheredd - uchaf (°C)	31	30	31	31	31	31	31	31	32	32	32	32
Tymheredd - isaf (°C)	22	22	23	23	23	22	22	22	22	22	22	22
Glawiad - (mm)	318	358	358	320	259	170	150	112	89	84	66	155

Iguatu (209 metr)	Ion	Chw	Maw	Ebr	Mai	Meh	Gor	Aw	Med	Hyd	Ta	Rha
Tymheredd - uchaf (°C)	34	33	32	31	31	31	32	32	35	36	36	36
Tymheredd - isaf (°C)	23	23	23	23	22	22	21	21	22	23	23	23
Glawiad - (mm)	89	173	185	160	61	61	36	5	18	18	10	33

Santiago (520 metr)	Ion	Chw	Maw	Ebr	Mai	Meh	Gor	Aw	Med	Hyd	Ta	Rha
Tymheredd - uchaf (°C)	29	29	27	23	18	14	15	17	19	22	26	28
Tymheredd - isaf (°C)	12	11	9	7	5	3	3	4	6	7	9	11
Glawiad - (mm)	3	3	5	13	64	84	76	56	31	15	8	5

Punta Arenas (8 metr)	Ion	Chw	Maw	Ebr	Mai	Meh	Gor	Aw	Med	Hyd	Ta	Rha
Tymheredd - uchaf (°C)	14	14	12	10	7	5	4	6	8	11	12	14
Tymheredd - isaf (°C)	7	7	5	4	2	1	-1	1	2	3	4	6
Glawiad - (mm)	38	23	33	36	33	41	28	31	23	28	18	36

GRADDFA 1 : 72 000 000

Tafluniad Asimwthol Arwynebedd-hafal Lambert

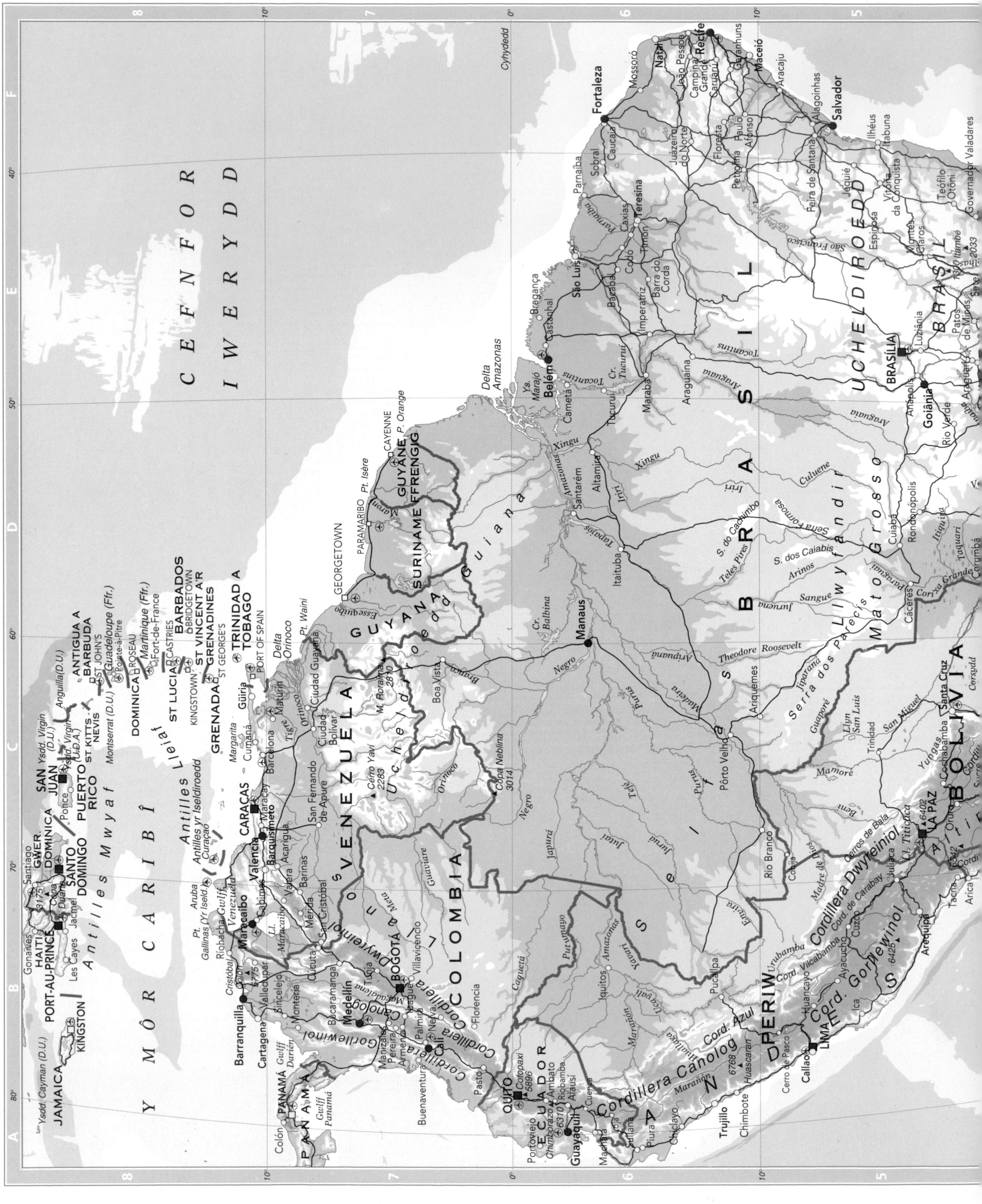

Y MÔR CARIBÎ
CEFNFOR IWERYDD
Antilles Mwyaf
Antilles Lleiaf
Antilles yr Iseldiroedd
JAMAICA
KINGSTON
Ysdd. Cayman (D.U.)
HAITI
PORT-AU-PRINCE
GWER. DOMINICA
SANTO DOMINGO
SAN JUAN
PUERTO RICO
ST KITTS-NEVIS
ANTIGUA A BARBUDA
ST JOHN'S
Guadeloupe (Ffr.)
DOMINICA
ROSEAU
Martinique (Ffr.)
ST LUCIA
CASTRIES
BARBADOS
BRIDGETOWN
ST VINCENT A'R GRENADINES
KINGSTOWN
GRENADA
ST GEORGE'S
TRINIDAD A TOBAGO
PORT OF SPAIN
Aruba
Curaçao
Margarita
CARACAS
VENEZUELA
Maracaibo
Valencia
Barquisimeto
Maracay
Barcelona
Cumaná
Maturín
Ciudad Guayana
Ciudad Bolívar
Delta Orinoco
Orinoco
GUYANA
GEORGETOWN
SURINAME
PARAMARIBO
GUYANE FFRENGIG
CAYENNE
Ucheldir Guiana
COLOMBIA
BOGOTÁ
Medellín
Cali
Barranquilla
Cartagena
Cúcuta
Bucaramanga
Villavicencio
PANAMÁ
Colón
Gwlff Panamá
ECUADOR
QUITO
Guayaquil
Cotopaxi 5896
Chimborazo 6310
PERIW
LIMA
Callao
Trujillo
Chiclayo
Piura
Iquitos
Pucallpa
Cuzco
Arequipa
Huascarán 6768
Cordillera Canolog
Cordillera Orllewinol
Cordillera Dwyreiniol
Ll. Titicaca
BOLIFIA
LA PAZ
Cochabamba
Santa Cruz
BRASIL
BRASÍLIA
Manaus
Belém
Santarém
Porto Velho
Rio Branco
São Luís
Teresina
Fortaleza
Natal
Recife
Maceió
Salvador
Goiânia
Cuiabá
Delta Amazonas
Amazonas
Negro
Madeira
Purus
Xingu
Tapajós
Tocantins
São Francisco
Mato Grosso
UCHELDIROEDD BRASIL
Iseldir Mato Grosso
Cyhydedd

Y CEFNFOR TAWEL
CEFNFOR DE IWERYDD
PARAGUAY
URUGUAY
ANDES
CHILE
PAMPAS
PATAGONIA
Gran Chaco
Trofan Capricorn
SANTIAGO
BUENOS AIRES
MONTEVIDEO
ASUNCIÓN
Córdoba
Rosario
Mendoza
Mar del Plata
Bahía Blanca
La Plata
Pôrto Alegre
Curitiba
São Paulo
Rio de Janeiro
Nova Iguaçu
Sto André
Santos
Campinas
Florianopolis
Itajaí
Caxias do Sul
Pelotas
Rio Grande
Morlyn Patos
Morlyn Mirim
Río de la Plata
Santa Fé
Paraná
Concordia
Corrientes
Resistencia
Posadas
Encarnación
Villarrica
San Pedro
Pedro Juan Caballero
Filadélfia
San Miguel de Tucumán
Salta
San Salvador de Jujuy
Tarija
Calama
Antofagasta
P. Tetas
P. Ballena
P. Morro
Llullaillaco 6723
Ojos del Salado 6908
Bonete 6872
La Rioja
Catamarca
La Serena
Coquimbo
San Juan
Aconcagua 6960
Viña del Mar
Valparaíso
Rancagua
Talca
Talcahuano
Concepción
Chillán
Los Angeles
Temuco
Neuquén
Valdivia
Osorno
Puerto Montt
Ys. Chiloé
Esquel
Porth Madryn
Trelew
Rawson
Viedma
Gwlff San Matías
Gorynys Valdés
Comodoro Rivadavia
Gwlff San Jorge
Ynysfor Los Chonos
Gwlff Penas
Coihaique
San Valentín 4058
Cochrane
Perito Moreno
Deseado
P. Mendosa
Ll. O'Higgins
Ll. San Martin
Ll. Viedma
Ll. Argentino
Muralión 3600
P. San Francisco de Paula
Bahía Grande
Puerto Natales
Río Gallegos
Culfor Magallanes
Punta Arenas
Tierra del Fuego
Ushuaia
Ys. Los Estados
Yr Horn
Ysdd. Falkland/ Malvinas (D.U.)
Gn. Falkland
Dn. Falkland
Stanley
De Georgia (D.U.)
M. Paget 2934
P. Alexandra
P. Disappointment
Tres Picos 1243
Santa Rosa
Río Cuarto
Santa Maria
Uruguaiana
Tacuarembó
Rocha
Ponta Grossa
Foz do Iguaçu
Maringa
Umuarama
Dourados
Araçatuba
Araraquara
Marília
Bauru
Piracicaba
Sorocaba
Ribeirão Preto
Juiz de Fora
Volta Redonda
Niterói
Campos
P. São Tomé
P. Frio
Ys. São Sebastião
Cachoeiro de Itapemirim
Pilcomayo
Paraguay
Paraná
Uruguay
Salado
Colorado
Negro
Camwy
Teuco
Desagadero
ALLWEDD
Tirwedd a nodweddion ffisegol
Tirwedd metrau
5000
3000
2000
1000
500
200
lefel môr
islaw lefel y môr
0
200
4000
6000
6960 Uchder mynydd (metrau)
Iâ parhaol
Nodweddion dŵr
Afon
Afon dymhorol
Llyn / Cronfa ddŵr
Llyn tymhorol
Cors
Cyfathrebau
Rheilffordd
Ffordd
Prif faes awyr
Gweinyddiad
Ffiniau
Rhyngwladol
Anheddiad
Dinasoedd a threfi yn ôl maint eu poblogaeth
Prifddinas
Tref neu ddinas arall
BOGOTÁ
São Paulo
ASUNCIÓN
Maracaibo
GEORGETOWN
Iquitos
PARAMARIBO
Ushuaia
GRADDFA 1 : 20 000 000
0 200 400 600 800 km

Tafluniad Sinwsoidaidd

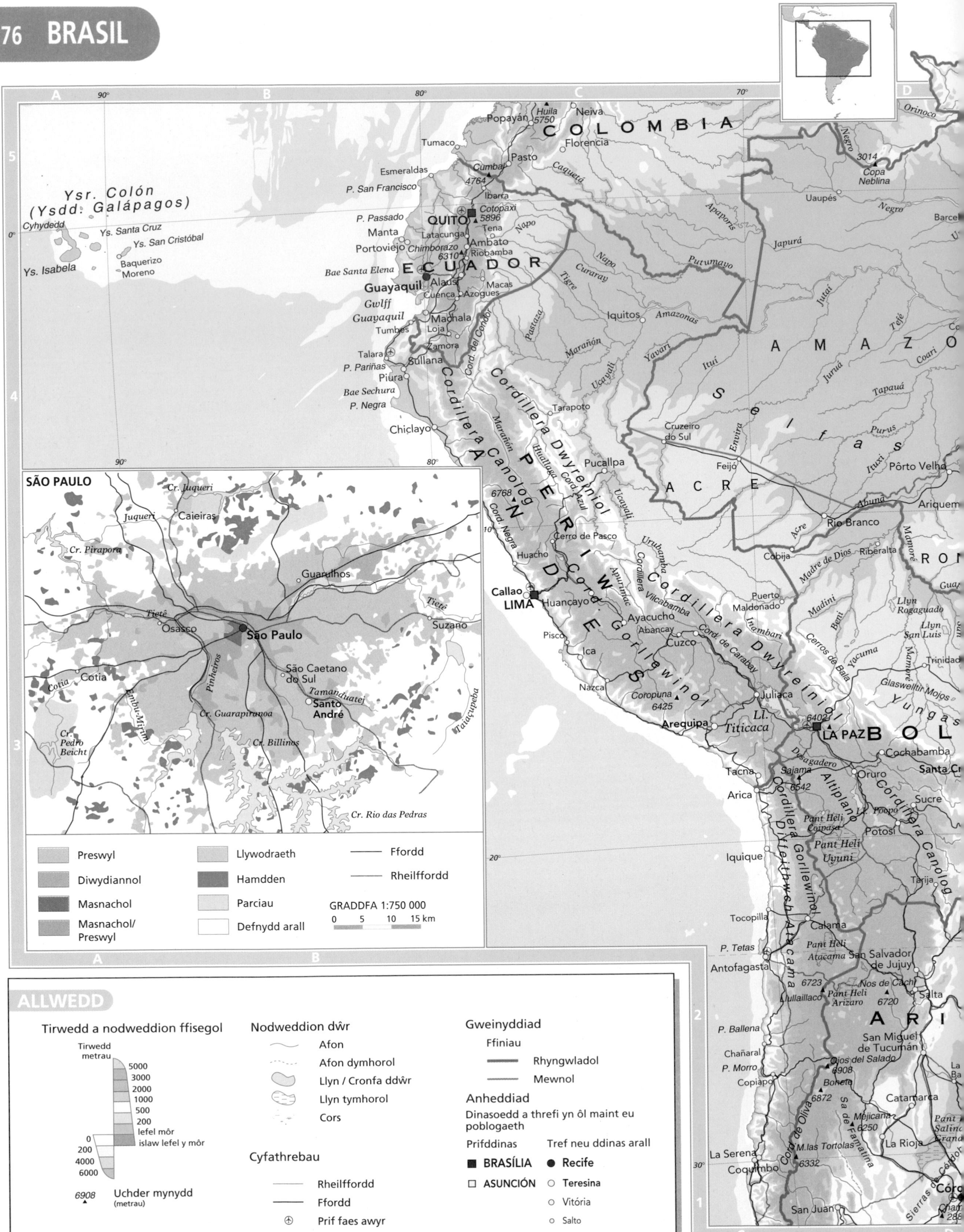

COLOMBIA
ECUADOR
PERIW
BOLIVIA
ARIANNIN
Ysr. Colón (Ysdd. Galápagos)
Cyhydedd
Ys. Santa Cruz
Ys. San Cristóbal
Ys. Isabela
Baquerizo Moreno
Popayán
Huila 5750
Neiva
Tumaco
Florencia
Pasto
Cumbal 4764
Esmeraldas
P. San Francisco
Ibarra
QUITO
Cotopaxi 5896
P. Passado
Manta
Portoviejo
Chimborazo 6310
Tena
Ambato
Riobamba
Bae Santa Elena
Guayaquil
Alausí
Cuenca
Azogues
Macas
Gwlff Guayaquil
Machala
Tumbes
Loja
Zamora
Talara
P. Pariñas
Sullana
Piura
Bae Sechura
P. Negra
Chiclayo
Tarapoto
Pucallpa
Cordillera Canolog
Cordillera Dwyreiniol
Cord. del Condor
Cord. Azul
Cord. Negra
6768
Huacho
Cerro de Pasco
Callao
LIMA
Huancayo
Pisco
Ica
Nazca
Ayacucho
Abancay
Cuzco
Coropuna 6425
Arequipa
Cordillera Gorllewinol
Cord. Vilcabamba
Cord. de Carabaya
Puerto Maldonado
Juliaca
Ll. Titicaca
6402
LA PAZ
Tacna
Arica
Sajama 6542
Desagadero
Oruro
Cochabamba
Santa Cruz
Altiplano
Ll. Poopó
Pant Heli Coipasa
Potosí
Sucre
Pant Heli Uyuni
Iquique
Tarija
Tocopilla
Calama
Diffeithwch Atacama
P. Tetas
Antofagasta
Pant Heli Atacama
San Salvador de Jujuy
6723
Nos de Cachi
Salta
Llullaillaco
Pant Heli Arizaro
6720
P. Ballena
San Miguel de Tucumán
Chañaral
P. Morro
Copiapó
Ojos del Salado 6908
Bonete 6872
Catamarca
Sa de Famatina
Mejicana 6250
Cord. de Oliva
M. las Tortolas 6332
La Rioja
La Serena
Coquimbo
San Juan
Sierras de Córdoba
Iquitos
Amazonas
Napo
Curaray
Tigre
Pastaza
Marañón
Ucayali
Huallaga
Urubamba
Apurímac
Inambari
Madre de Dios
Yavari
Ituí
Juruá
Tapauá
Purus
Ituxi
Envira
Acre
Abunã
Cruzeiro do Sul
Feijó
ACRE
Rio Branco
Cobija
Riberalta
Mamoré
Madini
Beni
Yacuma
Llyn Rogaguado
Llyn San Luis
Cerros de Bala
Glaswelltir Mojos
Yungas
Trinidad
Pôrto Velho
Ariquemes
AMAZONAS
Selfas
Caquetá
Apaporis
Putumayo
Japurá
Jutaí
Tefé
Coari
Uaupés
Negro
Orinoco
Copa Neblina 3014
SÃO PAULO
Cr. Juqueri
Juqueri
Caieiras
Cr. Pirapora
Guarulhos
Tietê
Osasco
São Paulo
Suzano
Cotia
Pinheiros
São Caetano do Sul
Tamanduatei
Santo André
Embu-Mirim
Cr. Guarapiranoa
Cr. Pedro Beicht
Cr. Billinos
Taiaçupeba
Cr. Rio das Pedras
Preswyl
Diwydiannol
Masnachol
Masnachol/ Preswyl
Llywodraeth
Hamdden
Parciau
Defnydd arall
Ffordd
Rheilffordd
GRADDFA 1:750 000
0 5 10 15 km
ALLWEDD
Tirwedd a nodweddion ffisegol
Tirwedd metrau
5000
3000
2000
1000
500
200
lefel môr
0
islaw lefel y môr
200
4000
6000
6908 Uchder mynydd (metrau)
Nodweddion dŵr
Afon
Afon dymhorol
Llyn / Cronfa ddŵr
Llyn tymhorol
Cors
Cyfathrebau
Rheilffordd
Ffordd
Prif faes awyr
Gweinyddiad
Ffiniau
Rhyngwladol
Mewnol
Anheddiad
Dinasoedd a threfi yn ôl maint eu poblogaeth
Prifddinas
BRASÍLIA
ASUNCIÓN
Tref neu ddinas arall
Recife
Teresina
Vitória
Salto

GRADDFA 1 : 15 000 000

0 150 300 450 600 km

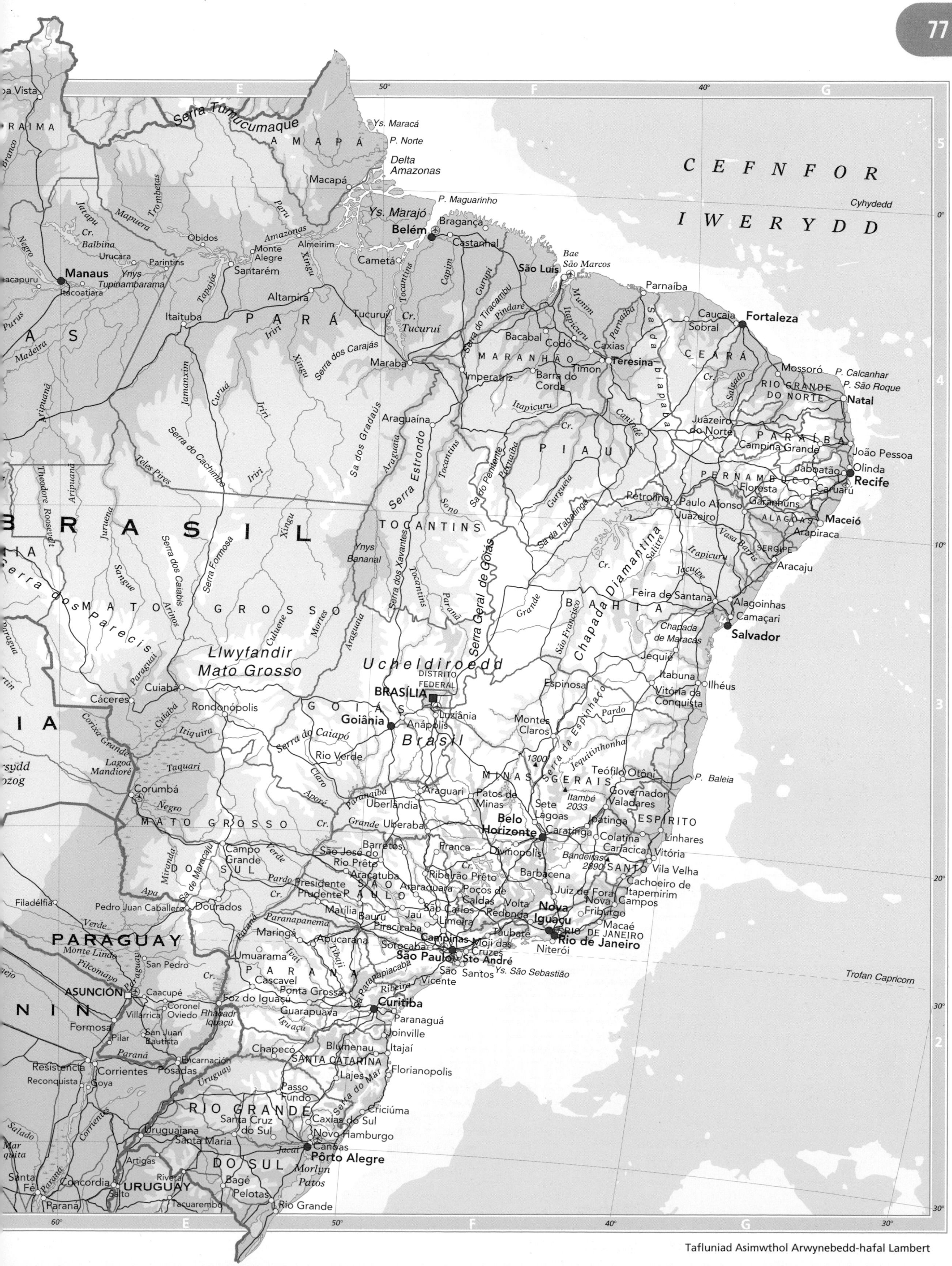

CEFNFOR
IWERYDD
Cyhydedd
Trofan Capricorn
BRASIL
PARAGUAY
URUGUAY
ASUNCIÓN
BRASÍLIA
DISTRITO FEDERAL
Ucheldiroedd Brasil
Llwyfandir Mato Grosso
Serra Tumucumaque
AMAPÁ
PARÁ
MARANHÃO
PIAUÍ
CEARÁ
RIO GRANDE DO NORTE
PARAÍBA
PERNAMBUCO
ALAGOAS
SERGIPE
BAHIA
TOCANTINS
GOIÁS
MATO GROSSO
MATO GROSSO DO SUL
MINAS GERAIS
ESPÍRITO SANTO
RIO DE JANEIRO
SÃO PAULO
PARANÁ
SANTA CATARINA
RIO GRANDE DO SUL
Ys. Maracá
P. Norte
Delta Amazonas
Macapá
P. Maguarinho
Ys. Marajó
Bragança
Belém
Castanhal
Cametá
Bae São Marcos
São Luís
Parnaíba
Caucaia
Fortaleza
Sobral
Mossoró
P. Calcanhar
P. São Roque
Natal
Juazeiro do Norte
Campina Grande
João Pessoa
Jaboatão
Olinda
Recife
Caruaru
Floresta
Garanhuns
Maceió
Arapiraca
Aracaju
Petrolina
Paulo Afonso
Juazeiro
Teresina
Timon
Caxias
Codó
Bacabal
Barra do Corda
Imperatriz
Marabá
Tucuruí
Cr. Tucuruí
Araguaína
Altamira
Itaituba
Santarém
Monte Alegre
Almeirim
Obidos
Parintins
Urucara
Manaus
Itacoatiara
Ynys Tupinambarama
Cr. Balbina
Feira de Santana
Alagoinhas
Camaçari
Salvador
Chapada de Maracás
Jequié
Itabuna
Ilhéus
Vitória da Conquista
Chapada Diamantina
Espinosa
Montes Claros
P. Baleia
Teófilo Otôni
Governador Valadares
Itambé 2033
Linhares
Colatina
Cariacica
Vitória
Vila Velha
Bandeiras 2890
Cachoeiro de Itapemirim
Campos
Macaé
Nova Friburgo
Juiz de Fora
Barbacena
Belo Horizonte
Caratinga
Ipatinga
Sete Lagoas
Divinópolis
Patos de Minas
Araguari
Uberlândia
Uberaba
Franca
Ribeirão Prêto
Poços de Caldas
Volta Redonda
Nova Iguaçu
Rio de Janeiro
Niterói
Taubaté
Moji das Cruzes
Sto André
São Paulo
Santos
São Vicente
Ys. São Sebastião
Campinas
Sorocaba
Piracicaba
Limeira
São Carlos
Araraquara
Jaú
Bauru
Marília
Presidente Prudente
Araçatuba
São José do Rio Prêto
Barretos
Goiânia
Anápolis
Luziânia
Rio Verde
Serra do Caiapó
Rondonópolis
Cuiabá
Cáceres
Corumbá
Lagoa Mandioré
Campo Grande
Dourados
Pedro Juan Caballero
Filadélfia
Maringá
Apucarana
Londrina
Umuarama
Cascavel
Ponta Grossa
Curitiba
Paranaguá
Joinville
Guarapuava
Foz do Iguaçu
Rhaeadr Iguaçú
Blumenau
Itajaí
Florianopolis
Chapecó
Lajes
Passo Fundo
Criciúma
Caxias do Sul
Novo Hamburgo
Canoas
Pôrto Alegre
Santa Cruz do Sul
Santa Maria
Uruguaiana
Bagé
Pelotas
Rio Grande
Rivera
Tacuarembó
Artigas
Salto
Concordia
Santa Fé
Paraná
Resistencia
Corrientes
Posadas
Encarnación
Reconquista
Goya
Formosa
Pilar
San Juan Bautista
Villarrica
Coronel Oviedo
Caacupé
San Pedro
Monte Lindo
Pilcomayo
Serra dos Carajás
Serra do Cachimbo
Serra dos Parecis
Serra Formosa
Serra dos Caiabis
Serra Estrondo
Sa dos Gradaús
Serra dos Xavantes
Serra Geral de Goiás
Serra da Espinhaço
Serra do Mar
Sa da Ibiapaba
Sa da Tabatinga
Sa do Penitente
Serra do Tiracambu
Sa de Maracaju
Ynys Bananal
Amazonas
Xingu
Tapajós
Tocantins
Araguaia
Paraná
Paranaíba
Paranapanema
São Francisco
Grande
Uruguai
Paraguai
Madeira
Negro
Purus
Trombetas
Jatapu
Mapuera
Paru
Jamanxim
Curuá
Iriri
Teles Pires
Juruena
Arinos
Sangue
Culuene
Mortes
Teodore Roosevelt
Aripuanã
Capim
Gurupi
Pindaré
Mearim
Munim
Itapicuru
Parnaíba
Gurgueia
Jaguaribe
Salgado
Canindé
Piauí
Sono
Pardo
Jequitinhonha
Vasa Barris
Jacuípe
Salitre
Itiquira
Taquari
Cuiabá
Miranda
Apa
Ivaí
Tibaji
Iguaçu
Ribeira
Jacuí
Corrientes
Salado
Verde
Claro
1300

Tafluniad Asimwthol Arwynebedd-hafal Lambert

1 DWYSEDD POBLOGAETH

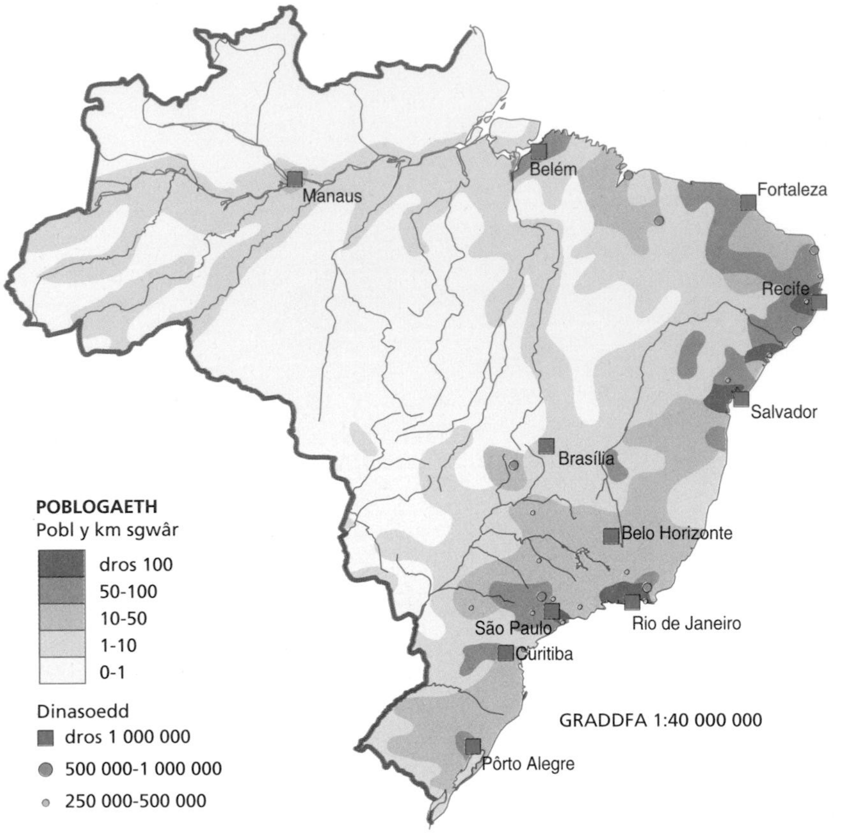

2 NEWID POBLOGAETH

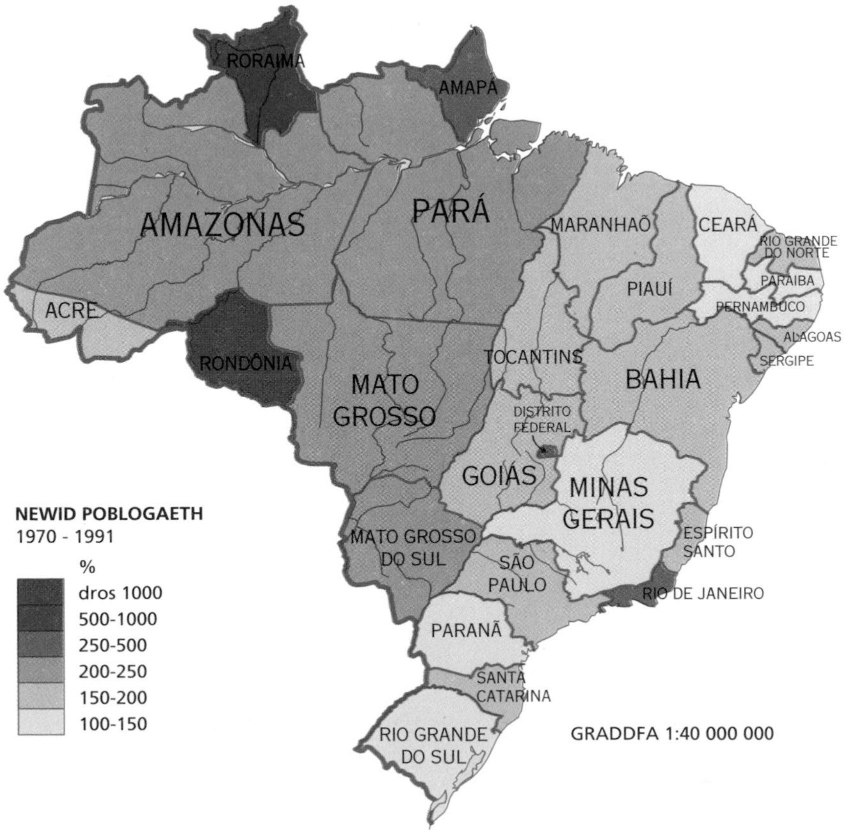

3 DINASOEDD MWYAF

Dinas	Cyfrifiad 1970	Cyfrifiad 1991	Newid (%)
São Paulo	5 924 615	15 199 423	157
Rio de Janeiro	4 251 918	9 600 528	126
Belo Horizonte	1 235 030	3 461 905	180
Pôrto Alegre	885 545	3 015 960	240
Recife	1 060 701	2 859 469	169
Salvador	1 007 195	2 472 131	145
Fortaleza	857 980	2 294 524	167
Curitiba	609 026	1 975 624	224
Brasília	537 492	1 596 274	197
Belém	633 374	1 334 460	110

4 TWF POBLOGAETH

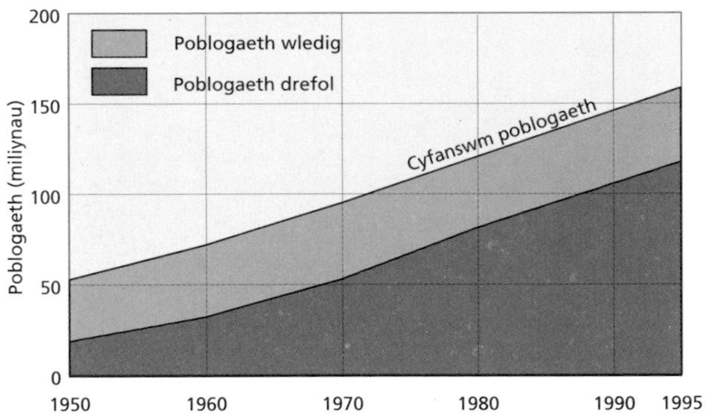

5 MUDO

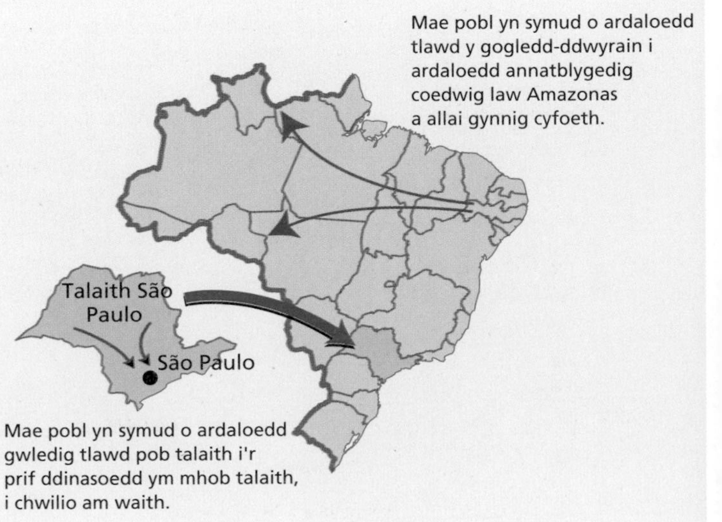

6 GWRTHGYFERBYNIADAU GWLAD A THREF

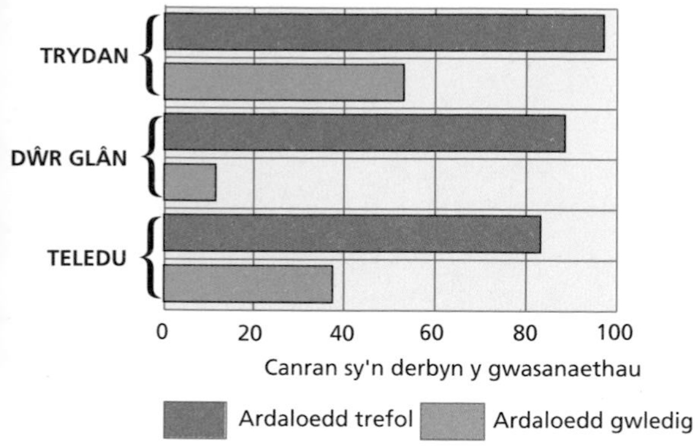

Mae'r graff hwn yn dangos gwrthgyferbyniadau rhwng bywyd y dref a bywyd y wlad ym Mrasil trwy nodi'r gwahaniaeth rhwng y canran o bobl y dref a'r canran o bobl y wlad sydd â thrydan, dŵr glân a theledu.

7 GWEITHGAREDD ECONOMAIDD

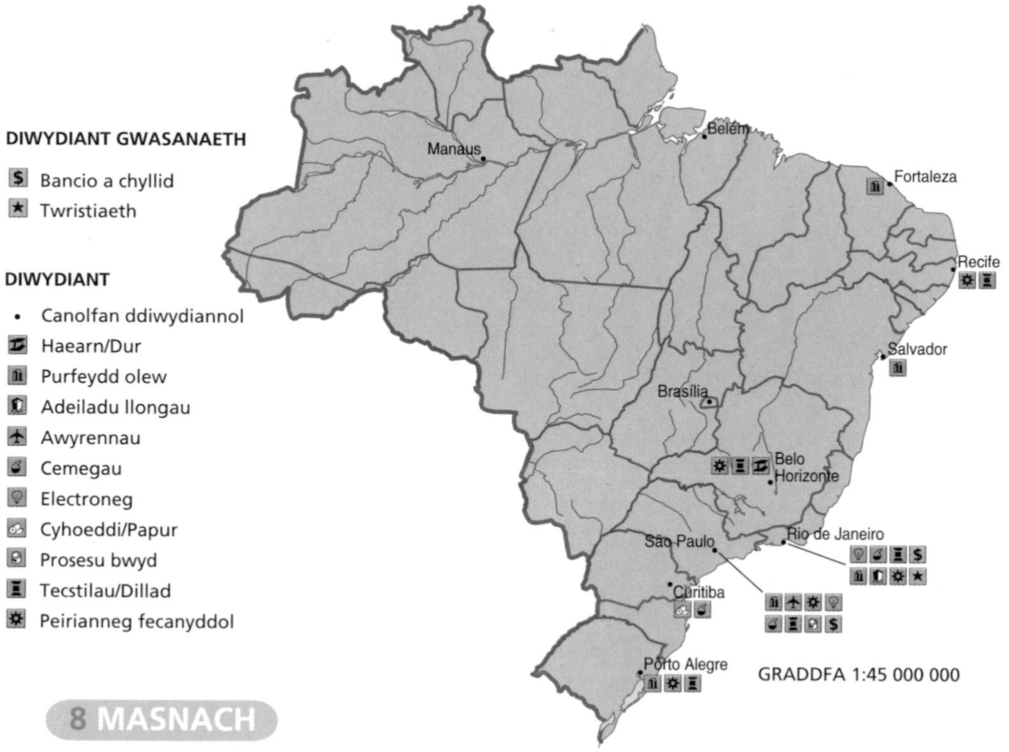

8 MASNACH

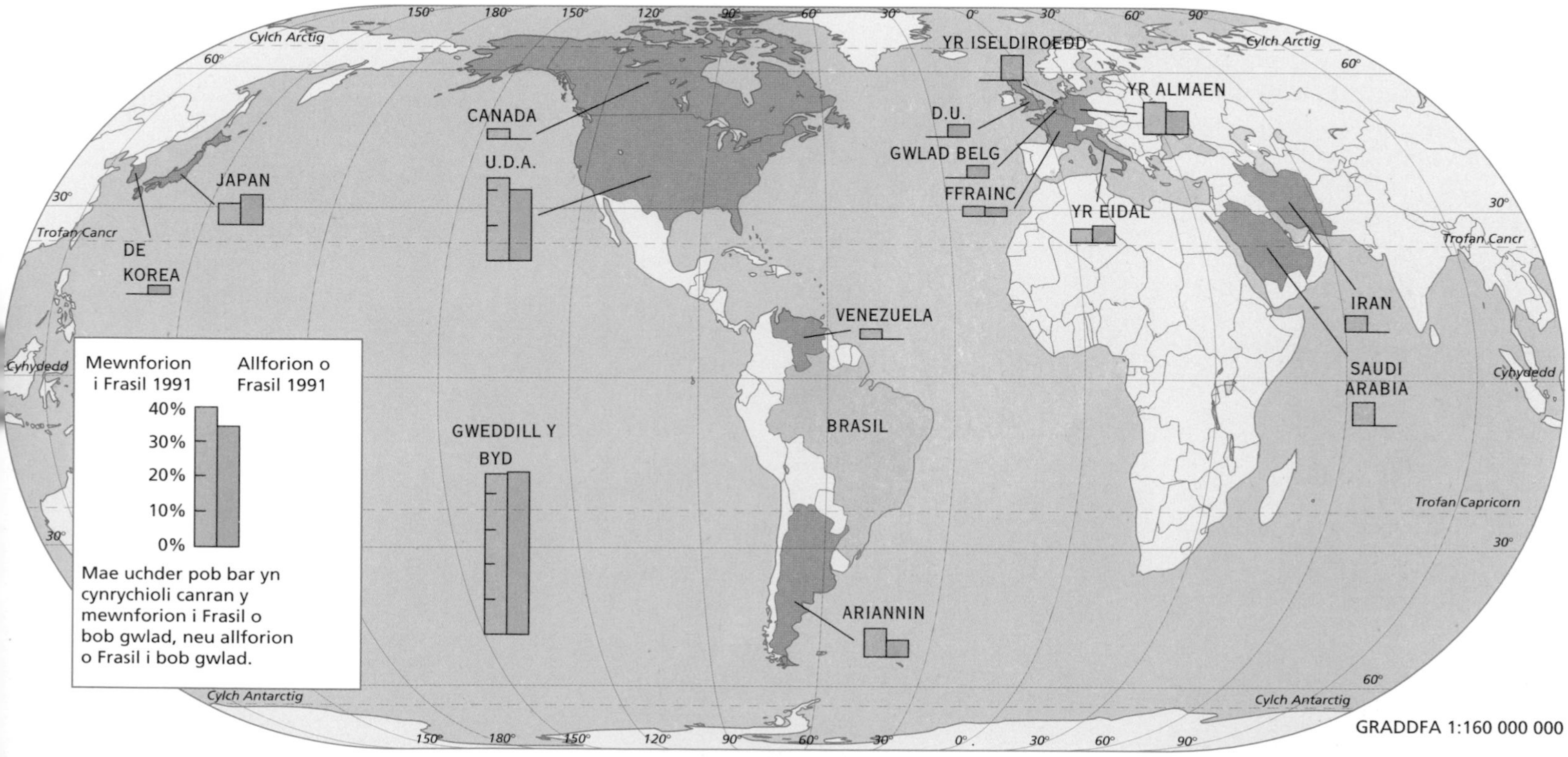

Allforion 1970
Cyfanswm: $ U.D.A. 2739 miliwn

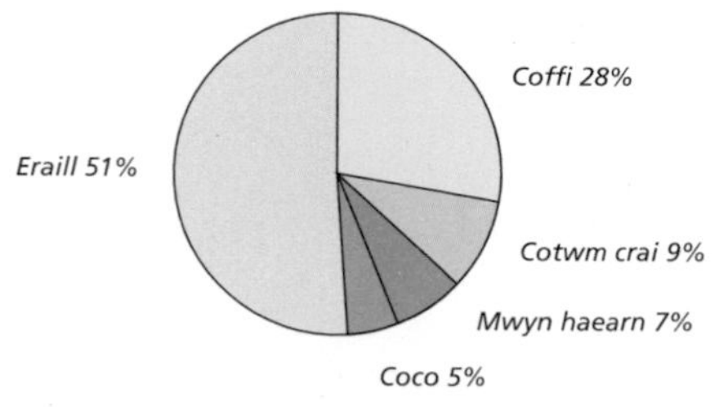

Allforion 1991
Cyfanswm: $ U.D.A. 31 621 miliwn

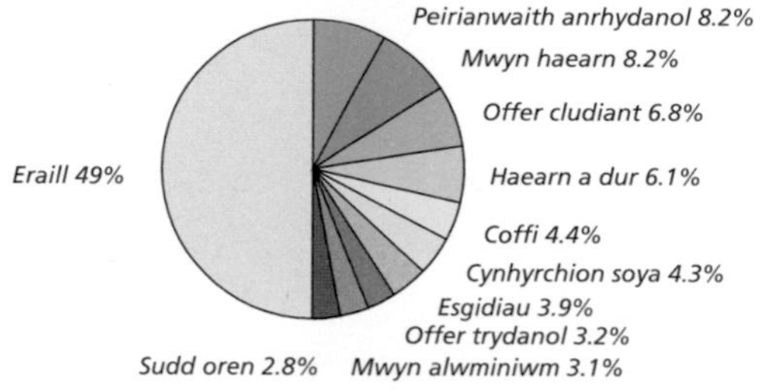

Mewnforion 1991
Cyfanswm: $ U.D.A. 21 017 miliwn

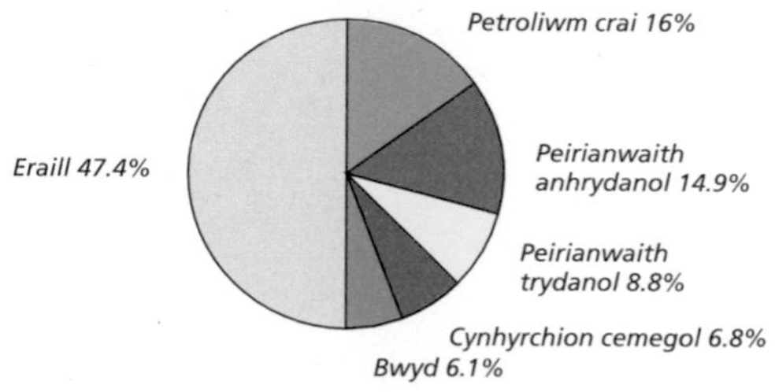

Coedwig
Mae coedwig ddwys yn gorchuddio llawer o'r ardal hon a gellir dilyn llwybrau nifer o lednentydd Afon Guaporé trwy'r ardaloedd coediog.
Safana corsiog
Mae ardal o safana corsiog rhwng y goedwig ac Afon Guaporé. Gellir gweld ardaloedd tebyg i'r de o'r afon hefyd, o amgylch Laguna Bella Vista.
Ardaloedd wedi'u datgoedwigo
Dyma'r ardaloedd eang, glas golau, petryal ar y llun lloeren lle cafodd coed eu torri i'w gwerthu, yn ôl pob tebyg. Datgoedwigo systematig o ganlyniad i ffarmio torri a llosgi yw'r patrymau llinell glas golau sydd yn rhan isaf y llun lloeren, ar y dde.
Ucheldir
Gellir gweld ucheldir y Serra dos Parecis yn rhan uchaf y llun lloeren, ar y dde.
Llynnoedd
Gellir gweld amlinell las tywyll/du nifer o lynnoedd ar hyd llwybr Afon Guaporé. Mae Laguna Bella Vista yn sefyll allan yn glir gan ei bod yn llawer mwy.

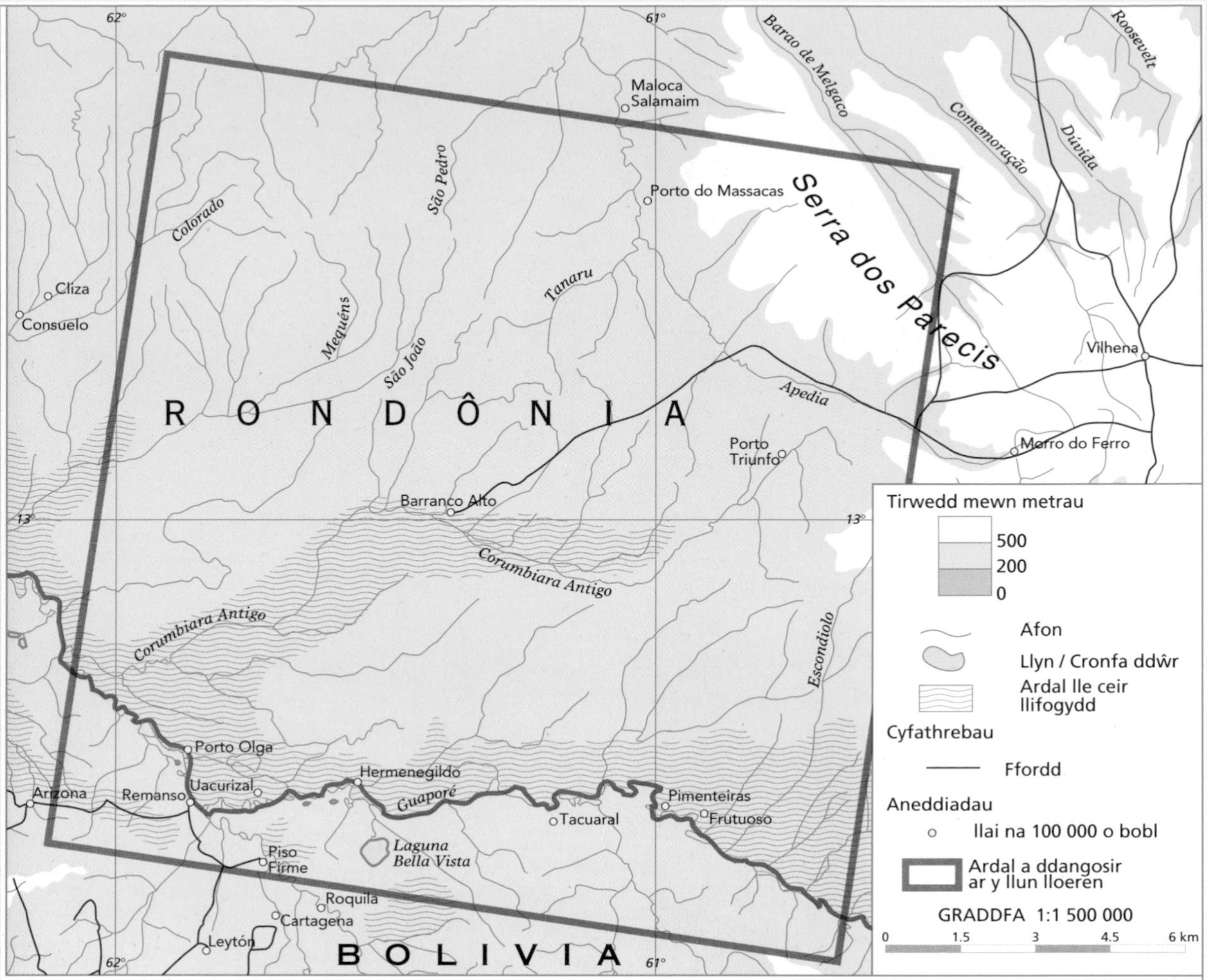
62°
61°
13°
Barao de Melgaco
Roosevelt
Comemoração
Dúvida
Maloca Salamaim
Porto do Massacas
Serra dos Parecis
Colorado
São Pedro
Tanaru
Meguéns
São João
Cliza
Consuelo
Vilhena
Apedia
R O N D Ô N I A
Porto Triunfo
Morro do Ferro
Barranco Alto
Corumbiara Antigo
Escondido
Porto Olga
Hermenegildo
Arizona
Remanso
Uacurizal
Guaporé
Pimenteiras
Frutuoso
Tacuaral
Piso Firme
Laguna Bella Vista
Roquila
Cartagena
Leytón
B O L I V I A
Tirwedd mewn metrau
500
200
0
Afon
Llyn / Cronfa ddŵr
Ardal lle ceir llifogydd
Cyfathrebau
Ffordd
Aneddiadau
llai na 100 000 o bobl
Ardal a ddangosir ar y llun lloeren
GRADDFA 1:1 500 000
0
1.5
3
4.5
6 km

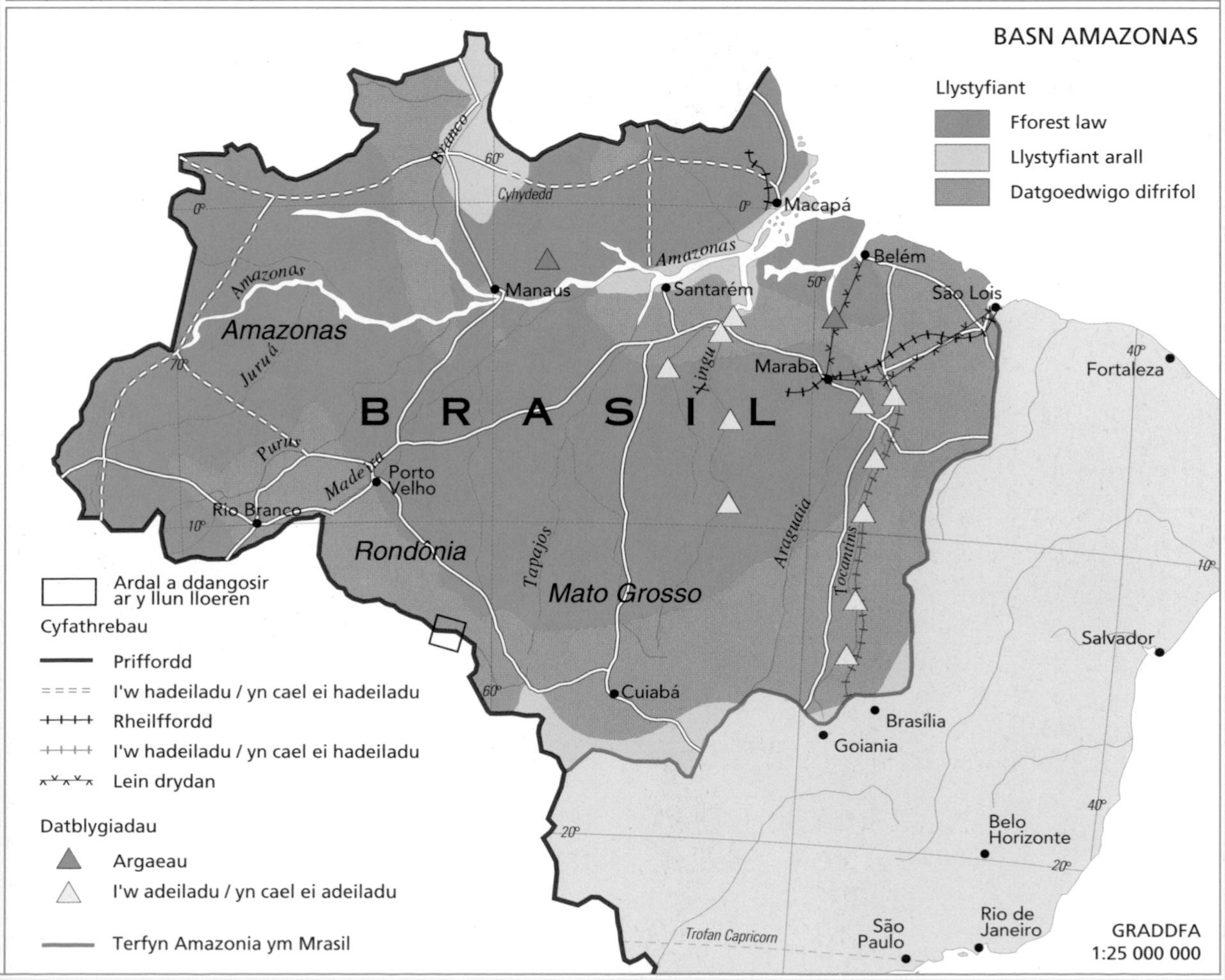
BASN AMAZONAS
Llystyfiant
Fforest law
Llystyfiant arall
Datgoedwigo difrifol
Branco
60°
Cyhydedd
0°
Macapá
Amazonas
Manaus
Santarém
Belém
50°
São Lois
40°
Fortaleza
Amazonas
Juruá
70°
Xingu
Maraba
B R A S I L
Purus
Madeira
Porto Velho
Rio Branco
10°
Rondônia
Tapajos
Mato Grosso
Araguaia
Tocantins
Salvador
Cuiabá
Brasília
Goiania
Belo Horizonte
Rio de Janeiro
São Paulo
Trofan Capricorn
20°
Ardal a ddangosir ar y llun lloeren
Cyfathrebau
Priffordd
I'w hadeiladu / yn cael ei hadeiladu
Rheilffordd
I'w hadeiladu / yn cael ei hadeiladu
Lein drydan
Datblygiadau
Argaeau
I'w adeiladu / yn cael ei adeiladu
Terfyn Amazonia ym Mrasil
GRADDFA 1:25 000 000

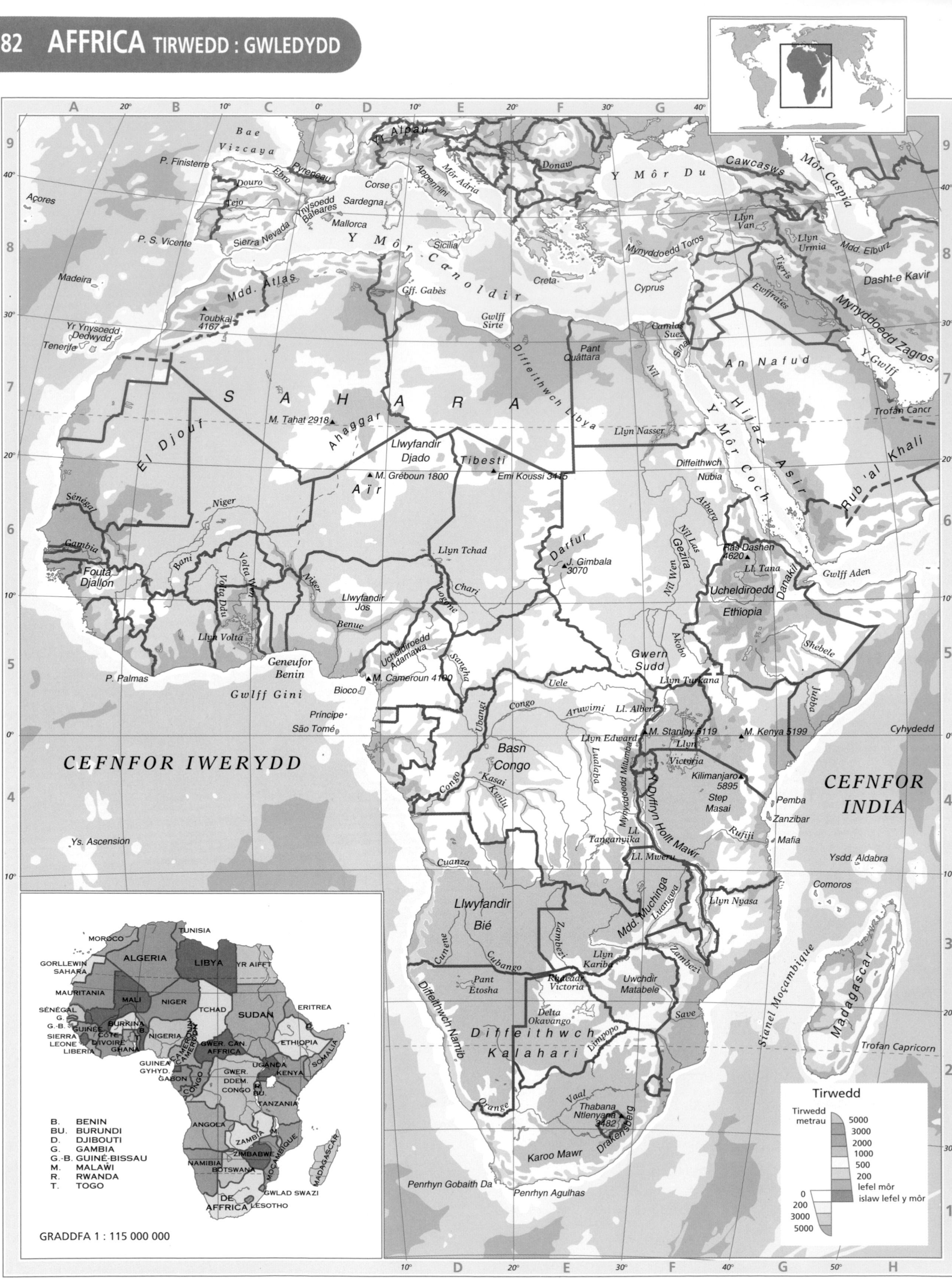

GRADDFA 1 : 37 000 000

Tafluniad Asimwthol Arwynebedd-hafal Lambert

1 TYMHEREDD A GWASGEDD : IONAWR

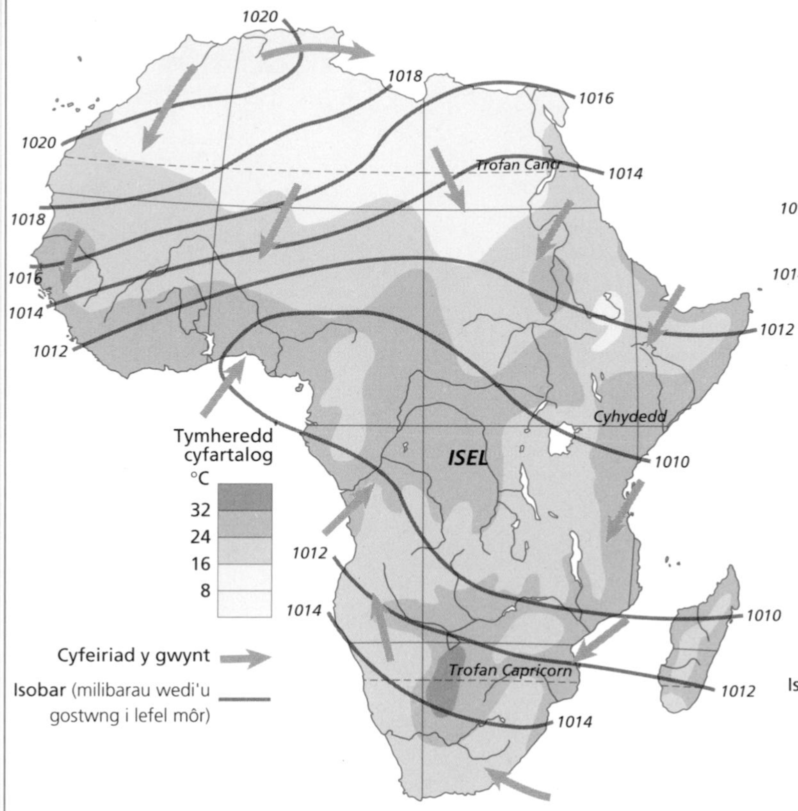

2 TYMHEREDD A GWASGEDD : GORFFENNAF

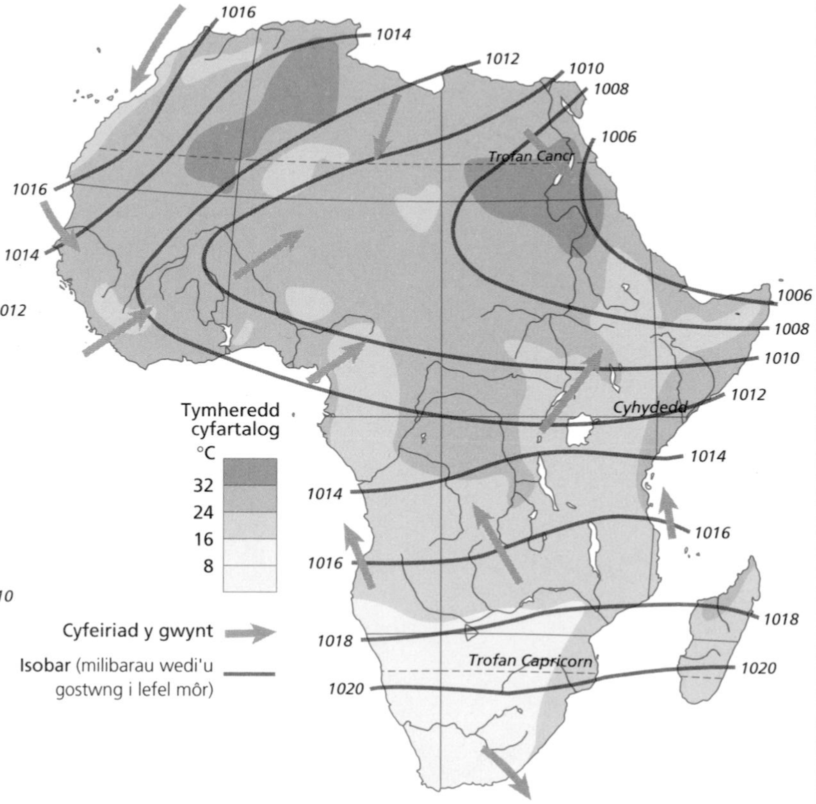

3 GLAWIAD BLYNYDDOL

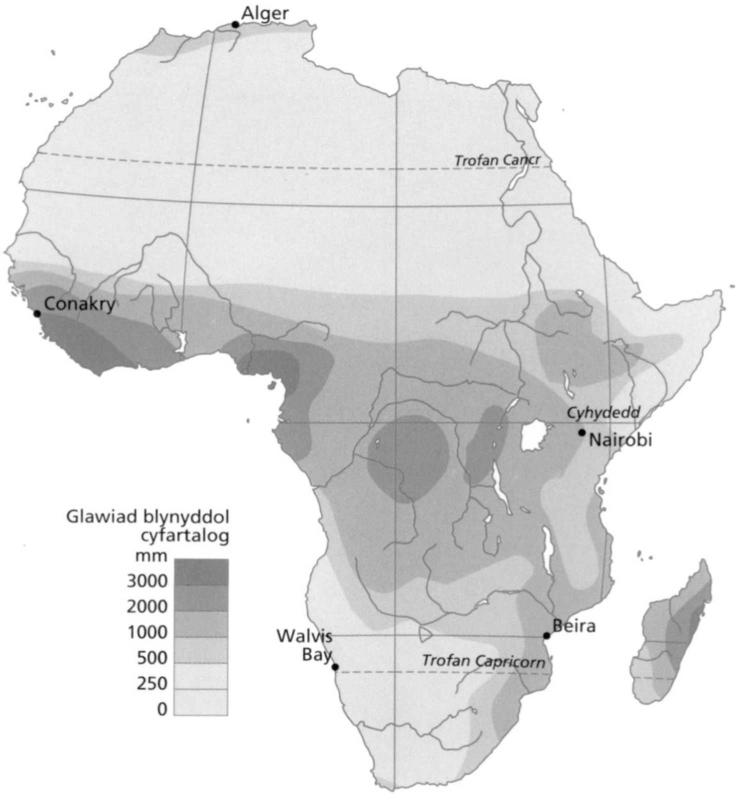

4 YSTADEGAU

Alger (59 metr)	Ion	Chw	Maw	Ebr	Mai	Meh	Gor	Aw	Med	Hyd	Ta	Rha
Tymheredd - uchaf (°C)	15	16	17	20	23	26	28	29	27	23	19	16
Tymheredd - isaf (°C)	9	9	11	13	15	18	21	22	21	17	13	11
Glawiad - (mm)	112	84	74	41	46	15	0	5	41	79	130	137

Conakry (7 metr)	Ion	Chw	Maw	Ebr	Mai	Meh	Gor	Aw	Med	Hyd	Ta	Rha
Tymheredd - uchaf (°C)	31	31	32	32	32	30	28	28	29	31	31	31
Tymheredd - isaf (°C)	22	23	23	23	24	23	22	22	23	23	24	23
Glawiad - (mm)	3	3	10	23	158	559	1298	1054	683	371	122	10

Nairobi (1820 metr)	Ion	Chw	Maw	Ebr	Mai	Meh	Gor	Aw	Med	Hyd	Ta	Rha
Tymheredd - uchaf (°C)	31	31	31	30	28	28	27	27	28	29	29	30
Tymheredd - isaf (°C)	24	24	25	24	23	23	22	22	22	23	24	24
Glawiad - (mm)	25	18	64	196	320	119	89	64	64	86	97	61

Walvis Bay (7 metr)	Ion	Chw	Maw	Ebr	Mai	Meh	Gor	Aw	Med	Hyd	Ta	Rha
Tymheredd - uchaf (°C)	23	23	23	24	23	23	21	20	19	19	22	22
Tymheredd - isaf (°C)	15	16	15	13	11	9	8	8	9	11	12	14
Glawiad - (mm)	0	5	8	3	3	0	0	3	0	0	0	0

Beira (9 metr)	Ion	Chw	Maw	Ebr	Mai	Meh	Gor	Aw	Med	Hyd	Ta	Rha
Tymheredd - uchaf (°C)	32	32	31	30	28	26	25	26	28	31	31	31
Tymheredd - isaf (°C)	24	24	23	22	18	16	16	17	18	22	22	23
Glawiad - (mm)	277	213	257	107	56	33	31	28	20	132	135	234

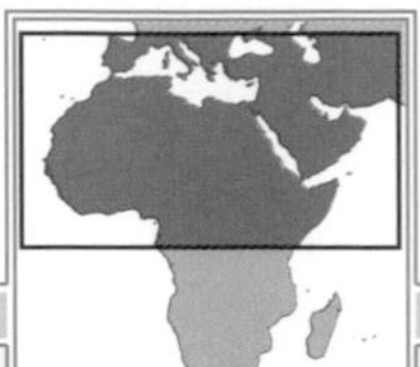

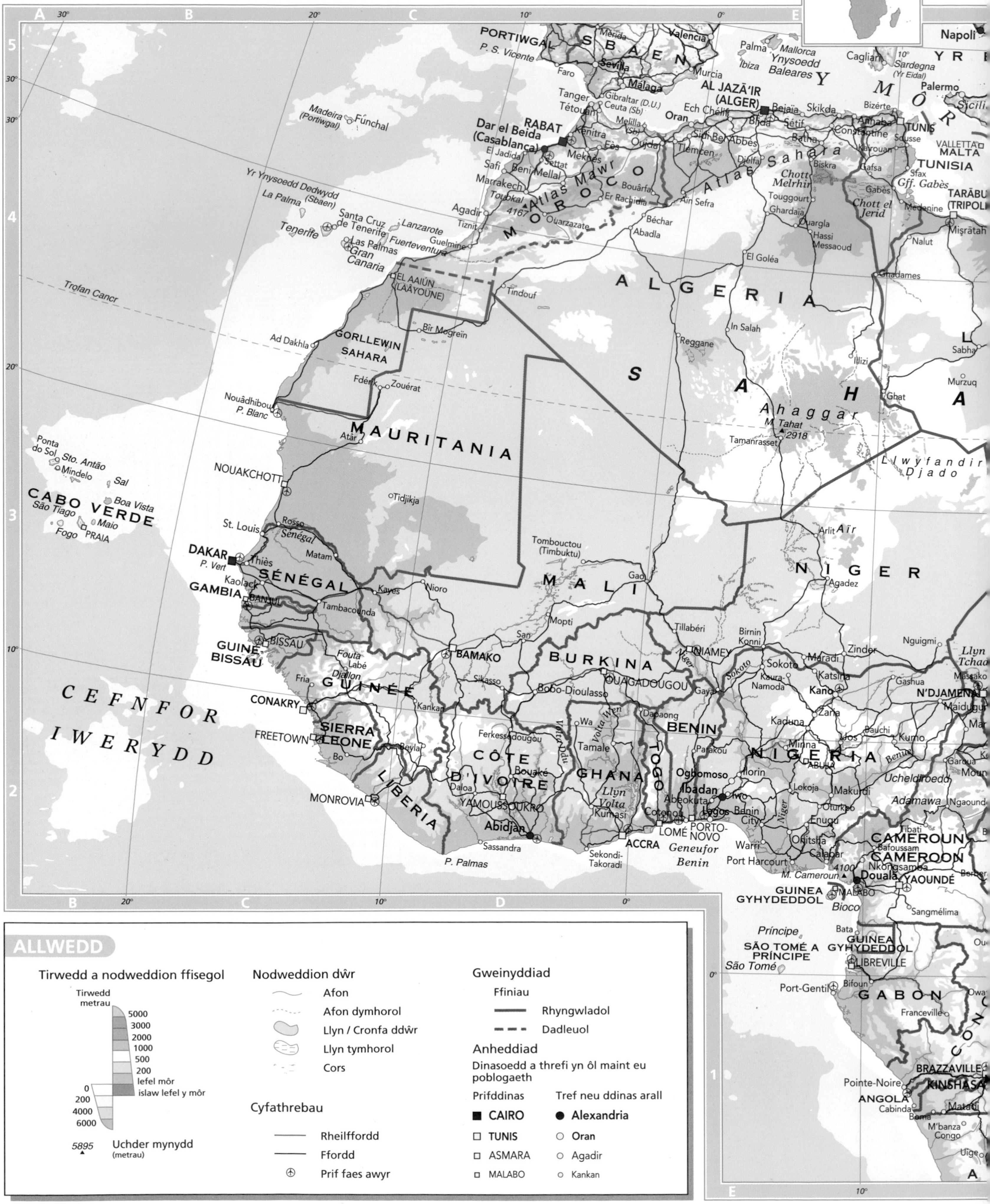

ALLWEDD

Tirwedd a nodweddion ffisegol

Tirwedd metrau: 5000, 3000, 2000, 1000, 500, 200, lefel môr, islaw lefel y môr; 0, 200, 4000, 6000

5895 ▲ Uchder mynydd (metrau)

Nodweddion dŵr

- Afon
- Afon dymhorol
- Llyn / Cronfa ddŵr
- Llyn tymhorol
- Cors

Cyfathrebau

- Rheilffordd
- Ffordd
- Prif faes awyr

Gweinyddiad

Ffiniau

- Rhyngwladol
- Dadleuol

Anheddiad

Dinasoedd a threfi yn ôl maint eu poblogaeth

Prifddinas	Tref neu ddinas arall
■ CAIRO	● Alexandria
□ TUNIS	○ Oran
□ ASMARA	○ Agadir
□ MALABO	○ Kankan

GRADDFA 1 : 20 000 000

0 200 400 600 800 km

20° G 30° H 40° 40° I 50° J 60° K
TWRCI
ANKARA
Bursa
Thesaloniki
Olympus 2917
GROEG
Môr Aegea
Izmir
ATHEN
Patra
Konya
Antalya
Adana
Kayseri
Ll. Tuz
M. Erciyas 3916
Llyn Van
Tabriz
Llyn Urmia
Mdd. Elburz
TEHRAN
Qom
Dasht-e-Kavir
IRAN
AFGHANISTAN
Dasht-e-Lut
PAKISTAN
Kerman
Yazd
Esfahan
Hamadan
Kermanshah
Mynyddoedd Zagros
Shiraz
Ahvaz
Bushehr
Bandar-e 'Abbas
Makran
Gaziantep
Al Mawsil (Mosul)
Aleppo
SYRIA
Ewffrates
Mesopotamia
Tigris
BAGHDAD
IRAQ
Rhódhos (Groeg)
NICOSIA
CYPRUS
Creta
BEIRUT
LIBANUS
DAMASCUS
Diffeithwch Syria
ISRAEL
AMMAN
Tel Aviv-Yafo
JERWSALEM
Y Môr Marw
GWLAD IORDDONEN
Ma'an
Aqaba
Al Basrah
KUWAIT
Y Gwlff
OMAN
Dubai
Gwlff Oman
MUSCAT
J. Akhdar
BAHRAIN
AL MANAMAH
QATAR
DOHA
ABU DHABI
EMIRADAU ARABAIDD UNEDIG
An Nafud
Ad Dahna
Ha'il
Buraydah
RIYADH
SAUDI ARABIA
Najd
Al Madinah (Medina)
Ar Rimal
Rub 'al Khali
Gwlff Masirah
OMAN
Salalah
Mecca
Jedda
At Ta'if
Asir
Tihamah
Abha
Hijaz
Y Môr Coch
MÔR NOLDIR
Banghazi (Benghazi)
Gwlff Sirte
Al Bayda'
Darnah
Al Jabal al Akhdar
Tubruq
Umm Sa'ad
Alexandria
Marsa Matruh
Tanta
CAIRO
El Giza
El Suweis (Suez)
Gff. Suez
Sinai
Tabuk
Ajdabiya
Marsa al Burayqah
Al Jaghbub
Maradah
Pant Quattara
Siwa
El Bawiti
El Faiyum
Nil
El Minya
Asyût
Qena
Quseir
Luxor
El Khârga
Aswân
Llyn Nasser
YR AIFFT
LIBYA
Diffeithwch Libya
Al Khufrah
Wadi Halfa
Diffeithwch Nubia
Abu Hamed
Bûr Sudan
Suakin
Kareima
Merowe
Atbara
Karora
Tibesti
Emi Koussi 3415
Pant Bodélé
TCHAD
Umm Durmân (Omdurman)
AL KHARTUM (KHARTOUM)
Akordat
Massawa
ERITREA
ASMERA
Kassala
Wad Medani
Gedaref
Adwa
Denakil
SUDAN
Sennar
Kosti
El Obeid
Er Rahad
Abéché
J. Gimbala 3070
El Fasher
El Geneina
Nyala
El Muglad
Kadugli
Nil Wen
Nil Las
Ed Damazin
Kurmuk
Ras Dashen 4620
Gonder
Ll. Tana
Guba
Birhan 4152
Dese
Weldiya
SAN'A
Hodeida
Ta'izz
Lahij
Aden
YEMEN
Hadhramaut
Mukalla
Socotra (Yemen)
Gwlff Aden
Aseb
DJIBOUTI
Sâylac
Berbera
Hargeisa
P. Caseyr
Dire Dawa
ETHIOPIA
ADDIS ABABA
Nek'emte
Bedele
Jima
Nazret
Shashemene
Sodo
Wendo
Llyn Abaya
Haud
Ogaden
Shebele
Garoowe
SOMALIA
Sarh
Ndélé
Malakal
Wau
Gwern Sudd
GWERINIAETH CANOLBARTH AFFRICA
Kaga Bandoro
Bria
Sibut
Zémio
Bangassou
Ubangi
Juba
Llyn Turkana
Monga
Uele
Niangara
Isiro
Libenge
Congo
Lisala
Buta
Mahagi
Ll. Albert
Nil Albert
Gulu
Lodwar
Marsabit
Wajir
Baardheere
Marka
MUQDISHO (MOGADISHU)
Jubba
Jilib
Kismaayo
Soroti
M. Elgon 4321
Kyoga
UGANDA
KAMPALA
Kasese
Jinja
KENYA
Eldoret
Kisumu
M. Kenya 5199
Nakuru
NAIROBI
Garissa
Cyhydedd
Kisangani
Mbandaka
Ll. Tumba
GWERINIAETH DDEMOCRATAIDD CONGO
Llyn Edward
Mbarara
Llyn Victoria
KIGALI
RWANDA
Llyn Kivu
Ll. Mai-Ndombe
Bukavu
BUJUMBURA
BURUNDI
Kindu
Mwanza
Llyn Natron
Arusha
Kilimanjaro 5895
Moshi
Ll. Eyasi
Mombasa
Bandundu
Kasai
Ilebo
Kikwit
Kananga
Mbuji-Mayi
Mwene-Ditu
Kalemie
Kabalo
Ll. Tanganyika
Kigoma
Tabora
TANZANIA
DODOMA
Tanga
Ys. Pemba
Ys. Zanzibar
Zanzibar
Dar es Salaam
Morogoro
Iringa
Ll. Rukwa
Ys. Mafia
Kamina
ZAMBIA
ANGOLA
CEFNFOR INDIA
SEYCHELLES
Ys. Mahé

Tafluniad Stereograffig Miller

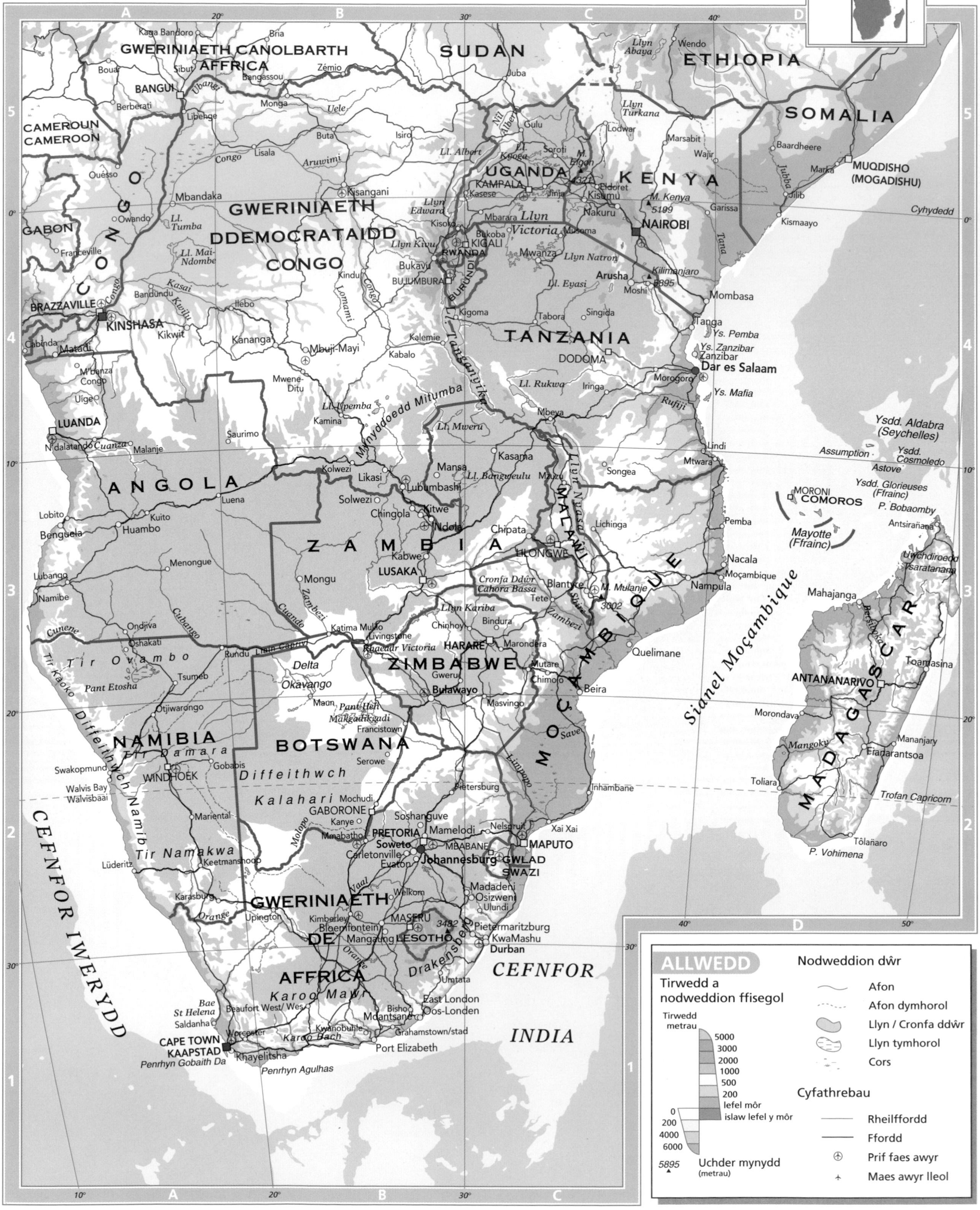

GRADDFA 1 : 20 000 000 — 0 200 400 600 800 km

Tafluniad Bonne

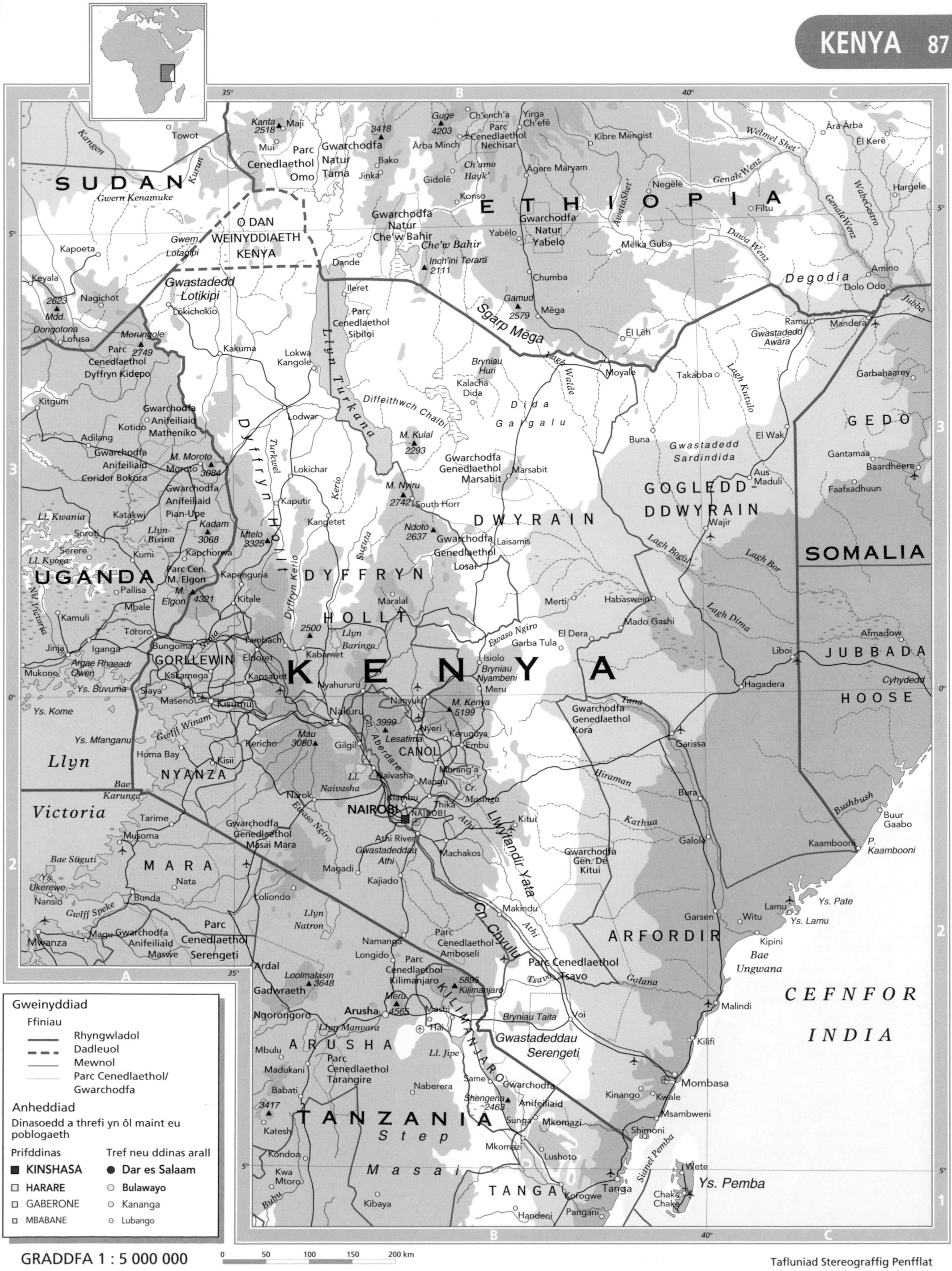

GRADDFA 1 : 5 000 000

Taffluniad Stereograffig Penfflat

1 DWYSEDD POBLOGAETH

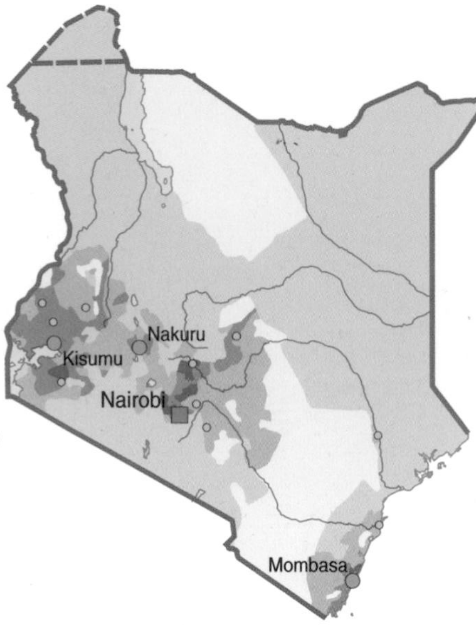

POBLOGAETH
Pobl y km sgwâr
- dros 100
- 50-100
- 10-50
- 1-10
- 0-1

Dinasoedd
- dros 1 000 000
- 100 000-1 000 000
- 25 000-100 000

GRADDFA 1:15 000 000

2 NEWID POBLOGAETH

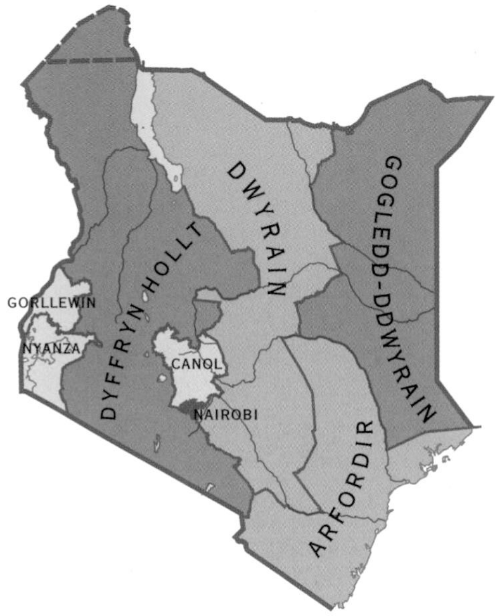

NEWID POBLOGAETH
1969 - 1991
Canran
- dros 150
- 126-150
- 101-125
- 0-100

GRADDFA 1:15 000 000

3 GWEITHGAREDD ECONOMAIDD

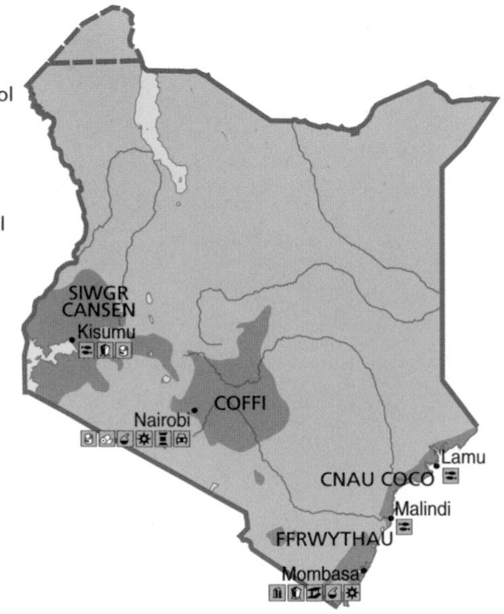

DIWYDIANT
- Canolfan ddiwydiannol
- Haearn/Dur
- Purfeydd olew
- Cerbydau modur
- Peirianneg fecanyddol
- Cyhoeddi/Papur
- Cemegau
- Tecstilau/Dillad
- Prosesu bwyd

CNYDAU
- Ardal cynhyrchu cnydau gwerthu

GRADDFA 1:15 000 000

4 TWF POBLOGAETH

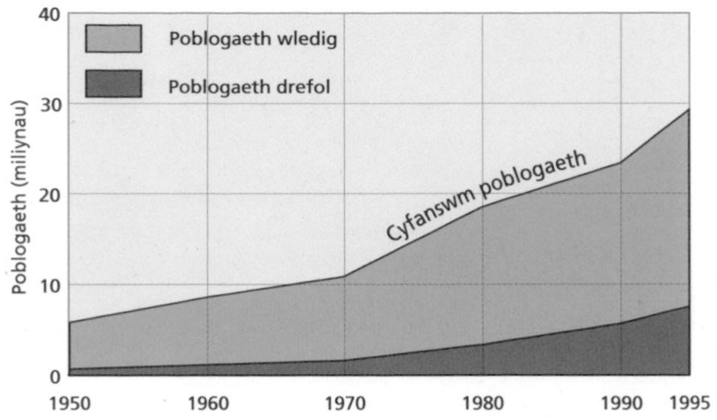

5 DINASOEDD MWYAF

Dinas	Cyfrifiad 1969	Cyfrifiad 1991	Cynnydd (%)
Nairobi	478 000	1 504 900	215
Mombasa	246 000	425 600	73
Kisumu	30 000	167 100	456
Nakuru	47 000	101 700	115
Machakos	4000	92 300	2300

6 TWRISTIAETH

- Gwesty
- Lodge
- Parc anifeiliaid cenedlaethol
- Gwarchodfa anifeiliaid genedlaethol

GRADDFA 1:12 500 000

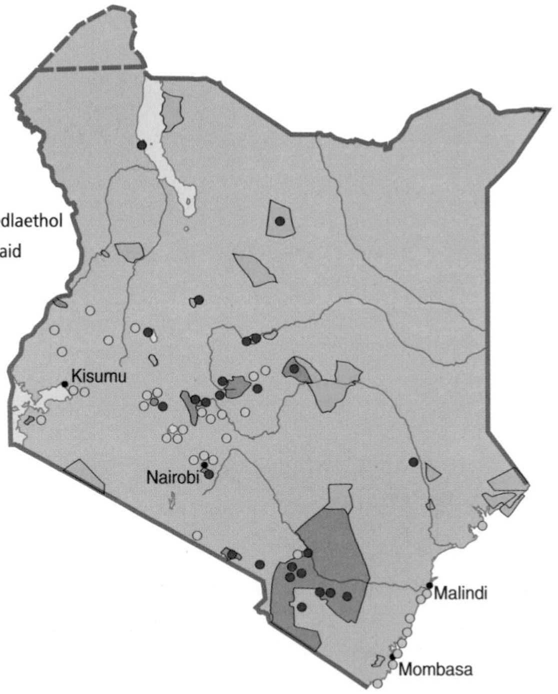

YMWELWYR Â KENYA 1993
Cyfanswm 826 000

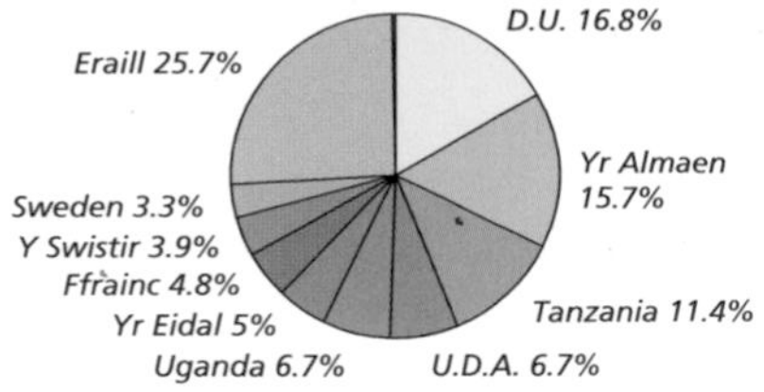

TWRISTIAID YN CYRRAEDD 1984-1993

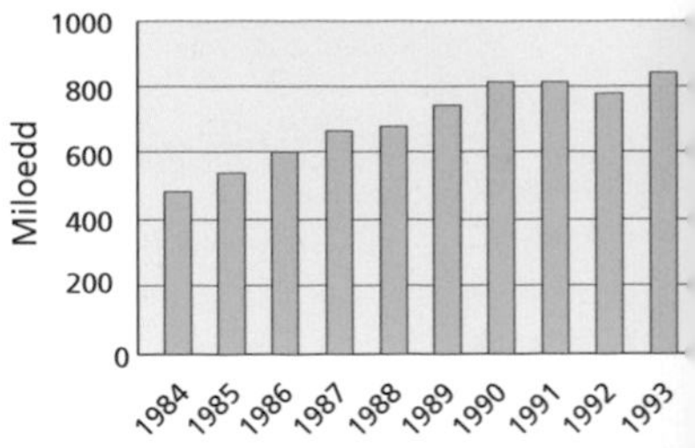

7 NAIROBI

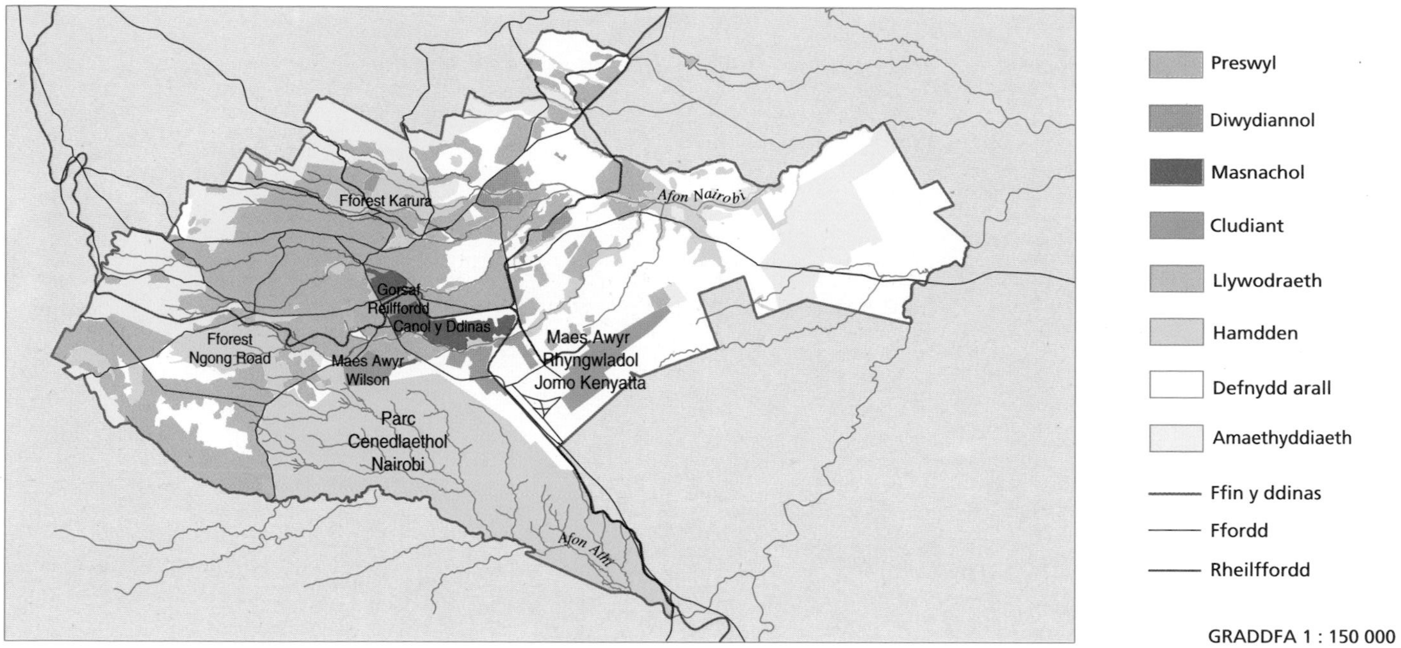

8 MASNACH

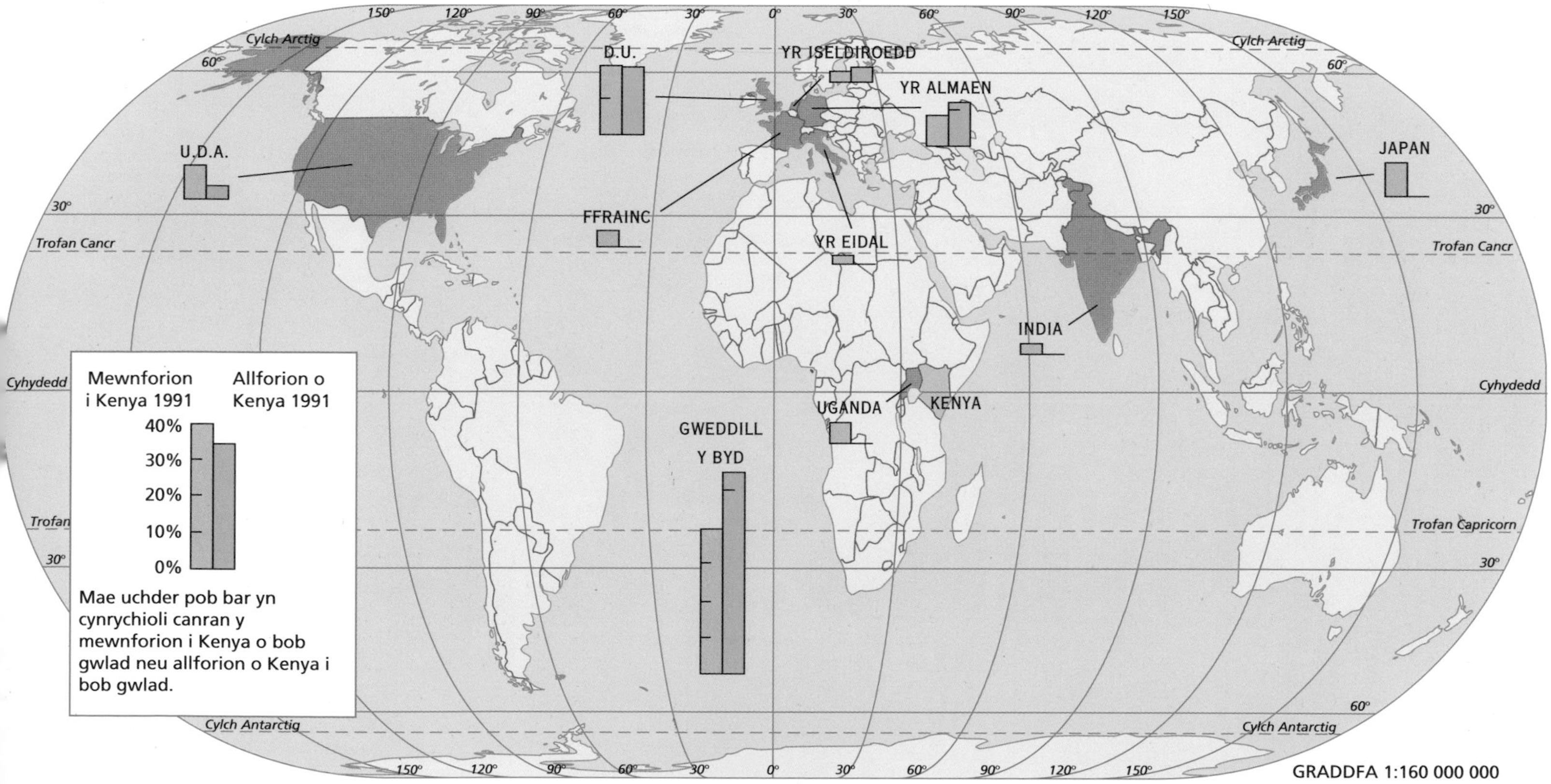

Allforion 1960
Cyfanswm: $ U.D.A. 141 miliwn

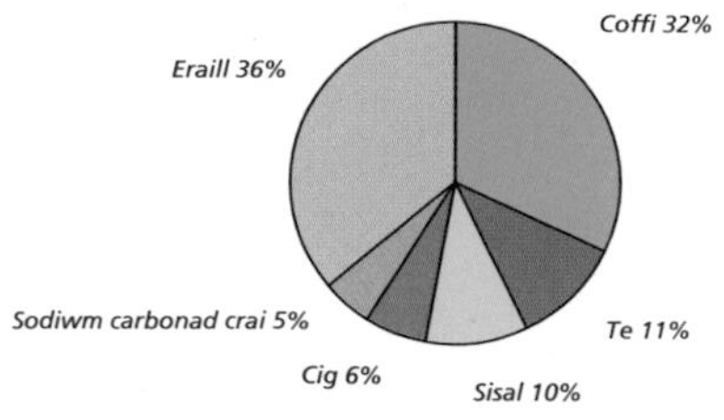

Allforion 1991
Cyfanswm: $ U.D.A. 489 miliwn

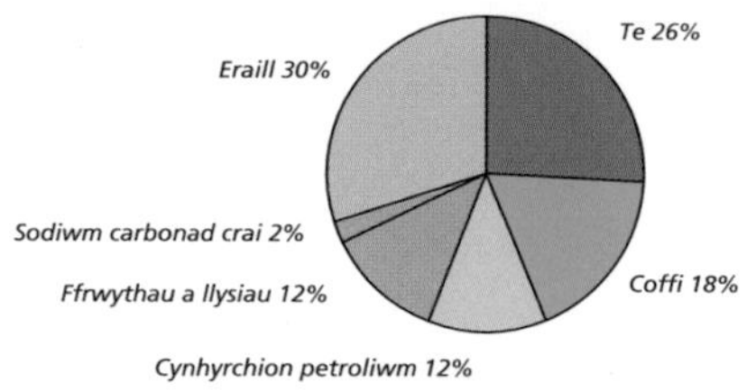

Mewnforion 1991
Cyfanswm: $ U.D.A. 1 023 miliwn

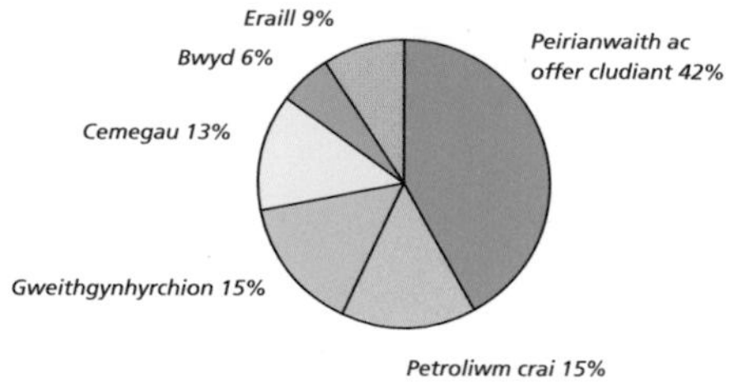

CEFNFOR ARCTIG
Cylch Arctig
Spitsbergen
Tir Franz Josef
Severnaya Zemlya
Ysdd. Novosibirskiye
Ys. Wrangel
MÔR BARENTS
Penrhyn y Gogledd
Novaya Zemlya
MÔR LAPTEV
Gorynys Taimyr
Cadwyn Kolyma
Môr y Gogledd
Bae Vizcaya
Gor. Kola
Ll. Ladoga
Ll. Onega
Y Môr Baltig
Yr Alpau
Appennini
Wisła (Vistula)
Gwastadedd Gogledd Ewrop
Carpatiau
Donaw
Uwchdiroedd Canolbarth Rwsia
Narodnaya 1894
Mdd. Ural
Ob'
Gwastadedd Gorllewin Siberia
Yenisey
Llwyfandir Canolbarth Siberia
Tunguska Isaf
Lena
Cadwyn Verkhoyansk
Cadwyn Dzhugdzhur
MÔR OKHOTSK
Cadwyn Stanovoy
Volga
Don
Y Môr Du
Mynyddoedd Toros
Cawcasws
5165
Môr Caspia
Môr Aral
Irtysh
Ll. Baikal
Amur
Llyn Zaysan
Llyn Balkhash
Syrdar'ya
Amudar'ya
Mdd. Altai
Gobi
Da Hinggan Ling
Manchuria
Tigris
Ewffrates
Mdd. Elburz
Dasht-e Kavir
Tian Shan
Huang
Bo Hai
An Nafud
Hindu Kush
K2 8611
Taklimakan Shamo
Karakoram
Kunlun Shan
Gwastadedd Gogledd China
Y Môr Melyn
Môr Dwyrain China
Hijaz
Y Môr Coch
Mynyddoedd Zagros
Y Gwlff
Helmand
Indus
Llwyfandir Tibet
Cadwyn Sulaiman
Sutlej
Himalaya
Chang
Gongga Shan 7514
Asir
Makran
Diffeithwch Thar
Annapurna 8078
M. Everest 8848
Ganga (Ganges)
Gwlff Oman
Rub'al Khali
Masirah
Brahmaputra
Irrawaddy
Nan Ling
Xi Jiang
Taiwan
Culfor Luzon
Narmada
MÔR ARABIA
Aberoedd Afon Ganga
Ys. Hainan
Luzon
Socotra
Godavari
Ghats Gorllewinol
Ghats Dwyreiniol
BAE BENGAL
Mekong
Môr De China
Pilipinas
Ysdd. Laccadive
Ynysoedd Andaman
Môr Andaman
Gwlff Gwlad Thai
Palawan
Môr Sulu
Sri Lanka
Ynysoedd Nicobar
Maldives
Culfor Melaka
Gorynys Malaya
Borneo
Môr Sulawesi
Sulawesi
Sumatera
CEFNFOR INDIA
Seychelles
Ysdd. Aldabra
Ysdd. Mentawai
Ynysfor Chagos
Môr Jawa
Jawa (Java)
Bali
Lombok
Tirwedd
Tirwedd metrau
5000
3000
2000
1000
500
200
lefel môr
0
200
3000
5000
islaw lefel y môr
Cap iâ

GRADDFA 1 : 40 000 000

0 400 800 1200 1600 km

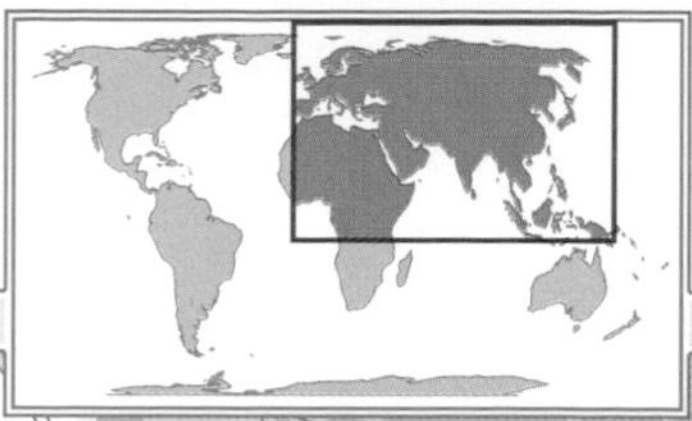

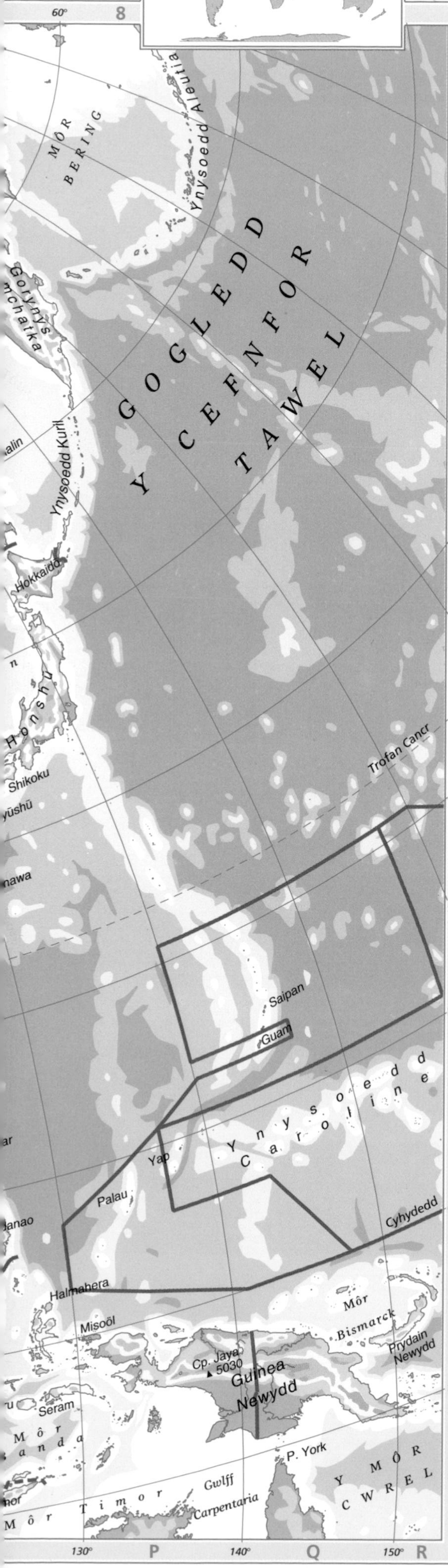

Tafluniad Asimwthol Arwynebedd-hafal Lambert

1 GWLEDYDD

GRADDFA 1:80 000 000
Tafluniad Asimwthol Arwynebedd-hafal Lambert

2 OLEW Y DWYRAIN CANOL

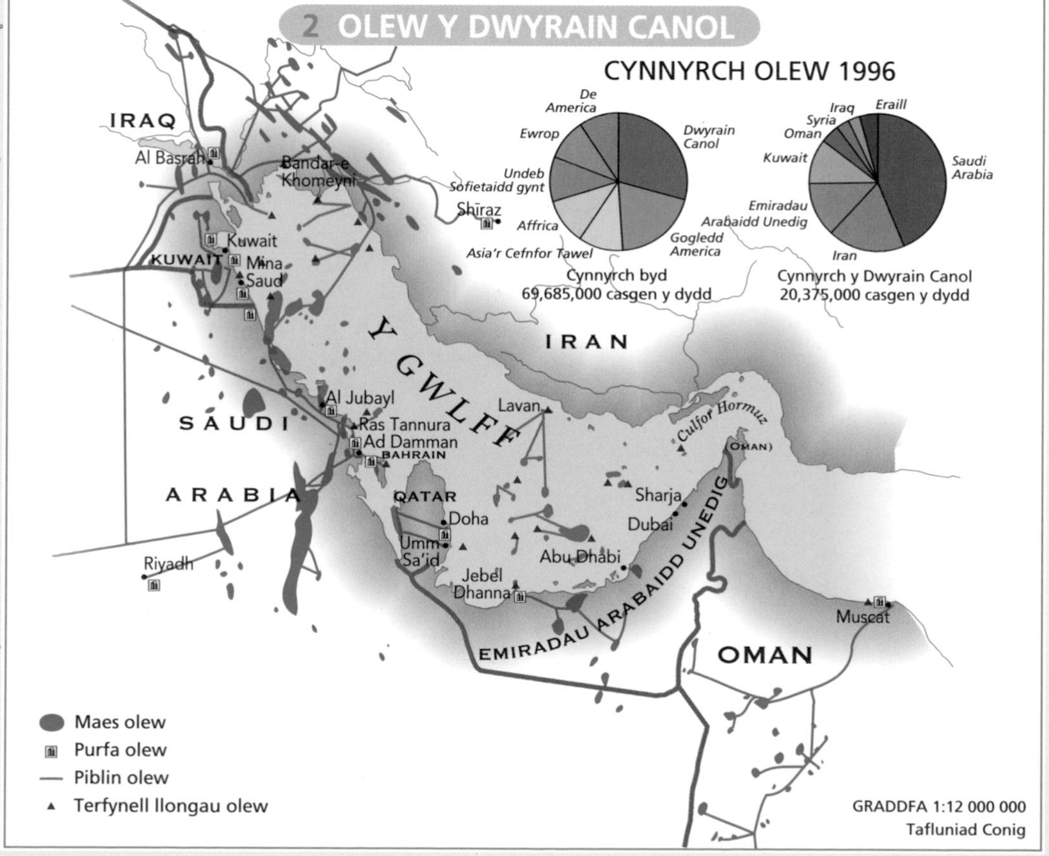

- Maes olew
- Purfa olew
- Piblin olew
- ▲ Terfynell llongau olew

GRADDFA 1:12 000 000
Tafluniad Conig

1 TYMHEREDD : IONAWR

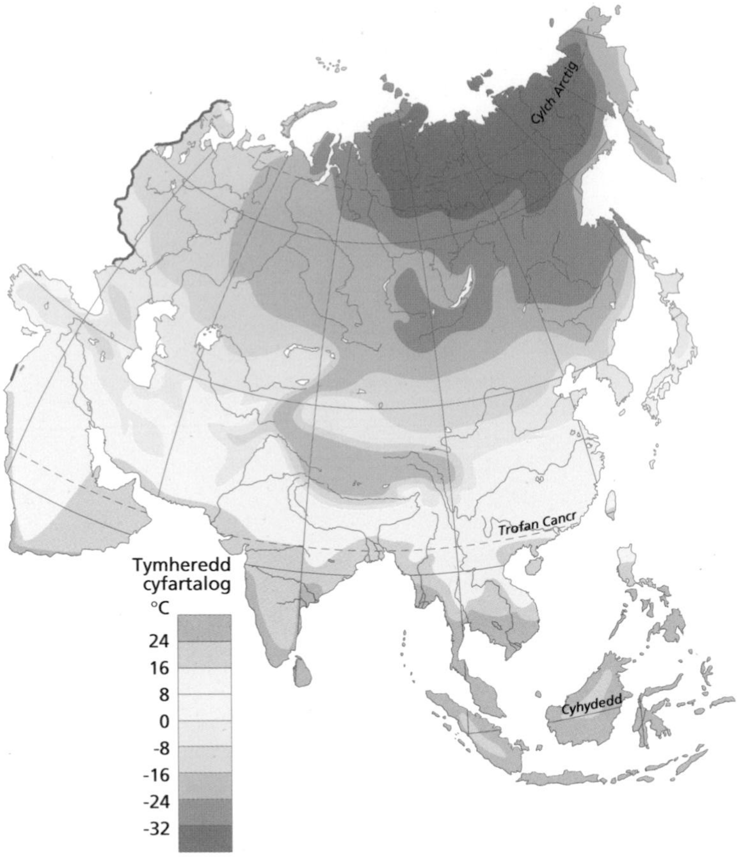

2 TYMHEREDD : GORFFENNAF

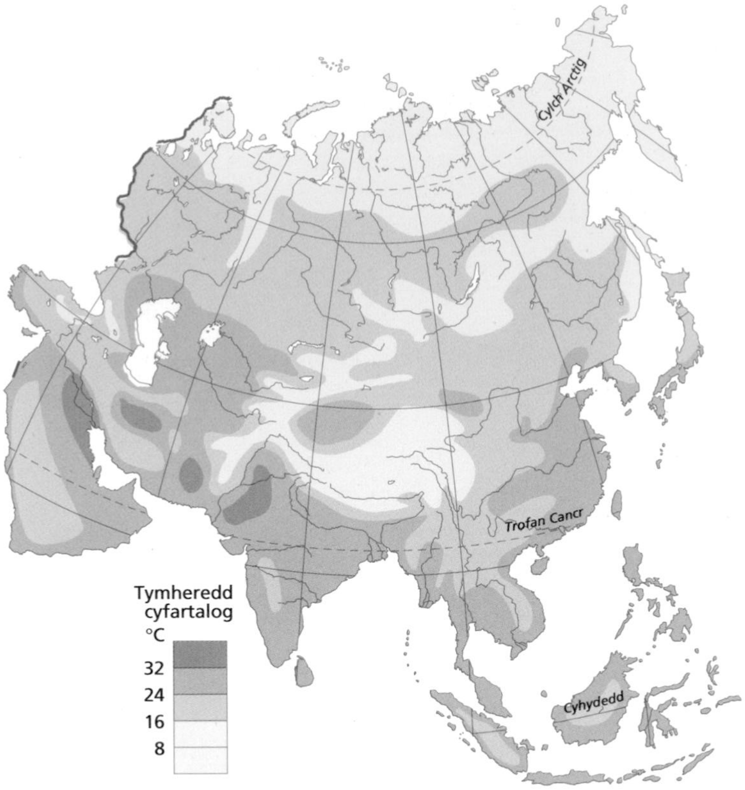

3 GLAWIAD BLYNYDDOL

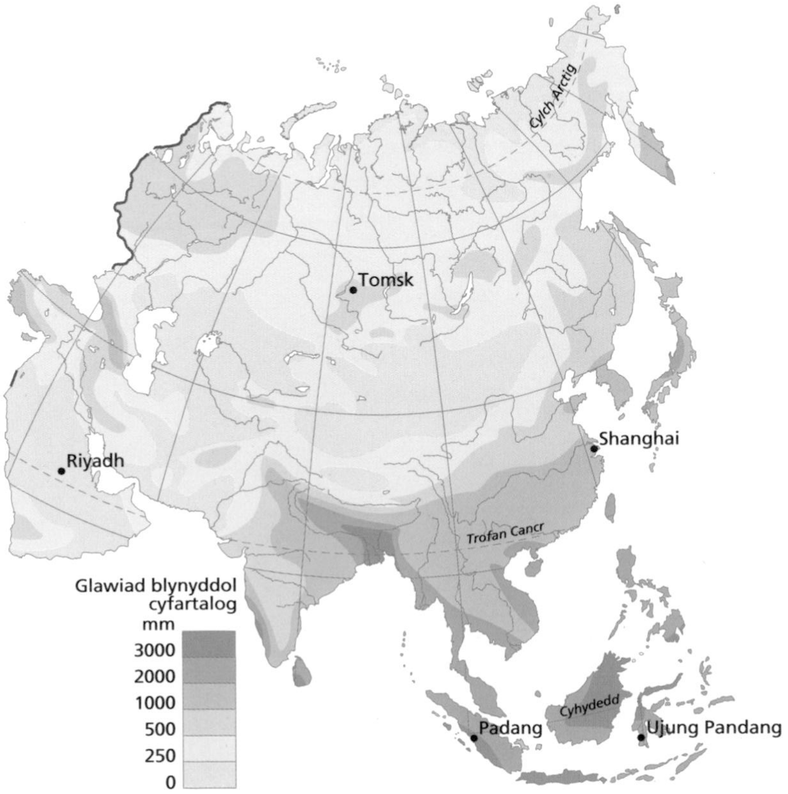

4 YSTADEGAU

Tomsk (122 metr)	Ion	Chw	Maw	Ebr	Mai	Meh	Gor	Aw	Med	Hyd	Ta	Rha
Tymheredd - uchaf (°C)	-18	-13	-6	3	12	19	23	20	14	3	-9	-16
Tymheredd - isaf (°C)	-24	-22	-17	-7	3	9	12	10	4	-3	-14	-22
Glawiad - (mm)	28	18	20	23	41	69	66	66	41	51	46	38

Shanghai (7 metr)	Ion	Chw	Maw	Ebr	Mai	Meh	Gor	Aw	Med	Hyd	Ta	Rha
Tymheredd - uchaf (°C)	8	8	13	19	25	28	32	32	28	23	17	12
Tymheredd - isaf (°C)	1	1	4	10	15	19	23	23	19	14	7	2
Glawiad - (mm)	48	58	84	94	94	180	147	142	130	71	51	36

Riyadh (590 metr)	Ion	Chw	Maw	Ebr	Mai	Meh	Gor	Aw	Med	Hyd	Ta	Rha
Tymheredd - uchaf (°C)	21	23	28	32	38	42	42	42	39	34	29	21
Tymheredd - isaf (°C)	8	9	13	18	22	25	26	24	22	16	13	9
Glawiad - (mm)	3	20	23	25	10	0	0	0	0	0	0	0

Ujung Pandang (2 m)	Ion	Chw	Maw	Ebr	Mai	Meh	Gor	Aw	Med	Hyd	Ta	Rha
Tymheredd - uchaf (°C)	29	29	29	30	31	30	30	31	31	31	30	29
Tymheredd - isaf (°C)	23	24	23	23	23	22	21	21	21	22	23	23
Glawiad - (mm)	686	536	424	150	89	74	36	10	15	43	178	610

Padang (7 metr)	Ion	Chw	Maw	Ebr	Mai	Meh	Gor	Aw	Med	Hyd	Ta	Rha
Tymheredd - uchaf (°C)	31	31	31	31	31	31	31	31	30	30	30	30
Tymheredd - isaf (°C)	23	23	23	24	24	23	23	23	23	23	23	23
Glawiad - (mm)	351	259	307	363	315	307	277	348	152	495	518	480

GRADDFA 1 : 100 000 000

Tafluniad Asimwthol Arwynebedd-hafal Lambert

1 GWASGEDD A GWYNT : IONAWR

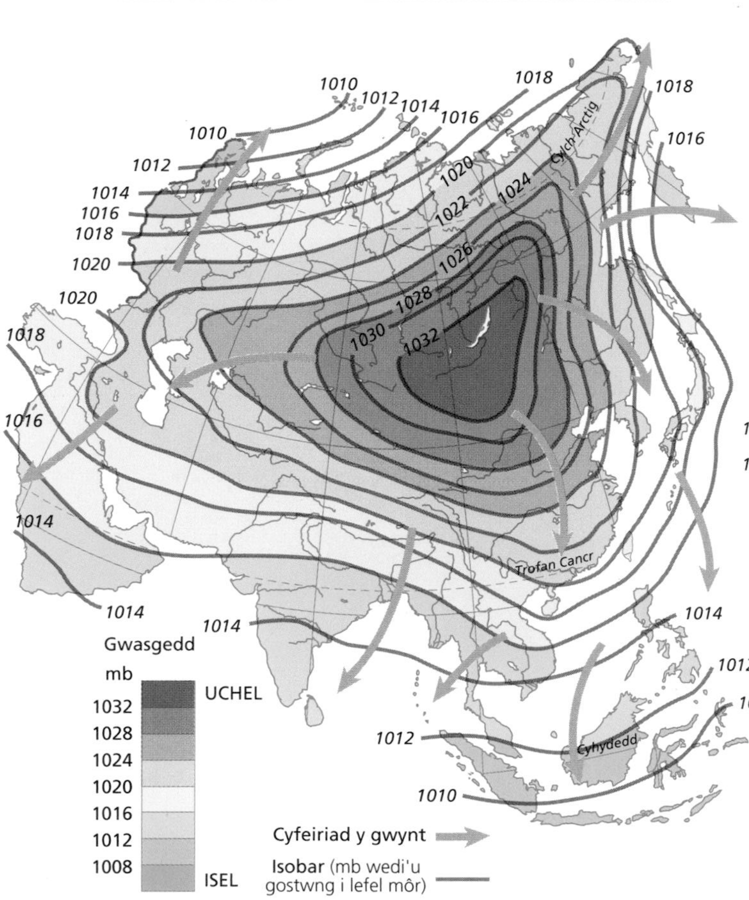

2 GWASGEDD A GWYNT : GORFFENNAF

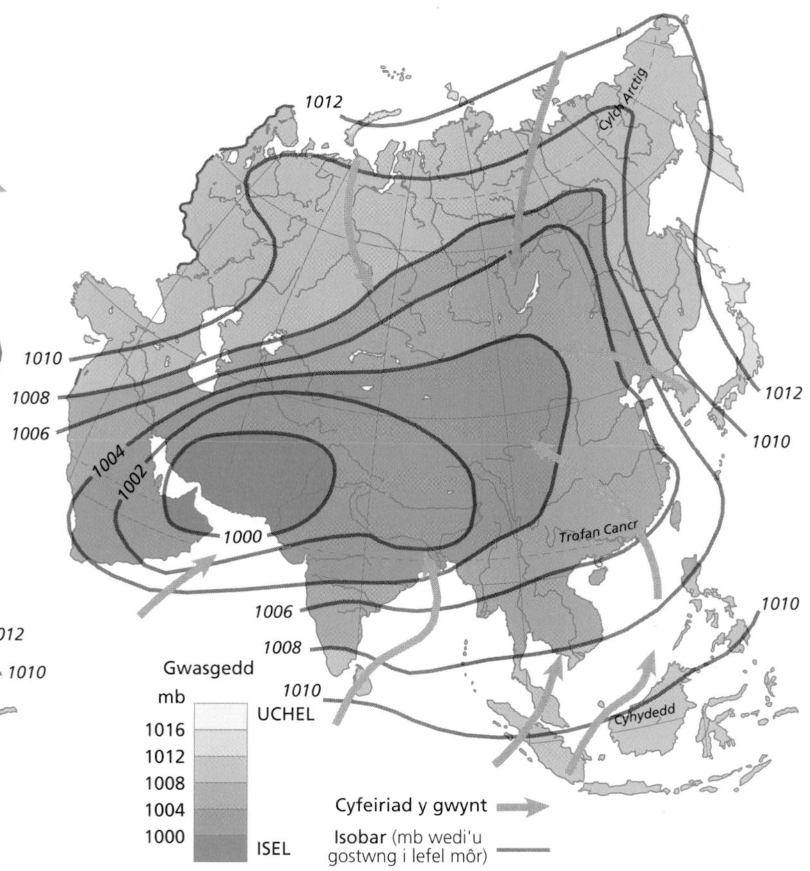

3 GLAWIAD : TACHWEDD I EBRILL

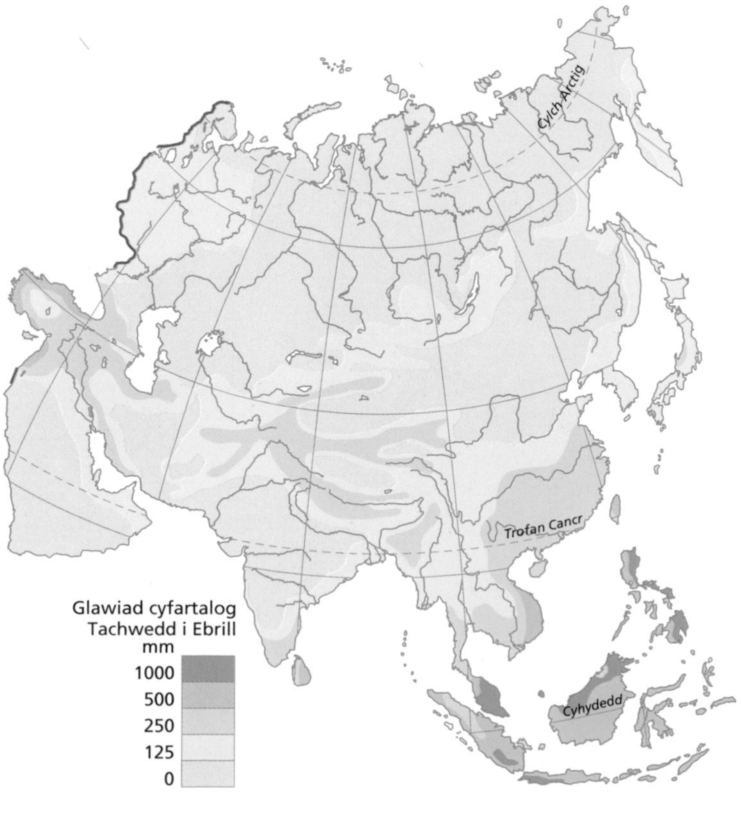

4 GLAWIAD : MAI I FEDI

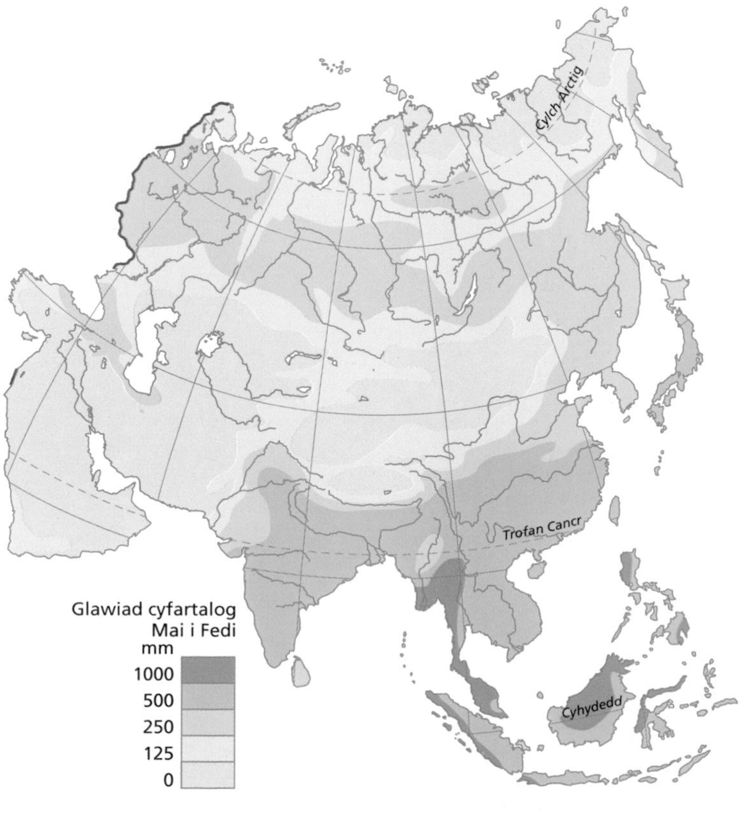

GRADDFA 1 : 100 000 000

Tafluniad Asimwthol Arwynebedd-hafal Lambert

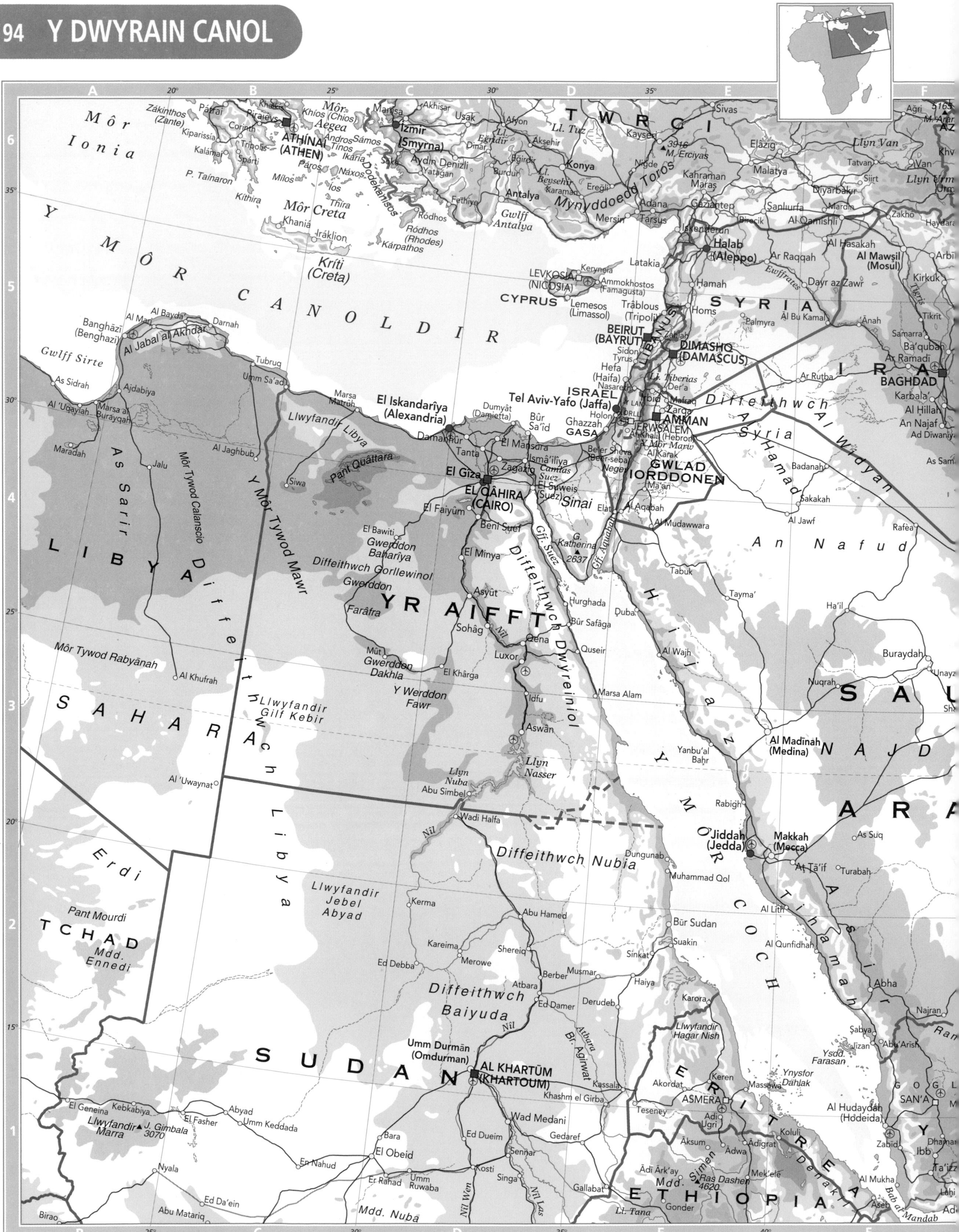
Môr Ionia
Zákinthos (Zante)
Pátrai
Kiparissía
Corinth
Tripolis
Kalámai
Spárti
P. Taínaron
Kíthira
Piraievs
ATHÍNAI (ATHEN)
Khalkís
Môr Aegea
Khíos (Chios)
Andros
Sámos
Tínos
Ikaría
Páros
Náxos
Mílos
Íos
Thíra
Dodekánisos
Môr Creta
Khaniá
Iráklion
Kríti (Creta)
Ródhos
Ródhos (Rhodes)
Kárpathos
Manisa
İzmir (Smyrna)
Akhisar
Uşak
Afyon
Aydin Denizli
Yatağan
Dinar
Ll. Eğridir
Eğirdir
Akşehir
Burdur
Ll. Beyşehir
Antalya
Fethiye
Gwlff Antalya
Konya
Karaman
Ereğli
Ll. Tuz
TWRCI
Kayseri
3916 M. Erciyas
Niğde
Mynyddoedd Toros
Adana
Tarsus
Mersin
Sivas
Elâzığ
Malatya
Kahraman Maraş
Gaziantep
İskenderun
Şanlıurfa
Diyarbakır
Mardin
Cizre
Al Qamishli
Llyn Van
Tatvan
Van
Siirt
Llyn Urmia
Ağri
M. Ararat
5165
Zakho
Haydaran
Arbil
Y MÔR CANOLDIR
Halab (Aleppo)
Latakia
Hamah
Homs
Ar Raqqah
Ewffrates
Dayr az Zawr
Al Hasakah
Al Mawsil (Mosul)
Kirkuk
Tigris
Tikrit
LEVKOSIA (NICOSIA)
Kerynia
Ammokhostos (Famagusta)
CYPRUS
Lemesos (Limassol)
Trâblous (Tripoli)
SYRIA
Palmyra
Al Bu Kamal
Ānah
Samarra
Ba'qubah
Ar Ramadi
BEIRUT (BAYRUT)
Zahlah
LIBANUS
DIMASHQ (DAMASCUS)
Sidon
Tyrus
Hefa (Haifa)
Nasareth
Ll. Tiberias
Der'a
ISRAEL
Irbid
Mafraq
Tel Aviv-Yafo (Jaffa)
Holon
Zarqa
AMMAN
JERWSALEM
Ghazzah
GASA
Al Khalil (Hebron)
Y Môr Marw
Al Karak
Be'er Sheva (Beer-seba)
Negev
GWLAD IORDDONEN
Ma'an
Al Aqabah
Al Mudawwara
Diffeithwch Syria
Al Hamad
Badanah
Diffeithwch Al Widyan
Ar Rutba
IRAQ
BAGHDAD
Karbala'
Al Hillah
An Najaf
Ad Diwaniyah
As Samawah
Sakakah
Al Jawf
Rafha
An Nafud
Tabuk
Tayma'
Ha'il
Buraydah
Unayzah
Nuqrah
SAUDI ARABIA
NAJD
Al Madīnah (Medina)
Yanbu'al Bahr
Rabigh
Jiddah (Jedda)
Makkah (Mecca)
At Tā'if
Turabah
As Suq
Al Lith
Al Qunfidhah
Tihamah
Asir
Abha
Najran
Sabya
Jizan
Abu 'Arish
Ysdd. Farasan
Gwlff Sirte
Banghāzī (Benghazi)
Al Marj
Al Bayda'
Darnah
Al Jabal al Akhdar
Tubruq
Umm Sa'ad
As Sidrah
Ajdabiya
Marsa al Burayqah
Al 'Uqaylah
Maradah
Jalu
Al Jaghbub
As Sarir
Môr Tywod Calanscio
LIBYA
Diffeithwch Libya
Y Môr Tywod Mawr
Môr Tywod Rabyānah
Al Khufrah
SAHARA
Al 'Uwaynat
Llwyfandir Gilf Kebir
Marsa Matrûh
Llwyfandir Libya
Siwa
Pant Quâttara
El Iskandarîya (Alexandria)
Damanhûr
Tanta
Dumyât (Damietta)
Bûr Sa'îd
El Mansûra
Ismâ'ilîya
Zagazig
Camlas Suez
El Suweis (Suez)
El Gîza
EL QÂHIRA (CAIRO)
El Faiyûm
Beni Suef
Sinai
Elat
Gff. Suez
Gff. Aqaba
G. Katherina 2637
El Bawiti
Gwerddon Baharîya
El Minya
Diffeithwch Gorllewinol
Gwerddon Farâfra
Farâfra
YR AIFFT
Asyût
Sohâg
Nîl
Qena
Luxor
Hurghada
Bûr Safâga
Quseir
Diffeithwch Dwyreiniol
Mût
Gwerddon Dakhla
El Khârga
Y Werddon Fawr
Idfu
Marsa Alam
Aswân
Llyn Nubia
Llyn Nasser
Abu Simbel
Wadi Halfa
Diffeithwch Nubia
Dungunab
Muhammad Qol
Hijaz
Y MÔR COCH
Erdi
Pant Mourdi
TCHAD
Mdd. Ennedi
Llwyfandir Jebel Abyad
Kerma
Abu Hamed
Bûr Sudan
Suakin
Kareima
Merowe
Shereiq
Ed Debba
Sinkat
Berber
Musmar
Atbara
Haiya
Diffeithwch Baiyuda
Ed Damer
Derudeb
Karora
Llwyfandir Hagar Nish
Br. Atbara
Br. Agirwat
SUDAN
Umm Durmān (Omdurman)
AL KHARTŪM (KHARTOUM)
Kassala
Keren
Akordat
Massawa
Ynysfor Dahlak
ASMERA
ERITREA
Khashm el Girba
Teseney
Adi Ugri
Wad Medani
Gedaref
Ed Dueim
Sennar
Kosti
Singa
Bara
El Obeid
En Nahud
Umm Ruwaba
Er Rahad
El Geneina
Kebkabiya
El Fasher
Abyad
Umm Keddada
Llwyfandir Marra
J. Gimbala 3070
Nyala
Ed Da'ein
Abu Matariq
Birao
Mdd. Nuba
Nîl Wen
Nîl Las
Gallabat
Ll. Tana
Gonder
Ādī Ārk'ay
Mdd. Simen
Ras Dashen 4620
Āksum
Ādwa
Ādigrat
Mek'ele
Koluli
Denakil
ETHIOPIA
Al Hudaydah (Hodeida)
SAN'A
YEMEN
Zabid
Dhamar
Ibb
Ta'izz
Al Mukha
Bab al Mandab
Aseb
Aden
A B C D E F
6 5 4 3 2 1
20° 25° 30° 35° 40°
35° 30° 25° 20° 15°
0 100 200 300 400 km

GRADDFA 1 : 12 000 000

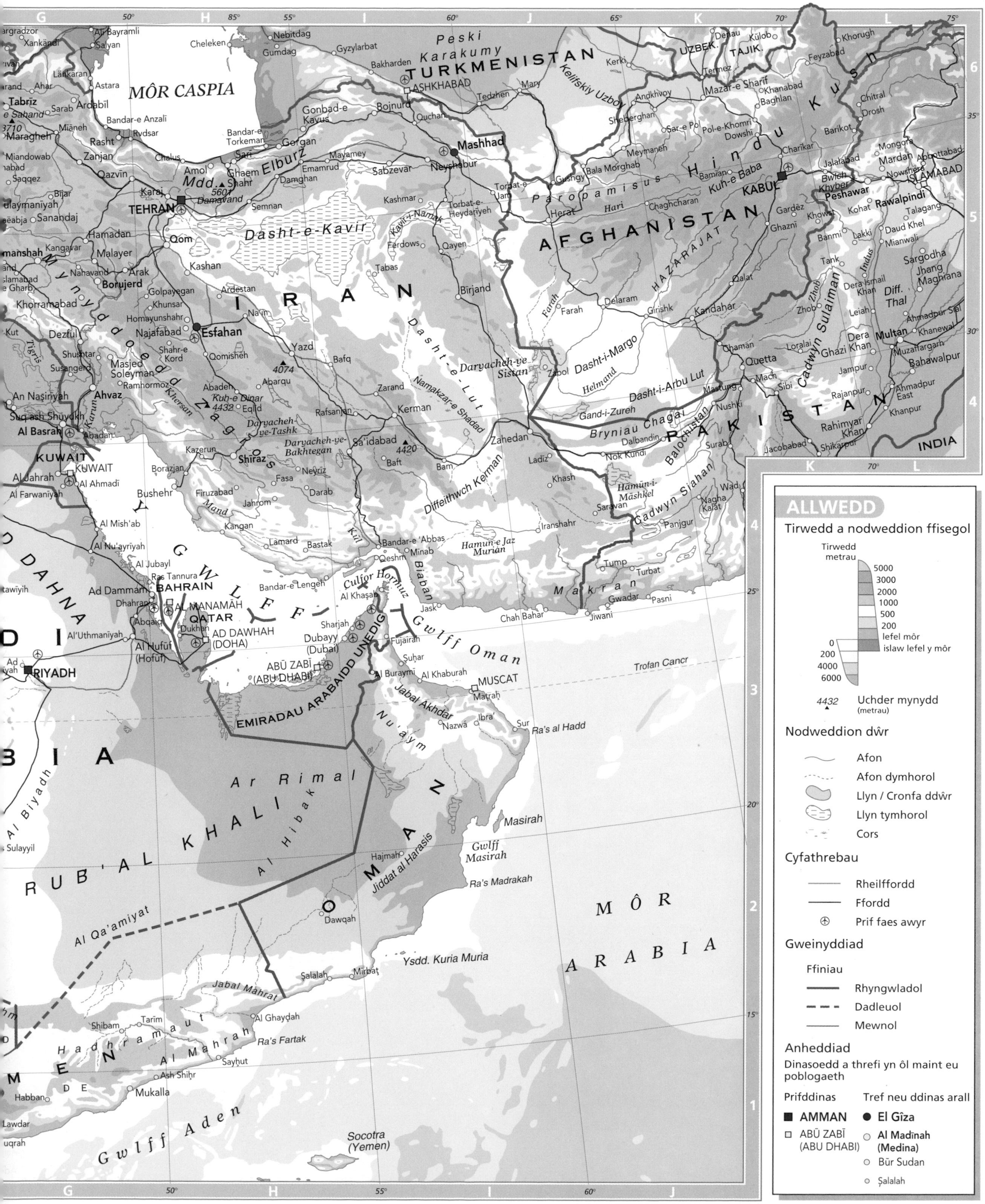
MÔR CASPIA
TURKMENISTAN
UZBEK.
TAJIK.
Peski Karakumy
ASHKHABAD
I R A N
AFGHANISTAN
PAKISTAN
INDIA
KUWAIT
BAHRAIN
QATAR
EMIRADAU ARABAIDD UNEDIG
O M A N
RUB' AL KHALI
Ar Rimal
Al Hibak
Al Qa'amiyat
Al Biyadh
D DAHNA
Y GWLFF
Gwlff Oman
Gwlff Masirah
Gwlff Aden
MÔR ARABIA
Culfor Hormuz
Mdd. Elburz
Mynyddoedd Zagros
Dasht-e-Kavir
Dasht-e-Lut
Dasht-i-Margo
Dasht-i-Arbu Lut
Diffeithwch Kerman
Hindu Kush
Paropamisus
Hazarajat
Cadwyn Sulaiman
Cadwyn Siahan
Bryniau Chagai
Balochistan
Makran
Jabal Akhdar
Jabal Mahrat
Hadhramaut
Al Mahrah
Jiddat al Harasis
Nu'aym
Ysdd. Kuria Muria
Socotra (Yemen)
Masirah
Ra's al Hadd
Ra's Madrakah
Ra's Fartak
Trofan Cancr
TEHRAN
Damavand 5601
KABUL
ISLAMABAD
RIYADH
AL MANAMĀH
AD DAWHAH (DOHA)
ABŪ ZABĪ (ABU DHABI)
MUSCAT
Mashhad
Esfahan
Tabrīz
Shiraz
Kerman
Yazd
Qom
Kashan
Hamadan
Zahedan
Herat
Kandahar
Quetta
Peshawar
Rawalpindi
Multan
Bahawalpur
Al Basrah
Ahvaz
Bandar-e 'Abbas
Dubayy (Dubai)
Sharjah
Salalah
Mukalla
Kuh-e Dinar 4432
4074
4420
Daryacheh-ye Sistan
Hamun-e Jaz Murian
ALLWEDD
Tirwedd a nodweddion ffisegol
Tirwedd metrau
5000
3000
2000
1000
500
200
lefel môr
0
200
4000
6000
islaw lefel y môr
4432 Uchder mynydd (metrau)
Nodweddion dŵr
Afon
Afon dymhorol
Llyn / Cronfa ddŵr
Llyn tymhorol
Cors
Cyfathrebau
Rheilffordd
Ffordd
Prif faes awyr
Gweinyddiad
Ffiniau
Rhyngwladol
Dadleuol
Mewnol
Anheddiad
Dinasoedd a threfi yn ôl maint eu poblogaeth
Prifddinas
Tref neu ddinas arall
AMMAN
El Gîza
ABŪ ZABĪ (ABU DHABI)
Al Madīnah (Medina)
Būr Sudan
Şalalah

PAKISTAN, INDIA a BANGLADESH

ALLWEDD

Tirwedd a nodweddion ffisegol

Tirwedd metrau: 5000, 3000, 2000, 1000, 500, 200, lefel môr, islaw lefel y môr; 0, 200, 4000, 6000

8848 ▲ Uchder mynydd (metrau)

Iâ parhaol

Nodweddion dŵr

- Afon
- Afon dymhorol
- Camlas
- Llyn / Cronfa ddŵr
- Llyn tymhorol
- Cors

Cyfathrebau

- Rheilffordd
- Ffordd
- Prif faes awyr

Gweinyddiad

Ffiniau

- Rhyngwladol
- Amhendant neu ddadleuol
- Mewnol

Anheddiad

Dinasoedd a threfi yn ôl maint eu poblogaeth

Prifddinas	Tref neu ddinas arall
DACCA	Mumbai (Bombay)
PHNOM PENH	Madurai
KATHMANDU	Jaffna
THIMBU	Farah

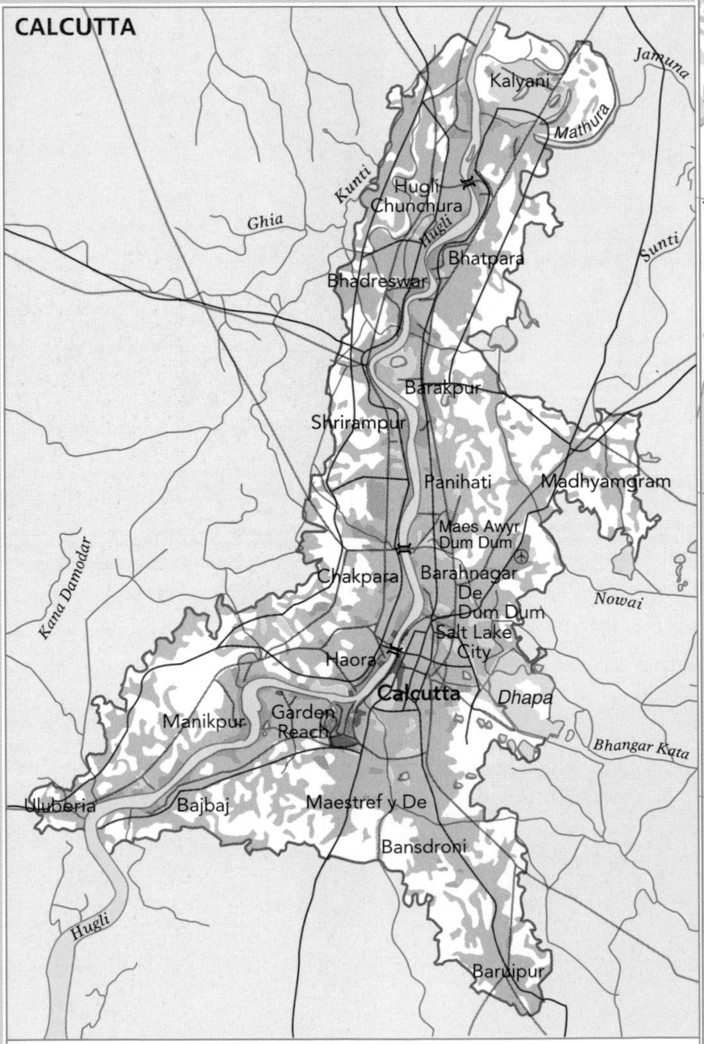

Preswyl	Man agored
Diwydiannol	Defnydd arall
Masnachol	Ffin y ddinas
Cludiant	

Ffordd; Rheilffordd; Pont; Maes awyr

GRADDFA 1:600 000 — 0, 5, 10, 15, 20km

GRADDFA 1 : 15 000 000 — 0, 200, 400, 600, 800 km

XINJIANG UYGUR ZIZHIQU
Hotan
KUNLUN SHAN
QINGHAI
Golmud
GANSU
Linxia
Tianshui
Baoji
Xi'an
SHAANXI
HENAN
Hanzhong
Xiangfan
HUBEI
Jingmen
Yichang
Shashi
CHINA
Guangyuan
Daxian
Nanchong
Enshi
Changde
HUNAN
Llwyfandir Tibet
Rutog
Gar
TIBET
(XIZANG ZIZHIQU)
Siling Co
Nam Co
Yushu
Qamdo
Nu
Mekong
Chang
Batang
Kangding
Chengdu
SICHUAN
Neijiang
Chongqing
Leshan
Zigong
Yibin
Shaoyang
Zunyi
Xichang
Zhaotong
GUIZHOU
Guiyang
Anshun
Duyun
Guilin
Dukou
Liupanshui
Hechi
Liuzhou
HIMALAYA
Dehra Dun
Lhasa
Yarlung Zangbo
Lhazê
Xigazê
Kangmar
Dêqên
ARUNACHAL PRADESH
NEPAL
Dhaulagiri 8167
Annapurna 8091
M. Everest 8848
Kangchenjunga 8586
KATHMANDU
BHUTAN
THIMBU
SIKKIM
Darjiling
Dibrugarh
Brahmaputra
NAGA
Bareilly
UTTAR PRADESH
Fatehgarh
Lucknow
Gorakhpur
Agra
Gwalior
Kanpur
Ghaghara
Yamuna
Ganga (Ganges)
Allahabad
Varanasi
Mirzapur
Patna
Darbhanga
Muzaffarpur
Munger
Bhagalpur
ASSAM
Tezpur
Nagaon
Guwahati
Shillong
MEGHALAYA
Saidpur
Rangpur
Dimapur
MANIPUR
Imphal
Chindwin
Bhamo
Katha
Dali
Chuxiong
Kunming
YUNNAN
Yuxi
Kaiyuan
Baoshan
Bose
GUANGXI
Nanning
Qinzhou
Beihai
Gejiu
Shuangjiang
Lao Cai
Pingxiang
Rewa
Gaya
BIHAR
Dhanbad
Asansol
BANGLADESH
Agartala
DACCA
TRIPURA
MIZORAM
Khulna
Sagar
Murwara
Ranchi
Jamshedpur
GN. BENGAL
Calcutta
Kharagpur
Chittagong
Jabalpur
MADHYA PRADESH
Bilaspur
Gondia
Raipur
Baleshwar
Sambalpur
Aberoedd Afon Ganga
Cox's Bazar
M. Victoria 3053
Sittwe
Monywa
Shwebo
Mandalay
Pakokku
Myingyan
MYANMAR
Meiktila
Magwe
Taung-gyi
Kengtung
Yunjinghong
VIET NAM
HA NÔI (HANOI)
Thai Nguyen
Hai Phong
Thai Binh
Nam Dinh
Son La
Phongsali
Louang Namtha
Thanh Hoa
Gwlff Tongking
Louangphrabang
LAOS
Vinh
Ha Tinh
Xiangkhoang
Dong Hoi
Quang Tri
Huê
Chiang Rai
Phayao
Nan
VIANGCHANG (VIENTIANE)
Mekong
Chiang-Mai
Lampang
Phrae
Udon Thani
Savannakhet
Nagpur
Chanda
Kanker
ORISSA
Cuttack
Bhubaneshwar
Puri
Brahmapur
INDIA
Jagdalpur
Koraput
Nizamabad
Warangal
Godavari
Vizianagaram
Vishakhapatnam
Secunderabad
Hyderabad
Rajahmundry
Kakinada
Eluru
Vijayawada
Guntur
Machilipatnam
Krishna
Kurnool
Ongole
Nellore
Cuddapah
Chittoor
Chennai (Madras)
Vellore
Kanchipuram
Pondicherry
Cuddalore
Kumbakonam
Tiruchchirappalli
Dindigul
Madurai
Culfor Palk
Jaffna
SRI LANKA
Trincomalee
Tuticorin
Batticaloa
Puttalam
Kurunegala
Kandy
Badulla
COLOMBO
2524
Galle
Matara
Arakan Yoma
Irrawaddy
Sandoway
Pyinmana
Salween
Toungoo
Pye
Shwegyin
Henzada
Pegu
Thaton
Martaban
Moulmein
Bassein
YANGON
Gwlff Martaban
Pyapon
Uttaradit
Tak
Phitsanulok
Khon Kaen
Ubon Ratchathani
Pakxe
Nakhon Sawan
GWLAD THAI
Surin
Chao Phraya
Sara Buri
Ayutthaya
Nakhon Ratchasima
KRUNG THEP (BANGKOK)
Nonthaburi
Nakhon Pathom
Chon Buri
Sisophon
CAMBODIA
Tônlé Sab
Krâchéh
Kâmpóng Cham
Batdâmbâng
Pouthisat
Rat Buri
Phet Buri
Chanthaburi
PHNOM PENH
Bae Bengal
Aberoedd Afon Irrawaddy
Ys. Preparis
Tavoy
Ynysoedd Andaman (India)
Port Blair
Andaman Fach
Ynysfor Mergui
Mergui
Tenasserim
Prachuap Khiri Khan
Gwlff Gwlad Thai
Sihanoukville
Kâmpôt
Long Xuyên
Rach Gia
Chumphon
Môr Andaman
Ranong
Pwynt Ca Mau
Sianel Ten Degree
Nakhon Si Thammarat
Krabi
Phatthalung
Songkhla
Ynysoedd Nicobar (India)
Phuket
Yala
Kota Bharu
Ban Hat Yai
Kuala Terengganu
Alur Setar
Butterworth
George Town
Dungun
Pinang
MALAYSIA
Taiping
Ipoh
Kuantan
Banda Aceh
INDONESIA
Langsa
KUALA LUMPUR
Medan
Sumatera
Tebingtinggi
Seremban
Melaka
Culfor Melaka
Pematangsiantar
Prapat
Muar
Simeuluë
Ll. Toba

1 DWYSEDD POBLOGAETH

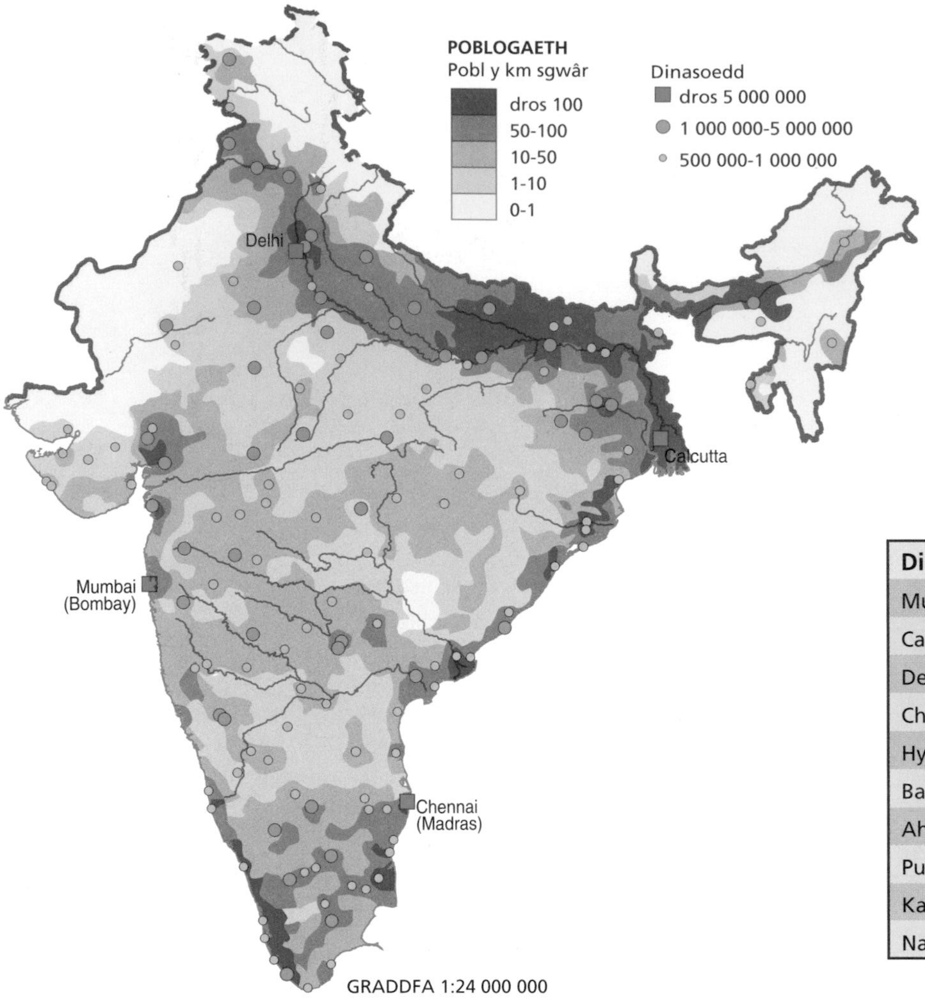

3 TWF POBLOGAETH

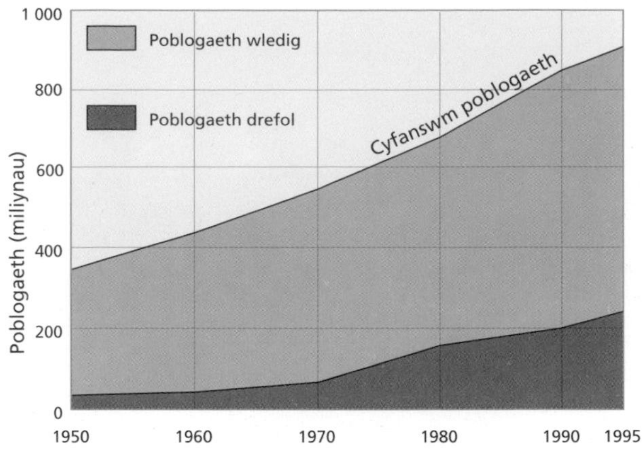

4 DINASOEDD MWYAF

Dinas	Cyfrifiad 1970	Cyfrifiad 1991	Cynnydd (%)
Mumbai (Bombay)	4 146 491	12 596 243	203
Calcutta	2 926 498	11 021 915	277
Delhi	914 790	8 419 084	810
Chennai (Madras)	1 725 216	5 421 985	214
Hyderabad	1 252 337	4 253 337	240
Bangalore	907 627	4 130 288	355
Ahmadabad	1 149 852	3 312 216	188
Pune	721 134	2 493 987	250
Kanpur	947 793	2 029 889	114
Nagpur	643 186	1 664 006	159

2 CYMHARIAETH RANBARTHOL

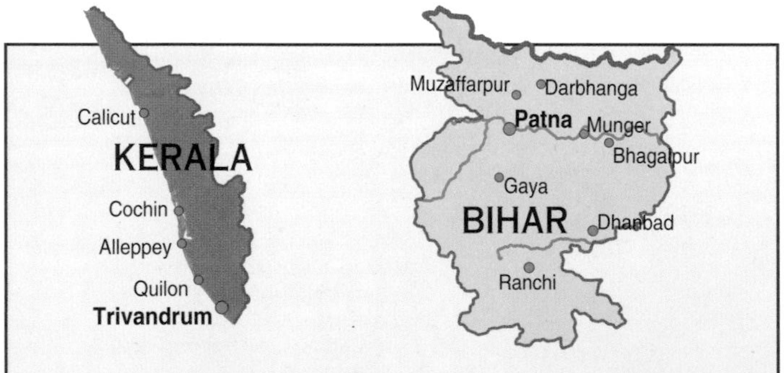

Kerala		Bihar
29 059 000	**Poblogaeth**	86 374 000
94%	**Llythrennedd: gwrywod**	52%
86%	**Llythrennedd: benywod**	23%
Am ddim tan 14 oed	**Addysg**	Am ddim tan 11 oed
Hindwiaid 51%	**Crefyddau**	Hindwiaid 67%
Cristnogion 18%		Moslemiaid 11%
Moslemiaid 18%		
Malayalam	**Ieithoedd**	Hindi
Tamileg		Wrdw
Canareg		Bengaleg

5 NEWID POBLOGAETH

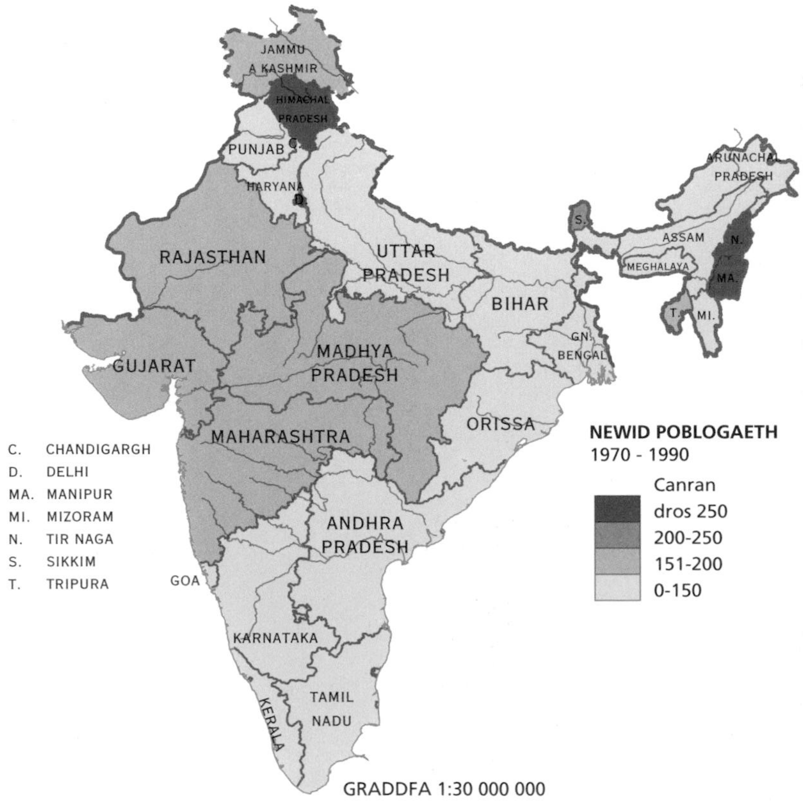

6 PORTHLADDOEDD

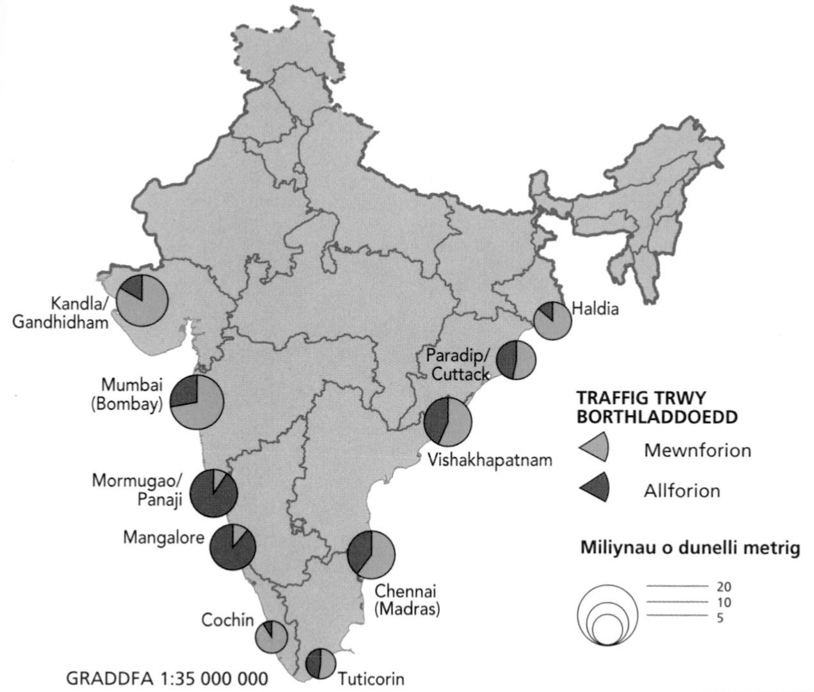

7 GWEITHGAREDD ECONOMAIDD

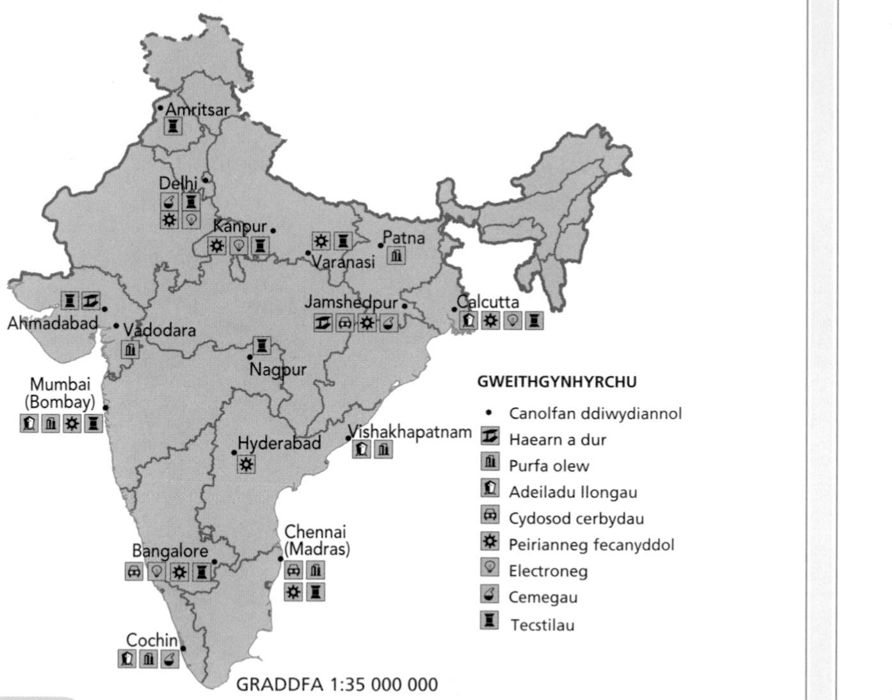

8 MASNACH

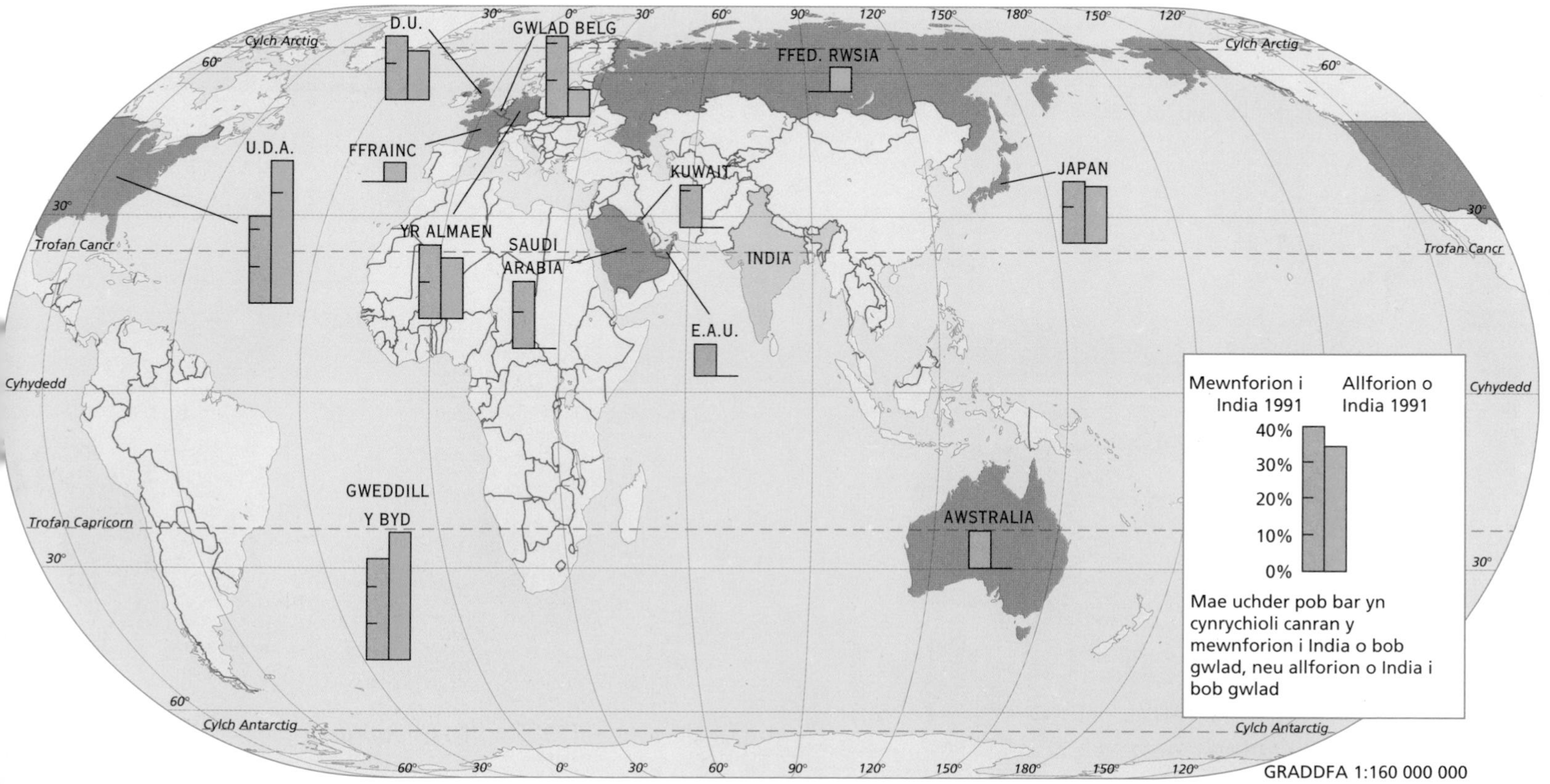

Allforion 1960
Cyfanswm: $ U.D.A. 4 miliwn

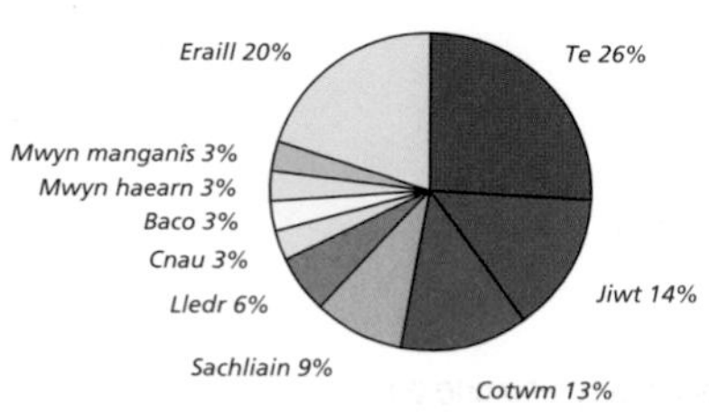

Allforion 1991
Cyfanswm $ U.D.A. 14 118 miliwn

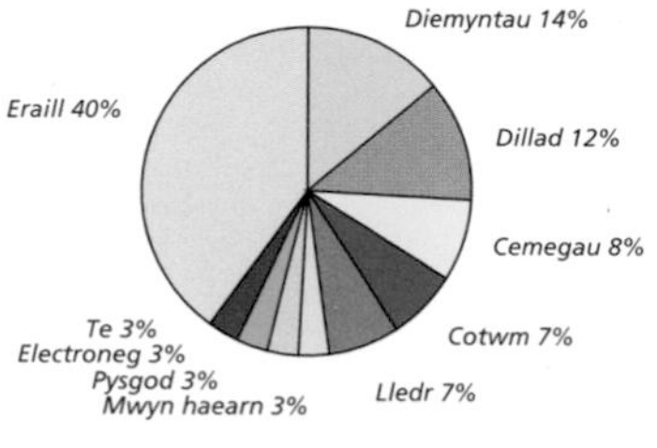

Mewnforion 1991
Cyfanswm $ U.D.A. 15 349 miliwn

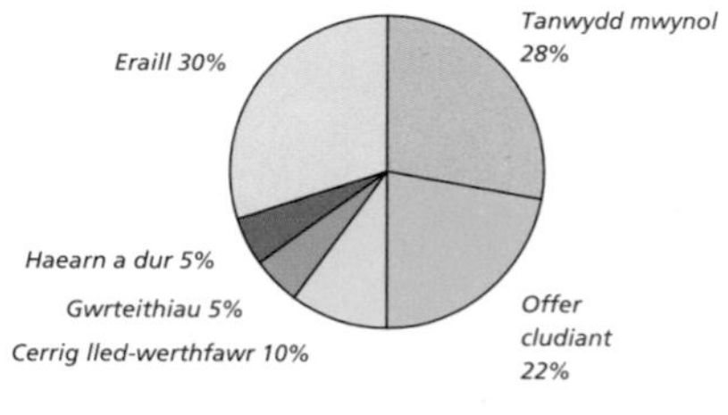

1 DWYSEDD POBLOGAETH

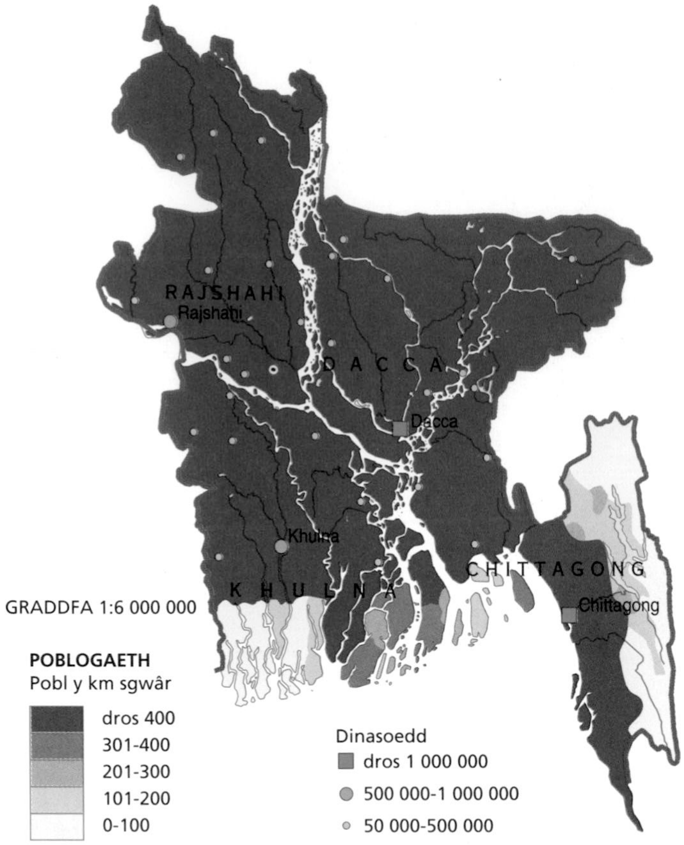

Coedwig
Mae coedwigoedd dwys o'r enw Sundarbans ar hyd arfordir de-orllewin Bangladesh. Fforest goediog ar yr ucheldiroedd ar hyd y ffin â Myanmar yw'r ardal yr un lliw gwyrdd ar ochr dde'r llun lloeren.

Dŵr llawn silt
Yr ardal goch/brown ar y llun lloeren yw'r dŵr llawn silt yn aber Afon Gan (Ganges). Caiff silt ei gludo gan Afonydd Ganga a Brahmaputra a'i ddyddo dros y delta sydd yn raddol ehangu allan i Fae Bengal.

Tir âr
Mae'r silt a gafodd ei ddyddodi ar wastadeddau'r delta yn creu tir hynod o ffrwythlon. Mae'r tir hwn yn addas iawn ar gyfer tyfu reis, yn arbennig y mathau arnofiol sy'n gallu ymdopi â llifogydd tymhorol.

Afonydd
Mae gan Bangladesh ddwy brif afon, Ganga (Ganges) a Brahmaputra neu Jamuna. Mae eu llednentydd yn troelli ar draws y wlad.

Cronfa ddŵr
Mae gan Bangladesh nifer o lynnoedd naturiol bychain. Yn ychwanegol at y rhain mae cronfa ddŵr fawr yn y bryniau ger Chittagong, sef Cronfa Ddŵr Karnafuli.

2 DINASOEDD MWYAF

Dinas	Cyfrifiad 1974	Cyfrifiad 1991	Cynnydd(%)
Dacca	1 310 972	6 105 160	366
Chittagong	416 733	2 040 663	390
Khulna	436 000	877 388	101
Rajshahi	132 909	517 136	289

3 GWEITHGAREDD ECONOMAIDD

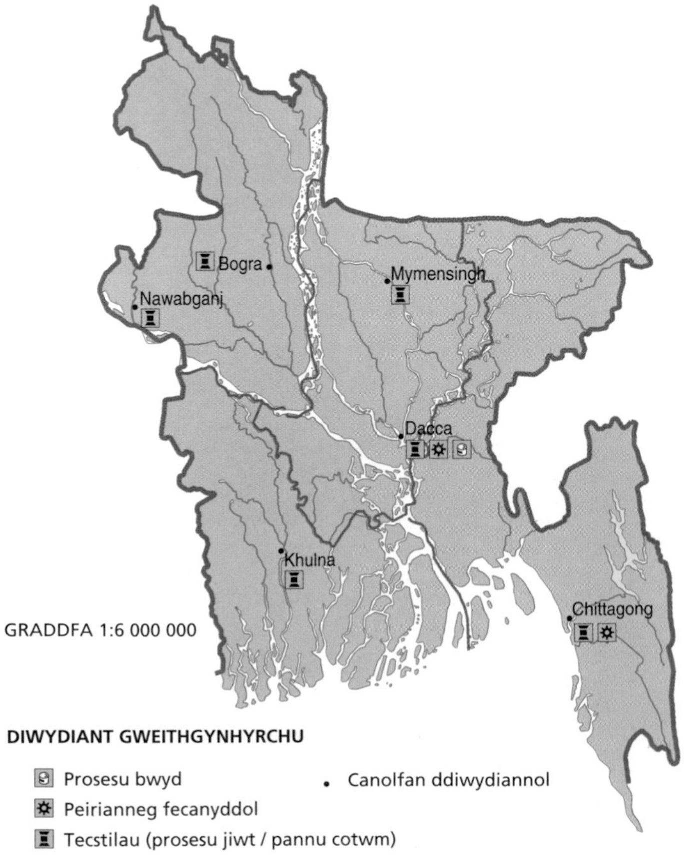

4 MASNACH

PARTNERIAID 1993

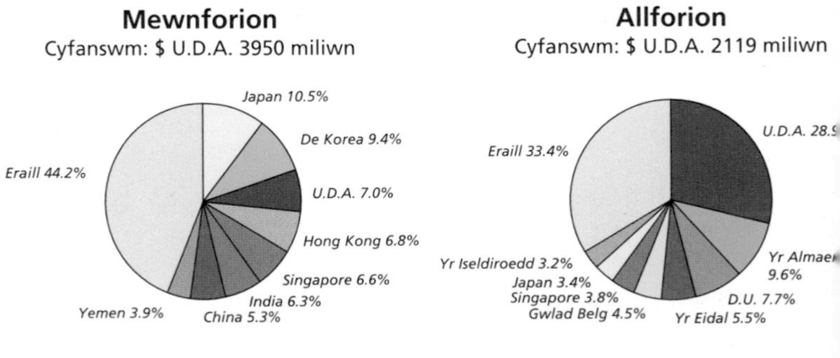

CYNHYRCHION 1993

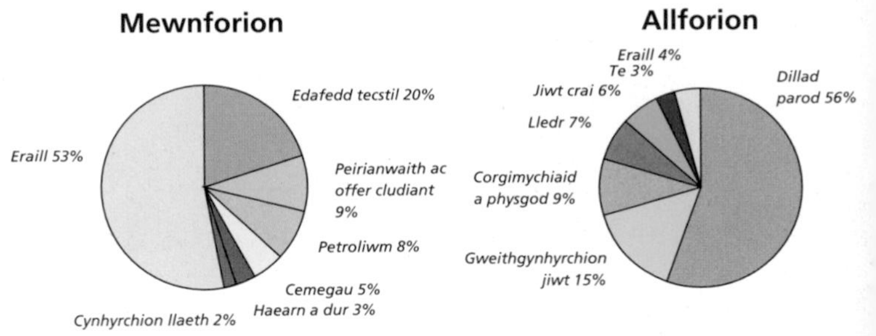

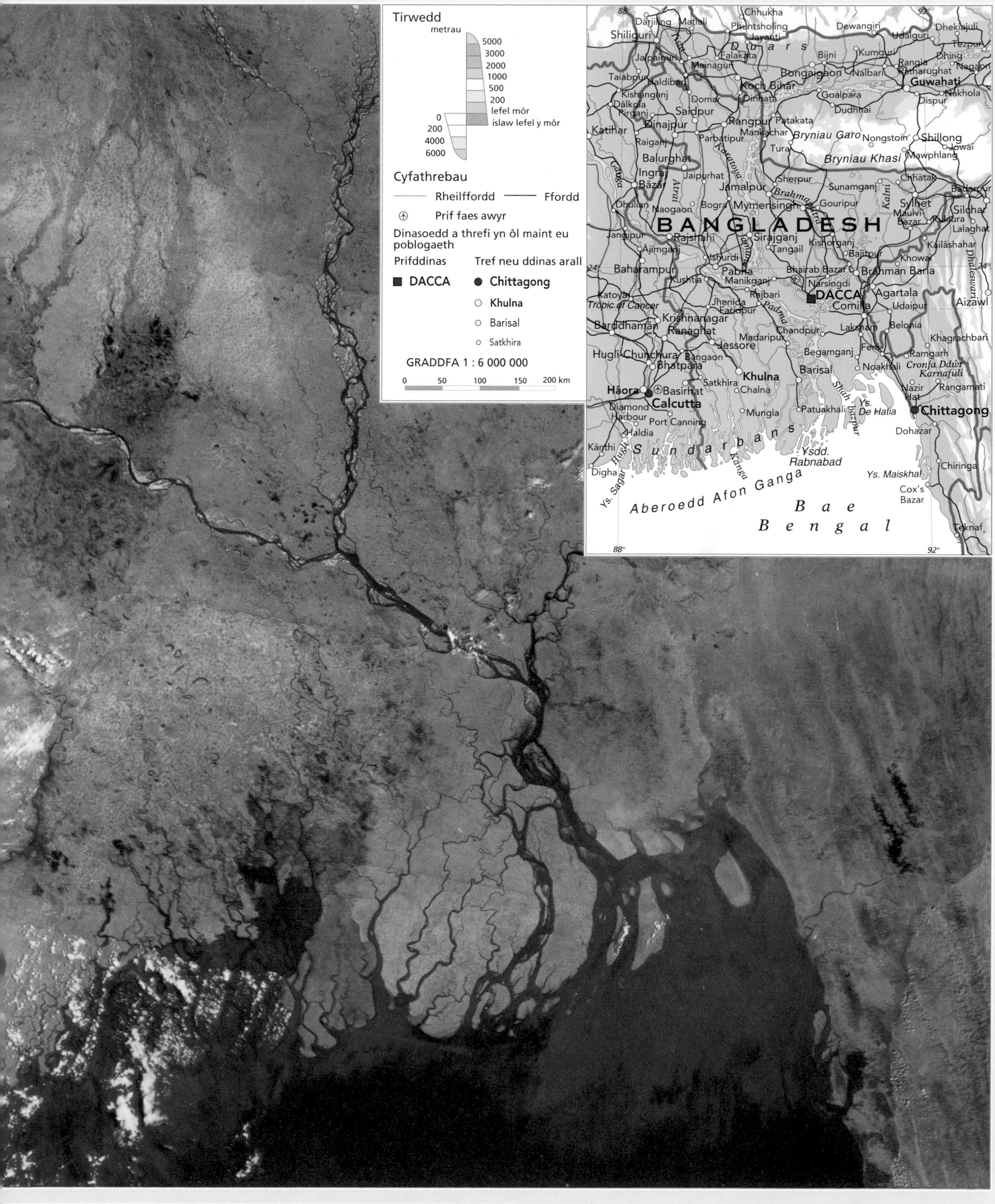
Tirwedd
metrau
5000
3000
2000
1000
500
200
lefel môr
islaw lefel y môr
0
200
4000
6000
Cyfathrebau
Rheilffordd
Ffordd
Prif faes awyr
Dinasoedd a threfi yn ôl maint eu poblogaeth
Prifddinas
Tref neu ddinas arall
DACCA
Chittagong
Khulna
Barisal
Satkhira
GRADDFA 1 : 6 000 000
0 50 100 150 200 km
88°
92°
24°
Chhukha
Darjiling
Matiali
Phuntsholing
Jayanti
Shiliguri
Dewangiri
Udalguri
Dhekiajuli
Tezpur
Dhing
Nagaon
D u a r s
Jalpaiguri
Falakata
Bijni
Kumguri
Rangia
Patharughat
Guwahati
Nakhola
Dispur
Taiabpur
Mainaguri
Bongaigaon
Nalbari
Haldibari
Koch Bihar
Goalpara
Kishanganj
Dalkola
Pirganj
Doma
Dinhata
Dudhnai
Saidpur
Dinajpur
Rangpur
Patakata
Katihar
Parbatipur
Mankachar
Bryniau Garo
Nongstoin
Shillong
Jowai
Raiganj
Tura
Bryniau Khasi
Mawphlang
Balurghat
Ingraj Bazar
Jaipurhat
Sherpur
Chhatak
Jamalpur
Sunamganj
Badarpur
Dhulian
Naogaon
Bogra
Mymensingh
Gouripur
Sylhet
Silchar
Maulvi Bazar
Kulaura
Lalaghat
BANGLADESH
Jangipur
Rajshahi
Sirajganj
Tangail
Kishorganj
Kailashahar
Ajimganj
Ishurdi
Bajitpur
Khowai
Baharampur
Pabna
Bhairab Bazar
Brahman Baria
Kushtia
Manikganj
Narsingdi
Katoya
DACCA
Agartala
Aizawl
Tropic of Cancer
Rajbari
Jhenida
Faridpur
Comilla
Udaipur
Krishnanagar
Padma
Barddhaman
Ranaghat
Chandpur
Laksham
Belonia
Khagrachbari
Madaripur
Jessore
Hugli-Chunchura
Bangaon
Begamganj
Feni
Ramgarh
Bhatpara
Cronfa Ddŵr Karnafuli
Barisal
Noakhali
Satkhira
Khulna
Nazir Hat
Rangamati
Hāora
Basirhat
Chalna
Calcutta
Ys. De Hatia
Chittagong
Diamond Harbour
Port Canning
Mungla
Patuakhali
Haldia
Dohazar
Kānthi
S u n d a r b a n s
Ysdd. Rabnabad
Digha
Chiringa
Ys. Sagar
Ys. Maiskhal
Aberoedd Afon Ganga
Cox's Bazar
B a e
B e n g a l
Teknaf

ALLWEDD
Tirwedd a nodweddion ffisegol
Tirwedd metrau
5000
3000
2000
1000
500
200
lefel môr
islaw lefel y môr
0
200
4000
6000
8848
Uchder mynydd (metrau)
Iâ parhaol
Nodweddion dŵr
Afon
Afon dymhorol
Camlas
Llyn / Cronfa ddŵr
Llyn tymhorol
Cors
Cyfathrebau
Rheilffordd
Ffordd
Prif faes awyr
Gweinyddiad
Ffiniau
Rhyngwladol
Dadleuol
Mewnol
Anheddiad
Dinasoedd a threfi yn ôl maint eu poblogaeth
Prifddinas
Tref neu ddinas arall
BEIJING
Dalian
BISHKEK
Datong
KATHMANDU
Guilin
THIMBU
Anxi
KAZAKSTAN
KYRGYZSTAN
TAJIKISTAN
AFGHANISTAN
PAKISTAN
INDIA
NEPAL
BHUTAN
BANGLADESH
MYANMA
XINJIANG UYGUR ZIZHIQU
Basn Tarim
Taklimakan Shamo
KUNLUN SHAN
Altun Shan
TIAN SHAN
Basn Junggar
Llwyfandir Tibet
TIBET (XIZANG ZIZHIQU)
HIMALAYA
Cn. Karakoram
Pamir
JAMMU A KASHMIR
Llyn Balkhash
Llyn Zaysan
Mynyddoedd Altai
M. Belukha 4506
K2 8611
M. Everest 8848
Dhaulagiri 8172
Annapurna 8078
ASTANA
BISHKEK
TASHKENT
DUSHANBE
ISLAMABAD
NEW DELHI
KATHMANDU
THIMBU
DACCA
Almaty
Karaganda
Semipalatinsk
Ürümqi
Lhasa
Delhi
Mumbai (Bombay)
Calcutta
Karachi
Lahore
Bae Bengal
Gwlff Kachchh
Gwlff Khambhat
Trofan Cancr
Aberoedd Afon Ganga
GRADDFA 1 : 15 000 000
0
200
400
600
800 km

RWSIA
Llyn Baikal
Zima
Kachug
Usol'ye-Sibirskoye
Irkutsk
Angarsk
Slyudyanka
Khorinsk
Ulan-Ude
Chita
Karymskoye
Sretensk
Argun
Borzya
Krasnokamensk
Hövsgöl Nuur
Kyakhta
Mörön
Darhan
Manzhouli
Hailar
Hulun Nur
Buir Nur
Choybalsan
Bulgan
ULAN BATOR
Tsetserleg
Baruun Urt
MONGOLIA
Bayanhongor
Mandalgovĭ
Saynshand
GOBI
Da Hinggan Ling
LLWYFANDIR MONGOLIA
Svobodnyy
Blagoveshchensk
El'ban
Sovetskaya Gavan'
Birobidzhan
Khabarovsk
Kholmsk
Cadwyn Sikhote-Alin
Amur
Nenjiang
Bei'an
Yichun
Hegang
HEILONGJIANG
Jiamusi
Shuangyashan
Qiqihar
Daqing
Harbin
Jixi
Llyn Khanka
Mudanjiang
Baicheng
Tao'an
Ussuriysk
Vladivostok
Nakhodka
Changchun
Jilin
JILIN
Yanji
Tongliao
Siping
Liaoyuan
Hunjiang
Chongjin
Fushun
Fuxin
Chifeng
Shenyang
LIAONING
Tonghua
Kimchaek
Benxi
GOGLEDD KOREA
Jinzhou
Anshan
Dandong
Yingkou
Chengde
Hamhŭng
Môr Japan
Jining
Zhangjiakou
Hohhot
Qinhuangdao
P'YŎNGYANG
Wŏnsan
Nampo
Chunchŏn
BEIJING
Tangshan
Dalian
Bae Korea
Haeju
Kaesŏng
SŎUL
Wonju
Inch'ŏn
Oki-shotō
Tottori
Honshu
Baotou
Hanggin Houqi
Huang
Datong
HEBEI
Tianjin
Gwlff Chihli
Wuhai
Shizuishan
Yinchuan
Baoding
Shijiazhuang
Yantai
Weihai
Taejŏn
DE KOREA
Ch'ŏnju
Taegu
Okayama
Kobe
Osaka
Taiyuan
Yangquan
Dezhou
Gorynys Shandong
Masan
Pusan
Kwangju
Tsushima
Hiroshima
Matsuyama
Kochi
Shikoku
Wuwei
NINGXIA
Jinan
Zibo
Weifang
Qingdao
Xingtai
Handan
SHANDONG
Xintai
Anyang
Y Môr Melyn
Kitakyūshū
Fukuoka
Sasebo
Kumamoto
JAPAN
Culfor Korea
SHANXI
Changzhi
Linfen
Jining
Xining
Lanzhou
Linxia
Xinxiang
Zaozhuang
Lianyungang
Cheju do
Nagasaki
Kyūshū
Miyazaki
Kagoshima
Kaifeng
Shangqiu
Xuzhou
Huaibei
Qingjiang
Tianshui
Baoji
Weinan
Luoyang
Zhengzhou
HENAN
Suzhou
JIANGSU
Xi'an
Pingdingshan
Bengbu
Nantong
SHAANXI
Hanzhong
Huainan
Nanjing
Changzhou
MÔR DWYRAIN CHINA
Hefei
Wuxi
Suzhou
Shanghai
CHINA
ANHUI
Guangyuan
Xiangfan
Suizhou
Wuhu
Tongling
Huzhou
Hangzhou
HUBEI
Jingmen
Daxian
SICHUAN
Wuhan
Chang
Shaoxing
Ningbo
ZHEJIANG
Yichang
Huangshi
Nanchong
Shashi
Jiujiang
Jingdezhen
Jinhua
Chengdu
Enshi
Kangding
Neijiang
Yueyang
Poyang Hu
Nanchang
Quzhou
Ynysoedd Ryūkyū
Okinawa
Naha
Leshan
Chongqing
Changde
Dongting Hu
Wenzhou
Gongga Shan 7514
Yibin
Zigong
HUNAN
Changsha
Zhuzhou
Xiangtan
JIANGXI
Fuzhou
Pingxiang
Ji'an
Xichang
Zunyi
Shaoyang
Hengyang
Nanping
Ysdd. Matsu
Zhaotong
GUIZHOU
Guiyang
FUJIAN
Sanming
Fuzhou
Jilong
TAIBEI
Dukou
Liupanshui
Anshun
Duyun
Chenzhou
Zhangping
Xinzhu
Taizhong
Ganzhou
Quanzhou
Culfor Taiwan
Dali
Guilin
Nan Ling
Xiamen
TAIWAN
Y CEFNFOR TAWEL
Chuxiong
Kunming
Hechi
Shaoguan
Meizhou
Jiayi
YUNNAN
Liuzhou
Tainan
Taidong
Yuxi
Bose
GUANGXI
Wuzhou
GUANGDONG
Guangzhou
Gaoxiong
Kaiyuan
Xi
Zhaoqing
Huizhou
Shenzhen
Shuangjiang
Gejiu
Nanning
Yulin
Foshan
Kowloon
HONG KONG
Macau
Ynysoedd Batan
Lao Cai
VIET NAM
Pingxiang
Qinzhou
Zhanjiang
Culfor Luzon
Phongsali
Son La
Thai Nguyen
Beihai
Ynysoedd Babuyan
HA NÔI (HANOI)
Hai Phong
Gorynys Leizhou
PILIPINAS
Louang Namtha
Nam Dinh
Thai Binh
Haikou
Laoag
Aparri
Tuguegarao
LAOS
Chiang Rai
Louangphrabang
Thanh Hoa
Dongfang
HAINAN
Qionghai

Tafluniad Conig

CHINA
CHINA
GUANGDONG
GUANGXI
INDIA
BANGLADESH
MYANMAR
LAOS
VIETNAM
GWLAD THAI
CAMBODIA
MALAYSIA
MALAYSIA ORYNYSOL
MALAYA
SINGAPORE
BRUNEI
SABAH
SARAWAK
TAIWAN
BORNEO
Kalimantan
SUMATERA
JAWA (JAVA)
INDONE
HAINAN
Chittagong
Monywa
Shwebo
Mandalay
Pakokku
Myingyan
Victoria
3053
Meiktila
Taung-gyi
Magwe
Sittwe
Arakan Yoma
Irrawaddy
Salween
Pyinmana
Sandoway
Pyè
Toungoo
Shwegyin
Henzada
Pegu
Bassein
Thaton
YANGON
Martaban
Pyapon
Moulmein
Gwlff Martaban
Aberoedd Afon Irrawaddy
Bae Bengal
Ys. Preparis
Tavoy
Ynysoedd Andaman (India)
Port Blair
Andaman Fach
Ynysfor Mergui
Mergui
Tenasserim
Mergui
Môr Andaman
Sianel Ten Degree
Car Nicobar
Ynysoedd Nicobar (India)
Great Nicobar
Yunjinghong
Phôngsali
Kengtung
Louang Namtha
Chiang Rai
Louangphrabang
Chiang Mai
Phayao
Xiangkhoang
Nan
Phrae
Lampang
Uttaradit
Mekong
VIANGCHANG (VIENTIANE)
Udon Thani
Tak
Phitsanulok
Khon Kaen
Nakhon Sawan
Ubon Ratchathani
Pakxé
Chao Phraya
Sara Buri
Ayutthaya
Nakhon Ratchasima
Surin
Nonthaburi
KRUNG THEP (BANGKOK)
Rat Buri
Phet Buri
Chon Buri
Sisophon
Batdâmbâng
Tônlé Sab
Chanthaburi
Pouthisat
Krâcheh
Kâmpong Cham
Prachuap Khiri Khan
PHNOM PENH
Tây Ninh
Gwlff Gwlad Thai
Sihanoukville
Kâmpôt
Long Xuyên
Rach Gia
My Tho
Hô Chi Minh
Vung Tau
Chumphon
Ranong
Cân Tho
Bac Liêu
Aberoedd A. Mekong
Con Son
Pwynt Ca Mau
Nakhon Si Thammarat
Krabi
Phuket
Phatthalung
Songkhla
Ban Hat Yai
Yala
Kota Bharu
Alur Setar
George Town
Pinang
Butterworth
Kuala Terengganu
Dungun
Taiping
Ipoh
Kuantan
KUALA LUMPUR
Seremban
Melaka
Keluang
Muar
Culfor Melaka
Johor Bahru
SINGAPORE
Ysdd. Tambelan
Ysr. Riau
Natuna Besar
Ysdd. Anambas
Ysdd. Natuna
Lao Cai
Cao Bang
Pingxiang
Nanning
Yulin
Macau
Hong Kong
Gaoxiong
Thai Nguyên
Son La
HA NÔI (HANOI)
Hai Phong
Thai Binh
Nam Dinh
Qinzhou
Beihai
Zhanjiang
Gorynys Leizhou
Xuwen
Haikou
Qionghai
Dongfang
Gwlff Tongking
Thanh Hoa
Vinh
Ha Tinh
Dong Hoi
Quang Tri
Savannakhét
Huê
Da Nang
Quang Ngai
Qui Nhon
Buôn Ma Thuôt
Nha Trang
Cam Ranh
Da Lat
Phan Thiêt
Ysdd. Paracel
MÔR DE CHINA
Ysdd. Spratly
Laoag
San Fernando
Baguio
Dagupan
Cabanatuan
Lungsod ng Quezon
Olongapo
MANILA
San Pablo
Batangas
Mindoro
Grŵp Calamian
Taytay
Palawan
Puerto Princesa
Brooke's Point
Môr Sulu
Culfor Balabac
Kota Kinabalu
M. Kinabalu
4094
Sandakan
Lahad Datu
Tawau
Tarakan
BANDAR SERI BEGAWAN
Miri
Seria
Bintulu
Igan
Sibu
Kuching
Debak
Simanggang
Sambas
Singkawang
Cn. Iran
2988
Tanjungredeb
Sangkulirang
Pontianak
Samarinda
Balikpapan
Culfor Makassar
Sukadana
Cn. Schwaner
Mendawai
Ketapang
Kendawangan
Sampit
Pangkalanbuun
Amuntai
Banjarmasin
Laut
P. Puting
P. Selatan
Culfor Karimata
Bangka
Pangkalpinang
Tanjungpandan
Belitung
Toboali
Mamuju
3074
Bt Gandadiwata
Majene
Parepare
Watampone
Ujung Pandang
2871
Bontosunggu
Bulukumba
Salayar
Palu
Sulawesi
Banda Aceh
Lhokseumawe
Langsa
M. Leuser
3145
Medan
Tebingtinggi
Ll. Toba
Prapat
Balige
Sibolga
Rantauprapat
Simeuluë
Nias
Ysdd. Batu
Bukittinggi
Padangpanjang
Padang
Siberut
Muarabungo
3805
M. Kerinci
Jambi
Sungaipenuh
Sipura
Ys. Utara
Ys. Selatan
Ysdd. Mentawai
Cadwyn Barisan
Mentok
Palembang
Lubuklinggau
Prabumulih
Dempo
3159
Lahat
Bengkulu
Martapura
Kotabumi
Enggano
Tanjungkarang Telukbetung
Cf. Sunda
JAKARTA
Serang
Bogor
Bandung
Sukabumi
Cirebon
Tasikmalaya
Cilacap
Pekalongan
3428
Slamet
Semarang
Tuban
Madura
Ysdd. Kangean
Bawean
Surabaya
Surakarta
Yogyakarta
Malang
3676
Probolinggo
Singaraja
Jember
Bali
Denpasar
Môr Bali
Lombok
3726
Mataram
Raba
Ruteng
Sumbawa
Waingapu
Sumba
Môr Jawa
MÔR F
CEFNFOR INDIA
Ys. Christmas (Awst.)
95°
100°
105°
110°
115°
120°
20°
15°
10°
5°
0°
5°
10°
A
B
C
D
E
F
8
7
6
5
4
3
2
1

0 200 400 600 800 km

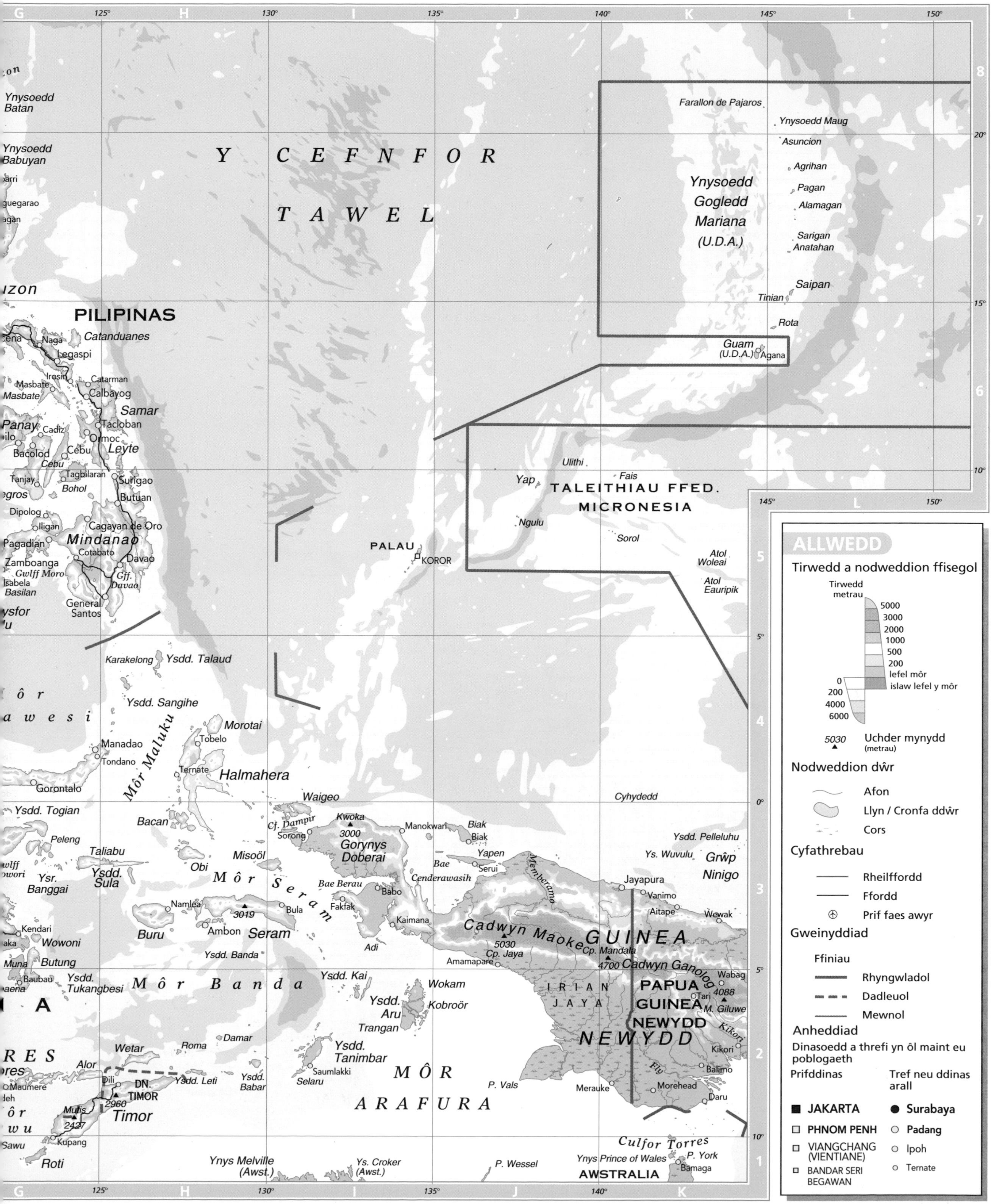
Y CEFNFOR TAWEL
PILIPINAS
Ynysoedd Gogledd Mariana (U.D.A.)
Farallon de Pajaros
Ynysoedd Maug
Asuncion
Agrihan
Pagan
Alamagan
Sarigan
Anatahan
Saipan
Tinian
Rota
Guam (U.D.A.)
Agana
TALEITHIAU FFED. MICRONESIA
Ulithi
Yap
Fais
Ngulu
Sorol
Atol Woleai
Atol Eauripik
PALAU
KOROR
Ynysoedd Batan
Ynysoedd Babuyan
Catanduanes
Naga
Legaspi
Masbate
Catarman
Calbayog
Samar
Panay
Tacloban
Cebu
Leyte
Bacolod
Tagbilaran
Bohol
Surigao
Butuan
Dipolog
Iligan
Cagayan de Oro
Mindanao
Pagadian
Cotabato
Davao
Zamboanga
Gwlff Moro
Gff. Davao
Isabela
Basilan
General Santos
Karakelong
Ysdd. Talaud
Ysdd. Sangihe
Morotai
Tobelo
Môr Maluku
Manadao
Tondano
Ternate
Halmahera
Gorontalo
Ysdd. Togian
Waigeo
Bacan
Cf. Dampir
Sorong
Kwoka 3000
Gorynys Doberai
Manokwari
Biak
Yapen
Serui
Bae Cenderawasih
Peleng
Taliabu
Ysdd. Sula
Misoöl
Obi
Môr Seram
Bae Berau
Babo
Fakfak
Kaimana
Namlea
3019
Bula
Buru
Ambon
Seram
Ysdd. Banda
Adi
Kendari
Wowoni
Muna
Butung
Baubau
Ysdd. Tukangbesi
Môr Banda
Ysdd. Kai
Wokam
Ysdd. Aru
Kobroör
Trangan
Damar
Wetar
Roma
Alor
Ysdd. Leti
Ysdd. Babar
Ysdd. Tanimbar
Saumlakki
Selaru
Dili
DN. TIMOR
2960
Timor
Maumere
Mutis 2427
Kupang
Sawu
Roti
MÔR ARAFURA
Ynys Melville (Awst.)
Ys. Croker (Awst.)
P. Wessel
P. Vals
Ynys Prince of Wales
P. York
Bamaga
Culfor Torres
AWSTRALIA
Cyhydedd
Ysdd. Pelleluhu
Ys. Wuvulu
Grŵp Ninigo
Jayapura
Vanimo
Aitape
Wewak
Mamberamo
Cadwyn Maoke
5030 Cp. Jaya
Amamapare
GUINEA NEWYDD
Cp. Mandala 4700
Cadwyn Ganolog
IRIAN JAYA
PAPUA GUINEA NEWYDD
Wabag
Tari
4088 M. Giluwe
Kikori
Fly
Balimo
Merauke
Morehead
Daru
ALLWEDD
Tirwedd a nodweddion ffisegol
Tirwedd metrau
5000
3000
2000
1000
500
200
lefel môr
0
islaw lefel y môr
200
4000
6000
5030 Uchder mynydd (metrau)
Nodweddion dŵr
Afon
Llyn / Cronfa ddŵr
Cors
Cyfathrebau
Rheilffordd
Ffordd
Prif faes awyr
Gweinyddiad
Ffiniau
Rhyngwladol
Dadleuol
Mewnol
Anheddiad
Dinasoedd a threfi yn ôl maint eu poblogaeth
Prifddinas
Tref neu ddinas arall
JAKARTA
Surabaya
PHNOM PENH
Padang
VIANGCHANG (VIENTIANE)
Ipoh
BANDAR SERI BEGAWAN
Ternate

Tafluniad Mercator

GRADDFA 1 : 7 500 000
0 100 200 300 400 km

Tafluniad Conig Arwynebedd-hafal Albers

1 DWYSEDD POBLOGAETH

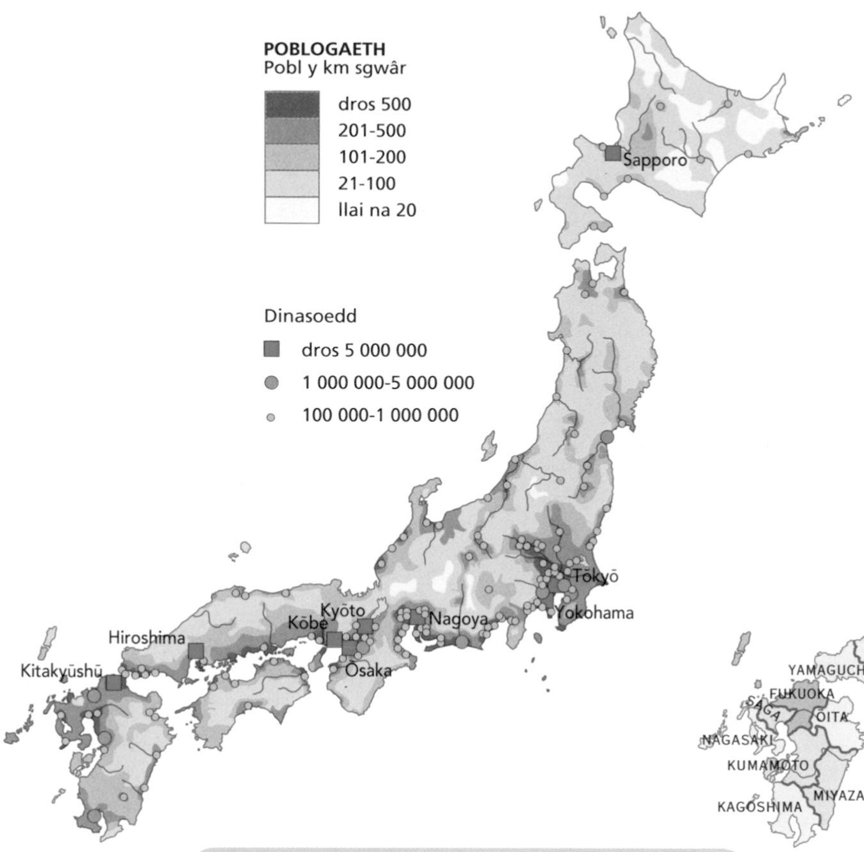

3 TWF POBLOGAETH

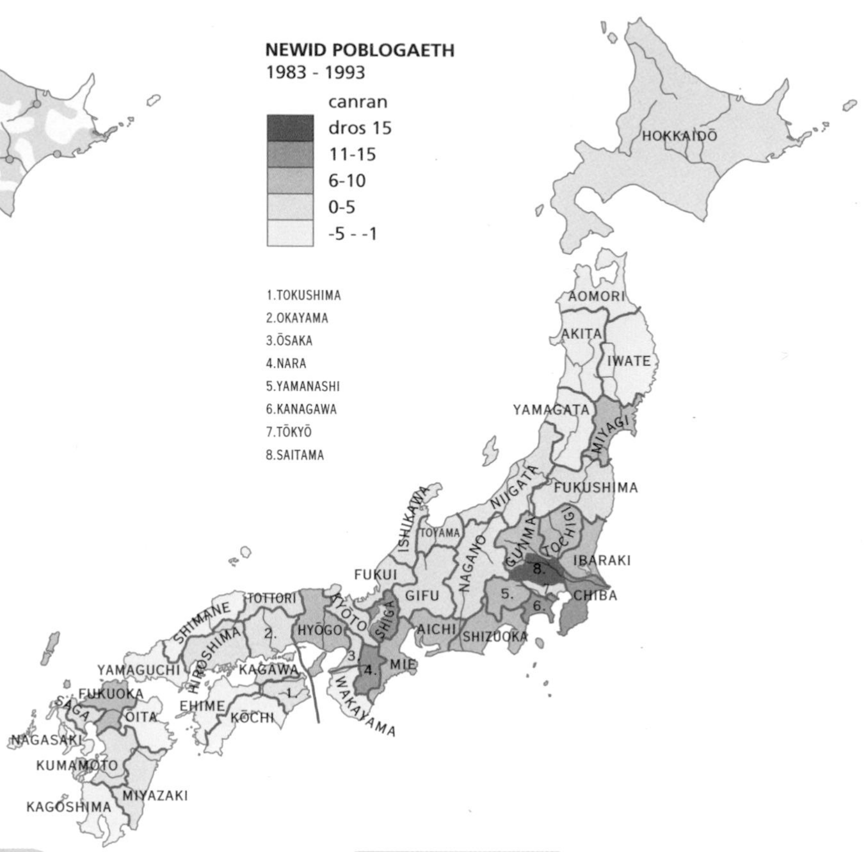

2 GWEITHGAREDD ECONOMAIDD

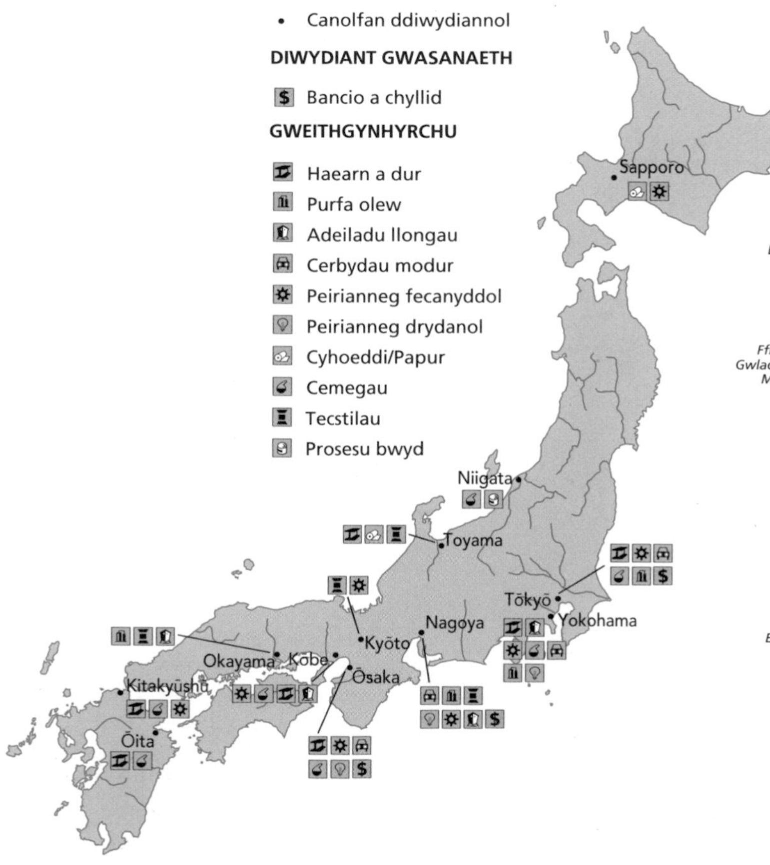

4 MASNACH

PARTNERIAID 1993

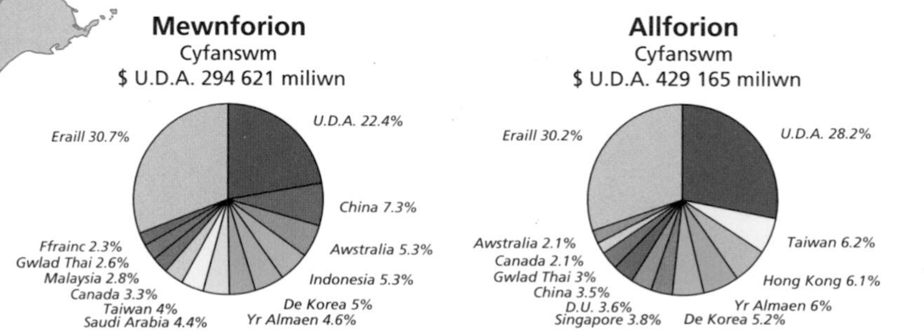

CYNHYRCHION 1993

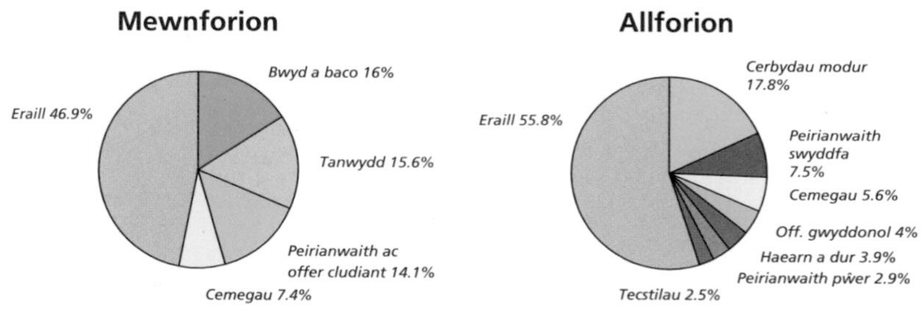

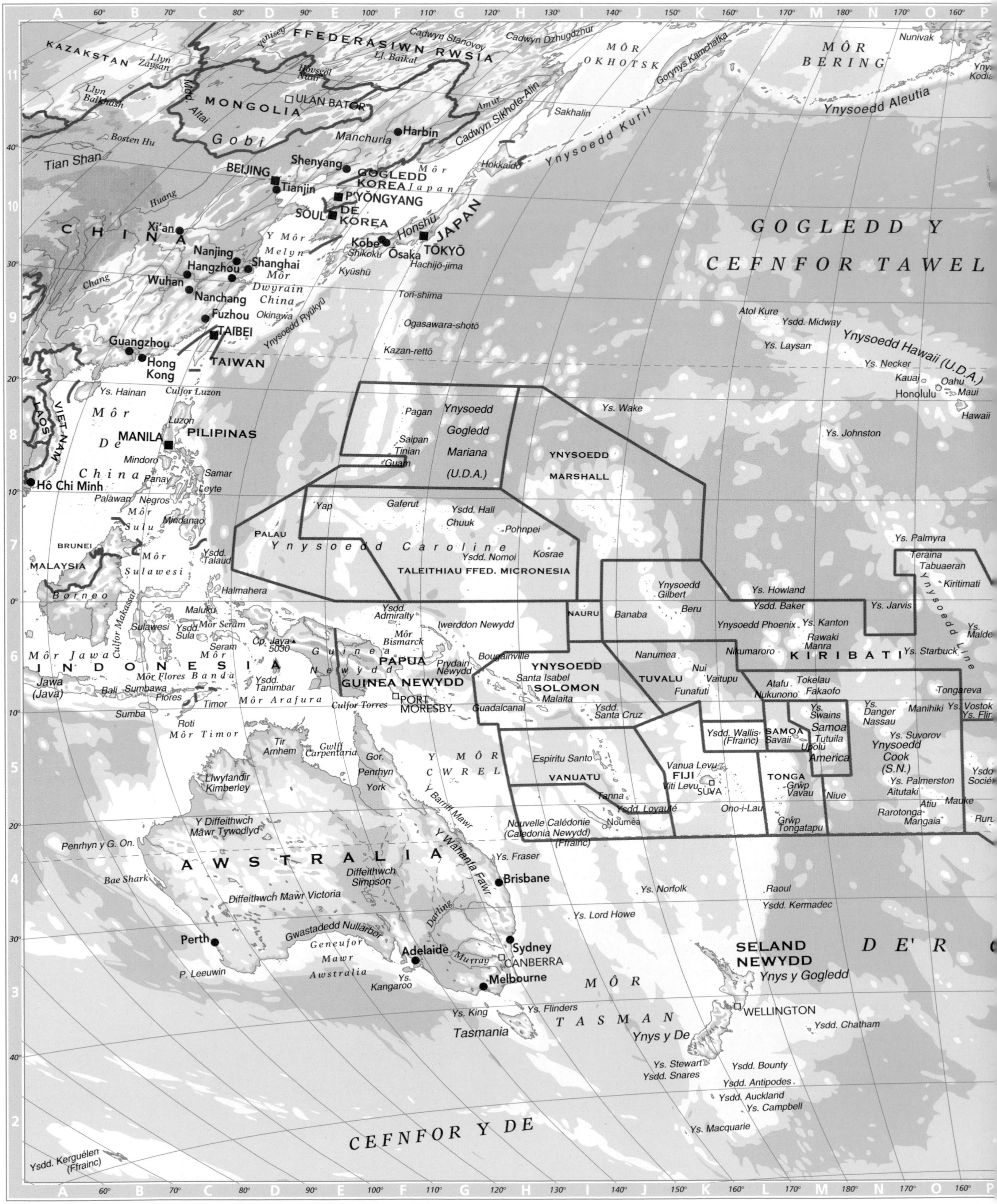
FFEDERASIWN RWSIA
KAZAKSTAN
Llyn Zaysan
Yenisey
Cadwyn Stanovoy
Ll. Baikal
Cadwyn Dzhugdzhur
MÔR OKHOTSK
Gorynys Kamchatka
MÔR BERING
Nunivak
Llyn Balkhash
Hovsgol Nuur
Mdr. Altai
MONGOLIA
ULAN BATOR
Amur
Cadwyn Sikhote-Alin
Sakhalin
Ynysoedd Aleutia
Bosten Hu
Gobi
Manchuria
Harbin
Ynysoedd Kuril
Tian Shan
Shenyang
BEIJING
Tianjin
GOGLEDD KOREA
Môr Japan
Hokkaido
P'YŎNGYANG
Huang
SÔUL
DE KOREA
Honshū
JAPAN
GOGLEDD Y CEFNFOR TAWEL
CHINA
Xi'an
Y Môr Melyn
Kōbe
Ōsaka
Shikoku
TŌKYŌ
Nanjing
Hangzhou
Shanghai
Kyūshū
Hachijō-jima
Chang
Wuhan
Nanchang
Môr Dwyrain China
Tori-shima
Fuzhou
Okinawa
Ynysoedd Ryūkyū
Ogasawara-shotō
TAIBEI
Atol Kure
Ysdd. Midway
Guangzhou
Hong Kong
TAIWAN
Kazan-rettō
Ys. Laysan
Ynysoedd Hawaii (U.D.A.)
Ys. Necker
Kauai
Oahu
Honolulu
Maui
Hawaii
Ys. Hainan
Culfor Luzon
LAOS
VIET-NAM
Môr De China
Luzon
PILIPINAS
MANILA
Pagan
Ynysoedd Gogledd Mariana (U.D.A.)
Saipan
Tinian
Guam
Ys. Wake
Ys. Johnston
YNYSOEDD MARSHALL
Mindoro
Samar
Panay
Leyte
Hô Chi Minh
Palawan
Negros
Môr Sulu
Mindanao
Yap
Gaferut
Ysdd. Hall
Chuuk
Pohnpei
PALAU
Ynysoedd Caroline
Ysdd. Nomoi
Kosrae
TALEITHIAU FFED. MICRONESIA
Ys. Palmyra
Teraina
Tabuaeran
Kiritimati
BRUNEI
MALAYSIA
Môr Sulawesi
Ysdd. Talaud
Halmahera
Borneo
Culfor Makassar
Ynysoedd Gilbert
Ys. Howland
Ysdd. Baker
Ys. Jarvis
Maluku
Sulawesi
Ysdd. Sula
Môr Seram
Seram
Ysdd. Admiralty
NAURU
Banaba
Beru
Iwerddon Newydd
Ynysoedd Phoenix
Ys. Kanton
Rawaki
Manra
Môr Bismarck
Nikumaroro
KIRIBATI
Ys. Starbuck
Ynysoedd Line
Ys. Malden
Môr Jawa
INDONESIA
Môr Banda
Cp. Jaya 5030
Gini Newydd
PAPUA GUINEA NEWYDD
Bougainville
Prydain Newydd
YNYSOEDD SOLOMON
Santa Isabel
Nanumea
TUVALU
Nui
Vaitupu
Funafuti
Atafu
Tokelau
Nukunono
Fakaofo
Tongareva
Jawa (Java)
Bali
Sumbawa
Môr Flores
Flores
Ysdd. Tanimbar
Timor
Môr Arafura
Culfor Torres
PORT MORESBY
Malaita
Guadalcanal
Ysdd. Santa Cruz
Ys. Swains
Ys. Danger
Nassau
Manihiki
Ys. Vostok
Sumba
Roti
Môr Timor
SAMOA
Savaii
Upolu
Samoa America
Tutuila
Ysdd. Wallis (Ffrainc)
Ys. Suvorov
Ynysoedd Cook (S.N.)
Tir Arnhem
Gwlff Carpentaria
Gor. Penrhyn York
Y Môr Cwrel
Espiritu Santo
VANUATU
Vanua Levu
FIJI
Viti Levu
SUVA
TONGA
Grŵp Vavau
Niue
Ys. Palmerston
Aitutaki
Llwyfandir Kimberley
Y Barriff Mawr
Tanna
Ysdd. Loyauté
Nouméa
Ono-i-Lau
Atiu
Mauke
Rarotonga
Mangaia
Nouvelle Calédonie (Caledonia Newydd) (Ffrainc)
Grŵp Tongatapu
Y Diffeithwch Mawr Tywodlyd
Penrhyn y G. On.
AWSTRALIA
Y Wahanfa Fawr
Ys. Fraser
Diffeithwch Simpson
Brisbane
Bae Shark
Diffeithwch Mawr Victoria
Ys. Norfolk
Raoul
Ysdd. Kermadec
Darling
Ys. Lord Howe
Gwastadedd Nullarbor
Perth
Geneufor Mawr Awstralia
Adelaide
Sydney
Murray
CANBERRA
SELAND NEWYDD
Ynys y Gogledd
DE'R
P. Leeuwin
Ys. Kangaroo
Melbourne
Môr Tasman
Ys. King
Ys. Flinders
WELLINGTON
Ysdd. Chatham
Tasmania
Ynys y De
Ys. Stewart
Ysdd. Snares
Ysdd. Bounty
Ysdd. Antipodes
Ysdd. Auckland
Ys. Campbell
Ys. Macquarie
CEFNFOR Y DE
Ysdd. Kerguélen (Ffrainc)

GRADDFA 1 : 50 000 000

ALLWEDD
Tirwedd a nodweddion ffisegol
Tirwedd metrau
5000
3000
2000
1000
500
200
lefel môr
islaw lefel y môr
0
200
3000
5000
6960 Uchder mynydd (metrau)
Gweinyddiad
Ffiniau
Rhyngwladol
Anheddiad
Dinasoedd a threfi yn ôl maint eu poblogaeth
Prifddinas
Tref neu ddinas arall
CD. DE MÉXICO
Seattle
CANBERRA
Honolulu
SUVA
Nouméa
M. Logan 5959
Mdd. Caribou
Llyn Athabasca
Peace
Nelson
BAE HUDSON
Ynysoedd Belcher
C A N A D A
Ysdd. Queen Charlotte
Mynyddoedd yr Arfordir
Llyn Winnipeg
Llyn Nipigon
Llyn Superior
Vancouver
Ynys Vancouver
Seattle
Columbia
Yellowstone
Missouri
Y R O C I E S
UNOL DALEITHIAU AMERICA
Cadwyn Cascade
Cadwyn'r Arfordir
Sierra Nevada
Denver
Kansas City
Colorado
Arkansas
San Francisco
Los Angeles
San Diego
Rio Grande
Rio Bravo
Guadalupe
Gwlff California
California Isaf
GWLFF MÉXICO
Culfor Florida
Miami/Fort Lauderdale
BAHAMAS
Trofan Cancr
LA HABANA
CUBA
MÉXICO
Culfor Yucatán
Guadalajara
Ysdd. Revillagigedo
CD. DE MÉXICO
Yucatán
BELIZE
JAMAICA
Antilles Mwyaf
HAITI
GWER. DOMINICA
PUERTO RICO
Antilles Lleiaf
GUATEMALA
HONDURAS
Y MÔR CARIBÎ
EL SALVADOR
NICARAGUA
Ys. Clipperton (Ffrainc)
COSTA RICA
PANAMÁ
VENEZUELA
Llanos
Orinoco
GUYANA
SURINAME
GUYANE FFRENGIG
Ys. Coco (Costa Rica)
Medellín
BOGOTÁ
Ys. Malpelo (Colombia)
COLOMBIA
Cyhydedd
QUITO
ECUADOR
Ysr. Colón (Ysdd. Galápagos)
Negro
Amazonas
Marañón
B R A S I L
Selfas
Madeira
Araguaia
Nuku Hiva
Ysdd. Marquises
Hiva Oa
Caroline
Ysdd. Désappointement
Ynysoedd Tuamotu
POLYNESIA FFRENGIG
Grŵp Actéon
Mururoa
Ysdd. Gambier
Raivavae
Rapa
Marotiri
Ys. Henderson (D.U.)
Ys. Ducie (D.U.)
Ys. Pitcairn (D.U.)
LIMA
PERIW
Y r A n d e s
Ll. Titicaca
LA PAZ
BOLIVIA
BRASÍLIA
Diffeithwch Atacama
Gran Chaco
Paraguay
PARAGUAY
ASUNCIÓN
Trofan Capricorn
Ys. Sala-y-Gómez (Chile)
Ys. Pascua (Ys. y Pasg) (Chile)
San Félix
San Ambrosio
Paraná
Ysdd. Juan Fernández
Aconcagua 6960
SANTIAGO
CHILE
Pampas
URUGUAY
MONTEVIDEO
BUENOS AIRES
ARIANNIN
CEFNFOR TAWEL
Gwlff San Matías
Ys. Chiloé
Gwlff San Jorge
Patagonia
CEFNFOR DE IWERYDD
Tierra del Fuego
Culfor Magallanes
Ysdd. Falkland/ Malvinas (D.U.)
De Georgia (D.U.)
Yr Horn

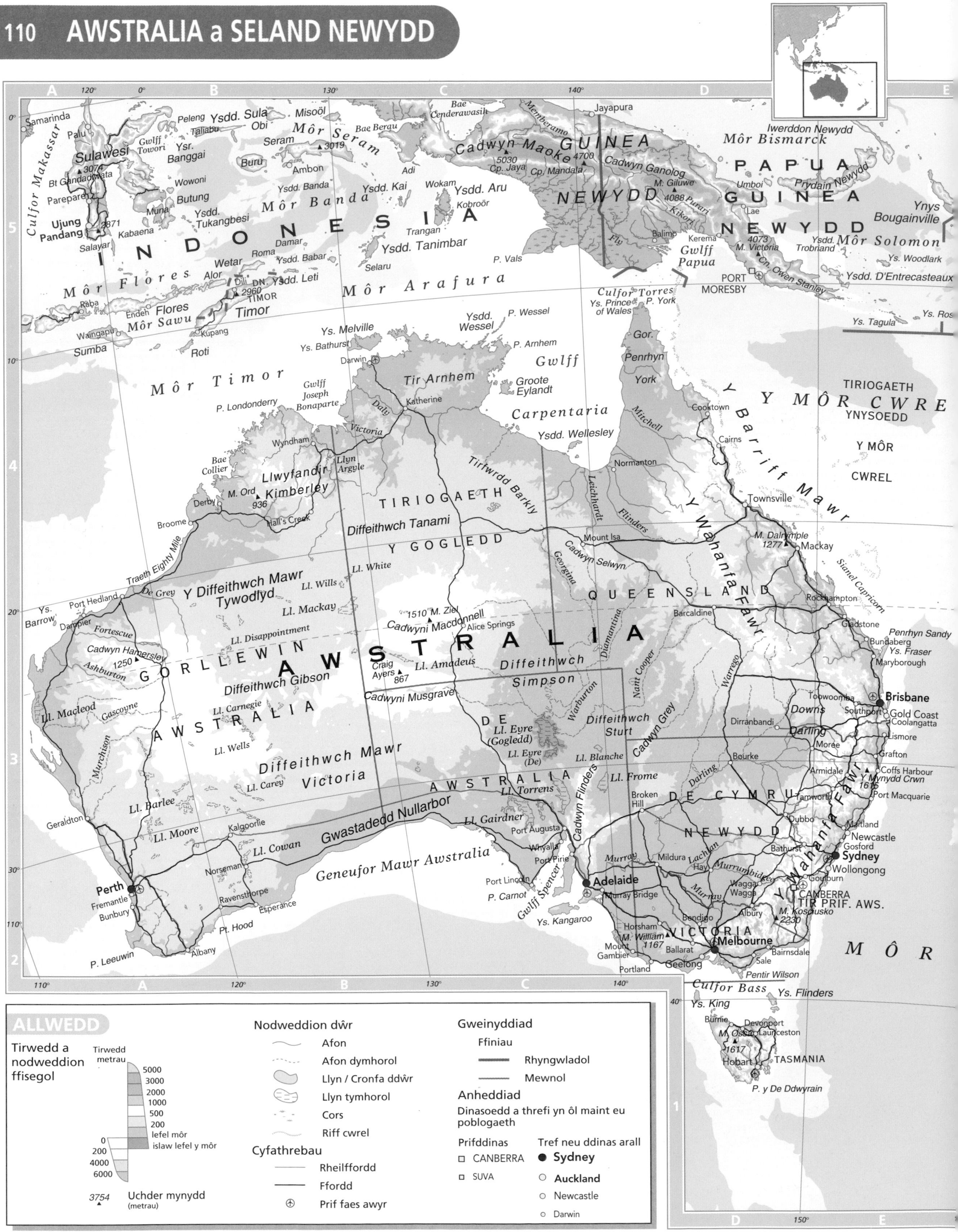

ALLWEDD

Tirwedd a nodweddion ffisegol

Tirwedd metrau: 5000, 3000, 2000, 1000, 500, 200, lefel môr, islaw lefel y môr; 0, 200, 4000, 6000

3754 Uchder mynydd (metrau)

Nodweddion dŵr
- Afon
- Afon dymhorol
- Llyn / Cronfa ddŵr
- Llyn tymhorol
- Cors
- Riff cwrel

Cyfathrebau
- Rheilffordd
- Ffordd
- Prif faes awyr

Gweinyddiad

Ffiniau
- Rhyngwladol
- Mewnol

Anheddiad

Dinasoedd a threfi yn ôl maint eu poblogaeth

Prifddinas	Tref neu ddinas arall
CANBERRA	**Sydney**
SUVA	**Auckland**
	Newcastle
	Darwin

GRADDFA 1 : 20 000 000

0 200 400 600 800 km

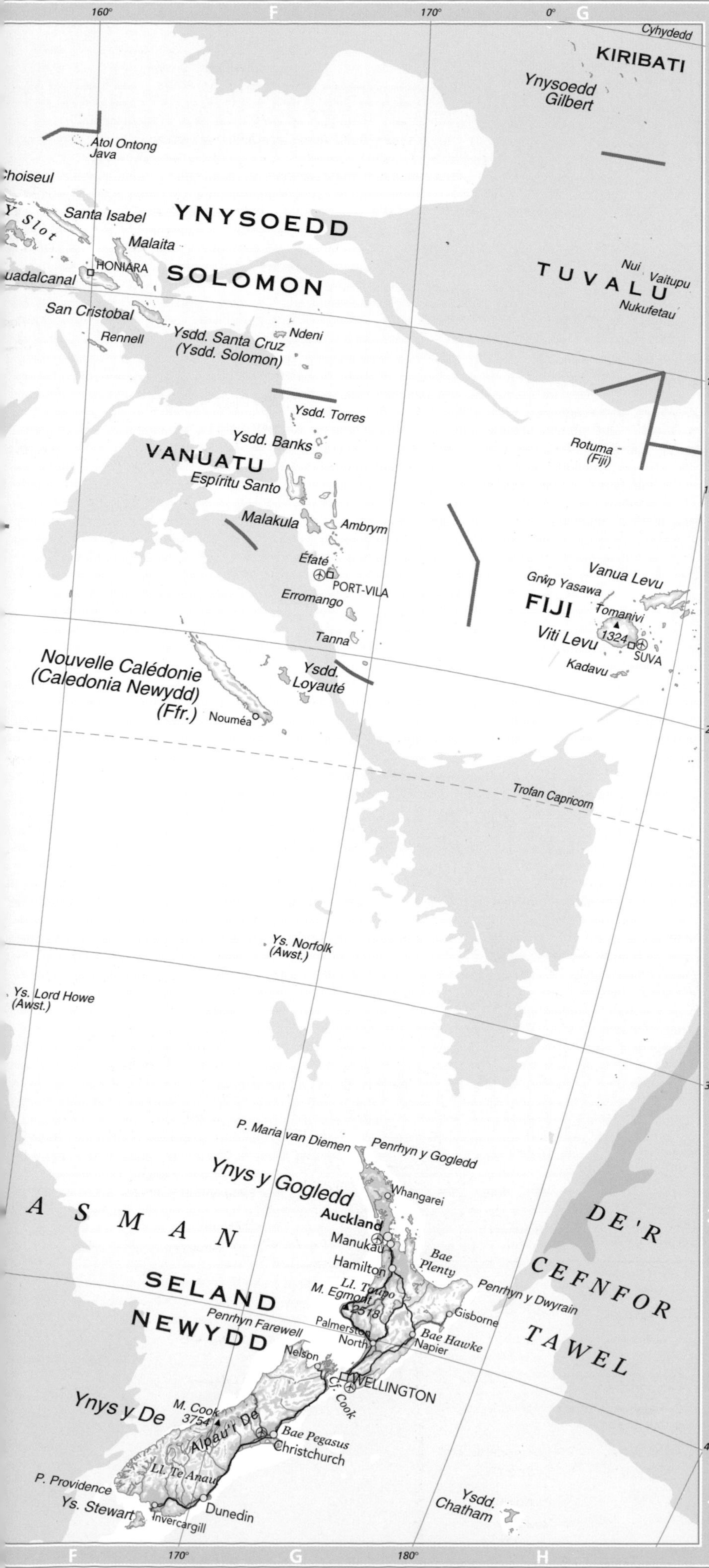

1 TYMHEREDD A GWASGEDD: IONAWR

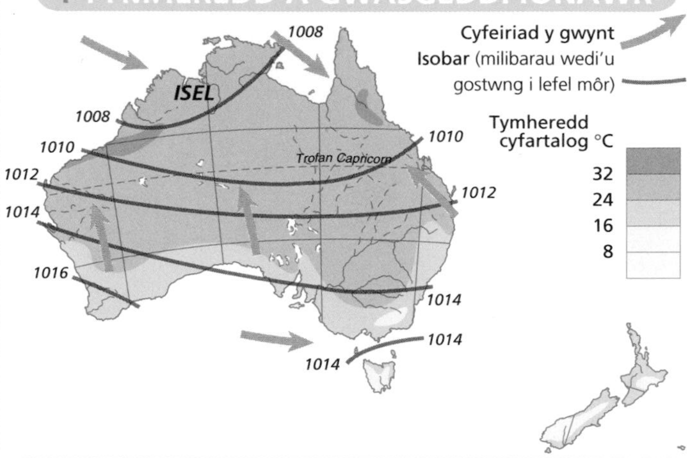

2 TYMHEREDD A GWASGEDD: GORFFENNAF

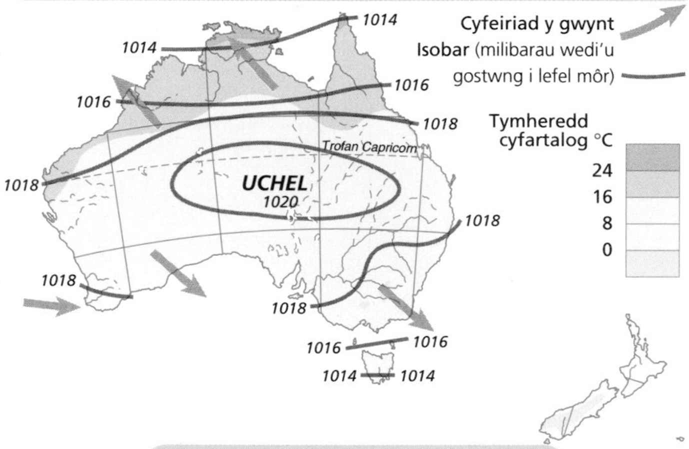

3 GLAWIAD BLYNYDDOL

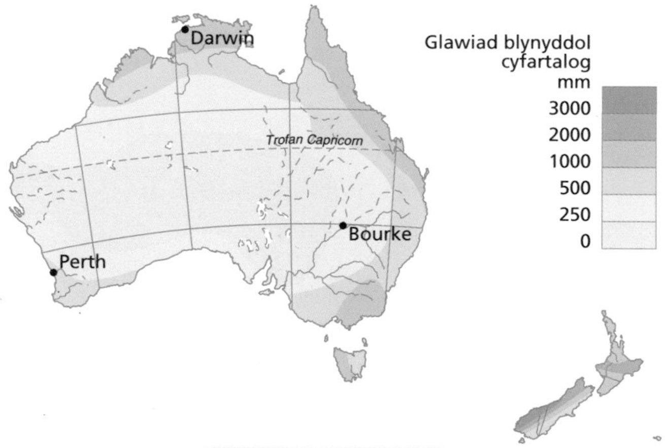

4 YSTADEGAU

Perth (60 metr)	Ion	Chw	Maw	Ebr	Mai	Meh	Gor	Aw	Med	Hyd	Ta	Rha
Tymheredd - uchaf (°C)	29	29	27	24	21	18	17	18	19	21	24	27
Tymheredd - isaf (°C)	17	17	16	14	12	10	9	9	10	12	14	16
Glawiad - (mm)	8	10	20	43	130	180	170	145	86	56	20	13

Darwin (30 metr)	Ion	Chw	Maw	Ebr	Mai	Meh	Gor	Aw	Med	Hyd	Ta	Rha
Tymheredd - uchaf (°C)	32	32	33	33	33	31	31	32	33	34	34	33
Tymheredd - isaf (°C)	25	25	25	24	23	21	19	21	23	25	26	26
Glawiad - (mm)	386	312	254	97	15	3	0	3	13	51	119	239

Bourke (110 metr)	Ion	Chw	Maw	Ebr	Mai	Meh	Gor	Aw	Med	Hyd	Ta	Rha
Tymheredd - uchaf (°C)	37	36	33	28	23	18	18	21	25	29	34	36
Tymheredd - isaf (°C)	21	21	18	13	8	6	4	6	9	13	17	19
Glawiad - (mm)	36	38	28	28	25	28	23	20	20	23	31	36

Tafluniad Asimwthol Arwynebedd-hafal Lambert

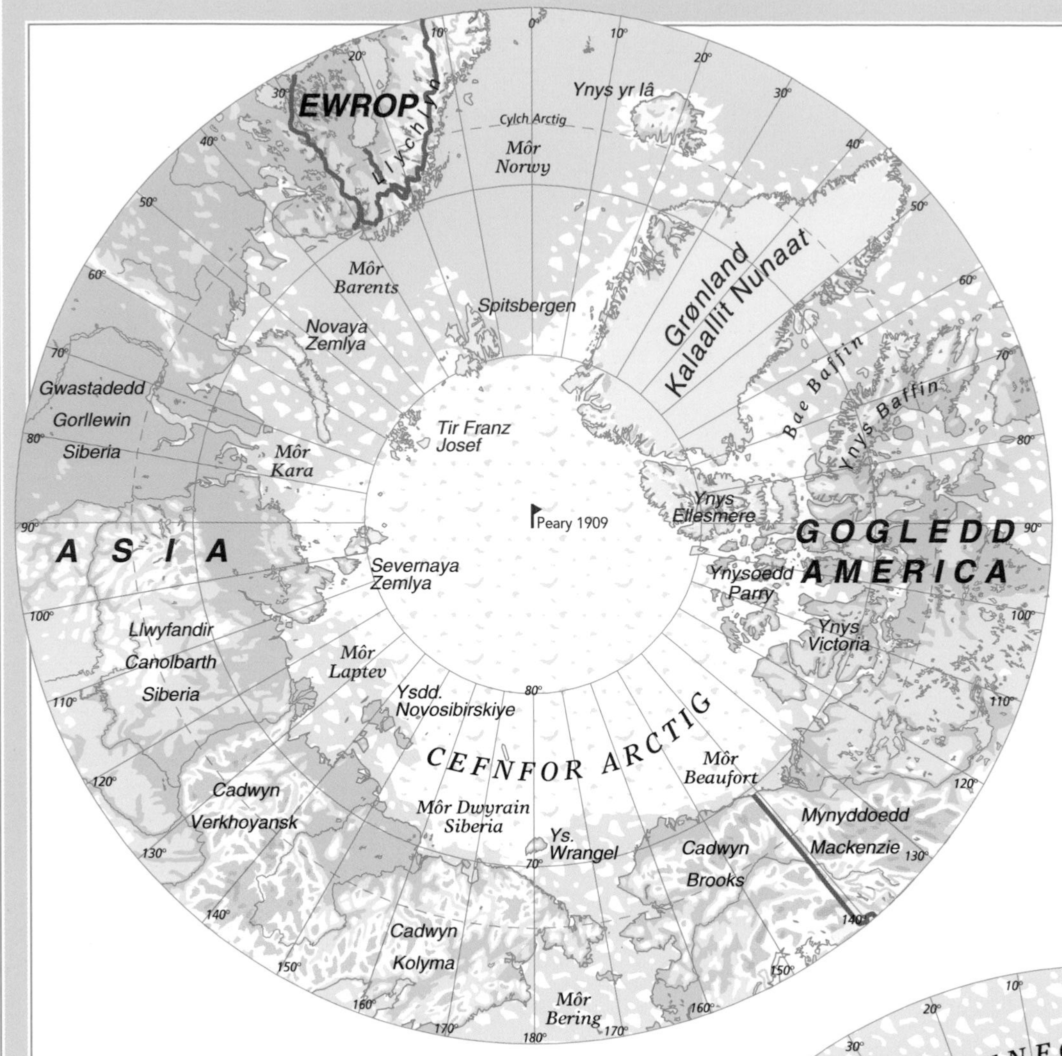

ALLWEDD

Tirwedd a nodweddion ffisegol

Tirwedd metrau: 5000, 3000, 2000, 1000, 500, 200, lefel môr, islaw lefel y môr

- Sgafell iâ
- Cap iâ
- Pacrew pegynol
- Iâ yn drifftio

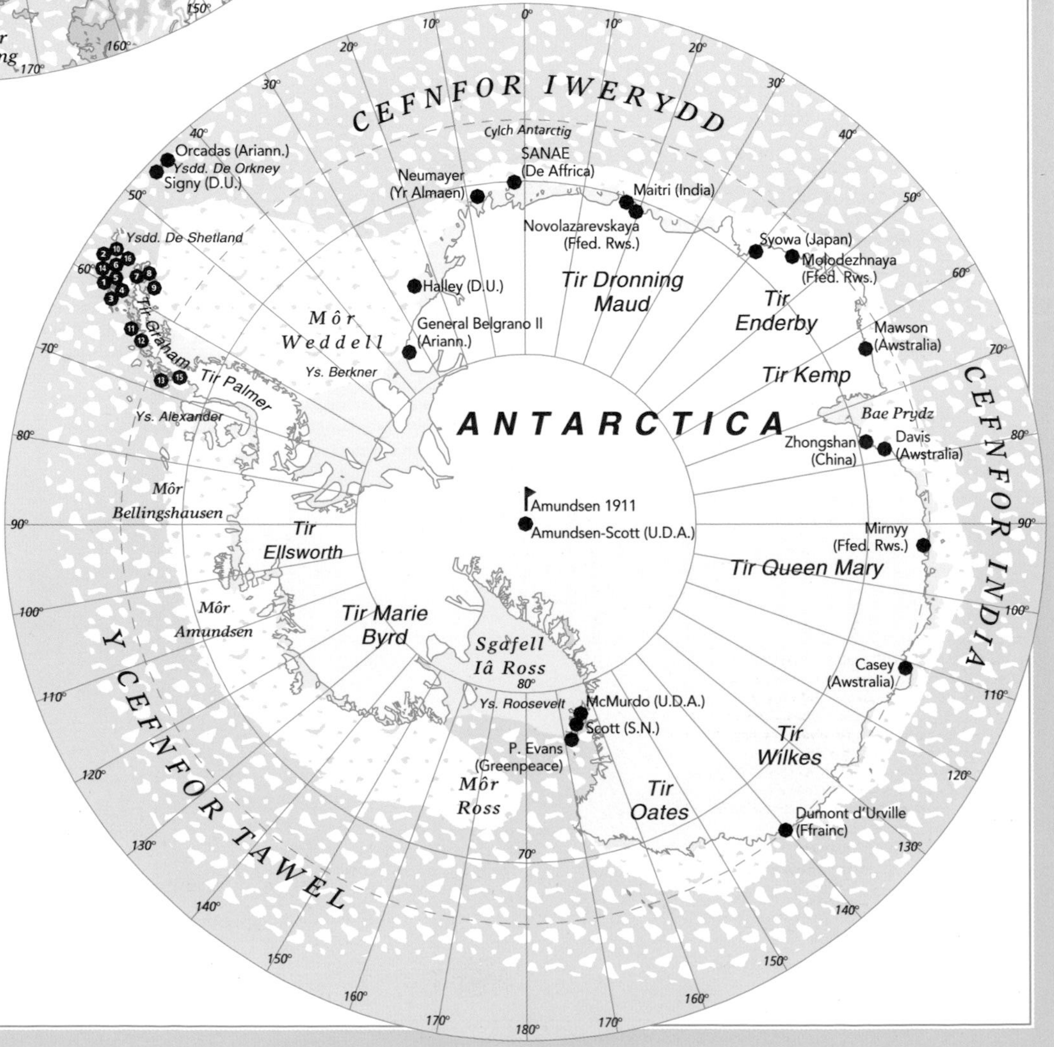

Canolfannau lle mae pobl yn gweithio ar Orynys Antarctig

1. Teniente Rodolfo Marsh (Chile)
2. Comandante Ferraz (Brasil)
3. Capitán Arturo Prat (Chile)
4. Bellingshausen (Ffederasiwn Rwsia)
5. Teniente Jubany (Ariannin)
6. Arctowski (Gwlad Pwyl)
7. General Bernardo O'Higgins (Chile)
8. Esperanza (Ariannin)
9. Vicecomodoro Marambio (Ariannin)
10. Chang Cheng (Mur Mawr) (China)
11. Palmer (U.D.A.)
12. Vernadsky (Ukrain)
13. Rothera (D.U.)
14. Artigas (Uruguay)
15. General San Martin (Ariannin)
16. Y Brenin Sejong (Korea)

Sylwer: O dan Gytundeb Antarctig 1959 cafodd pob datganiad o hawl i diriogaeth ei adael heb ei benderfynu er lles cydweithredu rhyngwladol i ddibenion gwyddonol.

GRADDFA 1 : 50 000 000 — 0, 500, 1000, 1500, 2000 km

Tafluniad Stereograffig Pegynol

1 CYLCHFAOEDD AMSER

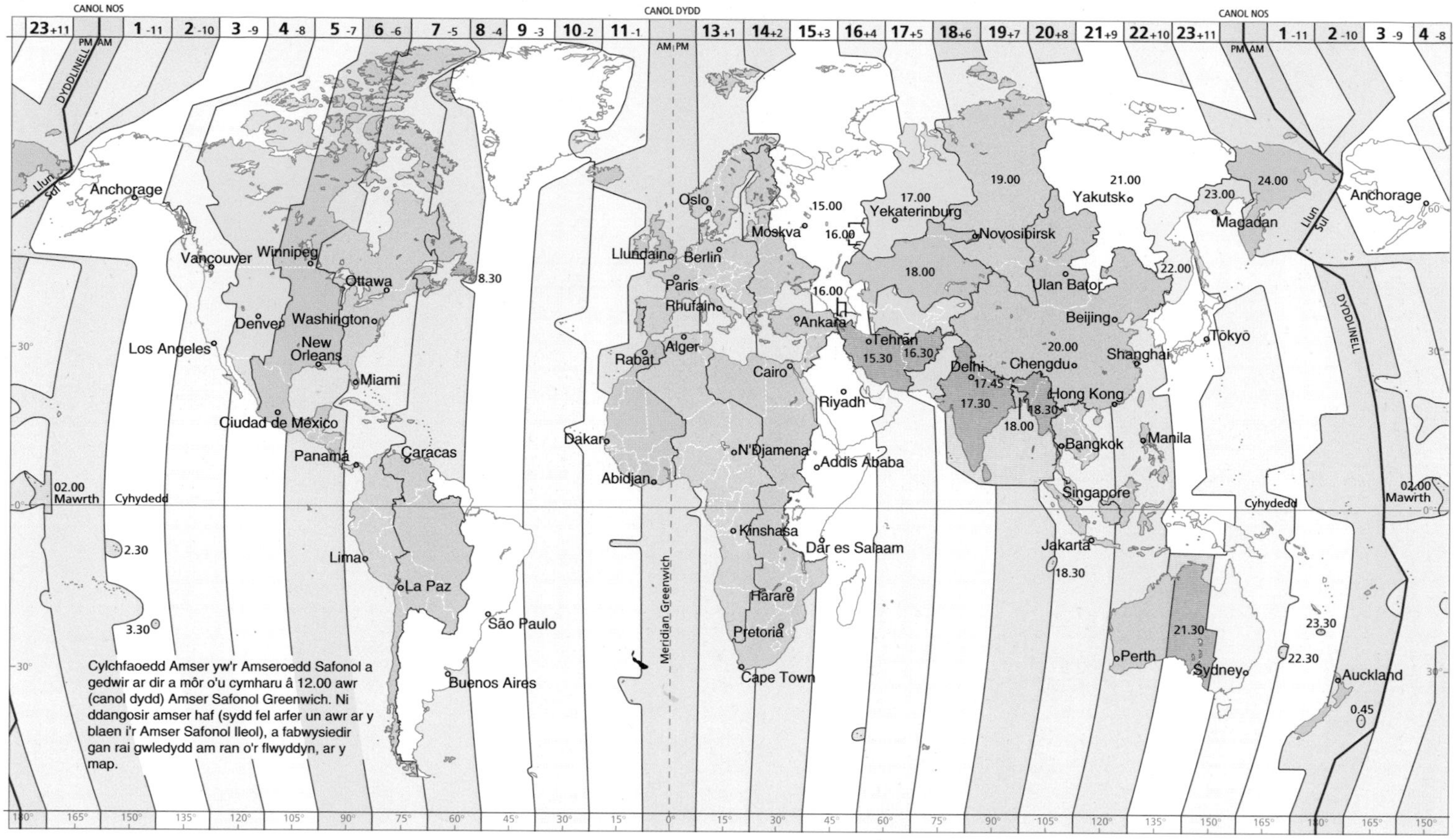

Cylchfaoedd Amser yw'r Amseroedd Safonol a gedwir ar dir a môr o'u cymharu â 12.00 awr (canol dydd) Amser Safonol Greenwich. Ni ddangosir amser haf (sydd fel arfer un awr ar y blaen i'r Amser Safonol lleol), a fabwysiedir gan rai gwledydd am ran o'r flwyddyn, ar y map.

2 CYFUNDREFNAU RHYNGWLADOL

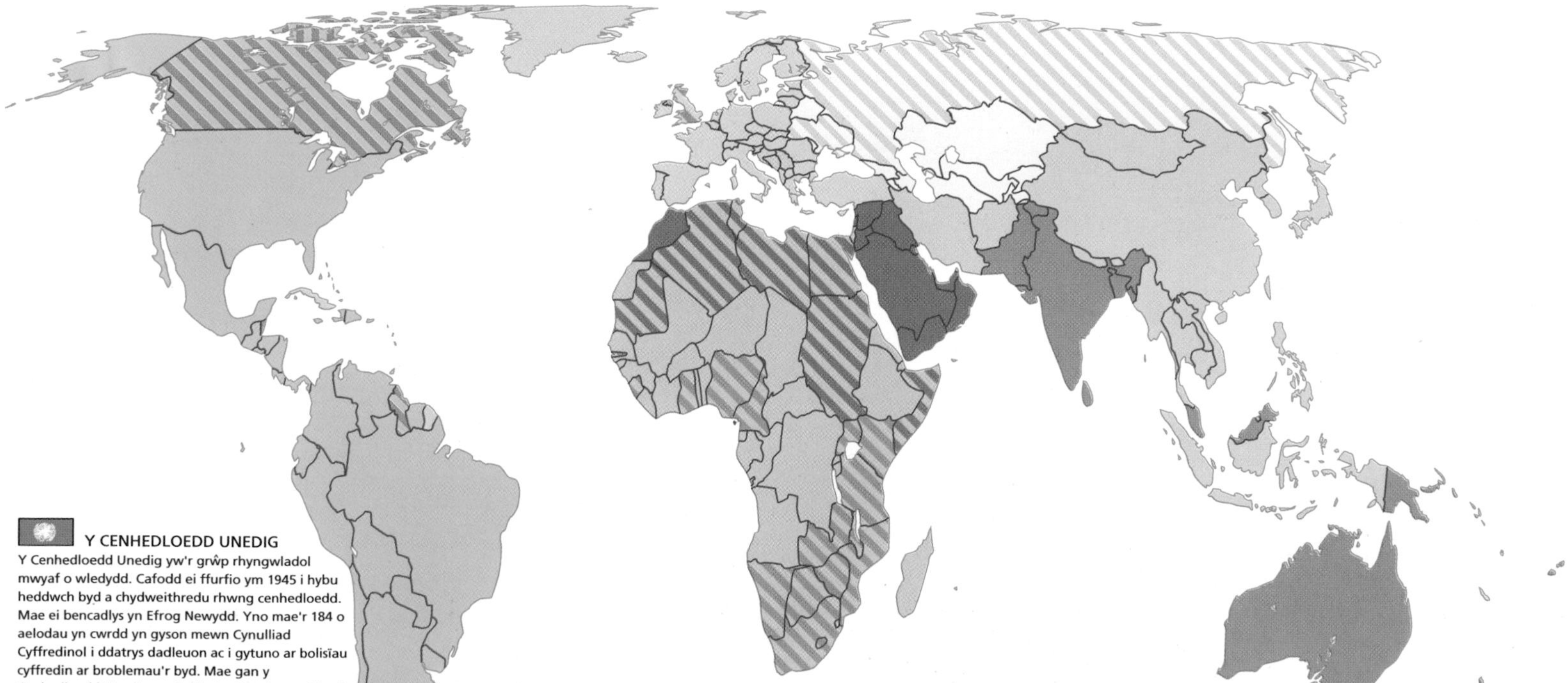

Y CENHEDLOEDD UNEDIG

Y Cenhedloedd Unedig yw'r grŵp rhyngwladol mwyaf o wledydd. Cafodd ei ffurfio ym 1945 i hybu heddwch byd a chydweithredu rhwng cenhedloedd. Mae ei bencadlys yn Efrog Newydd. Yno mae'r 184 o aelodau yn cwrdd yn gyson mewn Cynulliad Cyffredinol i ddatrys dadleuon ac i gytuno ar bolisïau cyffredin ar broblemau'r byd. Mae gan y Cenhedloedd Unedig sawl asiantaeth sy'n gweithredu ar ei ran, gan gynnwys:

Asiantaeth:	Cyfrifoldeb:
UNESCO	Gwyddoniaeth, addysg a diwylliant
UNICEF	Lles plant
UNDRO	Cymorth yn sgîl trychinebau
UNHCR	Cymorth i ffoaduriaid
WHO	Iechyd
FAO	Bwyd ac amaethyddiaeth
UNEP	Yr amgylchedd
UNDP	Rhaglen ddatblygu

- Cyngor Ewrop
- Cymanwlad y Gwladwriaethau Annibynnol
- Cyfundrefn Undod Affrica (OAU)
- Y Cynghrair Arabaidd
- Cynfundrefn Gwledydd America (OAS)
- Y Gymanwlad
- Heb fod yn aelod o unrhyw un o'r cyfundrefnau a ddangosir ar y map

Nodyn: Gwledydd sy'n aelodau o fwy nag un o'r cyfundrefnau rhyngwladol a ddangosir ar y map yw'r rhai â streipiau lliw.

Ewrop

A.	Andorra
ALB.	Albania
ALM.	Yr Almaen
AW.	Awstria
BELA.	Belarus
BELG.	Gwlad Belg
B.H.	Bosna-Hercegovina
CR.	Croatia
CYP.	Cyprus
DEN.	Denmarc
EST.	Estonia
FF.R.	Ffederasiwn Rwsia
G.T.	Gweriniaeth Tsiec
H.	Hwngari
ISELD.	Yr Iseldiroedd
IW.	Iwgoslafia
L.	Latvia
LITH.	Lithuania
LUX.	Luxembourg
M.	Macedonia
MO.	Moldova
S.	Slovenija
SL.	Slofacia
SW.	Y Swistir

De America

GUY.	Guyana
G.FF.	Guyane Ffrengig
SUR.	Suriname

GRADDFA 1: 80 000 000

0 800 1600 2400 3200 km

Affrica

B.	Burundi
BE.	Benin
BUR.	Burkina
CAM.	Cameroun/Cameroon
C. D'I	Côte d'Ivoire
G.G.	Guinea Gyhydeddol
GH.	Ghana
R.	Rwanda
T.	Togo

Asia

AR.	Armenia
AZ.	Azerbaijan
E.A.U.	Emiradau Arabaidd Unedig
GEO.	Georgia
G.I.	Gwlad Iorddonen
IS.	Israel
LIB.	Libanus

Tafluniad Eckert IV

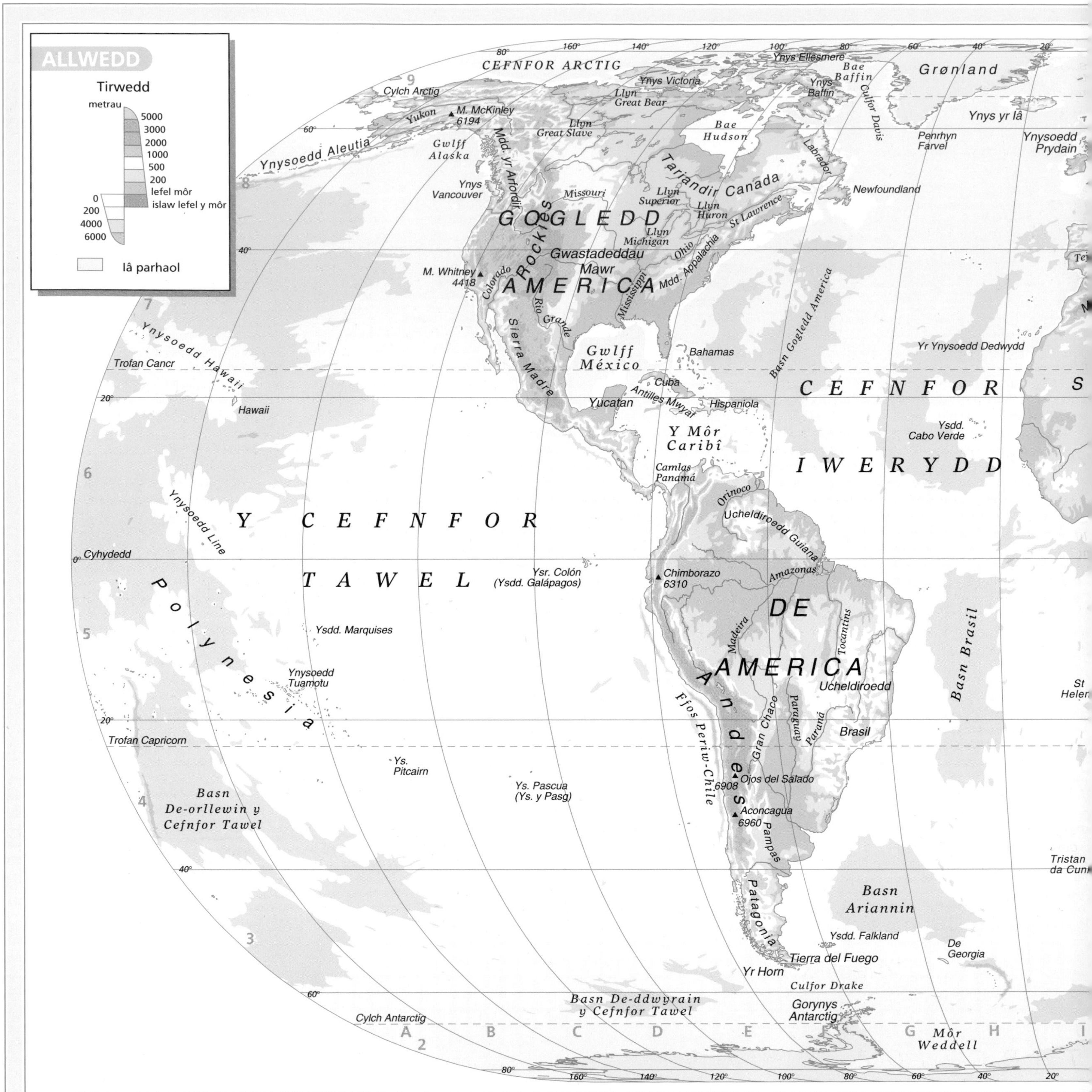

UCHDER MYNYDDOEDD

M. Everest (Nepal/China)	8848 m
K2 (Jammu a Kashmir/China)	8611 m
Kangchenjunga (Nepal/India)	8586 m
Dhaulagiri (Nepal)	8167 m
Annapurna (Nepal)	8091 m
Aconcagua (Ariannin)	6960 m
Ojos del Salado (Ariann./Chile)	6908 m
Chimborazo (Ecuador)	6310 m
M. McKinley (U.D.A)	6194 m
M. Logan (Canada)	6050 m

YNYSOEDD

Grønland	2 175 597 km^2
Guinea Newydd	808 510 km^2
Borneo	757 050 km^2
Madagascar	594 180 km^2
Sumatera	524 100 km^2
Ynys Baffin	476 068 km^2
Honshū	230 455 km^2
Prydain Fawr	229 867 km^2
Ynys Ellesmere	212 688 km^2
Ynys Victoria	212 199 km^2

CYFANDIROEDD

Asia	43 608 000 km^2
Affrica	30 335 000 km^2
Gogledd America	25 349 000 km^2
De America	17 611 000 km^2
Antarctica	13 340 000 km^2
Ewrop	10 498 000 km^2
Oceania	8 923 000 km^2

GRADDFA 1 : 80 000 000

0 800 1600 2400 3200 km

EFNFOROEDD	
Cefnfor Tawel	165 384 000 km²
efnfor India	73 481 000 km²
efnfor Iweryd	68 161 000 km²
efnfor Arctig	14 056 000 km²

LLYNNOEDD	
Môr Caspia	371 795 km²
Llyn Superior	83 270 km²
Llyn Victoria	68 800 km²
Llyn Huron	60 700 km²
Llyn Michigan	58 020 km²
Llyn Tanganyika	32 900 km²
Llyn Great Bear	31 790 km²
Llyn Baikal	30 500 km²
Llyn Great Slave	28 440 km²

HYD AFONYDD	
Nîl (Affrica)	6695 km
Amazonas (De America)	6516 km
Chang (Asia)	6380 km
Mississippi-Missouri (G. America)	6020 km
Ob-Irtysh (Asia)	5570 km
Huang (Asia)	5464 km
Congo (Affrica)	4667 km
Mekong (Asia)	4425 km
Amur (Asia)	4416 km
Lena (Asia)	4400 km

Tafluniad Eckert IV

- Cap Iâ
- Hinsawdd twndra, mis cynhesaf o dan 10°C
- Hinsawdd is-arctig, lawog; gaeafau difrifol oer a llai na 4 mis dros 10°C
- Hinsawdd gyfandirol; glawog a'r mis cynhesaf o dan 22°C
- Hinsawdd gyfandirol; glawog a'r mis cynhesaf dros 22°C
- Hinsawdd dymherus, lawog; gaeafau mwyn a'r mis oeraf dros 0°C
- Istrofannol a gwlyb; mis oeraf dros 0°C, mis cynhesaf dros 22°C
- Mediteranaidd, glawog; gaeafau gwlyb mwyn, hafau sych
- Hinsawdd sych, led gras
- Hinsawdd diffeithdir
- Hinsawdd lawog drofannol heb aeaf; mis oeraf dros 18°C
- Hinsawdd lawog drofannol; gwlyb trwy'r flwyddyn

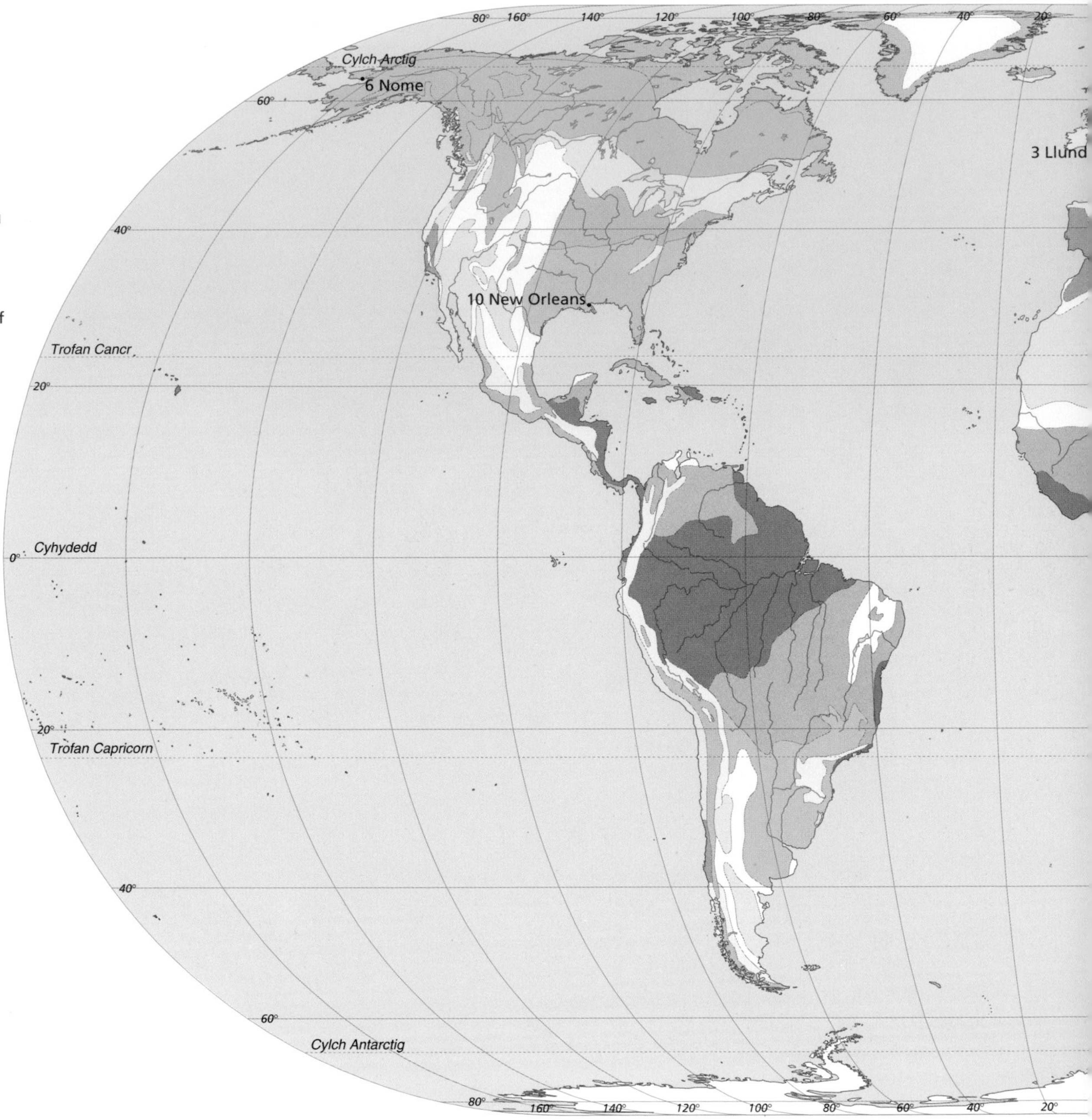

CERYNTAU'R CEFNFOROEDD

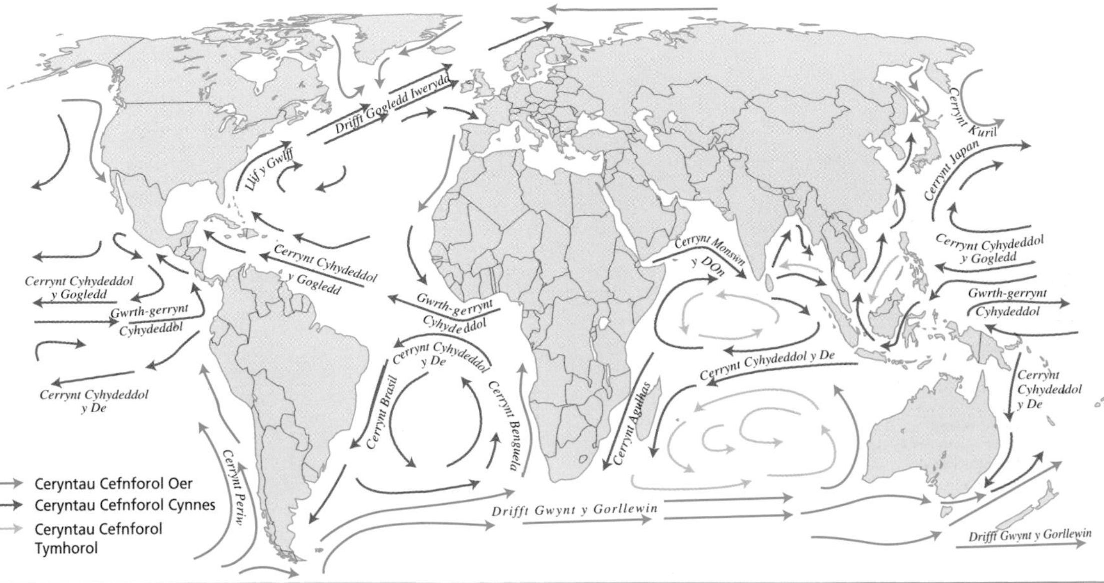

GRAFFIAU HINSODDOL

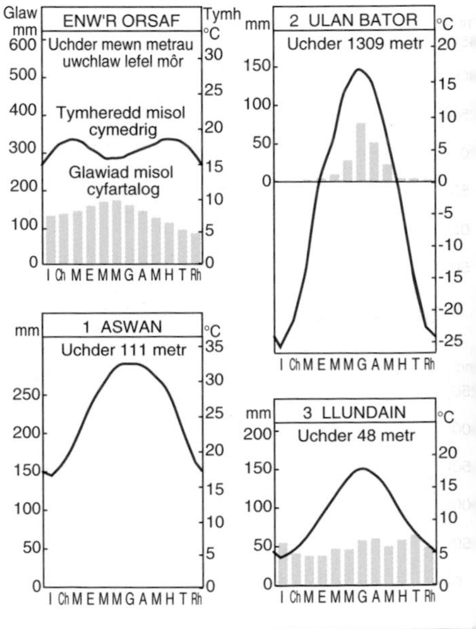

GRADDFA 1 : 100 000 000

0 1000 2000 3000 4000 km

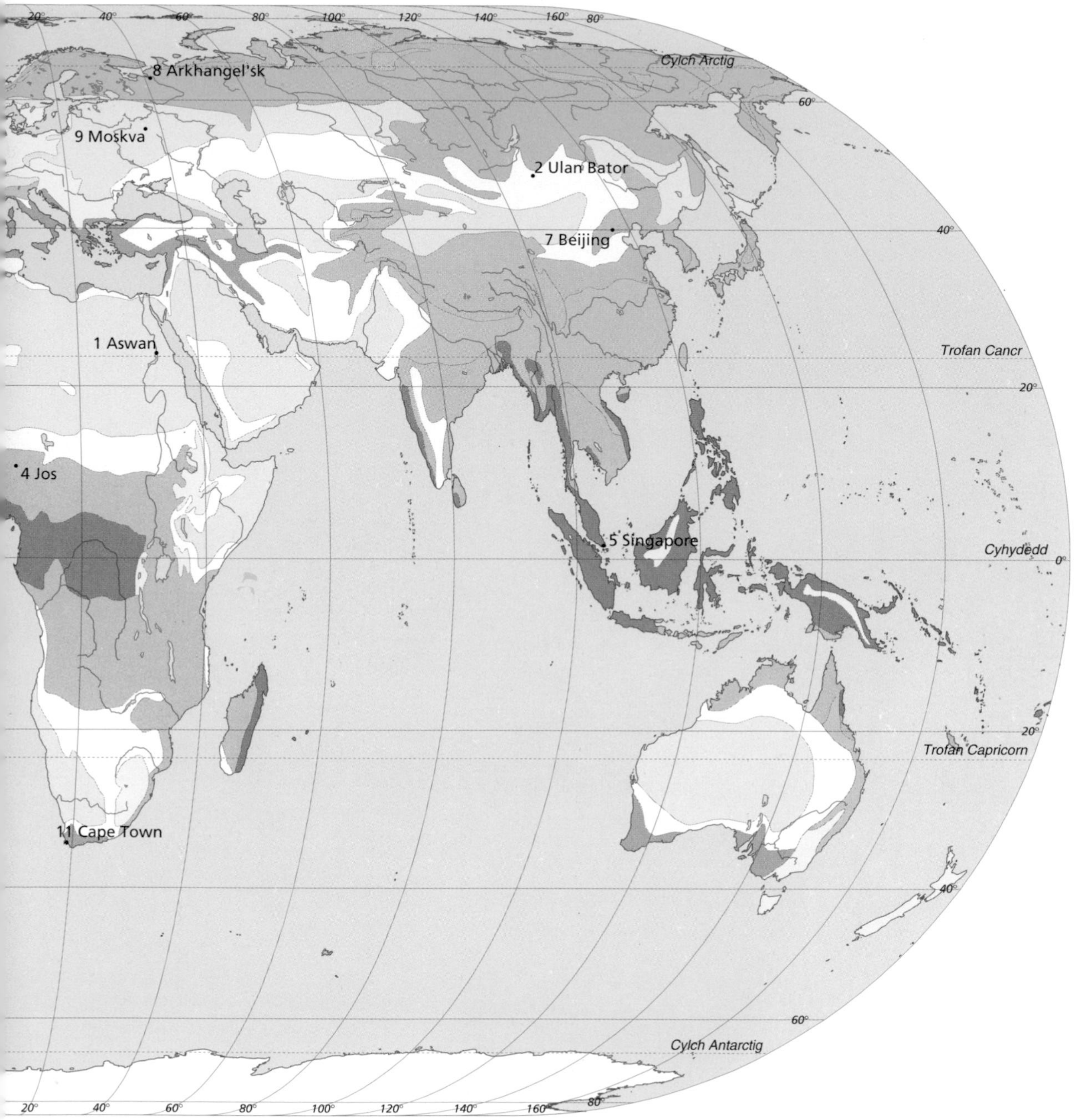
8 Arkhangel'sk
9 Moskva
2 Ulan Bator
7 Beijing
1 Aswan
4 Jos
5 Singapore
11 Cape Town
Cylch Arctig
Trofan Cancr
Cyhydedd
Trofan Capricorn
Cylch Antarctig
20° 40° 60° 80° 100° 120° 140° 160°

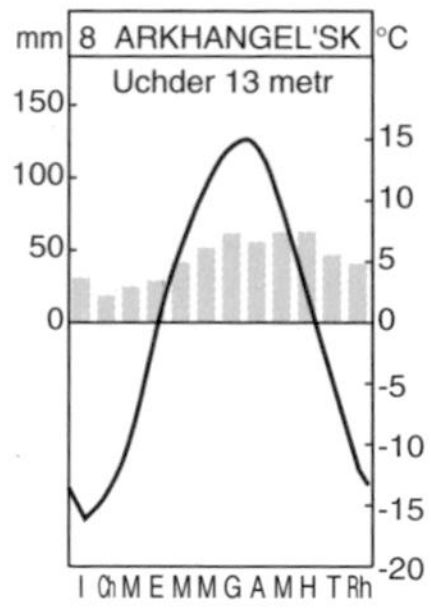
8 ARKHANGEL'SK
Uchder 13 metr
mm
°C
I Ch M E M M G A M H T Rh

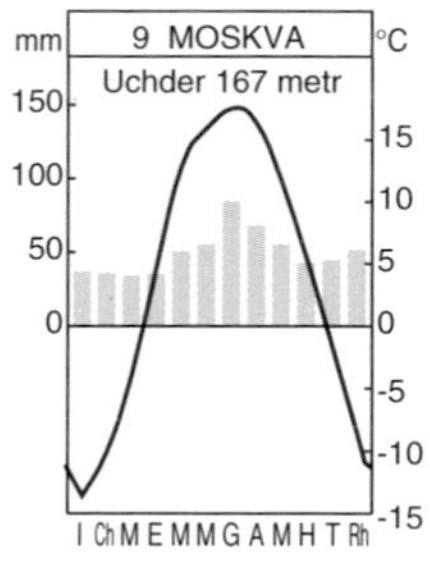
9 MOSKVA
Uchder 167 metr
mm
°C
I Ch M E M M G A M H T Rh

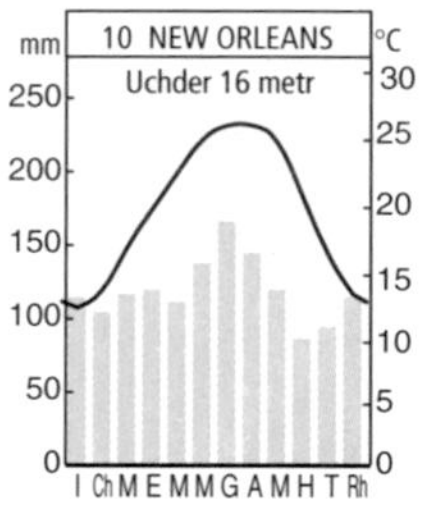
10 NEW ORLEANS
Uchder 16 metr
mm
°C
I Ch M E M M G A M H T Rh

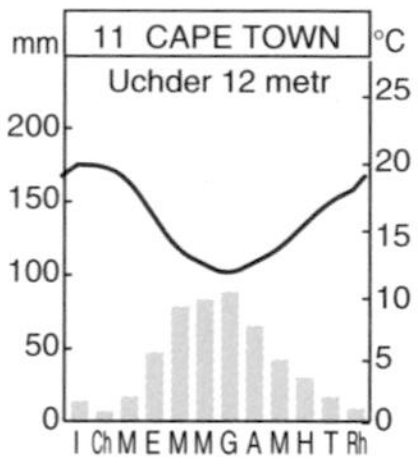
11 CAPE TOWN
Uchder 12 metr
mm
°C
I Ch M E M M G A M H T Rh

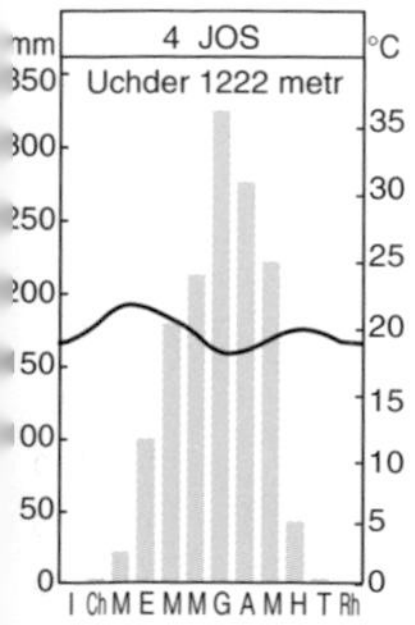
4 JOS
Uchder 1222 metr
mm
°C
I Ch M E M M G A M H T Rh

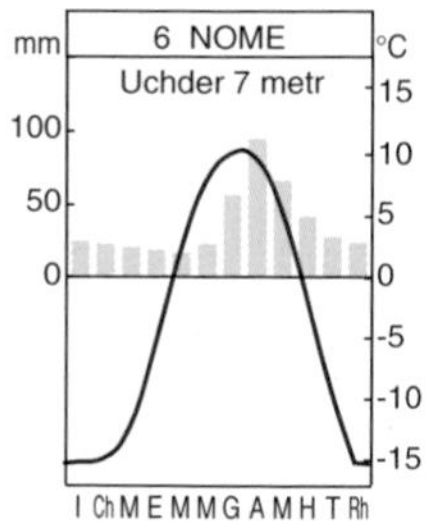
6 NOME
Uchder 7 metr
mm
°C
I Ch M E M M G A M H T Rh

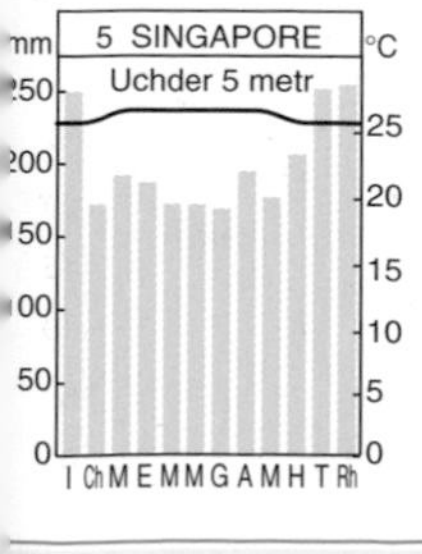
5 SINGAPORE
Uchder 5 metr
mm
°C
I Ch M E M M G A M H T Rh

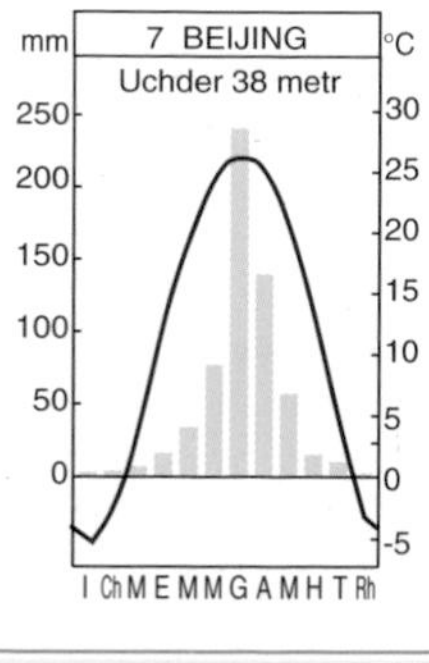
7 BEIJING
Uchder 38 metr
mm
°C
I Ch M E M M G A M H T Rh

STORMYDD TROFANNOL

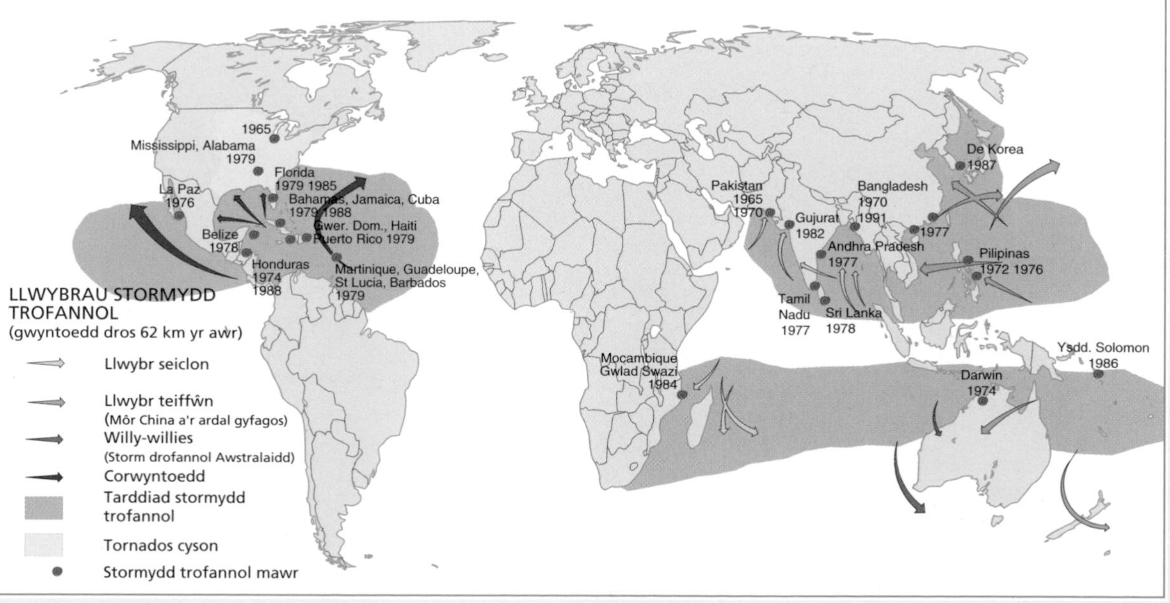
Mississippi, Alabama 1979
1965
Florida 1979 1985
La Paz 1976
Bahamas, Jamaica, Cuba 1979 1988
Gwer. Dom., Haiti Puerto Rico 1979
Belize 1978
Honduras 1974 1988
Martinique, Guadeloupe, St Lucia, Barbados 1979
Pakistan 1965 1970
Gujurat 1982
Bangladesh 1970 1991
De Korea 1987
Andhra Pradesh 1977
1977
Pilipinas 1972 1976
Tamil Nadu 1977
Sri Lanka 1978
Mocambique Gwlad Swazi 1984
Darwin 1974
Ysdd. Solomon 1986
LLWYBRAU STORMYDD TROFANNOL
(gwyntoedd dros 62 km yr awr)
Llwybr seiclon
Llwybr teiffŵn
(Môr China a'r ardal gyfagos)
Willy-willies
(Storm drofannol Awstralaidd)
Corwyntoedd
Tarddiad stormydd trofannol
Tornados cyson
Stormydd trofannol mawr

Tafluniad Eckert IV

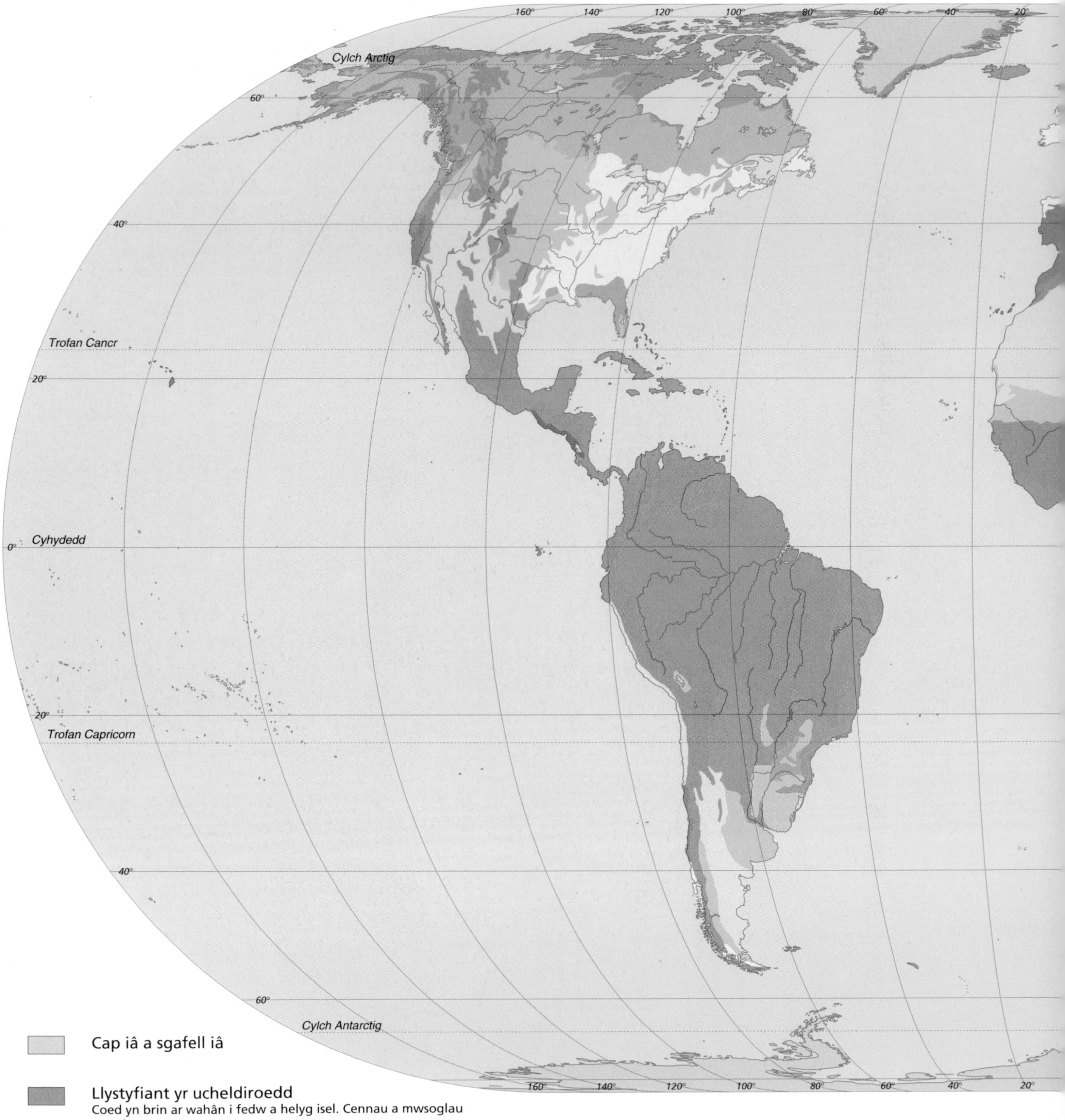

Cap iâ a sgafell iâ

Llystyfiant yr ucheldiroedd
Coed yn brin ar wahân i fedw a helyg isel. Cennau a mwsoglau yn niferus.

Twndra
Yn cynnwys mwsoglau, cennau, brwyn, gweiriau a pherlysiau blodeuol.

Coedwigoedd Gogleddol (Taiga)
Yn lledredau uchaf hemisffer y gogledd yn unig. Yn aml yn cynnwys conwydd.

Coedwigoedd conwydd
Conwydd fel pinwydd, pyrwydd a llarwydd. I'w gweld yn ardaloedd gorllewinol Gogledd America, De-ddwyrain U.D.A. a De Brasil.

Coedwigoedd cymysg, lledredau canol
Cymysgedd o goed llydanddail a chonwydd.

Prysg mediteranaidd
Prysgwydd yn bennaf, yn gymysg â phlanhigion llysieuol persawrus.

Glaswelltir tymherus
Ardaloedd o laswelltir a pherlysiau blodeuol lliwgar.

GRADDFA 1 : 80 000 000 — 0 800 1600 2400 3200 km

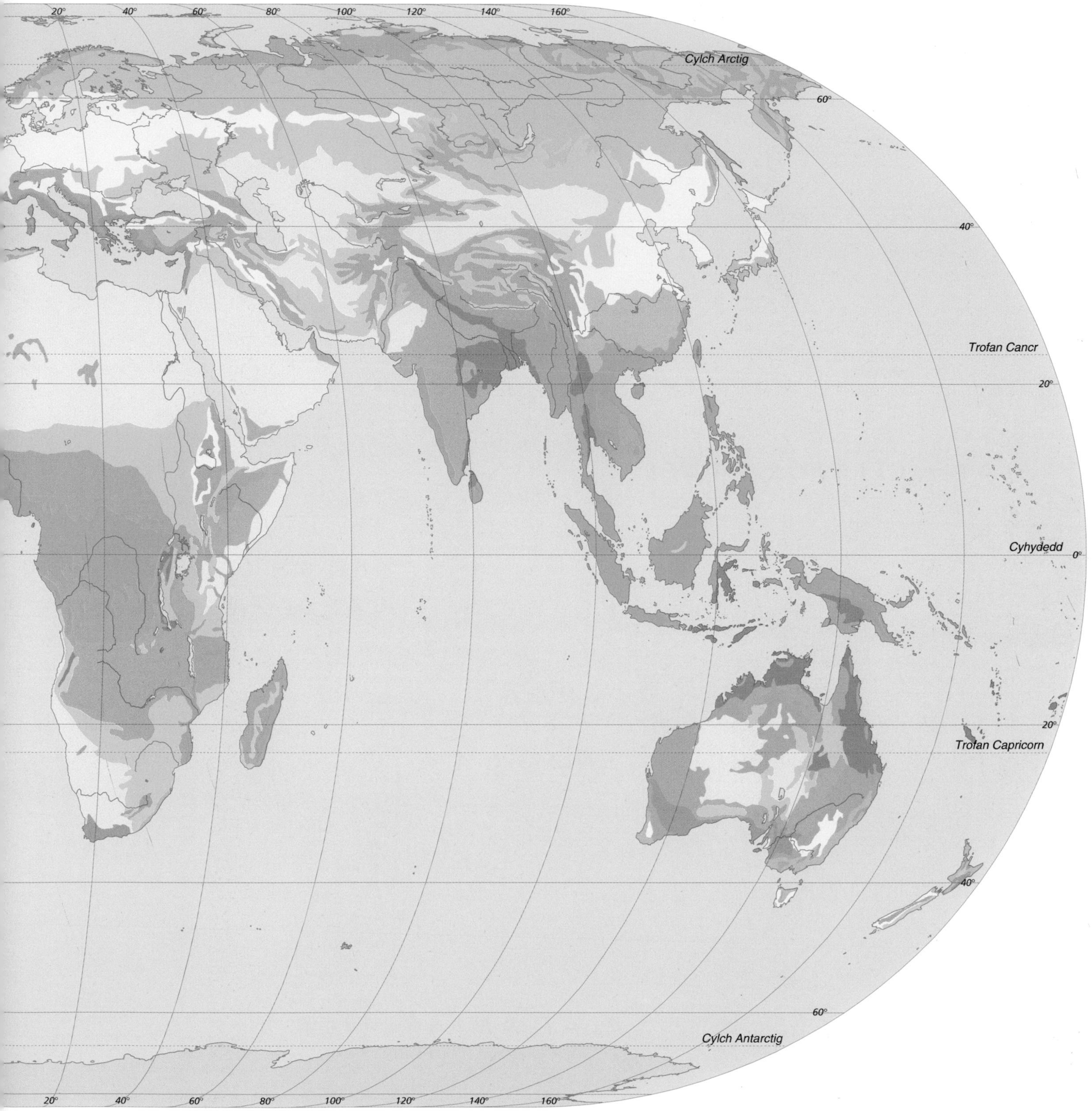

Safana
Glaswelltiroedd trofannol yn gymysg â llwyni drain neu goed collddail fel acasiâu a choed ewcalpytus.

Coedwigoedd glaw trofannol
Coedwigoedd dwys mewn ardaloedd lle mae'r glawiad yn uchel a'r tymheredd yn gyson uchel. Ceir hyd at dair haen o dyfiant coed uwchben haen o brysgwydd.

Coedwigoedd monsŵn
Coedwigoedd collddail sy'n tyfu yn ardaloedd hinsawdd monsŵn.

Coedwigoedd trofannol a phrysg sych
Coedwigoedd lled-gollddail, prysg dreiniog, prysgwydd a llwyni.

Coedwigoedd istrofannol
Coedwigoedd dail caled bytholwyrdd.

Llystyfiant diffeithdir
Llystyfiant yn gyfyngedig i weiriau a chacti sydd wedi ymaddasu i amgylchiadau garw sych y diffeithdiroedd.

Tafluniad Eckert IV

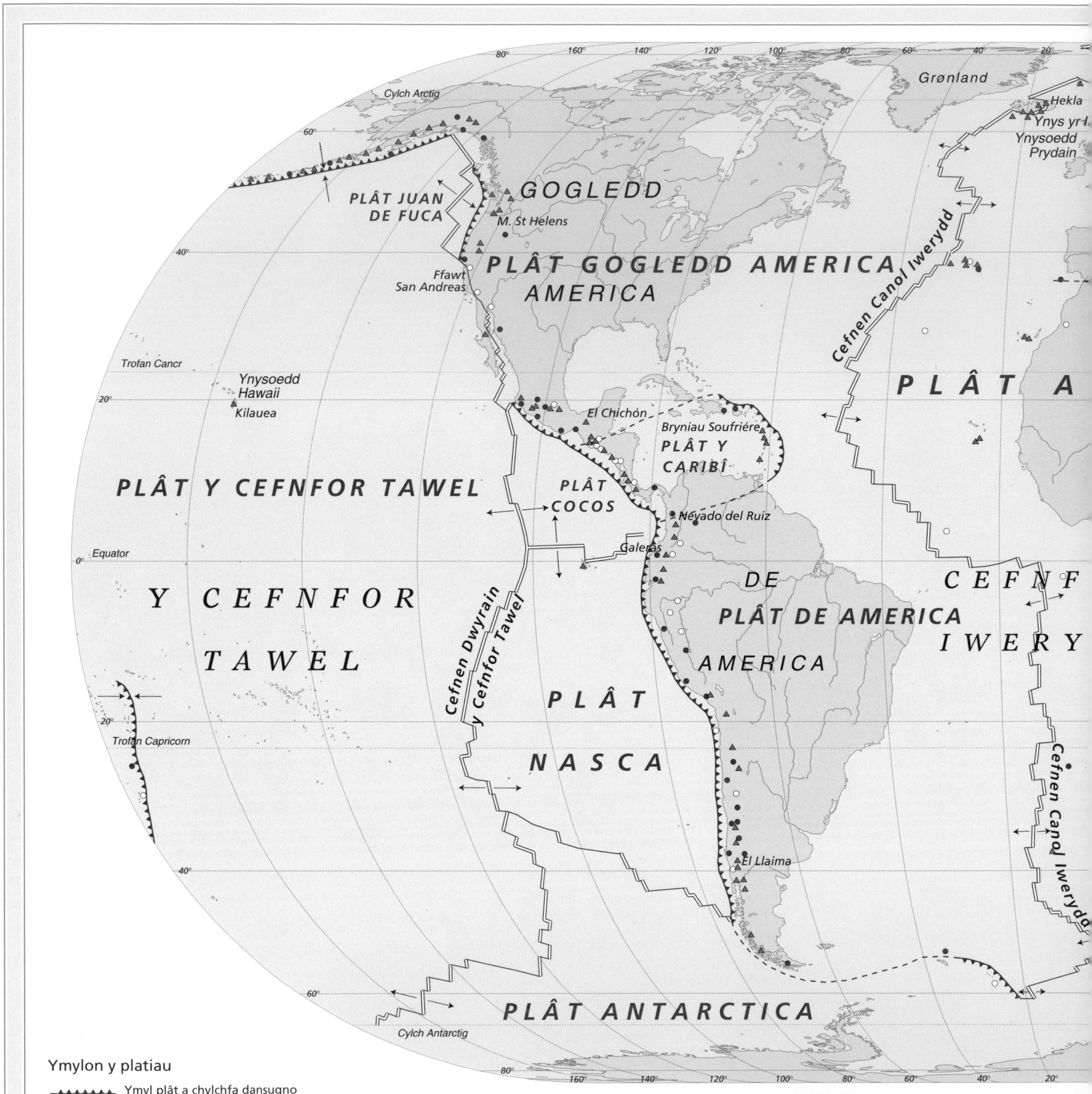

Ymylon y platiau

Ymyl plât a chylchfa dansugno
Mae cylchfa dansugno yn digwydd lle mae plât cyfandirol a phlât cefnforol yn cyfarfod a lle mae dau blât cefnforol yn gwrthdaro.

Ymyl plât a chylchfa wrthdaro
Lle mae dau blât cyfandirol yn cyfarfod mae cylchfa wrthdaro yn digwydd gan ffurfio cadwyni o fynyddoedd plyg.

Ymyl plât a chefnen gefnforol
Wrth i un plât ymwahanu oddi wrth y llall bydd ymylon y plât yn codi i ffurfio cefnen.

Llwybr ymyl y plât yn ansicr

Llosgfynyddoedd a daeargrynfeydd

Daeargrynfeydd
- *Maint sylweddol (dros 7.8 ar Raddfa Richter)*
- *Maint llai*

Llosgfynydd
- *Llosgfynydd byw*

DAEARGRYNFEYDD MAWR 1980-1986

	Lleoliad	*Nerth	Lladdwyd
1980	El Asnam, Algeria	7.7	4000
1980	De'r Eidal	6.9	3000
1981	Kerman, Iran	7.3	2500
1982	El Salvador	7.4	16
1982	Dhamar, Yemen	6.0	3000
1983	Dwyrain Twrci	7.1	1500
1985	Santiago, Chile	7.8	177
1985	Xinjiang Uygur, China	7.4	63
1985	Michoacán, México	8.1	20 000
1986	El Salvador	7.5	1000

GRADDFA 1 : 80 000 000

0 800 1600 2400 3200 km

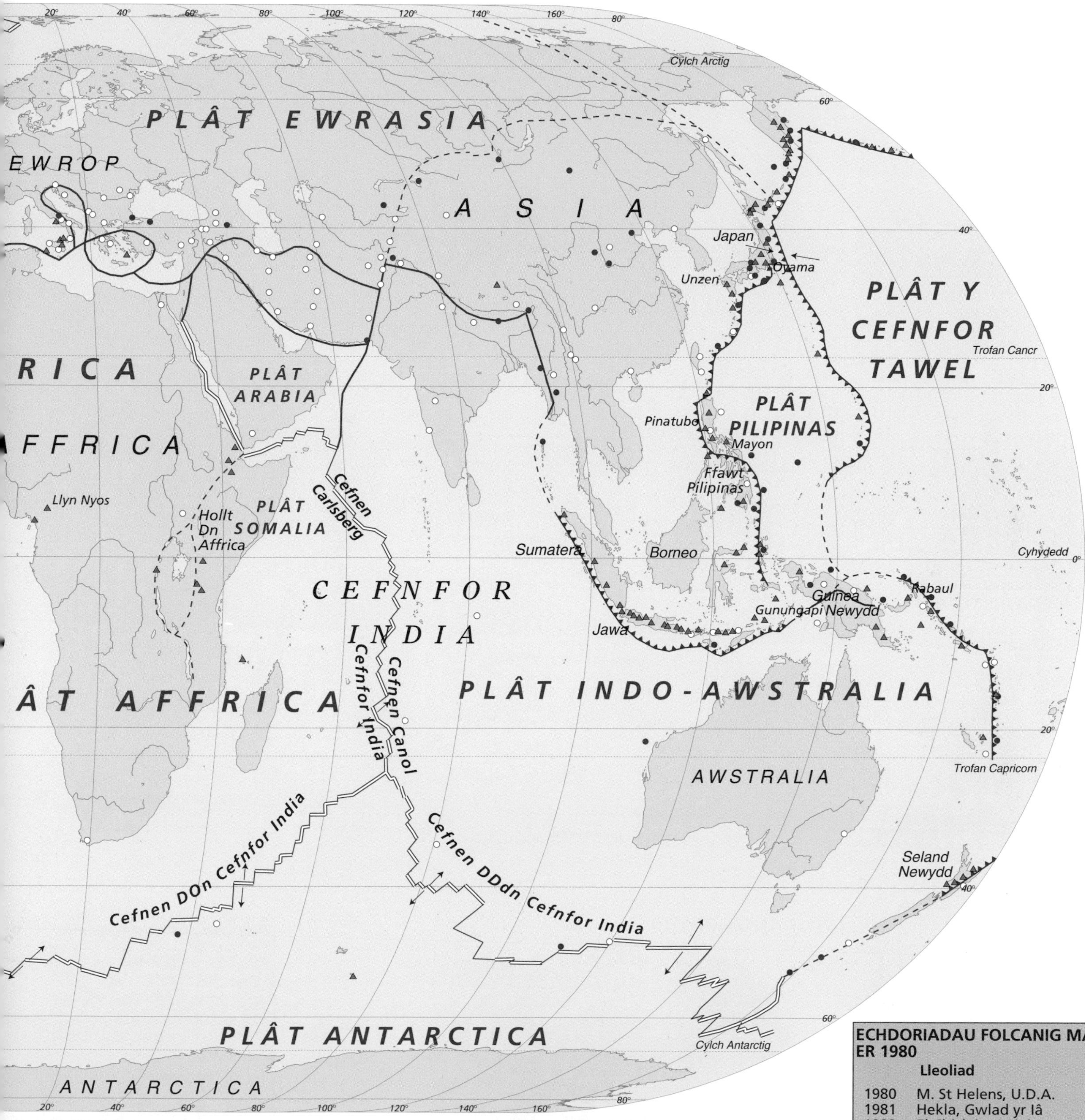

DAEARGRYNFEYDD MAWR 1987-1991

	Lleoliad	*Nerth	Lladdwyd
1987	Ecuador	7.0	2000
1988	Yunnan, China	7.6	1000
1988	Armenia	6.9	25 000
1988	Nepal / India	6.9	1000
1989	Bae San Francisco, U.D.A.	7.1	67
1990	Gogledd-orllewin Iran	7.7	50 000
1990	Luzon, Pilipinas	7.7	1600
1991	Costa Rica / Panamá	7.4	82
1991	Georgia	7.1	114
1991	Uttar Pradesh, India	6.1	1600

DAEARGRYNFEYDD MAWR 1992-1995

	Lleoliad	*Nerth	Lladdwyd
1992	Kyrgyzstan	7.5	50
1992	Flores, Indonesia	7.5	2500
1992	Erzincan, Twrci	6.8	500
1992	Cairo, Yr Aifft	5.9	550
1993	Gogledd Japan	7.8	185
1993	Maharashtra, India	6.4	9700
1994	Ynysoedd Kuril, Japan	8.3	10
1995	Kōbe, Japan	7.2	5200
1995	Sakhalin, Ffed. Rwsia	7.6	2500

* Nerth y daeargryn ar Raddfa Richter

ECHDORIADAU FOLCANIG MAWR ER 1980

	Lleoliad
1980	M. St Helens, U.D.A.
1981	Hekla, Gwlad yr Iâ
1982	El Chichón, México
1983	Kilauea, Hawaii
1983	Oyama, Japan
1985	Nevado del Ruiz, Colombia
1986	Llyn Nyos, Cameroun
1988	Gunungapi, Indonesia
1991	Pinatubo, Pilipinas
1991	Unzen, Japan
1993	Mayon, Pilipinas
1993	Galeras, Colombia
1994	El Llaima, Chile
1994	Rabaul, Papua GN
1997	Bryniau Soufriére, Montserrat

Tafluniad Eckert IV

DOSBARTHIAD POBLOGAETH

Pobl y km sgwâr

- dros 100
- 40-100
- 10-40
- 2-10
- 0-2

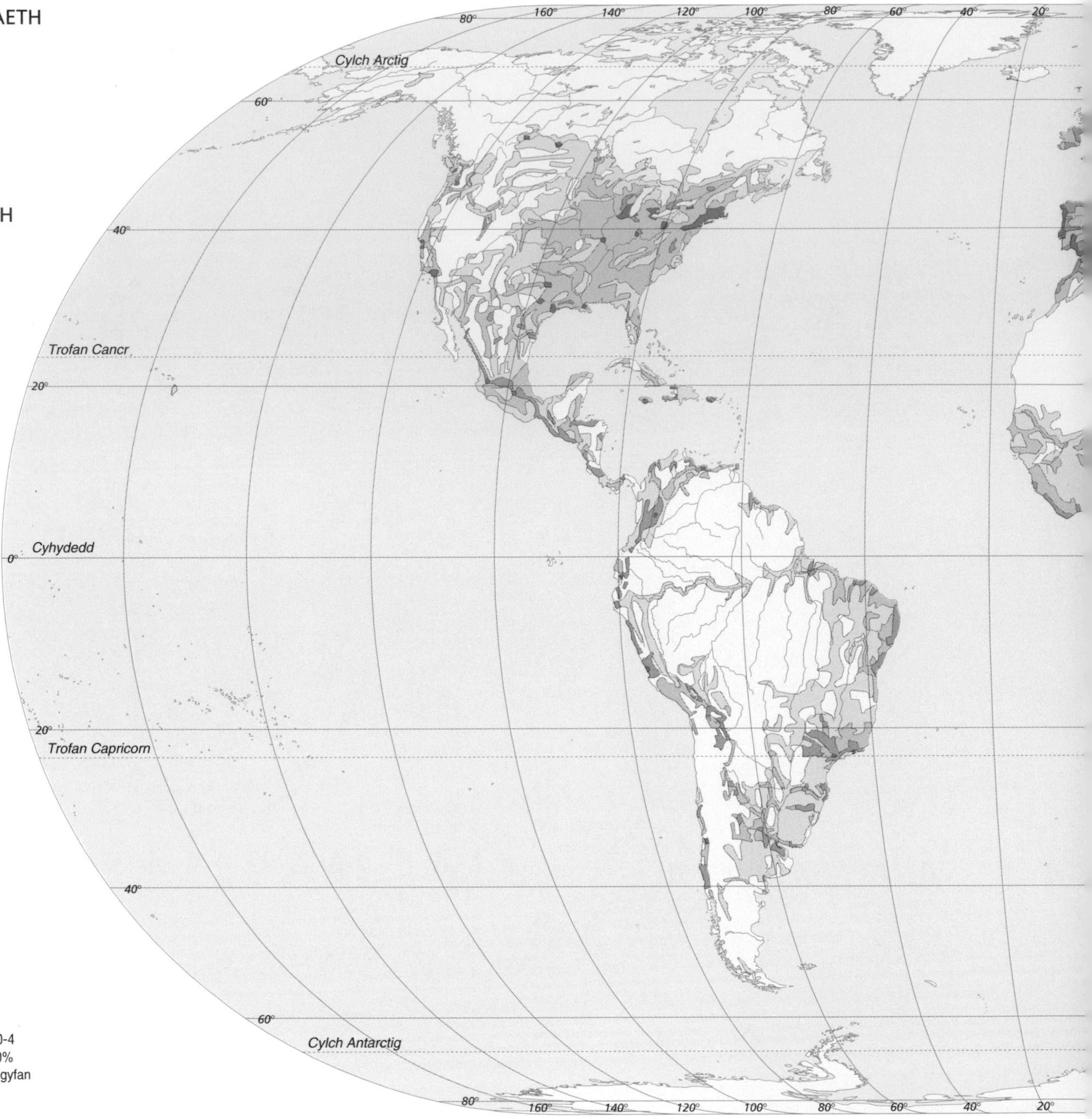

STRWYTHUR POBLOGAETH

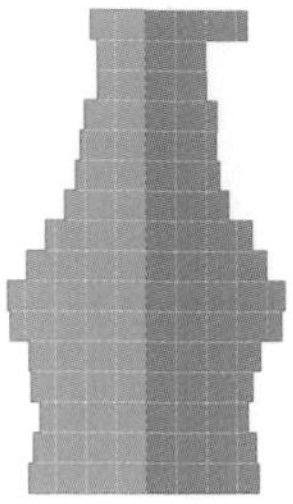

U.D.A. 1989

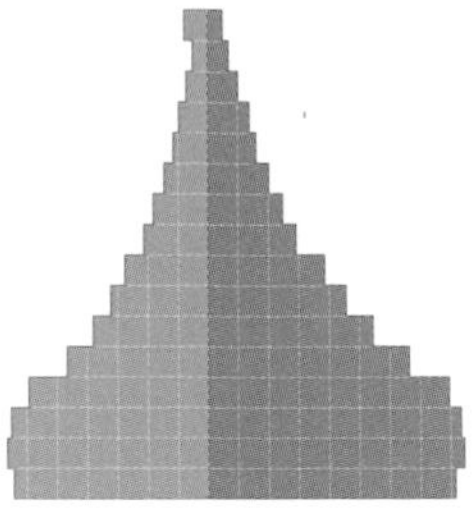

MÉXICO 1990

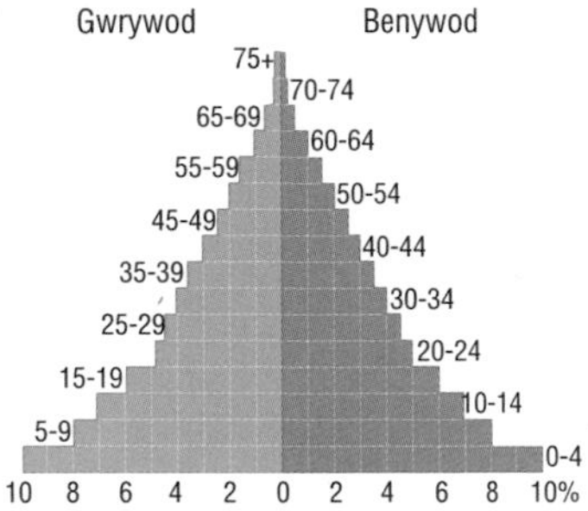

Mae pob sgwâr llawn yn cynrychioli 1% o'r boblogaeth gyfan

I'w ddefnyddio wrth ddehongli strwythur poblogaeth U.D.A. a México uchod a'r pedair gwlad ar dudalen 125

DWYSEDD POBLOGAETH

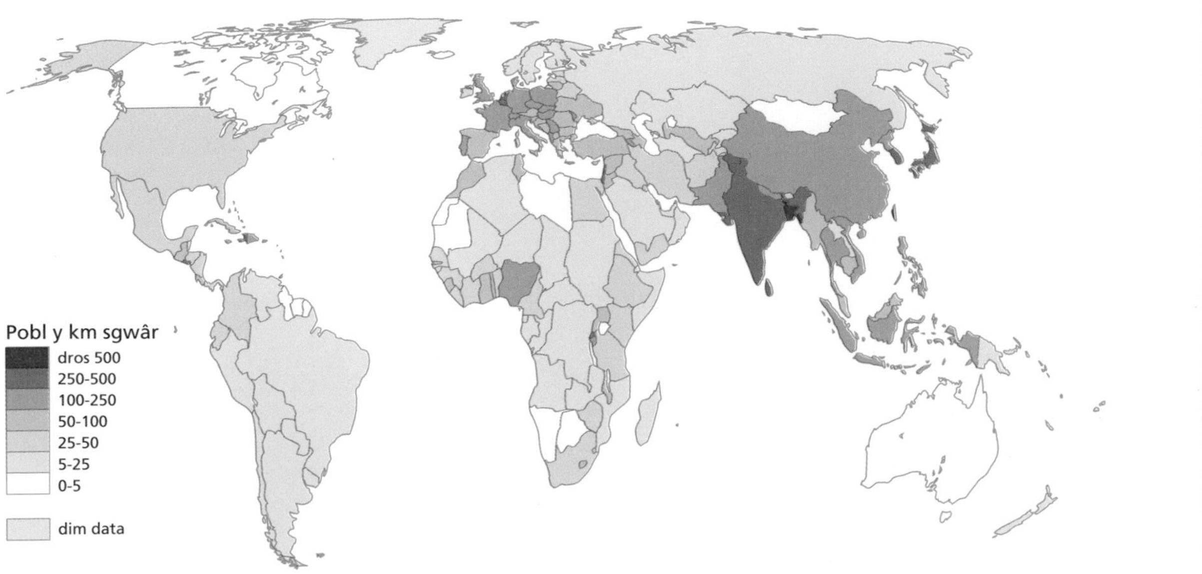

Poblogaeth Brasamcan 1994	Gwlad a chyfandir
1,208,841,000	**CHINA** ASIA
918,570,000	**INDIA** ASIA
260,650,000	**U.D.A.** G. AMERICA
193,017,000	**INDONESIA** ASIA
153,725,000	**BRASIL** DE AMERICA
147,997,000	**FFED. RWSIA.** ASIA/EWROP
124,961,000	**JAPAN** ASIA
126,610,000	**PAKISTAN** ASIA
117,787,000	**BANGLADESH** ASIA
108,467,000	**NIGERIA** AFFRICA
93,008,000	**MÉXICO** G. AMERICA
81,410,000	**YR ALMAEN** EWROP
72,509,000	**VIET NAM** ASIA
67,038,000	**PILIPINAS** ASIA
61,183,000	**TWRCI** ASIA/EWROP
59,778,000	**IRAN** ASIA
59,396,000	**GWLAD THAI** ASIA
58,326,000	**YR AIFFT** AFFRICA
58,191,000	**Y DEYRNAS UNEDIG** EWROP
57,747,000	**FFRAINC** EWROP

GRADDFA 1 : 100 000 000

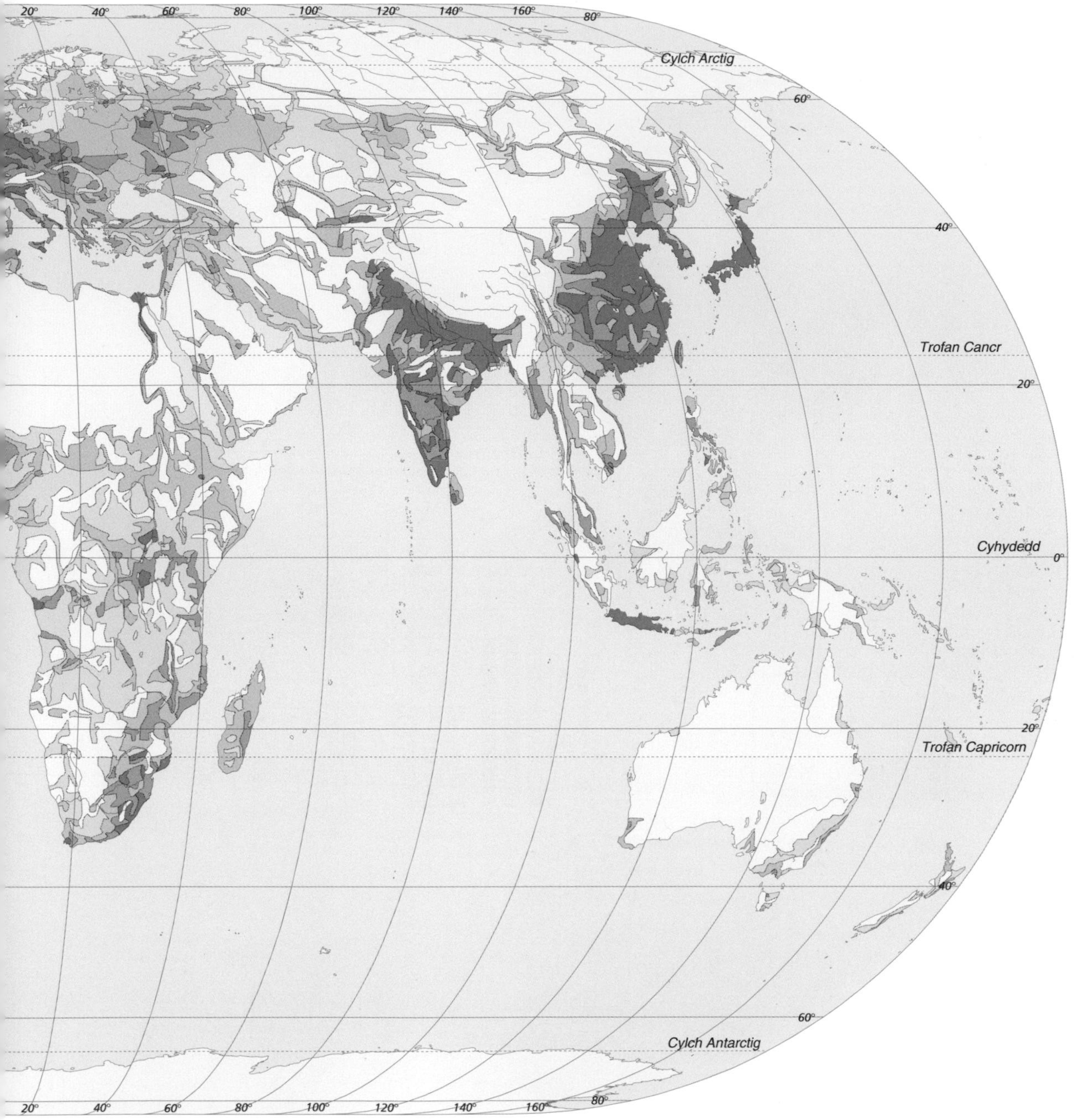

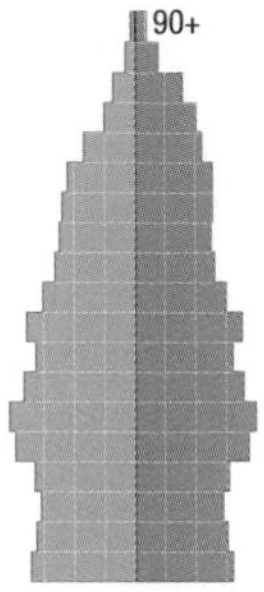

D.U. 1991

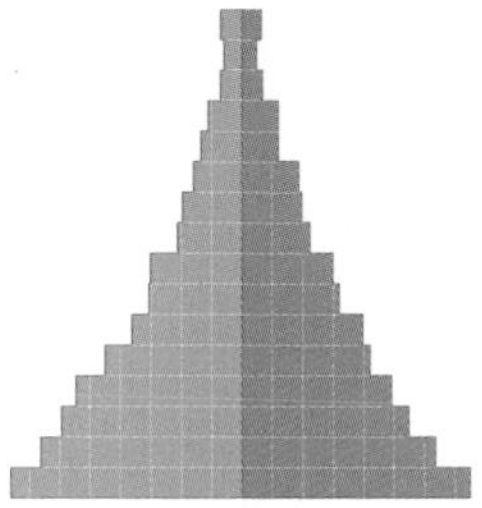
YR AIFFT 1986

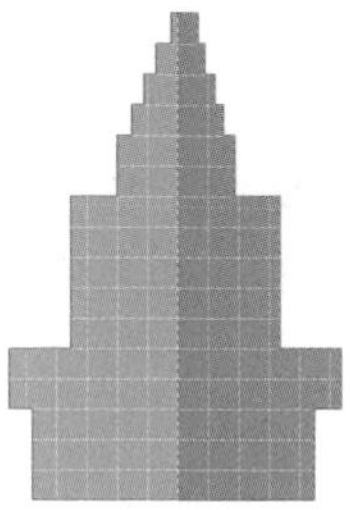
CHINA 1990

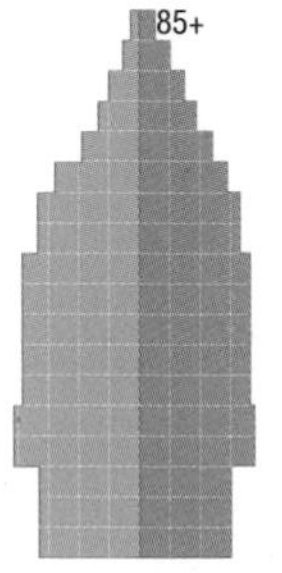

JAPAN 1990

Poblogaeth rasamcan 1994	Ardal ddinesig a gwlad
20,200,000	**CD. DE MÉXICO** MÉXICO
16,972,000	**EFROG NEWYDD** U.D.A.
15,199,423	**SÃO PAULO** BRASIL
13,341,896	**SHANGHAI** CHINA
12,571,720	**MUMBAI (BOMBAY)** INDIA
12,200,000	**BUENOS AIRES** ARIANNIN
11,642,000	**CAIRO** YR AIFFT
11,609,735	**TŌKYŌ** JAPAN
11,420,000	**LOS ANGELES** U.D.A.
10,916,272	**CALCUTTA** INDIA
10,819,407	**BEIJING** CHINA
10,627,000	**SŎUL** DE KOREA
9,600,528	**RIO DE JANEIRO** BRASIL
9,371,000	**TIANJIN** CHINA
9,318,821	**PARIS** FFRAINC
9,253,000	**JAKARTA** INDONESIA
9,227,687	**LLUNDAIN** D.U.
8,957,000	**MOSKVA** FFED. RWSIA.
8,520,000	**ŌSAKA-KŌBE** JAPAN
8,375,188	**DELHI** INDIA

ARDALOEDD DINESIG

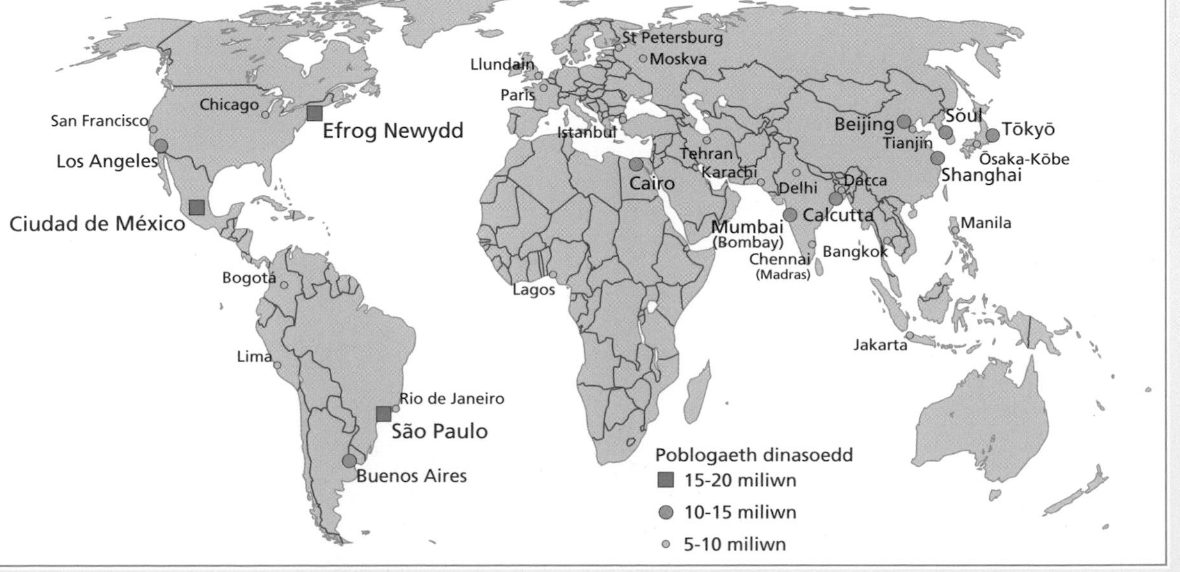

1 CYFRADDAU GENI

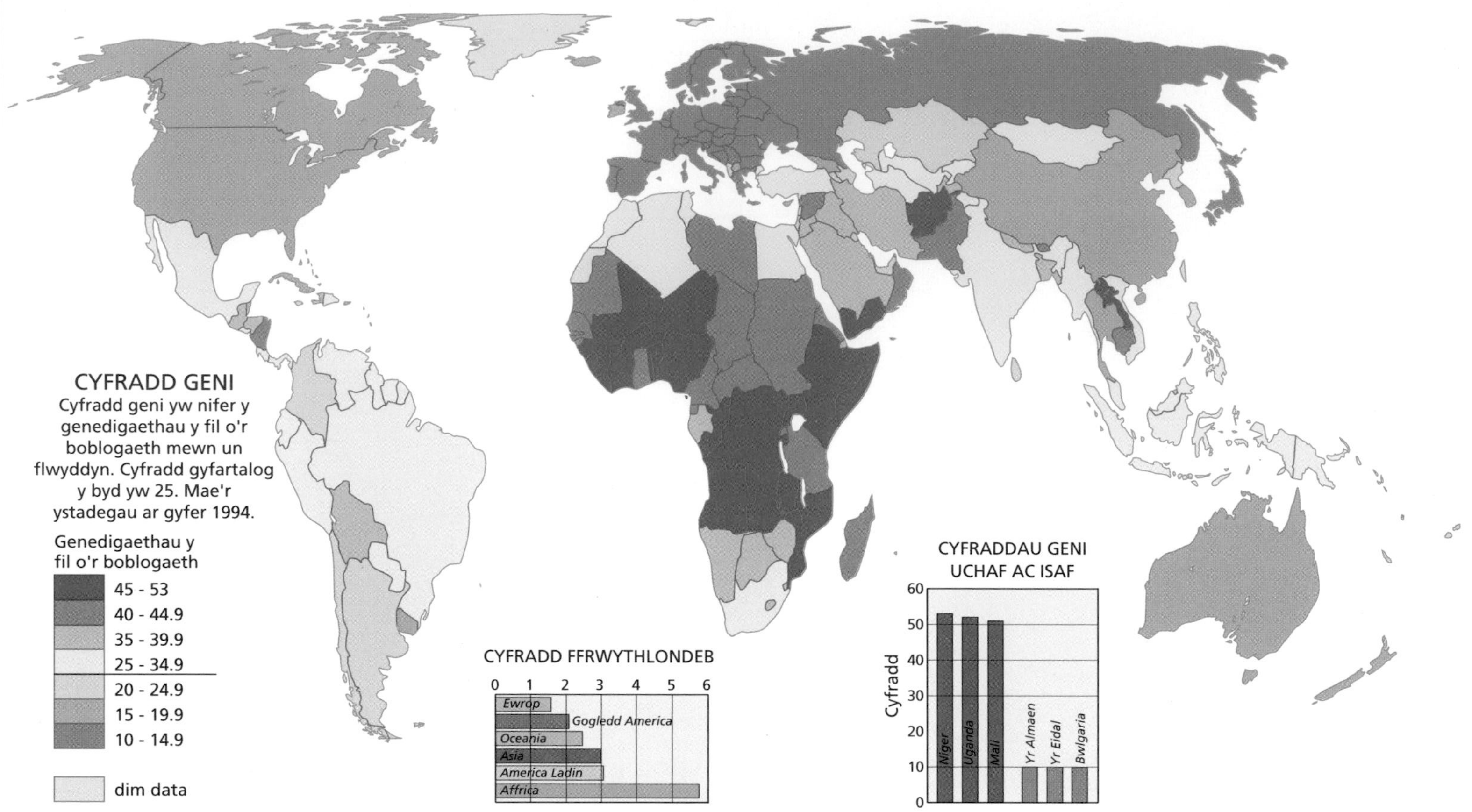
CYFRADD GENI
Cyfradd geni yw nifer y genedigaethau y fil o'r boblogaeth mewn un flwyddyn. Cyfradd gyfartalog y byd yw 25. Mae'r ystadegau ar gyfer 1994.
Genedigaethau y fil o'r boblogaeth
45 - 53
40 - 44.9
35 - 39.9
25 - 34.9
20 - 24.9
15 - 19.9
10 - 14.9
dim data
CYFRADD FFRWYTHLONDEB
0 1 2 3 4 5 6
Ewrop
Gogledd America
Oceania
Asia
America Ladin
Affrica
CYFRADDAU GENI UCHAF AC ISAF
Cyfradd
0 10 20 30 40 50 60
Niger
Uganda
Mali
Yr Almaen
Yr Eidal
Bwlgaria

2 CYFRADDAU MARW

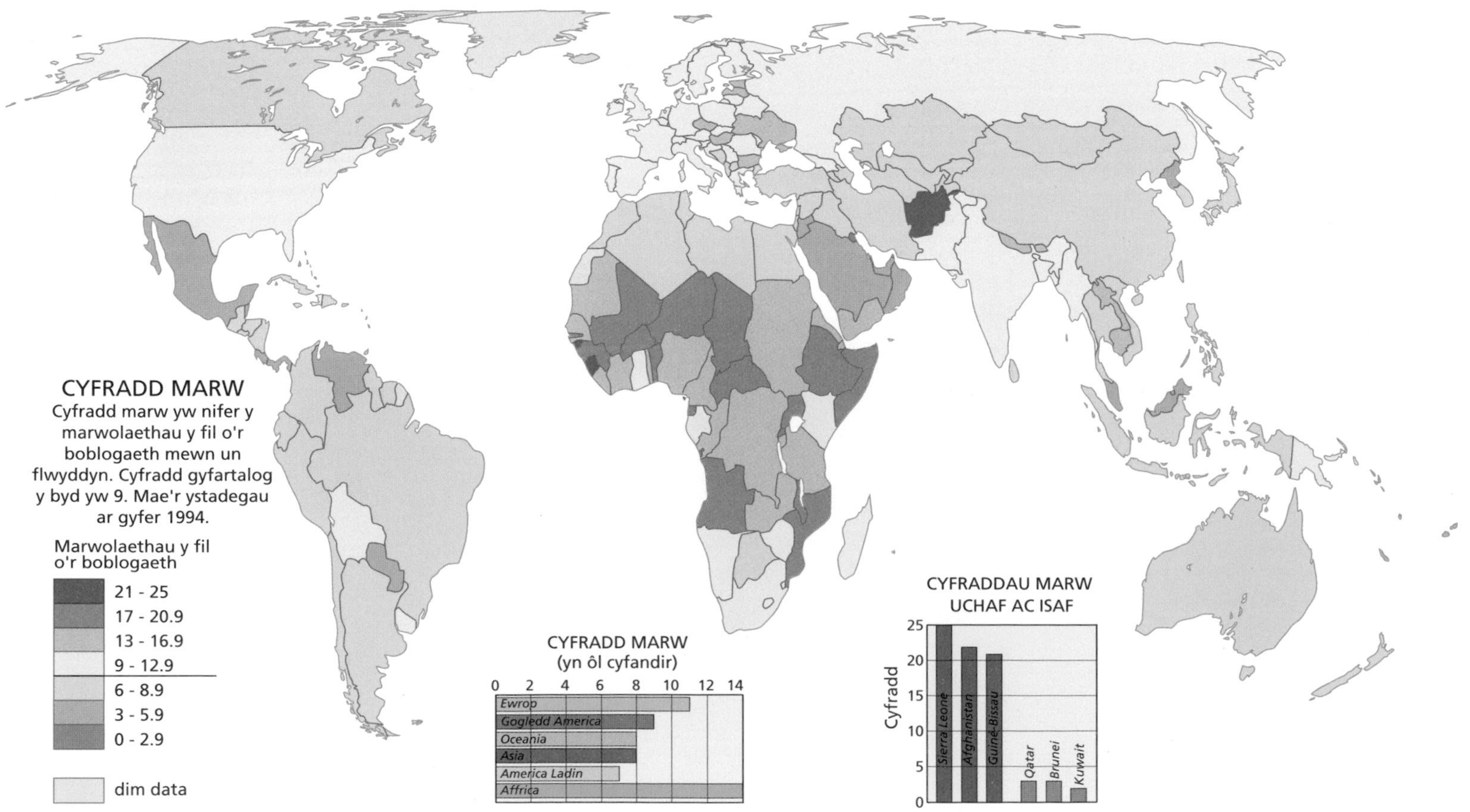
CYFRADD MARW
Cyfradd marw yw nifer y marwolaethau y fil o'r boblogaeth mewn un flwyddyn. Cyfradd gyfartalog y byd yw 9. Mae'r ystadegau ar gyfer 1994.
Marwolaethau y fil o'r boblogaeth
21 - 25
17 - 20.9
13 - 16.9
9 - 12.9
6 - 8.9
3 - 5.9
0 - 2.9
dim data
CYFRADD MARW (yn ôl cyfandir)
0 2 4 6 8 10 12 14
Ewrop
Gogledd America
Oceania
Asia
America Ladin
Affrica
CYFRADDAU MARW UCHAF AC ISAF
Cyfradd
0 5 10 15 20 25
Sierra Leone
Afghanistan
Guiné-Bissau
Qatar
Brunei
Kuwait

1 POBLOGAETH DREFOL

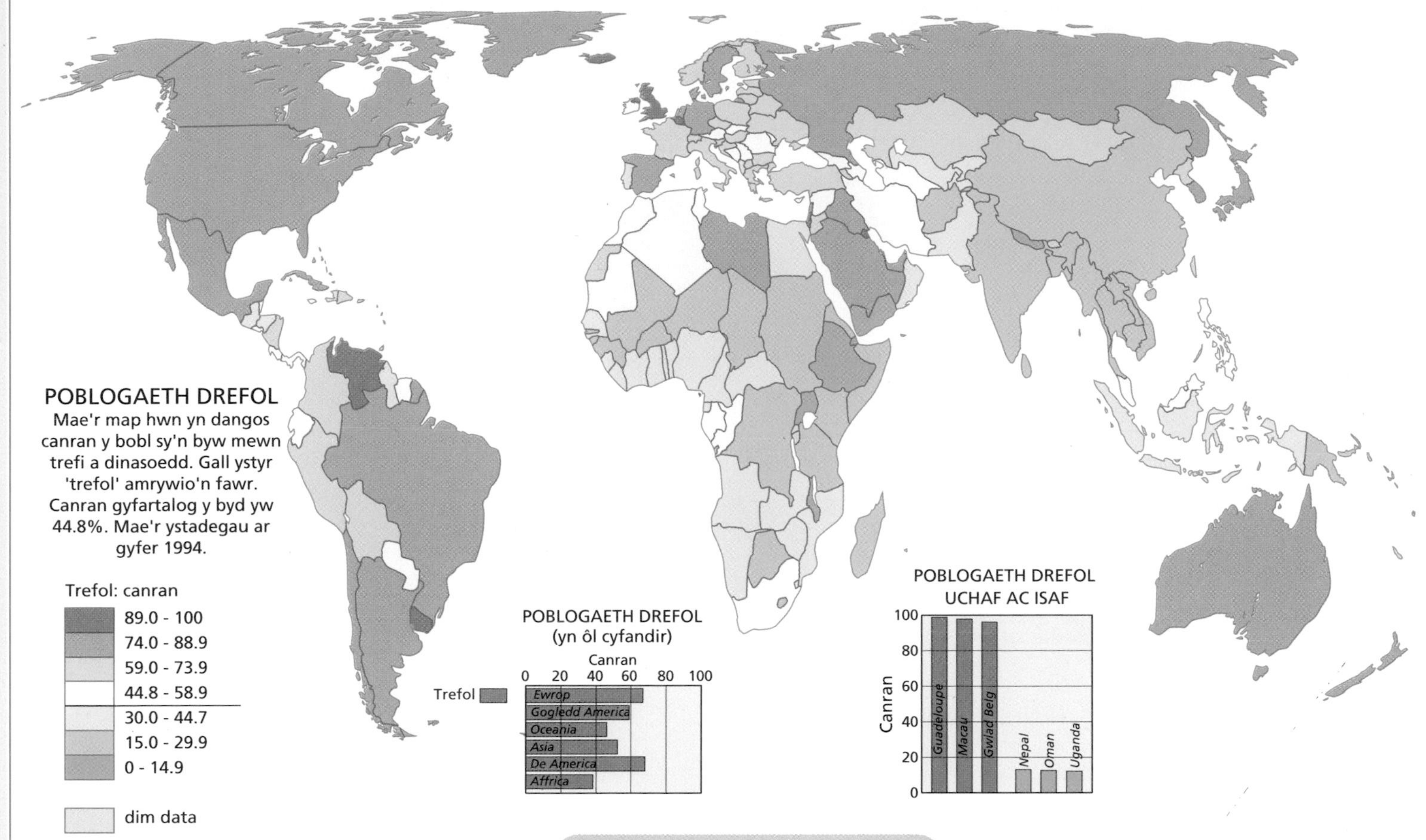

POBLOGAETH DREFOL

Mae'r map hwn yn dangos canran y bobl sy'n byw mewn trefi a dinasoedd. Gall ystyr 'trefol' amrywio'n fawr. Canran gyfartalog y byd yw 44.8%. Mae'r ystadegau ar gyfer 1994.

2 NEWID POBLOGAETH

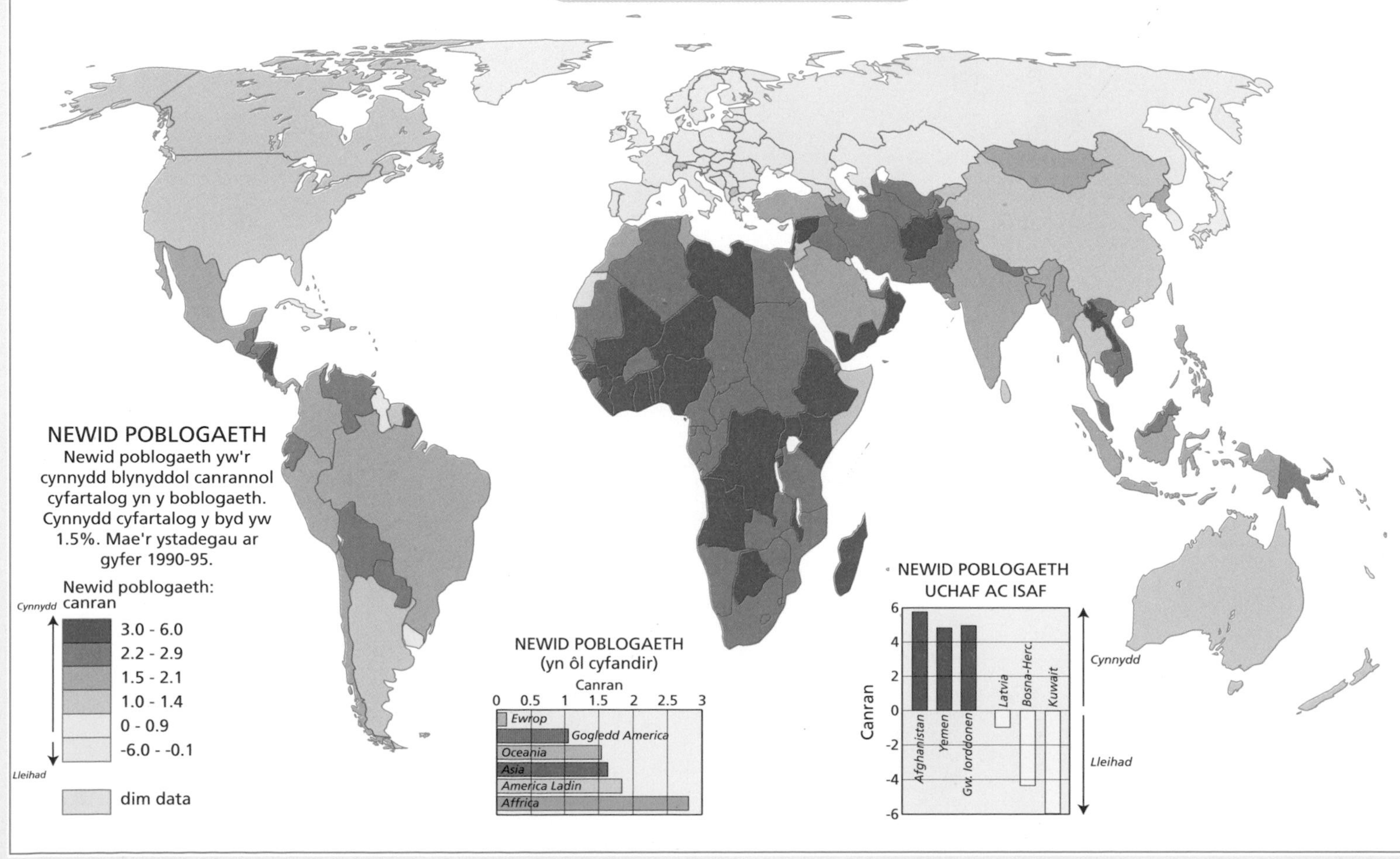

NEWID POBLOGAETH

Newid poblogaeth yw'r cynnydd blynyddol canrannol cyfartalog yn y boblogaeth. Cynnydd cyfartalog y byd yw 1.5%. Mae'r ystadegau ar gyfer 1990-95.

1 LLYTHRENNEDD

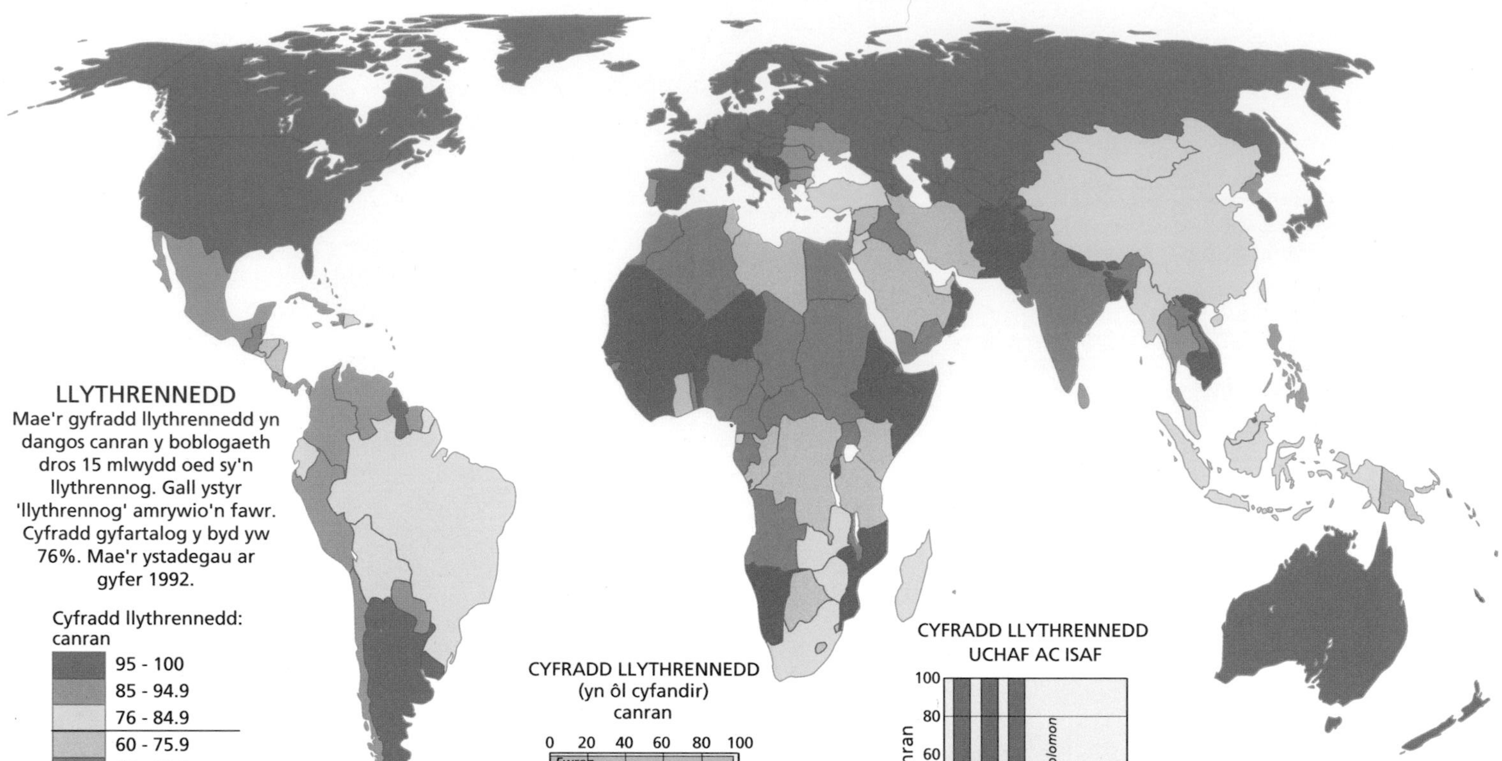

LLYTHRENNEDD

Mae'r gyfradd llythrennedd yn dangos canran y boblogaeth dros 15 mlwydd oed sy'n llythrennog. Gall ystyr 'llythrennog' amrywio'n fawr. Cyfradd gyfartalog y byd yw 76%. Mae'r ystadegau ar gyfer 1992.

Cyfradd llythrennedd: canran

- 95 - 100
- 85 - 94.9
- 76 - 84.9
- 60 - 75.9
- 40 - 59.9
- 0 - 39.9

- dim data

CYFRADD LLYTHRENNEDD (yn ôl cyfandir) canran

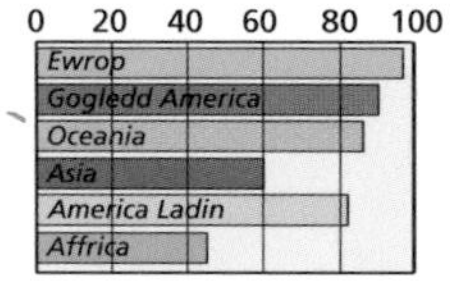

CYFRADD LLYTHRENNEDD UCHAF AC ISAF

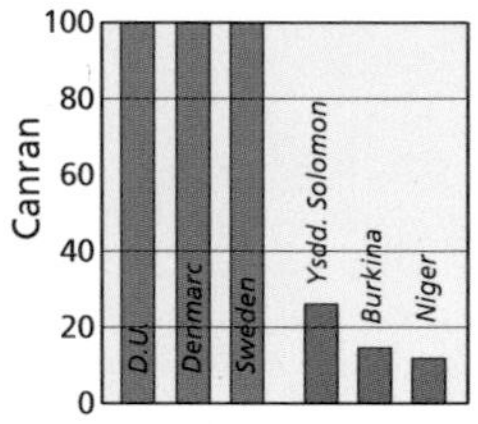

Mae gan 26 o wledydd gyfradd llythrennedd o 99%

2 DISGWYLIAD OES

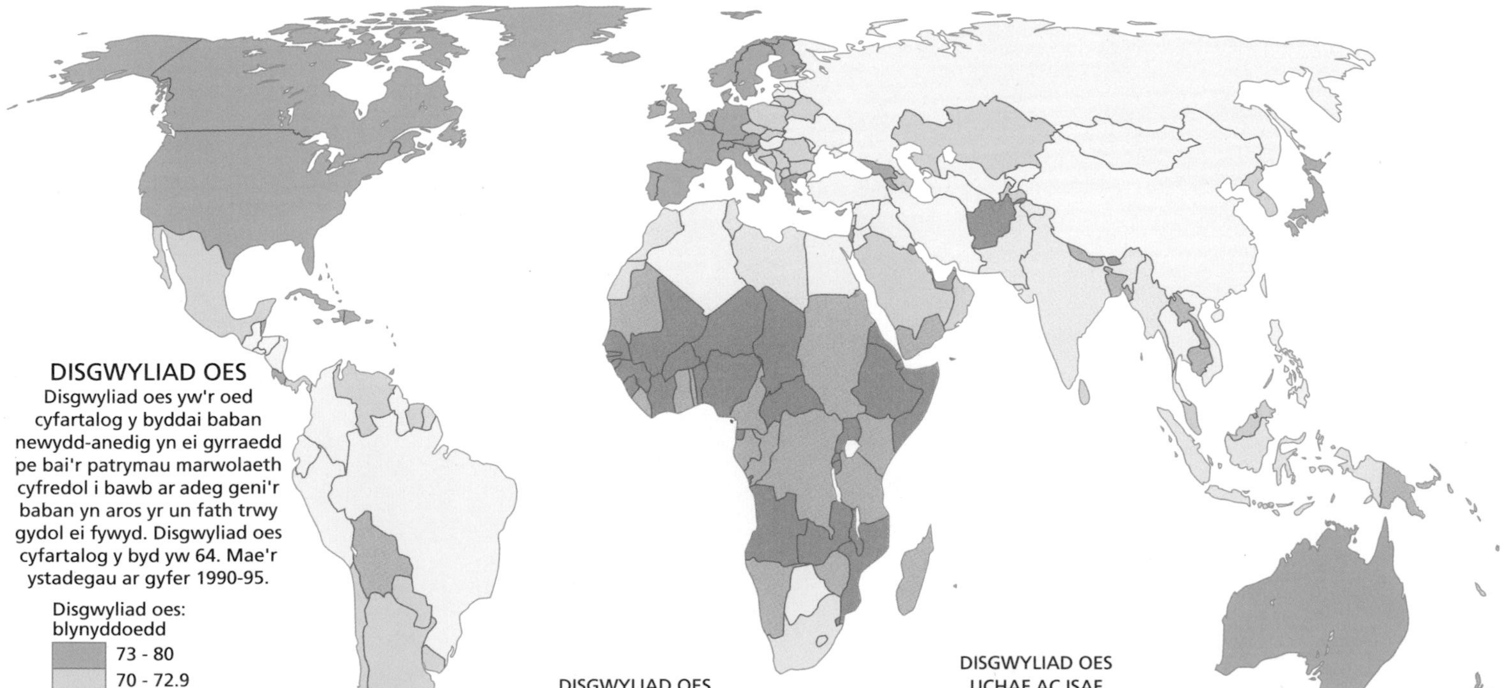

DISGWYLIAD OES

Disgwyliad oes yw'r oed cyfartalog y byddai baban newydd-anedig yn ei gyrraedd pe bai'r patrymau marwolaeth cyfredol i bawb ar adeg geni'r baban yn aros yr un fath trwy gydol ei fywyd. Disgwyliad oes cyfartalog y byd yw 64. Mae'r ystadegau ar gyfer 1990-95.

Disgwyliad oes: blynyddoedd

- 73 - 80
- 70 - 72.9
- 64 - 69.9
- 60 - 63.9
- 52 - 59.9
- 40 - 51.9

- dim data

DISGWYLIAD OES (yn ôl cyfandir)

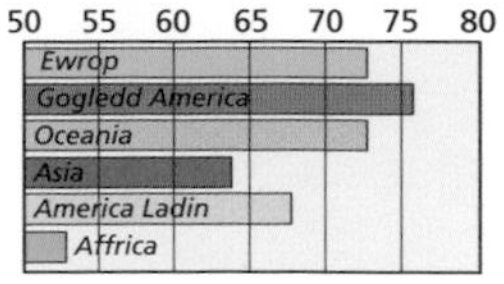

DISGWYLIAD OES UCHAF AC ISAF

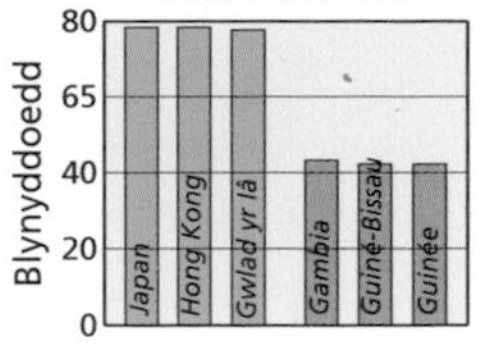

GRADDFA 1 : 140 000 000

Tafluniad Eckert IV

1 CYNNYRCH GWLADOL CRYNSWTH

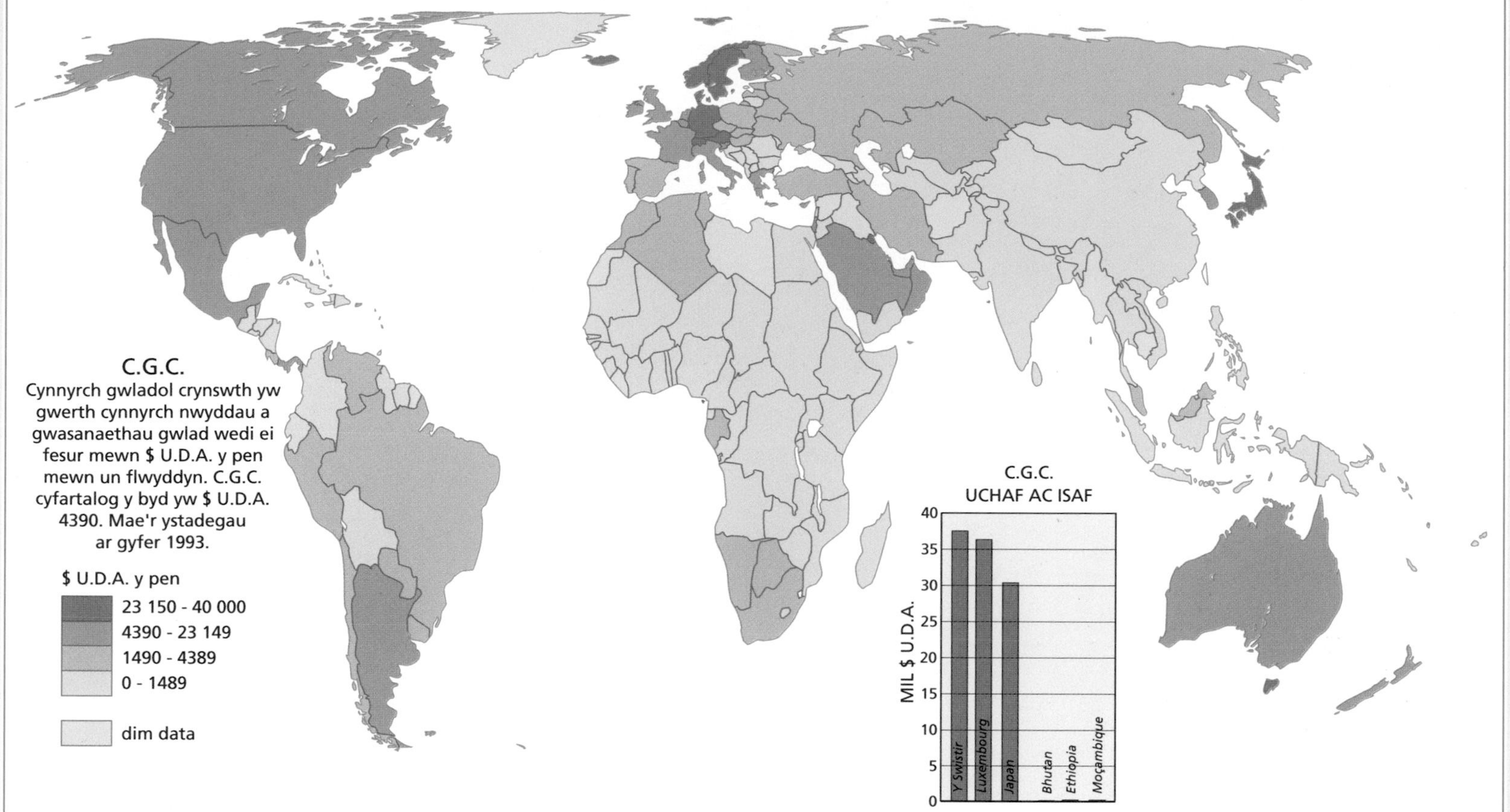

C.G.C.

Cynnyrch gwladol crynswth yw gwerth cynnyrch nwyddau a gwasanaethau gwlad wedi ei fesur mewn $ U.D.A. y pen mewn un flwyddyn. C.G.C. cyfartalog y byd yw $ U.D.A. 4390. Mae'r ystadegau ar gyfer 1993.

$ U.D.A. y pen
- 23 150 - 40 000
- 4390 - 23 149
- 1490 - 4389
- 0 - 1489
- dim data

2 PERCHENOGAETH CEIR

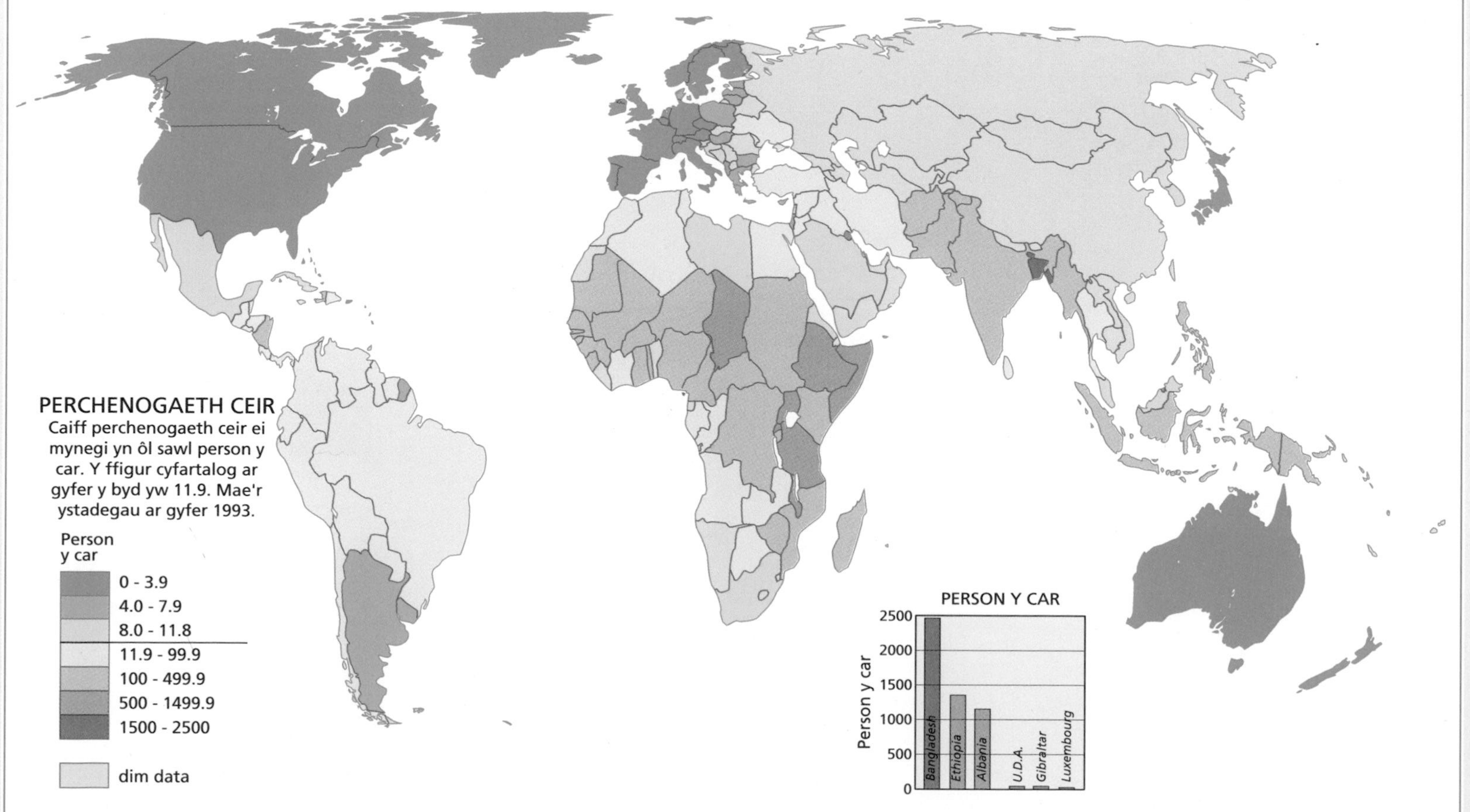

PERCHENOGAETH CEIR

Caiff perchenogaeth ceir ei mynegi yn ôl sawl person y car. Y ffigur cyfartalog ar gyfer y byd yw 11.9. Mae'r ystadegau ar gyfer 1993.

Person y car
- 0 - 3.9
- 4.0 - 7.9
- 8.0 - 11.8
- 11.9 - 99.9
- 100 - 499.9
- 500 - 1499.9
- 1500 - 2500
- dim data

GRADDFA 1 : 140 000 000

Tafluniad Eckert IV

BYGYTHIADAU I'R AMGYLCHEDD

- *Fforest
- Llygredd môr difrifol
- Llygredd môr rhannol
- Llygredd afon
- Ardaloedd fforest dan fygythiad
- ⋆ Datgoedwigo uwch na chyfradd gyfartalog y byd
- Safle prawf niwclear presennol
- Hen safle prawf niwclear
- • Dinas fawr â phroblem llygredd aer ddifrifol yn sgîl diwydiant a mwg cerbydau
- ▲ Cynhyrchu olew alltraeth

*Yn cynnwys Coedwigoedd glaw trofannol, Coedwigoedd monswn a Phrysgwydd trofannol sych. Gweler Y Byd: Llystyfiant Naturiol, tt.120-121

EFFAITH DYN AR ORCHUDD NATURIOL Y TIR (%)

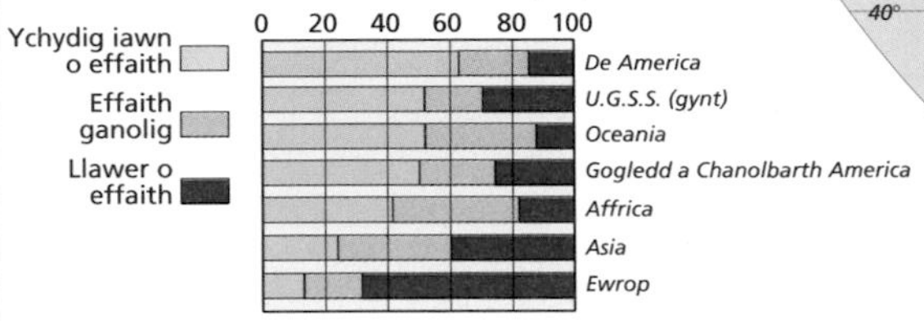

LLYGREDD ATMOSFFERIG (Allyrru nwyon tŷ gwydr)

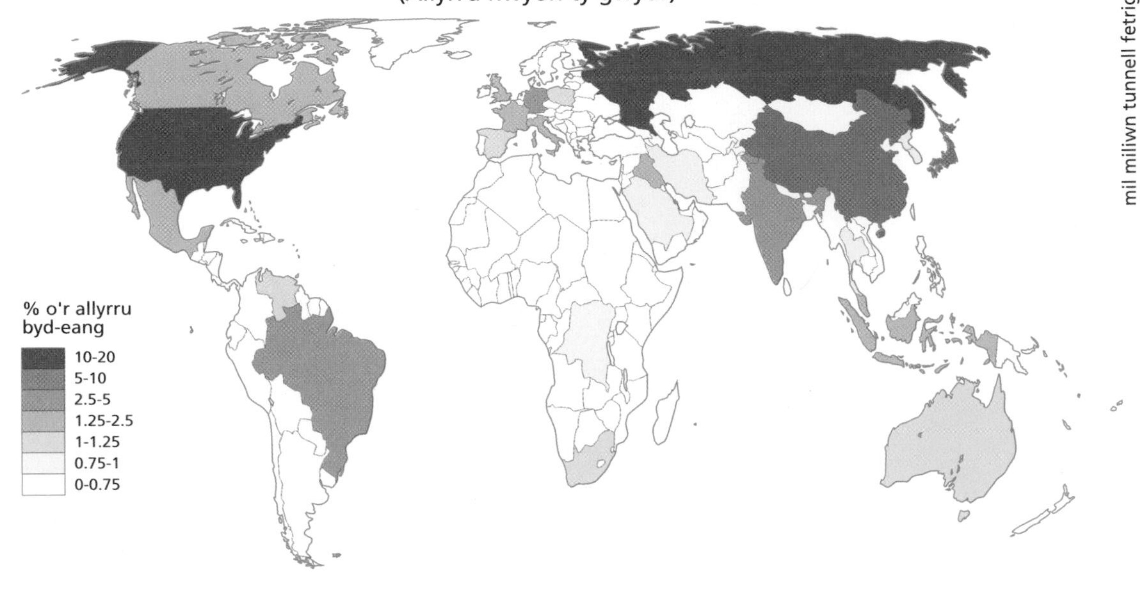

ALLYRRU CO_2 TRWY DRAUL TANWYDD FFOSIL 1955-1991

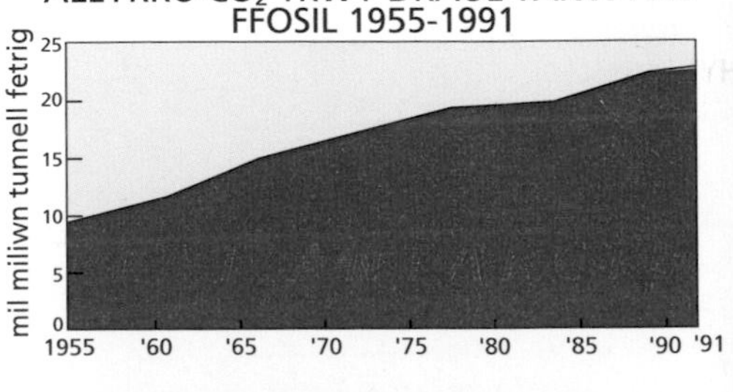

ALLYRRU NWYON TŶ GWYDR 1991

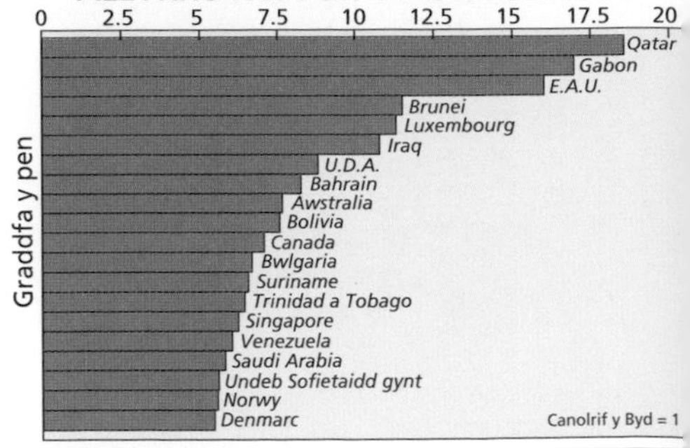

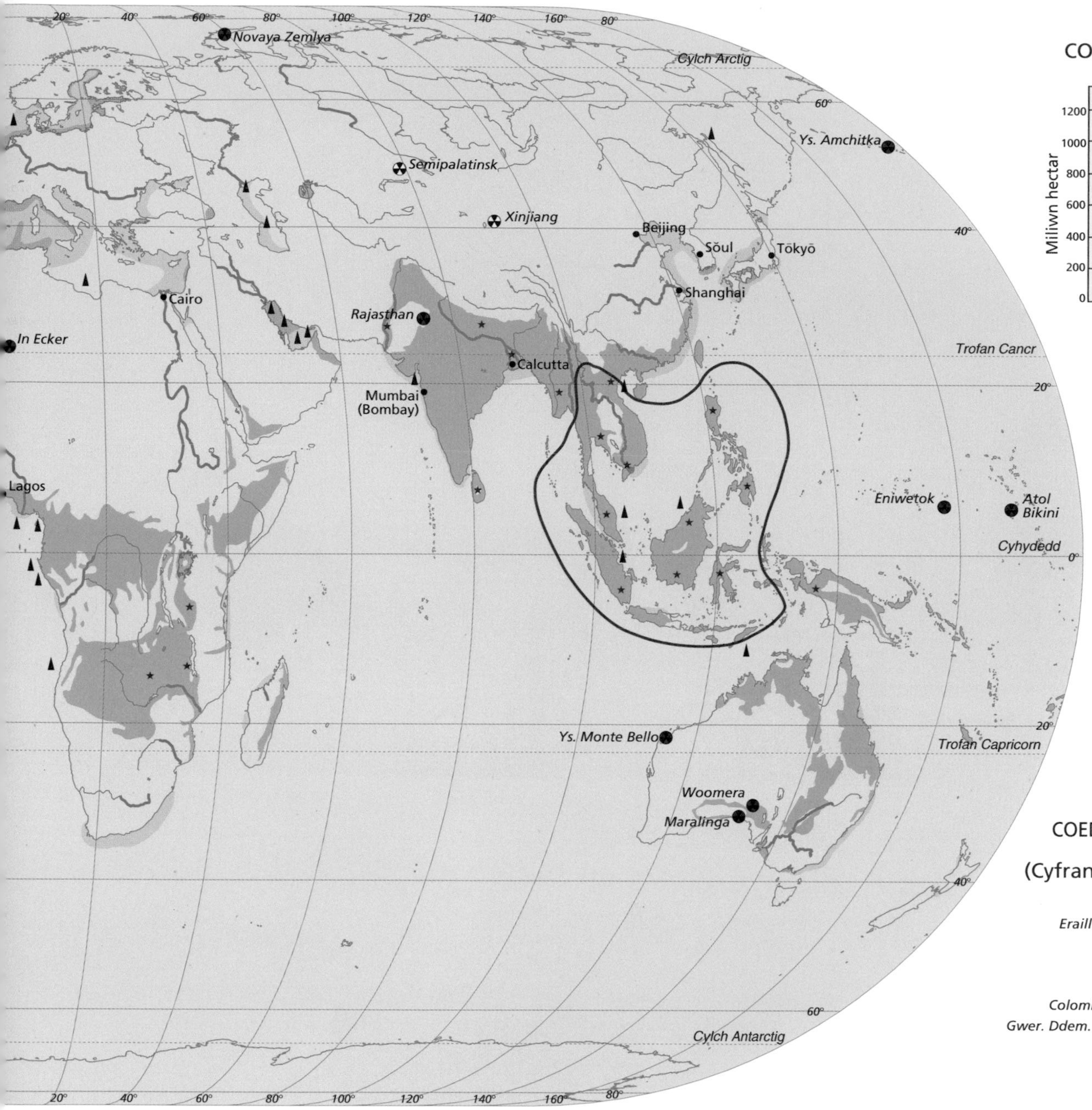

COEDWIGOEDD TROFANNOL YN ÔL RHANBARTH

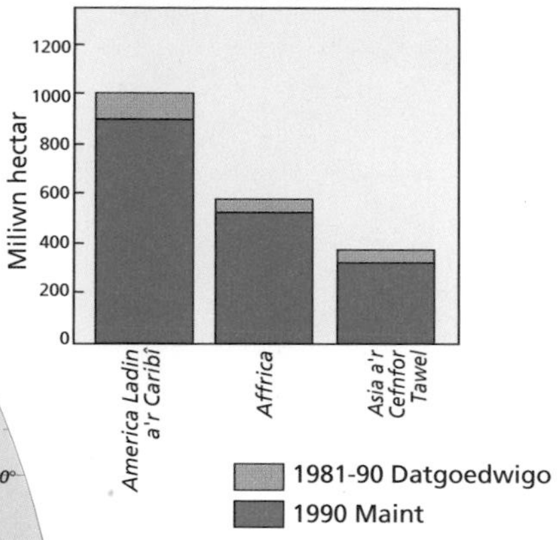

COEDWIGOEDD GLAW TROFANNOL A GOLLWYD 1981-90
(Cyfran ganrannol y pum gwlad uchaf)

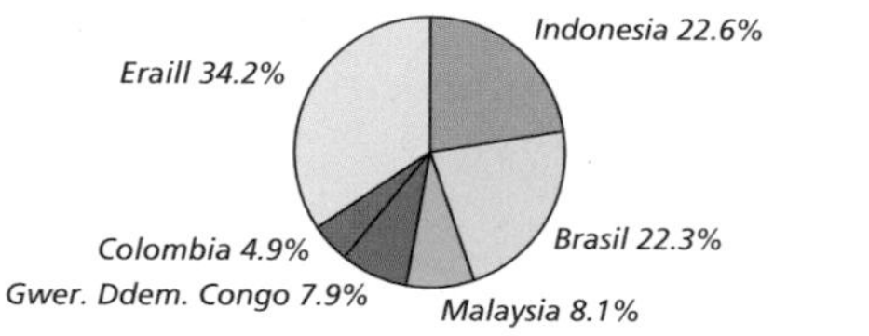

Gweler tudalen 81 am fwy o wybodaeth am Fasn Amazonas.

RHYWOGAETHAU ANIFEILIAID YR OEDD YN HYSBYS EU BOD MEWN PERYGL YN FYD-EANG 1990

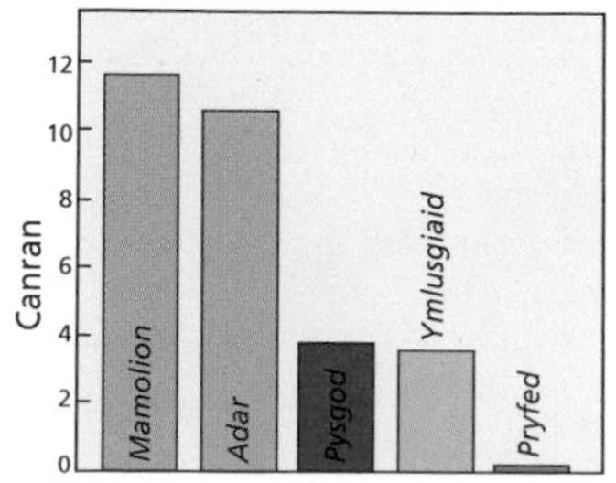

ACHOSION HYSBYS DIFLANIAD ANIFEILIAID ER 1600

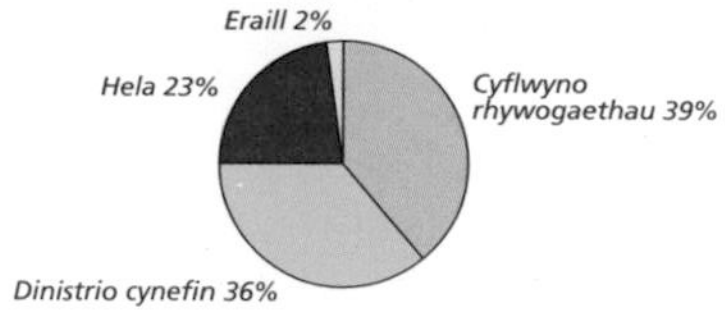

ARDALOEDD GWARCHODEDIG
(Parciau Cenedlaethol, Gwarchodfeydd ayb)

1 CYNNYRCH EGNI

CYNNYRCH EGNI

Caiff cynnyrch egni ei fynegi yn ôl cyfanswm cyfwerth cilogram yr holl fathau o ffynonellau pŵer a gynhyrchir y person mewn blwyddyn. Cynnyrch cyfartalog y byd yw 1454. Mae'r ystadegau ar gyfer 1993.

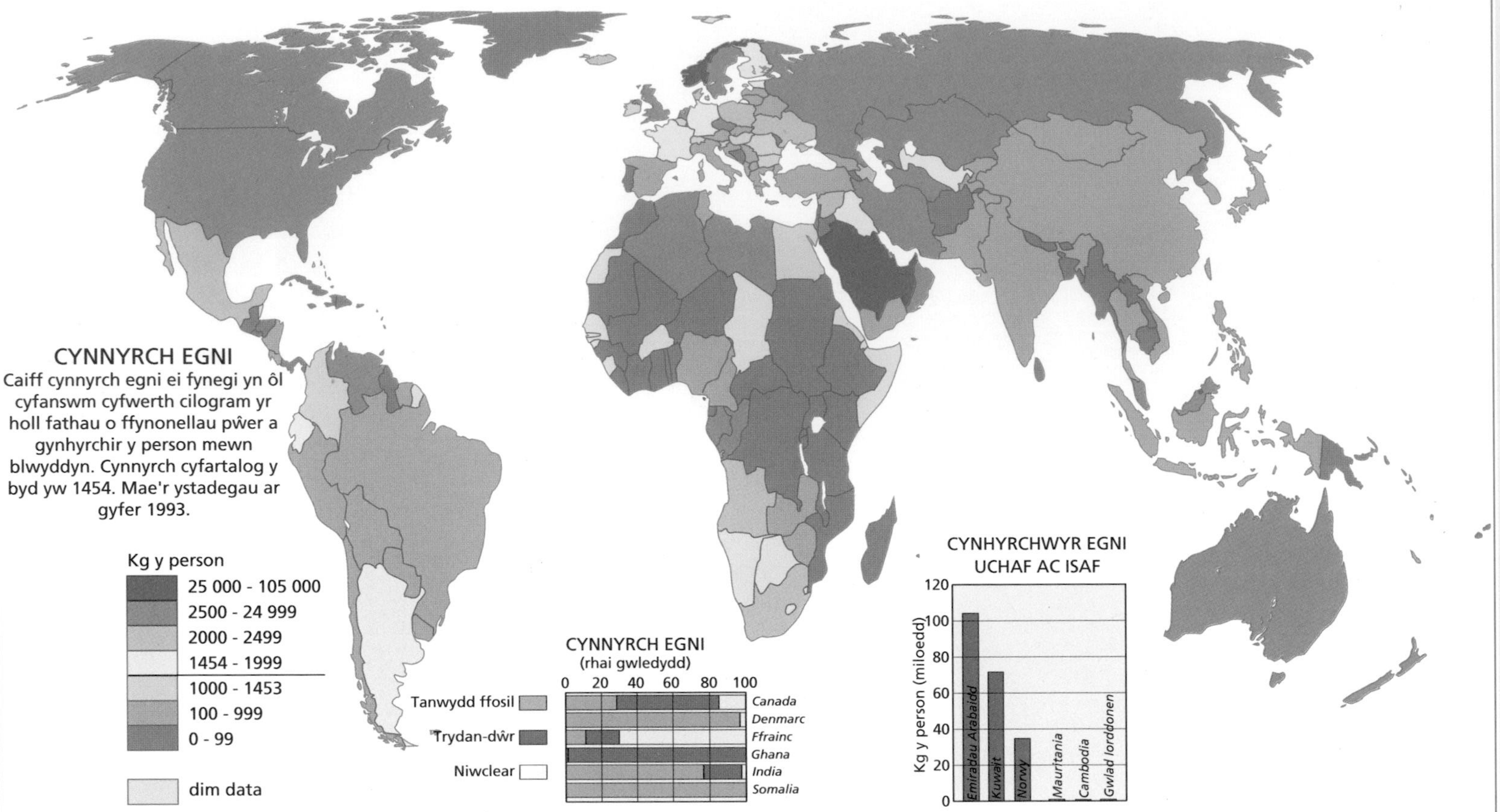

2 TRAUL EGNI

TRAUL EGNI

Caiff traul egni ei fynegi yn ôl cyfanswm cyfwerth cilogram yr holl fathau o ffynonellau pŵer a ddefnyddir y person mewn blwyddyn. Traul cyfartalog y byd yw 1400. Mae'r ystadegau ar gyfer 1993.

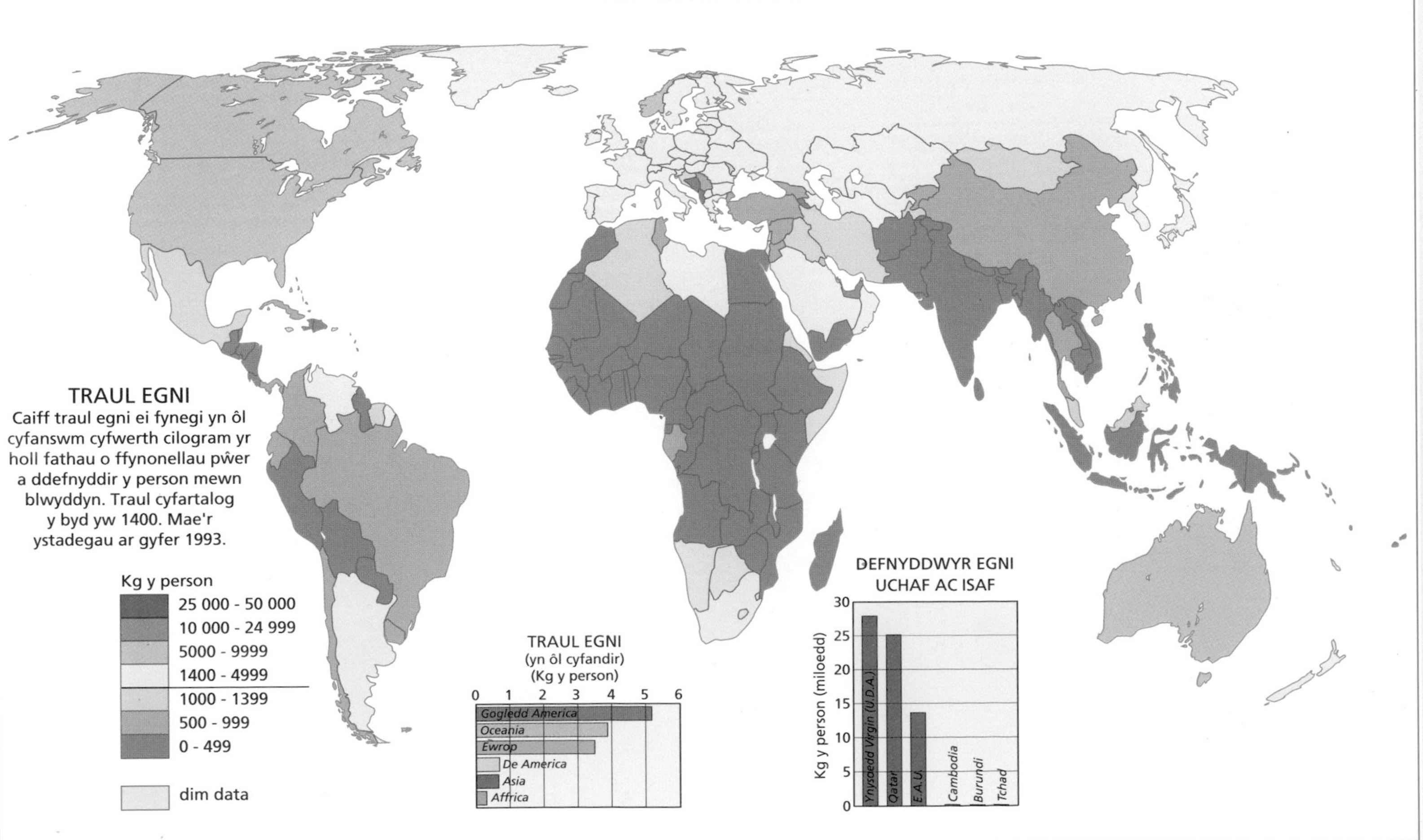

1 CYNNYRCH MWYNAU

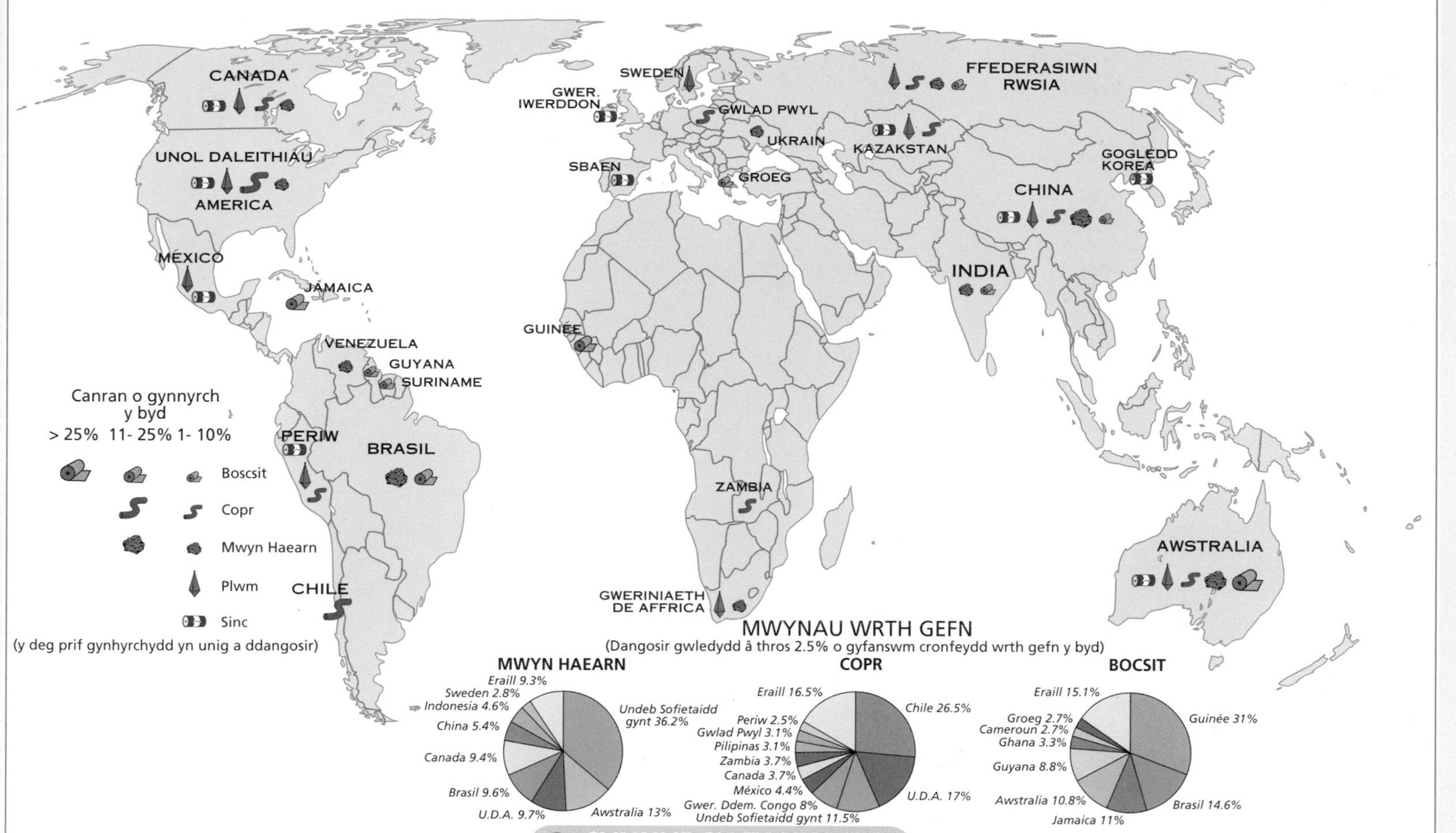
CANADA
GWER. IWERDDON
SWEDEN
FFEDERASIWN RWSIA
GWLAD PWYL
UKRAIN
KAZAKSTAN
UNOL DALEITHIAU AMERICA
SBAEN
GROEG
GOGLEDD KOREA
CHINA
MÉXICO
JAMAICA
INDIA
GUINÉE
VENEZUELA
GUYANA
SURINAME
PERIW
BRASIL
ZAMBIA
AWSTRALIA
CHILE
GWERINIAETH DE AFFRICA
Canran o gynnyrch y byd
> 25% 11- 25% 1- 10%
Boscsit
Copr
Mwyn Haearn
Plwm
Sinc
(y deg prif gynhyrchydd yn unig a ddangosir)
MWYNAU WRTH GEFN
(Dangosir gwledydd â thros 2.5% o gyfanswm cronfeydd wrth gefn y byd)
MWYN HAEARN
Eraill 9.3%
Sweden 2.8%
Indonesia 4.6%
China 5.4%
Canada 9.4%
Brasil 9.6%
U.D.A. 9.7%
Awstralia 13%
Undeb Sofietaidd gynt 36.2%
COPR
Eraill 16.5%
Chile 26.5%
Periw 2.5%
Gwlad Pwyl 3.1%
Pilipinas 3.1%
Zambia 3.7%
Canada 3.7%
México 4.4%
Gwer. Ddem. Congo 8%
Undeb Sofietaidd gynt 11.5%
U.D.A. 17%
BOCSIT
Eraill 15.1%
Guinée 31%
Groeg 2.7%
Cameroun 2.7%
Ghana 3.3%
Guyana 8.8%
Awstralia 10.8%
Jamaica 11%
Brasil 14.6%

2 CYNNYRCH TANWYDD

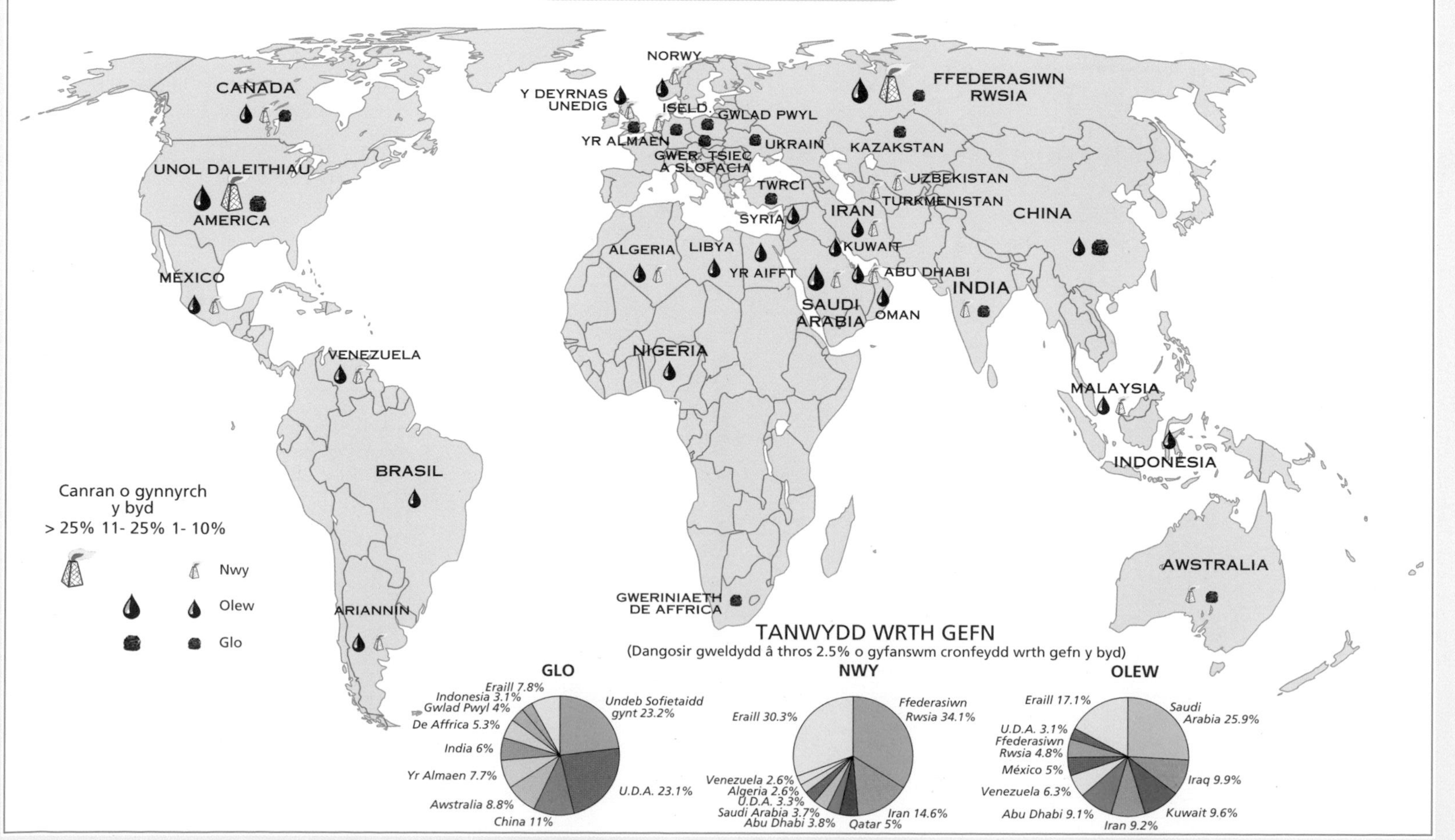
NORWY
CANADA
Y DEYRNAS UNEDIG
ISELD.
FFEDERASIWN RWSIA
GWLAD PWYL
YR ALMAEN
UKRAIN
KAZAKSTAN
GWER. TSIEC A SLOFACIA
UNOL DALEITHIAU AMERICA
UZBEKISTAN
TWRCI
TURKMENISTAN
IRAN
CHINA
SYRIA
KUWAIT
ALGERIA
LIBYA
YR AIFFT
ABU DHABI
MÉXICO
INDIA
SAUDI ARABIA
OMAN
NIGERIA
VENEZUELA
MALAYSIA
INDONESIA
BRASIL
Canran o gynnyrch y byd
> 25% 11- 25% 1- 10%
Nwy
Olew
Glo
AWSTRALIA
GWERINIAETH DE AFFRICA
ARIANNIN
TANWYDD WRTH GEFN
(Dangosir gweldydd â thros 2.5% o gyfanswm cronfeydd wrth gefn y byd)
GLO
Eraill 7.8%
Indonesia 3.1%
Gwlad Pwyl 4%
De Affrica 5.3%
India 6%
Yr Almaen 7.7%
Awstralia 8.8%
China 11%
U.D.A. 23.1%
Undeb Sofietaidd gynt 23.2%
NWY
Eraill 30.3%
Ffederasiwn Rwsia 34.1%
Venezuela 2.6%
Algeria 2.6%
U.D.A. 3.3%
Saudi Arabia 3.7%
Abu Dhabi 3.8%
Qatar 5%
Iran 14.6%
OLEW
Eraill 17.1%
Saudi Arabia 25.9%
U.D.A. 3.1%
Ffederasiwn Rwsia 4.8%
México 5%
Venezuela 6.3%
Abu Dhabi 9.1%
Iran 9.2%
Kuwait 9.6%
Iraq 9.9%

- Ardal saffari / teithiau antur; diffeithwch
- Canolfan wyliau: traeth/hamdden
- Canolfan wyliau: dinas
- Canolfan wyliau ddiwylliannol/hanesyddol

CYRCHFANNAU TWRISTIAID O'R D.U. 1995

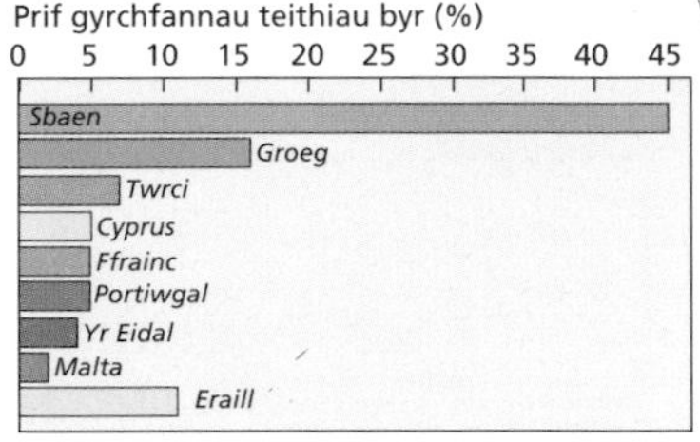

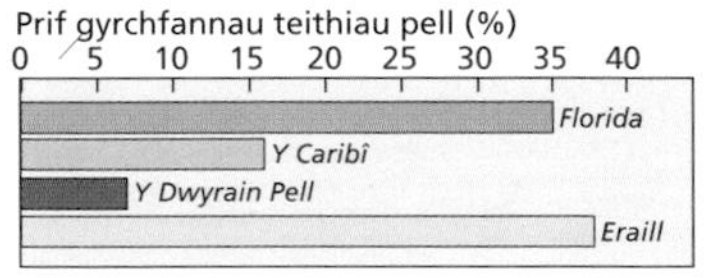

Y CARIBÎ

GRADDFA 1 : 25 000 000

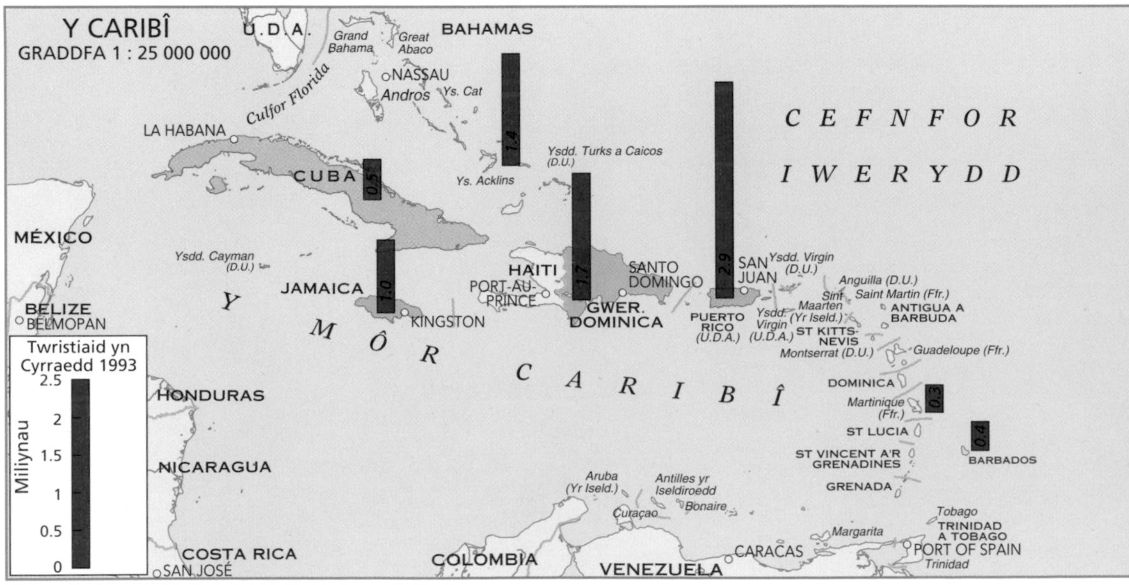

INCWM O DWRISTIAETH FEL % O'R C.G.C. 1993

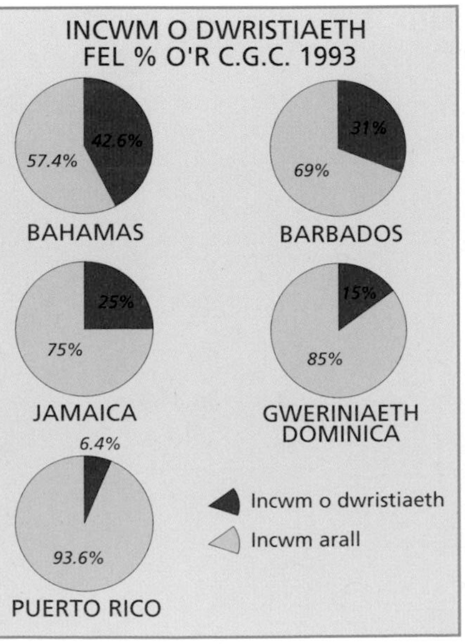

GRADDFA 1 : 100 000 000

0 1000 2000 3000 4000 km

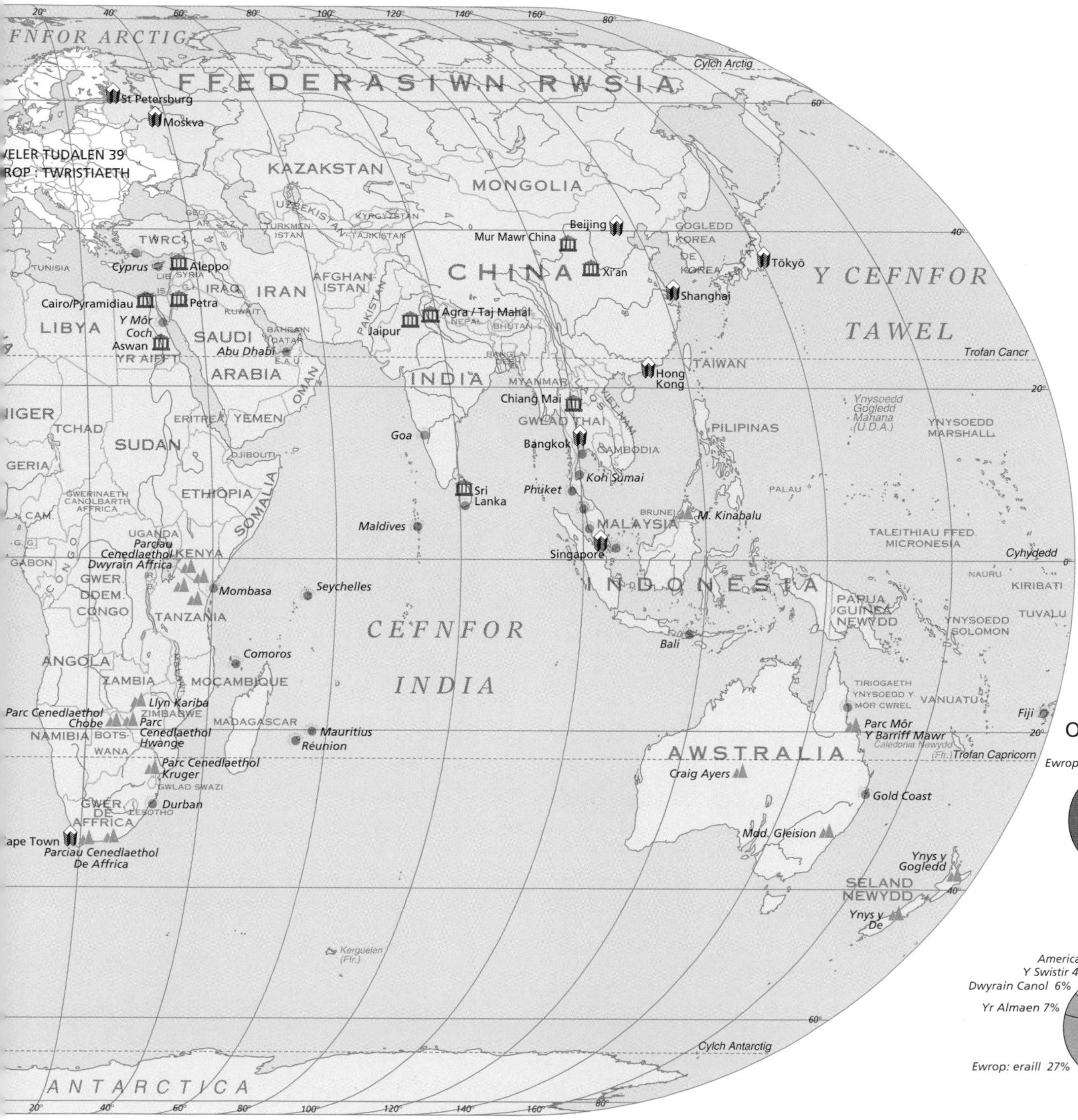

O BLE Y DAETH TWRISTIAID 1993

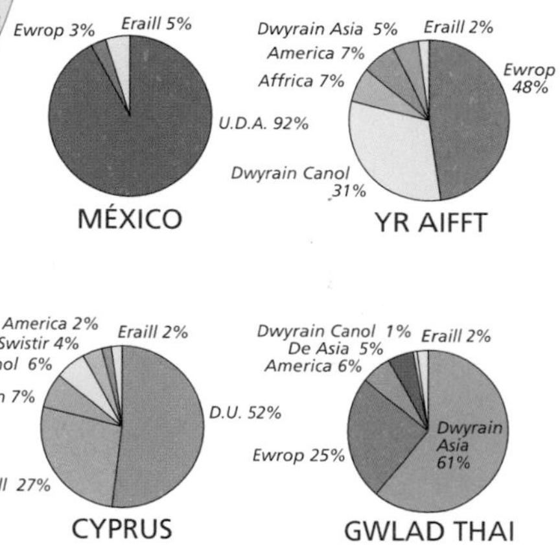

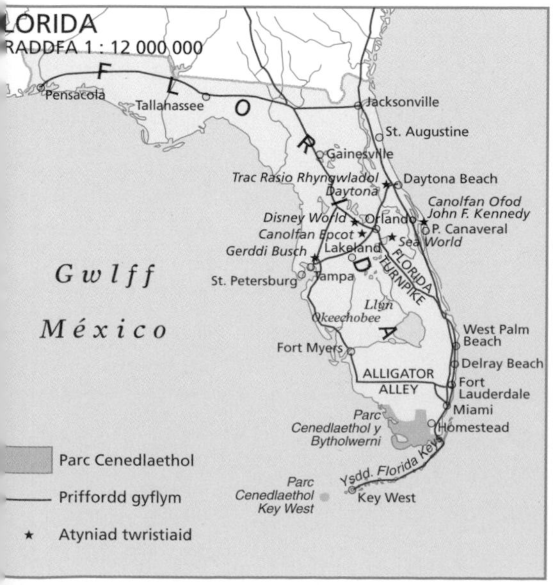

TWF TWRISTIAETH - Twristiaid yn Cyrraedd (miloedd)

Gwlad	1984	1985	1986	1987	1988	1989	1990	1991	1992	1993	Pwysigrwydd Twristiaeth 1993 Incwm fel % o'r C.G.C.
Aifft, Yr	–	1407	1236	1671	1833	2351	2411	2112	2944	2291	3.6
Bermuda	417	407	460	478	427	418	435	386	375	413	28.7
Cuba	207	240	276	282	298	315	327	418	455	544	36.0
Cyprus	666	770	828	949	1112	1378	1561	1385	1991	1841	21.2
Ffrainc	35 379	36 748	36 080	36 974	38 288	49 549	52 497	55 041	59 710	60 100	1.8
Groeg	5523	6574	7025	7564	7923	8082	8873	8036	9331	9413	4.3
Gwer.Dom.	562	660	747	902	1116	1400	1533	1321	1524	1691	15.0
Gwlad Thai	2347	2438	2818	3483	4231	4810	5299	5087	5136	5761	4.2
Martinique	184	193	183	234	280	312	282	315	321	366	8.3
México	4654	4207	4625	5407	5692	14 962	17 174	16 066	17 273	16 534	2.0
Sbaen	27 176	27 477	29 910	32 900	35 000	38 867	37 441	38 539	39 638	40 085	3.5
Trinidad a Tobago	191	187	191	202	188	190	195	220	235	249	1.6

Tafluniad Eckert IV

GWYBODAETH ALLWEDDOL			POBLOGAETH						
BANER	GWLAD	PRIFDDINAS	CYFANSWM (miloedd 1996)	DWYSEDD (pobl y km sgwâr 1996)	CYFRADD GENI (y fil o'r boblogaeth 1994)	CYFRADD MARW (y fil o'r boblogaeth 1994)	DISGWYL-IAD OES (blynydd-oedd 1996)	NEWID POBLOG-AETH (% cyfartalog blynyddol 1990 - 1995)	POBLOG-AETH DREFOL (% 1996)
	AFGHANISTAN	Kabul	20 883	32	50	22	45	5.83	20
	AIFFT, YR	Cairo	60 603	60.6	29	8	65	2.22	45
	ALBANIA	Tiranë	3401	118.3	24	6	71	0.9	38
	ALGERIA	Alger	29 168	12.2	29	6	68	2.27	57
	ALMAEN, YR	Berlin	81 912	228.9	10	12	76	0.55	87
	ANGOLA	Luanda	11 185	9	51	19	47	3.72	32
	ARIANNIN	Buenos Aires	35 220	12.7	20	8	73	1.22	88
	ARMENIA	Yerevan	3764	126.3	21	6	71	1.42	69
	AWSTRALIA	Canberra	18 289	2.4	15	7	78	1.37	85
	AWSTRIA	Wien	8106	96.7	12	11	77	0.67	64
	AZERBAIJAN	Baku	7554	87.2	23	6	71	1.2	56
	BAHRAIN	Al Manamāh	599	866.9	28	4	73	2.8	91
	BANGLADESH	Dacca	120 073	833.9	35	12	57	2.16	19
	BARBADOS	Bridgetown	261	607	16	9	76	0.35	48
	BELARUS	Minsk	10 247	49.4	12	12	70	-0.14	72
	BELIZE	Belmopan	222	9.7	35	5	74	2.64	47
	BENIN	Porto-Novo	5514	49	49	18	54	3.1	39
	BHUTAN	Thimbu	1812	38.9	40	15	52	1.18	6
	BOLIVIA	La Paz	7588	6.9	36	10	61	2.41	62
	BOSNA-HERCEGOVINA	Sarajevo	3628	71	13	7	73	-4.39	43
	BOTSWANA	Gaborone	1490	2.6	37	7	52	3.06	63
	BRASIL	Brasília	157 872	18.5	25	7	67	1.72	79
	BRUNEI	Bandar Seri Begawan	300	52	24	3	75	2.06	70
	BURKINA	Ouagadougou	10 780	39.3	47	18	46	2.76	16
	BURUNDI	Bujumbura	6088	218.7	46	16	46	3	8
	BWLGARIA	Sofiya	8468	76.3	10	13	71	-0.5	69
	CABO VERDE	Praia	396	98.2	36	9	66	2.77	56
	CAMBODIA	Phnom Penh	10 273	56.8	44	14	53	2.96	21
	CAMEROUN/CAMEROON	Yaoundé	13 560	28.5	41	12	56	2.76	46
	CANADA	Ottawa	29 964	3	15	8	79	1.17	77
	CHILE	Santiago	14 419	19	22	6	75	1.62	84
	CHINA	Beijing	1 232 083	128.9	19	7	69	1.11	31
	COLOMBIA	Bogotá	35 626	31.2	24	6	71	1.66	73
	COMOROS	Moroni	632	339.4	48	12	57	3.68	31
	CONGO	Brazzaville	2668	7.8	45	15	51	2.98	59
	COSTA RICA	San José	3398	66.5	26	4	77	2.41	50
	CÔTE D'IVOIRE	Yamoussoukro	14 781	45.8	50	15	51	3.48	44
	CROATIA	Zagreb	4501	79.6	11	12	72	-0.1	56
	CUBA	La Habana	11 018	99.4	17	7	76	0.82	76
	CYMRU	Caerdydd	2921	141	12	12	76	0.2	
	CYPRUS	Nicosia	756	81.7	19	8	77	1.11	54
	DE KOREA	Sŏul	45 545	458.8	16	6	72	0.97	82
	DENMARC	København	5262	122.2	12	12	75	0.16	85
	DEYRNAS UNEDIG, Y	Llundain	58 144	238.2	13	11	77	0.29	89

TIR			ADDYSG AC IECHYD				DATBLYGIAD				
ARWYNEB-EDD (miloedd o km sgwâr)	**TIR SY'N CAEL EI DRIN** (miloedd o km sgwâr 1993)	**COEDWIG** (miloedd o km sgwâr 1993)	**LLYTHR-ENNEDD OEDOL-ION** (% 1992)	**ADDYSG YSGOL** (Uwchradd, % crynswth 1993)	**POBL I BOB MEDDYG** (1991)	**CYMER-IANT BWYD** (caloriau y pen y dydd 1992)	**TRAUL EGNI** (kg o gyfwerth olew y pen 1993)	**MANTOL FASNACH** (miliynau o $ U.D.A. 1994)	**C.G.C. Y PEN** ($ U.D.A. 1993 neu'n gynt)	**GWLAD**	**CYLCHFA-OEDD AMSER** (+ NEU - ASG *Amser Safonol Greenwich*)
652	81	19	28.9	6	5452	1523	30	-428	280	AFGHANISTAN	+4½
1000	28		49.1	79.5	725	3335	486	-6808	790	AIFFT, YR	+2
29	7	10	85	79	583	2605	305		670	ALBANIA	+1
2382	79	40	57.4	59	1262	2897	1058	2489	1600	ALGERIA	+1
358	121	107	99	97	365	3344	4054	42 127	27 510	ALMAEN, YR	+1
1247	35	519	42.5		15 298	1839	61	1849	410	ANGOLA	+1
2767	272	509	95.9	74	337	2880	1428	-5868	8030	ARIANNIN	-3
30	6	4	98.8		241		334	-56	730	ARMENIA	+4
7682	465	1450	99	83	467	3179	5310	-5853	18 720	AWSTRALIA	+8 i +10½
84	15	32	99	105.5	347	3497	2934	-10 313	26 890	AWSTRIA	+1
87	20	10	96.3		259		1768	-102	480	AZERBAIJAN	+4
0.691			83.5	99	758		12 325	-283	7840	BAHRAIN	+3
144	97	19	36.4	18.5	6615	2019	65	-2051	240	BANGLADESH	+6
0.43			97	87		3207	1315	-427	6560	BARBADOS	-4
208	62	70	97.9		254		2928	-32	2070	BELARUS	+2
23	1	21	96			2662	436	-114	2630	BELIZE	-6
113	19	34	32.9	12	19 899	2532	32	-110	370	BENIN	+1
47	1	31	39.2		10 643		35		420	BHUTAN	+6
1099	24	580	80.7	34	2331	2094	290	-177	800	BOLIVIA	-4
51	9	20					190			BOSNA-HERCEGOVINA	+1
581	4	265	67.2	54	8276	2266			3020	BOTSWANA	+2
8512	490	4880	81.9	33.5	729	2824	580	7561	3640	BRASIL	-2 i -5
6		5	86.4	71.5	1556	2745	10 533	601	14 240	BRUNEI	+8
274	36	138	17.4	8.5	32 146	2387	20	-431	230	BURKINA	ASG
28	14	1	32.9	6.5		1941	14	-118	160	BURUNDI	+2
111	43	39	93	70	324	2831	2598	-733	1330	BWLGARIA	+2
4			66.4	19.5		2805	97	-150	960	CABO VERDE	-1
181	24	116	37.8		27 215	2021	17		270	CAMBODIA	+7
475	70	359	59.6	27.5	14 206	1981	68	640	650	CAMEROUN/CAMEROON	+1
9971	455	4940	99	107	463	3094	7624	10 427	19 380	CANADA	-3½ i -8
757	43	165	94.5	70	946	2582	931	-286	4160	CHILE	-4 i -6
9562	960	1305	79.3	53.5	642	2727	603	5343	620	CHINA	+8
1142	55	500	90.3	61.5	1124	2677	583	-3484	1910	COLOMBIA	-5
2	1		55.6	18.5		1897	36	-47	470	COMOROS	+3
342	2	211	70.7		4542	2296	236	602	680	CONGO	+1
51	5	16	94.3	47	1179	2883	457	-810	2610	COSTA RICA	-6
322	37	71	36.6	24	23 900	2491	196	974	660	CÔTE D'IVOIRE	ASG
57	13	21					1394	-970	3250	CROATIA	+1
111	33	26	94.9	84	305	2833	809	-135	1170	CUBA	-5
21		2	99	86.5	623	3317	3910			CYMRU	ASG
9	2	1	94	94.5	604	3779	2059	-2053	10 380	CYPRUS	+2
99	21	65	97.4	92.5	1076	3285	2438	-6305	9700	DE KOREA	+9
43	25	4	99	110	376	3664	3522	5979	29 890	DENMARC	+1
244	61	24	99	86.5	623	3317	3910	-22 183	18 700	DEYRNAS UNEDIG, Y	ASG

GWYBODAETH ALLWEDDOL			POBLOGAETH						
BANER	GWLAD	PRIFDDINAS	CYFANSWM (miloedd 1996)	DWYSEDD (pobl y km sgwâr 1996)	CYFRADD GENI (y fil o'r boblogaeth 1994)	CYFRADD MARW (y fil o'r boblogaeth 1994)	DISGWYLIAD OES (blynyddoedd 1996)	NEWID POBLOGAETH (% cyfartalog blynyddol 1990 - 1995)	POBLOGAETH DREFOL (% 1996)
	DJIBOUTI	Djibouti	617	26.6	38	16	50	2.2	82
	ECUADOR	Quito	11 698	43	28	6	70	2.2	60
	EIDAL, YR	Rhufain	57 399	190.5	10	10	78	0.06	67
	EL SALVADOR	San Salvador	5796	275.5	33	7	69	2.18	45
	EMIRADAU ARABAIDD UNEDIG	Abu Dhabi	2260	29.1	23	3	75	2.62	84
	ERITREA	Asmera	3280	27.9	43	15	50	2.72	18
	ESTONIA	Tallinn	1470	32.5	11	13	69	-0.58	73
	ETHIOPIA	Addis Ababa	58 506	51.6	48	18	49	2.98	16
	FIJI	Suva	797	43.5	24	5	72	1.52	41
	FFEDERASIWN RWSIA	Moskva	147 739	8.7	11	12	65	-0.12	76
	FFINDIR, Y	Helsinki	5124	15.2	13	10	76	0.48	63
	FFRAINC	Paris	58 375	107.3	13	10	79	0.44	75
	GABON	Libreville	1106	4.1	37	15	55	2.83	51
	GAMBIA	Banjul	1141	101	44	19	46	3.83	30
	GEORGIA	Tiflis	5411	77.6	16	9	73	0.14	59
	GHANA	Accra	17 832	74.8	42	12	57	3	36
	GOGLEDD KOREA	P'yóngyang	22 466	186.4	24	5	72	1.88	62
	GROEG	Athen	10 475	79.4	10	10	78	0.41	59
	GUATEMALA	Ciudad de Guatemala	10 928	100.4	39	8	66	2.88	39
	GUINEA GYHYDEDDOL	Malabo	410	14.6	43	18	49	2.55	44
	GUINÉ-BISSAU	Bissau	1091	30.2	43	21	44	2.14	22
	GUINÉE	Conakry	7518	30.6	51	20	46	3.04	30
	GUYANA	Georgetown	838	3.9	25	7	64	0.94	36
	GWER. CAN. AFFRICA	Bangui	3344	5.4	42	17	49	2.49	40
	GWERINIAETH DE AFFRICA	Pretoria / Cape Town	42 393	34.8	31	9	65	2.24	50
	GWERINIAETH DOMINICA	Santo Domingo	8052	166.2	27	6	71	1.91	63
	GWER. DDEM. CONGO	Kinshasa	46 812	20	48	14	53	3.19	29
	GWERINIAETH IWERDDON	Dulyn	3521	50.1	15	9	76	0.28	58
	GWERINIAETH TSIEC	Praha	10 315	130.8	13	13	73	-0.02	66
	GWLAD BELG	Brwsel	10 159	332.9	12	11	77	0.32	97
	GWLAD IORDDONEN	Amman	5581	62.6	39	5	69	4.89	72
	GWLAD PWYL	Warszawa	38 618	123.5	13	10	71	0.14	64
	GWLAD SWAZI	Mbabane	938	54	38	11	59	2.78	32
	GWLAD THAI	Bangkok	60 003	116.9	19	6	69	1.12	20
	GWLAD YR IÂ	Reykjavik	271	2.6	18	7	79	1.06	92
	HAITI	Port-au-Prince	7336	264.4	35	12	54	2.03	32
	HONDURAS	Tegucigalpa	6140	54.8	37	6	69	2.95	44
	HWNGARI	Budapest	10 193	109.6	12	15	69	-0.49	65
	INDIA	New Delhi	944 580	287.3	29	10	62	1.91	27
	INDONESIA	Jakarta	196 813	102.5	25	8	64	1.55	36
	IRAN	Tehran	61 128	37.1	35	7	69	2.65	60
	IRAQ	Baghdad	20 607	47	38	7	61	2.46	75
	ISELDIROEDD, YR	Amsterdam	15 517	373.7	13	9	78	0.72	89
	ISRAEL	Jerwsalem	5696	274.2	21	7	77	3.78	90

TIR			ADDYSG AC IECHYD				DATBLYGIAD				
ARWYNEB-EDD (miloedd o km sgwâr)	TIR SY'N CAEL EI DRIN (miloedd o km sgwâr 1993)	COEDWIG (miloedd o km sgwâr 1993)	LLYTHR-ENNEDD OEDOL-ION (% 1992)	ADDYSG YSGOL (Uwchradd, % crynswth 1993)	POBL I BOB MEDDYG (1991)	CYMER-IANT BWYD (calorïau y pen y dydd 1992)	TRAUL EGNI (kg o gyfwerth olew y pen 1993)	MANTOL FASNACH (miliynau o $ U.D.A. 1994)	C.G.C. Y PEN ($ U.D.A. 1993 neu'n gynt)	GWLAD	CYLCHFA-OEDD AMSER (+ NEU - ASG *Amser Safonol Greenwich*)
23	2		43.2	13.5		2338	767	-203	780	DJIBOUTI	+3
272	30	156	88.4	56	977	2583	534	75	1390	ECUADOR	-5 i -6
301	119	68	97.4	77	235	3561	2820	21 971	19 020	EIDAL, YR	+1
21	7	1	69.8	26.5	1641	2663	313	-1185	1610	EL SALVADOR	-6
78			77.7	72.5	673	3384	13 667	9415	17 400	E.A.U.	+4
117	13	20				1610			100	ERITREA	+3
45	11	20	99	91	208		3288	-364	2860	ESTONIA	+2
1134	127	250	32.7	10.5	38 255	1610	21	-683	100	ETHIOPIA	+3
18	3	12	90.1	60.5		3089	334	-279	2440	FIJI	+12
17 075	1339	7785	98.7		215	3332	4856	24 593	2240	FFED. RWSIA.	+2 i +12
338	26	232	99	124	519	3018	4786	6436	20 580	FFINDIR, Y	+2
544	194	149	99	102	393	3633	3800	5743	24 990	FFRAINC	+1
268	5	199	58.9		2074	2500	622	1443	3490	GABON	+1
11	2	3	35.6	20.5	13 045	2360	67	-166	320	GAMBIA	ASG
70	10	27	99		178		696	-121	440	GEORGIA	+4
239	43	79	60.7	38.5	25 047	2199	98	-257	390	GHANA	ASG
121	20	74	95		377	2833	3031		970	GOGLEDD KOREA	+9
132	35	26	93.8	98	304	3815	2276	-13 235	8210	GROEG	+2
109	19	58	54.2	18.5	2570	2255	171	-1308	1340	GUATEMALA	-6
28	2	13	75.3		69 600		111	2	380	GUINEA GYHYDEDDOL	+1
36	3	11	51.7	6.5	7910	2556	73	-30	250	GUINÉ-BISSAU	ASG
246	7	145	33	11.5	9065	2389	58		550	GUINÉE	ASG
215	5	165	97.5	57.5	7171	2384	426	-89	590	GUYANA	-4
622	20	467	53.9	12	18 530	1690	26	-41	340	GWER. CAN. AFFRICA.	+1
1219	132	82	80.6	71	1597	2695	1888		3160	GWER. DE AFFRICA	+2
48	15	6	80.7	50.5	978	2286	469	-2124	1460	GWER. DOMINICA	-4
2345	79	1738	74.1	22.5	26 982	2060	42	-39	120	GWER. DDEM. CONGO	+1 i +2
70	9	3	99	103	676	3847	2904	8939	14 710	GWER. IWERDDON	ASG
79	33	26	99			3156	3849	-471	3870	GWER. TSIEC	+1
31	8	7	99	102.5	307	3681	4698	7275	24 710	GWLAD BELG	+1
89	4	1	83.9	53	891	3022	709	-1958	1510	GWLAD IORDDONEN	+2
313	147	88	99	84	482	3301	2529	-4143	2790	GWLAD PWYL	+1
17	2	1	74	49.5		2706			1170	GWLAD SWAZI	+2
513	208	135	93.5	33	5080	2432	675	-8885	2740	GWLAD THAI	+7
103		1	99	92	378	3058	4935	151	24 950	GWLAD YR IÂ	ASG
28	9	1	42.6	21.5	6871	1706	31	-232	250	HAITI	-5
112	20	60	70.7	30.5	1879	2305	192	-213	600	HONDURAS	-6
93	50	18	99	82	323	3503	2316	-3916	4120	HWNGARI	+1
3287	1697	685	49.9	48.5	2494	2395	247	-1751	340	INDIA	+5½
1919	310	1118	82.5	43	7767	2752	331	8069	980	INDONESIA	+7 i +9
1648	182	114	64.9	62	3228	2860	1215	-2481	1033	IRAN	+3½
438	55	2	54.6	42.5	4273	2121	1145		1036	IRAQ	+3
42	9	4	99	116.5	417	3222	5167	15 313	24 000	ISELDIROEDD, YR	+1
21	4	1	95	86	392	3050	2297	-6892	15 920	ISRAEL	+2

GWYBODAETH ALLWEDDOL			POBLOGAETH						
BANER	GWLAD	PRIFDDINAS	CYFANSWM (miloedd 1996)	DWYSEDD (pobl y km sgwâr 1996)	CYFRADD GENI (y fil o'r boblogaeth 1994)	CYFRADD MARW (y fil o'r boblogaeth 1994)	DISGWYL-IAD OES (blynydd-oedd 1996)	NEWID POBLOG-AETH (% cyfartalog blynyddol 1990 - 1995)	POBLOG-AETH DREFOL (% 1996)
	IWGOSLAFIA	Beograd	10 574	103.5	14	10	72	1.32	57
	JAMAICA	Kingston	2491	226.6	22	6	74	0.68	54
	JAPAN	Tōkyō	125 761	332.9	10	8	80	0.25	78
	KAZAKSTAN	Akmola	16 526	6.1	20	8	68	0.52	60
	KENYA	Nairobi	31 806	54.6	45	12	54	3.59	30
	KUWAIT	Kuwait	1687	94.7	24	2	76	-6.52	100
	KYRGYZSTAN	Bishkek	4575	23	29	7	68	1.68	39
	LAOS	Vientiane	5035	21.3	45	15	53	3	21
	LATVIA	Riga	2491	39.1	11	13	68	-0.87	73
	LESOTHO	Maseru	2078	68.5	37	10	58	2.69	25
	LIBANUS	Beirut	3084	295.1	27	7	69	3.27	87
	LIBERIA	Monrovia	2820	25.3	47	14	48	3.32	48
	LIBYA	Tripoli	5593	3.2	42	8	65	3.47	86
	LITHUANIA	Vilnius	3710	56.9	13	11	70	-0.06	72
	LUXEMBOURG	Luxembourg	412	159.3	13	11	76	1.26	90
	MACEDONIA	Skopje	2163	84.1	15	7	72	1.11	60
	MADAGASCAR	Antananarivo	15 353	26.2	44	12	58	3.21	27
	MALAŴI	Lilongwe	10 114	85.4	51	20	41	3.45	14
	MALAYSIA	Kuala Lumpur	20 581	61.8	29	5	72	2.37	54
	MALDIVES	Male	263	882.6	42	9	64	3.31	27
	MALI	Bamako	11 134	9	51	19	47	3.17	28
	MALTA	Valletta	373	1180.4	15	8	77	0.67	89
	MAURITANIA	Nouakchott	2351	2.3	40	14	53	2.54	53
	MAURITIUS	Port Louis	1134	555.9	21	7	71	1.1	41
	MÉXICO	Ciudad de México	96 578	49	28	5	72	2.06	74
	MICRONESIA	Palikir	126	179.7				2.77	29
	MOÇAMBIQUE	Maputo	17 796	22.3	45	18	47	2.41	35
	MOLDOVA	Chişinau	4237	125.7	16	10	68	0.32	52
	MONGOLIA	Ulan Bator	2354	1.5	28	7	65	2.03	61
	MOROCO	Rabat	27 623	61.9	29	8	66	2.1	53
	MYANMAR	Yangon	45 922	67.9	33	11	59	2.14	26
	NAMIBIA	Windhoek	1575	1.9	37	11	56	2.65	37
	NEPAL	Kathmandu	21 127	143.5	39	13	56	2.59	11
	NICARAGUA	Managua	4238	32.6	40	7	68	3.74	63
	NIGER	Niamey	9465	7.5	53	19	48	3.37	19
	NIGERIA	Abuja	115 020	124.5	45	15	52	3	41
	NORWY	Oslo	4381	13.5	14	11	77	0.45	73
	OMAN	Muscat	2302	7.4	44	5	70	4.23	78
	PAKISTAN	Islamabad	134 146	166.9	41	9	63	2.83	35
	PANAMÁ	Panamá	2674	34.7	25	5	74	1.86	56
	PAPUA GUINEA NEWYDD	Port Moresby	4400	9.5	33	11	57	2.27	16
	PARAGUAY	Asunción	4955	12.2	33	5	69	2.78	53
	PERIW	Lima	23 947	18.6	27	7	68	1.93	71
	PILIPINAS	Manila	71 899	239.7	30	6	68	2.12	55

TIR			ADDYSG AC IECHYD				DATBLYGIAD				
ARWYNEBEDD (miloedd o km sgwâr)	TIR SY'N CAEL EI DRIN (miloedd o km sgwâr 1993)	COEDWIG (miloedd o km sgwâr 1993)	LLYTHRENNEDD OEDOLION (% 1992)	ADDYSG YSGOL (Uwchradd, % crynswth 1993)	POBL I BOB MEDDYG (1991)	CYMERIANT BWYD (caloriau y pen y dydd 1992)	TRAUL EGNI (kg o gyfwerth olew y pen 1993)	MANTOL FASNACH (miliynau o $ U.D.A. 1994)	C.G.C. Y PEN ($ U.D.A. 1993 neu'n gynt)	GWLAD	CYLCHFAOEDD AMSER (+ NEU - ASG *Amser Safonol Greenwich*)
102	40	27				3551	856			IWGOSLAFIA	+1
11	2	2	83.7	62.5	2157	2607	1035	-1061	1510	JAMAICA	-5
378	45	251	99	97	613	2903	3357	121 825	39 640	JAPAN	+9
2717	348	96	97.5		254		4763	581	1330	KAZAKSTAN	+4 i +6
583	45	168	74.5	27	7358	2075	81	-598	280	KENYA	+3
18			76.9	55	739	2523	6337	5285	17 390	KUWAIT	+3
199	14	7	97		295		782	0	700	KYRGYZSTAN	+5
237	8	125	53.5	22	7418	2259	25	-81	350	LAOS	+7
64	17	28	99	85	200		1712	-251	2270	LATVIA	+2
30	3		68.6	26.5		2201			770	LESOTHO	+2
10	3	1	91.4	69	770	3317	1028		2660	LIBANUS	+2
111	4	17	35.4	21.5	29 292	1640	41	124	450	LIBERIA	ASG
1760	22	8	72.4		862	3308	2163	5857	5310	LIBYA	+1
65	30	20	98.4	78.5	218		2368	185	1900	LITHUANIA	+2
3			99	71	537	3681	9694		41 210	LUXEMBOURG	+1
26	7	10					1567	-144	860	MACEDONIA	+1
587	31	232	81.4	15.5	9081	2135	26	-173	230	MADAGASCAR	+3
118	17	37	53.9	4	31 637	1825	26	-226	170	MALAŴI	+2
333	49	223	81.5	60	2847	2888	1236	-826	3890	MALAYSIA	+8
0.298				92.6		2580	151	-176	990	MALDIVES	+5
1240	25	69	27.2	7.5	23 370	2278	17	-93	250	MALI	ASG
0.316			87	85		3486	1562	-930	7970	MALTA	+1
1031	2	44	36.2	15	11 912	2685	432	215	460	MAURITANIA	ASG
2	1		81.1	54		2690	456	-571	3380	MAURITIUS	+4
1973	247	487	88.6	56	663	3146	1311	-18 542	3320	MÉXICO	-6 i -8
0.701									1890	MICRONESIA	+10 i +11
799	32	140	36.9	7	45 778	1680	23	-823	80	MOÇAMBIQUE	+2
34	22	4	96		255		1267	-7	920	MOLDOVA	+2
1565	14	138	81.1	91	413	1899	1079		310	MONGOLIA	+8
447	99	90	40.6	34.5	5067	2984	274	-3198	1110	MOROCO	ASG
677	101	324	82	23	3947	2598	38	-114	220	MYANMAR	+6½
824	7	180	40	52.5	6338	2134			2000	NAMIBIA	+1
147	24	58	25.6	35.5	21 520	1957	22	-489	200	NEPAL	5¾
130	13	32	64.7	42.5	1856	2293	304	-479	380	NICARAGUA	-6
1267	36	25	12.4	6.5	48 325	2257	41	-43	220	NIGER	+1
924	324	113	52.5	23.5	5997	2124	160	2402	260	NIGERIA	+1
324	9	83	99	110.5	328	3244	5020	7380	31 250	NORWY	+1
310	1		35	64.5	1079		1947	1630	4820	OMAN	+4
804	213	35	35.7	21	1874	2315	204	-1535	460	PAKISTAN	+5
77	7	33	89.6	61.5	857	2242	576	-1871	2750	PANAMÁ	-5
463	4	420	69.7	12.5	13 071	2613	190	1109	1160	PAPUA G. N.	+10
407	23	129	91.2	33.5	1687	2670	260	-1004	1690	PARAGUAY	-4
1285	34	848	87.3	63	989	1882	328	-2239	2310	PERIW	-5
300	92	136	94	73	1195	2257	290	-4341	1050	PILIPINAS	+8

GWYBODAETH ALLWEDDOL			POBLOGAETH						
BANER	GWLAD	PRIFDDINAS	CYFANSWM (miloedd 1996)	DWYSEDD (pobl y km sgwâr 1996)	CYFRADD GENI (y fil o'r boblogaeth 1994)	CYFRADD MARW (y fil o'r boblogaeth 1994)	DISGWYLIAD OES (blynyddoedd 1996)	NEWID POBLOGAETH (% cyfartalog blynyddol 1990 - 1995)	POBLOGAETH DREFOL (% 1996)
	PORTIWGAL	Lisboa	9808	110.3	12	11	75	-0.09	36
	QATAR	Doha	558	48.8	21	3	71	2.53	92
	ROMÂNIA	București	22 608	95.2	11	11	70	-0.32	56
	RWANDA	Kigali	5397	204.9	44	17	36	2.59	6
	SAMOA	Apia	166	58.6	37	6	69	1.07	22
	SÃO TOMÉ A PRÍNCIPE	São Tomé	135	140			69	2.2	44
	SAUDI ARABIA	Riyadh	18 836	8.6	35	5	71	2.16	84
	SBAEN	Madrid	39 270	77.8	10	9	78	0.18	77
	SELAND NEWYDD	Wellington	3570	13.2	17	8	77	1.24	86
	SÉNÉGAL	Dakar	8572	43.6	43	16	51	2.52	44
	SIERRA LEONE	Freetown	4297	59.9	49	25	37	2.4	34
	SINGAPORE	Singapore	3044	4763.7	16	6	77	1.03	100
	SLOFACIA	Bratislava	5374	109.6	14	11	71	0.36	59
	SLOVENIJA	Ljubljana	1991	98.3	11	11	73	0.29	52
	SOMALIA	Mogadishu	9822	15.4	50	18	48	1.28	26
	SRI LANKA	Colombo	18 300	278.9	21	6	73	1.27	22
	ST LUCIA	Castries	144	233.8			71	1.35	38
	ST VINCENT A'R GRENADINES	Kingstown	113	290.5			72	0.88	50
	SUDAN	Khartoum	27 291	10.9	40	13	54	2.67	32
	SURINAME	Paramaribo	432	2.6	25	6	71	1.1	50
	SWEDEN	Stockholm	8843	19.7	14	11	78	0.51	83
	SWISTIR, Y	Bern	7074	171.3	13	9	78	1.05	61
	SYRIA	Damascus	14 574	78.7	41	6	68	3.43	53
	TAIWAN	Taibei	21 211	586.3	15	6	76		75
	TAJIKISTAN	Dushanbe	5919	41.4	37	6	67	2.86	32
	TANZANIA	Dodoma	30 799	32.6	43	14	51	2.96	25
	TCHAD	N'Djamena	6515	5.1	44	18	47	2.71	23
	TOGO	Lomé	4201	74	45	13	50	3.18	31
	TRINIDAD A TOBAGO	Port of Spain	1297	252.8	21	6	73	1.1	72
	TUNISIA	Tunis	9156	55.8	26	6	69	1.92	63
	TURKMENISTAN	Ashgabat	4569	9.4	32	8	65	2.28	45
	TWRCI	Ankara	62 697	80.4	27	7	68	1.98	71
	UGANDA	Kampala	20 256	84	52	19	41	3.42	13
	UKRAIN	Kiev	51 094	84.6	11	13	69	-0.1	71
	UNOL DALEITHIAU AMERICA	Washington	266 557	27.2	16	9	76	1.04	76
	URUGUAY	Montevideo	3203	18.2	17	10	73	0.58	90
	UZBEKISTAN	Tashkent	22 912	51.2	31	6	68	2.24	41
	VANUATU	Port-Vila	174	14.3	35	7	67	2.49	19
	VENEZUELA	Caracas	22 710	24.9	27	5	72	2.27	86
	VIET NAM	Ha Nôi	75 181	228.1	31	8	67	2.23	19
	YEMEN	San'a	15 919	30.2	49	15	57	4.97	34
	YNYSOEDD SOLOMON	Honiara	391	13.8	37	4	71	3.32	18
	ZAMBIA	Lusaka	8275	11	45	15	43	2.97	43
	ZIMBABWE	Harare	11 908	30.5	39	12	49	2.57	33

TIR			ADDYSG AC IECHYD				DATBLYGIAD				
ARWYNEBEDD (miloedd o km sgwâr)	TIR SY'N CAEL EI DRIN (miloedd o km sgwâr 1993)	COEDWIG (miloedd o km sgwâr 1993)	LLYTHRENNEDD OEDOLION (% 1992)	ADDYSG YSGOL (Uwchradd, % crynswth 1993)	POBL I BOB MEDDYG (1991)	CYMERIANT BWYD (caloriau y pen y dydd 1992)	TRAUL EGNI (kg o gyfwerth olew y pen 1993)	MANTOL FASNACH (miliynau o $ U.D.A. 1994)	C.G.C. Y PEN ($ U.D.A. 1993 neu'n gynt)	GWLAD	CYLCHFAOEDD AMSER (+ NEU - ASG *Amser Safonol Greenwich*)
89	32	33	86.2	81	381	3634	1463	-9084	9740	PORTIWGAL	ASG
11			78.1	88.5	646		25 210	1290	11 600	QATAR	+3
238	99	67	96.9	82	553	3051	1828	-294	1480	ROMÂNIA	+2
26	12	6	56.8	10		1821	24	-220	180	RWANDA	+2
3	1	1	98			2828	269	-76	1120	SAMOA	-11
0.964			60			2129	197		350	SÃO TOMÉ A PRÍNCIPE	ASG
2200	37	18	60.6	51	969	2735	4092	1979	7040	SAUDI ARABIA	+3
505	197	161	98	108.5	280	3708	2031	-19 205	13 580	SBAEN	+1
271	38	74	99	91.5	373	3669	3871	283	14 340	SELAND NEWYDD	+12 i $+12\tfrac{3}{4}$
197	24	105	30.5	17	18 002	2262	116	-489	600	SÉNÉGAL	ASG
72	5	20	28.7	16.5	13 837	1694	31	-34	180	SIERRA LEONE	ASG
0.639			89.9	70.5	950		6371	-5841	26 730	SINGAPORE	+8
49	16	20	99			3156	3019	29	2950	SLOFACIA	+1
20	3	10					2396	-428	8200	SLOVENIJA	+1
638	10	160	27	7	16 660	1499		-28	120	SOMALIA	+3
66	19	21	89.3	74.5	7337	2273	104	-1290	700	SRI LANKA	$+5\tfrac{1}{2}$
0.616			93			2588	403	-190	3370	ST LUCIA	-4
0.389			98			2347	264	-92	2280	ST VINCENT	+4
2506	130	442	42.7	21	11 620	2202	43	-551	480	SUDAN	+2
164	1	150	92.2	54	1927	2547	1374	0	880	SURINAME	-3
450	28	280	99	95.5	322	2972	4561	9669	23 750	SWEDEN	+1
41	5	13	99	91.5	334	3379	3321	2158	40 630	SWISTIR, Y	+1
185	58	7	67.7	48.5	1439	3175	986	-1822	1120	SYRIA	+2
36			91		974					TAIWAN	+8
143	8	5	96.7		366		1067	28	340	TAJIKISTAN	+5
945	35	335	64.4	5.5	24 070	2018	26	-778	120	TANZANIA	+3
1284	33	324	44.9	7.5	60 415	1989	5	-77	180	TCHAD	+1
57	24	9	47.9	23.5	15 352	2242	53	-60	310	TOGO	ASG
5	1	2	97.4	79	1197	2585	4993	164	3770	TRINIDAD A TOBAGO	-4
164	50	7	62.8	49	1897	3330	608	-1900	1820	TUNISIA	+1
488	15	40	97.7		296		3380	548	920	TURKMENISTAN	+5
779	275	202	80.5	50	1201	3429	793	-5155	2780	TWRCI	+2
241	68	55	58.6	12	26 850	2159	19	-459	240	UGANDA	+3
604	344	103	95		234		3733	-281	1630	UKRAIN	+2 i +3
9809	1878	2862	99	94	408	3732	7570	-176 694	26 980	UNOL DALEITHIAU	-5 i -10
176	13	9	96.9	61.5	348	2750	585	-860	5170	URUGUAY	-3
447	45	13	97.2		292	2079		-121	970	UZBEKISTAN	+5
12	1	9	65			2739	124	-65	1200	VANUATU	+11
912	39	300	90.4	34.5	605	2618	2379	7488	3020	VENEZUELA	-4
330	67	97	91.9	42.5	3108	2250	106	70	240	VIET NAM	+7
528	15	20	41.4		5982	2203	222	-1277	260	YEMEN	+3
28	1	25	24	15.5		2173	147	-5	910	YNYSOEDD SOLOMON	+11
753	53	287	75.2	19.5	9787	1931	137	187	400	ZAMBIA	+2
391	29	88	83.4	47	7537	1985	462	-775	540	ZIMBABWE	+2

Sut i ddefnyddio'r Mynegai

Mae pob enw sydd ar y mapiau yn yr atlas hwn (ar wahân i ambell le sy'n ymddangos ar fapiau thematig arbennig) wedi'i gynnwys yn y mynegai.

Mae'r enwau yn nhrefn yr wyddor Gymraeg (ond gan dderbyn llythrennau sydd heb fod yn yr wyddor honno) ac fe'u rhestrir yn ôl yr egwyddor o lythyren-wrth-lythyren.

Lle mae mwy nag un lle o'r un enw, defnyddir enw'r wlad i bennu'r drefn:

Bangor Cymru
Bangor G. Iwerddon
Bangor U.D.A.

Os yw'r ddau le/nodwedd yn yr un wlad yna defnyddir enw'r sir neu'r dalaith hefyd:

Avon *a.* Bryste Lloegr
Avon *a.* Caerloyw Lloegr
Avon *a.* Dorset Lloegr

Mae pob cofnod yn y mynegai yn dechrau ag enw'r lle neu'r nodwedd, gydag enw'r wlad neu'r rhanbarth lle y mae wedi ei leoli yn dilyn. Dilynir hyn gan rif y dudalen fwyaf addas lle mae'r enw i'w weld ar fap, fel arfer y map graddfa fwyaf. Daw'r cyfeirnod alffaniwmerig, y lledred a'r hydred ar ôl rhif y dudalen.

Dilynir enwau nodweddion ffisegol fel afonydd, penrhynau, mynyddoedd a.y.b. gan ddisgrifiad. Cafodd y disgrifiadau eu talfyrru fel arfer i un neu ddwy lythyren: mae'r talfyriadau hyn i'w gweld yn y rhestr isod. Cynhwysir disgrifiad gydag enw tref lle mae perygl drysu rhwng enw tref a nodwedd ffisegol:

Red Lake *tref*

Defnyddir amrywiol fathau o deip er mwyn gwahaniaethu rhwng gwahanol rannau pob cofnod:

enw'r lle	enw'r wlad neu ranbarth	cyfeirnod grid alffaniwmerig
disgrifiad (os o gwbl)	rhif y dudalen	lledred/ hydred

Dyfrdwy *a.* Cymru **12** **D5** 53.13G 3.05Gn

I ddefnyddio'r **cyfeirnod grid alffaniwmerig** i ddod o hyd i nodwedd ar fap trowch i'r dudalen gywir ac edrychwch ar y llythrennau gwyn sydd yn y ffrâm las ar hyd top a gwaelod y map a'r rhifau gwyn yn y ffrâm las ar hyd ochrau'r map. Wedi i chi ddod o hyd i'r llythyren a'r rhif cywir dilynwch y blychau grid i fyny ac ar draws nes i chi ddarganfod y blwch grid cywir sy'n cynnwys y nodwedd. Chwiliwch am enw'r nodwedd yn y blwch grid.

Mae'r **cyfeirnod lledred a hydred** yn rhoi disgrifiad mwy manwl gywir o leoliad y nodwedd.

Mae tudalen 6 yr atlas yn disgrifio llinellau lledred a llinellau hydred ac yn egluro sut y cânt eu rhifo a'u rhannu yn raddau a munudau. Mae gan bob enw yn y mynegai gyfeirnod lledred a hydred arbennig er mwyn i chi allu lleoli nodwedd yn fanwl gywir. Mae'r llinellau lledred a'r llinellau hydred ar bob map wedi eu rhifo mewn graddau. Mae'r rhifau hyn i'w gweld wedi eu hargraffu'n ddu ar hyd top, gwaelod ac ochrau'r map.

Rhan o'r map ar dudalen 20 yw'r map bach uchod. Mae'r llinellau lledred a hydred i'w gweld arno.

Cofnod Wexford yn y mynegai yw:

Wexford Gwer. Iwer. **20 E2** 52.20G 6.28Gn

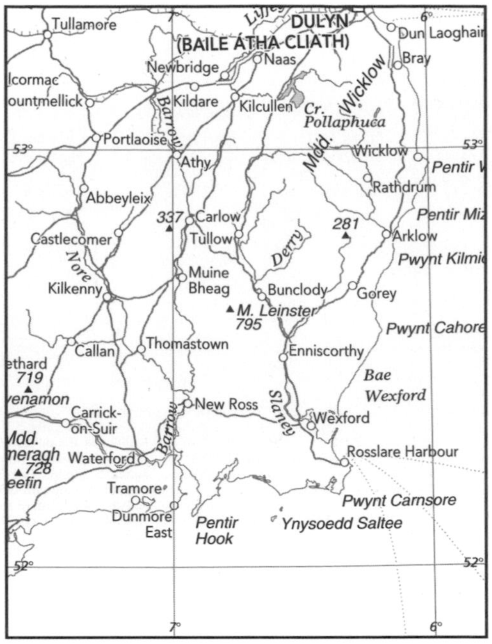

I leoli Wexford dewch o hyd i ledred 52G ac amcangyfrifwch 20 munud i'r gogledd o 52° i ddod o hyd i 52.20G. Yna lleolwch hydred 6Gn ac amcangyfrifwch 28 munud i'r gorllewin o 6° i ddod o hyd i 6.28Gn. Mae'r symbol ar gyfer tref Wexford yn y man lle mae lledred 52.20G a hydred 6.28Gn yn cyfarfod.

Ar fapiau sydd ar raddfa lai na map Iwerddon nid yw'n bosibl dangos pob llinell lledred a hydred. Bob 5-10 gradd lledred a hydred a ddangosir yn unig. Ar y mapiau hyn rhaid i chi amcangyfrif y graddau a'r munudau er mwyn lleoli nodwedd arbennig.

Byrfoddau

a., **A.**	afon, Afon
A. a B.	Argyll a Bute
Afghan.	Afghanistan
Ala.	Alabama
Ant. Iseld.	Antilles yr Iseldiroedd
b., **B.**	bae, Bae
Bangla.	Bangladesh
Bosna.	Bosna-Hercegovina
Br.	Bryniau
Cal. New.	Caledonia Newydd
Cam.	Camlas
Cb.	Canolbarth
Cefn.	Cefnfor
cf., **Cf.**	culfor, Culfor
Cn.	Cadwyn
Colo.	Colorado
Cp.	Copa
Cr.	Cronfa ddŵr
D.	De
D. a G.	Dumfries a Galloway
D.C.	De Carolina
Del.	Delaware
D.U.	Y Deyrnas Unedig
diff.	diffeithdir
Dn.	Dwyrain
Dn. Efrog	Riding Dwyreiniol Efrog
E.A.U.	Emiradau Arabaidd Unedig
E.N.	Efrog Newydd
Fla.	Florida
Ffed. Rwsia	Ffederasiwn Rwsia
G.	Gogledd
Ga.	Georgia
G.C.	Gogledd Carolina
G.C.A.	Gweriniaeth Canolbarth Affrica
G.D.A.	Gweriniaeth De Affrica
gff., **Gff.**	gwlff, Gwlff
Gn.	Gorllewin
Gn. Sahara	Gorllewin Sahara
Gn. Va.	Gorllewin Virginia
gor., **Gor.**	gorynys, Gorynys
Guinea Gyhyd.	Guinea Gyhydeddol
Gw.	Gwlad
Gwar.	Gwarchodfa
Gwar. Gen.	Gwarchodfa Genedlaethol
Gwer.	Gweriniaeth
Gwer. Dom.	Gweriniaeth Dominica
Gwer. Ddem. Congo	Gweriniaeth Ddemocrataidd Congo
Gwer. Iwerdd.	Gweriniaeth Iwerddon
Ill.	Illinois
Iwgo.	Iwgoslafia
La.	Louisiana
Liech.	Liechtenstein
Lux.	Luxembourg
ll., **Ll.**	llyn, Llyn
m., **M.**	mynydd, Mynydd
Man.	Manitoba
mdd., **Mdd.**	mynyddoedd, Mynyddoedd
Miss.	Mississippi
Môr Can.	Y Môr Canoldir
Môr Carib.	Y Môr Caribî
n.	nodwedd ffisegol, e.e. dyffryn, gwastadedd, ardal ddaearyddol
Nev.	Nevada
Nfld.	Newfoundland
N. Mex.	New Mexico
Northum.	Northumberland
Oreg.	Oregon
p., **P.**	penrhyn, Penrhyn
P. a K.	Perth a Kinross
Parc Cen.	Parc Cenedlaethol
P.G.N.	Papua Guinea Newydd
Pili.	Pilipinas
Platte Ddl.	Platte Ddeheuol
Platte Ogl.	Platte Ogleddol
pr., **Pr.**	pentir, Pentir
Pt.	Pwynt
rhan.	rhanbarth mewnol, e.e. sir, talaith
Sn.	Swnt
T. a W.	Tyne a Wear
Tex.	Texas
U.D.A.	Unol Daleithiau America
Va.	Virginia
Wyo.	Wyoming
Yr Iseld.	Yr Iseldiroedd
ys., **Ys.**	ynys, Ynys
ysdd., **Ysdd.**	ynysoedd, Ynysoedd
Ysdd. V. (D.U.)	Ynysoedd Virgin (D.U.)
Ysdd. V. (U.D.A.)	Ynysoedd Virgin (U.D.A.)
Ysdd. y Gn.	Ynysoedd y Gorllewin
Ysr.	Ynysfor

A

Aachen Yr Almaen **48 C4** 50.46G 6.06Dn
Aalen Yr Almaen **48 E3** 48.50G 10.05Dn
Aalst Gw. Belg **42 D2** 50.57G 4.03Dn
Abadan Iran **95 G5** 30.21G 48.15Dn
Abadeh Iran **95 H5** 31.10G 52.40Dn
Abadla Algeria **84 D5** 31.01G 2.45Gn
Abakan Ffed. Rwsia **59 L3** 53.43G 91.25Dn
Abancay Periw **76 C3** 13.35D 72.55Gn
Abarqu Iran **95 H5** 31.09G 53.18Dn
Abashiri Japan **106 D4** 44.02G 144.17Dn
Abaya, Ll. Ethiopia **85 H2** 6.20G 38.00Dn
Abaza Ffed. Rwsia **102 G8** 52.44G 90.12Dn
Abbeville Ffrainc **44 D7** 50.06G 1.51Dn
Abbeyfeale Gwer. Iwerdd. **20 B2** 52.24G 9.18Gn
Abbeyleix Gwer. Iwerdd. **20 D2** 52.55G 7.20Gn
Abbey, Pr. Yr Alban **17 F2** 54.45G 3.58Gn
Abbottabad Pakistan **95 L5** 34.12G 73.15Dn
Abéché Tchad **85 G3** 13.49G 20.49Dn
Åbenrå Denmarc **43 B1** 55.03G 9.26Dn
Abeokuta Nigeria **84 E2** 7.10G 3.26Dn
Aberaeron Cymru **12 C4** 52.15G 4.16Gn
Aberchirder Yr Alban **19 G2** 57.33G 2.38Gn
Aberdâr Cymru **12 D3** 51.43G 3.27Gn
Aberdare, Cn. *mdd.* Kenya **87 B2** 0.20D 36.07Dn
Aberdaugleddau Cymru **12 B3** 51.43G 5.02Gn
Aberdeen U.D.A. **64 G6** 45.28G 98.30Gn
Aberdeen (Obair Dheathain) Yr Alban **19 G2** 57.08G 2.07Gn
Aberdeen, Dinas *rhan.* Yr Alban **8 D5** 57.08G 2.07Gn
Aberdeen, Swydd *rhan.* Yr Alban **8 D5** 57.22G 2.35Gn
Aberfeldy Yr Alban **17 F4** 56.38G 3.52Gn
Aberford Lloegr **15 F2** 53.51G 1.20Gn
Aberfoyle Yr Alban **16 E4** 56.11G 4.23Gn
Abergele Cymru **12 D5** 53.17G 3.34Gn
Abergwaun Cymru **12 C3** 51.59G 4.59Gn
Abergwaun, Bae Cymru **12 C4** 52.06G 4.54Gn
Aberhonddu Cymru **12 D3** 51.57G 3.23Gn
Abermaw Cymru **12 C4** 52.44G 4.03Gn
Abermaw, Bae Cymru **12 C4** 52.42G 4.05Gn
Aberporth Cymru **12 C4** 52.08G 4.33Gn
Abersoch Cymru **12 C4** 52.50G 4.31Gn
Abertawe Cymru **12 D3** 51.37G 3.57Gn
Abertawe *rhan.* Cymru **9 D2** 51.35G 4.10Gn
Abertawe, Bae Cymru **12 D3** 51.33G 3.50Gn
Aberteifi Cymru **12 C4** 52.06G 4.41Gn
Abertyleri Cymru **12 D3** 51.44G 3.09Gn
Aberystwyth Cymru **12 C4** 52.25G 4.06Gn
Abha Saudi Arabia **94 F2** 18.13G 42.30Dn
Abidjan Côte d'Ivoire **84 D2** 5.19G 4.01Gn
Abilene U.D.A. **64 G3** 32.27G 99.45Gn
Abingdon Lloegr **10 D2** 51.40G 1.17Gn
Abington Yr Alban **17 F3** 55.29G 3.42Gn
Abitibi, Ll. Canada **65 K6** 48.42G 79.45Gn
Aboyne Yr Alban **19 G2** 57.05G 2.49Gn
Abqaiq Saudi Arabia **95 G4** 25.55G 49.40Dn
Abu' Arīsh Saudi Arabia **94 F2** 16.58G 42.50Dn
Abu Dhabi = Abū Zabī E.A.U. **95 H3** 24.27G 54.23Dn
Abu Hamed Sudan **85 H3** 19.32G 33.20Dn
Abuja Nigeria **84 E2** 9.12G 7.11Dn
Abu Matariq Sudan **94 C1** 10.58G 26.17Dn
Abunã *a.* Brasil **76 D4** 9.41D 65.20Gn
Abu Simbel Yr Aifft **94 D3** 22.18G 31.40Dn
Abū Zabī (Abu Dhabi) E.A.U. **95 H3** 24.27G 54.23Dn
Abyad Sudan **94 C1** 13.46G 26.28Dn
Acapulco México **70 E4** 16.51G 99.56Gn
Acarigua Venezuela **71 K2** 9.35G 69.12Gn
Accra Ghana **84 D2** 5.33G 0.15Gn
Accrington Lloegr **15 E2** 53.46G 2.22Gn
Achill, Ys. Gwer. Iwerdd. **20 A3** 53.57G 10.00Gn
Achinsk Ffed. Rwsia **59 L3** 56.10G 90.10Dn
A'Chralaig *m.* Yr Alban **18 D2** 57.11G 5.09Gn
Acklins, Ys. Bahamas **71 J5** 22.30G 74.10Gn
Acle Lloegr **11 G3** 52.38G 1.33Dn
Aconcagua *m.* Ariannin **75 B3** 32.37D 70.00Gn
Açores *ysdd.* Cefn. Iwerydd **82 A8** 38.00G 28.00Gn
Acre *rhan.* Brasil **76 C4** 8.50D 71.30Gn
Acre *a.* Brasil **76 D4** 8.45D 67.23Gn
Actéon, Grŵp *ysdd.* Polynesia Ffrengig **109 Q4** 22.00D 136.00Gn
Adaja *a.* Sbaen **46 C4** 41.32G 4.52Gn
Adamawa, Ucheld. Nigeria/Cameroun **84 F2** 7.05G 12.00Dn
Adana Twrci **57 L2** 37.00G 35.19Dn
Adda *a.* Yr Eidal **50 C6** 45.08G 9.55Dn
Ad Dahna *diff.* Saudi Arabia **95 G4** 26.00G 47.00Dn
Ad Dakhla Gn. Sahara **84 C4** 23.43G 15.57Gn
Ad Dammam Saudi Arabia **95 H4** 26.23G 50.08Dn
Ad Dawhah (Doha) Qatar **95 H4** 25.15G 51.34Dn
Adderbury Lloegr **10 D3** 52.01G 1.19Gn
Ad Dir'īyah Saudi Arabia **95 G4** 24.45G 46.32Dn
Addis Ababa Ethiopia **85 H2** 9.03G 38.42Dn
Ad Dīwanīyah Iraq **94 F5** 31.59G 44.57Dn
Adelaide Awstralia **110 C2** 34.56D 138.36Dn
Aden Yemen **94 F1** 12.50G 45.00Dn
Aden, Gff. Cefn. India **85 I3** 13.00G 50.00Dn
Adi *ys.* Indonesia **105 I3** 4.10D 133.10Dn
Ādī Ārk'ay Ethiopia **94 E1** 13.35G 37.57Dn
Adige *a.* Yr Eidal **50 E6** 45.10G 12.20Dn
Ādīgrat Ethiopia **94 E1** 14.18G 39.31Dn
Adilang Uganda **87 A3** 2.44G 33.28Dn
Adi Ugri Eritrea **94 E1** 14.55G 38.53Dn
Adıyaman Twrci **57 N2** 37.46G 38.15Dn
Admiralty, Ysdd. P.G.N. **108 J6** 2.30D 147.20Dn
Adour *a.* Ffrainc **44 C3** 4[illegible].28G 1.35Gn
Adria, Môr Môr Can. **50 F5** 42.30G 16.00Dn
Adwa Ethiopia **85 H3** 14.12G 38.56Dn
Aegea, Môr Môr Can. **56 G3** 39.00G 25.00Dn
Afghanistan Asia **95 K5** 33.00G 65.30Dn
Afmadow Somalia **87 C3** 0.27G 42.05Dn
Afyon Twrci **57 J3** 38.46G 30.32Dn
Affrica 82
Affrica, Gwer. Canolbarth Affrica **85 F2** 6.30G 20.00Dn
Affrica, Gwer. De Affrica **86 B1** 30.00D 27.00Dn
Agadez Niger **84 E3** 17.00G 7.56Dn
Agadir Moroco **84 D5** 30.26G 9.36Gn
Agana Guam **105 K6** 13.28G 144.45Dn
Agano *a.* Japan **106 C3** 37.58G 139.02Dn
Agartala India **97 I5** 23.49G 91.15Dn
Agde Ffrainc **44 E3** 43.19G 3.28Dn
Agen Ffrainc **44 D4** 44.12G 0.38Dn
Āgere Maryam Ethiopia **87 B4** 5.40G 38.11Dn
Aghla, M. Gwer. Iwerdd. **16 A2** 54.50G 8.10Gn
Agirwat, Br. Sudan **94 E2** 16.00G 35.10Dn
Agra India **97 F6** 27.09G 78.00Dn
Ağri Twrci **94 F6** 39.44G 43.04Dn
Agrigento Yr Eidal **50 E2** 37.19G 13.36Dn
Agrihan *ys.* Ysdd. G. Mariana **105 L7** 18.44G 145.39Dn
Aguascalientes México **70 D5** 21.51G 102.18Gn
Aguascalientes *rhan.* México **70 D4** 22.00G 102.18Gn
Aguilar de Campóo Sbaen **46 C5** 42.55G 4.15Gn
Águilas Sbaen **46 E2** 37.25G 1.35Gn
Agulhas Negras *m.* Brasil **72 F4** 22.20D 44.43Gn
Agulhas, P. G.D.A. **86 B1** 34.50D 20.00Dn
Ahaggar *mdd.* Algeria **84 E4** 24.00G 5.50Dn
Ahar Iran **95 G6** 38.25G 47.07Dn
Ahaus Yr Almaen **42 G4** 52.04G 7.01Dn
Ahmadabad India **96 E5** 23.03G 72.40Dn
Ahmadnagar India **96 E4** 19.08G 74.48Dn
Ahmadpur East Pakistan **95 L4** 29.09G 71.16Dn
Ahmadpur Sial Pakistan **95 L5** 30.41G 71.46Dn
Ahvaz Iran **95 G5** 31.17G 48.44Dn
Aifft, Yr Affrica **94 C4** 26.30G 29.30Dn
Ailsa Craig *ys.* Yr Alban **16 D3** 55.15G 5.07Gn
Aïn Beïda Algeria **52 E4** 35.50G 7.27Dn
Aïn Sefra Algeria **84 D5** 32.45G 0.35Gn
Aïr *mdd.* Niger **84 E3** 18.30G 8.30Dn
Airdrie Canada **62 G3** 51.20G 114.00Gn
Airdrie Yr Alban **17 F3** 55.52G 3.59Gn
Aisne *a.* Ffrainc **44 E6** 49.27G 2.51Dn
Aitape P.G.N. **105 K3** 3.10D 142.17Dn
Aitutaki *ys.* Ysdd. Cook **108 P5** 18.52D 159.46Gn
Aix-en-Provence Ffrainc **44 F3** 43.31G 5.27Dn
Aíynia *ys.* Groeg **56 F2** 37.43G 23.30Dn
Aizu-wakamatsu Japan **106 C3** 37.30G 139.58Dn
Ajaccio Ffrainc **44 H2** 41.55G 8.43Dn
Ajdabiya Libya **85 G5** 30.48G 20.15Dn
Akhdar, Al Jabal al *mdd.* Libya **85 G5** 32.10G 22.00Dn
Akhdar, Jabal *mdd.* Oman **95 I3** 23.10G 57.25Dn
Akhelóös *a.* Groeg **56 E3** 38.20G 21.04Dn
Akhisar Twrci **57 H3** 38.54G 27.49Dn
Akimiski, Ys. Canada **63 J3** 53.00G 81.20Gn
Akita Japan **106 D3** 39.44G 140.05Dn
Akkajaure *ll.* Sweden **43 D4** 67.40G 17.30Dn
Akmola Kazakhstan **102 C8** 51.10G 71.28Dn
Akobo *a.* Sudan/Ethiopia **82 G5** 8.30G 33.15Dn
Akordat Eritrea **85 H3** 15.35G 37.55Dn
Akpatok, Ys. Canada **63 L4** 60.30G 68.30Gn
Akranes Gw. yr Iâ **43 X2** 64.19G 22.05Gn
Akron U.D.A. **65 J5** 41.04G 81.31Gn
Akşehir Twrci **57 J3** 38.22G 31.24Dn
Aksu China **102 E6** 42.10G 80.00Dn
Āksum Ethiopia **94 E1** 14.08G 38.48Dn
Aktau Kazakhstan **58 H2** 43.37G 51.11Dn
Aktogay Kazakhstan **102 D7** 46.59G 79.42Dn
Aktyubinsk Kazakhstan **58 H3** 50.16G 57.13Dn
Akureyri Gw. yr Iâ **43 Y2** 65.41G 18.04Gn
Alabama *rhan.* U.D.A. **65 I3** 33.00G 87.00Gn
Alabama *a.* U.D.A. **65 I3** 31.05G 87.55Gn
Alagoas *rhan.* Brasil **77 G4** 9.30D 37.00Gn
Alagoinhas Brasil **77 G3** 12.09D 38.21Gn
Al Ahmadī Kuwait **95 G4** 29.05G 48.04Dn
Alakol', Ll. Kazakhstan **102 E7** 46.00G 81.40Dn
Alakurtti Ffed. Rwsia **43 G4** 67.00G 30.23Dn
Alamagan *ys.* Ysdd. G. Mariana **105 L7** 17.35G 145.50Dn
Åland *ysdd.* Y Ffindir **43 E3** 60.20G 20.00Dn
Alanya Twrci **57 J2** 36.32G 32.02Dn
Al Aqabah Gw. Iorddonen **94 E4** 29.32G 35.00Dn
Al Artawīyah Saudi Arabia **95 G4** 26.31G 45.21Dn
Alaska *rhan.* U.D.A. **62 C4** 65.00G 153.00Gn
Alaska, Cn. *mdd.* U.D.A. **62 C4** 62.10G 152.00Gn
Alaska, Gff. U.D.A. **62 D3** 58.45G 145.00Gn
Alaska, Gor. U.D.A. **62 C3** 56.00G 160.00Gn
Alausí Ecuador **76 C4** 2.00D 78.50Gn
Alavus Y Ffindir **43 E3** 62.35G 23.37Dn
Alaw, Ll. Cymru **12 C5** 53.20G 4.25Gn
Albacete Sbaen **46 E3** 39.00G 1.52Gn
Alba Iulia România **56 F7** 46.04G 23.33Dn
Alban, Yr D.U. **8-9**
Alban, Gororau'r *rhan.* Yr Alban **8 D4** 55.30G 2.53Gn
Albania Ewrop **56 E4** 41.00G 20.00Dn
Albany Awstralia **110 A2** 34.57D 117.54Dn
Albany *a.* Canada **63 J3** 52.10G 82.00Gn
Albany E.N. U.D.A. **65 L5** 42.40G 73.49Gn
Albany Ga. U.D.A. **65 J3** 31.37G 84.10Gn
Al Basrah Iraq **95 G5** 30.33G 47.50Dn
Al Bayda' Libya **85 G5** 32.50G 21.50Dn
Albenga Yr Eidal **50 C6** 44.03G 8.13Dn
Alberche *a.* Sbaen **46 C4** 40.00G 4.45Gn
Albert Ffrainc **42 B1** 50.00G 2.40Dn
Alberta *rhan.* Canada **62 G3** 55.00G 115.00Gn
Albert Lea U.D.A. **65 H5** 43.39G 93.22Gn
Albert, Ll. Affrica **86 C5** 1.45G 31.00Dn
Albi Ffrainc **44 E3** 43.56G 2.08Dn
Al Biyadah *n.* Saudi Arabia **95 G3** 22.00G 47.00Dn
Alborán *ys.* Sbaen **46 D1** 35.55G 3.10Gn
Ålborg Denmarc **43 B2** 57.03G 9.56Dn
Āl Bu Kamal Syria **94 F5** 34.27G 40.55Dn
Albuquerque U.D.A. **64 E4** 35.05G 106.38Gn
Al Buraymī E.A.U. **95 I3** 24.15G 55.45Dn
Albury Awstralia **110 D2** 36.03D 146.53Dn
Alcalá de Henares Sbaen **46 D4** 40.28G 3.22Gn
Alcalá la Real Sbaen **46 D2** 37.28G 3.55Gn
Alcañiz Sbaen **46 E4** 41.03G 0.09Gn
Alcázar de San Juan Sbaen **46 D3** 39.24G 3.12Gn
Alcester Lloegr **10 D3** 52.13G 1.52Gn
Alcoy/ Alcoi Sbaen **46 E3** 38.42G 0.29Gn
Alcúdia Sbaen **46 G3** 39.51G 3.09Dn
Aldabra, Ysdd. Cefn. India **86 D4** 9.00D 47.00Dn
Aldan Ffed. Rwsia **59 O3** 58.44G 125.22Dn
Aldan *a.* Ffed. Rwsia **59 P4** 63.30G 130.00Dn
Aldbrough Lloegr **15 G2** 53.50G 0.07Gn
Aldeburgh Lloegr **11 G3** 52.09G 1.35Dn
Alderley Edge Lloegr **15 E2** 53.18G 2.15Gn
Alderney *ys.* Ysdd. y Sianel **13 Z9** 49.42G 2.11Gn
Aldershot Lloegr **10 E2** 51.15G 0.47Gn
Aldingham Lloegr **14 D3** 54.08G 3.08Gn
Aldridge Lloegr **10 D3** 52.36G 1.55Gn
Aleksandrovsk-Sakhalinskiy Ffed. Rwsia **59 Q3** 50.55G 142.12Dn
Aleksin Ffed. Rwsia **55 O6** 54.31G 37.07Dn
Alençon Ffrainc **44 D6** 48.25G 0.05Dn
Alès Ffrainc **44 F4** 44.08G 4.05Dn
Alessandria Yr Eidal **50 C6** 44.54G 8.37Dn
Ålesund Norwy **43 A3** 62.28G 6.11Dn
Aleutia, Cn. *mdd.* U.D.A. **62 C3** 58.00G 156.00Gn
Aleutia, Ysdd. U.D.A. **108 N12** 52.00G 176.00Gn
Alexander, Ys. Antarctica **112** 72.00D 70.00Gn
Alexander, Ysr. *ysdd.* U.D.A. **62 E3** 56.30G 134.30Gn
Alexandra, P. De Georgia **75 F1** 54.05D 37.58Gn
Alexandria La. U.D.A. **65 H3** 31.19G 92.29Gn
Alexandria Va. U.D.A. **65 K4** 38.48G 77.03Gn
Alexandria Yr Alban **16 E3** 55.59G 4.35Gn
Alexandria = El Iskandarîya Yr Aifft **94 C5** 31.13G 29.55Dn
Alexandroúpolis Groeg **56 G4** 40.50G 25.53Dn
Aleysk Ffed. Rwsia **102 E8** 52.32G 82.17Dn
Al Farwanīyah Kuwait **95 G4** 29.04G 47.50Dn
Alford Lloegr **15 H2** 53.17G 0.11Dn
Alfreton Lloegr **15 F2** 53.06G 1.22Gn
Algarve *n.* Portiwgal **46 A2** 37.20G 8.00Gn
Algeciras Sbaen **46 C2** 36.08G 5.27Gn
Alger = Al Jazā'ir Algeria **84 E5** 36.50G 3.00Dn
Algeria Affrica **84 E4** 28.00G 2.00Dn
Al Ghayḑah Yemen **95 H2** 16.12G 52.16Dn
Alghero Yr Eidal **50 C4** 40.33G 8.20Dn
Al Hamad *diff.* Asia **94 E5** 31.45G 39.00Dn
Al Hamādah al Hamrā *n.* Libya **52 F2** 29.00G 12.00Dn
Al Ḩasakah Syria **94 F6** 36.29G 40.45Dn
Al Hibak *n.* Saudi Arabia **95 H3** 21.00G 53.30Dn
Al Hillah Iraq **94 F5** 32.28G 44.29Dn
Al Hoceima Moroco **46 D1** 35.15G 3.55Gn
Al Hudaydah (Hodeida) Yemen **94 F1** 14.50G 42.58Dn
Al Hufūf (Hofūf) Saudi Arabia **95 G4** 25.20G 49.34Dn
Aliákmon *a.* Groeg **56 F4** 40.30G 22.38Dn
Ali Bayramli Azerbaijan **95 G6** 39.56G 48.55Dn
Alicante/ Alicant Sbaen **46 E3** 38.21G 0.29Gn
Alice Springs *tref* Awstralia **110 C3** 23.42D 133.52Dn
Alingsås Sweden **43 C2** 57.55G 12.30Dn
Al Jaghbub Libya **85 G4** 29.42G 24.38Dn
Al Jaharah Kuwait **95 G4** 29.20G 47.41Dn
Al Jawf Saudi Arabia **94 E4** 29.49G 39.52Dn
Al Jawsh Libya **52 F3** 32.00G 11.40Dn
Al Jazā'ir (Alger) Algeria **84 E5** 36.50G 3.00Dn
Al Jubayl Saudi Arabia **95 G4** 26.59G 49.40Dn
Al Karak Gw. Iorddonen **94 E5** 31.11G 35.42Dn
Al Khaburah Oman **95 I3** 23.58G 57.10Dn
Al-Khalil (Hebron) Gw. Iorddonen **94 E5** 31.32G 35.06Dn
Al Khartūm (Khartoum) Sudan **85 H3** 15.33G 32.35Dn
Al Khaṣab Oman **95 I4** 26.14G 56.15Dn
Al Khufrah Libya **85 G4** 24.09G 23.19Dn
Al Khums Libya **53 F3** 32.39G 14.15Dn
Alkmaar Yr Iseld. **42 D4** 52.37G 4.44Dn
Al Kut Iraq **95 G5** 32.30G 45.51Dn
Allahabad India **97 G6** 25.57G 81.50Dn
Allegheny, Mdd. U.D.A. **65 K5** 38.00G 81.00Gn
Allendale Town Lloegr **15 E3** 54.54G 2.15Gn
Allen, Loch Gwer. Iwerdd. **20 C4** 54.07G 8.04Gn
Allentown U.D.A. **65 K5** 40.37G 75.30Gn
Alleppey India **96 F2** 9.30G 76.22Dn
Aller *a.* Yr Almaen **48 D5** 52.57G 9.11Dn
Alliance U.D.A. **64 F5** 42.08G 103.00Gn
Allier *a.* Ffrainc **44 E5** 46.58G 3.04Dn
Al Lith Saudi Arabia **94 F3** 20.09G 40.16Dn
Alloa Yr Alban **17 F4** 56.07G 3.49Gn
Al Madīnah (Medina) Saudi Arabia **94 E3** 24.30G 39.35Dn
Almaen, Yr Ewrop **48 D4** 51.00G 10.00Dn
Al Mahrah *n.* Yemen **95 H2** 15.30G 51.00Dn
Al Manamāh Bahrain **95 H4** 26.12G 50.36Dn
Almansa Sbaen **46 E3** 38.52G 1.06Gn
Almanzor *m.* Sbaen **46 C4** 40.20G 5.22Gn
Al Marj Libya **53 H3** 32.30G 20.50Dn
Almaty Kazakhstan **102 D6** 43.19G 76.55Dn
Al Mawşil (Mosul) Iraq **94 F6** 36.21G 43.08Dn
Almeirim Brasil **77 E4** 1.30D 52.35Gn
Almelo Yr Iseld. **42 F4** 52.21G 6.40Dn
Almería Sbaen **46 D2** 36.50G 2.26Gn
Almina, P. *p.* Moroco **46 C1** 35.54G 5.17Gn
Al Mish'ab Saudi Arabia **95 G4** 28.00G 48.48Dn
Almodôvar Portiwgal **46 A2** 37.31G 8.03Gn
Almond *a.* Yr Alban **17 F4** 56.25G 3.28Gn
Al Mudawwara Gw. Iorddonen **94 E4** 29.20G 36.00Dn
Al Mukha Yemen **94 F1** 13.19G 43.15Dn
Almuñécar Sbaen **46 D2** 36.44G 3.41Gn
Al Nu'ayrīyah Saudi Arabia **95 G4** 27.27G 48.17Dn
Alnwick Lloegr **15 F4** 55.25G 1.41Gn
Alor *ys.* Indonesia **105 G2** 8.20D 124.30Dn
Alpau, Yr *mdd.* Ewrop **34 E2** 46.00G 7.30Dn
Alpau Carnig *mdd.* Yr Eidal/Awstria **50 E7** 46.40G 12.48Dn
Alpau Dinarig *mdd.* Bosna./Croatia **56 C6** 44.00G 16.30Dn
Alpau Morol *mdd.* Ffrainc **44 G4** 44.07G 7.08Dn
Alpau'r De *mdd.* Seland Newydd **111 G1** 43.20D 170.45Dn
Alpine U.D.A. **64 F3** 30.22G 103.40Gn
Al Qa'amiyat *n.* Saudi Arabia **95 G2** 18.30G 49.00Dn
Al Qaddahiyah Libya **53 G3** 31.24G 15.12Dn
Al Qamishlī Syria **94 F6** 37.05G 41.11Dn
Al Qunfidhah Saudi Arabia **94 F2** 19.08G 41.15Dn
Alsager Lloegr **15 E2** 53.07G 2.20Gn
Alston Lloegr **15 E3** 54.48G 2.26Gn
Alta *a.* Norwy **43 E5** 70.00G 23.15Dn
Altai, Mdd. Mongolia **102 G7** 46.30G 93.30Dn
Altamira Brasil **77 E4** 3.12D 52.12Gn
Altamura Yr Eidal **50 G4** 40.50G 16.32Dn
Altay China **102 F7** 47.48G 88.07Dn
Altay Mongolia **102 H7** 46.20G 97.00Dn
Altenburg Yr Almaen **48 F4** 50.59G 12.27Dn
Altiplano *n.* Bolivia **76 D3** 18.00D 67.30Gn
Altiplano Mexicano *mdd.* G. America **60 I4** 24.00G 105.00Gn
Alton Lloegr **10 E2** 51.08G 0.59Gn
Altoona U.D.A. **65 K5** 40.32G 78.23Gn
Altrincham Lloegr **15 E2** 53.25G 2.21Gn
Altun Shan *mdd.* China **102 F5** 38.10G 87.50Dn
Al'Uqaylah Libya **53 G3** 30.15G 19.12Dn
Alur Setar Malaysia **104 C5** 6.06G 100.23Dn
Al'Uthmanīyah Saudi Arabia **95 G4** 25.16G 49.24Dn
Al'Uwaynat Libya **94 B3** 21.53G 24.51Dn
Alva U.D.A. **64 G4** 36.48G 98.40Gn
Älvdalen Sweden **43 C3** 61.14G 14.05Dn
Alveley Lloegr **10 C3** 52.28G 2.20Gn
Älvsbyn Sweden **43 E4** 65.41G 21.00Dn
Al Wajh Saudi Arabia **94 E4** 26.16G 36.28Dn
Alwen, Ll. Cymru **12 D5** 53.05G 3.35Gn
Al Widyan *n.* Iraq/Saudi Arabia **94 F5** 31.00G 42.00Dn
Alyth Yr Alban **17 F4** 56.38G 3.14Gn
Alytus Lithuania **55 I6** 54.24G 24.03Dn
Amadeus, Ll. Awstralia **110 C3** 24.50D 130.45Dn
Amadjuak, Ll. Canada **63 K4** 65.00G 71.00Gn
Amadora Portiwgal **46 A3** 38.45G 9.13Gn
Åmål Sweden **43 C2** 59.04G 12.41Dn
Amamapare Indonesia **105 J3** 4.56D 136.43Dn
Amapá *rhan.* Brasil **77 E5** 2.00G 52.00Gn
Amarillo U.D.A. **64 F4** 35.14G 101.50Gn
Amasya Twrci **57 L4** 40.37G 35.50Dn
Amazonas *rhan.* Brasil **76 D4** 4.50D 64.00Gn
Amazonas *a.* Brasil **77 E4** 2.00D 50.00Gn
Amazonas, Delta *n.* Brasil **77 F5** 0.00 50.00Gn
Ambarchik Ffed. Rwsia **59 S4** 69.39G 162.27Dn
Ambato Ecuador **76 C4** 1.18D 78.36Gn
Ambergate Lloegr **15 F2** 53.03G 1.29Gn
Ambergris Cay *ys.* Belize **70 G4** 18.00G 87.58Gn
Amble Lloegr **15 F4** 55.20G 1.34Gn
Ambleside Lloegr **14 E3** 54.26G 2.58Gn
Ambon Indonesia **105 H3** 3.50D 128.10Dn
Amboseli, Parc Cen. Kenya **87 B2** 2.40D 37.10Dn
Ambrym *ys.* Vanuatu **111 F4** 16.15D 168.10Dn
Ameland *ys.* Yr Iseld. **42 E5** 53.28G 5.48Dn
America, Basn G. *n.* Cefn. Iwerydd **116 G7**
America, De 74
America, Gogledd 60
Amersfoort Yr Iseld. **42 E4** 52.10G 5.23Dn
Amersham Lloegr **11 E2** 51.40G 0.38Gn
Amesbury Lloegr **10 D2** 51.10G 1.46Gn
Amgu Ffed. Rwsia **106 C5** 45.48G 137.36Dn
Amgun *a.* Ffed. Rwsia **59 P3** 53.10G 139.47Dn
Amiens Ffrainc **44 E6** 49.54G 2.18Dn
Amino Ethiopia **87 C3** 4.25G 41.52Dn
Amlwch Cymru **12 C5** 53.24G 4.21Gn
Amman Gw. Iorddonen **94 E5** 31.57G 35.56Dn
Ammokhostos (Famagusta) Cyprus **57 K1** 35.07G 33.57Dn
Amol Iran **95 H6** 36.26G 52.24Dn
Amorgós *ys.* Groeg **56 G2** 36.49G 25.54Dn
Amos Canada **63 K2** 48.35G 78.05Gn
Ampthill Lloegr **11 E3** 52.03G 0.30Gn
Amravati India **97 F5** 20.58G 77.50Dn
Amritsar India **96 E7** 31.35G 74.56Dn
Amstelveen Yr Iseld. **42 D4** 52.18G 4.51Dn
Amsterdam Yr Iseld. **42 D4** 52.22G 4.54Dn
Amudar'ya *a.* Asia **90 H7** 43.50G 59.00Dn
Amund Ringnes, Ys. Canada **63 I5** 78.00G 96.00Gn
Amundsen, Gff. Canada **62 F5** 70.30G 122.00Gn
Amundsen, Môr Antarctica **112** 70.00D 110.00Gn
Amuntai Indonesia **104 F3** 2.24D 115.14Dn
Amur *a.* Ffed. Rwsia **59 P3** 53.17G 140.00Dn
Amwythig (Shrewsbury) Lloegr **10 C3** 52.42G 2.45Gn
Amwythig *rhan.* Lloegr **9 D3** 52.35G 2.40Gn
Anabar *a.* Ffed. Rwsia **59 N5** 72.40G 113.30Dn
Anadyr Ffed. Rwsia **59 T4** 64.40G 177.32Dn
Anadyr *a.* Ffed. Rwsia **59 T4** 65.00G 176.00Dn
Anadyr, Gff. Ffed. Rwsia **59 U4** 64.30G 177.50Gn
'Ānah Iraq **94 F5** 34.29G 41.57Dn
Anambas, Ysdd. Indonesia **104 D4** 3.00G 106.10Dn
Anamur Twrci **57 K2** 36.06G 32.49Dn
Anápolis Brasil **77 F3** 16.19D 48.58Gn
Anatahan *ys.* Ysdd. G. Mariana **105 L7** 16.22G 145.38Dn
Anatolia *n.* Twrci **57 J3** 38.30G 32.00Dn
An Blascaod Mor Gwer. Iwerdd. **20 A2** 52.05G 10.32Gn
Anchorage U.D.A. **62 D4** 61.10G 150.00Gn
Ancona Yr Eidal **50 E5** 43.37G 13.33Dn
And, Ffiord *moryd* Norwy **43 D5** 69.10G 16.20Dn
Åndalsnes Norwy **43 A3** 62.33G 7.43Dn
Andaman Fach *ys.* India **97 I3** 10.50G 92.38Dn
Andaman, Môr Cefn. India **97 J3** 11.00G 96.00Dn
Andaman, Ysdd. India **97 I3** 12.00G 93.00Dn
Anderlecht Gw. Belg **42 D2** 50.51G 4.18Dn
Anderson U.D.A. **62 D4** 64.25G 149.10Gn
Anderson *a.* Canada **62 F4** 69.45G 129.00Gn
Andes *mdd.* De America **74 B5** 15.00D 74.00Gn
Andhra Pradesh *rhan.* India **97 F4** 17.00G 79.00Dn
Andikíthira *ys.* Groeg **56 F1** 35.52G 23.18Dn
Andkhvoy Afghan. **95 K6** 36.56G 65.05Dn
Andorra Ewrop **46 F5** 42.30G 1.32Dn
Andorra La Vella Andorra **46 F5** 42.30G 1.31Dn
Andover Lloegr **10 D2** 51.13G 1.29Gn
Andøya *ys.* Norwy **43 C5** 69.00G 15.30Dn
Andreas (Andreays) Ynys Manaw **14 C3** 54.22G 4.26Gn
Andreas, P. Cyprus **57 L1** 35.40G 34.35Dn
Andros *ys.* Bahamas **71 I5** 24.30G 78.00Gn
Ándros *ys.* Groeg **56 G2** 37.50G 24.50Dn
Andújar Sbaen **46 C3** 38.02G 4.03Gn
Anegada *ys.* Ysdd. V.(D.U.) **71 L4** 18.46G 64.24Gn
Aneto, Copa *m.* Sbaen **46 F5** 42.40G 0.19Dn
Angara *a.* Ffed. Rwsia **59 L3** 58.00G 93.00Dn
Angarsk Ffed. Rwsia **103 I8** 52.31G 103.55Dn
Ånge Sweden **43 C3** 62.31G 15.40Dn
Angel de la Guarda *ys.* México **70 B6** 29.10G 113.20Gn
Ängelholm Sweden **43 C2** 56.15G 12.50Dn
Angers Ffrainc **44 C5** 47.29G 0.32Gn
Angmagssalik/ Tasiilaq Grønland **63 O4** 65.40G 38.00Gn
Angola Affrica **86 A3** 12.00D 18.00Dn
Angola, Basn *n.* Cefn. Iwerydd **117 J5**
Angoulême Ffrainc **44 D4** 45.40G 0.10Dn
Angren Uzbekistan **102 C6** 41.01G 70.10Dn
Anguilla *ys.* Ysdd. Leeward **71 L4** 18.14G 63.05Gn
Angus *rhan.* Yr Alban **8 D5** 56.45G 3.00Gn
Anhui *rhan.* China **103 L4** 31.30G 116.45Dn
Ankara Twrci **57 K3** 39.55G 32.50Dn
Anlaby Lloegr **15 G2** 53.45G 0.27Gn
Annaba Algeria **84 E5** 36.55G 7.47Dn
An Nafud *diff.* Saudi Arabia **94 F4** 28.40G 41.30Dn
An Najaf Iraq **94 F5** 31.59G 44.19Dn
Annalee *a.* Gwer. Iwerdd. **20 D4** 54.08G 7.25Gn
Annalong G. Iwerddon **16 D2** 54.06G 5.55Gn
Annan Yr Alban **17 F2** 54.59G 3.16Gn
Annan *a.* Yr Alban **17 F3** 54.58G 3.16Gn
Annapurna *m.* Nepal **97 G6** 28.34G 83.50Dn
Ann Arbor U.D.A. **65 J5** 42.18G 83.45Gn
An Naşirīyah Iraq **95 G5** 31.04G 46.16Dn
An Nawfaliyah Libya **53 G3** 30.47G 17.50Dn
Annecy Ffrainc **44 G4** 45.54G 6.07Dn
Ansbach Yr Almaen **48 E3** 49.18G 10.36Dn
Anshan China **103 M6** 41.05G 122.58Dn
Anshun China **103 J3** 26.15G 105.51Dn
Anstruther Yr Alban **17 G4** 56.14G 2.42Gn
Antakya (Antioch) Twrci **57 M2** 36.12G 36.10Dn
Antalya Twrci **57 J2** 36.53G 30.42Dn
Antalya, Gff. Twrci **57 J2** 36.38G 31.00Dn
Antananarivo Madagascar **86 D3** 18.52D 47.30Dn
Antarctica 112
Antarctig, Gor. *n.* Antarctica **116 F2** 65.00D 64.00Gn
An Teallach *m.* Yr Alban **18 D2** 57.48G 5.16Gn
Antequera Sbaen **46 C2** 37.01G 4.34Gn
Antibes Ffrainc **44 G3** 43.35G 7.07Dn
Anticosti, Ys. Canada **63 L2** 49.20G 63.00Gn
Antigua *ys.* Ysdd. Leeward **71 L4** 17.09G 61.49Gn
Antigua a Barbuda Ysdd. Leeward **71 L4** 17.30G 61.49Gn
Antilles Lleiaf *ysdd.* Cb. America **71 K3** 13.00G 67.00Gn
Antilles Mwyaf *ysdd.* Cb. America **71 J4** 17.00G 70.00Gn
Antilles yr Iseldiroedd *ysdd.* De America **71 K3** 12.30G 69.00Gn
Antioch = Antakya Twrci **57 M2** 36.12G 36.10Dn
Antipodes, Ysdd. Cefn. Tawel **108 M2** 49.42D 178.50Dn
Antofagasta Chile **76 C2** 23.40D 70.23Gn
Antrim G. Iwerddon **16 C2** 54.43G 6.14Gn
Antrim *rhan.* G. Iwerddon **20 E4** 54.45G 6.15Gn
Antrim, Mdd. G. Iwerddon **16 C2** 55.00G 6.10Gn
Antsirañana Madagascar **86 D3** 12.19D 49.17Dn

Antwerpen Gw. Belg 42 D3 51.13G 4.25Dn
Antwerpen *rhan.* Gw. Belg 42 D3 51.16G 4.45Dn
Anxi China 102 H6 40.32G 95.57Dn
Anyang China 103 K5 36.04G 114.20Dn
Anzhero-Sudzhensk Ffed. Rwsia 58 K3 56.10G 86.10Dn
Aomori Japan 106 D4 40.50G 140.43Dn
Aosta Yr Eidal 50 B6 45.43G 7.19Dn
Apa *a.* Brasil/Paraguay 77 E2 22.08D 57.55Gn
Apalachee, Bae U.D.A. 65 J2 29.30G 84.00Gn
Apaporis *a.* Colombia 76 D4 1.40D 69.20Gn
Aparri Pili. 105 G7 18.22G 121.40Dn
Apatity Ffed. Rwsia 43 H4 67.32G 33.21Dn
Apeldoorn Yr Iseld. 42 E4 52.13G 5.57Dn
Aporé *a.* Brasil 77 E3 19.30D 50.55Gn
Appalachia, Mdd. U.D.A. 65 K4 39.30G 78.00Gn
Appennini *mdd.* Yr Eidal 50 D6 44.00G 11.00Dn
Appleby-in-Westmorland Lloegr 15 E3 54.35G 2.29Gn
Appledore Lloegr 13 C3 51.03G 4.12Gn
Appleton U.D.A. 65 I5 44.16G 88.25Gn
Apucarana Brasil 77 E2 23.34D 51.28Gn
Apurímac *a.* Periw 76 C3 10.43D 73.55Gn
Aqaba, Gff. Asia 94 D4 28.45G 34.45Dn
Āra Ārba Ethiopia 87 C4 5.50G 41.30Dn
Arabia Asia 117 L2 25.00G 45.00Dn
Arabia, Môr Asia 96 C4 19.00G 65.00Dn
Aracaju Brasil 77 G3 10.54D 37.07Gn
Araçatuba Brasil 77 E2 21.12D 50.24Gn
Aracena, Sierra de *mdd.* Sbaen 46 B2 37.50G 7.00Gn
Arad România 54 G2 46.12G 21.19Dn
Arafura, Môr Austa. 105 I2 9.00D 135.00Dn
Aragón *a.* Sbaen 46 E5 42.20G 1.45Gn
Araguaia *a.* Brasil 77 F4 5.30D 48.05Gn
Araguaína Brasil 77 F4 7.16D 48.18Gn
Araguari Brasil 77 F3 18.38D 48.13Gn
Arak Iran 95 G5 34.06G 49.44Dn
Arakan Yoma *mdd.* Myanmar 97 I5 20.00G 94.00Dn
Aral, Môr Asia 58 H2 45.00G 60.00Dn
Aralsk Kazakhstan 58 I2 46.56G 61.43Dn
Aranda de Duero Sbaen 46 D4 41.40G 3.41Gn
Aranjuez Sbaen 46 D4 40.02G 3.37Gn
Aran, Ys. Gwer. Iwerdd. 20 C5 55.00G 8.32Gn
Aran, Ysdd. Gwer. Iwerdd. 20 B3 53.07G 9.38Gn
Arao Japan 106 B2 33.00G 130.26Dn
Arapiraca Brasil 77 G4 9.45D 36.40Gn
Arapkir Twrci 57 N3 39.03G 38.29Dn
Araraquara Brasil 77 F2 21.46D 48.08Gn
Ararat, M. Twrci 90 G7 39.45G 44.15Dn
Ārba Minch Ethiopia 87 B4 6.02G 37.33Dn
Arberth Cymru 12 C3 51.48G 4.45Gn
Arbīl Iraq 94 F6 36.12G 44.01Dn
Arboga Sweden 43 C2 59.24G 15.51Dn
Arbroath Yr Alban 17 G4 56.34G 2.35Gn
Arcachon Ffrainc 44 C4 44.40G 1.11Gn
Arctic Bay *tref* Canada 63 J5 73.05G 85.20Gn
Arctic Red *a.* Canada 62 E4 67.26G 133.48Gn
Arctig, Cefnfor 112
Ardabil Iran 95 G6 38.15G 48.18Dn
Ardas *a.* Groeg 56 H4 41.39G 26.30Dn
Ardèche *a.* Ffrainc 44 F4 44.31G 4.40Dn
Ardennes *mdd.* Gw. Belg 42 E2 50.10G 5.30Dn
Ardestan Iran 95 H5 33.22G 52.25Dn
Ardglass G. Iwerddon 16 D2 54.16G 5.37Gn
Ardila *a.* Portiwgal 46 B3 38.10G 7.30Gn
Ardnamurchan, Pt. Yr Alban 18 C1 56.44G 6.14Gn
Ardrishaig Yr Alban 16 D3 56.00G 5.26Gn
Ardrossan Yr Alban 16 E3 55.38G 4.49Gn
Ards, Gor. G. Iwerddon 16 D2 54.30G 5.30Gn
Ardvasar (Aird a' Bhàsair) Yr Alban 18 D2 57.03G 5.54Gn
Arena, Pt. U.D.A. 64 B4 38.58G 123.44Gn
Arendal Norwy 43 B2 58.27G 8.56Dn
Arenig Fawr *m.* Cymru 12 D4 52.55G 3.45Gn
Arequipa Periw 76 C3 16.25D 71.32Gn
Arezzo Yr Eidal 50 D5 43.27G 11.52Dn
Arfordir *rhan.* Kenya 87 B2 3.00D 40.00Dn
Arganda del Rey Sbaen 46 D4 40.19G 3.26Gn
Argentan Ffrainc 44 C6 48.45G 0.01Gn
Argentino, Ll. Ariannin 75 B1 50.15D 72.25Gn
Argenton-sur-Creuse Ffrainc 44 D5 46.36G 1.30Dn
Argos Groeg 56 F2 37.37G 22.45Dn
Argun *a.* Ffed. Rwsia 103 M8 53.30G 121.48Dn
Argyle, Ll. Awstralia 110 B4 16.20D 128.14Dn
Argyll *n.* Yr Alban 16 D4 56.12G 5.15Gn
Argyll a Bute *rhan.* Yr Alban 8 C5 56.15G 5.30Gn
Århus Denmarc 43 B2 56.10G 10.13Dn
Ariannin De America 75 C3 35.00D 65.00Gn
Arica Chile 76 C3 18.30D 70.20Gn
Ariège *a.* Ffrainc 44 D3 43.31G 1.25Dn
Arienas, Loch Yr Alban 16 D4 56.38G 5.45Gn
Arinos *a.* Brasil 77 E3 10.20D 57.35Gn
Aripuanã *a.* Brasil 77 D4 5.05D 60.30Gn
Ariquemes Brasil 76 D4 9.56D 63.04Gn
Arisaig (Arasaig) Yr Alban 18 D1 56.55G 5.51Gn
Arisaig, Sn. Yr Alban 18 D1 56.51G 5.50Gn
Arizaro, Pant Heli *n.* Ariannin 76 D2 24.50D 67.40Gn
Arizona *rhan.* U.D.A. 64 D3 34.00G 112.00Gn
Arkaig, Loch Yr Alban 18 D1 56.59G 5.10Gn
Arkalyk Kazakhstan 102 B8 50.17G 66.51Dn
Arkansas *rhan.* U.D.A. 65 H4 35.00G 92.00Gn
Arkansas *a.* U.D.A. 65 H3 33.50G 91.00Gn
Arkansas City U.D.A. 64 G4 37.03G 97.02Gn
Arkhangel'sk Ffed. Rwsia 58 G4 64.32G 41.10Dn
Arklow Gwer. Iwerdd. 20 E2 52.47G 6.10Gn
Arles Ffrainc 44 F3 43.41G 4.38Dn
Arlit Niger 84 E3 19.00G 7.35Dn
Arlon Gw. Belg 42 E1 49.41G 5.49Dn
Armagh G. Iwerddon 16 C2 54.21G 6.40Gn
Armagh *rhan.* G. Iwerddon 20 E4 54.15G 6.45Gn
Armavir Ffed. Rwsia 53 L5 44.59G 41.10Dn
Armenia Asia 58 G2 40.00G 45.00Dn
Armenia Colombia 74 B7 4.32G 75.40Gn
Armidale Awstralia 110 E2 30.32D 151.40Dn
Armoy G. Iwerddon 16 C3 55.08G 6.20Gn
Arnaoutis, P. Cyprus 57 K1 35.06G 32.17Dn
Arnhem Yr Iseld. 42 E3 52.00G 5.55Dn
Arnhem, P. Awstralia 110 C4 12.10D 137.00Dn
Arnhem, Tir *n.* Awstralia 110 C4 13.00D 132.30Dn
Arno *a.* Yr Eidal 50 D5 43.43G 10.17Dn
Ar Ramadī Iraq 94 F5 33.27G 43.19Dn
Arran *ys.* Yr Alban 16 D3 55.35G 5.14Gn
Ar Raqqah Syria 94 E6 35.57G 39.03Dn
Arras Ffrainc 44 E7 50.17G 2.46Dn
Arrecife Ysdd. Dedwydd 46 Z2 28.57G 13.32Gn
Ar Rimal *n.* Saudi Arabia 95 H3 22.00G 53.00Dn
Arrochar (An t-Arar) Yr Alban 16 E4 56.12G 4.44Gn
Ar Rutba Iraq 94 F5 33.03G 40.18Dn
Árta Groeg 56 E3 39.10G 20.57Dn
Artigas Uruguay 77 E1 30.24D 56.28Gn
Artois *n.* Ffrainc 42 B2 50.16G 2.50Dn
Aruba *ys.* Ant. Iseld. 71 J3 12.30G 70.00Gn
Arunachal Pradesh *rhan.* India 97 I6 28.40G 94.60Dn
Arundel Lloegr 11 E1 50.52G 0.32Gn
Arusha Tanzania 86 C4 3.21D 36.40Dn
Aruwimi *a.* Gwer. Ddem. Congo 86 B5 1.20G 23.26Dn
Aru, Ysdd. Indonesia 105 I2 6.00D 134.30Dn
Arviat Canada 63 I4 61.10G 94.15Gn
Arvidsjaur Sweden 43 D4 65.37G 19.10Dn
Arvika Sweden 43 C2 59.41G 12.38Dn
Asahi-dake *m.* Japan 106 D4 43.42G 142.54Dn
Asahikawa Japan 106 D4 43.46G 142.23Dn
Asansol India 97 H5 23.40G 87.00Dn
Ascension, Ys. Cefn. Iwerydd 82 B4 8.00D 14.00Gn
Ascoli Piceno Yr Eidal 50 E5 42.52G 13.36Dn
Aseb Eritrea 85 I3 13.01G 42.47Dn
Åsele Sweden 43 D4 64.10G 17.20Dn
Ashbourne Gwer. Iwerdd. 20 E3 53.31G 6.25Gn
Ashbourne Lloegr 15 F2 53.02G 1.44Gn
Ashburton Lloegr 13 D2 50.31G 3.45Gn
Ashburton *a.* Awstralia 110 A3 21.15D 115.00Dn
Ashby de la Zouch Lloegr 10 D3 52.45G 1.29Gn
Ashford Lloegr 11 F2 51.08G 0.53Dn
Ashington Lloegr 15 F4 55.11G 1.34Gn
Ashkhabad Turkmenistan 95 I6 37.58G 58.24Dn
Ashland U.D.A. 65 H6 46.34G 90.45Gn
Ash Shiḩr Yemen 95 G1 14.45G 49.36Dn
Ashton-under-Lyne Lloegr 15 E2 53.30G 2.08Gn
Asia 90-91
Asilah Moroco 46 B1 35.32G 6.00Gn
Asinara, Gff. Môr Can. 50 C4 41.00G 8.32Dn
Asir *n.* Saudi Arabia 94 F2 19.00G 42.00Dn
Askern Lloegr 15 F2 53.37G 1.09Gn
Askim Norwy 43 B2 59.33G 11.20Dn
Asmera Eritrea 85 H3 15.20G 38.58Dn
Åsnen *ll.* Sweden 43 C2 56.40G 14.50Dn
Aspang-Markt Awstria 54 E2 47.34G 16.06Dn
Aspatria Lloegr 14 D3 54.45G 3.20Gn
Assam *rhan.* India 97 I6 26.30G 93.00Dn
As Samawah Iraq 94 G5 31.18G 45.18Dn
As Sarir *n.* Libya 53 H2 27.00G 21.20Dn
Assen Yr Iseld. 42 F4 53.00G 6.34Dn
As Sidrah Libya 53 G3 30.31G 18.34Dn
Assiniboine, M. Canada 62 G3 50.51G 115.39Gn
As Sulaymanīyah Iraq 95 G6 35.32G 45.27Dn
As Sulayyil Saudi Arabia 95 G3 20.27G 45.34Dn
Assumption *ys.* Cefn. India 86 D4 9.30D 47.20Dn
As Suq Saudi Arabia 94 F3 21.55G 42.02Dn
Assynt, Loch Yr Alban 18 D3 58.11G 5.03Gn
Astara Azerbaijan 95 G6 38.27G 48.53Dn
Asti Yr Eidal 50 C6 44.54G 8.13Dn
Astorga Sbaen 46 B5 42.30G 6.02Gn
Astoria U.D.A. 64 B6 46.12G 123.50Gn
Astove *ys.* Cefn. India 86 D3 10.05D 47.40Dn
Astrakhan' Ffed. Rwsia 58 G2 46.22G 48.00Dn
Asunción Paraguay 77 E2 25.15D 57.40Gn
Asuncion *ys.* Ysdd. G. Mariana 105 L7 19.34G 145.24Dn
Aswân Yr Aifft 94 D3 24.05G 32.56Dn
Asyût Yr Aifft 94 D4 27.14G 31.07Dn
Atacama, Diffeithwch De America 76 D2 20.00D 69.00Gn
Atacama, Pant Heli *n.* Chile 76 D2 23.30D 68.46Gn
Atafu Cefn. Tawel 108 N6 8.40D 172.40Gn
Atâr Mauritania 84 C4 20.32G 13.08Gn
Ataturk, Cr. Twrci 57 N2 37.30G 38.40Dn
Atbara Sudan 85 H3 17.42G 34.00Dn
Atbara *a.* Sudan 85 H3 17.47G 34.00Dn
Ath Gw. Belg 42 C2 50.38G 3.45Dn
Athabasca *a.* Canada 62 G3 58.30G 111.00Gn
Athabasca, Ll. Canada 62 H3 59.30G 109.00Gn
Athboy Gwer. Iwerdd. 20 E3 53.37G 6.55Gn
Athen = Athínai Groeg 56 F2 37.59G 23.42Dn
Athenry Gwer. Iwerdd. 20 C3 53.18G 8.48Gn
Atherstone Lloegr 10 D3 52.35G 1.32Gn
Athi *a.* Kenya 87 B2 2.59D 38.29Dn
Athi, Gwastadeddau *n.* Kenya 87 B2 1.30D 36.50Dn
Athínai (Athen) Groeg 56 F2 37.59G 23.42Dn
Athi River *tref* Kenya 87 B2 1.28D 36.58Dn
Athlone Gwer. Iwerdd. 20 D3 53.26G 7.57Gn
Atholl, Fforest *n.* Yr Alban 19 F1 56.53G 3.55Gn
Athos, M. Groeg 56 G4 40.09G 24.19Dn
Athy Gwer. Iwerdd. 20 E2 53.00G 7.00Gn
Ati Tchad 85 F3 13.11G 18.20Dn
Atlanta U.D.A. 65 J3 33.45G 84.23Gn
Atlantic City U.D.A. 65 L4 39.23G 74.27Gn
Atlas Canol *mdd.* Moroco 52 B3 33.30G 5.00Gn
Atlas Mawr *mdd.* Moroco 84 D5 32.00G 5.50Gn
Atlas, Mdd. Affrica 82 C8 33.00G 4.00Gn
Atlas Sahara *mdd.* Algeria 84 E5 34.20G 2.00Dn
Aṭ Ṭā'if Saudi Arabia 94 F3 21.15G 40.21Dn
Attleborough Lloegr 11 G3 52.31G 1.01Dn
Atui *ys.* Ysdd. Cook 108 P4 20.00D 158.07Gn
Atyrau Kazakhstan 58 H2 47.08G 51.59Dn
Aube *a.* Ffrainc 44 E6 48.30G 3.37Dn
Auchterarder Yr Alban 17 F4 56.18G 3.43Gn
Auchtermuchty Yr Alban 17 F4 56.17G 3.15Gn
Auckland Seland Newydd 111 G2 36.52D 174.45Dn
Auckland, Ysdd. Cefn. Tawel 108 L1 50.35D 166.00Dn
Audlem Lloegr 15 E1 52.59G 2.31Gn
Aughton Lloegr 15 F2 53.22G 1.18Gn
Augsburg Yr Almaen 48 E3 48.21G 10.54Dn
Augusta Ga. U.D.A. 65 J3 33.29G 82.00Gn
Augusta Maine U.D.A. 65 M5 44.20G 69.50Gn
Aulnoye-Aymeries Ffrainc 42 C2 50.12G 3.50Dn
Aurangabad India 96 F4 19.52G 75.22Dn
Aurich Yr Almaen 42 G5 53.28G 7.29Dn
Aurora Colo. U.D.A. 64 F4 39.44G 104.52Gn
Aurora Ill. U.D.A. 65 I5 41.45G 88.20Gn
Auskerry *ys.* Yr Alban 19 G4 59.02G 2.34Gn
Aus Maduli Kenya 87 C3 2.16G 40.36Dn
Austin U.D.A. 64 G3 30.18G 97.47Gn
Auvergne *n.* Ffrainc 44 E4 45.20G 2.40Dn
Auxerre Ffrainc 44 E5 47.48G 3.35Dn
Avallon Ffrainc 44 E5 47.30G 3.54Dn
Avanos Twrci 57 L3 38.44G 34.51Dn
Aveiro Portiwgal 46 A4 40.40G 8.35Gn
Avellino Yr Eidal 50 F4 40.55G 14.46Dn
Avesta Sweden 43 D3 60.09G 16.10Dn
Aveyron *a.* Ffrainc 44 D4 44.09G 1.10Dn
Avezzano Yr Eidal 50 E5 42.03G 13.26Dn
Aviemore Yr Alban 19 F2 57.11G 3.51Gn
Avignon Ffrainc 44 F3 43.56G 4.48Dn
Ávila Sbaen 46 C4 40.39G 4.42Gn
Avilés Sbaen 46 C5 43.33G 5.55Gn
Avon *a.* Bryste Lloegr 10 C2 51.30G 2.43Gn
Avon *a.* Caerloyw Lloegr 10 C3 52.00G 2.10Gn
Avon *a.* Dorset Lloegr 10 D1 50.43G 1.45Gn
Avon *a.* Yr Alban 19 F2 57.25G 3.23Gn
Avonmouth Lloegr 10 C2 51.30G 2.42Gn
Awara, Gwastadedd *n.* Kenya 87 C3 3.45G 41.05Dn
Awata Shet' *a.* Ethiopia 87 B3 4.55G 39.25Dn
Awe, Loch Yr Alban 16 D4 56.18G 5.24Gn
Awstralia 110 B3 25.00D 135.00Dn
Awstralia, Basn Gn. *n.* Cefn. India 117 O5
Awstralia, De *rhan.* Awstralia 110 C3 29.00D 135.00Dn
Awstralia, Gn. *rhan.* Awstralia 110 B3 25.00D 123.00Dn
Awstralia, Gr. Mawr Awstralia 110 B2 33.20D 130.00Dn
Awstralia, Tir. Prif. *rhan.* Awstralia 110 D2 35.30D 149.00Dn
Awstria Ewrop 54 C2 47.30G 14.00Dn
Axe *a.* Lloegr 13 D2 50.42G 3.03Gn
Axel Heiberg, Ys. Canada 63 I5 79.30G 90.00Gn
Axminster Lloegr 13 E2 50.47G 3.01Gn
Ayacucho Periw 76 C3 13.10D 74.15Gn
Ayaguz Kazakhstan 102 E7 47.59G 80.27Dn
Ayan Ffed. Rwsia 59 P3 56.29G 138.00Dn
Aydın Twrci 57 H2 37.52G 27.50Dn
Ayers, Craig *m.* Awstralia 110 C3 25.20D 131.01Dn
Áyios Evstrátios *ys.* Groeg 56 G3 39.30G 25.00Dn
Aylesbury Lloegr 10 E2 51.48G 0.49Gn
Aylesham Lloegr 11 G2 51.14G 1.12Dn
Aylsham Lloegr 11 G3 52.48G 1.16Dn
Ayr Yr Alban 16 E3 55.28G 4.37Gn
Ayr *a.* Yr Alban 16 E3 55.28G 4.38Gn
Ayr, De *rhan.* Yr Alban 8 C4 55.15G 4.40Gn
Ayr, Dwyrain *rhan.* Yr Alban 8 C4 55.25G 4.20Gn
Ayr, Gogledd *rhan.* Yr Alban 8 C4 55.30G 5.00Gn
Ayre, Pr. Ynys Manaw 14 C3 54.25G 4.22Gn
Ayutthaya Gw. Thai 104 C6 14.25G 100.30Dn
Ayvalık Twrci 56 H3 39.19G 26.42Dn
Azerbaijan Asia 58 G2 40.10G 47.50Dn
Azogues Ecuador 76 C4 2.35D 78.00Gn
Azov, Môr Ukrain 53 K6 46.00G 36.30Dn
Azrou Moroco 52 B3 33.27G 5.14Gn
Azuero, Gor. Panamá 71 H2 7.30G 80.30Gn
Azul, Cordillera *mdd.* Periw 76 C4 9.00D 76.30Gn

B

Baardheere Somalia 87 C3 2.18G 42.18Dn
Bab al Mandab *cf.* Asia 94 F1 13.00G 43.10Dn
Babar, Ysdd. Indonesia 105 H2 8.00D 129.30Dn
Babati Tanzania 87 B2 4.14D 35.45Dn
Babbacome, Bae Lloegr 13 D2 50.30G 3.28Gn
Babia Góra *m.* Slofacia/Gw. Pwyl 54 F3 49.38G 19.38Dn
Babo Indonesia 105 I3 2.33D 133.25Dn
Babruysk Belarus 55 K5 53.08G 29.10Dn
Babuyan, Ysdd. Pili. 105 G7 19.20G 121.30Dn
Bacabal Brasil 77 F4 4.15D 44.45Gn
Bacan *ys.* Indonesia 105 H3 0.30D 127.30Dn
Bacău România 55 J2 46.32G 26.59Dn
Back *a.* Canada 63 I4 66.37G 96.00Gn
Backwater, Cr. Yr Alban 19 F1 56.45G 3.16Gn
Bac Liêu Viet Nam 104 D5 9.17G 105.44Dn
Bacolod Pili. 105 G6 10.38G 122.58Dn
Badajoz Sbaen 46 B3 38.53G 6.58Gn
Badanah Saudi Arabia 94 F5 30.59G 41.02Dn
Baden-Baden Yr Almaen 48 D3 48.45G 8.15Dn
Bad Neuenahr-Ahrweiler Yr Almaen 42 G2 50.33G 7.08Dn
Badulla Sri Lanka 97 G2 6.59G 81.03Dn
Bae Colwyn *tref* Cymru 12 D5 53.18G 3.43Gn
Baffin, Bae Canada 63 L5 74.00G 70.00Gn
Baffin, Ys. Canada 63 L4 68.50G 70.00Gn
Bafoussam Cameroun 84 F2 5.31G 10.25Dn
Bafq Iran 95 I5 31.35G 55.21Dn
Bafra Twrci 57 L4 41.34G 35.56Dn
Baft Iran 95 I4 29.12G 56.36Dn
Bagé Brasil 77 E1 31.22D 54.06Gn
Baggy, Pt. Lloegr 13 C3 51.08G 4.15Gn
Baghdad Iraq 94 F5 33.20G 44.26Dn
Baghlan Afghan. 95 K6 36.11G 68.44Dn
Baguio Pili. 104 G7 16.25G 120.37Dn
Bahamas Cb. America 71 I5 23.30G 75.00Gn
Baharîya, Gwerddon Yr Aifft 94 C4 28.10G 29.00Dn
Bahawalpur Pakistan 96 E6 29.24G 71.47Dn
Bahia *rhan.* Brasil 77 F3 12.30D 42.30Gn
Bahía Blanca Ariannin 75 C3 38.45D 62.15Gn
Bahrain Asia 95 H4 26.00G 50.35Dn
Baia Mare România 55 H2 47.40G 23.35Dn
Baicheng China 103 M7 45.40G 122.52Dn
Baie Comeau Canada 63 L2 49.12G 68.10Gn
Baie-du-Poste (Mistissini) Canada 63 K3 50.20G 73.30Gn
Baikal, Ll. Ffed. Rwsia 59 M3 53.30G 108.00Dn
Baile Átha Cliath (Dulyn) Gwer. Iwerdd. 20 E3 53.21G 6.18Gn
Bailieborough Gwer. Iwerdd. 20 E3 53.55G 6.58Gn
Bain *a.* Lloegr 15 G2 53.04G 0.12Gn
Bairnsdale Awstralia 110 D2 37.51D 147.38Dn
Baiyuda, Diffeithwch Sudan 94 D2 17.10G 32.30Dn
Baja Hwngari 54 F2 46.12G 18.58Dn
Baja California, De *rhan.* México 70 B6 26.00G 112.00Gn
Baja California, G. *rhan.* México 70 B6 30.00G 115.00Gn
Baker U.D.A. 64 C5 44.46G 117.50Gn
Baker Lake = Qamanittuaq *tref* Canada 63 I4 64.20G 96.10Gn
Baker, Ll. Canada 63 I4 64.10G 95.30Gn
Baker, M. U.D.A. 64 B6 48.48G 121.10Gn
Baker, Ysd. Kiribati 108 N6 0.14G 176.28Gn
Bakersfield U.D.A. 64 C4 35.25G 119.00Gn
Bakharden Turkmenistan 95 I6 38.25G 57.24Dn
Bakırköy Twrci 57 I4 40.59G 28.52Dn
Bako Ethiopia 87 B4 5.50G 36.40Dn
Baku Azerbaijan 58 G2 40.22G 49.53Dn
Bala, Y Cymru 12 D4 52.54G 3.36Gn
Balabac, Cf. Malaysia/Pili. 104 F5 7.30G 117.00Dn
Bala, Cerros de *mdd.* Bolivia 76 D3 14.00D 68.00Gn
Bala Morghab Afghan. 95 J6 35.34G 63.20Dn
Balaton, Ll. Hwngari 54 E2 46.55G 17.50Dn
Balbina, Cr. Brasil 77 E4 1.30D 60.00Gn
Balbriggan Gwer. Iwerdd. 20 E3 53.36G 6.12Gn
Balcanau, Mdd. y Bwlgaria 56 G5 42.50G 24.30Dn
Baldock Lloegr 11 E2 51.59G 0.11Gn
Baleares, Ysdd. Sbaen 46 G3 39.30G 2.30Dn
Baleia, P. Brasil 77 G3 17.41D 39.07Gn
Baleine *a.* Canada 63 L3 58.00G 67.50Gn
Baleshwar India 97 H5 21.31G 86.59Dn
Bali *ys.* Indonesia 104 F2 8.30D 115.05Dn
Balige Indonesia 104 B4 2.20G 99.01Dn
Balıkesir Twrci 57 H3 39.38G 27.51Dn
Balikpapan Indonesia 104 F3 1.15D 116.50Dn
Balimo P.G.N. 105 K2 7.55D 143.20Dn
Bali, Môr Indonesia 104 F2 7.30D 115.15Dn
Balintore Yr Alban 19 F2 57.45G 3.55Gn
Balkhash Kazakhstan 102 D7 46.51G 75.00Dn
Balkhash, Ll. Kazakhstan 102 D7 46.40G 75.00Dn
Ballagan, Pt. Gwer. Iwerdd. 16 C1 54.00G 6.07Gn
Ballantrae Yr Alban 16 E3 55.06G 5.01Gn
Ballarat Awstralia 110 D2 37.36D 143.58Dn
Ballater Yr Alban 19 F2 57.03G 3.04Gn
Ballena, P. Chile 76 C2 22.50D 70.48Gn
Ballina Gwer. Iwerdd. 20 B4 54.08G 9.10Gn
Ballinasloe Gwer. Iwerdd. 20 C3 53.20G 8.15Gn
Ballybay Gwer. Iwerdd. 16 C2 54.08G 6.56Gn
Ballybofey Gwer. Iwerdd. 16 B2 54.47G 7.48Gn
Ballybunnion Gwer. Iwerdd. 20 B2 52.36G 9.40Gn
Ballycastle G. Iwerddon 16 C3 55.12G 6.16Gn
Ballyclare G. Iwerddon 16 C2 54.45G 6.00Gn
Ballyhaunis Gwer. Iwerdd. 20 C3 53.46G 8.46Gn
Ballymena G. Iwerddon 16 C2 54.52G 6.17Gn
Ballymoney G. Iwerddon 16 C3 55.04G 6.32Gn
Ballynahinch G. Iwerddon 16 D2 54.24G 5.54Gn
Ballyquintin, Pt. G. Iwerddon 16 D2 54.20G 5.30Gn
Ballyshannon Gwer. Iwerdd. 20 C4 54.30G 8.11Gn
Balochistan *n.* Pakistan 96 D6 29.00G 66.00Dn
Balsas *a.* México 70 D4 18.10G 102.05Gn
Bălţi Moldova 55 J2 47.45G 27.59Dn
Baltig, Y Môr Ewrop 43 D1 56.30G 19.00Dn
Baltimore U.D.A. 65 K4 39.18G 76.38Gn
Baltiysk Ffed. Rwsia 54 F6 54.41G 19.59Dn
Bam Iran 95 I4 29.07G 58.20Dn
Bamako Mali 84 D3 12.40G 7.59Gn
Bamberg Yr Almaen 48 E3 49.54G 10.53Dn
Bamīan Afghan. 95 K5 34.52G 67.45Dn
Bampton Dyfnaint Lloegr 13 D2 51.00G 3.29Gn
Bampton Rhydychen Lloegr 10 D2 51.44G 1.33Gn
Banaba *ys.* Kiribati 108 M6 0.52D 169.35Dn
Banagher Gwer. Iwerdd. 20 D3 53.11G 7.58Gn
Bananal, Ys. *n.* Brasil 77 E3 11.30D 50.15Gn
Banbridge G. Iwerddon 16 C2 54.21G 6.16Gn
Banbury Lloegr 10 D3 52.04G 1.21Gn
Banchory Yr Alban 19 G2 57.04G 2.28Gn
Banco Chinchorro *ysdd.* México 70 G4 18.30G 87.20Gn
Banda Aceh Indonesia 104 B5 5.35G 95.20Dn
Banda, Môr Indonesia 105 H2 5.00D 128.00Dn
Banda, Ysdd. Indonesia 105 H3 4.30D 129.55Dn
Bandar-e' Abbas Iran 95 I4 27.10G 56.15Dn
Bandar-e Anzalī Iran 95 G6 37.26G 49.29Dn
Bandar-e Lengeh Iran 95 H4 26.34G 54.53Dn
Bandar-e Torkeman Iran 95 H6 36.55G 54.05Dn
Bandar Seri Begawan Brunei 104 E4 4.56G 114.58Dn
Bandeiras *m.* Brasil 77 F2 20.25D 41.45Gn
Banderas, Bae México 70 C5 20.27G 105.30Gn
Bandırma Twrci 57 H4 40.22G 28.00Dn
Bandon Gwer. Iwerdd. 20 C1 51.45G 8.45Gn
Bandon *a.* Gwer. Iwerdd. 20 C1 51.43G 8.38Gn
Bandundu Gwer. Ddem. Congo 86 A4 3.20D 17.24Dn
Bandung Indonesia 104 D2 6.57D 107.34Dn
Banff Canada 62 G3 51.10G 115.34Gn
Banff Yr Alban 19 G2 57.40G 2.31Gn
Bangalore India 96 F3 12.58G 77.35Dn
Bangassou G.C.A. 85 G2 4.41G 22.48Dn
Banggai, Ysr. Indonesia 105 G3 1.30D 123.10Dn
Banghāzī (Benghazi) Libya 85 G5 32.07G 20.05Dn
Bangka *ys.* Indonesia 104 D3 2.20D 106.10Dn
Bangkok = Krung Thep Gw. Thai 104 C6 13.45G 100.35Dn
Bangladesh Asia 97 H5 24.00G 90.00Dn
Bangor Cymru 12 C5 53.13G 4.09Gn
Bangor G. Iwerddon 16 D2 54.39G 5.41Gn
Bangor U.D.A. 65 M5 44.49G 68.47Gn
Bangui G.C.A. 85 F2 4.23G 18.37Dn
Bangweulu, Ll. Zambia 86 B3 11.15D 29.45Dn
Ban Hat Yai Gw. Thai 104 C5 7.00G 100.28Dn
Bani *a.* Mali 82 C6 14.30G 4.15Gn
Bani Walid Libya 53 F3 31.43G 14.01Dn
Banja Luka Bosna. 56 C6 44.47G 17.10Dn
Banjarmasin Indonesia 104 E3 3.22D 114.36Dn
Banjul Gambia 84 C3 13.28G 16.39Gn
Banks, Ys. Canada 62 F5 73.00G 122.00Gn
Banks, Ysdd. Vanuatu 111 F4 13.50D 167.30Dn
Banmi Pakistan 95 L5 32.59G 70.38Dn
Bann *a.* G. Iwerddon 16 C3 55.10G 6.47Gn
Bannau Brycheiniog *mdd.* Cymru 12 D3 51.53G 3.27Gn
Banská Bystrica Slofacia 54 F3 48.44G 19.07Dn
Bantry Gwer. Iwerdd. 20 B1 51.41G 9.27Gn
Bantry, Bae Gwer. Iwerdd. 20 B1 51.40G 9.40Gn
Baoding China 103 L5 38.54G 115.26Dn
Baoji China 103 J4 34.23G 107.16Dn
Baoshan China 103 H3 25.07G 99.08Dn
Baotou China 103 J6 40.38G 109.59Dn
Ba'qubah Iraq 94 F5 33.45G 44.38Dn
Baquerizo Moreno Ysdd. Galápagos 76 B4 0.54D 89.37Gn
Bar Iwgo. 56 D5 42.05G 19.06Dn
Bara Sudan 94 D1 13.42G 30.22Dn
Baranavichi Belarus 55 I5 53.09G 26.00Dn
Barbacena Brasil 77 F2 21.13D 43.47Gn
Barbados Antilles Lleiaf 71 M3 13.20G 59.40Gn
Barbuda *ys.* Ysdd. Leeward 71 L4 17.41G 61.48Gn
Barcaldine Awstralia 110 D3 23.31D 145.15Dn
Barcelona Sbaen 46 G4 41.25G 2.10Dn
Barcelona Venezuela 71 L3 10.08G 64.43Gn
Barcelos Brasil 76 D4 0.59D 62.58Gn
Bárdharbunga *m.* Gw. yr Iâ 43 Y2 64.38G 17.34Gn
Bardney Lloegr 15 G2 53.13G 0.19Gn
Bareilly India 97 F6 28.20G 79.24Dn
Barents, Môr Cefn. Arctig 58 F5 73.00G 40.00Dn
Barham Lloegr 11 G2 51.12G 1.07Dn
Bari Yr Eidal 50 G4 41.08G 16.52Dn
Barikot Afghan. 95 L6 35.18G 71.36Dn
Barinas Venezuela 71 J2 8.36G 70.15Gn
Baringo, Ll. Kenya 87 B3 0.35G 36.04Dn
Barisan, Cn. *mdd.* Indonesia 104 C3 3.30D 102.30Dn
Barkly, Tirfwrdd *n.* Awstralia 110 C4 19.00D 136.40Dn
Bârlad România 55 J2 46.14G 27.40Dn
Barlee, Ll. Awstralia 110 A3 29.30D 119.30Dn
Barletta Yr Eidal 50 G4 41.20G 16.15Dn
Barmer India 96 E6 24.45G 71.23Dn
Barnard Castle *tref* Lloegr 15 F3 54.33G 1.55Gn
Barnaul Ffed. Rwsia 58 K3 53.21G 83.15Dn
Barnet Lloegr 11 E2 51.39G 0.11Gn
Barnoldswick Lloegr 15 E2 53.55G 2.11Gn
Barnsley Lloegr 15 F2 53.33G 1.29Gn
Barnstaple Lloegr 13 C3 51.05G 4.03Gn
Barnstaple, Bae Lloegr 13 C3 51.04G 4.20Gn
Barquisimeto Venezuela 71 K3 10.03G 69.18Gn
Barra *ys.* Yr Alban 18 B1 56.59G 7.28Gn
Barra do Corda Brasil 77 F4 5.30D 45.15Gn
Barranquilla Colombia 71 J3 11.00G 74.50Gn
Barra, Sn. Yr Alban 18 B2 57.03G 7.25Gn
Barretos Brasil 77 F2 20.37D 48.38Gn
Barrhead Yr Alban 16 E3 55.47G 4.24Gn
Barriff Mawr, Y *n.* Awstralia 110 D4 16.30D 146.30Dn
Barri, Y Cymru 13 D3 51.23G 3.19Gn
Barrow *a.* Gwer. Iwerdd. 20 D2 52.17G 7.00Gn
Barrow U.D.A. 62 C5 71.16G 156.50Gn
Barrow-in-Furness Lloegr 14 D3 54.08G 3.15Gn

Barrow, Pt. U.D.A. **62 C5** .71.30G 156.00Gn
Barrow, Ys. Awstralia **110 A3** .20.40D 115.27Dn
Barstow U.D.A. **64 C3** .34.55G 117.01Gn
Bartın Twrci **57 K4** .41.37G 32.20Dn
Barton-upon-Humber Lloegr **15 G2** .53.41G 0.27Gn
Bartoszyce Gw. Pwyl **54 G6** .54.16G 20.49Dn
Barú *m.* Panamá **71 H2** .8.48G 82.33Gn
Baruun Urt Mongolia **103 K7** .46.48G 113.18Dn
Barysaw Belarus **55 K6** .54.09G 28.30Dn
Baschurch (Eglwysau Basa) Lloegr **10 C3** 52.48G 2.51Gn
Basel Y Swistir **44 G5** .47.33G 7.36Dn
Basilan *ys.* Pili. **105 G5** .6.40G 122.10Dn
Basildon Lloegr **11 F2** .51.34G 0.25Dn
Basingstoke Lloegr **10 D2** .51.15G 1.05Gn
Basn Mawr *n.* U.D.A. **64 C4** .39.00G 115.30Gn
Bass, Cf. Awstralia **110 D2** .39.45D 146.00Dn
Bass, Craig *ys.* Yr Alban **17 G4** .56.05G 2.38Gn
Bassein Myanmar **97 I4** .16.45G 94.30Dn
Bassenthwaite, Ll. Lloegr **14 D3** .54.40G 3.13Gn
Bastak Iran **95 H4** .27.15G 54.26Dn
Bastia Ffrainc **44 H3** .42.41G 9.26Dn
Bastogne Gw. Belg **42 E2** .50.00G 5.43Dn
Bata Guinea Gyhyd. **84 E2** .1.51G 9.49Dn
Batabanó, Gff. Cuba **71 H5** .23.15G 82.30Gn
Batan, Ysdd. Pili. **105 G8** .20.50G 121.55Dn
Batang China **103 H3** .30.02G 99.01Dn
Batangas Pili. **104 G6** .13.46G 121.01Dn
Batdâmbâng Cambodia **104 C6** .13.06G 103.13Dn
Bath (Caerfaddon) Lloegr **10 C2** .51.22G 2.22Gn
Bathgate Yr Alban **17 F3** .55.55G 3.38Gn
Bathurst Awstralia **110 D2** .33.27D 149.35Dn
Bathurst Canada **63 L2** .47.37G 65.40Gn
Bathurst Inlet = Umingmaktok *tref* Canada **62 H4** 66.48G 108.00Gn
Bathurst, Ys. Awstralia **110 C4** .11.45D 130.15Dn
Bathurst, Ys. Canada **63 H5** .76.00G 100.00Gn
Batley Lloegr **15 F2** .53.43G 1.38Gn
Batna Algeria **84 E5** .35.34G 6.11Dn
Baton Rouge U.D.A. **65 H3** .30.30G 91.10Gn
Batticaloa Sri Lanka **97 G2** .7.43G 81.42Dn
Battle Lloegr **11 F1** .50.55G 0.30Dn
Batumi Georgia **58 G2** .41.37G 41.36Dn
Batu, Ysdd. Indonesia **104 B3** .0.30D 98.20Dn
Baubau Indonesia **105 G2** .5.30D 122.37Dn
Bauchi Nigeria **84 E3** .10.16G 9.50Dn
Bauru Brasil **77 F2** .22.19D 49.07Gn
Bawean *ys.* Indonesia **104 E2** .5.50D 112.35Dn
Bayamo Cuba **71 I5** .20.23G 76.39Gn
Bayanhongor Mongolia **103 I7** .46.42G 100.09Dn
Bayburt Twrci **57 O4** .40.15G 40.16Dn
Bay City U.D.A. **65 J5** .43.35G 83.52Gn
Baydaratskaya, Bae Ffed. Rwsia **58 I4** 70.00G 66.00Dn
Bayonne Ffrainc **44 C3** .43.30G 1.28Gn
Bayreuth Yr Almaen **48 E3** .49.56G 11.35Dn
Bayy al Kabir, Wadi *a.* Libya **53 G3** .31.20G 16.00Dn
Baza Sbaen **46 D2** .37.30G 2.45Gn
Beachy, Pr. Lloegr **11 F1** .50.43G 0.15Dn
Beaconsfield Lloegr **10 E2** .51.37G 0.39Gn
Beaminster Lloegr **10 C1** .50.48G 2.44Gn
Beata, P. Gwer. Dom. **71 J4** .17.41G 71.24Gn
Beata, Ys. Gwer. Dom. **71 J4** .17.38G 71.29Gn
Beaufort, Môr G. America **62 D5** .72.00G 141.00Gn
Beaufort West/ Wes G.D.A. **86 B1** .32.20D 22.34Dn
Beauly Yr Alban **19 E2** .57.29G 4.28Gn
Beauly, Moryd Yr Alban **19 E2** .57.29G 4.20Gn
Beaumaris Cymru **12 C5** .53.16G 4.07Gn
Beaumont U.D.A. **65 H3** .30.04G 94.06Gn
Beaune Ffrainc **44 F5** .47.02G 4.50Dn
Beauvais Ffrainc **44 E6** .49.26G 2.05Dn
Beaver *a.* Canada **62 H3** .55.30G 108.00Gn
Beaver Creek *tref* Canada **62 D4** .62.20G 140.45Gn
Bebington Lloegr **14 E2** .53.23G 2.58Gn
Beccles Lloegr **11 G3** .52.27G 1.33Dn
Béchar Algeria **84 D5** .31.35G 2.17Gn
Beckingham Lloegr **15 G2** .53.23G 0.50Gn
Bedale Lloegr **15 F3** .54.18G 1.35Gn
Bedele Ethiopia **85 H2** .8.29G 36.19Dn
Bedford Lloegr **11 E3** .52.08G 0.29Gn
Bedford *rhan.* Lloegr **9 E3** .52.04G 0.28Gn
Bedford, Lefel *n.* Lloegr **11 F3** .52.30G 0.06Gn
Bedlington Lloegr **15 F4** .55.08G 1.34Gn
Bedworth Lloegr **10 D3** .52.28G 1.29Gn
Be'er Sheva (Beer-seba) Israel **94 D5** .31.15G 34.47Dn
Beeville U.D.A. **64 G2** .28.25G 97.47Gn
Bei'an China **103 N7** .48.17G 126.33Dn
Beihai China **103 J2** .21.29G 109.10Dn
Beijing China **103 L5** .39.55G 116.25Dn
Beinn an Oir *m.* Yr Alban **16 C3** .55.55G 6.00Gn
Beinn Dearg *m.* P. a K. Yr Alban **19 F1** .56.52G 3.54Gn
Beinn Dearg *m.* Ucheldir Yr Alban **18 E2** 57.49G 4.55Gn
Beinn Heasgarnich *m.* Yr Alban **16 E4** .56.31G 4.34Gn
Beira Moçambique **86 C3** .19.49D 34.52Dn
Beirut/Bayrut Libanus **94 E5** .33.52G 35.30Dn
Beith Yr Alban **16 E3** .55.45G 4.37Gn
Beiuș România **54 H2** .46.40G 22.21Dn
Beja Portiwgal **46 B3** .38.01G 7.52Gn
Bejaïa Algeria **84 E5** .36.45G 5.05Dn
Béjar Sbaen **46 C4** .40.24G 5.45Gn
Békéscsaba Hwngari **54 G2** .46.41G 21.06Dn
Bela Pakistan **96 D6** .26.12G 66.20Dn
Belarus Ewrop **55 J5** .53.00G 28.00Dn
Belcher, Ysdd. Canada **63 K3** .56.00G 79.00Gn
Belém Brasil **77 F4** .1.27D 48.29Gn
Belen U.D.A. **64 E3** .34.39G 106.48Gn
Belfast (Béal Feirste) G. Iwerddon **16 D2** 54.36G 5.57Gn
Belfast, Loch G. Iwerddon **16 D2** .54.41G 5.49Gn
Belford Lloegr **15 F4** .55.36G 1.48Gn
Belg, Gwlad Ewrop **42 D2** .51.00G 4.30Dn
Belgorod Ffed. Rwsia **55 O4** .50.38G 36.36Dn
Belikh *a.* Syria **57 N1** .35.58G 39.05Dn
Belitung *ys.* Indonesia **104 D3** .3.00D 108.00Dn
Belize Belize **70 G4** .17.29G 88.20Gn
Belize Cb. America **70 G4** .17.00G 88.30Gn
Bellac Ffrainc **44 D5** .46.07G 1.04Dn
Bellary India **96 F4** .15.11G 76.54Dn
Belle, Cf. Ys. Canada **63 M3** .50.45G 58.00Gn
Belle-Île Ffrainc **44 B5** .47.20G 3.10Gn
Bellingham Lloegr **15 E4** .55.09G 2.15Gn
Bellingham U.D.A. **64 B6** .48.45G 122.29Gn
Bellingshausen, Môr Antarctica **112** .70.00D 88.00Gn
Bellinzona Y Swistir **44 H5** .46.11G 9.02Dn
Bello Colombia **71 I2** .6.20G 75.41Gn
Belmopan Belize **70 G4** .17.25G 88.46Gn
Belmullet Gwer. Iwerdd. **20 A4** .54.13G 10.00Gn
Belo Horizonte Brasil **77 F3** .19.45D 43.53Gn
Belorechensk Ffed. Rwsia **57 N6** .44.46G 39.54Dn
Belper Lloegr **15 F2** .53.02G 1.29Gn
Belukha, M. Ffed. Rwsia **58 K2** .49.46G 86.40Dn
Belyy Ffed. Rwsia **55 M6** .55.49G 32.58Dn
Bembridge Lloegr **10 D1** .50.41G 1.04Gn
Bemidji U.D.A. **65 H6** .47.29G 94.52Gn
Ben Alder *m.* Yr Alban **19 E1** .56.49G 4.28Gn
Benavente Sbaen **46 C5** .42.00G 5.40Gn
Benbane, Pr. G. Iwerddon **16 C3** .55.15G 6.29Gn
Benbecula *ys.* Yr Alban **18 B2** .57.26G 7.18Gn
Ben Cruachan *m.* Yr Alban **16 D4** .56.26G 5.18Gn
Bend U.D.A. **64 B5** .44.04G 121.20Gn
Bendigo Awstralia **110 D2** .36.48D 144.21Dn
Bengal, Bae Cefn. India **97 H4** .17.00G 89.00Dn
Bengal, Gn. *rhan.* India **97 H5** .23.00G 87.40Dn
Bengbu China **103 L4** .32.56G 117.27Dn
Benghazi = Banghāzī Libya **85 G5** .32.07G 20.05Dn
Bengkulu Indonesia **104 C3** .3.46D 102.16Dn
Benguela Angola **86 A3** .12.34D 13.24Dn
Ben Hope *m.* Yr Alban **19 E3** .58.24G 4.36Gn
Beni *a.* Bolivia **76 D3** .10.30D 66.00Gn
Benidorm Sbaen **46 E3** .38.33G 0.09Gn
Beni Mellal Moroco **84 D5** .32.21G 6.21Gn
Benin Affrica **84 E3** .9.00G 2.30Dn
Benin, Geneufor Affrica **84 E2** .5.30G 3.00Dn
Benin City Nigeria **84 E2** .6.19G 5.41Dn
Beni-Saf Algeria **52 C4** .35.19G 1.23Gn
Beni Suef Yr Aifft **94 D4** .29.05G 31.05Dn
Ben Klibreck *m.* Yr Alban **19 E3** .58.15G 4.22Gn
Ben Lawers *m.* Yr Alban **16 E4** .56.33G 4.14Gn
Ben Lomond *m.* Yr Alban **16 E4** .56.12G 4.38Gn
Ben Loyal *m.* Yr Alban **19 E3** .58.24G 4.26Gn
Ben Lui *m.* Yr Alban **16 E4** .56.23G 4.49Gn
Ben Macdhui *m.* Yr Alban **19 F2** .57.04G 3.40Gn
Ben More *m.* A. a B. Yr Alban **16 C4** .56.26G 6.02Gn
Ben More *m.* Stirling Yr Alban **16 E4** .56.23G 4.31Gn
Ben More Assynt *m.* Yr Alban **18 E3** .58.07G 4.52Gn
Ben Nevis *m.* Yr Alban **18 D1** .56.48G 5.00Gn
Bentley Lloegr **15 F2** .53.31G 1.09Gn
Benue *a.* Nigeria **84 E2** .7.52G 6.45Dn
Ben Vorlich *m.* Yr Alban **16 E4** .56.21G 4.13Gn
Ben Wyvis *m.* Yr Alban **19 E2** .57.40G 4.35Gn
Benxi China **103 M6** .41.21G 123.45Dn
Beograd Iwgo. **56 E6** .44.49G 20.28Dn
Berat Albania **56 D4** .40.42G 19.59Dn
Berau, Bae Indonesia **105 I3** .2.20D 133.00Dn
Berber Sudan **94 D2** .18.01G 33.59Dn
Berbera Somalia **85 I3** .10.28G 45.02Dn
Berberati G.C.A. **86 A5** .4.19G 15.51Dn
Berdyans'k Ukrain **55 O2** .46.45G 36.47Dn
Berdychiv Ukrain **55 K3** .49.54G 28.39Dn
Berens River *tref* Canada **62 I3** .52.22G 97.00Gn
Berezivka Ukrain **55 L2** .47.12G 30.56Dn
Berezniki Ffed. Rwsia **58 H3** .59.26G 56.49Dn
Bergamo Yr Eidal **50 C6** .45.42G 9.40Dn
Bergen Norwy **43 A3** .60.23G 5.20Dn
Bergerac Ffrainc **44 D4** .44.50G 0.29Dn
Bergisch Gladbach Yr Almaen **48 C4** .50.59G 7.10Dn
Bering, Cf. Ffed. Rwsia/U.D.A. **59 U4** .65.00G 170.00Gn
Bering, Môr G. America/Asia **60 A7** .60.00G 170.00Gn
Berkel *a.* Yr Iseld. **42 F4** .52.10G 6.12Dn
Berkeley Lloegr **10 C2** .51.42G 2.27Gn
Berkner, Ys. Antarctica **112** .79.30D 50.00Gn
Berkshire, Downs *bryniau* Lloegr **10 D2** .51.30G 1.15Gn
Berkshire, Gn. *rhan.* Lloegr **9 E2** .51.25G 1.19Gn
Berlin Yr Almaen **48 F5** .52.32G 13.25Dn
Bermejo *a.* Ariannin **77 E2** .26.47D 58.30Gn
Bermuda *ys.* Cefn. Iwerydd **71 L7** .32.18G 65.00Gn
Bern Y Swistir **44 G5** .46.57G 7.26Dn
Bernera Fawr *ys.* Yr Alban **18 C3** .58.13G 6.50Gn
Berneray *ys.* Ysdd. y Gn. Yr Alban **18 B1** 56.47G 7.38Gn
Berneray *ys.* Ysdd. y Gn. Yr Alban **18 B2** 57.43G 7.11Gn
Bernina, Bwlch Y Swistir **50 D7** .46.25G 10.02Dn
Berry, Pr. Lloegr **13 D2** .50.24G 3.28Gn
Beru *ys.* Kiribati **108 M6** .1.15D 176.00Dn
Berwick-upon-Tweed Lloegr **17 G3** .55.46G 2.00Gn
Besançon Ffrainc **44 G5** .47.14G 6.02Dn
Bessbrook G. Iwerddon **16 C2** .54.12G 6.25Gn
Betanzos Sbaen **46 A5** .43.17G 8.13Gn
Bethel U.D.A. **62 B4** .60.48G 161.46Gn
Bethesda Cymru **12 C5** .53.11G 4.03Gn
Béthune Ffrainc **42 B2** .50.32G 2.38Dn
Betsiboka *a.* Madagascar **86 D3** .16.03D 46.36Dn
Betws-y-Coed Cymru **12 D5** .53.05G 3.48Gn
Beult *a.* Lloegr **11 F2** .51.13G 0.26Dn
Beverley Lloegr **15 G2** .53.52G 0.26Gn
Bewdley Lloegr **10 C3** .52.23G 2.19Gn
Bewl Water *ll.* Lloegr **11 F2** .51.02G 0.22Dn
Bexhill Lloegr **11 F1** .50.51G 0.29Dn
Beykoz Twrci **57 I4** .41.09G 29.06Dn
Beyla Guinée **84 D2** .8.42G 8.39Gn
Beypazarı Twrci **57 J4** .40.10G 31.56Dn
Beysehir, Ll. Twrci **57 J2** .37.47G 31.30Dn
Béziers Ffrainc **44 E3** .43.21G 3.13Dn
Bhagalpur India **97 H6** .25.14G 86.59Dn
Bhamo Myanmar **97 J5** .24.15G 97.15Dn
Bhaunagar India **96 E5** .21.46G 72.14Dn
Bhima *a.* India **96 F4** .16.30G 77.10Dn
Bhopal India **97 F5** .23.17G 77.28Dn
Bhubaneshwar India **97 H5** .20.15G 85.50Dn
Bhuj India **96 D5** .23.12G 69.54Dn
Bhutan Asia **97 I6** .27.25G 90.00Dn
Biaban *n.* Iran **95 I4** .26.00G 57.40Dn
Biak Indonesia **105 J3** .1.10D 136.05Dn
Biak *ys.* Indonesia **105 J3** .0.55D 136.00Dn
Biała Podlaska Gw. Pwyl **54 H5** .52.02G 23.06Dn
Białystok Gw. Pwyl **54 H5** .53.09G 23.10Dn
Biarritz Ffrainc **44 C3** .43.29G 1.33Gn
Bibai Japan **106 D4** .43.21G 141.53Dn
Biberach Yr Almaen **48 D3** .48.06G 9.48Dn
Bicester Lloegr **10 D2** .51.53G 1.09Gn
Bidar India **96 F4** .17.54G 77.33Dn
Biddulph Lloegr **15 E2** .53.08G 2.11Gn
Bidean nam Bian *m.* Yr Alban **16 D4** .56.39G 5.02Gn
Bideford Lloegr **13 C3** .51.01G 4.13Gn
Bideford, Bae Lloegr **13 C3** .51.04G 4.20Gn
Biel Y Swistir **44 G5** .47.09G 7.16Dn
Bielefeld Yr Almaen **48 D5** .52.02G 8.32Dn
Biella Yr Eidal **50 C6** .45.34G 8.03Dn
Bié, Llwyfandir *n.* Angola **82 E3** .13.00D 16.00Dn
Bielsko-Biała Gw. Pwyl **54 F3** .49.49G 19.02Dn
Bifoun Gabon **84 E1** .0.20D 10.25Dn
Biga Twrci **56 H4** .40.13G 27.14Dn
Bigbury, Bae Lloegr **13 D2** .50.15G 3.56Gn
Biggar Yr Alban **17 F3** .55.38G 3.31Gn
Biggleswade Lloegr **11 E3** .52.06G 0.16Gn
Big Hole *a.* U.D.A. **64 D6** .45.52G 111.30Gn
Bighorn *a.* U.D.A. **64 E6** .46.05G 107.20Gn
Bighorn, Mdd. U.D.A. **64 E5** .44.00G 107.30Gn
Big Spring *tref* U.D.A. **64 F3** .32.15G 101.30Gn
Big Trout Lake *tref* Canada **63 J3** .53.45G 90.00Gn
Bihać Bosna. **56 B6** .44.49G 15.53Dn
Bihar *rhan.* India **97 H5** .24.15G 86.00Dn
Bijapur India **96 F4** .16.52G 75.47Dn
Bijar Iran **95 G6** .35.52G 47.39Dn
Bikaner India **96 E6** .28.01G 73.22Dn
Bilaspur India **97 G5** .22.03G 82.12Dn
Bila Tserkva Ukrain **55 L3** .49.49G 30.10Dn
Bilbao/Bilbo Sbaen **46 D5** .43.15G 2.56Gn
Bilecik Twrci **57 I4** .40.10G 29.59Dn
Bilhorod-Dnistrovs'kyy Ukrain **55 L1** .46.10G 30.19Dn
Billericay Lloegr **11 F2** .51.38G 0.25Dn
Billingham Lloegr **15 F3** .54.36G 1.18Gn
Billinghay Lloegr **15 G2** .53.05G 0.18Gn
Billings U.D.A. **64 E6** .45.47G 108.30Gn
Billingshurst Lloegr **11 E2** .51.02G 0.28Gn
Biloxi U.D.A. **65 I3** .30.30G 88.53Gn
Bilston Yr Alban **17 F3** .55.53G 3.09Gn
Bilton Lloegr **15 G2** .53.46G 0.13Gn
Bimini, Ysdd. Bahamas **71 I6** .25.44G 79.15Gn
Bindura Zimbabwe **86 C3** .17.18D 31.20Dn
Bingham Lloegr **10 E3** .52.57G 0.57Gn
Binghamton U.D.A. **65 K5** .42.06G 75.55Gn
Bingley Lloegr **15 F2** .53.51G 1.50Gn
Bintulu Malaysia **104 E4** .3.12G 113.01Dn
Bioco *ys.* Guinea Gyhyd. **84 E2** .3.25G 8.45Dn
Birao G.C.A. **94 B1** .10.17G 22.47Dn
Birecik Twrci **57 N2** .37.03G 37.59Dn
Birhan *m.* Ethiopia **85 H3** .11.00G 37.50Dn
Bīrjand Iran **95 I5** .32.54G 59.10Dn
Birkenhead (Penbedw) Lloegr **14 D2** .53.24G 3.01Gn
Birmingham Lloegr **10 D3** .52.30G 1.55Gn
Birmingham U.D.A. **65 I3** .33.30G 86.55Gn
Bîr Mogreïn Mauritania **84 C4** .25.10G 11.35Gn
Birnin Konni Niger **84 E3** .13.49G 5.19Dn
Birobidzhan Ffed. Rwsia **103 O7** .48.49G 132.54Dn
Birr Gwer. Iwerdd. **20 D3** .53.06G 7.56Gn
Birstall Lloegr **10 D3** .52.42G 1.06Gn
Biržai Lithuania **55 I7** .56.10G 24.48Dn
Biscay, Bae = Vizcaya, Bae Ffrainc **44 B4** 45.30G 3.00Gn
Bishkek Kyrgyzstan **102 C6** .42.53G 74.46Dn
Bisho G.D.A. **86 B1** .32.50D 27.30Dn
Bishop Auckland Lloegr **15 F3** .54.40G 1.40Gn
Bishop's Lydeard Lloegr **13 D3** .51.04G 3.12Gn
Bishop's Stortford Lloegr **11 F2** .51.53G 0.09Dn
Bishop's Waltham Lloegr **10 D1** .50.57G 1.13Gn
Bisina, Ll. Uganda **87 A3** .1.40G 34.00Dn
Biskra Algeria **84 E5** .34.48G 5.40Dn
Bismarck U.D.A. **64 F6** .46.50G 100.48Gn
Bismarck, Môr Cefn. Tawel **110 D5** .4.00D 146.30Dn
Bissau Guiné-Bissau **84 C3** .11.52G 15.39Gn
Bistrița România **55 I2** .47.08G 24.30Dn
Bistrița *a.* România **55 J2** .46.30G 26.54Dn
Bitburg Yr Almaen **42 F1** .49.58G 6.31Dn
Bitola Macedonia **56 E4** .41.02G 21.21Dn
Bitterroot, Cn. U.D.A. **64 D6** .47.06G 115.00Gn
Biwa-ko *ll.* Japan **106 C3** .35.20G 136.10Dn
Biysk Ffed. Rwsia **58 K3** .52.35G 85.16Dn
Bizerte Tunisia **84 E5** .37.17G 9.51Dn
Bjørnøya Norwy **58 D5** .74.30G 19.00Dn
Black *a.* U.D.A. **65 H4** .35.30G 91.20Gn
Blackburn Lloegr **15 E2** .53.44G 2.30Gn
Blackburn *rhan.* Lloegr **9 D3** .53.44G 2.30Gn
Black Combe *m.* Lloegr **14 D3** .54.15G 3.20Gn
Blackfield Lloegr **10 D1** .50.49G 1.22Gn
Blackpool Lloegr **14 D2** .53.48G 3.03Gn
Blackpool *rhan.* Lloegr **9 D3** .58.48G 3.03Gn
Blacksod, Bae Gwer. Iwerdd. **20 A4** .54.04G 10.00Gn
Blackwater *a.* G. Iwerddon **16 C2** .54.31G 6.35Gn
Blackwater *a.* Gwer. Iwerdd. **20 D1** .51.58G 7.52Gn
Blackwater *a.* Gwer. Iwerdd. **20 E3** .53.39G 6.42Gn
Blackwater *a.* Lloegr **11 F2** .51.43G 0.42Dn
Blaenafon Cymru **12 D3** .51.46G 3.05Gn
Blaenau Ffestiniog Cymru **12 D5** .53.00G 3.57Gn
Blaenau Gwent *rhan.* Cymru **9 D2** .51.45G 3.10Gn
Blagdon Lloegr **10 C2** .51.20G 2.43Gn
Blagoevgrad Bwlgaria **56 F5** .42.02G 23.04Dn
Blagoveshchensk Ffed. Rwsia **59 O3** 50.19G 127.30Dn
Blair Atholl Yr Alban **19 F1** .56.48G 3.50Gn
Blairgowrie Yr Alban **17 F4** .56.36G 3.21Gn
Blanc, M. Ewrop **44 G4** .45.50G 6.52Dn
Blanca, Bahía *b.* Ariannin **75 C3** .39.15D 61.00Gn
Blanche, Ll. Awstralia **110 C3** .29.15D 139.40Dn
Blanco, P. U.D.A. **64 B5** .42.50G 124.29Gn
Blandford Forum Lloegr **10 C1** .50.52G 2.10Gn
Blanquilla *ys.* Venezuela **71 L3** .11.53G 64.38Gn
Blantyre Malaŵi **86 C3** .15.46D 35.00Dn
Blarney Gwer. Iwerdd. **20 C1** .51.56G 8.34Gn
Blaven *m.* Yr Alban **18 C2** .57.13G 6.05Gn
Bletchley Lloegr **10 E2** .51.59G 0.45Gn
Blida Algeria **84 E5** .36.30G 2.50Dn
Bloemfontein G.D.A. **86 B2** .29.07D 26.14Dn
Blois Ffrainc **44 D5** .47.36G 1.20Dn
Bloody Foreland *p.* Gwer. Iwerdd. **20 C5** 55.09G 8.17Gn
Bloomington U.D.A. **65 I5** .40.29G 89.00Gn
Bluefield U.D.A. **65 J4** .37.14G 81.17Gn
Blue Stack, Mdd. Gwer. Iwerdd. **20 C4** .54.44G 8.09Gn
Blumenau Brasil **77 F2** .26.55D 49.07Gn
Blyth Northum. Lloegr **15 F4** .55.07G 1.29Gn
Blyth Nottingham Lloegr **15 F2** .53.21G 1.03Gn
Bo Sierra Leone **84 C2** .7.58G 11.45Gn
Boa Vista Brasil **77 D5** .2.51G 60.43Gn
Boa Vista *ys.* Cabo Verde **84 B3** .16.00G 22.55Gn
Bobaomby, P. Madagascar **86 D3** .11.58D 49.14Dn
Bobo-Dioulasso Burkina **84 D3** .11.11G 4.18Gn
Bóbr *a.* Gw. Pwyl **54 D4** .52.04G 15.04Dn
Bocholt Yr Almaen **48 C4** .51.49G 6.37Dn
Boddam Yr Alban **19 H2** .57.28G 1.48Gn
Bodélé, Pant *n.* Tchad **85 F3** .16.50G 17.10Dn
Boden Sweden **43 E4** .65.50G 21.44Dn
Bodenham Lloegr **10 C3** .52.09G 2.41Gn
Bodensee *ll.* Ewrop **48 D2** .47.40G 9.30Dn
Bodmin (Bosmeneghy) Lloegr **13 C2** .50.28G 4.44Gn
Bodmin, Gwaun Lloegr **13 C2** .50.35G 4.35Gn
Bodø Norwy **43 C4** .67.18G 14.26Dn
Bodoquena, Serra da *mdd.* Brasil **75 D4** 21.00D 57.00Gn
Boggeragh, Mdd. Gwer. Iwerdd. **20 C2** .52.04G 8.50Gn
Bogie *a.* Yr Alban **19 G2** .57.30G 2.47Gn
Bognor Regis Lloegr **10 E1** .50.47G 0.40Gn
Bogor Indonesia **104 D2** .6.34D 106.45Dn
Bogotá Colombia **74 B7** .4.38G 74.05Gn
Bohain-en-Vermandois Ffrainc **42 C1** .49.59G 3.28Dn
Bohemia, Fforest *mdd.* Yr Almaen/Gwer. Tsiec **54 C3** 49.20G 13.10Dn
Bohol *ys.* Pili. **105 G5** .9.45G 124.10Dn
Bohu China **102 F6** .41.48G 86.10Dn
Boise U.D.A. **64 C5** .43.38G 116.12Gn
Bojnurd Iran **95 I6** .37.28G 57.20Dn
Bokora, Gwar. Anifeiliaid Coridor Uganda **87 A3** 2.30G 34.05Dn
Bolhrad Ukrain **55 K1** .45.42G 28.40Dn
Bolivia De America **76 D3** .17.00D 65.00Gn
Bollnäs Sweden **43 D3** .61.20G 16.25Dn
Bolmen *ll.* Sweden **43 C2** .57.00G 13.45Dn
Bologna Yr Eidal **50 D6** .44.30G 11.20Dn
Bolsena, Ll. Yr Eidal **50 D5** .42.36G 11.55Dn
Bolshevik, Ys. Ffed. Rwsia **59 M5** .78.30G 102.00Dn
Bolshoi Lyakhovskiy *ys.* Ffed. Rwsia **59 Q5** 73.30G 142.00Dn
Bolsover Lloegr **15 F2** .53.14G 1.18Gn
Bolton Lloegr **15 E2** .53.35G 2.26Gn
Bolt, Pr. Lloegr **13 D2** .50.13G 3.48Gn
Bolu Twrci **57 J4** .40.45G 31.38Dn
Bolus, Pr. Gwer. Iwerdd. **20 A1** .51.48G 10.21Gn
Bolzano/Bozen Yr Eidal **50 D7** .46.30G 11.20Dn
Boma Gwer. Ddem. Congo **84 F1** .5.50D 13.03Dn
Bombay = Mumbai India **96 E4** .18.56G 72.51Dn
Bømlo *ys.* Norwy **43 A2** .59.37G 5.13Dn
Bonaire *ys.* Ant. Iseld. **71 K3** .12.15G 68.27Gn
Bonar Bridge Yr Alban **19 E2** .57.53G 4.22Gn
Bonavista Canada **63 M2** .48.38G 53.08Gn
Bone, Gff. Indonesia **104 G3** .4.00D 120.50Dn
Bo'ness Yr Alban **17 F4** .56.01G 3.36Gn
Bonete *m.* Ariannin **76 D2** .27.55D 68.41Gn
Bonifacio Ffrainc **44 H2** .41.23G 9.10Dn
Bonifacio, Culfor Môr Can. **50 C4** .41.18G 9.10Dn
Bonn Yr Almaen **48 C4** .50.44G 7.06Dn
Bonnyrigg Yr Alban **17 F3** .55.52G 3.07Gn
Bon, P. Tunisia **52 F4** .37.05G 11.03Dn
Bont-faen, Y Cymru **13 D3** .51.28G 3.28Gn
Bontosunggu Indonesia **104 F2** .5.42D 119.44Dn
Boothia, Gff. Canada **63 J4** .70.00G 90.00Gn
Boothia, Gor. Canada **63 I5** .70.30G 95.00Gn
Bootle Lloegr **14 D2** .53.28G 3.01Gn
Borås Sweden **43 C2** .57.44G 12.55Dn
Borazjan Iran **95 H4** .29.14G 51.12Dn
Bordeaux Ffrainc **44 C4** .44.50G 0.34Gn
Borden, Gor. Canada **63 J5** .73.00G 83.00Gn
Borden, Ys. Canada **62 G5** .78.30G 111.00Gn
Bordj Messaouda Algeria **52 E3** .30.10G 9.19Dn
Boreray *ys.* Yr Alban **18 B2** .57.43G 7.17Gn
Borgarnes Gw. yr Iâ **43 X2** .64.33G 21.53Gn
Borger U.D.A. **64 F4** .35.39G 101.24Gn
Borispol Ukrain **55 L4** .50.21G 30.59Dn
Borken Yr Almaen **42 F3** .51.50G 6.52Dn
Borkum *ys.* Yr Almaen **42 F5** .53.35G 6.45Dn
Borlänge Sweden **43 C3** .60.29G 15.25Dn
Borneo *ys.* Asia **104 E4** .1.00G 114.00Dn
Bornholm *ys.* Denmarc **43 C1** .55.02G 15.00Dn
Borodyanka Ukrain **55 K4** .50.38G 25.59Dn
Boroughbridge Lloegr **15 F3** .54.06G 1.23Gn
Borujerd Iran **95 G5** .33.54G 48.47Dn
Boryslav Ukrain **54 H3** .49.18G 23.28Dn
Borzna Ukrain **55 M4** .51.15G 32.25Dn
Borzya Ffed. Rwsia **103 L8** .50.24G 116.35Dn
Bosanska Dubica Croatia **56 C6** .45.11G 16.50Dn
Bose China **103 J2** .23.58G 106.32Dn
Bosna *a.* Bosna./Croatia **56 D6** .45.04G 18.27Dn
Bosna-Hercegovina Ewrop **56 C6** .44.00G 18.00Dn
Bosporus *cf.* Twrci **57 I4** .41.07G 29.04Dn
Bosten Hu *ll.* China **102 F6** .42.00G 87.00Dn
Boston Lloegr **15 G1** .52.59G 0.02Gn
Boston U.D.A. **65 L5** .42.15G 71.05Gn
Boston Spa Lloegr **15 F2** .53.54G 1.21Gn
Botevgrad Bwlgaria **56 F5** .42.55G 23.57Dn
Bothnia, Gff. Ewrop **43 D3** .63.30G 20.30Dn
Botoșani România **55 J2** .47.44G 26.41Dn
Botswana Affrica **86 B2** .22.00D 24.00Dn
Bottesford Lloegr **15 G2** .53.32G 0.37Gn
Bouaké Côte d'Ivoire **84 D2** .7.42G 5.00Gn
Bouar G.C.A. **86 A5** .5.58G 15.35Dn
Bouârfa Moroco **84 D5** .32.30G 1.59Gn
Bougainville, Ys. P.G.N. **110 E5** .6.00D 155.00Dn
Bouillon Gw. Belg **42 E1** .49.48G 5.03Dn
Boulder U.D.A. **64 E4** .40.02G 105.16Gn
Boulogne-Billancourt Ffrainc **44 E6** .48.50G 2.15Dn
Boulogne-sur-Mer Ffrainc **44 D7** .50.43G 1.37Dn
Bounty, Ysdd. Cefn. Tawel **108 M2** .48.00D 178.30Dn
Bourg-en-Bresse Ffrainc **44 F5** .46.12G 5.13Dn
Bourges Ffrainc **44 E5** .47.05G 2.23Dn
Bourke Awstralia **110 D2** .30.09D 145.59Dn
Bourne Lloegr **11 E3** .52.46G 0.23Gn
Bournemouth Lloegr **10 D1** .50.43G 1.53Gn
Bournemouth *rhan.* Lloegr **9 E2** .50.43G 1.53Gn
Bou Saâda Algeria **52 D4** .35.12G 4.11Dn
Bowes Lloegr **15 E3** .54.31G 2.01Gn
Bowland, Fforest *bryniau* Lloegr **14 E2** .53.57G 2.30Gn
Boxtel Yr Iseld. **42 E3** .51.36G 5.20Dn
Boyarka Ukrain **55 L4** .50.20G 30.26Dn
Boyle Gwer. Iwerdd. **20 C3** .53.58G 8.20Gn
Boyne *a.* Gwer. Iwerdd. **20 E3** .53.43G 6.18Gn
Bozeman U.D.A. **64 D6** .45.40G 111.00Gn
Bozüyük Twrci **57 J3** .39.55G 30.03Dn
Braan *a.* Yr Alban **17 F4** .56.34G 3.36Gn
Brabant *rhan.* Gw. Belg **42 D2** .50.47G 4.30Dn
Brabant, G. *rhan.* Yr Iseld. **42 E3** .51.37G 5.00Dn
Brac *ys.* Croatia **56 C5** .43.20G 16.38Dn
Bracadale, Loch Yr Alban **18 C2** .57.20G 6.32Gn
Bräcke Sweden **43 C3** .62.44G 15.30Dn
Brackley Lloegr **10 D3** .52.02G 1.09Gn
Bracknell Lloegr **10 E2** .51.26G 0.46Gn
Bracknell Forest *rhan.* Lloegr **9 E2** .51.26G 0.46Gn
Brad România **56 F7** .46.06G 22.48Dn
Bradano *a.* Yr Eidal **50 G4** .40.23G 16.52Dn
Bradford Lloegr **15 F2** .53.47G 1.45Gn
Bradford-on-Avon Lloegr **10 C2** .51.20G 2.15Gn
Braemar Yr Alban **19 F2** .57.00G 3.27Gn
Braga Portiwgal **46 A4** .41.32G 8.26Gn
Bragança Brasil **77 F4** .1.03D 46.46Gn
Bragança Portiwgal **46 B4** .41.47G 6.46Gn
Brahmapur India **97 G4** .19.21G 84.51Dn
Brahmaputra = Yarlung Zangbo *a.* Asia **97 H5** 23.50G 89.45Dn
Brăila România **55 J1** .45.18G 27.58Dn
Braintree Lloegr **11 F2** .51.53G 0.32Dn
Brämön *ys.* Sweden **43 D3** .62.15G 17.40Dn
Brampton Lloegr **14 E3** .54.56G 2.43Gn
Branco *a.* Brasil **77 D4** .1.30D 62.00Gn
Brandenburg Yr Almaen **48 F5** .52.25G 12.34Dn
Brandesburton Lloegr **15 G2** .53.55G 0.18Gn
Brandon Canada **62 I2** .49.50G 99.57Gn
Brandon Lloegr **11 F3** .52.27G 0.37Dn
Brandon, M. Gwer. Iwerdd. **20 A2** .52.14G 10.15Gn
Brandon, Pr. Gwer. Iwerdd. **20 A2** .52.17G 10.11Gn
Bransgore Lloegr **10 D1** .50.47G 1.45Gn
Brasil De America **77 E3** .10.00D 52.00Gn
Brasil, Basn *n.* Cefn. Iwerydd **116 H5**
Brasil, Ucheld. Brasil **77 F3** .17.00D 48.00Gn
Brasília Brasil **77 F3** .15.54D 47.50Gn
Brașov România **56 G6** .45.40G 25.35Dn
Bratislava Slofacia **54 E3** .48.10G 17.10Dn
Bratsk Ffed. Rwsia **59 M3** .56.20G 101.15Dn

Braunschweig Yr Almaen **48 E5** 52.15G 10.30Dn
Braunton Lloegr **13 C3** 51.06G 4.09Gn
Brawley U.D.A. **64 C3** 33.10G 115.30Gn
Bray Gwer. Iwerdd. **20 E3** 53.12G 6.07Gn
Bray, Pr. Gwer. Iwerdd. **20 A1** 51.52G 10.28Gn
Brazos *a.* U.D.A. **64 G2** 28.55G 95.20Gn
Brazzaville Congo **86 F1** 4.14D 15.14Dn
Brechin Yr Alban **19 G1** 56.44G 2.40Gn
Breckland *n.* Lloegr **11 F3** 52.28G 0.40Dn
Břeclav Gwer. Tsiec **54 E3** 48.46G 16.53Dn
Breda Yr Iseld. **42 D3** 51.35G 4.46Dn
Bredhafjördhur *moryd* Gw. yr Iâ **43 X2** 65.15G 23.00Gn
Breidhdalsvik Gw. yr Iâ **43 Z2** 64.48G 14.00Gn
Bremen Yr Almaen **48 D5** 53.05G 8.48Dn
Bremerhaven Yr Almaen **48 D5** 53.33G 8.35Dn
Brenin Christian IX, Tir y *n.* Grønland **63 O4** 68.20G 37.00Gn
Brenin Frederick VI, Arfordir y *n.* Grønland **63 N4** 63.00G 44.00Gn
Brenner, Bwlch Yr Eidal/Awstria **50 D7** 47.00G 11.30Dn
Brentwood Lloegr **11 F2** 51.38G 0.18Dn
Brescia Yr Eidal **50 D6** 45.33G 10.12Dn
Bressay *ys.* Yr Alban **19 Y9** 60.08G 1.05Gn
Bressuire Ffrainc **44 C5** 46.50G 0.28Gn
Brest Belarus **55 H5** 52.08G 23.40Dn
Brest Ffrainc **44 A6** 48.23G 4.30Gn
Bretton Cymru **12 E5** 53.10G 3.00Gn
Bria G.C.A. **85 G2** 6.32G 21.59Dn
Briançon Ffrainc **44 G4** 44.53G 6.39Dn
Brianne, Ll. Cymru **12 D4** 52.09G 3.44Gn
Bride *a.* Gwer. Iwerdd. **20 D2** 52.06G 7.50Gn
Bridgeport U.D.A. **65 L5** 41.12G 73.12Gn
Bridgetown Barbados **71 M3** 13.06G 59.37Gn
Bridgnorth Lloegr **10 C3** 52.33G 2.25Gn
Bridgwater Lloegr **13 D3** 51.08G 3.00Gn
Bridgwater, Bae Lloegr **13 D3** 51.15G 3.10Gn
Bridlington Lloegr **15 G3** 54.06G 0.11Gn
Bridlington, Bae Lloegr **15 G3** 54.03G 0.10Gn
Bridport Lloegr **10 C1** 50.43G 2.45Gn
Brig Y Swistir **44 G5** 46.19G 8.00Dn
Brigg Lloegr **15 G2** 53.33G 0.30Gn
Brighstone Lloegr **10 D1** 50.38G 1.24Gn
Brightlingsea Lloegr **11 G2** 51.49G 1.01Dn
Brighton Lloegr **11 E1** 50.50G 0.09Gn
Brighton a Hove *rhan.* Lloegr **9 E2** 50.50G 0.09Gn
Brindisi Yr Eidal **50 G4** 40.38G 17.57Dn
Brisbane Awstralia **110 E3** 27.30D 153.00Dn
Bristol (Bryste) Lloegr **10 C2** 51.26G 2.35Gn
Bristol, Bae U.D.A. **62 C3** 58.00G 158.50Gn
British Columbia/ Colombie Britannique *rhan.* Canada **62 F3** 55.00G 125.00Gn
Brittas, Bae Gwer. Iwerdd. **12 A4** 52.50G 6.10Gn
Brive-la-Gaillarde Ffrainc **44 D4** 45.09G 1.32Dn
Brixham Lloegr **13 D2** 50.24G 3.31Gn
Brno Gwer. Tsiec **54 E3** 49.11G 16.39Dn
Broad Law *m.* Yr Alban **17 F3** 55.30G 3.21Gn
Broadstairs Lloegr **11 G2** 51.22G 1.27Dn
Broads, Y *n.* Lloegr **11 G3** 52.43G 1.35Dn
Broadview Canada **64 F7** 50.20G 102.30Gn
Broadway Lloegr **10 D3** 52.02G 1.50Gn
Broadwey Lloegr **10 C1** 50.39G 2.29Gn
Broadwindsor Lloegr **10 C1** 50.49G 2.48Gn
Brockenhurst Lloegr **10 D1** 50.49G 1.34Gn
Brock, Ys. Canada **62 G5** 78.00G 114.30Gn
Brodeur, Gor. Canada **63 J5** 73.00G 88.00Gn
Brodick Yr Alban **16 D3** 55.34G 5.09Gn
Broken Hill *tref* Awstralia **110 D2** 31.57D 141.30Dn
Bromley Lloegr **11 F2** 51.24G 0.02Dn
Bromsgrove Lloegr **10 C3** 52.20G 2.03Gn
Bromyard Lloegr **10 C3** 52.12G 2.30Gn
Brønderslev Denmarc **43 B2** 57.16G 9.58Dn
Brønnøysund Norwy **43 C4** 65.38G 12.15Dn
Brooke Lloegr **11 G3** 52.32G 1.25Dn
Brooke's Point *tref* Pili. **104 F5** 8.50G 117.52Dn
Brooks, Cn. *mdd.* U.D.A. **62 C4** 68.50G 152.00Gn
Broom, Loch Yr Alban **18 D2** 57.55G 5.15Gn
Broome Awstralia **110 B4** 17.58D 122.15Dn
Brora Yr Alban **19 F3** 58.01G 3.52Gn
Brora *a.* Yr Alban **19 F3** 57.59G 3.51Gn
Bro'r Llynnoedd *n.* Lloegr **14 D3** 54.30G 3.10Gn
Brosna *a.* Gwer. Iwerdd. **20 D3** 53.12G 7.59Gn
Brotton Lloegr **15 G3** 54.34G 0.55Gn
Brough Cumbria Lloegr **15 E3** 54.32G 2.19Gn
Brough Dn. Efrog Lloegr **15 G2** 53.42G 0.34Gn
Brough Ness *p.* Yr Alban **19 G3** 58.44G 2.57Gn
Brough, Pr. Yr Alban **19 F4** 59.09G 3.19Gn
Broughshane G. Iwerddon **16 C2** 54.54G 6.12Gn
Brownhills Lloegr **10 D3** 52.38G 1.57Gn
Broxburn Yr Alban **17 F3** 55.57G 3.29Gn
Bruay-en-Artois Ffrainc **42 B2** 50.29G 2.36Dn
Brue *a.* Lloegr **13 E3** 51.13G 3.00Gn
Brugge Gw. Belg **42 C3** 51.13G 3.14Dn
Brunei Asia **104 E4** 4.56G 114.58Dn
Brunflo Sweden **43 C3** 63.04G 14.50Dn
Brunswick U.D.A. **65 J3** 31.09G 81.21Gn
Bruton Lloegr **13 E3** 51.06G 2.28Gn
Brwsel (Brussel/Bruxelles) Gw. Belg **42 D2** 50.50G 4.23Dn
Bryansk Ffed. Rwsia **55 N5** 53.15G 34.09Dn
Bryher *ys.* Lloegr **13 A1** 49.57G 6.21Gn
Brynaman Cymru **12 D3** 51.49G 3.52Gn
Bryn Bach *m.* Cymru **12 D4** 52.16G 3.13Gn
Brynbuga Cymru **12 E3** 51.42G 2.53Gn
Bryn Du Lloegr **15 F2** 53.30G 1.53Gn
Brynmawr Cymru **12 D3** 51.48G 3.10Gn
Bryste (Bristol) Lloegr **10 C2** 51.26G 2.35Gn
Bryste *rhan.* Lloegr **9 D2** 51.26G 2.35Gn
Buca Twrci **56 H3** 38.22G 27.10Dn
Bucaramanga Colombia **71 J2** 7.08G 73.01Gn
Buckhaven Yr Alban **17 F4** 56.11G 3.03Gn
Buckie Yr Alban **19 G2** 57.40G 2.58Gn
Buckingham Lloegr **10 E2** 52.00G 0.59Gn
Buckingham *rhan.* Lloegr **9 E2** 51.50G 0.48Gn
Bucureşti România **56 H6** 44.25G 26.06Dn
Budapest Hwngari **54 F2** 47.30G 19.03Dn
Buddon Ness *p.* Yr Alban **17 G4** 56.29G 2.42Gn
Bude Lloegr **13 C2** 50.49G 4.33Gn
Bude, Bae Lloegr **13 C2** 50.45G 4.40Gn
Buenaventura Colombia **74 B7** 3.54G 77.02Gn
Buenos Aires Ariannin **75 D3** 34.40D 58.30Gn
Buffalo E.N. U.D.A. **65 K5** 42.52G 78.55Gn
Buffalo Wyo. U.D.A. **64 E5** 44.21G 106.40Gn
Bug *a.* Gw. Pwyl **54 G5** 52.29G 21.11Dn
Bug *a.* Ukrain **55 L2** 46.55G 31.59Dn
Buhayrat al Asad *ll.* Syria **57 N2** 36.10G 38.20Dn
Buir Nur *ll.* Mongolia **103 L7** 47.50G 117.40Dn
Bujumbura Burundi **86 B4** 3.22D 29.21Dn
Bukavu Gwer. Ddem. Congo **86 B4** 2.30D 28.49Dn
Bukittinggi Indonesia **104 C3** 0.18D 100.20Dn
Bukoba Tanzania **86 C4** 1.20D 31.49Dn
Bula Indonesia **105 I3** 3.07D 130.27Dn
Bulawayo Zimbabwe **86 B2** 20.10D 28.43Dn
Bulgan Mongolia **103 I7** 48.34G 103.12Dn
Bulukumba Indonesia **104 G2** 5.35D 120.13Dn
Bulun Ffed. Rwsia **59 O5** 70.50G 127.20Dn
Buna Kenya **87 B3** 2.49G 39.27Dn
Bunbury Awstralia **110 A2** 33.20D 115.34Dn
Bunclody Gwer. Iwerdd. **20 E2** 52.39G 6.39Gn
Buncrana Gwer. Iwerdd. **20 D5** 55.08G 7.28Gn
Bunda Tanzania **87 A2** 2.00D 33.57Dn
Bundaberg Awstralia **110 E3** 24.50D 152.21Dn
Bundoran Gwer. Iwerdd. **20 C4** 54.28G 8.20Gn
Bungay Lloegr **11 G3** 52.27G 1.26Dn
Bungoma Kenya **87 A3** 0.33G 34.33Dn
Buôn Mê Thuôt Viet Nam **104 D6** 12.41G 108.02Dn
Bura Kenya **87 B2** 1.09D 39.55Dn
Buraydah Saudi Arabia **94 F4** 26.18G 43.58Dn
Burbage Lloegr **10 D2** 51.22G 1.40Gn
Burdur Twrci **57 J2** 37.44G 30.17Dn
Bure *a.* Lloegr **11 G3** 52.36G 1.44Dn
Burford Lloegr **10 D2** 51.48G 1.38Gn
Burgas Bwlgaria **56 H5** 42.30G 27.29Dn
Burgess Hill *tref* Lloegr **11 E1** 50.57G 0.07Gn
Burghead Yr Alban **19 F2** 57.42G 3.30Gn
Burgh le Marsh Lloegr **15 H2** 53.10G 0.15Dn
Burgos Sbaen **46 D5** 42.21G 3.41Gn
Burhanpur India **96 F5** 21.18G 76.08Dn
Burkina Affrica **84 D3** 12.15G 1.30Gn
Burley U.D.A. **64 D5** 42.32G 113.48Gn
Burlington U.D.A. **65 L5** 44.25G 73.14Gn
Burnham Lloegr **10 E2** 51.35G 0.39Gn
Burnham-on-Crouch Lloegr **11 F2** 51.37G 0.50Dn
Burnham-on-Sea Lloegr **13 D3** 51.15G 3.00Gn
Burnie Awstralia **110 D1** 41.03D 145.55Dn
Burniston Lloegr **15 G3** 54.19G 0.27Gn
Burnley Lloegr **15 E2** 53.47G 2.15Gn
Burns Lake *tref* Canada **62 F3** 54.14G 125.45Gn
Burntisland Yr Alban **17 F4** 56.03G 3.15Gn
Burntwood Green Lloegr **10 D3** 52.42G 1.54Gn
Burra Orllewinol *ys.* Yr Alban **19 Y9** 60.05G 1.21Gn
Burray *ys.* Yr Alban **19 G3** 58.51G 2.54Gn
Burro, Mdd. *mdd.* México **70 D6** 28.30G 102.00Gn
Burrow, Pr. Yr Alban **16 E2** 54.41G 4.24Gn
Bursa Twrci **57 I4** 40.11G 29.04Dn
Bûr Safâga Yr Aifft **94 D4** 26.45G 33.55Dn
Bûr Sa'îd Yr Aifft **94 D5** 31.17G 32.18Dn
Burscough Bridge Lloegr **14 E2** 53.37G 2.51Gn
Bûr Sudan Sudan **85 H3** 19.39G 37.01Dn
Burton-in-Kendal Lloegr **14 E3** 54.12G 2.43Gn
Burton Latimer Lloegr **10 E3** 52.23G 0.41Gn
Burton upon Trent Lloegr **10 D3** 52.48G 1.39Gn
Buru *ys.* Indonesia **105 H3** 3.30D 126.30Dn
Burundi Affrica **86 B4** 3.30D 30.00Dn
Burwash Landing Canada **62 E4** 61.21G 139.01Gn
Burwell Lloegr **11 F3** 52.17G 0.20Dn
Burwick Yr Alban **19 G3** 58.44G 2.57Gn
Bury Lloegr **15 E2** 53.36G 2.19Gn
Bury St. Edmunds Lloegr **11 F3** 52.15G 0.42Dn
Bush *a.* G. Iwerddon **16 C3** 55.13G 6.33Gn
Bushbush *a.* Somalia **87 C2** 1.08D 41.52Dn
Bushehr Iran **95 H4** 28.57G 50.52Dn
Bushmills G. Iwerddon **16 C3** 55.12G 6.32Gn
Buta Gwer. Ddem. Congo **86 B5** 2.49G 24.50Dn
Bute *ys.* Yr Alban **16 D3** 55.51G 5.07Gn
Bute, Sn. Yr Alban **16 D3** 55.44G 5.10Gn
Butte U.D.A. **64 D6** 46.00G 112.31Gn
Butterworth Malaysia **104 C5** 5.24G 100.22Dn
Buttevant Gwer. Iwerdd. **20 C2** 52.13G 8.40Gn
Butuan Pili. **105 H5** 8.56G 125.31Dn
Butung *ys.* Indonesia **105 G2** 5.00D 122.50Dn
Buur Gaabo Somalia **87 C2** 1.10D 41.50Dn
Buvuma, Ys. Uganda **87 A3** 0.12G 33.17Dn
Buxton Lloegr **15 F2** 53.16G 1.54Gn
Buzău România **56 H6** 45.10G 26.49Dn
Bwcle Cymru **12 D5** 53.11G 3.04Gn
Bwlgaria Ewrop **56 G5** 42.30G 25.00Dn
Byarezina *a.* Belarus **55 L5** 52.30G 30.20Dn
Bydgoszcz Gw. Pwyl **54 E5** 53.16G 18.00Dn
Byfield Lloegr **10 D3** 52.10G 1.15Gn
Bylot, Ys. Canada **63 K5** 73.00G 78.30Gn
Byrranga, Mdd. Ffed. Rwsia **59 M5** 74.50G 101.00Dn
Bytholwerni, Y *n.* U.D.A. **65 J2** 26.00G 80.30Gn
Bytom Gw. Pwyl **54 F4** 50.22G 18.54Dn

C

Caacupé Paraguay **77 E2** 25.23D 57.05Gn
Cabanatuan Pili. **104 G7** 15.30G 120.58Dn
Caban Coch, Cr. Cymru **12 D4** 52.17G 3.34Gn
Cabimas Venezuela **71 J3** 10.26G 71.27Gn
Cabinda Angola **84 F1** 5.34D 12.12Dn
Cabonga, Cr. Canada **65 K6** 47.20G 76.35Gn
Cabot, Cf. Canada **63 M2** 47.00G 59.00Gn
Cabo Verde Cefn. Iwerydd **84 B3** 16.00G 24.00Gn
Cabrera, Sierra de la *mdd.* Sbaen **46 B5** 42.10G 6.30Gn
Cabriel *a.* Sbaen **46 E3** 39.13G 1.07Gn
Cáceres Brasil **77 E3** 16.05D 57.40Gn
Cáceres Sbaen **46 B3** 39.29G 6.23Gn
Cachimbo, Serra do *mdd.* Brasil **77 E4** 8.30D 55.00Gn
Cachoeiro de Itapemirim Brasil **77 F2** 20.51D 41.07Gn
Cadera, P. Venezuela **71 K3** 10.40G 66.05Gn
Cadillac U.D.A. **65 I5** 44.15G 85.23Gn
Cadiz Pili. **105 G6** 10.57G 123.18Dn
Cádiz Sbaen **46 B2** 36.32G 6.18Gn
Cádiz, Gff. Sbaen **46 B2** 37.00G 7.10Gn
Cadwyn Ganolog *mdd.* P.G.N. **105 K3** 5.00D 142.00Dn
Cadwyni'r Arfordir *mdd.* U.D.A. **64 B5** 40.00G 123.00Gn
Caen Ffrainc **44 C6** 49.11G 0.22Gn
Caer (Chester) Lloegr **14 E2** 53.12G 2.53Gn
Caer *rhan.* Lloegr **9 D3** 53.14G 2.30Gn
Caerdydd Cymru **13 D3** 51.28G 3.11Gn
Caerdydd *rhan.* Cymru **9 D2** 51.30G 3.12Gn
Caeredin (Edinburgh) Yr Alban **17 F3** 55.57G 3.13Gn
Caeredin, Dinas *rhan.* Yr Alban **8 D4** 55.57G 3.13Gn
Caerfaddon (Bath) Lloegr **10 C2** 51.22G 2.22Gn
Caerfaddon a G. Ddn. Gwlad yr Haf *rhan.* Lloegr **9 D2** 51.20G 2.30Gn
Caerfyrddin Cymru **12 C3** 51.52G 4.20Gn
Caerfyrddin, Bae Cymru **12 C3** 51.40G 4.30Gn
Caerfyrddin, sir *rhan.* Cymru **9 C2** 52.00G 4.17Gn
Caerffili Cymru **12 D3** 51.34G 3.13Gn
Caerffili *rhan.* Cymru **9 D2** 51.34G 3.13Gn
Caergaint (Canterbury) Lloegr **11 G2** 51.17G 1.05Dn
Caergrawnt (Cambridge) Lloegr **11 F3** 52.13G 0.08Dn
Caergrawnt *rhan.* Lloegr **9 E3** 52.15G 0.05Gn
Caergybi Cymru **12 C5** 53.18G 4.38Gn
Caergybi, Bae Cymru **12 C5** 53.22G 4.40Gn
Caerhirfryn *rhan.* Lloegr **9 D3** 53.53G 2.30Gn
Caerliwelydd (Carlisle) Lloegr **14 E3** 54.54G 2.55Gn
Caerloyw (Gloucester) Lloegr **10 C2** 51.52G 2.15Gn
Caerloyw *rhan.* Lloegr **9 D2** 51.45G 2.00Gn
Caerloyw, De *rhan.* Lloegr **9 D2** 51.35G 2.40Gn
Caerlwytgoed (Lichfield) Lloegr **10 D3** 52.40G 1.50Gn
Caerlŷr (Leicester) Lloegr **10 D3** 52.39G 1.09Gn
Caerlŷr, Swydd *rhan.* Lloegr **9 E3** 52.30G 1.00Gn
Caerllion Cymru **12 E3** 51.36G 2.57Gn
Caernarfon Cymru **12 C5** 53.08G 4.17Gn
Caernarfon, Bae Cymru **12 C5** 53.05G 4.25Gn
Caersallog (Salisbury) Lloegr **10 D2** 51.04G 1.48Gn
Caerwrangon (Worcester) Lloegr **10 C3** 52.12G 2.12Gn
Caerwrangon *rhan.* Lloegr **9 D3** 52.12G 2.12Gn
Caerwynt (Winchester) Lloegr **10 D2** 51.04G 1.19Gn
Cagayan de Oro Pili. **105 G5** 8.29G 124.40Dn
Cagliari Yr Eidal **50 C3** 39.14G 9.07Dn
Cagliari, Gff. Môr Can. **50 C3** 39.07G 9.15Dn
Caha, Mdd. Gwer. Iwerdd. **20 B1** 51.44G 9.45Gn
Cahirciveen Gwer. Iwerdd. **20 A1** 51.51G 10.14Gn
Cahora Bassa, Cr. *ll.* Moçambique **86 C3** 15.33D 32.42Dn
Cahore, Pt. Gwer. Iwerdd. **20 E2** 52.33G 6.11Gn
Cahors Ffrainc **44 D4** 44.28G 0.26Dn
Caiabis, Serra dos *mdd.* Brasil **77 E3** 12.00D 56.30Gn
Caiapó, Serra do *mdd.* Brasil **77 E3** 17.10D 52.00Gn
Caicos, Ysdd. Ysdd. Turks a Caicos **71 J5** 21.30G 72.00Gn
Caint *rhan.* Lloegr **9 F2** 51.12G 0.40Dn
Cairn Gorm *m.* Yr Alban **19 F2** 57.06G 3.39Gn
Cairngorm, Mdd. Yr Alban **19 F2** 57.04G 3.30Gn
Cairnryan Yr Alban **16 D2** 54.58G 5.02Gn
Cairns Awstralia **110 D4** 16.51D 145.43Dn
Cairn Toul *m.* Yr Alban **19 F2** 57.04G 3.44Gn
Cairo = El Qâhira Yr Aifft **94 D4** 30.03G 31.15Dn
Caister-on-Sea Lloegr **11 G3** 52.38G 1.43Dn
Caistor Lloegr **15 G2** 53.29G 0.20Gn
Caithness *n.* Yr Alban **19 F3** 58.25G 3.25Gn
Calabar Nigeria **84 E2** 4.56G 8.22Dn
Calais Ffrainc **44 D7** 50.57G 1.50Dn
Calama Chile **76 D2** 22.30D 68.55Gn
Calamian, Grŵp *ysdd.* Pili. **104 G6** 12.00G 120.05Dn
Calamocha Sbaen **46 E4** 40.54G 1.18Gn
Calanscio, Môr Tywod *n.* Libya **53 H2** 27.00G 23.00Dn
Calapan Pili. **104 G6** 13.23G 121.10Dn
Călăraşi România **56 H6** 44.11G 27.21Dn
Calatayud Sbaen **46 E4** 41.21G 1.39Gn
Calbayog Pili. **105 G6** 12.04G 124.58Dn
Calcanhar, P. Brasil **77 G4** 5.06D 35.30Gn
Calcutta India **97 H5** 22.35G 88.21Dn
Caldas da Rainha Portiwgal **46 A3** 39.24G 9.08Gn
Caldicot Cymru **12 E3** 51.36G 2.45Gn
Caledonia Newydd = Nouvelle Calédonie *ys.* Cefn. Tawel **111 F3** 22.00D 165.00Dn
Calf of Man (Yn Colloo) *ys.* Ynys Manaw **14 C3** 54.03G 4.49Gn
Calgary Canada **62 G3** 51.05G 114.05Gn
Cali Colombia **74 B7** 3.24G 76.30Gn
Calicut India **96 F3** 11.15G 75.45Dn
Caliente U.D.A. **64 D4** 37.36G 114.31Gn
California *rhan.* U.D.A. **64 B4** 37.00G 120.00Gn
California, Gff. México **70 B6** 28.30G 112.30Gn
California Isaf *gor.* México **70 B6** 27.00G 113.00Gn
Callan Gwer. Iwerdd. **20 D2** 52.33G 7.23Gn
Callander Yr Alban **16 E4** 56.15G 4.13Gn
Callanish Yr Alban **18 C3** 58.12G 6.45Gn
Callao Periw **76 C3** 12.05D 77.08Gn
Callington Lloegr **13 C2** 50.30G 4.19Gn
Calne Lloegr **10 D2** 51.26G 2.00Gn
Caltanissetta Yr Eidal **50 F2** 37.30G 14.05Dn
Calvi Ffrainc **44 H3** 42.34G 8.44Dn
Cam *a.* Lloegr **11 F3** 52.34G 0.21Dn
Camaçari Brasil **77 G3** 12.44D 38.16Gn
Camagüey Cuba **71 I5** 21.25G 77.55Gn
Camagüey, Ysr Cuba **71 I5** 22.30G 78.00Gn
Ca Mau, Pt. Viet Nam **104 C5** 8.30G 104.35Dn
Camberley Lloegr **10 E2** 51.21G 0.45Gn
Cambodia Asia **104 C6** 12.00G 105.00Dn
Camborne Lloegr **13 B2** 50.12G 5.19Gn
Cambrai Ffrainc **42 C2** 50.10G 3.14Dn
Cambridge Bay *tref* Canada **62 H4** 69.09G 105.00Gn
Cambridge (Caergrawnt) Lloegr **11 F3** 52.13G 0.08Dn
Camelford Lloegr **13 C2** 50.37G 4.41Gn
Cameroun/ Cameroon Affrica **84 F2** 6.00G 12.30Dn
Cameroun, M. Cameroun **84 E2** 4.20G 9.05Dn
Cametá Brasil **77 F4** 2.12D 49.30Gn
Campbell River *tref* Canada **62 F3** 50.00G 125.18Gn
Campbellton Canada **65 M6** 48.00G 66.40Gn
Campbell, Ys. Cefn. Tawel **108 L1** 52.30D 169.02Dn
Campbeltown Yr Alban **16 D3** 55.25G 5.36Gn
Campeche México **70 F4** 19.50G 90.30Gn
Campeche *rhan.* México **70 F4** 19.00G 90.00Gn
Campeche, Bae México **70 F4** 19.30G 94.00Gn
Campina Grande Brasil **77 G4** 7.15D 35.53Gn
Campinas Brasil **77 F2** 22.54D 47.06Gn
Campobasso Yr Eidal **50 F4** 41.34G 14.39Dn
Campo Grande Brasil **77 E2** 20.24D 54.35Gn
Campos Brasil **77 F2** 21.46D 41.21Gn
Cam Ranh Viet Nam **104 D6** 11.54G 109.14Dn
Camros Cymru **12 B3** 51.50G 5.01Gn
Camwy *a.* Ariannin **75 C2** 43.15D 65.53Gn
Canada G. America **62 H3** 60.00G 105.00Gn
Canadian *a.* U.D.A. **64 G4** 35.20G 95.40Gn
Çanakkale Twrci **56 H4** 40.09G 26.26Dn
Canal du Midi Ffrainc **44 D3** 43.18G 2.00Dn
Canaveral, P. U.D.A. **65 J2** 28.28G 80.28Gn
Canberra Awstralia **110 D2** 35.18D 149.08Dn
Cancún México **70 G5** 21.26G 86.51Gn
Caniapiscau *a.* Canada **63 L3** 57.40G 69.30Gn
Caniapiscau, Cr. Canada **63 K3** 55.05G 72.40Gn
Canindé *a.* Brasil **77 F4** 6.14D 42.51Gn
Canisp *m.* Yr Alban **18 D3** 58.07G 5.03Gn
Çankaya Twrci **57 K3** 39.52G 32.52Dn
Çankırı Twrci **57 K4** 40.35G 33.37Dn
Canna *ys.* Yr Alban **18 C2** 57.03G 6.30Gn
Cannes Ffrainc **44 G3** 43.33G 7.00Dn
Cannock Lloegr **10 C3** 52.42G 2.02Gn
Canõas Brasil **77 E2** 29.55D 51.10Gn
Canol *rhan.* Kenya **87 B2** 1.00D 37.00Dn
Canolbarth, Gn. y *rhan.* Lloegr **9 E3** 52.25G 2.00Gn
Canon City U.D.A. **64 E4** 38.27G 105.14Gn
Cantabria, Mdd. Sbaen **46 B5** 43.00G 6.00Gn
Canterbury (Caergaint) Lloegr **11 G2** 51.17G 1.05Dn
Cân Tho Viet Nam **104 D6** 10.03G 105.46Dn
Canvey Island *tref* Lloegr **11 F2** 51.32G 0.35Dn
Cao Bang Viet Nam **104 D8** 22.40G 106.16Dn
Capbreton Ffrainc **44 C3** 43.38G 1.15Gn
Cape Breton, Ys. Canada **63 L2** 46.00G 61.00Gn
Capel St. Mary Lloegr **11 G2** 51.59G 1.02Dn
Cape Town/ Kaapstad G.D.A. **86 A1** 33.56D 18.28Dn
Cap Haïtien *tref* Haiti **71 J4** 19.47G 72.17Gn
Capim *a.* Brasil **77 F4** 1.40D 47.47Gn
Capraia *ys.* Yr Eidal **50 C5** 43.03G 9.50Dn
Caprera *ys.* Yr Eidal **50 C4** 41.48G 9.27Dn
Capri *ys.* Yr Eidal **50 F4** 40.33G 14.13Dn
Capricorn, Sianel *cf.* Awstralia **110 E3** 23.00D 152.00Dn
Caprivi, Llain *n.* Namibia **86 B3** 17.50D 23.10Dn
Caquetá *a.* Colombia **76 C4** 1.20D 70.50Gn
Carabay, Cordillera de *mdd.* Periw **76 C3** 13.50D 71.00Gn
Caracal România **56 G6** 44.08G 24.18Dn
Caracas Venezuela **71 K3** 10.35G 66.56Gn
Carajás, Serra dos *mdd.* Brasil **77 E4** 5.00D 51.00Gn
Caratasca, Morlyn Honduras **71 H4** 15.10G 84.00Gn
Caratinga Brasil **77 F3** 19.50D 42.06Gn
Caravaca de la Cruz Sbaen **46 E3** 38.06G 1.51Gn
Carbonara, P. Yr Eidal **50 C3** 39.06G 9.32Dn
Carcassonne Ffrainc **44 E3** 43.13G 2.21Dn
Carei România **54 H2** 47.42G 22.28Dn
Carey, Ll. Awstralia **110 B3** 29.05D 122.15Dn
Cariacica Brasil **77 F2** 20.15D 40.23Gn
Caribî, Y Môr Cb. America **71 I4** 15.00G 75.00Gn
Caribou, Mdd. Canada **62 G3** 58.30G 115.00Gn
Cark, M. Gwer. Iwerdd. **16 B2** 54.53G 7.53Gn
Carletonville G.D.A. **86 B2** 26.21D 27.23Dn
Carlingford, Loch Gwer. Iwerdd./G. Iwerdd. **16 C2** 54.03G 6.09Gn
Carlisle (Caerliwelydd) Lloegr **14 E3** 54.54G 2.55Gn
Carlow Gwer. Iwerdd. **20 E2** 52.50G 6.54Gn
Carlow *rhan.* Gwer. Iwerdd. **20 E2** 52.43G 6.50Gn
Carluke Yr Alban **17 E3** 55.44G 3.51Gn
Carmacks Canada **62 E4** 62.04G 136.21Gn
Carmel, Trwyn Cymru **12 C5** 53.24G 4.35Gn
Carndonagh Gwer. Iwerdd. **16 B3** 55.15G 7.15Gn
Carnedd Llywelyn *m.* Cymru **12 D5** 53.10G 3.58Gn
Carnedd y Filiast *m.* Cymru **12 D4** 52.56G 3.40Gn
Carnegie, Ll. Awstralia **110 B3** 26.15D 123.00Dn
Carn Eighe *m.* Yr Alban **18 D2** 57.17G 5.07Gn
Carnforth Lloegr **14 E3** 54.08G 2.47Gn
Car Nicobar *ys.* India **104 A5** 9.06G 92.57Dn
Carnlough G. Iwerddon **16 D2** 54.58G 6.00Gn
Carn nan Gabhar *m.* Yr Alban **19 F1** 56.49G 3.44Gn
Carnot G.C.A. **84 F2** 4.59G 15.56Dn
Carnot, P. Awstralia **110 C2** 34.57D 135.38Dn
Carnoustie Yr Alban **17 G4** 56.30G 2.44Gn
Carnsore, Pt. Gwer. Iwerdd. **20 E2** 52.10G 6.21Gn
Carolina, De *rhan.* U.D.A. **65 J3** 34.00G 81.00Gn
Carolina, Gogledd *rhan.* U.D.A. **65 K4** 35.30G 79.00Gn
Caroline, Ys. Kiribati **109 Q6** 10.00D 150.30Gn
Caroline, Ysdd. Cefn. Tawel **108 J7** 5.00G 150.00Dn
Carpatiau, Mdd. Ewrop **34 F2** 48.45G 23.45Dn
Carpentaria, Gff. Awstralia **110 C4** 14.00D 140.00Dn
Carpentras Ffrainc **44 F4** 44.03G 5.03Dn
Carra, Loch Gwer. Iwerdd. **20 B3** 53.40G 9.15Gn
Carrara Yr Eidal **50 D6** 44.04G 10.06Dn
Carrauntoohill *m.* Gwer. Iwerdd. **20 B2** 52.00G 9.45Gn
Carrickfergus G. Iwerddon **16 D2** 54.43G 5.49Gn
Carrickmacross Gwer. Iwerdd. **20 E3** 53.59G 6.44Gn
Carrick-on-Shannon Gwer. Iwerdd. **20 C3** 53.57G 8.06Gn
Carrick-on-Suir Gwer. Iwerdd. **20 D2** 52.21G 7.26Gn
Carron *a.* Falkirk Yr Alban **17 F4** 56.01G 3.44Gn
Carron *a.* Ucheldir Yr Alban **19 E2** 57.53G 4.22Gn
Carrowmore, Ll. Gwer. Iwerdd. **20 B4** 54.11G 9.48Gn
Carson City U.D.A. **64 C4** 39.10G 119.46Gn
Carsphairn Yr Alban **16 E3** 55.13G 4.15Gn
Cartagena Colombia **71 I3** 10.24G 75.33Gn
Cartagena Sbaen **46 E2** 37.36G 0.59Gn
Carter Bar *bwlch* Yr Alban/Lloegr **17 G3** 55.21G 2.27Gn
Carterton Lloegr **10 D2** 51.46G 1.35Gn
Cartmel Lloegr **14 E3** 54.12G 2.57Gn
Caruarú Brasil **77 G4** 8.15D 35.55Gn
Carvin Ffrainc **42 B2** 50.30G 2.58Dn
Casablanca = Dar el Beida Moroco **84 D5** 33.39G 7.35Gn
Cascade, Cn. *mdd.* U.D.A. **64 B5** 44.00G 121.30Gn
Cascavel Brasil **77 E2** 24.59D 53.29Gn
Caserta Yr Eidal **50 F4** 41.06G 14.21Dn
Caseyr, P. Somalia **85 J3** 12.00G 51.30Dn
Cas-gwent Cymru **12 E3** 51.38G 2.40Gn
Cashel Gwer. Iwerdd. **20 D2** 52.31G 7.54Gn
Casnewydd Cymru **12 E3** 51.34G 2.59Gn
Casnewydd *rhan.* Cymru **9 D2** 51.33G 3.00Gn
Casper U.D.A. **64 E5** 42.50G 106.20Gn
Caspia, Môr Asia **90 H7** 42.00G 51.00Dn
Caspia, Pant *n.* Ffed. Rwsia/Kazakhstan **58 G2** 47.00G 48.00Dn
Cassiar, Mdd. Canada **62 F3** 60.00G 131.00Gn
Cassley *a.* Yr Alban **18 E3** 57.58G 4.35Gn
Castanhal Brasil **77 F4** 1.16D 47.51Gn
Castell-nedd Cymru **12 D3** 51.39G 3.49Gn
Castell-nedd Port Talbot *rhan.* Cymru **9 D2** 51.42G 3.47Gn
Castellnewydd Emlyn Cymru **12 C4** 52.02G 4.29Gn
Castellón de la Plana Sbaen **46 E3** 39.59G 0.03Gn
Castlebar Gwer. Iwerdd. **20 B3** 53.52G 9.19Gn
Castleblayney Gwer. Iwerdd. **20 E4** 54.08G 6.46Gn
Castle Cary Lloegr **13 E3** 51.06G 2.31Gn
Castlecomer Gwer. Iwerdd. **20 D2** 52.48G 7.12Gn
Castleconnell Gwer. Iwerdd. **20 C2** 52.43G 8.30Gn
Castlederg G. Iwerddon **16 B2** 54.43G 7.37Gn
Castle Donnington Lloegr **10 D3** 52.51G 1.19Gn
Castle Douglas Yr Alban **17 F2** 54.56G 3.56Gn
Castleford Lloegr **15 F2** 53.43G 1.21Gn
Castleisland *tref* Gwer. Iwerdd. **20 B2** 52.14G 9.29Gn
Castletown (Balley Chashtal) Ynys Manaw **14 C3** 54.04G 4.38Gn
Castres Ffrainc **44 E3** 43.36G 2.14Dn
Castries St. Lucia **71 L3** 14.01G 60.59Gn
Catamarca Ariannin **76 D2** 28.28D 65.46Gn
Catanduanes *ys.* Pili. **105 G6** 13.45G 124.20Dn
Catania Yr Eidal **50 F2** 37.31G 15.05Dn
Catanzaro Yr Eidal **50 G3** 38.55G 16.35Dn
Catarman Pili. **105 G6** 12.28G 124.50Dn
Caterham Lloegr **11 E2** 51.17G 0.04Gn
Catoche, P. México **70 G5** 21.38G 87.08Gn
Catraeth (Catterick) Lloegr **15 F3** 54.23G 1.38Gn
Catterick (Catraeth) Lloegr **15 F3** 54.23G 1.38Gn
Cat, Ys. Bahamas **71 I5** 24.30G 75.30Gn
Cauca *a.* Colombia **71 J2** 8.57G 74.30Gn
Caucaia Brasil **77 G4** 3.45D 38.45Gn
Caudry Ffrainc **42 C2** 50.07G 3.25Dn
Cavan Gwer. Iwerdd. **20 D3** 53.59G 7.22Gn
Cavan *rhan.* Gwer. Iwerdd. **20 D3** 54.00G 7.15Gn
Cawcasws *mdd.* Ewrop **58 G2** 43.00G 44.00Dn
Cawston Lloegr **11 G3** 52.46G 1.10Dn
Caxias Brasil **77 F4** 4.53D 43.20Gn
Caxias do Sul Brasil **77 E2** 29.14D 51.10Gn
Cayenne Guyane Ffrengig **74 D7** 4.55G 52.18Gn
Cayman, Ysdd. Cb. America **71 H4** 19.00G 81.00Gn
Cayman Brac *ys.* Ysdd. Cayman **71 I4** 19.44G 79.48Gn
Cayos Miskitos *ysdd.* Nicaragua **71 H3** 14.30G 82.40Gn

Ceará *rhan.* Brasil **77 G4** 4.50D 39.00Gn
Cebu Pili. **105 G6** 10.17G 123.56Dn
Cebu *ys.* Pili. **105 G6** 10.15G 123.45Dn
Cedar *a.* U.D.A. **65 H5** 41.15G 91.20Gn
Cedar City U.D.A. **64 D4** 37.40G 113.04Gn
Cedar Rapids *tref* U.D.A. **65 H5** 41.59G 91.31Gn
Cedros *ys.* México **64 C2** 28.15G 115.15Gn
Cefalù Yr Eidal **50 F3** 38.01G 14.03Dn
Cefnfor Tawel, Basn De-ddn. y *n.* Cefn. Tawel **116 D2**
Cefnfor Tawel, Basn De-on. y *n.* Cefn. Tawel **116 A4**
Cefnfor Tawel, De'r 109 R3 35.00D 140.00Gn
Cefnfor Tawel, Gogledd y 108 N10 35.00G 170.00Gn
Cefnfor Tawel, Y 109
Cefnfor y De 108 F1 52.00D 110.00Dn
Cegléd Hwngari **54 F2** 47.10G 19.48Dn
Cei Connah *tref* Cymru **12 D5** 53.13G 3.03Gn
Cei Newydd Cymru **12 C4** 52.13G 4.22Gn
Ceintun (Kington) Lloegr **10 B3** 52.12G 3.02Gn
Celaya México **70 D5** 20.32G 100.48Gn
Celje Slovenija **54 D2** 46.15G 15.16Dn
Celle Yr Almaen **48 E5** 52.37G 10.05Dn
Celyn, Llyn Cymru **12 D4** 52.57G 3.40Gn
Cenderawasih, Bae Indonesia **105 J3** 2.30D 135.20Dn
Ceredigion *rhan.* Cymru **9 C3** 52.15G 4.00Gn
Ceredigion, Bae Cymru **12 C4** 52.30G 4.30Gn
Cernavodă România **57 I6** 44.20G 28.02Dn
Cernyw *rhan.* Lloegr **9 C2** 50.26G 4.40Gn
Cernyw, P. Lloegr **13 B2** 50.07G 5.44Gn
Cerralvo *ys.* México **70 C5** 24.17G 109.52Gn
Cerro de Pasco Periw **76 C3** 10.43D 76.15Gn
Çervo Sbaen **46 B5** 43.40G 7.25Gn
České Budějovice Gwer. Tsiec **54 D3** 49.00G 14.30Dn
Ceuta Sbaen **46 C1** 35.53G 5.19Gn
Cévennes *mdd.* Ffrainc **44 E4** 44.25G 3.30Dn
Ceyhan *a.* Twrci **57 L2** 36.54G 34.58Dn
Chadan Ffed. Rwsia **102 G8** 51.20G 91.39Dn
Chagai, Br. Pakistan **95 J4** 29.10G 63.35Dn
Chaghcharan Afghan. **95 K5** 34.32G 65.15Dn
Chagos, Ysr. *ysdd.* Cefn. India **90 J2** 7.00D 72.00Dn
Chah Bahar Iran **95 J4** 25.17G 60.41Dn
Chake Chake Tanzania **87 B1** 5.13D 39.46Dn
Chalbi, Diffeithwch Kenya **87 B3** 3.00G 37.20Dn
Chale Lloegr **10 D1** 50.36G 1.19Gn
Challenger, Dyfnder Cefn. Tawel **117 Q6** 11.19G 142.15Dn
Châlons-en-Champagne Ffrainc **44 F6** 48.58G 4.22Dn
Chalon-sur-Saône Ffrainc **44 F5** 46.47G 4.51Dn
Chalus Iran **95 H6** 36.40G 51.25Dn
Chaman Pakistan **96 D7** 30.55G 66.27Dn
Chambéry Ffrainc **44 F4** 45.34G 5.55Dn
Ch'amo Hayk' *ll.* Ethiopia **87 B4** 5.49G 37.35Dn
Chamonix Ffrainc **44 G4** 45.55G 6.52Dn
Champaqui *m.* Ariannin **76 D1** 31.59D 64.59Gn
Champlain, Ll. U.D.A. **65 L5** 44.45G 73.20Gn
Chañaral Chile **76 C2** 26.21D 70.37Gn
Chanda India **97 F4** 19.58G 79.21Dn
Chandalar *a.* U.D.A. **62 D4** 66.40G 146.00Gn
Chandeleur, Ysdd. U.D.A. **65 I2** 29.50G 88.50Gn
Chandigarh India **96 F7** 30.44G 76.54Dn
Chang = Yangtze *a.* China **103 M4** 31.40G 121.15Dn
Changchun China **103 N6** 43.50G 125.20Dn
Changde China **103 K3** 29.03G 111.35Dn
Changsha China **103 K3** 28.10G 113.00Dn
Changzhi China **103 K5** 36.09G 113.12Dn
Changzhou China **103 L4** 31.45G 119.57Dn
Channel-Port aux Basques *tref* Canada **63 M2** 47.35G 59.10Gn
Chanthaburi Gw. Thai **104 C6** 12.38G 102.12Dn
Chantilly Ffrainc **42 B1** 49.12G 2.28Dn
Chao Phraya *a.* Gw. Thai **104 C6** 13.35G 100.37Dn
Chaouen Moroco **46 C1** 35.10G 5.16Gn
Chapada de Maracás *n.* Brasil **77 F3** 13.20D 40.00Gn
Chapada Diamantina *n.* Brasil **77 F3** 13.30D 42.30Gn
Chapala, Ll. *ll.* México **70 D5** 20.00G 103.00Gn
Chapecó Brasil **77 E2** 27.14D 52.41Gn
Chapel-en-le-Firth Lloegr **15 F2** 53.19G 1.54Gn
Chapeltown Lloegr **15 F2** 53.28G 1.27Gn
Chapleau Canada **63 J2** 47.50G 83.24Gn
Chaplynka Ukrain **55 M2** 46.23G 33.32Dn
Chard Lloegr **13 E2** 50.52G 2.59Gn
Chari *a.* Tchad **82 E6** 13.00G 14.30Dn
Charikar Afghan. **95 K6** 35.02G 69.13Dn
Charlbury Lloegr **10 D2** 51.53G 1.29Gn
Charleroi Gw. Belg **42 D2** 50.25G 4.27Dn
Charleston D.C. U.D.A. **65 K3** 32.48G 79.58Gn
Charleston Gn.Va. U.D.A. **65 J4** 38.23G 81.20Gn
Charlestown Gwer. Iwerdd. **20 C3** 53.57G 8.50Gn
Charleville-Mézières Ffrainc **44 F6** 49.46G 4.43Dn
Charlotte U.D.A. **65 J4** 35.05G 80.50Gn
Charlottesville U.D.A. **65 K4** 38.02G 78.29Gn
Charlottetown Canada **63 L2** 46.14G 63.09Gn
Chartres Ffrainc **44 D6** 48.27G 1.30Dn
Châteaubriant Ffrainc **44 C5** 47.43G 1.22Gn
Châteaudun Ffrainc **44 D6** 48.04G 1.20Dn
Châteauroux Ffrainc **44 D5** 46.49G 1.41Dn
Château-Thierry Ffrainc **44 E6** 49.03G 3.24Dn
Châtellerault Ffrainc **44 D5** 46.49G 0.33Dn
Chatham Lloegr **11 F2** 51.23G 0.32Dn
Chatham, Ysdd. Cefn. Tawel **111 H1** 44.00D 176.35Gn
Chattahoochee *a.* U.D.A. **65 J2** 30.52G 84.57Gn
Chattanooga U.D.A. **65 I4** 35.01G 85.18Gn
Chatteris Lloegr **11 F3** 52.27G 0.03Dn
Chaumont Ffrainc **44 F6** 48.07G 5.08Dn
Chauny Ffrainc **42 C1** 49.37G 3.13Dn
Cheadle Lloegr **10 D3** 52.59G 1.59Gn
Cheb Gwer. Tsiec **54 C4** 50.04G 12.20Dn
Cheboksary Ffed. Rwsia **58 G3** 56.08G 47.12Dn
Cheboygan U.D.A. **65 J6** 45.40G 84.28Gn
Cheddar Lloegr **13 E3** 51.16G 2.47Gn
Cheju do *ys.* De Korea **103 N4** 33.20G 126.30Dn
Chekhov Ffed. Rwsia **55 O6** 55.21G 37.31Dn
Cheleken Turkmenistan **95 H6** 39.26G 53.11Dn
Chełm Gw. Pwyl **55 H4** 51.10G 23.28Dn
Chelmer *a.* Lloegr **11 F2** 51.43G 0.42Dn
Chelmsford Lloegr **11 F2** 51.44G 0.28Dn
Cheltenham Lloegr **10 C2** 51.53G 2.07Gn
Chelyabinsk Ffed. Rwsia **58 I3** 55.10G 61.25Dn
Chelyuskin, P. Ffed. Rwsia **59 M5** 77.20G 106.00Dn
Chemnitz Yr Almaen **48 F4** 50.50G 12.55Dn
Ch'ench'a Ethiopia **87 B4** 6.18G 37.37Dn
Chengde China **103 L6** 40.48G 118.06Dn
Chengdu China **103 I4** 30.37G 104.06Dn
Chennai (Madras) India **97 G3** 13.05G 80.18Dn
Chenzhou China **103 K3** 25.45G 113.00Dn
Cher *a.* Ffrainc **44 D5** 47.21G 0.29Dn
Cherbourg Ffrainc **44 C6** 49.38G 1.37Gn
Cherepovets Ffed. Rwsia **58 F3** 59.05G 37.55Dn
Cherkasy Ukrain **55 M3** 49.27G 32.04Dn
Chernihiv Ukrain **55 L4** 51.30G 31.18Dn
Chernivtsi Ukrain **55 I3** 48.19G 25.52Dn
Chernyakhovsk Ffed. Rwsia **54 G6** 54.36G 21.48Dn
Cherskogo, Cn. *mdd.* Ffed. Rwsia **59 Q4** 65.50G 143.00Dn
Chervonohrad Ukrain **55 I4** 50.25G 24.10Dn
Cherwell *a.* Lloegr **10 D2** 51.45G 1.15Gn
Chesapeake, Bae U.D.A. **65 K4** 38.00G 76.00Gn
Chesham Lloegr **11 E2** 51.43G 0.38Gn
Chëshskaya *gff.* Ffed. Rwsia **35 H4** 67.20G 46.30Dn
Cheshunt Lloegr **11 E2** 51.43G 0.02Gn
Chesil, Traeth *n.* Lloegr **10 C1** 50.37G 2.33Gn
Chester (Caer) Lloegr **14 E2** 53.12G 2.53Gn
Chesterfield Lloegr **15 F2** 53.14G 1.26Gn
Chester-le-Street Lloegr **15 F3** 54.53G 1.34Gn
Cheviot, Bryniau D.U. **17 G3** 55.22G 2.24Gn
Cheviot, Y *m.* Lloegr **15 E4** 55.29G 2.10Gn
Che'w Bahir *ll.* Ethiopia **87 B3** 4.40G 36.50Dn
Che'w Bahir, Gwar. Natur Ethiopia **87 B4** 5.00G 36.50Dn
Chew Magna Lloegr **10 C2** 51.21G 2.37Gn
Cheyenne U.D.A. **64 F5** 41.08G 104.50Gn
Chiang Mai Gw. Thai **104 B7** 18.48G 98.59Dn
Chiang Rai Gw. Thai **104 B7** 19.56G 99.51Dn
Chiapas *rhan.* México **70 F4** 16.30G 93.00Gn
Chiba Japan **106 D3** 35.38G 140.07Dn
Chibougamau Canada **63 K2** 49.56G 74.24Gn
Chicago U.D.A. **65 I5** 41.50G 87.45Gn
Chichester Lloegr **10 E1** 50.50G 0.47Gn
Chiclayo Periw **76 C4** 6.47D 79.47Gn
Chico U.D.A. **64 B4** 39.46G 121.50Gn
Chicoutimi Canada **63 K2** 48.26G 71.06Gn
Chidley, P. Canada **63 L4** 60.30G 65.00Gn
Chiemsee *ll.* Yr Almaen **48 F2** 47.55G 12.30Dn
Chieti Yr Eidal **50 F5** 42.22G 14.12Dn
Chifeng China **103 L6** 41.17G 118.56Dn
Chihli, Gff. China **103 L5** 38.30G 119.30Dn
Chihuahua México **70 C6** 28.40G 106.06Gn
Chihuahua *rhan.* México **70 C6** 28.40G 105.00Gn
Chile De America **75 B3** 33.00D 71.00Gn
Chilham Lloegr **11 F2** 51.15G 0.57Dn
Chillán Chile **75 B3** 36.37D 72.10Gn
Chiloé, Ys. Chile **75 B2** 43.00D 73.00Gn
Chilpancingo México **70 E4** 17.33G 99.30Gn
Chiltern, Bryniau Lloegr **10 E2** 51.40G 0.53Gn
Chimborazo *m.* Ecuador **76 C4** 1.10D 78.50Gn
Chimbote Periw **74 B6** 8.58D 78.34Gn
Chimoio Moçambique **86 C3** 19.04D 33.29Dn
China Asia **103 H4** 33.00G 103.00Dn
China, Gwastadedd G. *n.* China **90 M6** 34.30G 117.00Dn
China, Môr De Asia **104 E6** 12.30G 115.00Dn
China, Môr Dn. Asia **103 N3** 29.00G 125.00Dn
Chindwin *a.* Myanmar **97 J5** 21.30G 95.12Dn
Chingola Zambia **86 B3** 12.31D 27.53Dn
Chinhoyi Zimbabwe **86 C3** 17.22D 30.10Dn
Chipata Zambia **86 C3** 13.37D 32.40Dn
Chippenham Lloegr **10 C2** 51.27G 2.07Gn
Chipping Campden Lloegr **10 D3** 52.03G 1.46Gn
Chipping Norton Lloegr **10 D2** 51.56G 1.32Gn
Chipping Ongar Lloegr **11 F2** 51.43G 0.15Dn
Chipping Sodbury Lloegr **10 C2** 51.31G 2.23Gn
Chiriquí, Gff. Panamá **71 H2** 8.00G 82.20Gn
Chirnside Yr Alban **17 G3** 55.48G 2.12Gn
Chirripó *m.* Costa Rica **71 H2** 9.31G 83.30Gn
Chisasibi (Fort George) Canada **63 K3** 53.50G 79.01Gn
Chişinau Moldova **55 K2** 47.00G 28.50Dn
Chita Ffed. Rwsia **59 N3** 52.03G 113.35Dn
Chitradurga India **96 F3** 14.16G 76.23Dn
Chitral Pakistan **96 E8** 35.52G 71.58Dn
Chittagong Bangla. **97 I5** 22.20G 91.48Dn
Chittoor India **97 F3** 13.13G 79.06Dn
Choiseul *ys.* Ysdd. Solomon **111 E5** 7.00D 157.00Dn
Chojnice Gw. Pwyl **54 E5** 53.42G 17.32Dn
Cholet Ffrainc **44 C5** 47.04G 0.53Gn
Chon Buri Gw. Thai **104 C6** 13.24G 100.59Dn
Chongjin G. Korea **103 N6** 41.55G 129.50Dn
Chongqing China **103 J3** 29.31G 106.35Dn
Ch'ŏnju De Korea **103 N5** 35.50G 127.05Dn
Chorley Lloegr **14 E2** 53.39G 2.39Gn
Chornobyl' Ukrain **55 L4** 51.17G 30.15Dn
Chortkiv Ukrain **55 I3** 49.01G 25.42Dn
Chōshi Japan **106 D3** 34.53G 140.51Dn
Chott ech Chergui *n.* Algeria **52 D3** 34.00G 0.30Dn
Chott el Hodna *n.* Algeria **52 D4** 35.40G 5.00Dn
Chott el Jerid *n.* Tunisia **84 E5** 33.30G 8.30Dn
Chott Melrhir *n.* Algeria **84 E5** 34.15G 7.00Dn
Choybalsan Mongolia **103 K7** 48.02G 114.32Dn
Christchurch Lloegr **10 D1** 50.44G 1.47Gn
Christchurch Seland Newydd **111 G1** 43.32D 172.37Dn
Christianshåb/ Qasigiannguit Grønland **63 M4** 68.50G 51.00Gn
Christmas, Ys. Cefn. India **104 D1** 10.30D 105.40Dn
Chugoku, Mdd. *mdd.* Japan **106 B3** 35.30G 133.00Dn
Chuhuyiv Ukrain **55 O3** 49.51G 36.44Dn
Chukchi, Gor. Ffed. Rwsia **59 U4** 66.00G 174.30Gn
Chukchi, Môr Cefn. Arctig **59 U4** 69.30G 172.00Gn
Chulmleigh Lloegr **13 D2** 50.55G 3.52Gn
Chumba Ethiopia **87 B3** 4.30G 38.15Dn
Chumphon Gw. Thai **104 B6** 10.35G 99.14Dn
Chunchŏn De Korea **103 N5** 37.53G 127.45Dn
Chur Y Swistir **44 H5** 46.52G 9.32Dn
Churchill Canada **63 I3** 58.45G 94.00Gn
Churchill *a.* Man. Canada **63 I3** 58.20G 94.15Gn
Churchill *a.* Nfld. Canada **63 L3** 53.20G 60.00Gn
Churchill, P. Canada **63 I3** 58.50G 93.00Gn
Church Stretton Lloegr **10 C3** 52.32G 2.49Gn
Chuuk *ys.* Tal. Ffed. Micronesia **108 K7** 7.23G 151.46Dn
Chuxiong China **103 I3** 25.03G 101.33Dn
Chyulu, Cn. *mdd.* Kenya **87 B2** 2.40D 37.53Dn
Ciego de Avila Cuba **71 I5** 21.51G 78.47Gn
Cienfuegos Cuba **71 H5** 22.10G 80.27Gn
Cigüela *a.* Sbaen **46 D3** 39.08G 3.44Gn
Cihanbeyli Twrci **57 K3** 38.40G 32.55Dn
Cijara, Ll. Sbaen **46 C3** 39.20G 4.50Gn
Cilacap Indonesia **104 D2** 7.44D 109.00Dn
Cilgwri (Wirral) *n.* Lloegr **14 D2** 53.18G 3.02Gn
Cinca *a.* Sbaen **46 F4** 41.22G 0.20Dn
Cincinnati U.D.A. **65 J4** 39.10G 84.30Gn
Cinderford Lloegr **10 C2** 51.49G 2.30Gn
Ciney Gw. Belg **42 E2** 50.17G 5.06Dn
Cinto, M. Ffrainc **44 H3** 42.23G 8.57Dn
Cirebon Indonesia **104 D2** 6.46D 108.33Dn
Cirencester Lloegr **10 D2** 51.43G 1.59Gn
Cisne, Ysdd. Honduras **71 H4** 17.25G 83.55Gn
Ciudad Bolívar Venezuela **71 L2** 8.06G 63.36Gn
Ciudad Camargo México **70 C6** 27.41G 105.10Gn
Ciudad de Guatemala Guatemala **70 F3** 14.38G 90.22Gn
Ciudad Delicias México **70 C6** 28.10G 105.30Gn
Ciudad de México México **70 E4** 19.25G 99.10Gn
Ciudad de Valles México **70 E5** 22.00G 99.00Gn
Ciudad Guayana Venezuela **71 L2** 8.22G 62.40Gn
Ciudad Ixtepec México **70 E4** 16.32G 95.10Gn
Ciudad Juárez México **70 C7** 31.42G 106.29Gn
Ciudad Madero México **70 E5** 22.19G 97.50Gn
Ciudad Obregón México **70 C6** 27.28G 109.55Gn
Ciudad Real Sbaen **46 D3** 38.59G 3.55Gn
Ciudad-Rodrigo Sbaen **46 B4** 40.36G 6.33Gn
Ciudad Victoria México **70 E5** 23.43G 99.10Gn
Ciutadella de Menorca Sbaen **46 G4** 40.00G 3.50Dn
Civitavecchia Yr Eidal **50 D5** 42.06G 11.48Dn
Clackmannan *rhan.* Yr Alban **8 D5** 56.10G 3.45Gn
Clacton-on-Sea Lloegr **11 G2** 51.47G 1.10Dn
Claerwen, Cr. Cymru **12 D4** 52.17G 3.40Gn
Claonaig Yr Alban **16 D3** 55.43G 5.24Gn
Clara Gwer. Iwerdd. **20 D3** 53.21G 7.37Gn
Clare *a.* Gwer. Iwerdd. **20 B3** 53.20G 9.03Gn
Clare *rhan.* Gwer. Iwerdd. **20 C2** 52.52G 8.55Gn
Clare, Ys. Gwer. Iwerdd. **20 A3** 53.50G 10.00Gn
Claremorris Gwer. Iwerdd. **20 C3** 53.44G 9.00Gn
Clarksville U.D.A. **65 I4** 36.31G 87.21Gn
Claro *a.* Brasil **77 E3** 19.05D 50.40Gn
Clay, Pr. Ynys Manaw **14 C3** 54.12G 4.23Gn
Clay Cross Lloegr **15 F2** 53.11G 1.26Gn
Claydon Lloegr **11 G3** 52.06G 1.07Dn
Clayton U.D.A. **64 F4** 36.27G 103.12Gn
Clear, P. Gwer. Iwerdd. **20 B1** 51.25G 9.31Gn
Clear, Ys. Gwer. Iwerdd. **20 B1** 51.26G 9.30Gn
Cleator Moor *tref* Lloegr **14 D3** 54.30G 3.32Gn
Cleethorpes Lloegr **15 G2** 53.33G 0.02Gn
Cleobury Mortimer Lloegr **10 C3** 52.23G 2.28Gn
Clermont Ffrainc **42 B1** 49.23G 2.24Dn
Clermont-Ferrand Ffrainc **44 E4** 45.47G 3.05Dn
Clevedon Lloegr **10 C2** 51.26G 2.52Gn
Cleveland U.D.A. **65 J5** 41.30G 81.41Gn
Cleveland, Bryniau Lloegr **15 F3** 54.25G 1.10Gn
Cleveleys Lloegr **14 D2** 53.52G 3.01Gn
Clew, Bae Gwer. Iwerdd. **20 B3** 53.50G 9.47Gn
Cliffe Lloegr **11 F2** 51.28G 0.30Dn
Clipperton, Ys. Cefn. Tawel **109 U8** 10.17G 109.13Gn
Clitheroe Lloegr **15 E2** 53.52G 2.23Gn
Clogher, Pr. Gwer. Iwerdd. **20 E3** 53.48G 6.13Gn
Clonakilty Gwer. Iwerdd. **20 C1** 51.37G 8.55Gn
Clones Gwer. Iwerdd. **20 D4** 54.11G 7.15Gn
Clonmel Gwer. Iwerdd. **20 D2** 52.21G 7.44Gn
Cloud, Cp. *m.* U.D.A. **64 E5** 44.23G 107.11Gn
Clovis U.D.A. **64 F3** 34.14G 103.13Gn
Cluanie, Loch Yr Alban **18 D2** 57.08G 5.05Gn
Clud (Clyde) *a.* Yr Alban **16 E3** 55.58G 4.53Gn
Cluj-Napoca România **55 H2** 46.47G 23.37Dn
Clun (Colunwy) Lloegr **10 B3** 52.26G 3.02Gn
Clydach Cymru **12 D3** 51.42G 3.53Gn
Clydebank Yr Alban **16 E3** 55.53G 4.23Gn
Clyde (Clud) *a.* Yr Alban **16 E3** 55.58G 4.53Gn
Clyde, Moryd Yr Alban **16 E3** 55.35G 5.00Gn
Clyde River *tref* Canada **63 L5** 70.30G 68.30Gn
Coahuila *rhan.* México **70 D6** 27.00G 103.00Gn
Coalville Lloegr **10 D3** 52.43G 1.21Gn
Coari Brasil **76 D4** 4.08D 63.07Gn
Coari *a.* Brasil **76 D4** 4.08D 63.07Gn
Coatbridge Yr Alban **17 E3** 55.52G 4.02Gn
Coats, Ys. Canada **63 J4** 62.30G 83.00Gn
Coatzacoalcos México **70 F4** 18.10G 94.25Gn
Cobh Gwer. Iwerdd. **20 C1** 51.50G 8.18Gn
Cobija Bolivia **76 D3** 11.01D 68.45Gn
Coburg Yr Almaen **48 E4** 50.15G 10.58Dn
Cochabamba Bolivia **76 D3** 17.26D 66.10Gn
Cochin India **96 F2** 9.56G 76.15Dn
Cochrane Canada **65 J6** 49.00G 81.00Gn
Cochrane Chile **75 B2** 47.20D 72.30Gn
Cockburnspath Yr Alban **17 G3** 55.56G 2.22Gn
Cockburn Town Ysdd. Turks a Caicos **71 J5** 21.30G 71.30Gn
Cockermouth Lloegr **14 D3** 54.40G 3.22Gn
Coco *a.* Honduras **71 H3** 14.58G 83.15Gn
Coco, Ys. Cefn. Tawel **60 K2** 5.32G 87.04Gn
Cod, P. U.D.A. **65 L5** 42.08G 70.10Gn
Coddington Lloegr **15 G2** 53.04G 0.45Gn
Codó Brasil **77 F4** 4.28D 43.51Gn
Códoba, Sierras de *mdd.* Ariannin **76 D1** 30.30D 64.40Gn
Codsall Lloegr **10 C3** 52.37G 2.11Gn
Coed-duon Cymru **12 D3** 51.38G 3.13Gn
Coffs Harbour Awstralia **110 E2** 30.19D 153.05Dn
Coggeshall Lloegr **11 F2** 51.53G 0.41Dn
Coiba Panamá **71 H2** 7.23G 81.45Gn
Coihaique Chile **75 B2** 45.35D 72.08Gn
Coimbatore India **96 F3** 11.00G 76.57Dn
Coimbra Portiwgal **46 A4** 40.12G 8.25Gn
Coipasa, Pant Heli *ll.* Bolivia **76 D3** 19.20D 68.00Gn
Colatina Brasil **77 F3** 19.35D 40.37Gn
Colchester Lloegr **11 F2** 51.54G 0.55Dn
Cold Bay *tref* U.D.A. **62 B3** 55.10G 162.47Gn
Coldstream Yr Alban **17 G3** 55.39G 2.15Gn
Coleford Lloegr **10 C2** 51.46G 2.38Gn
Coleraine G. Iwerddon **16 C3** 55.08G 6.41Gn
Colima México **70 D4** 19.14G 103.41Gn
Colima *rhan.* México **70 D4** 19.05G 104.00Gn
Colima, Cp. *m.* México **70 D4** 19.32G 103.36Gn
Coll *ys.* Yr Alban **16 C4** 56.38G 6.34Gn
Collier, Bae Awstralia **110 B4** 16.10D 124.15Dn
Colmar Ffrainc **44 G6** 48.05G 7.21Dn
Colne Lloegr **15 E2** 53.51G 2.11Gn
Colne *a.* Lloegr **11 F2** 51.50G 0.59Dn
Colombia De America **74 B7** 5.00G 75.00Gn
Colombo Sri Lanka **97 F2** 6.55G 79.52Dn
Colón Panamá **71 I2** 9.21G 79.54Gn
Colón, Ysr. (Ysdd. Galápagos) Cefn. Tawel **76 A4** 0.30D 90.30Gn
Colonsay *ys.* Yr Alban **16 C4** 56.04G 6.13Gn
Colorado *a.* Ariannin **75 C3** 39.50D 62.02Gn
Colorado *rhan.* U.D.A. **64 E4** 39.00G 106.00Gn
Colorado *a.* U.D.A. **64 G2** 28.30G 96.00Gn
Colorado *a.* U.D.A./México **64 D3** 31.45G 114.40Gn
Colorado, Llwyfandir *n.* U.D.A. **64 D4** 36.00G 111.00Gn
Colorado Springs *tref* U.D.A. **64 F4** 38.50G 104.40Gn
Coltishall Lloegr **11 G3** 52.44G 1.22Dn
Columbia U.D.A. **65 J3** 34.00G 81.00Gn
Columbia *a.* U.D.A. **64 B6** 46.10G 123.30Gn
Columbia, M. Canada **62 G3** 52.09G 117.25Gn
Columbus Ga. U.D.A. **65 J3** 32.28G 84.59Gn
Columbus Ohio U.D.A. **65 J4** 39.59G 83.03Gn
Colunwy (Clun) Lloegr **10 B3** 52.26G 3.02Gn
Colville *a.* U.D.A. **62 C5** 70.06G 151.30Gn
Combe Martin Lloegr **13 C3** 51.12G 4.02Gn
Comber G. Iwerddon **16 D2** 54.33G 5.45Gn
Comeragh, Mdd. Gwer. Iwerdd. **20 D2** 52.15G 7.35Gn
Como Yr Eidal **50 C6** 45.48G 9.04Dn
Comodoro Rivadavia Ariannin **75 C2** 45.50D 67.30Gn
Como, Ll. Yr Eidal **50 C7** 46.05G 9.17Dn
Comorin, P. India **90 J3** 8.04G 77.35Dn
Comoros Affrica **86 D3** 12.15D 44.00Dn
Compiègne Ffrainc **42 B1** 49.25G 2.50Dn
Comrie Yr Alban **17 F4** 56.23G 4.00Gn
Conakry Guinée **84 C2** 9.30G 13.43Gn
Conamara *n.* Gwer. Iwerdd. **20 B3** 53.30G 9.50Gn
Concarneau (Konk- Kernev) Ffrainc **44 B5** 47.53G 3.55Gn
Concepción Chile **75 B3** 36.50D 73.03Gn
Conception, Pt. U.D.A. **64 B3** 34.27G 120.26Gn
Conchos *a.* Chihuahua México **70 D6** 29.34G 104.30Gn
Conchos *a.* Tamaulipas México **70 E6** 25.00G 97.30Gn
Concord U.D.A. **65 L5** 43.13G 71.34Gn
Concordia Ariannin **77 E1** 31.25D 58.00Gn
Condor, Cordillera del *mdd.* Ecuador/Periw **76 C4** 4.00D 78.30Gn
Congleton Lloegr **15 E2** 53.10G 2.12Gn
Congo Affrica **84 F1** 1.00D 16.00Dn
Congo *a.* Affrica **84 F1** 6.00D 12.30Dn
Congo, Basn *n.* Affrica **82 E4** 1.00D 20.00Dn
Congo, Gwer. Ddem. Affrica **86 B4** 2.00D 22.00Dn
Coningsby Lloegr **15 G2** 53.07G 0.09Gn
Coniston Lloegr **14 D3** 54.22G 3.06Gn
Coniston Water *ll.* Lloegr **14 D3** 54.20G 3.05Gn
Conn, Loch Gwer. Iwerdd. **20 B4** 54.01G 9.15Gn
Connecticut *rhan.* U.D.A. **65 L5** 41.30G 73.00Gn
Conon Bridge Yr Alban **19 E2** 57.33G 4.26Gn
Consett Lloegr **15 F3** 54.52G 1.50Gn
Con Son *ysdd.* Viet Nam **104 D5** 8.30G 106.30Dn
Constanţa România **57 I6** 44.10G 28.31Dn
Constantine Algeria **84 E5** 36.22G 6.38Dn
Conwy Cymru **12 D5** 53.17G 3.50Gn
Conwy *rhan.* Cymru **9 D3** 53.10G 3.45Gn
Conwy *a.* Cymru **12 D5** 53.17G 3.49Gn
Conwy, Bae Cymru **12 D5** 53.19G 3.55Gn
Cook, Cf. Seland Newydd **111 G1** 41.15D 174.30Dn
Cook, M. Seland Newydd **111 G1** 43.36D 170.09Dn
Cookstown G. Iwerddon **16 C2** 54.39G 6.46Gn
Cooktown Awstralia **110 D4** 15.29D 145.15Dn
Cook, Ysdd. Cefn. Tawel **108 O5** 15.00D 160.00Gn
Coolangatta Awstralia **110 E3** 28.10D 153.26Dn
Cooper, Nant *a.* Awstralia **110 C3** 28.33D 137.46Dn
Copiapo Chile **76 C2** 27.20D 70.23Gn
Copinsay *ys.* Yr Alban **19 G3** 58.54G 2.41Gn
Coppermine (Kugluktuk) Canada **62 G4** 67.49G 115.12Gn
Coquimbo Chile **76 C1** 30.00D 71.25Gn
Coral Harbour *tref* Canada **63 J4** 64.10G 83.15Gn
Corbie Ffrainc **42 B1** 49.55G 2.31Dn
Corbridge Lloegr **15 E3** 54.58G 2.01Gn
Corby Lloegr **10 E3** 52.29G 0.41Gn
Corc *rhan.* Gwer. Iwerdd. **20 C1** 52.00G 8.40Gn
Corc/Corcaigh Gwer. Iwerdd. **20 C1** 51.54G 8.28Gn
Cordillera Canolog *mdd.* Bolivia **76 D3** 20.00D 65.00Gn
Cordillera Canolog *mdd.* Colombia **74 B7** 5.00G 75.20Gn
Cordillera Canolog *mdd.* Periw **76 C4** 7.00D 79.00Gn
Cordillera Dwyreiniol *mdd.* Colombia **74 B7** 5.00G 74.30Gn
Cordillera Dwyreiniol *mdd.* Periw/Bolivia **76 C3** 14.00D 70.00Gn
Cordillera Gorllewinol *mdd.* Chile **76 D3** 20.00D 69.00Gn
Cordillera Gorllewinol *mdd.* Colombia **74 B7** 5.00G 76.15Gn
Cordillera Gorllewinol *mdd.* Periw **76 C3** 14.00D 74.00Gn
Córdoba Ariannin **76 D1** 31.25D 64.11Gn
Córdoba México **70 E4** 18.55G 96.55Gn
Córdoba Sbaen **46 C2** 37.53G 4.46Gn
Corfe Castle *tref* Lloegr **10 C1** 50.38G 2.04Gn
Corfu = Kérkira *ys.* Groeg **56 D3** 39.35G 19.50Dn
Corigliano Calabro Yr Eidal **50 G3** 39.36G 16.31Dn
Corinth Groeg **56 F2** 37.56G 22.55Dn
Corinth, Gff. Groeg **56 F3** 38.15G 22.30Dn
Corixa Grande *a.* Brasil/Bolivia **77 E3** 17.30D 57.55Gn
Çorlu Twrci **57 H4** 41.11G 27.48Dn
Corner Brook *tref* Canada **63 M2** 48.58G 57.58Gn
Corno, M. *m.* Yr Eidal **50 E5** 42.29G 13.33Dn
Cornwallis, Ys. Canada **63 I5** 75.00G 95.00Gn
Coro Venezuela **71 K3** 11.27G 69.41Gn
Coronada, Bae Costa Rica **71 H2** 9.00G 83.50Gn
Coronation, Gff. Canada **62 G4** 68.00G 112.00Gn
Coronel Oviedo Paraguay **77 E2** 25.24D 56.30Gn
Coropuna *m.* Periw **76 C3** 15.31D 72.45Gn
Corpus Christi U.D.A. **64 G2** 27.47G 97.26Gn
Corralejo Ysdd. Dedwydd **46 Z2** 28.43G 13.53Gn
Corrib, Loch Gwer. Iwerdd. **20 B3** 53.26G 9.14Gn
Corrientes Ariannin **77 E2** 27.30D 58.48Gn
Corrientes *a.* Ariannin **77 E2** 29.55D 59.32Gn
Corrientes, P. México **70 C5** 20.25G 105.42Gn
Corse *ys.* Ffrainc **44 H3** 42.00G 9.10Dn
Corse, P. Ffrainc **44 H3** 43.00G 9.21Dn
Corserine *m.* Yr Alban **16 E3** 55.09G 4.22Gn
Corsham Lloegr **10 C2** 51.25G 2.11Gn
Corte Ffrainc **44 H3** 42.18G 9.08Dn
Cortegana Sbaen **46 B2** 37.55G 6.49Gn
Corton Lloegr **11 G3** 52.32G 1.44Dn
Çorum Twrci **57 L4** 40.31G 34.57Dn
Corumbá Brasil **77 E3** 19.00D 57.25Gn
Corwen Cymru **12 D4** 52.59G 3.23Gn
Cosenza Yr Eidal **50 G3** 39.17G 16.14Dn
Cosmoledo, Ysdd. Cefn. India **86 D4** 9.30D 49.00Dn
Cosne Ffrainc **44 E5** 47.25G 2.55Dn
Costa Blanca *n.* Sbaen **46 F3** 38.30G 0.05Dn
Costa Brava *n.* Sbaen **46 G4** 41.30G 3.00Dn
Costa del Sol *n.* Sbaen **46 C2** 36.30G 4.00Gn
Costa Rica Cb. America **71 H3** 10.00G 84.00Gn
Cotabato Pili. **105 G5** 7.14G 124.15Dn
Côte d'Azur *n.* Ffrainc **44 G3** 43.20G 6.45Dn
Côte d'Ivoire Affrica **84 D2** 7.00G 5.30Gn
Cotonou Benin **84 E2** 6.24G 2.31Dn
Cotopaxi *m.* Ecuador **76 C4** 0.40D 78.30Gn
Cotswold, Bryniau Lloegr **10 C2** 51.50G 2.00Gn
Cottbus Yr Almaen **48 G4** 51.43G 14.21Dn
Cottenham Lloegr **11 F3** 52.18G 0.08Dn
Cottesmore Lloegr **10 E3** 52.43G 0.39Gn
Cothi *a.* Cymru **12 C3** 51.51G 4.10Gn
Coulogne Ffrainc **42 A2** 50.55G 1.54Dn
Council Bluffs U.D.A. **64 G5** 41.14G 95.54Gn
Coupar Angus Yr Alban **17 F4** 56.33G 3.17Gn
Courland, Morlyn Ffed. Rwsia **54 G6** 55.00G 21.00Dn
Coutances Ffrainc **44 C6** 49.03G 1.29Gn
Coventry Lloegr **10 D3** 52.25G 1.31Gn
Covilhã Portiwgal **46 B4** 40.17G 7.30Gn
Cowan, Ll. Awstralia **110 B2** 32.00D 122.00Dn
Cowdenbeath Yr Alban **17 F4** 56.07G 3.21Gn
Cowes Lloegr **10 D1** 50.45G 1.18Gn
Cowfold Lloegr **11 E1** 50.59G 0.17Gn
Cow Green, Cr. Lloegr **15 E3** 54.40G 2.19Gn
Cox's Bazar Bangla. **97 I5** 21.25G 91.59Dn
Cozumel, Ys. México **70 G5** 20.30G 87.00Gn

Craigavon G. Iwerddon 16 C2 54.28G 6.25Gn
Craig Goch, Cr. Cymru 12 D4 52.20G 3.35Gn
Craignure (Craig an Iubhair) Yr Alban 16 D4 56.28G 5.42Gn
Crail Yr Alban 17 G4 56.16G 2.38Gn
Craiova România 56 F6 44.18G 23.46Dn
Cramlington Lloegr 15 F4 55.06G 1.33Gn
Cranbrook Canada 62 G2 49.29G 115.48Gn
Cranleigh Lloegr 11 E2 51.08G 0.29Gn
Crawley Lloegr 11 E2 51.07G 0.10Gn
Creag Meagaidh m. Yr Alban 19 E1 56.57G 4.38Gn
Credenhill Lloegr 10 C3 52.06G 2.49Gn
Crediton Lloegr 13 D2 50.47G 3.39Gn
Cree, Ll. Canada 62 H3 57.20G 108.30Gn
Creil Ffrainc 42 B1 49.16G 2.29Dn
Cremona Yr Eidal 50 D6 45.08G 10.03Dn
Crepy-en-Valois Ffrainc 42 B1 49.14G 2.54Dn
Cres ys. Croatia 56 B6 44.50G 14.20Dn
Crescent City U.D.A. 64 B5 41.46G 124.13Gn
Creston U.D.A. 65 H5 41.04G 94.20Gn
Creswell Lloegr 15 F2 53.16G 1.12Gn
Creta = Kríti ys. Groeg 56 G1 35.15G 25.00Dn
Creta, Môr Môr Can. 56 G1 36.00G 25.00Dn
Creuse a. Ffrainc 44 D5 47.00G 0.35Dn
Crewe Lloegr 15 E2 53.06G 2.28Gn
Crewkerne Lloegr 13 E2 50.53G 2.48Gn
Crianlarich Yr Alban 16 E4 56.23G 4.37Gn
Cricieth Cymru 12 C4 52.55G 4.15Gn
Criciúma Brasil 77 F2 28.40D 49.23Gn
Crieff Yr Alban 17 F4 56.23G 3.52Gn
Criffell m. Yr Alban 17 F2 54.57G 3.38Gn
Crimea gor. Ukrain 55 N1 45.30G 34.00Dn
Crimond Yr Alban 19 H2 57.36G 1.55Gn
Cristóbal Colón m. Colombia 71 J3 10.53G 73.48Gn
Croatia Ewrop 56 C6 45.30G 17.00Dn
Croesoswallt (Oswestry) Lloegr 10 B3 52.52G 3.03Gn
Croker, Ys. Awstralia 105 I1 11.06D 132.63Dn
Cromarty Yr Alban 19 E2 57.40G 4.01Gn
Cromarty, Moryd Yr Alban 19 E2 57.41G 4.10Gn
Cromdale, Bryniau Yr Alban 19 F2 57.18G 3.30Gn
Cromer Lloegr 11 G3 52.56G 1.18Dn
Cronamuck, M. Gwer. Iwerdd. 16 B2 54.54G 7.52Gn
Crook Lloegr 15 F3 54.43G 1.45Gn
Crooked, Sianel Ys. Bahamas 71 J5 22.45G 74.40Gn
Crooked, Ys. Bahamas 71 J5 22.45G 74.00Gn
Croom Gwer. Iwerdd. 20 C2 52.30G 8.42Gn
Crosby Lloegr 14 D2 53.30G 3.02Gn
Cross Fell m. Lloegr 15 E3 54.43G 2.28Gn
Crossgar G. Iwerddon 16 D2 54.24G 5.45Gn
Crossmaglen G. Iwerddon 16 C2 54.05G 6.37Gn
Crotone Yr Eidal 50 G3 39.05G 17.06Dn
Crouch a. Lloegr 11 F2 51.37G 0.45Dn
Crowborough Lloegr 11 F2 51.03G 0.09Dn
Crowland Lloegr 11 E3 52.41G 0.10Gn
Crowle Lloegr 15 G2 53.36G 0.49Gn
Crowthorne Lloegr 10 E2 51.23G 0.49Gn
Croyde Lloegr 13 C3 51.07G 4.13Gn
Croydon Lloegr 11 E2 51.23G 0.06Gn
Crozet Is. Cefn. India 117 L2 47.00D 52.00Dn
Crucywel Cymru 12 D3 51.52G 3.08Gn
Cruden Bay tref Yr Alban 19 H2 57.24G 1.51Gn
Crumlin G. Iwerddon 16 C2 54.38G 6.13Gn
Crummock Water ll. Lloegr 14 D3 54.33G 3.19Gn
Cruzeiro do Sul Brasil 76 C4 7.40D 72.39Gn
Cruz, P. Cuba 71 I4 19.52G 77.44Gn
Cuando a. Affrica 86 B3 18.30D 23.30Dn
Cuanza a. Angola 86 A4 9.22D 13.09Dn
Cuba Cb. America 71 I5 22.00G 79.00Gn
Cubango a. Botswana 86 B3 18.30D 22.04Dn
Cuckfield Lloegr 11 E2 51.00G 0.08Gn
Cúcuta Colombia 71 J2 7.55G 72.31Gn
Cuddalore India 97 F3 11.43G 79.46Dn
Cuddapah India 97 F3 14.30G 78.30Dn
Cuenca Ecuador 76 C4 2.54D 79.00Gn
Cuenca Sbaen 46 D4 40.04G 2.07Gn
Cuenca, Serrania de mdd. Sbaen 46 E4 40.25G 2.00Gn
Cuernavaca México 70 E4 18.57G 99.15Gn
Cuiabá Brasil 77 E3 15.32D 56.05Gn
Cuiabá a. Brasil 77 E3 18.00D 57.25Gn
Cuillin, Mdd. Yr Alban 18 C2 57.12G 6.13Gn
Cuillin, Sn. Yr Alban 18 C2 57.05G 6.20Gn
Culfor Mawr, Y Denmarc 43 B1 55.30G 11.00Dn
Culiacán México 70 C5 24.50G 107.23Gn
Cullen Yr Alban 19 G2 57.42G 2.50Gn
Cullera Sbaen 46 E3 39.10G 0.15Gn
Cullompton Lloegr 13 D2 50.52G 3.23Gn
Cullybackey G. Iwerddon 16 C2 54.53G 6.21Gn
Cul Mor m. Yr Alban 18 D3 58.04G 5.10Gn
Culuene a. Brasil 77 E3 12.56D 52.51Gn
Culzean, Bae Yr Alban 16 E3 55.21G 4.50Gn
Cumaná Venezuela 71 L3 10.29G 64.12Gn
Cumbal m. Colombia 76 C5 0.59G 77.53Gn
Cumberland, Sn. Canada 63 L4 65.00G 65.30Gn
Cumbernauld Yr Alban 17 F3 55.57G 4.00Gn
Cumbria rhan. Lloegr 9 D4 54.40G 3.00Gn
Cumnock Yr Alban 16 E3 55.27G 4.15Gn
Cuncagh m. Gwer. Iwerdd. 16 B2 54.12G 7.50Gn
Cunene a. Angola 86 A3 17.15D 11.50Dn
Cuneo Yr Eidal 50 B6 44.22G 7.32Dn
Cupar Yr Alban 17 F4 56.19G 3.01Gn
Cupica, Gff. Colombia 71 I2 6.35G 77.25Gn
Curaçao ys. Ant. Iseld. 71 K3 12.15G 69.00Gn
Curaray a. Periw 76 C4 2.20D 74.05Gn
Curitiba Brasil 77 F2 25.24D 49.16Gn
Curuá a. Brasil 77 E4 5.23D 54.22Gn
Cushendall G. Iwerddon 16 C3 55.05G 6.04Gn
Cuttack India 97 H5 20.26G 85.56Dn
Cuxhaven Yr Almaen 48 D5 53.52G 8.42Dn
Cuzco Periw 76 C3 13.32D 72.10Gn
Cwlen = Köln Yr Almaen 48 C4 50.56G 6.57Dn
Cwmbrân Cymru 12 D3 51.39G 3.01Gn
Cwm Hyfryd Ariannin 75 B2 42.55D 71.20Gn
Cybi, Ynys Cymru 12 C5 53.15G 4.38Gn
Cyclades = Kikládhes ysdd. Groeg 56 G2 37.00G 25.00Dn
Cydweli Cymru 12 C3 51.44G 4.20Gn
Cymru D.U. 8-9
Cyprus Asia 57 K1 35.00G 33.00Dn
Cyrenaica n. Libya 53 H2 28.00G 22.10Dn
Częstochowa Gw. Pwyl 54 F4 50.49G 19.07Dn

D

Dąbrowa Górnicza Gw. Pwyl 54 F4 50.22G 19.20Dn
Dacca Bangla. 97 I5 23.42G 90.22Dn
Dagupan Pili. 104 G7 16.02G 120.21Dn
Da Hinggan Ling mdd. China 103 M7 50.00G 122.10Dn
Dahlak, Ysr. Eritrea 94 F2 15.45G 40.30Dn
Dailly Yr Alban 16 E3 55.18G 4.43Gn
Dakar Sénégal 84 C3 14.38G 17.27Gn
Dakhla, Gwerddon Yr Aifft 94 C4 25.30G 29.00Dn
Dakol'ka a. Belarus 55 K5 52.10G 29.00Dn
Dakota, De rhan. U.D.A. 64 F5 44.30G 100.00Gn
Dakota, Gogledd rhan. U.D.A. 64 F6 47.00G 100.00Gn
Dakovica Iwgo. 56 E5 42.22G 20.26Dn
Dalaman Twrci 57 I2 36.47G 28.47Dn
Da Lat Viet Nam 104 D6 11.56G 108.25Dn
Dalbandin Pakistan 95 J4 28.53G 64.25Dn
Dalbeattie Yr Alban 17 F2 54.55G 3.49Gn
Dali China 103 I3 25.42G 100.11Dn
Dalian China 103 M5 38.53G 121.37Dn
Dalkeith Yr Alban 17 F3 55.54G 3.04Gn
Dallas U.D.A. 64 G3 32.47G 96.48Gn
Dalmacija n. Croatia 56 C5 43.30G 17.00Dn
Dalmally (Dail Mhàillidh) Yr Alban 16 E4 56.25G 4.58Gn
Dalmellington Yr Alban 16 E3 55.19G 4.24Gn
Daloa Côte d'Ivoire 84 D2 6.56G 6.28Gn
Dalry D. a G. Yr Alban 16 E3 55.07G 4.10Gn
Dalry G. Ayr Yr Alban 16 E3 55.43G 4.43Gn
Dalrymple Yr Alban 16 E3 55.24G 4.35Gn
Dalrymple, M. Awstralia 110 D3 21.02D 148.38Dn
Dalton-in-Furness Lloegr 14 D3 54.10G 3.11Gn
Daly a. Awstralia 110 C4 13.20D 130.19Dn
Daman India 96 E5 20.25G 72.58Dn
Damanhûr Yr Aifft 94 D5 31.03G 30.28Dn
Damar ys. Indonesia 105 H2 7.10D 128.30Dn
Damara, Tir n. Namibia 86 A2 22.20D 16.00Dn
Damascus = Dimashq Syria 94 E5 33.30G 36.19Dn
Damavand m. Iran 95 H6 35.47G 52.04Dn
Damghan Iran 95 H6 36.09G 54.22Dn
Damietta = Dumyât Yr Aifft 94 D5 31.26G 31.48Dn
Dampier Awstralia 110 A3 20.40D 116.42Dn
Dampir, Cf. Cefn. Tawel 105 I3 0.30D 130.50Dn
Da Nang Viet Nam 104 D7 16.04G 108.14Dn
Dande Ethiopia 87 B3 4.53G 36.20Dn
Dandong China 103 M6 40.06G 124.25Dn
Dane a. Lloegr 15 E2 53.16G 2.30Gn
Danger, Ys. Ysdd. Cook 108 O5 10.53D 165.49Gn
Dankov Ffed. Rwsia 55 P5 53.15G 39.08Dn
Danville U.D.A. 65 K4 36.34G 79.25Gn
Dapaong Togo 84 E3 10.58G 0.07Dn
Da Qaidam China 102 H5 37.44G 95.08Dn
Daqing China 103 N7 46.40G 125.00Dn
Darab Iran 95 H4 28.45G 54.34Dn
Darabani România 55 J3 48.11G 26.35Dn
Daravica m. Iwgo. 56 E5 42.32G 20.08Dn
Darbhanga India 97 H6 26.10G 85.54Dn
Dardanelles cf. Twrci 56 H4 40.15G 26.30Dn
Dar el Beida (Casablanca) Moroco 84 D5 33.39G 7.35Gn
Dar es Salaam Tanzania 86 C4 6.51D 39.18Dn
Darfur n. Sudan 82 F6 14.91G 25.15Dn
Darhan Mongolia 103 J7 49.34G 106.23Dn
Darién, Gff. Colombia 71 I2 9.20G 77.00Gn
Darjiling India 97 H6 27.02G 88.20Dn
Darling a. Awstralia 110 D2 34.05D 141.57Dn
Darling, Downs n. Awstralia 110 D3 28.00D 149.45Dn
Darlington Lloegr 15 F3 54.33G 1.33Gn
Darlington rhan. Lloegr 9 E4 54.33G 1.33Gn
Darmstadt Yr Almaen 48 D3 49.52G 8.30Dn
Darnah Libya 85 G5 32.45G 22.39Dn
Dart a. Lloegr 13 D2 50.24G 3.41Gn
Dartford Lloegr 11 F2 51.27G 0.14Dn
Dartmoor bryniau Lloegr 13 D2 50.33G 3.55Gn
Dartmouth Lloegr 13 D2 50.21G 3.35Gn
Darton Lloegr 15 F2 53.36G 1.32Gn
Daru P.G.N. 105 K2 9.05D 143.10Dn
Darwen Lloegr 15 E2 53.42G 2.29Gn
Darwin Awstralia 110 C4 12.23D 130.44Dn
Daryacheh-ye-Bakhtegan ll. Iran 95 H4 29.20G 54.05Dn
Daryacheh-ye Sistan n. Iran 95 J5 31.00G 61.15Dn
Daryacheh-ye-Tashk ll. Iran 95 H5 30.05G 54.00Dn
Dasht-e-Kavir diff. Iran 95 H5 34.40G 55.00Dn
Dasht-e-Lut diff. Iran 95 I5 31.30G 58.00Dn
Dasht-i-Arbu Lut diff. Afghan. 95 J5 30.00G 65.00Dn
Dasht-i-Margo diff. Afghan. 95 J5 30.45G 63.00Dn
Datong China 103 K5 40.12G 113.12Dn
Daud Khel Pakistan 95 L5 32.53G 71.34Dn
Daugava a. Ewrop 43 F2 57.03G 24.00Dn
Daugavpils Latvia 43 F1 55.52G 26.31Dn
Dauphin Canada 62 H3 51.09G 100.05Gn
Dauphiné n. Ffrainc 44 F4 45.00G 5.45Dn
Davangere India 96 F3 14.30G 75.52Dn
Davao Pili. 105 H5 7.05G 125.38Dn
Davao, Gff. Pili. 105 H5 6.30G 126.00Dn
Davenport U.D.A. 65 H5 41.40G 90.36Gn
Daventry Lloegr 10 D3 52.16G 1.10Gn
David Panamá 71 H2 8.26G 82.26Gn
Davis, Cf. G. America 63 M4 66.00G 58.00Gn
Dawa Wenz a. Ethiopia 87 C3 4.11G 42.06Dn
Dawlish Lloegr 13 D2 50.34G 3.28Gn
Dawqah Oman 95 H2 18.38G 54.05Dn
Dawson Canada 62 E4 64.04G 139.24Gn
Dawson Creek tref Canada 62 F3 55.44G 120.15Gn
Daxian China 103 J4 31.10G 107.28Dn
Dayr az Zawr Syria 94 F6 35.20G 40.08Dn
Dayton U.D.A. 65 J4 39.45G 84.10Gn
Daytona Beach tref U.D.A. 65 J2 29.11G 81.01Gn
De rhan. Yemen 95 G1 14.30G 47.30Dn
Deal Lloegr 11 G2 51.13G 1.25Dn
Death Valley n. U.D.A. 64 C4 36.00G 116.45Gn
Debak Malaysia 104 E4 1.30G 111.28Dn
Debar Macedonia 56 E4 41.31G 20.30Dn
Debenham Lloegr 11 G3 52.14G 1.10Dn
Debrecen Hwngari 54 G2 47.30G 21.37Dn
Decatur U.D.A. 65 I4 39.44G 88.57Gn
Deccan n. India 96 F4 18.00G 76.30Dn
Děčín Gwer. Tsiec 54 D4 50.48G 14.15Dn
De Cymru Newydd rhan. Awstralia 110 D2 33.45D 147.00Dn
Dee a. Yr Alban 19 G2 57.07G 2.04Gn
Deele a. Gwer. Iwerdd. 16 B2 54.51G 7.29Gn
Degodia n. Ethiopia 87 C3 4.15G 41.30Dn
De Grey a. Awstralia 110 A3 20.12D 119.11Dn
Dehra Dun India 97 F7 30.19G 78.00Dn
Dej România 55 H2 47.08G 23.55Dn
Delano, Cp. m. U.D.A. 64 D4 38.23G 112.22Gn
Delaram Afghan. 95 J5 32.11G 63.25Dn
Delaware rhan. U.D.A. 65 K4 39.00G 75.30Gn
Delft Yr Iseld. 42 D4 52.01G 4.23Dn
Delfzijl Yr Iseld. 42 F5 53.20G 6.56Dn
Delhi India 96 F6 28.40G 77.14Dn
Deliçe a. Twrci 57 L4 40.27G 34.07Dn
Del Rio U.D.A. 64 F2 29.23G 100.56Gn
Demirkazik m. Twrci 57 L2 37.50G 35.10Dn
Dempo m. Indonesia 104 C3 4.02D 103.07Dn
Denakil n. Ethiopia/Eritrea 85 I3 13.00G 41.00Dn
Denau Uzbekistan 95 K6 38.20G 67.54Dn
Den Burg Yr Iseld. 42 D5 53.03G 4.47Dn
Dendermonde Gw. Belg 42 D3 51.01G 4.07Dn
Den Haag = 's-Gravenhage Yr Iseld. 42 D4 52.05G 4.16Dn
Den Helder Yr Iseld. 42 D4 52.58G 4.46Dn
Denizli Twrci 57 I2 37.46G 29.05Dn
Denmarc Ewrop 43 B1 56.00G 9.00Dn
Denmarc, Cf. Grønland/Gw. yr Iâ 63 P4 66.00G 25.00Gn
Denny Yr Alban 17 F4 56.02G 3.55Gn
Denpasar Indonesia 104 F2 8.40D 115.14Dn
D'Entrecasteaux, Ysdd. P.G.N. 110 E5 9.30D 150.40Dn
Denver U.D.A. 64 F4 39.45G 104.58Gn
Dêqên China 102 H3 28.45G 98.58Dn
Der'a Syria 94 E5 32.37G 36.06Dn
Dera Ghazi Khan Pakistan 96 E7 30.05G 70.44Dn
Dera Ismail Khan Pakistan 96 E7 31.51G 70.56Dn
Derby Awstralia 110 B4 17.19D 123.38Dn
Derby Lloegr 10 D3 52.55G 1.28Gn
Derby rhan. Lloegr 9 E3 52.55G 1.28Gn
Derby, Swydd rhan. Lloegr 9 E3 53.12G 1.28Gn
Derg a. G. Iwerddon 16 B2 54.44G 7.27Gn
Derg, Loch Donegal Gwer. Iwerdd. 20 D4 54.37G 7.55Gn
Derg, Loch Tipperary Gwer. Iwerdd. 20 C2 52.57G 8.18Gn
Derry rhan. G. Iwerddon 20 E4 55.00G 7.00Gn
Derry a. Gwer. Iwerdd. 20 E2 52.35G 6.38Gn
Derryveagh, Mdd. Gwer. Iwerdd. 20 C4 55.00G 8.10Gn
Dersingham Lloegr 11 F3 52.51G 0.30Dn
Derudeb Sudan 94 E2 17.32G 36.06Dn
Derwent a. Lloegr 15 G2 53.44G 0.57Gn
Derwent, Cr. Derby Lloegr 15 F2 53.24G 1.44Gn
Derwent, Cr. Durham Lloegr 15 F3 54.51G 2.00Gn
Derwent Water ll. Lloegr 14 D3 54.35G 3.09Gn
Desagadero a. Bolivia 76 D3 18.24D 67.05Gn
Desaguadero a. Ariannin 75 C3 34.00D 66.40Gn
Désappointement, Ysdd. ysdd. Cefn. Tawel 109 R5 14.02D 141.24Gn
Dese Ethiopia 85 H3 11.05G 39.40Dn
Deseado Ariannin 75 C2 47.44D 65.56Gn
Des Moines U.D.A. 65 H5 41.35G 93.35Gn
Desna a. Ffed. Rwsia/Ukrain 55 L4 50.32G 30.37Dn
Dessau Yr Almaen 48 F4 51.51G 12.15Dn
Desvres Ffrainc 42 A2 50.40G 1.50Dn
Detroit U.D.A. 65 J5 42.23G 83.05Gn
Deva România 54 H1 45.54G 22.55Dn
Deventer Yr Iseld. 42 F4 52.15G 6.10Dn
Deveron a. Yr Alban 19 G2 57.40G 2.30Gn
Devils Lake tref U.D.A. 64 G6 48.08G 98.50Gn
Devizes Lloegr 10 D2 51.21G 2.00Gn
Devon a. Lloegr 15 G2 53.04G 0.50Gn
Devon a. Yr Alban 17 F4 56.07G 3.52Gn
Devon, Ys. Canada 63 J5 75.00G 86.00Gn
Devonport Awstralia 110 D1 41.09D 146.16Dn
Devrez a. Twrci 57 L4 41.07G 34.25Dn
Dewi, Ys. Cymru 12 B3 51.53G 5.21Gn
Dewsbury Lloegr 15 F2 53.42G 1.38Gn
Dezful Iran 95 G5 32.24G 48.27Dn
Dezhou China 103 L5 37.29G 116.11Dn
Dhahran Saudi Arabia 95 H4 26.18G 50.08Dn
Dhamar Yemen 94 F1 14.33G 44.24Dn
Dhanbad India 97 H5 23.47G 86.32Dn
Dhaulagiri m. Nepal 97 G6 28.39G 83.28Dn
Dhule India 96 E5 20.52G 74.50Dn
Diamantina a. Awstralia 110 C3 26.45D 139.10Dn
Dibrugarh India 97 I6 27.29G 94.56Dn
Dickinson U.D.A. 64 F6 46.54G 102.48Gn
Dida Galgalu n. Kenya 87 B3 3.00G 38.00Dn
Didcot Lloegr 10 D2 51.36G 1.14Gn
Dieppe Ffrainc 44 D6 49.55G 1.05Dn
Diest Gw. Belg 42 E2 50.59G 5.03Dn
Diffeithwch Dwyreiniol Yr Aifft 94 D4 28.15G 31.55Dn
Diffeithwch Gorllewinol Yr Aifft 94 C4 27.30G 28.00Dn
Diffeithwch Mawr Tywodlyd, Y Awstralia 110 B3 21.00D 125.00Dn
Digby Canada 65 M5 44.30G 65.47Gn
Digne-les-Bains Ffrainc 44 G4 44.05G 6.14Dn
Dijon Ffrainc 44 F5 47.20G 5.02Dn
Diksmuide Gw. Belg 42 B3 51.01G 2.52Dn
Dili Indonesia 105 H2 8.35D 125.35Dn
Dillon U.D.A. 64 D6 45.14G 112.38Gn
Dimapur India 97 I6 25.54G 93.45Dn
Dimashq (Damascus) Syria 94 E5 33.30G 36.19Dn
Dimitrovgrad Bwlgaria 56 G5 42.01G 25.34Dn
Dinan Ffrainc 44 B6 48.27G 2.02Gn
Dinant Gw. Belg 42 D2 50.16G 4.55Dn
Dinar Twrci 57 J3 38.05G 30.09Dn
Dinard Ffrainc 44 B6 48.38G 2.04Gn
Dinbych Cymru 12 D5 53.11G 3.25Gn
Dinbych, sir rhan. Cymru 9 D3 53.07G 3.20Gn
Dinbych-y-pysgod Cymru 12 C3 51.40G 4.42Gn
Dindigul India 97 F3 10.23G 78.00Dn
Dingle Gwer. Iwerdd. 20 A2 52.08G 10.19Gn
Dingle, Bae Gwer. Iwerdd. 20 A2 52.05G 10.12Gn
Dingwall Yr Alban 19 E2 57.35G 4.26Gn
Dipolog Pili. 105 G5 8.34G 123.28Dn
Dire Dawa Ethiopia 85 I2 9.35G 41.50Dn
Dirranbandi Awstralia 110 D3 28.35D 148.10Dn
Disappointment, Ll. Awstralia 110 B3 23.30D 122.55Dn
Disappointment, P. De Georgia 75 F1 54.53D 36.08Gn
Disko, Ys. Grønland 63 M4 69.45G 53.00Gn
Diss Lloegr 11 G3 52.23G 1.06Dn
Distington Lloegr 14 D3 54.36G 3.32Gn
District of Columbia rhan. U.D.A. 65 K4 38.55G 77.00Gn
Distrito Federal rhan. Brasil 77 F3 15.45D 47.50Gn
Distrito Federal rhan. México 70 E4 19.20G 99.10Gn
Diu India 96 E5 20.41G 70.59Dn
Divinópolis Brasil 77 F2 20.08D 44.55Gn
Divriği Twrci 57 N3 39.23G 38.06Dn
Dixon, Sianel cf. Canada/U.D.A. 62 E3 54.10G 133.30Gn
Diyarbakır Twrci 94 F6 37.55G 40.14Dn
Djado, Llwyfandir n. Niger 84 F4 22.00G 12.30Dn
Djelfa Algeria 84 E5 34.43G 3.14Dn
Djibouti Affrica 85 I3 12.00G 42.50Dn
Djibouti tref Djibouti 85 I3 11.35G 43.11Dn
Djouce, Mynydd Gwer. Iwerdd. 12 A5 53.25G 6.30Gn
Dnepr a. Ewrop 55 M2 46.30G 32.25Dn
Dnestr a. Ewrop 55 K2 46.21G 30.20Dn
Dniprodzerzhyns'k Ukrain 55 N3 48.30G 34.37Dn
Dnipropetrovs'k Ukrain 55 N3 48.29G 35.00Dn
Dniprorudne Ukrain 55 N2 47.23G 34.57Dn
Doberai, Gor. Indonesia 105 I3 1.10D 132.30Dn
Doboj Bosna. 56 D6 44.44G 18.02Dn
Dobrich Bwlgaria 57 H5 43.34G 27.52Dn
Dobrovelychkivka Ukrain 55 L3 48.23G 31.11Dn
Doc Penfro Cymru 12 C3 51.42G 4.56Gn
Dochart a. Yr Alban 16 E4 56.30G 4.17Gn
Docking Lloegr 11 F3 52.55G 0.39Dn
Dodekanisos ysdd. Groeg 53 I4 37.00G 27.00Dn
Dodge City U.D.A. 64 F4 37.45G 100.02Gn
Dodman, Pt. Lloegr 13 C2 50.13G 4.48Gn
Dodoma Tanzania 86 C4 6.10D 35.40Dn
Doetinchem Yr Iseld. 42 F3 51.57G 6.17Dn
Doha = Ad Dawhah Qatar 95 H4 25.15G 51.34Dn
Dokkum Yr Iseld. 42 F5 53.20G 6.00Dn
Dolbenmaen Cymru 12 C4 52.58G 4.14Gn
Dole Ffrainc 44 F5 47.05G 5.30Dn
Dolgellau Cymru 12 D4 52.44G 3.53Gn
Dolomitiau mdd. Yr Eidal 50 D7 46.25G 11.50Dn
Dolo Odo Ethiopia 87 C3 4.13G 42.08Dn
Dolyna Ukrain 55 H3 49.00G 23.59Dn
Dolyns'ka Ukrain 55 M3 48.06G 32.46Dn
Dominica Ysdd. Windward 71 L4 15.30G 61.30Gn
Dominica, Gwer. Cb. America 71 J4 18.00G 70.00Gn
Don a. Ffed. Rwsia 35 G2 47.06G 39.16Dn
Don a. Yr Alban 19 G2 57.10G 2.05Gn
Donaghadee G. Iwerddon 16 D2 54.39G 5.34Gn
Donaw a. Ewrop 35 F2 45.26G 29.38Dn
Donaw, Aberoedd A. n. România 55 K1 45.05G 29.45Dn
Don Benito Sbaen 46 C3 38.57G 5.52Gn
Doncaster Lloegr 15 F2 53.31G 1.09Gn
Donegal Gwer. Iwerdd. 20 C4 54.39G 8.06Gn
Donegal rhan. Gwer. Iwerdd. 20 C4 54.52G 8.00Gn
Donegal, Bae Gwer. Iwerdd. 20 C4 54.32G 8.18Gn
Donegal, Pt. Gwer. Iwerdd. 20 B2 52.42G 9.38Gn
Donets'k Ukrain 55 O2 48.00G 37.50Dn
Donets Ogleddol a. Ukrain/Ffed. Rwsia 55 O3 49.08G 37.28Dn
Dongfang China 103 J1 19.04G 108.39Dn
Dongfangbong China 106 B5 46.20G 133.10Dn
Dong Hoi Viet Nam 104 D7 17.32G 106.35Dn
Dongotona, Mdd. Sudan 87 A3 4.00G 33.00Dn
Dongting Hu ll. China 103 K3 29.40G 113.00Dn
Donostia-San Sebastián Sbaen 46 E5 43.19G 1.59Gn
Doon a. Yr Alban 16 E3 55.26G 4.38Gn
Doon, Loch Yr Alban 16 E3 55.15G 4.23Gn
Dorchester Lloegr 10 C1 50.43G 2.28Gn
Dordogne a. Ffrainc 44 C4 45.03G 0.34Gn
Dordrecht Yr Iseld. 42 D3 51.48G 4.40Dn
Dore, M. Ffrainc 44 E4 45.32G 2.49Dn
Dorking Lloegr 11 E2 51.14G 0.20Gn
Dornbirn Awstria 54 A2 47.25G 9.44Dn
Dornoch Yr Alban 19 E2 57.52G 4.02Gn
Dornoch, Moryd Yr Alban 19 E2 57.50G 4.04Gn
Döröö Nuur ll. Mongolia 102 G7 47.40G 93.30Dn
Dorset rhan. Lloegr 9 D2 50.48G 2.25Gn
Dorset, Downs D. bryniau Lloegr 10 C1 50.40G 2.25Gn
Dorset, Downs G. bryniau Lloegr 10 C1 50.46G 2.25Gn
Dortmund Yr Almaen 48 C4 51.32G 7.27Dn
Dothan U.D.A. 65 I3 31.12G 85.25Gn
Douai Ffrainc 44 E7 50.22G 3.05Dn
Douala Cameroun 84 E2 4.05G 9.43Dn
Douglas Yr Alban 17 F3 55.33G 3.51Gn
Douglas (Doolish) Ynys Manaw 14 C3 54.09G 4.29Gn
Doullens Ffrainc 42 B2 50.09G 2.21Dn
Doune Yr Alban 16 E4 56.11G 4.04Gn
Dounreay Yr Alban 19 F3 58.33G 3.45Gn
Dourados Brasil 77 E2 22.09D 54.52Gn
Douro = Duero a. Portiwgal 46 A4 41.10G 8.40Gn
Dove a. Derby Lloegr 10 D3 52.50G 1.34Gn
Dove a. Suffolk Lloegr 11 G3 52.21G 1.14Dn
Dover Lloegr 11 G2 51.07G 1.19Dn
Dover U.D.A. 65 K4 39.10G 75.32Gn
Dover, Cf. D.U./Ffrainc 11 G1 51.00G 1.30Dn
Down rhan. G. Iwerddon 20 F4 54.20G 6.00Gn
Downham Market Lloegr 11 F3 52.36G 0.22Dn
Downpatrick G. Iwerddon 16 D2 54.21G 5.43Gn
Downpatrick, Pr. Gwer. Iwerdd. 20 B4 54.20G 9.21Gn
Downs y De bryniau Lloegr 11 E1 50.54G 0.34Gn
Downs y Gogledd bryniau Lloegr 11 F2 51.18G 0.40Dn
Downton Lloegr 10 D1 51.00G 1.44Gn
Dowshī Afghan. 95 K6 35.38G 68.43Dn
Drachten Yr Iseld. 42 F5 53.05G 6.06Dn
Drăgăşani România 56 G6 44.40G 24.16Dn
Draguignan Ffrainc 44 G3 43.32G 6.28Dn
Drakensberg mdd. G.D.A. 86 B1 30.00D 29.00Dn
Dráma Groeg 56 G4 41.09G 24.11Dn
Drammen Norwy 43 B2 59.45G 10.15Dn
Draperstown G. Iwerddon 16 C2 54.48G 6.46Gn
Drau (Drava) a. Iwgo. 56 D6 45.34G 18.56Dn
Drava = Drau a. Iwgo. 56 D6 45.34G 18.56Dn
Drenewydd, Y Cymru 12 D4 52.31G 3.19Gn
Drenthe rhan. Yr Iseld. 42 F4 52.52G 6.30Dn
Dresden Yr Almaen 48 F4 51.03G 13.45Dn
Dreux Ffrainc 44 D6 48.44G 1.23Dn
Drobeta-Turnu-Severin România 56 F6 44.37G 22.39Dn
Drogheda Gwer. Iwerdd. 20 E3 53.43G 6.23Gn
Droitwich Lloegr 10 C3 52.16G 2.10Gn
Dromore G. Iwerddon 16 C2 54.24G 6.10Gn
Dronfield Lloegr 15 F2 53.18G 1.29Gn
Dronning Maud, Tir n. Antarctica 112 74.00D 20.00Dn
Drosh Pakistan 95 L6 35.33G 71.48Dn
Drumheller Canada 62 G3 51.28G 112.40Gn
Drummore Yr Alban 16 E2 54.41G 4.54Gn
Druskininkai Lithuania 55 I5 53.58G 23.58Dn
Druts' a. Belarus 55 L5 53.03G 30.42Dn
Drygarn Fawr m. Cymru 12 D4 52.13G 3.39Gn
Drymen Yr Alban 16 E4 56.04G 4.27Gn
Duarte, Cp. Gwer. Dom. 71 J4 19.02G 70.59Gn
Ḍuba Saudi Arabia 94 E4 27.21G 35.40Dn
Dubawnt, Ll. Canada 62 H4 62.50G 102.00Gn
Dubayy (Dubai) E.A.U. 95 I4 25.13G 55.17Dn
Dubbo Awstralia 110 D2 32.16D 148.41Dn
Dublin (Baile Átha Cliath) Gwer. Iwerdd. 20 E3 53.21G 6.18Gn
Dubno Ukrain 55 I4 50.28G 25.40Dn
Dubrovnik Croatia 56 D5 42.40G 18.07Dn
Dubrovytsya Ukrain 55 J4 51.38G 26.40Dn
Ducie, Ys. Cefn. Tawel 109 S4 24.40D 124.48Gn
Dudinka Ffed. Rwsia 59 K4 69.27G 86.13Dn
Dudley Lloegr 10 C3 52.30G 2.05Gn
Duero (Douro) a. Portiwgal 46 A4 41.10G 8.40Gn
Dufftown Yr Alban 19 F2 57.27G 3.11Gn
Dugi Otok ys. Croatia 56 B6 44.04G 15.00Dn
Duisburg Yr Almaen 48 C4 51.26G 6.45Dn
Dukhan Qatar 95 H4 25.24G 50.47Dn
Dukou China 103 I3 26.30G 101.40Dn
Dulce a. Ariannin 76 D1 30.40D 62.00Gn
Duluth U.D.A. 65 H6 46.50G 92.10Gn
Dulverton Lloegr 13 D3 51.02G 3.33Gn
Dulyn (Baile Átha Cliath) Gwer. Iwerdd. 20 E3 53.21G 6.18Gn
Dulyn (Dublin) rhan. Gwer. Iwerdd. 20 E3 53.20G 6.18Gn
Dulyn, Bae Gwer. Iwerdd. 20 E3 53.20G 6.09Gn
Dumbarton Yr Alban 16 E3 55.57G 4.35Gn
Dumfries Yr Alban 17 F3 55.04G 3.37Gn
Dumfries a Galloway rhan. Yr Alban 8 D4 55.05G 3.40Gn
Dumyât (Damietta) Yr Aifft 94 D5 31.26G 31.48Dn
Dunaff, Pr. Gwer. Iwerdd. 16 B3 55.17G 7.31Gn

Dunany, Pt. Gwer. Iwerdd. 20 E3 53.51G 6.15Gn
Dunbar Yr Alban 17 G4 56.00G 2.31Gn
Dunbarton, Dwyrain *rhan.* Yr Alban 8 C4 56.00G 4.15Gn
Dunbarton, Gorllewin *rhan.* Yr Alban 8 C4 55.58G 4.30Gn
Dunblane Yr Alban 17 F4 56.12G 3.59Gn
Duncansby, Pr. Yr Alban 19 F3 58.39G 3.01Gn
Dunchurch Lloegr 10 D3 52.21G 1.19Gn
Dundalk Gwer. Iwerdd. 20 E3 54.01G 6.24Gn
Dundalk, Bae Gwer. Iwerdd. 20 E3 53.55G 6.17Gn
Dundee (Dùn Deàgh) Yr Alban 17 F4 56.28G 3.00Gn
Dundee, Dinas *rhan.* Yr Alban 8 D5 56.28G 3.00Gn
Dundonald G. Iwerddon 16 D2 54.36G 5.48Gn
Dundrum, Bae G. Iwerddon 16 D2 54.12G 5.46Gn
Dunedin Seland Newydd 111 G1 45.53D 170.31Dn
Dunfermline Yr Alban 17 F4 56.04G 3.29Gn
Dungannon G. Iwerddon 16 C2 54.30G 6.47Gn
Dungarvan Gwer. Iwerdd. 20 D2 52.06G 7.39Gn
Dungeness *p.* Lloegr 11 F1 50.55G 0.58Dn
Dungiven G. Iwerddon 16 C2 54.56G 6.57Gn
Dungun Malaysia 104 C4 4.44G 103.26Dn
Dungunab Sudan 94 E3 21.06G 37.05Dn
Dunholme Lloegr 15 G2 53.18G 0.29Gn
Dunhua China 106 A4 43.25G 128.20Dn
Dunhuang China 102 G6 40.00G 94.40Dn
Dunkerque Ffrainc 44 E7 51.02G 2.23Dn
Dunkery Beacon *bryn* Lloegr 13 D3 51.11G 3.35Gn
Dún Laoghaire Gwer. Iwerdd. 20 E3 53.17G 6.09Gn
Dunleer Gwer. Iwerdd. 20 E3 53.49G 6.24Gn
Dunloy G. Iwerddon 16 C3 55.02G 6.24Gn
Dunmore East Gwer. Iwerdd. 20 D2 52.09G 7.00Gn
Dunmurry G. Iwerddon 16 D2 54.33G 6.00Gn
Dunnet, Bae Yr Alban 19 F3 58.38G 3.25Gn
Dunnet, Pr. Yr Alban 19 F3 58.40G 3.23Gn
Dunoon Yr Alban 16 E3 55.57G 4.57Gn
Duns Yr Alban 17 G3 55.47G 2.20Gn
Dunstable Lloegr 11 E2 51.53G 0.32Gn
Dunvegan, Loch Yr Alban 18 C2 57.30G 6.40Gn
Durance *a.* Ffrainc 44 F3 43.55G 4.48Dn
Durango México 70 D5 24.01G 104.00Gn
Durango *rhan.* México 70 D5 24.00G 104.00Gn
Durban G.D.A. 86 C2 29.53D 31.00Dn
Düren Yr Almaen 42 F2 50.48G 6.30Dn
Durham Lloegr 15 F3 54.47G 1.34Gn
Durham *rhan.* Lloegr 9 D4 54.42G 1.45Gn
Durham U.D.A. 65 K4 36.00G 78.54Gn
Durness Yr Alban 18 E3 58.33G 4.45Gn
Durness, Sn. *moryd* Yr Alban 18 E3 58.32G 4.50Gn
Durrës Albania 56 D4 41.19G 19.27Dn
Dursey, Pr. Gwer. Iwerdd. 20 A1 51.35G 10.15Gn
Dursley Lloegr 10 C2 51.41G 2.21Gn
Dushanbe Tajikistan 102 B5 38.38G 68.51Dn
Düsseldorf Yr Almaen 48 C4 51.13G 6.47Dn
Duyun China 103 J3 26.16G 107.29Dn
Düzce Twrci 57 J4 40.51G 31.09Dn
Dvina Ogleddol *a.* Ffed. Rwsia 58 G4 64.40G 40.50Dn
Dwyrain *rhan.* Kenya 87 B3 1.00G 38.40Dn
Dwyrain Timor Indonesia 105 H2 9.30D 125.00Dn
Dyat'kovo Ffed. Rwsia 55 N5 53.35G 34.22Dn
Dyce Yr Alban 19 G2 57.12G 2.11Gn
Dyer, P. Canada 63 L4 67.45G 61.45Gn
Dyfi *a.* Cymru 12 D4 52.33G 3.56Gn
Dyfnaint *rhan.* Lloegr 9 D2 50.50G 3.40Gn
Dyfrdwy *a.* Cymru 12 D5 53.13G 3.05Gn
Dyffryn Chew, Ll. Lloegr 10 C2 51.20G 2.37Gn
Dyffryn Hollt *rhan.* Kenya 87 B3 1.05G 35.45Dn
Dyffryn Hollt *n.* Kenya 87 B3 2.00G 35.30Dn
Dyffryn Hollt Mawr, Y *n.* Affrica 82 G4 7.00D 33.00Dn
Dymchurch Lloegr 11 G2 51.02G 1.00Dn
Dymock Lloegr 10 C2 51.59G 2.26Gn
Dzerzhinsk Ffed. Rwsia 58 G3 56.15G 43.30Dn
Dzhankoy Ukrain 55 N1 45.42G 34.23Dn
Dzhigudzhak Ffed. Rwsia 59 R4 64.33G 157.19Dn
Dzhugdzur, Cn. *mdd.* Ffed. Rwsia 59 P3 57.30G 138.00Dn
Dzisna *a.* Belarus 55 K6 55.30G 28.20Dn
Dzyarzhynsk Belarus 55 J5 53.40G 27.01Dn

E

Eagle Pass *tref* U.D.A. 64 F2 28.44G 100.31Gn
Ealing Lloegr 11 E2 51.31G 0.20Gn
Earn *a.* Yr Alban 17 F4 56.21G 3.18Gn
Earn, Loch Yr Alban 16 E4 56.23G 4.12Gn
Easington Lloegr 15 F3 54.47G 1.21Gn
Easingwold Lloegr 15 F3 54.08G 1.11Gn
East Anglia, Uchderau *bryniau* Lloegr 11 F3 52.03G 0.15Dn
Eastbourne Lloegr 11 F1 50.46G 0.18Dn
East Dereham Lloegr 11 F3 52.40G 0.57Dn
Easter Ross *n.* Yr Alban 19 E2 57.46G 4.25Gn
Eastfield Lloegr 15 G3 54.15G 0.25Gn
East Grinstead Lloegr 11 E2 51.08G 0.01Gn
East Kilbride Yr Alban 16 E3 55.46G 4.09Gn
Eastleigh Lloegr 10 D1 50.58G 1.21Gn
East Linton Yr Alban 17 G3 55.59G 2.39Gn
East London/ Oos-Londen G.D.A. 86 B1 33.00D 27.54Dn
East Looe Lloegr 13 C2 50.21G 4.26Gn
Eastmain Canada 63 K3 52.10G 78.30Gn
Eastmain *a.* Canada 63 K3 52.10G 78.30Gn
Easton Lloegr 10 C1 50.32G 2.26Gn
Easton Lloegr 10 C3 52.04G 2.07Gn
Eastry Lloegr 11 G2 51.15G 1.18Dn
Eastwood Lloegr 15 F2 53.02G 1.17Gn
Eaton Socon Lloegr 11 E3 52.13G 0.18Gn
Eau Claire, Ll. á l' Canada 63 K3 56.10G 74.30Gn
Eauripik, Atol *ys.* Tal. Ffed. Micronesia 105 K5 6.42G 143.04Dn
Eberswalde Yr Almaen 48 F5 52.50G 13.50Dn
Ebinur Hu *ll.* China 102 E6 45.00G 83.00Dn
Ebro *a.* Sbaen 46 F4 40.43G 0.54Dn
Ecclefechan Yr Alban 17 F3 55.03G 3.18Gn
Eccleshall Lloegr 10 C3 52.52G 2.14Gn
Ech Chélif Algeria 84 E5 36.20G 1.30Dn
Écija Sbaen 46 C2 37.33G 5.04Gn
Eckington Lloegr 10 C3 52.04G 2.07Gn
Eck, Loch Yr Alban 16 D4 56.05G 5.00Gn
Ecuador De America 76 C4 2.00D 78.00Gn
Eday *ys.* Yr Alban 19 G4 59.11G 2.47Gn
Ed Da'ein Sudan 94 C1 11.26G 26.09Dn
Ed Damazin Sudan 85 H3 11.52G 34.23Dn
Ed Damer Sudan 94 D2 17.37G 33.59Dn
Ed Debba Sudan 94 D2 18.03G 30.57Dn
Ed Dueim Sudan 94 D1 14.00G 32.19Dn
Eden *a.* Lloegr 14 E3 54.57G 3.02Gn
Édhessa Groeg 56 F4 40.47G 22.03Dn
Edinburgh (Caeredin) Yr Alban 17 F3 55.57G 3.13Gn
Edirne Twrci 56 H4 41.40G 26.35Dn
Edmonton Canada 62 G3 53.34G 113.25Gn
Edmundston Canada 63 L2 47.22G 68.20Gn
Edremit Twrci 56 H3 39.35G 27.02Dn
Edson Canada 62 G3 53.36G 116.28Gn
Edward, Ll. Uganda/Gwer. Ddem. Congo 86 B4 0.30D 29.30Dn
Edwards, Llwyfandir *n.* U.D.A. 64 F3 30.30G 100.30Gn
Éfaté *ys.* Vanuatu 111 F4 17.40D 168.25Dn
Efrog (York) Lloegr 15 F2 53.58G 1.07Gn
Efrog *rhan.* Lloegr 9 E3 53.58G 1.07Gn
Efrog, De *rhan.* Lloegr 9 E3 53.28G 1.25Gn
Efrog, Dyffryn *n.* Lloegr 15 F3 54.12G 1.25Gn
Efrog, Gogledd *rhan.* Lloegr 9 E4 54.14G 1.14Gn
Efrog, Gorllewin *rhan.* Lloegr 9 E3 53.45G 1.40Gn
Efrog, Gweunydd G. *bryniau* Lloegr 15 G3 54.21G 0.50Gn
Efrog Newydd = New York U.D.A. 65 L5 40.40G 73.50Gn
Efrog Newydd *rhan.* U.D.A. 65 K5 43.00G 75.00Gn
Efrog, Riding Dwyreiniol *rhan.* Lloegr 9 E3 53.48G 0.35Gn
Efrog, Wolds *bryniau* Lloegr 15 G3 54.00G 0.39Gn
Efyrnwy, Ll. Cymru 12 D4 52.46G 3.30Gn
Egilsay *ys.* Yr Alban 19 G4 59.09G 2.56Gn
Egilsstadhir Gw. yr Iâ 43 Z2 65.16G 14.25Gn
Eglinton G. Iwerddon 16 B3 55.02G 7.12Gn
Eglwysau Basa (Baschurch) Lloegr 10 C3 52.48G 2.51Gn
Eglwys Newydd, Yr Cymru 13 D3 51.32G 3.14Gn
Eglwys Wen, Yr (Whitchurch) Lloegr 10 C3 52.58G 2.42Gn
Egmont, M. Seland Newydd 111 G2 39.20D 174.05Dn
Egremont Lloegr 14 D3 54.28G 3.33Gn
Eğridir Twrci 57 J2 37.52G 30.51Dn
Eğridir, Ll. Twrci 57 J3 38.04G 30.55Dn
Eidal, Yr Ewrop 50 D5 43.00G 12.00Dn
Eifel *n.* Yr Almaen 48 C4 50.10G 6.45Dn
Eigg *ys.* Yr Alban 18 C1 56.53G 6.09Gn
Eighty Mile, Traeth *n.* Awstralia 110 B4 19.00D 121.00Dn
Eilean Shona *ys.* Yr Alban 18 D1 56.50G 5.48Gn
Eindhoven Yr Iseld. 42 E3 51.26G 5.30Dn
Eisenhüttenstadt Yr Almaen 48 G5 52.09G 14.41Dn
Eishort, Loch Yr Alban 18 D2 57.09G 5.58Gn
Eisleben Yr Almaen 48 E4 51.32G 11.33Dn
Ekibastuz Kazakhstan 102 D8 51.45G 75.22Dn
Ekostrovskaya, Llyn Ffed. Rwsia 43 H4 67.30G 33.00Dn
Eksjö Sweden 43 C2 57.40G 15.00Dn
Ekwan *a.* Canada 63 J3 53.30G 84.00Gn
El Aaiún (Laâyoune) Gn. Sahara 84 C4 27.10G 13.11Gn
Elat Israel 94 D4 29.33G 34.56Dn
Elazığ Twrci 57 N3 38.41G 39.14Dn
Elba *ys.* Yr Eidal 50 D5 42.47G 10.17Dn
El'ban Ffed. Rwsia 103 P8 50.05G 136.35Dn
Elbasan Albania 56 E4 41.07G 20.04Dn
El Bawiti Yr Aifft 94 C4 28.21G 28.51Dn
El Bayadh Algeria 52 D3 33.40G 1.00Dn
Elbe *a.* Yr Almaen 48 E5 53.33G 10.00Dn
Elbistan Twrci 57 M3 38.14G 37.11Dn
Elblag Gw. Pwyl 54 F6 54.10G 19.25Dn
Elbrus *m.* Ffed. Rwsia 58 G2 43.21G 42.29Dn
Elburz, Mdd. Iran 95 H6 36.00G 52.30Dn
Elche/ Elx Sbaen 46 E3 38.16G 0.41Gn
Elda Sbaen 46 E3 38.29G 0.47Gn
El Dera Kenya 87 B3 0.39G 38.43Dn
El Djouf *diff.* Affrica 82 C7 21.00G 8.00Gn
Eldoret Kenya 87 B3 0.31G 35.17Dn
El Eulma Algeria 52 E4 36.09G 5.41Dn
Eleuthera *ys.* Bahamas 71 I6 25.00G 76.00Gn
El Faiyûm Yr Aifft 94 D4 29.19G 30.50Dn
El Fasher Sudan 85 G3 13.37G 25.22Dn
El Geneina Sudan 85 G3 13.27G 22.30Dn
Elgin U.D.A. 65 I5 42.03G 88.19Gn
Elgin Yr Alban 19 F2 57.39G 3.20Gn
El Gîza Yr Aifft 94 D5 30.01G 31.12Dn
El Goléa Algeria 84 E5 30.35G 2.51Dn
Elgon, M. Kenya/Uganda 87 A3 1.07G 34.35Dn
El Hierro *ys.* Ysdd. Dedwydd 46 X1 27.45G 18.00Gn
El Iskandarîya (Alexandria) Yr Aifft 94 C5 31.13G 29.55Dn
Elista Ffed. Rwsia 58 G2 46.18G 44.14Dn
El Jadida Moroco 84 D5 33.16G 8.30Gn
Ełk Gw. Pwyl 54 H5 53.50G 22.22Dn
Ēl Kerē Ethiopia 87 C4 5.48G 42.10Dn
El Khârga Yr Aifft 94 D4 25.27G 30.32Dn
Elkhovo Bwlgaria 56 H5 42.09G 26.36Dn
Elko U.D.A. 64 C5 40.50G 115.46Gn
Ellef Ringnes, Ys. Canada 62 H5 78.30G 102.00Gn
Ēl Lēh Ethiopia 87 B3 3.47G 39.09Dn
Ellensburg U.D.A. 64 B6 47.00G 120.34Gn
Ellesmere Lloegr 10 C3 52.55G 2.53Gn
Ellesmere Port Lloegr 14 E2 53.17G 2.55Gn
Ellesmere, Ys. Canada 63 J5 78.00G 82.00Gn
Ellice *a.* Canada 62 H4 67.30G 104.00Gn
Ellon Yr Alban 19 G2 57.22G 2.05Gn
Ellsworth, Tir Antarctica 112 77.00D 100.00Gn
Elmalı Twrci 57 I2 36.43G 29.56Dn
El Mansûra Yr Aifft 94 D5 31.03G 31.23Dn
El Meghaïer Algeria 52 E3 33.58G 5.56Dn
El Minya Yr Aifft 94 D4 28.06G 30.45Dn
El Muglad Sudan 85 G3 11.01G 27.50Dn
El Obeid Sudan 85 H3 13.11G 30.10Dn
El Oued Algeria 52 E3 33.20G 6.53Dn
El Paso U.D.A. 64 E3 31.45G 106.30Gn
El Puerto de Santa Maria Sbaen 46 B2 36.36G 6.14Gn
El Qâhira (Cairo) Yr Aifft 94 D4 30.03G 31.15Dn
El Salvador Cb. America 70 G3 13.30G 89.00Gn
El Suweis (Suez) Yr Aifft 94 D4 29.59G 32.33Dn
Eluru India 97 G4 16.45G 81.10Dn
Elvas Portiwgal 46 B3 38.53G 7.10Gn
Elverum Norwy 43 B3 60.54G 11.33Dn
El Wak Kenya 87 C3 2.45G 40.52Dn
Ely Lloegr 11 F3 52.24G 0.16Dn
Ely, Ynys *n.* Lloegr 11 F3 52.25G 0.11Dn
Emamrud Iran 95 I6 36.25G 55.00Dn
Embu Kenya 87 B2 0.32D 37.27Dn
Emden Yr Almaen 48 C5 53.23G 7.13Dn
Emerson Canada 64 G6 49.00G 97.12Gn
Emi Koussi *m.* Tchad 85 F3 19.58G 18.30Dn
Emiradau Arabaidd Unedig Asia 95 H3 24.00G 54.00Dn
Emmeloord Yr Iseld. 42 E4 52.43G 5.46Dn
Emmen Yr Iseld. 42 F4 52.48G 6.55Dn
Emory, Cp. *m.* U.D.A. 64 F2 29.15G 103.19Gn
Emporia U.D.A. 64 G4 38.24G 96.10Gn
Ems *a.* Yr Almaen 48 C5 53.14G 7.25Dn
Encantada, M. La México 70 A7 31.00G 115.23Gn
Encarnación Paraguay 77 E2 27.20D 55.50Gn
Endeh Indonesia 105 G2 8.51D 121.40Dn
Enderby, Tir *n.* Antarctica 112 67.00D 53.00Dn
Endicott, Mdd. U.D.A. 62 C4 68.00G 152.00Gn
Enfield Lloegr 11 E2 51.40G 0.05Gn
Engels Ffed. Rwsia 58 G3 51.30G 46.07Dn
Enggano *ys.* Indonesia 104 C2 5.20D 102.15Dn
Enköping Sweden 43 D2 59.38G 17.07Dn
Enlli, Sn. Cymru 12 C4 52.45G 4.48Gn
Enlli, Ynys *ys.* Cymru 12 C4 52.45G 4.48Gn
En Nahud Sudan 94 C1 12.41G 28.28Dn
Ennedi, Mdd. Tchad 94 B2 17.00G 23.00Dn
Ennerdale Water *ll.* Lloegr 14 D3 54.31G 3.21Gn
Ennis Gwer. Iwerdd. 20 B2 52.51G 9.00Gn
Enniscorthy Gwer. Iwerdd. 20 E2 52.30G 6.35Gn
Enniskillen G. Iwerddon 16 B2 54.20G 7.39Gn
Ennistymon Gwer. Iwerdd. 20 B2 52.56G 9.20Gn
Enns *a.* Awstria 54 D3 48.14G 14.22Dn
Enschede Yr Iseld. 42 F4 52.13G 6.54Dn
Ensenada México 70 A7 31.53G 116.35Gn
Enshi China 103 J4 30.18G 109.29Dn
Enugu Nigeria 84 E2 6.20G 7.29Dn
Envira *a.* Brasil 76 C4 7.29D 70.00Gn
Épinal Ffrainc 44 G6 48.10G 6.28Dn
Epping Lloegr 11 F2 51.42G 0.07Dn
Epsom Lloegr 11 E2 51.20G 0.16Gn
Epworth Lloegr 15 G2 53.30G 0.50Gn
Epynt, Mynydd *mdd.* Cymru 12 D4 52.06G 3.30Gn
Eqlid Iran 95 H5 30.55G 52.40Dn
Erciyas, M. Twrci 57 L3 38.33G 35.25Dn
Erdi *n.* Tchad 94 B2 19.00G 23.00Dn
Ereğli Twrci 57 L2 37.30G 34.02Dn
Erfurt Yr Almaen 48 E4 50.58G 11.02Dn
Ergani Twrci 57 N3 38.17G 39.44Dn
Ergene *a.* Twrci 56 H4 40.52G 26.12Dn
Eriboll, Loch Yr Alban 18 E3 58.28G 4.41Gn
Ericht, Loch Yr Alban 19 E1 56.52G 4.20Gn
Erie U.D.A. 65 J5 42.07G 80.05Gn
Erie, Ll. Canada/U.D.A. 65 J5 42.15G 81.00Gn
Eriskay *ys.* Yr Alban 18 B2 57.04G 7.17Gn
Eritrea Affrica 85 H3 15.20G 38.50Dn
Erlangen Yr Almaen 48 E3 49.36G 11.02Dn
Erne, Loch Isaf G. Iwerddon 16 B2 54.28G 7.48Gn
Erne, Loch Uchaf G. Iwerddon 16 B2 54.13G 7.32Gn
Erode India 97 F3 11.21G 77.43Dn
Er Rachidia Moroco 84 D5 31.58G 4.25Gn
Er Rahad Sudan 85 H3 12.42G 30.33Dn
Errigal *m.* Gwer. Iwerdd. 20 C5 55.02G 8.08Gn
Erris, Pr. Gwer. Iwerdd. 20 A4 54.19G 10.00Gn
Errochty, Loch Yr Alban 19 E1 56.45G 4.08Gn
Erromango *ys.* Vanuatu 111 F4 18.45D 169.00Dn
Erzincan Twrci 57 N3 39.44G 39.30Dn
Erzurum Twrci 94 F6 39.57G 41.17Dn
Esbjerg Denmarc 43 B1 55.28G 8.28Dn
Escanaba U.D.A. 65 I6 45.47G 87.04Gn
Esch-sur-Alzette Lux. 42 F1 49.31G 6.01Dn
Eschweiler Yr Almaen 42 F2 50.49G 6.16Dn
Esfahan Iran 95 H5 32.42G 51.40Dn
Esha Ness *p.* Yr Alban 19 Y9 60.29G 1.37Gn
Esk *a.* D. a G. Yr Alban 17 F3 54.58G 3.08Gn
Esk *a.* Midlothian Yr Alban 17 F3 55.56G 3.03Gn
Esk Ddeheuol *a.* Yr Alban 19 G1 56.43G 2.32Gn
Esk Ogleddol *a.* Yr Alban 19 G1 56.45G 2.25Gn
Eske, Loch Gwer. Iwerdd. 16 A2 54.42G 8.03Gn
Eskilstuna Sweden 43 D2 59.22G 16.31Dn
Eskişehir Twrci 57 J3 39.46G 30.30Dn
Esla *a.* Sbaen 46 B4 41.29G 6.03Gn
Eslamabade Gharb Iran 95 G5 34.08G 46.35Dn
Esmeraldas Ecuador 76 C5 0.56G 79.40Gn
Esperance Awstralia 110 B2 33.49D 121.52Dn
Espigüete *m.* Sbaen 46 C5 42.56G 4.48Gn
Espinhaço, Serra da *mdd.* Brasil 77 F3 17.15D 43.10Gn
Espinosa Brasil 77 F3 14.58D 42.49Gn
Espírito Santo *rhan.* Brasil 77 F3 20.00D 40.30Gn
Espiritu Santo *ys.* México 70 B5 24.30G 110.20Gn
Espíritu Santo *ys.* Vanuatu 111 F4 15.50D 166.50Dn
Espoo Y Ffindir 43 F3 60.13G 24.40Dn
Esquel Ariannin 75 B2 42.55D 71.20Gn
Essen Yr Almaen 48 C4 51.27G 6.57Dn
Essequibo *a.* Guyana 74 D7 6.48G 58.23Gn
Essex *rhan.* Lloegr 9 F2 51.46G 0.30Dn
Estats, Copa *m.* Sbaen 46 F5 42.40G 1.23Dn
Estevan Canada 62 H2 49.09G 103.00Gn
Estonia Ewrop 43 F2 58.45G 25.30Dn
Estrela, Serra da *mdd.* Portiwgal 46 B4 40.20G 7.40Gn
Estrondo, Serra Brasil 77 F4 9.00D 49.00Gn
Étaples Ffrainc 44 D7 50.31G 1.39Dn
Ethiopia Affrica 85 H3 10.00G 39.00Dn
Ethiopia, Ucheld. Ethiopia 82 G6 10.00G 37.00Dn
Etive, Loch Yr Alban 16 D4 56.27G 5.15Gn
Etna, M. Yr Eidal 50 F2 37.43G 14.59Dn
Etosha, Pant *n.* Namibia 86 A3 18.50D 16.30Dn
Ettelbruck Lux. 42 F1 49.51G 6.06Dn
Ettrick, Fforest *n.* Yr Alban 17 F3 55.30G 3.00Gn
Ettrick Water *a.* Yr Alban 17 G3 55.36G 2.49Gn
Etwall Lloegr 10 D3 52.54G 1.35Gn
Eugene U.D.A. 64 B5 44.03G 123.07Gn
Eugenia, P. México 70 A6 27.50G 115.50Gn
Eureka U.D.A. 64 B5 40.49G 124.10Gn
Europa, Copaon *mdd.* Sbaen 46 C5 43.10G 4.40Gn
Evans, Ll. Canada 63 K3 50.50G 77.00Gn
Evansville U.D.A. 65 I4 38.02G 87.24Gn
Evaton G.D.A. 86 B2 26.32D 27.51Dn
Everest, M. Asia 97 H6 27.59G 86.56Dn
Evesham Lloegr 10 D3 52.06G 1.57Gn
Evesham, Dyffryn *n.* Lloegr 10 D3 52.05G 1.55Gn
Évora Portiwgal 46 B3 38.34G 7.54Gn
Évreux Ffrainc 44 D6 49.03G 1.11Dn
Évvoia *ys.* Groeg 56 G3 38.30G 23.50Dn
Ewaso Ngiro *a.* Dwyrain Kenya 87 B2 2.08D 36.03Dn
Ewaso Ngiro *a.* Dyffryn Hollt Kenya 87 B3 1.06G 39.26Dn
Ewe, Loch Yr Alban 18 D2 57.52G 5.40Gn
Ewffrates *a.* Asia 95 G5 31.00G 47.27Dn
Ewrop 34-35
Ewrop, Gwastadedd G. *n.* Ewrop 34 F3 56.00G 27.00Dn
Exe *a.* Lloegr 13 D2 50.40G 3.28Gn
Exeter Lloegr 13 D2 50.43G 3.31Gn
Exminster Lloegr 13 D2 50.41G 3.29Gn
Exmoor *bryniau* Lloegr 13 D3 51.08G 3.45Gn
Exmouth Lloegr 13 D2 50.37G 3.24Gn
Exuma, Sn. Bahamas 71 I5 24.10G 76.00Gn
Exuma, Ysdd. Bahamas 71 I5 24.00G 76.00Gn
Eyasi, Ll. Tanzania 86 C4 3.40D 35.00Dn
Eye Caergrawnt Lloegr 11 E3 52.36G 0.11Gn
Eye Suffolk Lloegr 11 G3 52.19G 1.09Dn
Eye, Gor. Yr Alban 18 C3 58.13G 6.12Gn
Eyemouth Yr Alban 17 G3 55.52G 2.05Gn
Eyre (De), Ll. Awstralia 110 C3 29.30D 137.25Dn
Eyre (Gogledd), Ll. Awstralia 110 C3 28.30D 137.25Dn
Ezine Twrci 56 H3 39.48G 26.12Dn

F

Faafxadhuun Somalia 87 C3 2.14G 41.38Dn
Fagersta Sweden 43 C3 59.59G 15.49Dn
Fair, Pr. G. Iwerddon 16 C3 55.14G 6.10Gn
Fair, Ynys Yr Alban 19 Y8 59.32G 1.38Gn
Fairbanks U.D.A. 62 D4 64.50G 147.50Gn
Fairweather, M. U.D.A. 62 E3 59.00G 137.30Gn
Fais *ys.* Tal. Ffed. Micronesia 105 K5 9.45G 140.31Dn
Faisalabad Pakistan 96 E7 31.25G 73.09Dn
Fakaofo Cefn. Tawel 108 O6 9.30D 171.15Gn
Fakenham Lloegr 11 F3 52.50G 0.51Dn
Fakfak Indonesia 105 I3 2.55D 132.17Dn
Fal *a.* Lloegr 13 C2 50.14G 4.58Gn
Falcon, Ll. U.D.A./México 64 G2 26.37G 99.11Gn
Fali, Y *tref* Cymru 12 C5 53.17G 4.34Gn
Falkenberg Sweden 43 C2 56.55G 12.30Dn
Falkirk Yr Alban 17 F3 56.00G 3.48Gn
Falkirk *rhan.* Yr Alban 8 D5 56.00G 3.48Gn
Falkland, Dn. *ys.* Ysdd. Falkland 75 D1 51.45D 58.50Gn
Falkland, Gn. *ys.* Ysdd. Falkland 75 C1 51.40D 60.00Gn
Falkland, Ysdd. (Malvinas) De America 75 C1 52.00D 60.00Gn
Falköping Sweden 43 C2 58.10G 13.32Dn
Falmouth Lloegr 13 B2 50.09G 5.05Gn
Falmouth, Bae Lloegr 13 B2 50.06G 5.05Gn
Falster *ys.* Denmarc 43 C1 54.30G 12.00Dn
Falun Sweden 43 C3 60.37G 15.40Dn
Famagusta = Ammokhostos Cyprus 57 K1 35.07G 33.57Dn
Famatina, Sierra de *mdd.* Ariannin 76 D2 28.30D 67.50Gn
Fanad, Pr. Gwer. Iwerdd. 16 B3 55.17G 7.38Gn
Fane *a.* Gwer. Iwerdd. 20 E3 53.56G 6.22Gn
Fangzheng China 106 A5 45.50G 128.50Dn
Fannich, Loch Yr Alban 18 E2 57.38G 4.58Gn
Farâfra, Gwerddon Yr Aifft 94 C4 27.00G 28.20Dn
Farah Afghan. 95 J5 32.23G 62.07Dn
Farah *a.* Afghan. 95 J5 31.25G 61.30Dn
Farallon de Pajaros *ys.* Ysdd. G. Mariana 105 K8 20.33G 144.59Dn
Farasan, Ysdd. Saudi Arabia 94 F2 16.48G 41.54Dn
Fareham Lloegr 10 D1 50.52G 1.11Gn
Farewell, P. Seland Newydd 111 G1 40.30D 172.35Dn
Fargo U.D.A. 64 G6 46.52G 96.59Gn
Farnborough Lloegr 10 E2 51.17G 0.46Gn
Farndon Lloegr 14 E2 53.06G 2.53Gn
Farne, Ysdd. Lloegr 15 F4 55.38G 1.36Gn
Farnham Lloegr 10 E2 51.13G 0.49Gn
Faro Portiwgal 46 B2 37.01G 7.56Gn
Fårö *ys.* Sweden 43 D2 57.55G 19.10Dn
Fársala Groeg 56 F3 39.17G 22.22Dn
Farvel, P. Grønland 63 N3 60.00G 44.20Gn
Fasa Iran 95 H4 28.55G 53.38Dn
Fastiv Ukrain 55 K4 50.08G 29.59Dn
Fatehgarh India 97 F6 27.22G 79.38Dn
Faversham Lloegr 11 F2 51.18G 0.54Dn
Faxaflói *b.* Gw. yr Iâ 43 X2 64.30G 22.50Gn
Fayetteville U.D.A. 65 K4 35.03G 78.53Gn
Fdérik Mauritania 84 C4 22.30G 12.30Gn
Feale *a.* Gwer. Iwerdd. 20 B2 52.28G 9.38Gn
Fear, P. U.D.A. 65 K3 33.51G 77.59Gn
Fehmarn *ys.* Yr Almaen 48 E6 54.30G 11.05Dn
Feijó Brasil 76 C4 8.09D 70.21Gn
Feira de Santana Brasil 77 G3 12.17D 38.53Gn
Felixstowe Lloegr 11 G2 51.58G 1.20Dn
Femunden *ll.* Norwy 43 B3 62.05G 11.55Dn
Fenis = Venezia Yr Eidal 50 E6 45.26G 12.20Dn
Fenis, Gff. Môr Can. 50 E6 45.20G 13.00Dn
Feniton Lloegr 13 D2 50.47G 3.17Gn
Fenni, Y Cymru 12 D3 51.49G 3.01Gn
Feodosiya Ukrain 55 N1 45.03G 35.23Dn
Ferdows Iran 95 I5 34.00G 58.10Dn
Fergus Falls *tref* U.D.A. 64 G6 46.18G 96.00Gn
Ferkessédougou Côte d'Ivoire 84 D2 9.30G 5.10Gn
Fermanagh *rhan.* G. Iwerddon 20 D4 54.15G 7.45Gn
Fermoy Gwer. Iwerdd. 20 C2 52.08G 8.17Gn
Fernando de Noronha *ys.* Cefn. Iweryddl 72 G6 3.50D 32.25Gn
Ferndown Lloegr 10 D1 50.48G 1.55Gn
Ferrara Yr Eidal 50 D6 44.49G 11.38Dn
Ferrol Sbaen 46 A5 43.29G 8.14Gn
Ferryhill Lloegr 15 F3 54.41G 1.33Gn
Fès Moroco 84 D5 34.05G 5.00Gn
Fethaland, Pt. Yr Alban 19 Y9 60.38G 1.18Gn
Fethard Gwer. Iwerdd. 20 D2 52.28G 7.41Gn
Fethiye Twrci 57 I2 36.37G 29.06Dn
Fetlar *ys.* Yr Alban 19 Z9 60.37G 0.52Gn
Feuilles *a.* Canada 63 K3 58.47G 70.06Gn
Feyzabad Afghan. 95 L6 37.05G 70.40Dn
Fianarantsoa Madagascar 86 D2 21.27D 47.05Dn
Fife *rhan.* Yr Alban 8 D5 56.10G 3.10Gn
Fife Ness *p.* Yr Alban 17 G4 56.17G 2.36Gn
Figeac Ffrainc 44 E4 44.32G 2.01Dn
Figueira da Foz Portiwgal 46 A4 40.09G 8.51Gn
Figueres Sbaen 46 G5 42.16G 2.57Dn
Figuig Moroco 52 C3 32.10G 1.15Gn
Fiji Cefn. Tawel 111 G4 18.00D 178.00Dn
Filadélfia Paraguay 77 D2 22.17D 60.03Gn
Filey Lloegr 15 G3 54.13G 0.18Gn
Filton Lloegr 10 C2 51.28G 2.35Gn
Filtu Ethiopia 87 C4 5.05G 40.42Dn
Findhorn *a.* Yr Alban 19 F2 57.37G 3.40Gn
Finisterre, P. Sbaen 46 A5 42.54G 9.16Gn
Finlay *a.* Canada 62 F3 56.30G 124.40Gn
Finn *a.* Gwer. Iwerdd. 20 D4 54.50G 7.30Gn
Finspång Sweden 43 C2 58.42G 15.45Dn
Fintona G. Iwerddon 16 B2 54.29G 7.19Gn
Fionn Loch Yr Alban 18 D2 57.45G 5.27Gn
Fionnphort Yr Alban 16 C4 56.19G 6.23Gn
Firenze (Fflorens) Yr Eidal 50 D5 43.46G 11.15Dn
Firuzabad Iran 95 H4 28.50G 52.35Dn
Fisher, Cf. Canada 63 J4 63.00G 84.00Gn
Fismes Ffrainc 42 C1 49.18G 3.41Dn
Flagstaff U.D.A. 64 D4 35.12G 111.38Gn
Flamborough Lloegr 15 G3 54.07G 0.07Gn
Flamborough, Pr. Lloegr 15 G3 54.06G 0.05Gn
Flannan, Ysdd. *ysdd.* Yr Alban 18 B3 58.16G 7.40Gn
Flåsjön *ll.* Sweden 43 C4 64.05G 15.50Dn
Flathead, Ll. U.D.A. 64 D6 47.50G 114.05Gn
Flat Holm (Echni) *ys.* Lloegr 13 D3 51.23G 3.08Gn
Flattery, P. U.D.A. 64 B6 48.23G 124.43Gn
Fleet Lloegr 10 F2 51.16G 0.50Gn
Fleetwood Lloegr 14 D2 53.55G 3.01Gn
Flensburg Yr Almaen 48 D6 54.47G 9.27Dn
Flevoland *rhan.* Yr Iseld. 42 E4 52.30G 5.40Dn
Flinders *a.* Awstralia 110 D4 15.12D 141.40Dn
Flinders, Cn. *mdd.* Awstralia 110 C2 31.00D 138.30Dn
Flinders, Ys. Awstralia 110 D2 40.00D 148.00Dn
Flin Flon Canada 62 H3 54.47G 101.51Gn

Flint U.D.A. 65 J5 43.03G 83.40Gn
Flint, Ys. Kiribati 108 P5 11.26D 151.48Gn
Florence U.D.A. 65 K3 34.12G 79.44Gn
Florencia Colombia 74 B7 1.37G 75.37Gn
Flores ys. Indonesia 105 G2 8.40D 121.20Dn
Flores, Môr Indonesia 104 G2 7.00D 121.00Dn
Floresta Brasil 77 G4 8.33D 38.35Gn
Florianopolis Brasil 77 F2 27.35D 48.31Gn
Florida rhan. U.D.A. 65 J2 29.00G 82.00Gn
Florida, Cf. U.D.A. 71 H5 24.00G 81.00Gn
Florida Keys, Ysdd. U.D.A. 71 H5 25.00G 81.00Gn
Flórina Groeg 56 E4 40.48G 21.25Dn
Florø Norwy 43 A3 61.45G 4.55Dn
Flotta ys. Yr Alban 19 F3 58.49G 3.07Gn
Flushing = Vlissingen Yr Iseld. 42 C3 51.27G 3.35Dn
Fly a. P.G.N. 105 K2 8.22D 142.23Dn
Fochabers Yr Alban 19 F2 57.37G 3.07Gn
Focşani România 55 J1 45.40G 27.12Dn
Foggia Yr Eidal 50 F4 41.28G 15.33Dn
Fogo ys. Cabo Verde 84 B3 15.00G 24.28Gn
Foinaven m. Yr Alban 18 E3 58.24G 4.53Gn
Foix Ffrainc 44 D3 42.57G 1.35Dn
Foligno Yr Eidal 50 E5 42.56G 12.43Dn
Folkestone Lloegr 11 G2 51.05G 1.11Dn
Fonseca, Gff. Honduras 70 G3 13.10G 87.30Gn
Fontainebleau Ffrainc 44 E6 48.24G 2.42Dn
Fontur p. Gw. yr Iâ 43 Z2 66.30G 14.30Gn
Førde Norwy 43 A3 61.28G 5.51Dn
Fordingbridge Lloegr 10 D1 50.56G 1.48Gn
Foreland p. Lloegr 10 D1 50.42G 1.06Gn
Foreland, Pt. Lloegr 13 D3 51.15G 3.47Gn
Foreland y Gogledd p. Lloegr 11 G2 51.23G 1.26Dn
Forfar Yr Alban 19 G1 56.38G 2.54Gn
Forlì Yr Eidal 50 E6 44.13G 12.02Dn
Formby Lloegr 14 D2 53.34G 3.04Gn
Formentera ys. Sbaen 46 F3 38.41G 1.30Dn
Formosa Ariannin 77 E2 26.06D 58.14Gn
Formosa, Serra mdd. Brasil 77 E3 12.00D 55.20Gn
Føroyar ysdd. Ewrop 34 C4 62.00G 7.00Gn
Forres Yr Alban 19 F2 57.37G 3.38Gn
Forssa Y Ffindir 43 E3 60.49G 23.40Dn
Forst Yr Almaen 48 G4 51.46G 14.39Dn
Fort Albany Canada 63 J3 52.15G 81.35Gn
Fortaleza Brasil 77 G4 3.45D 38.45Gn
Fort Augustus Yr Alban 18 E2 57.09G 4.41Gn
Fort Chipewyan Canada 62 G3 58.46G 111.09Gn
Fort Collins U.D.A. 64 E5 40.35G 105.05Gn
Fort-de-France Martinique 71 L3 14.36G 61.05Gn
Fortescue a. Awstralia 110 A3 21.00D 116.06Dn
Fort Frances Canada 63 I2 48.37G 93.23Gn
Fort George = Chisasibi Canada 63 K3 53.50G 79.01Gn
Fort Good Hope Canada 62 F4 66.16G 128.37Gn
Forth a. Yr Alban 17 F4 56.06G 3.48Gn
Forth, Moryd Yr Alban 17 G4 56.05G 3.00Gn
Fort Liard Canada 62 F4 60.14G 123.28Gn
Fort McMurray Canada 62 G3 56.45G 111.27Gn
Fort McPherson Canada 62 E4 67.29G 134.50Gn
Fort Nelson Canada 62 F3 58.48G 122.44Gn
Fort Norman (Tulít'a) Canada 62 F4 64.55G 125.29Gn
Fort Peck, Cr. U.D.A. 64 E6 47.55G 107.00Gn
Fortrose Yr Alban 19 E2 57.34G 4.07Gn
Fort Rupert = Waskaganish Canada 63 K3 51.30G 79.45Gn
Fort Scott U.D.A. 65 H4 37.52G 94.43Gn
Fort Severn Canada 63 J3 56.00G 87.40Gn
Fort-Shevchenko Kazakhstan 58 H2 44.31G 50.15Dn
Fort Simpson Canada 62 F4 61.46G 121.15Gn
Fort Smith Canada 62 G4 60.00G 111.51Gn
Fort Smith U.D.A. 65 H4 35.22G 94.27Gn
Fort St. John Canada 62 F3 56.14G 120.55Gn
Fortuneswell Lloegr 10 C1 50.33G 2.27Gn
Fort Wayne U.D.A. 65 I5 41.05G 85.08Gn
Fort William (An Gearasdan) Yr Alban 18 D1 56.49G 5.07Gn
Fort Worth U.D.A. 64 G3 32.45G 97.20Gn
Fort Yukon U.D.A. 62 D4 66.35G 145.20Gn
Foshan China 103 K2 23.03G 113.08Dn
Fougères Ffrainc 44 C6 48.21G 1.12Gn
Foula ys. Yr Alban 19 X9 60.08G 2.05Gn
Foulness, Pt. Lloegr 11 F2 51.37G 0.57Dn
Fouta Djallon n. Guinée 84 C3 11.30G 12.30Gn
Fowey a. Lloegr 13 C2 50.22G 4.40Gn
Foxe, Basn b. Canada 63 K4 67.30G 79.00Gn
Foxe, Gor. Canada 63 K4 65.00G 76.00Gn
Foxe, Sianel Canada 63 J4 65.00G 80.00Gn
Foxford Gwer. Iwerdd. 20 B3 53.59G 9.07Gn
Foyle a. G. Iwerddon 16 B2 55.00G 7.20Gn
Foyle, Loch Gwer. Iwerdd./G. Iwerdd. 16 B3 55.07G 7.06Gn
Foz do Iguaçú Brasil 77 E2 25.33D 54.31Gn
Framlingham Lloegr 11 G3 52.14G 1.20Dn
Franca Brasil 77 F2 20.33D 47.27Gn
Franceville Gabon 84 F1 1.40D 13.31Dn
Francistown Botswana 86 B2 21.11D 27.32Dn
Frankfort U.D.A. 65 J4 38.11G 84.53Gn
Frankfurt Yr Almaen 48 G5 52.20G 14.32Dn
Frankfurt am Main Yr Almaen 48 D4 50.06G 8.41Dn
Franklin D. Roosevelt, Ll. U.D.A. 64 C6 47.55G 118.20Gn
Franz Josef, Tir ysdd. Ffed. Rwsia 58 H6 81.00G 54.00Dn
Fraser a. Canada 62 F2 49.05G 123.00Gn
Fraserburgh Yr Alban 19 H2 57.42G 2.00Gn
Fraser, Ys. Awstralia 110 E3 25.15D 153.10Dn
Freckleton Lloegr 14 E2 53.45G 2.50Gn
Fredericia Denmarc 43 B1 55.34G 9.47Dn
Fredericksburg U.D.A. 65 K4 38.18G 77.30Gn
Fredericton Canada 63 L2 45.57G 66.40Gn
Frederikshåb/ Paamiut Grønland 63 N4 62.05G 49.30Gn
Frederikshavn Denmarc 43 B2 57.26G 10.32Dn
Fredrikstad Norwy 43 B2 59.15G 10.55Dn
Freeport City Bahamas 71 I6 26.40G 78.30Gn
Freetown Sierra Leone 84 C2 8.30G 13.17Gn
Freiberg Yr Almaen 48 F4 50.54G 13.20Dn
Freiburg im Breisgau Yr Almaen 48 C2 48.00G 7.52Dn
Fréjus Ffrainc 44 G3 43.26G 6.44Dn
Fremantle Awstralia 110 A2 32.07D 115.44Dn
Freshwater Lloegr 10 D1 50.40G 1.30Gn
Fresno U.D.A. 64 C4 36.41G 119.57Gn
Fria Guinée 84 C3 10.13G 13.48Gn
Friedrichshafen Yr Almaen 48 D2 47.39G 9.29Dn
Friesland/Fryslân rhan. Yr Iseld. 42 E5 53.05G 5.45Dn
Frinton-on-Sea Lloegr 11 G2 51.50G 1.16Dn
Frio, P. Brasil 75 E4 22.50D 42.10Gn
Frisa, Loch Yr Alban 16 C4 56.33G 6.05Gn
Frizington Lloegr 14 D3 54.30G 3.30Gn
Frobisher, Bae Canada 63 L4 63.00G 66.45Gn
Frodsham Lloegr 14 E2 53.17G 2.45Gn
Frogmore Lloegr 11 E2 51.20G 0.49Gn
Frohavet moryd Norwy 43 B3 63.55G 9.05Dn
Frome Lloegr 13 E3 51.16G 2.17Gn
Frome a. Lloegr 10 C1 50.41G 2.05Gn
Frome, Ll. Awstralia 110 C2 30.45D 139.45Dn
Frontera Ysdd. Dedwydd 46 W1 27.46G 18.01Gn
Frosinone Yr Eidal 50 E4 41.36G 13.21Dn
Frøya ys. Norwy 43 B3 63.45G 8.30Dn
Fuenlabrada Sbaen 46 D4 40.16G 3.49Gn
Fuerteventura ys. Ysdd. Dedwydd 46 Y2 28.20G 14.10Gn
Fujairah E.A.U. 95 I4 25.10G 56.20Dn
Fujian rhan. China 103 L3 26.30G 118.00Dn
Fuji-san m. Japan 106 C3 35.23G 138.42Dn
Fukui Japan 106 C3 36.04G 136.12Dn
Fukuoka Japan 106 B2 33.39G 130.21Dn
Fukushima Japan 106 D3 37.44G 140.28Dn
Fulda Yr Almaen 48 D4 50.35G 9.45Dn
Fulford Lloegr 15 F2 53.56G 1.04Gn
Fulham Lloegr 11 E2 51.30G 0.14Gn
Fumay Ffrainc 42 D1 49.59G 4.42Dn
Funabashi Japan 106 C3 35.42G 139.59Dn
Funafuti Tuvalu 108 M6 8.31D 179.13Dn
Funchal Ysdd. Madeira 84 C5 32.38G 16.54Gn
Fundy, Bae G. America 65 M5 44.30G 66.30Gn
Fürth Yr Almaen 48 E3 49.28G 11.00Dn
Fushun China 103 M6 41.51G 123.53Dn
Fuxin China 103 M6 42.08G 121.39Dn
Fuzhou Fujian China 103 L3 26.01G 119.20Dn
Fuzhou Jiangxi China 103 L3 28.03G 116.15Dn
Fyn ys. Denmarc 43 B1 55.10G 10.30Dn
Fyne, Loch Yr Alban 16 D3 55.55G 5.23Gn

FF

Ffen Holand n. Lloegr 15 G2 53.02G 0.12Gn
Ffen y Dwyrain n. Lloegr 15 H2 53.06G 0.02Dn
Ffen y Gorllewin n. Lloegr 11 E3 52.32G 0.00
Ffen y Gorllewin n. Lloegr 15 G2 53.03G 0.02Dn
Ffestiniog Cymru 12 D4 52.58G 3.56Gn
Ffindir, Y Ewrop 43 F3 64.30G 27.00Dn
Ffindir, Gff. y Y Ffindir/Estonia 43 F2 60.00G 26.50Dn
Ffiord y Gorllewin moryd Norwy 43 C4 68.10G 15.00Dn
Fflandrys, Dn. rhan. Gw. Belg 42 C3 51.00G 3.45Dn
Fflandrys, Gn. rhan. Gw. Belg 42 B2 51.00G 3.00Dn
Fflint, Y Cymru 12 D5 53.15G 3.07Gn
Fflint, Sir y rhan. Cymru 9 D3 53.12G 3.10Gn
Fflorens = Firenze Yr Eidal 50 D5 43.46G 11.15Dn
Fforest Ddu n. Yr Almaen 48 D3 48.00G 8.00Dn
Fforest Newydd n. Lloegr 10 D1 50.50G 1.35Gn
Fforest y Ddena n. Lloegr 10 C2 51.48G 2.32Gn
Ffrainc Ewrop 44 D5 47.00G 2.00Dn
Ffrisia, Ysdd. Ewrop 34 D3 53.30G 6.00Dn
Ffrisia, Ysdd. Dn. Yr Almaen 48 C5 53.45G 7.00Dn
Ffrisia, Ysdd. G. Yr Almaen 48 D6 54.30G 8.00Dn
Ffrisia, Ysdd. Gn. Yr Iseld. 42 D5 53.20G 5.00Dn

G

Gabès Tunisia 84 F5 33.52G 10.06Dn
Gabès, Gff. Tunisia 84 F5 34.00G 11.00Dn
Gabon Affrica 84 F1 0.00 12.00Dn
Gaborone Botswana 86 B2 24.45D 25.55Dn
Gadsden U.D.A. 65 I3 34.00G 86.00Gn
Gaer, Y Cymru 12 D3 51.54G 3.11Gn
Gaer, Y (Thornbury) Lloegr 10 C2 51.36G 2.31Gn
Gaeta Yr Eidal 50 E4 41.13G 13.35Dn
Gaeta, Gff. Môr Can. 50 E4 41.05G 13.30Dn
Gafsa Tunisia 84 E5 34.28G 8.43Dn
Gagarin Ffed. Rwsia 55 N6 55.38G 35.00Dn
Gagnon Canada 63 L3 51.56G 68.16Gn
Gagra Georgia 57 O5 43.21G 40.16Dn
Gainesville Fla. U.D.A. 65 J2 29.37G 82.31Gn
Gainesville Tex. U.D.A. 64 G3 33.37G 97.08Gn
Gainsborough Lloegr 15 G2 53.23G 0.46Gn
Gairdner, Ll. Awstralia 110 C2 31.30D 136.00Dn
Gair Loch Yr Alban 18 D2 57.43G 5.43Gn
Gairloch (Geàrrloch) tref Yr Alban 18 D2 57.43G 5.41Gn
Galana a. Kenya 87 B2 3.10D 40.10Dn
Galashiels Yr Alban 17 G3 55.37G 2.49Gn
Galati România 55 J1 45.27G 27.59Dn
Gala Water a. Yr Alban 17 F3 55.36G 2.48Gn
Gáldar Ysdd. Dedwydd 46 Y2 28.09G 15.40Gn
Galdhøpiggen m. Norwy 43 B3 61.38G 8.19Dn
Gallabat Sudan 94 E1 12.58G 36.09Dn
Galle Sri Lanka 97 G2 6.01G 80.13Dn
Galley, Pr. Gwer. Iwerdd. 20 C1 51.31G 8.57Gn
Gallinas, Pt. Colombia 71 J3 12.20G 71.30Gn
Gallipoli Yr Eidal 50 H4 40.02G 18.01Dn
Gallipoli = Gelibolu Twrci 56 H4 40.25G 26.31Dn
Gällivare Sweden 43 E4 67.10G 20.40Dn
Galloway, Pr. p. Yr Alban 16 E2 54.39G 4.52Gn
Galloway, Pr. Yr Alban 16 D2 54.50G 5.02Gn
Gallup U.D.A. 64 E4 35.32G 108.46Gn
Galole Kenya 87 C2 1.34D 40.01Dn
Galston Yr Alban 16 E3 55.36G 4.23Gn
Galty, Mdd. Gwer. Iwerdd. 20 C2 52.20G 8.10Gn
Galveston U.D.A. 65 H2 29.17G 94.48Gn
Galveston, Bae U.D.A. 65 H2 29.40G 94.40Gn
Galway Gwer. Iwerdd. 20 B3 53.17G 9.04Gn
Galway rhan. Gwer. Iwerdd. 20 B3 53.25G 9.00Gn
Galway, Bae Gwer. Iwerdd. 20 B3 53.12G 9.07Gn
Gambia Affrica 84 C3 13.30G 15.00Gn
Gambia a. Gambia 82 B6 13.28G 15.55Gn
Gambier, Ysdd. Cefn. Tawel 109 R4 23.10D 135.00Gn
Gamud m. Ethiopia 87 B3 4.08G 38.04Dn
Găncă Azerbaijan 58 G2 40.39G 46.20Dn
Gandadiwata, Bukit m. Indonesia 104 F3 2.45D 119.25Dn
Gander Canada 63 M2 48.58G 54.34Gn
Gandhidham India 96 E5 23.07G 70.10Dn
Gandhinagar India 96 E5 23.15G 72.45Dn
Gandía Sbaen 46 E3 38.59G 0.11Gn
Gand-i-Zureh diff. Afghan. 95 J4 30.00G 62.00Dn
Ganga (Ganges) a. India 97 I5 23.30G 90.25Dn
Ganga, Aberoedd A. India/Bangla. 97 H5 22.00G 89.35Dn
Gannett, Cp. m. U.D.A. 64 E5 43.10G 109.38Gn
Gansu rhan. China 103 I5 36.00G 103.00Dn
Gantamaa Somalia 87 C3 2.25G 41.49Dn
Ganzhou China 103 K3 25.52G 114.51Dn
Gao Mali 84 E3 16.19G 0.09Gn
Gaoxiong Taiwan 103 M2 22.36G 120.17Dn
Gap Ffrainc 44 G4 44.33G 6.05Dn
Gar China 102 E4 32.10G 80.00Dn
Gara, Loch Gwer. Iwerdd. 20 C3 53.56G 8.28Gn
Garanhuns Brasil 77 G4 8.53D 36.28Gn
Garbahaarey Somalia 87 C3 3.20G 42.11Dn
Garba Tula Kenya 87 B3 0.31G 38.30Dn
Gard a. Ffrainc 44 F3 43.52G 4.40Dn
Garda, Ll. Yr Eidal 50 D6 45.40G 10.40Dn
Gardēz Afghan. 95 K5 33.37G 69.07Dn
Garelochhead Yr Alban 16 E4 56.05G 4.49Gn
Garforth Lloegr 15 F2 53.48G 1.22Gn
Gargždai Lithuania 43 E1 55.42G 21.21Dn
Garissa Kenya 87 B2 0.27D 39.39Dn
Garmisch-Partenkirchen Yr Almaen 48 E2 47.30G 11.05Dn
Garonne a. Ffrainc 44 C4 45.00G 0.37Gn
Garoowe Somalia 85 I2 8.17G 48.20Dn
Garoua Cameroun 84 F2 9.17G 13.22Dn
Garron, Pt. G. Iwerddon 16 D3 55.03G 5.58Gn
Garry a. Yr Alban 18 E2 57.05G 4.49Gn
Garry, Loch Yr Alban 19 E1 56.47G 4.13Gn
Garsen Kenya 87 C2 2.18D 40.08Dn
Garstang Lloegr 14 E2 53.53G 2.47Gn
Garvagh G. Iwerddon 16 C2 54.59G 6.42Gn
Gary U.D.A. 65 I5 41.34G 87.20Gn
Gasa Asia 94 D5 31.20G 34.20Dn
Gascoyne a. Awstralia 110 A3 25.00D 113.40Dn
Gasgwyn, Gff. Ffrainc 44 B3 44.00G 2.40Gn
Gashua Nigeria 84 F3 12.53G 11.05Dn
Gaspé Canada 63 L2 48.50G 64.30Gn
Gaspé, Gor. Canada 63 L2 48.30G 65.00Gn
Gastonia U.D.A. 65 J4 35.14G 81.12Gn
Gata, P. p. Sbaen 46 D2 36.45G 2.11Gn
Gatehouse of Fleet Yr Alban 16 E2 54.53G 4.12Gn
Gateshead Lloegr 15 F3 54.57G 1.35Gn
Gävle Sweden 43 D3 60.41G 17.10Dn
Gaya India 97 H5 24.48G 85.00Dn
Gaya Niger 84 E3 11.52G 3.28Dn
Gaziantep Twrci 57 M2 37.04G 37.21Dn
Gdańsk Gw. Pwyl 54 F6 54.22G 18.38Dn
Gdańsk, Gff. Gw. Pwyl 54 F6 54.45G 19.15Dn
Gdynia Gw. Pwyl 54 F6 54.31G 18.30Dn
Geal Charn m. Yr Alban 19 F2 57.10G 3.31Gn
Gebze Twrci 57 I4 40.48G 29.26Dn
Gedaref Sudan 85 H3 14.01G 35.24Dn
Gediz Twrci 57 I3 39.04G 29.25Dn
Gediz a. Twrci 56 H3 38.37G 26.47Dn
Geel Gw. Belg 42 E3 51.10G 5.00Dn
Geelong Awstralia 110 D2 38.10D 144.26Dn
Gejiu China 103 I2 23.25G 103.05Dn
Gela Yr Eidal 50 F2 37.03G 14.15Dn
Gelderland rhan. Yr Iseld. 42 E4 52.05G 6.00Dn
Gelibolu (Gallipoli) Twrci 56 H4 40.25G 26.31Dn
Gelli, Y Cymru 12 D4 52.04G 3.09Gn
Gelli-gaer Cymru 12 D3 51.40G 3.18Gn
Gelsenkirchen Yr Almaen 48 C4 51.30G 7.05Dn
Gemlik Twrci 57 I4 40.26G 29.10Dn
Genale Wenz a. Ethiopia 87 C3 4.15G 42.10Dn
Genefa = Genève Y Swistir 44 G5 46.13G 6.09Dn
Genefa, Ll. Y Swistir 44 G5 46.30G 6.30Dn
General Santos Pili. 105 H5 6.05G 125.15Dn
Genil a. Sbaen 46 C2 37.42G 5.20Gn
Genk Gw. Belg 42 E2 50.58G 5.34Dn
Genova Yr Eidal 50 C6 44.24G 8.54Dn
Genova, Gff. Yr Eidal 50 C5 43.50G 8.55Dn
Gent Gw. Belg 42 C3 51.02G 3.42Dn
George a. Canada 63 L3 58.30G 66.00Gn
Georgetown Guyana 74 D7 6.48G 58.08Gn
George Town Malaysia 104 C5 5.30G 100.16Dn
Georgia Asia 58 G2 42.00G 43.30Dn
Georgia rhan. U.D.A. 65 J3 33.00G 83.00Gn
Georgia, De ys. Cefn. Iwerydd 75 F1 54.00D 37.00Gn
Georgian, Bae Canada 63 J2 45.15G 80.45Gn
Georgina a. Awstralia 110 C3 23.12D 139.33Dn
Georgiyevka Kazakhstan 102 E7 49.21G 81.35Dn
Gera Yr Almaen 48 F4 50.51G 12.11Dn
Geral de Goiás, Serra mdd. Brasil 77 F3 13.00D 45.40Gn
Geraldton Awstralia 110 A3 28.49D 114.36Dn
Gerona/ Girona Sbaen 46 G4 41.59G 2.49Dn
Gevgelija Macedonia 56 F4 41.09G 22.30Dn
Gexto Sbaen 46 D5 43.21G 3.01Gn
Geyik Dag m. Twrci 57 K2 36.53G 32.12Dn
Geyve Twrci 57 J4 40.32G 30.18Dn
Gezira n. Sudan 82 G6 14.30G 33.00Dn
Ghadames Libya 84 E5 30.10G 9.30Dn
Ghaem Shahr Iran 95 H6 36.28G 52.53Dn
Ghaghara a. India 97 G6 25.45G 84.50Dn
Ghana Affrica 84 D2 8.00G 1.00Gn
Ghardaïa Algeria 84 E5 32.20G 3.40Dn
Gharyān Libya 52 F3 32.10G 13.01Dn
Ghats Dwyreiniol mdd. India 97 G4 16.30G 80.30Dn
Ghats Gorllewinol mdd. India 96 E4 15.30G 74.30Dn
Ghazaouet Algeria 52 C4 35.08G 1.50Gn
Ghaziabad India 97 F6 28.40G 77.26Dn
Ghaznī Afghan. 95 K5 33.33G 68.28Dn
Ghazzah tref Gasa 94 D5 31.30G 34.28Dn
Gibraltar Ewrop 46 C2 36.07G 5.22Gn
Gibraltar, Cf. Affrica/Ewrop 46 C1 36.00G 5.25Gn
Gibson, Diffeithwch Awstralia 110 B3 23.10D 125.35Dn
Gīdolē Ethiopia 87 B4 5.38G 37.28Dn
Gien Ffrainc 44 E5 47.42G 2.38Dn
Giessen Yr Almaen 48 D4 50.35G 8.42Dn
Gifu Japan 106 C3 35.27G 136.50Dn
Gigha ys. Yr Alban 16 D3 55.41G 5.44Gn
Gijón Sbaen 46 C5 43.32G 5.40Gn
Gila a. U.D.A. 64 D3 32.45G 114.30Gn
Gilbert, Ysdd. Kiribati 111 G5 2.00D 175.00Dn
Gilf Kebir, Llwyfandir n. Yr Aifft 94 C3 23.30G 26.00Dn
Gilgil Kenya 87 B2 0.30D 36.19Dn
Gilgit Jammu a Kashmir 96 E8 35.54G 74.20Dn
Gillette U.D.A. 64 E5 44.18G 105.30Gn
Gillingham Caint Lloegr 11 F2 51.24G 0.33Dn
Gillingham Dorset Lloegr 10 C2 51.02G 2.17Gn
Gill, Loch Gwer. Iwerdd. 20 C4 54.15G 8.25Gn
Giluwe, M. P.G.N. 105 K2 6.06D 143.54Dn
Gilwern Cymru 12 D3 51.51G 3.06Gn
Gimbala, Jebel m. Sudan 85 G3 13.00G 24.20Dn
Gini, Gff. Affrica 82 D5 3.00G 3.00Dn
Giresun Twrci 57 N4 40.55G 38.25Dn
Girishk Afghan. 95 J5 31.48G 64.34Dn
Gironde a. Ffrainc 44 C4 45.35G 1.00Gn
Girvan Yr Alban 16 E3 55.15G 4.51Gn
Gisborne Seland Newydd 111 G2 38.41D 178.02Dn
Gisors Ffrainc 42 A1 49.17G 1.47Dn
Gizhiga Ffed. Rwsia 59 S4 62.00G 160.34Dn
Gjøvik Norwy 43 B3 60.47G 10.41Dn
Glace Bay tref Canada 63 M2 46.11G 60.00Gn
Glacier, Cp. m. U.D.A. 64 B6 48.07G 121.06Gn
Gladstone Awstralia 110 E3 23.52D 151.16Dn
Glanton Lloegr 15 F4 55.25G 1.53Gn
Glasgow U.D.A. 64 E6 48.12G 106.37Gn
Glasgow (Glaschu) Yr Alban 16 E3 55.52G 4.15Gn
Glasgow, Dinas rhan. Yr Alban 8 C4 55.52G 4.15Gn
Glass, Loch Yr Alban 19 E2 57.43G 4.30Gn
Glastonbury Lloegr 13 E3 51.09G 2.42Gn
Glenarm G. Iwerddon 16 D2 54.58G 5.58Gn
Glen Coe (Gleann Comhan) n. Yr Alban 16 E4 56.40G 4.55Gn
Glendale U.D.A. 64 D3 33.32G 112.11Gn
Glendive U.D.A. 64 F6 47.08G 104.42Gn
Glengad, Pr. Gwer. Iwerdd. 20 D5 55.20G 7.11Gn
Glen Garry n. Yr Alban 18 D2 57.03G 5.05Gn
Glengormley G. Iwerddon 16 D2 54.41G 5.59Gn
Glenluce Yr Alban 16 E2 54.53G 4.48Gn
Glen Mor n. Yr Alban 19 E2 57.15G 4.30Gn
Glen Moriston n. Yr Alban 18 E2 57.10G 4.50Gn
Glennallen U.D.A. 62 D4 62.08G 145.38Gn
Glenrothes Yr Alban 17 F4 56.12G 3.10Gn
Glen Shee n. Yr Alban 19 F1 56.50G 3.28Gn
Glinton Lloegr 11 E3 52.39G 0.17Gn
Gliwice Gw. Pwyl 54 F4 50.17G 18.40Dn
Głogów Gw. Pwyl 54 E4 51.40G 16.06Dn
Glomfjord tref Norwy 43 C4 66.49G 14.00Dn
Glorieuses, Ysdd. Cefn. India 86 D3 11.34D 47.19Dn
Glossop Lloegr 15 F2 53.27G 1.56Gn
Gloucester (Caerloyw) Lloegr 10 C2 51.52G 2.15Gn
Glusburn Lloegr 15 F2 53.54G 2.00Gn
Glyder Fawr m. Cymru 12 C5 53.06G 4.01Gn
Glynebwy tref Cymru 12 D3 51.47G 3.12Gn
Glyn-nedd Cymru 12 D3 51.45G 3.37Gn
Gmunden Awstria 54 D3 48.47G 14.59Dn
Gniezno Gw. Pwyl 54 E5 52.32G 17.32Dn
Goa rhan. India 96 E4 15.30G 74.00Dn
Goat Fell m. Yr Alban 16 D3 55.37G 5.12Gn
Gobabis Namibia 86 A2 22.30D 18.58Dn
Gobi diff. Asia 103 I6 43.30G 103.30Dn
Gobowen Lloegr 10 B3 52.54G 3.02Gn
Goch Yr Almaen 42 F3 51.41G 6.10Dn
Godalming Lloegr 11 E2 51.11G 0.37Gn
Godavari a. India 97 G4 16.40G 82.15Dn
Godmanchester Lloegr 11 E3 52.19G 0.11Gn
Godthåb/ Nuuk Grønland 63 M4 64.10G 51.40Gn
Goes Yr Iseld. 42 C3 51.30G 3.54Dn
Gogledd rhan. Yemen 94 F2 16.00G 44.00Dn
Gogledd-ddwyrain rhan. Kenya 87 C3 1.00G 40.00Dn
Goiânia Brasil 77 F3 16.43D 49.18Gn
Goiás rhan. Brasil 77 E3 15.00D 48.00Gn
Gökçeada ys. Twrci 56 G4 40.10G 25.51Dn
Göksun Twrci 57 M3 38.03G 36.30Dn
Gölcük Twrci 57 I4 40.44G 29.50Dn
Gold Coast tref Awstralia 110 E3 28.00D 153.22Dn
Golmud China 102 G5 36.23G 94.49Dn
Golpayegan Iran 95 H5 33.23G 50.18Dn
Golspie Yr Alban 19 F2 57.58G 3.58Gn
Gómez Palacio México 70 D6 25.39G 103.30Gn
Gonaïves Haiti 71 J4 19.29G 72.42Gn
Gonbad-e Kavus Iran 95 I6 37.15G 55.11Dn
Gonder Ethiopia 85 H3 12.39G 37.29Dn
Gondia India 97 G5 21.27G 80.12Dn
Gongga Shan m. China 103 I3 29.30G 101.30Dn
Goole Lloegr 15 G2 53.42G 0.52Gn
Goose, Ll. U.D.A. 64 B5 41.55G 120.25Gn
Gorakhpur India 97 G6 26.45G 83.23Dn
Gorebridge Yr Alban 17 F3 55.51G 3.02Gn
Gorey Gwer. Iwerdd. 20 E2 52.40G 6.18Gn
Gorgan Iran 95 H6 36.50G 54.29Dn
Goris Armenia 95 G6 39.31G 46.22Dn
Gorizia Yr Eidal 50 E6 45.58G 13.37Dn
Görlitz Yr Almaen 48 G4 51.09G 15.00Dn
Gorllewin rhan. Kenya 87 A3 0.30G 34.30Dn
Gorno-Altaysk Ffed. Rwsia 102 F8 51.57G 85.58Dn
Gornyak Ffed. Rwsia 102 E8 50.59G 81.30Dn
Gorontalo Indonesia 105 G4 0.33G 123.05Dn
Gors, Y n. Lloegr 11 F3 52.50G 0.10Dn
Gort Gwer. Iwerdd. 20 C3 53.03G 8.50Gn
Gorzów Wielkopolski Gw. Pwyl 54 D5 52.42G 15.12Dn
Gosberton Lloegr 11 E3 52.52G 0.09Gn
Gosford Awstralia 110 E2 33.25D 151.18Dn
Gosforth Cumbria Lloegr 14 D3 54.26G 3.27Gn
Gosforth T. a W. Lloegr 15 F4 55.02G 1.35Gn
Goshogawara Japan 106 D4 40.48G 140.27Dn
Gospić Croatia 56 B6 44.34G 15.23Dn
Gosport Lloegr 10 D1 50.48G 1.08Gn
Göteborg Sweden 43 B2 57.45G 12.00Dn
Gotha Yr Almaen 48 E4 50.57G 10.43Dn
Gotland ys. Sweden 43 D2 57.30G 18.30Dn
Göttingen Yr Almaen 48 D4 51.32G 9.57Dn
Gouda Yr Iseld. 42 D4 52.01G 4.43Dn
Gouin, Cr. Canada 63 K2 48.38G 74.54Gn
Goulburn Awstralia 110 D2 34.47D 149.43Dn
Gourdon Ffrainc 44 D4 44.45G 1.22Dn
Governador Valadares Brasil 77 F3 18.51D 42.00Gn
Gowna, Loch Gwer. Iwerdd. 20 D3 53.50G 7.34Gn
Goya Ariannin 77 E2 29.10D 59.20Gn
Gozo ys. Malta 50 F2 36.03G 14.16Dn
Graciosa ys. Ysdd. Dedwydd 46 Z2 29.15G 13.31Gn
Gradaús, Serra dos mdd. Brasil 77 E4 8.00D 50.30Gn
Grafham Water ll. Lloegr 11 E3 52.19G 0.16Gn
Grafton Awstralia 110 E3 29.40D 152.56Dn
Grafton U.D.A. 64 G6 48.28G 97.25Gn
Graham, Tir n. Antarctica 112 67.00D 60.00Gn
Grahamstown/ Grahamstad G.D.A. 86 B1 33.19D 26.32Dn
Grain Lloegr 11 F2 51.28G 0.43Dn
Grampian, Mdd. Yr Alban 19 E1 56.55G 4.00Gn
Granada Sbaen 46 D2 37.10G 3.35Gn
Gran Canaria ys. Ysdd. Dedwydd 46 Y1 28.00G 15.30Gn
Gran Chaco n. De America 75 C4 23.30D 60.00Gn
Grand Bahama ys. Bahamas 71 I6 26.35G 78.00Gn
Grand Canyon tref U.D.A. 64 D4 36.04G 112.07Gn
Grand Canyon n. U.D.A. 64 D4 36.15G 113.00Gn
Grand Cayman ys. Ysdd. Cayman 71 H4 19.20G 81.30Gn
Grande a. Bahia Brasil 77 F3 11.05D 43.09Gn
Grande a. Minas Gerais Brasil 77 E3 20.00D 51.00Gn
Grande, Bahía b. Ariannin 75 C1 50.45D 68.00Gn
Grande Prairie tref Canada 62 G3 55.10G 118.52Gn
Grand Falls tref Canada 63 M2 48.57G 55.40Gn
Grand Forks U.D.A. 64 G6 47.57G 97.05Gn
Grand Island tref U.D.A. 64 G5 40.56G 98.21Gn
Grand Junction U.D.A. 64 E4 39.04G 108.33Gn
Grand Manan, Ys. Canada 65 M5 44.40G 66.50Gn
Grândola Portiwgal 46 A3 38.10G 8.34Gn
Grand Rapids tref U.D.A. 65 I5 42.57G 85.40Gn
Grangemouth Yr Alban 17 F4 56.01G 3.44Gn
Grange-over-Sands Lloegr 14 E3 54.12G 2.55Gn
Gran Paradiso m. Yr Eidal 50 B6 45.31G 7.15Dn
Grantham Lloegr 10 E3 52.55G 0.39Gn
Grantown-on-Spey Yr Alban 19 F2 57.19G 3.38Gn
Grants Pass tref U.D.A. 64 B5 42.26G 123.20Gn
Grasse Ffrainc 44 G3 43.40G 6.56Dn
Grassington Lloegr 15 F3 54.04G 1.59Gn
Grave, Pt. Ffrainc 44 C4 45.35G 1.04Gn

Gravesend Lloegr 11 F2 51.27G 0.24Dn
Grays Lloegr 11 F2 51.29G 0.20Dn
Graz Awstria 54 D2 47.05G 15.22Dn
Great Abaco *ys.* Bahamas 71 I6 26.30G 77.00Gn
Great Baddow Lloegr 11 F2 51.43G 0.29Dn
Great Bear, Ll. Canada 62 G4 66.00G 120.00Gn
Great Bend *tref* U.D.A. 64 G4 38.22G 98.47Gn
Great Clifton Lloegr 14 D3 54.38G 3.30Gn
Great Cumbrae *ys.* Yr Alban 16 E3 55.45G 4.57Gn
Great Driffield Lloegr 15 G3 54.01G 0.26Gn
Great Dunmow Lloegr 11 F2 51.53G 0.22Dn
Great Exuma *ys.* Bahamas 71 I5 23.00G 76.00Gn
Great Falls *tref* U.D.A. 64 D6 47.30G 111.16Gn
Great Gonerby Lloegr 10 E3 52.56G 0.40Gn
Greatham Lloegr 15 F3 54.39G 1.14Gn
Great Harwood Lloegr 15 E2 53.48G 2.24Gn
Great Inagua *ys.* Bahamas 71 J5 21.00G 73.20Gn
Great Linford Lloegr 10 E3 52.03G 0.46Gn
Great Malvern Lloegr 10 C3 52.07G 2.19Gn
Great Nicobar *ys.* India 104 A5 7.00G 93.50Dn
Great Salt, Ll. U.D.A. 64 D5 41.10G 112.40Gn
Great Shelford Lloegr 11 F3 52.09G 0.08Dn
Great Slave, Ll. Canada 62 G4 61.30G 114.20Gn
Great Torrington Lloegr 13 C2 50.57G 4.09Gn
Great Victoria Desert Awstralia 110 B3 29.00D 127.30Dn
Great Yarmouth Lloegr 11 G3 52.36G 1.45Dn
Gréboun, M. Niger 82 D6 19.55G 8.35Dn
Greco, M. Yr Eidal 50 E4 41.48G 14.00Dn
Gredos, Sierra de *mdd.* Sbaen 46 C4 40.18G 5.20Gn
Greeley U.D.A. 64 F5 40.26G 104.43Gn
Green *a.* U.D.A. 64 E4 38.20G 109.53Gn
Green Bay *tref* U.D.A. 65 I5 44.32G 88.00Gn
Greenlaw Yr Alban 17 G3 55.43G 2.28Gn
Greenock Yr Alban 16 E3 55.57G 4.45Gn
Greenore, Pwynt Gwer. Iwerdd. 12 A4 52.20G 6.30Gn
Greensboro U.D.A. 65 K4 36.03G 79.50Gn
Greenstone, Pt. Yr Alban 18 D2 57.55G 5.37Gn
Greenville D.C. U.D.A. 65 J3 34.52G 82.25Gn
Greenville Miss. U.D.A. 65 H3 33.23G 91.03Gn
Greifswald Yr Almaen 48 F6 54.06G 13.24Dn
Grenå Denmarc 43 B2 56.25G 10.53Dn
Grenada Cb. America 71 L3 12.15G 61.45Gn
Grenade Ffrainc 44 D3 43.47G 1.10Dn
Grenadines, Y *ysdd.* Ysdd. Windward 71 L3 12.35G 61.20Gn
Grenoble Ffrainc 44 F4 45.11G 5.43Dn
Greta *a.* Lloegr 15 F3 54.31G 1.52Gn
Gretna Yr Alban 17 F2 55.00G 3.04Gn
Grey, Cn. *mdd.* Awstralia 110 D3 28.30D 142.15Dn
Grimsby Lloegr 15 G2 53.35G 0.05Gn
Grímsey *ys.* Gw. yr Iâ 43 Y2 66.33G 18.00Gn
Grímsvötn *m.* Gw. yr Iâ 43 Y2 64.30G 17.10Gn
Grodno Belarus 55 H5 53.40G 23.50Dn
Grodzisk Wielkopolski Gw. Pwyl 54 E5 52.14G 16.22Dn
Groeg Ewrop 56 E3 39.00G 22.00Dn
Groningen Yr Iseld. 42 F5 53.13G 6.35Dn
Groningen *rhan.* Yr Iseld. 42 F5 53.15G 6.45Dn
Grønland/ Kalaallit Nunaat G. America 63 N4 68.00G 45.00Gn
Groote Eylandt *ys.* Awstralia 110 C4 14.00D 136.30Dn
Grosseto Yr Eidal 50 D5 42.46G 11.08Dn
Grossglockner *m.* Awstria 54 C2 47.05G 12.50Dn
Groundhog *a.* Canada 63 J3 49.40G 82.06Gn
Groznyy Ffed. Rwsia 58 G2 43.21G 45.42Dn
Grudziądz Gw. Pwyl 54 F5 53.29G 18.45Dn
Gruinard, Bae Yr Alban 18 D2 57.52G 5.26Gn
Guadalajara México 70 D5 20.30G 103.20Gn
Guadalajara Sbaen 46 D4 40.37G 3.10Gn
Guadalcanal *ys.* Ysdd. Solomon 111 E5 9.30D 160.00Dn
Guadalete *a.* Sbaen 46 B2 36.37G 6.15Gn
Guadalope *a.* Sbaen 46 E4 41.15G 0.03Gn
Guadalquivir *a.* Sbaen 46 B2 36.50G 6.20Gn
Guadalupe *ys.* México 64 C2 29.00G 118.25Gn
Guadalupe, Sierra de *mdd.* Sbaen 46 C3 39.30G 5.25Gn
Guadarrama, Sierra de *mdd.* Sbaen 46 D4 41.00G 3.50Gn
Guadeloupe Cb. America 71 L4 16.20G 61.40Gn
Guadiana *a.* Portiwgal 46 B2 37.10G 7.36Gn
Guadix Sbaen 46 D2 37.19G 3.08Gn
Guajira, Gor. Colombia 71 J3 12.00G 72.00Gn
Guam *ys.* Cefn. Tawel 105 K6 13.30G 144.40Dn
Guanajuato México 70 D5 21.00G 101.16Gn
Guanajuato *rhan.* México 70 D5 21.00G 101.00Gn
Guanare Venezuela 71 K2 9.04G 69.45Gn
Guangdong *rhan.* China 103 K2 23.00G 113.00Dn
Guangxi *rhan.* China 103 J2 23.50G 109.00Dn
Guangyuan China 103 J4 32.29G 105.55Dn
Guangzhou China 103 K2 23.20G 113.30Dn
Guanipa *a.* Venezuela 71 L2 10.00G 62.20Gn
Guantánamo Cuba 71 I5 20.09G 75.14Gn
Guaporé *a.* Brasil 76 D3 12.00D 65.15Gn
Guarapuava Brasil 77 E2 25.22D 51.28Gn
Guara, Sierra de *mdd.* Sbaen 46 E5 42.20G 0.00
Guarda Portiwgal 46 B4 40.32G 7.17Gn
Guatemala Cb. America 70 F4 15.40G 90.00Gn
Guaviare *a.* Colombia 74 C7 4.00G 67.35Gn
Guayaquil Ecuador 76 C4 2.13D 79.54Gn
Guayaquil, Gff. Ecuador 76 B4 2.30D 80.00Gn
Guaymas México 70 B6 27.59G 110.54Gn
Guba Ethiopia 85 H3 11.17G 35.20Dn
Gubkin Ffed. Rwsia 55 O4 51.18G 37.32Dn
Gudbrandsdalen *n.* Norwy 43 B3 62.00G 9.10Dn
Gudong *a.* China 106 A4 42.52G 128.04Dn
Guelma Algeria 52 E4 36.28G 7.26Dn
Guelmine Moroco 84 D4 28.56G 10.04Gn
Guéret Ffrainc 44 D5 46.10G 1.52Dn
Guernsey *ys.* Ysdd. y Sianel 13 Y9 49.27G 2.35Gn
Guerrero *rhan.* México 70 D4 18.00G 100.00Gn
Guge *m.* Ethiopia 87 B4 6.16G 37.25Dn
Guiana, Ucheld. De America 74 D7 4.00G 59.00Gn
Guildford Lloegr 11 E2 51.14G 0.35Gn
Guilin China 103 K3 25.21G 110.11Dn
Guinea Gyhydeddol Affrica 84 E2 1.30G 10.30Dn
Guinea Newydd *ys.* Austa. 110 D5 5.00D 140.00Dn
Guiné-Bissau Affrica 84 C3 12.00G 15.30Gn
Guinée Affrica 84 C3 10.30G 10.30Gn
Guînes Ffrainc 42 A2 50.52G 1.52Dn
Güiria Venezuela 71 L3 10.37G 62.21Gn
Guisborough Lloegr 15 F3 54.32G 1.02Gn
Guise Ffrainc 42 C1 49.54G 3.39Dn
Guiyang China 103 J3 26.35G 106.40Dn
Guizhou *rhan.* China 103 J3 27.00G 106.30Dn
Gujarat *rhan.* India 96 E5 22.45G 71.30Dn
Gujranwala Pakistan 96 E7 32.06G 74.11Dn
Gulbarga India 96 F4 17.22G 76.47Dn
Gullane Yr Alban 17 G4 56.02G 2.49Gn
Gulu Uganda 86 C5 2.46G 32.21Dn
Gumdag Turkmenistan 95 H6 39.14G 54.33Dn
Gümüshane Twrci 57 N4 40.26G 39.26Dn
Guna India 96 F5 24.39G 77.19Dn
Gunnbjørn Fjeld *m.* Grønland 63 P4 68.54G 29.48Gn
Guntur India 97 G4 16.20G 80.27Dn
Gurgueia *a.* Brasil 77 F4 6.45D 43.35Gn
Gurupi *a.* Brasil 77 F4 1.13D 46.06Gn
Gushgy Turkmenistan 95 J6 35.14G 62.15Dn
Guwahati India 97 I6 26.05G 91.55Dn
Guyana De America 74 D7 5.00G 59.00Gn
Guyane Ffrengig De America 74 D7 3.40G 53.00Gn
Gwadar Pakistan 96 C6 25.09G 62.21Dn
Gwalior India 97 F6 26.12G 78.09Dn
Gwastadeddau Mawr *n.* G. America 60 I6 45.00G 100.00Gn
Gweebarra, Bae Gwer. Iwerdd. 20 C4 54.52G 8.30Gn
Gweriniaeth Tsiec Ewrop 54 D3 49.30G 15.00Dn
Gweru Zimbabwe 86 B3 19.25D 29.50Dn
Gwlad Thai, Gff. Asia 104 C6 11.00G 101.00Dn
Gwlad yr Haf *rhan.* Lloegr 9 D2 51.09G 3.00Gn
Gwlad yr Haf, G. *rhan.* Lloegr 9 D2 51.20G 2.45Gn
Gwlad yr Iâ Ewrop 43 Y2 64.45G 18.00Gn
Gwlff, Y Asia 95 H4 27.00G 50.00Dn
Gwy *a.* D.U. 12 E3 51.37G 2.40Gn
Gwynedd *rhan.* Cymru 9 D3 53.00G 4.00Gn
Gŵyr *gor.* Cymru 12 C3 51.37G 4.10Gn
Gydanskiy, Gor. Ffed. Rwsia 58 J5 70.00G 78.30Dn
Gyöngyös Hwngari 54 F2 47.47G 19.56Dn
Györ Hwngari 54 E2 47.41G 17.40Dn
Gypsumville Canada 62 I3 51.47G 98.38Gn
Gyzylarbat Turkmenistan 95 I6 39.00G 56.23Dn

H

Haapajärvi Y Ffindir 43 F3 63.45G 25.20Dn
Haapsalu Estonia 43 E2 58.58G 23.32Dn
Haarlem Yr Iseld. 42 D4 52.22G 4.38Dn
Habaswein Kenya 87 B3 1.06G 39.26Dn
Habban Yemen 95 G1 14.21G 47.04Dn
Hachijō-jima *ys.* Japan 106 C2 33.00G 139.50Dn
Hachinohe Japan 106 D4 40.30G 141.30Dn
Haddington Yr Alban 17 G3 55.57G 2.47Gn
Haderslev Denmarc 43 B1 55.15G 9.30Dn
Hadhramaut *n.* Yemen 95 G2 16.30G 49.30Dn
Hadleigh Lloegr 11 F3 52.03G 0.58Dn
Haĕabja Iraq 95 G6 35.11G 45.59Dn
Haeju G. Korea 103 N5 38.04G 125.40Dn
Hafren *a.* Lloegr 10 C2 51.50G 2.21Gn
Hafren, Môr Lloegr/Cymru 13 D3 51.17G 3.20Gn
Hagadera Kenya 87 C3 0.01G 40.21Dn
Hagar Nish, Llwyfandir *n.* Eritrea 94 E2 17.00G 38.00Dn
Hagen Yr Almaen 42 G3 51.22G 7.27Dn
Hag, Pr. Gwer. Iwerdd. 20 B2 52.56G 9.29Gn
Hai Tanzania 87 B2 3.19D 37.08Dn
Haifa = Hefa Israel 94 D5 32.49G 34.59Dn
Haikou China 103 K1 20.05G 110.25Dn
Ha'il Saudi Arabia 94 F4 27.31G 41.45Dn
Hailar China 103 L7 49.15G 119.41Dn
Hailsham Lloegr 11 F1 50.52G 0.17Dn
Hainan *ys.* China 103 J1 18.30G 109.40Dn
Hainaut *rhan.* Gw. Belg 42 C2 50.30G 3.45Dn
Haines U.D.A. 62 E3 59.11G 135.23Gn
Hai Phong Viet Nam 104 D8 20.58G 106.41Dn
Haiti Cb. America 71 J4 19.00G 73.00Gn
Haiya Sudan 94 E2 18.17G 36.21Dn
Hajmah Oman 95 I2 19.55G 56.15Dn
Hakodate Japan 106 D4 41.46G 140.44Dn
Halab (Aleppo) Syria 94 E6 36.14G 37.10Dn
Halden Norwy 43 B2 59.08G 11.13Dn
Halesowen Lloegr 10 C3 52.27G 2.02Gn
Halesworth Lloegr 11 G3 52.21G 1.30Dn
Halifax Canada 63 L2 44.38G 63.35Gn
Halifax Lloegr 15 F2 53.43G 1.51Gn
Halkirk Yr Alban 19 F3 58.30G 3.30Gn
Halladale *a.* Yr Alban 19 F3 58.32G 3.53Gn
Hall Beach *tref* Canada 63 J4 68.40G 81.30Gn
Halle Gw. Belg 42 D2 50.45G 4.14Dn
Halle Yr Almaen 48 E4 51.28G 11.58Dn
Hall's Creek *tref* Awstralia 110 B4 18.13D 127.39Dn
Hall, Ysdd. Tal. Ffed. Micronesia 108 K7 8.37G 152.00Dn
Halmahera *ys.* Indonesia 105 H4 0.45G 128.00Dn
Halmstad Sweden 43 C2 56.41G 12.55Dn
Halstead Lloegr 11 F2 51.57G 0.39Dn
Haltwhistle Lloegr 15 E3 54.58G 2.27Gn
Ham Ffrainc 42 C1 49.45G 3.04Dn
Hamadan Iran 95 G5 34.47G 48.33Dn
Ḩamāh Syria 94 E6 35.09G 36.44Dn
Hamamatsu Japan 106 C2 34.42G 137.42Dn
Hamar Norwy 43 B3 60.47G 10.55Dn
Hambleton, Bryniau Lloegr 15 F3 54.15G 1.11Gn
Hamburg Yr Almaen 48 D5 53.33G 10.00Dn
Hämeenlinna Y Ffindir 43 F3 61.00G 24.25Dn
Hamersley, Cn. *mdd.* Awstralia 110 A3 22.00D 118.00Dn
Hamhŭng G. Korea 103 N5 39.54G 127.35Dn
Hami China 102 G6 42.40G 93.30Dn
Hamilton Bermuda 71 L7 32.18G 64.48Gn
Hamilton Canada 65 K5 43.15G 79.50Gn
Hamilton Seland Newydd 111 G2 37.47D 175.17Dn
Hamilton Yr Alban 16 E3 55.46G 4.02Gn
Hamim, Wadi al *a.* Libya 53 H3 32.06G 23.58Dn
Hamina Y Ffindir 43 F3 60.33G 27.15Dn
Hamm Yr Almaen 48 C4 51.40G 7.49Dn
Hammamet, Gff. Tunisia 52 F4 36.05G 10.40Dn
Hammerdal Sweden 43 C3 63.35G 15.20Dn
Hammerfest Norwy 43 E5 70.40G 23.44Dn
Hampshire *rhan.* Lloegr 9 E2 51.10G 1.20Gn
Hampshire, Downs *bryniau* Lloegr 10 D2 51.18G 1.25Gn
Hamstreet Lloegr 11 F2 51.03G 0.52Dn
Hamun-e Jaz Murian *ll.* Iran 95 I4 27.00G 59.20Dn
Hāmūn-i-Māshkel *ll.* Pakistan 95 J4 28.15G 63.00Dn
Hanamaki Japan 106 D3 39.23G 141.07Dn
Handan China 103 K5 36.37G 114.26Dn
Handa, Ys. Yr Alban 18 D3 58.23G 5.12Gn
Handeni Tanzania 87 B1 5.26D 38.02Dn
Hanggin Houqi China 103 J6 40.52G 107.04Dn
Hangzhou China 103 M4 30.10G 120.07Dn
Hannibal U.D.A. 65 H4 39.41G 91.25Gn
Hannover Yr Almaen 48 D5 52.23G 9.44Dn
Ha Nôi (Hanoi) Viet Nam 104 D8 21.01G 105.52Dn
Hantsavichy Belarus 55 J5 52.49G 26.29Dn
Hanzhong China 103 J4 33.08G 107.04Dn
Haparanda Sweden 43 E4 65.50G 24.05Dn
Happy Valley-Goose Bay *tref* Canada 63 L3 53.16G 60.14Gn
Harare Zimbabwe 86 C3 17.43D 31.05Dn
Harbin China 103 N7 45.45G 126.41Dn
Hardangervidda *n.* Norwy 43 A3 60.20G 8.00Dn
Harderwijk Yr Iseld. 42 E4 52.21G 5.37Dn
Haren Yr Almaen 42 G4 52.48G 7.15Dn
Hargeisa Somalia 85 I2 9.31G 44.02Dn
Hargele Ethiopia 87 C4 5.19G 42.04Dn
Har Hu *ll.* China 102 H5 38.20G 97.40Dn
Hari *a.* Afghan. 95 J6 35.42G 61.12Dn
Haría Ysdd. Dedwydd 46 Z2 29.09G 13.30Gn
Harlech Cymru 12 C4 52.52G 4.08Gn
Harleston Lloegr 11 G3 52.25G 1.18Dn
Harlingen/Harns Yr Iseld. 42 E5 53.10G 5.25Dn
Harlow Lloegr 11 F2 51.47G 0.08Dn
Harney, Basn *n.* U.D.A. 64 C5 43.20G 119.00Gn
Härnösand Sweden 43 D3 62.37G 17.55Dn
Har Nuur *ll.* Mongolia 102 G7 48.10G 93.30Dn
Harpenden Lloegr 11 E2 51.49G 0.22Gn
Harray, Loch Yr Alban 19 F4 59.03G 3.15Gn
Harricana *a.* Canada 63 K3 51.10G 79.45Gn
Harris *ys.* Yr Alban 18 C2 57.50G 6.55Gn
Harris, Sn. Yr Alban 18 B2 57.43G 7.05Gn
Harrisburg U.D.A. 65 K5 40.35G 76.59Gn
Harrison, P. Canada 63 M3 55.00G 58.00Gn
Harrogate Lloegr 15 F2 53.59G 1.32Gn
Hârsova România 57 H6 44.41G 27.56Dn
Harstad Norwy 43 D5 68.48G 16.30Dn
Harteigan *m.* Norwy 43 A3 60.11G 7.05Dn
Harter Fell *m.* Lloegr 14 E3 54.27G 2.51Gn
Hart Fell *m.* Yr Alban 17 F3 55.25G 3.25Gn
Hartford U.D.A. 65 L5 41.40G 72.51Gn
Hartland Lloegr 13 C2 50.59G 4.29Gn
Hartland, Pt. Lloegr 13 C3 51.01G 4.32Gn
Hartlepool Lloegr 15 F3 54.42G 1.11Gn
Hartlepool *rhan.* Lloegr 9 E4 54.42G 1.11Gn
Har Us Nuur *ll.* Mongolia 102 G7 48.10G 92.10Dn
Harwich Lloegr 11 G2 51.56G 1.18Dn
Haryana *rhan.* India 96 F6 29.15G 76.00Dn
Haslemere Lloegr 10 E2 51.05G 0.41Gn
Hasselt Gw. Belg 42 E2 50.56G 5.20Dn
Hassi Messaoud Algeria 84 E5 31.43G 6.03Dn
Hässleholm Sweden 43 C2 56.09G 13.45Dn
Hastings Lloegr 11 F1 50.51G 0.36Dn
Hatfield Lloegr 15 F2 53.36G 0.59Gn
Ha Tinh Viet Nam 104 D7 18.21G 105.55Dn
Hatteras, P. U.D.A. 65 K4 35.14G 75.31Gn
Hattiesburg U.D.A. 65 I3 31.25G 89.19Gn
Haud *n.* Ethiopia 85 I2 8.00G 46.00Dn
Haugesund Norwy 43 A2 59.25G 5.16Dn
Haukivesi *ll.* Y Ffindir 43 G3 62.10G 28.30Dn
Haut Folin *m.* Ffrainc 44 E5 47.00G 4.00Dn
Havant Lloegr 10 E1 50.51G 0.59Gn
Havel *a.* Yr Almaen 48 F5 52.51G 11.57Dn
Haverhill Lloegr 11 F3 52.06G 0.27Dn
Havre U.D.A. 64 E6 48.34G 109.45Gn
Havre-St.-Pierre Canada 63 L3 50.15G 63.36Gn
Hawaii *ys.* Ysdd. Hawaii 108 P8 19.30G 155.30Gn
Hawaii, Ysdd. Cefn. Tawel 108 O9 21.00G 160.00Gn
Hawes Lloegr 15 E3 54.18G 2.12Gn
Haweswater, Cr. Lloegr 14 E3 54.30G 2.45Gn
Hawick Yr Alban 17 G3 55.25G 2.47Gn
Hawke, Bae Seland Newydd 111 G2 39.18D 177.15Dn
Hawkhurst Lloegr 11 F2 51.02G 0.31Dn
Hawthorne U.D.A. 64 C4 38.13G 118.37Gn
Haxby Lloegr 15 F3 54.02G 1.06Gn
Hay Awstralia 110 D2 34.21D 144.31Dn
Hay *a.* Canada 62 G3 60.49G 115.52Gn
Haydarabad Iran 94 G6 37.09G 45.27Dn
Haydon Bridge Lloegr 15 E3 54.58G 2.14Gn
Hayle Lloegr 13 B2 50.12G 5.25Gn
Hay River *tref* Canada 62 G4 60.51G 115.42Gn
Haywards Heath *tref* Lloegr 11 E1 51.00G 0.05Gn
Hazarajat *n.* Afghan. 95 K5 33.00G 66.00Dn
Hazebrouck Ffrainc 42 B2 50.43G 2.32Dn
Heacham Lloegr 11 F3 52.55G 0.30Dn
Headcorn Lloegr 11 F2 51.11G 0.37Dn
Heanor Lloegr 15 F2 53.01G 1.20Gn
Heathfield Lloegr 11 F1 50.58G 0.18Dn
Hebei *rhan.* China 103 L5 39.20G 117.15Dn
Hebrides Allanol *ysdd.* Yr Alban 18 B2 58.00G 7.35Gn
Hebron = Al-Khalil Gw. Iorddonen 94 E5 31.32G 35.06Dn
Hecate, Cf. Canada 62 E3 53.00G 131.00Gn
Hechi China 103 J2 24.42G 108.02Dn
Heckington Lloegr 15 G1 52.59G 0.18Gn
Hede Sweden 43 C3 62.27G 13.30Dn
Heerlen Yr Iseld. 42 E2 50.53G 5.59Dn
Heerneveen/Hearrenfean Yr Iseld. 42 E4 52.57G 5.55Dn
Hefa (Haifa) Israel 94 D5 32.49G 34.59Dn
Hefei China 103 L4 31.55G 117.18Dn
Hegang China 103 O7 47.36G 130.30Dn
Heidelberg Yr Almaen 48 D3 49.25G 8.42Dn
Heighington Lloegr 15 G2 53.12G 0.28Gn
Heilbronn Yr Almaen 48 D3 49.08G 9.14Dn
Heilongjiang *rhan.* China 103 N7 47.00G 126.00Dn
Heinola Y Ffindir 43 F3 61.13G 26.05Dn
Hekla *m.* Gw. yr Iâ 43 Y2 64.00G 19.45Gn
Helena U.D.A. 64 D6 46.35G 112.00Gn
Helensburgh Yr Alban 16 E4 56.01G 4.44Gn
Helgoland, Bae Yr Almaen 48 D6 54.00G 8.15Dn
Hellín Sbaen 46 E3 38.31G 1.43Gn
Helmand *a.* Asia 95 J5 31.10G 61.20Dn
Helmond Yr Iseld. 42 E3 51.28G 5.40Dn
Helmsdale Yr Alban 19 F3 58.08G 3.40Gn
Helmsdale *a.* Yr Alban 19 F3 58.06G 3.40Gn
Helmsley Lloegr 15 F3 54.14G 1.04Gn
Helong China 106 A4 42.38G 128.58Dn
Helsingborg Sweden 43 C2 56.05G 12.45Dn
Helsingør Denmarc 43 C2 56.03G 12.38Dn
Helsinki/Helsingfors Y Ffindir 43 F3 60.08G 25.00Dn
Helston Lloegr 13 B2 50.07G 5.17Gn
Helvellyn *m.* Lloegr 14 D3 54.31G 3.00Gn
Hemel Hempstead Lloegr 11 E2 51.46G 0.28Gn
Henan *rhan.* China 103 K4 33.45G 113.00Dn
Henares *a.* Sbaen 46 D4 40.26G 3.35Gn
Hen Bentir Kinsale *p.* Gwer. Iwerdd. 20 C1 51.37G 8.33Gn
Henderson, Ys. Cefn. Tawel 109 S4 24.20D 128.20Gn
Hendon Lloegr 11 E2 51.35G 0.14Gn
Hendy-gwyn Cymru 12 C3 51.49G 4.38Gn
Henfield Lloegr 11 E1 50.56G 0.17Gn
Henffordd (Hereford) Lloegr 10 C3 52.04G 2.43Gn
Henffordd *rhan.* Lloegr 9 D3 52.04G 2.43Gn
Hengelo Yr Iseld. 42 F4 52.16G 6.46Dn
Hengoed Cymru 12 D3 51.39G 3.14Gn
Hengyang China 103 K3 26.58G 112.31Dn
Heniches'k Ukrain 55 N2 46.10G 34.49Dn
Henley-on-Thames Lloegr 10 E2 51.32G 0.53Gn
Hennef Yr Almaen 42 G2 50.47G 7.17Dn
Henrietta Maria, P. Canada 63 J3 55.00G 82.15Gn
Henzada Myanmar 97 J4 17.38G 95.35Dn
Herat Afghan. 95 J5 34.21G 62.10Dn
Hereford (Henffordd) Lloegr 10 C3 52.04G 2.43Gn
Herm *ys.* Ysdd. y Sianel 13 Y9 49.28G 2.27Gn
Herma Ness *p.* Yr Alban 19 Z9 60.50G 0.54Gn
Hermosillo México 70 B6 29.15G 110.59Gn
Herne Yr Almaen 42 G3 51.32G 7.12Dn
Herne Bay *tref* Lloegr 11 G2 51.23G 1.10Dn
Herning Denmarc 43 B2 56.08G 9.00Dn
Hertford Lloegr 11 E2 51.48G 0.05Gn
Hertford *rhan.* Lloegr 9 E2 51.51G 0.05Gn
Heswall Lloegr 14 D2 53.20G 3.06Gn
Hetton Lloegr 15 E3 54.01G 2.05Gn
Hexham Lloegr 15 E3 54.58G 2.06Gn
Heysham Lloegr 14 E3 54.03G 2.53Gn
Heywood Lloegr 15 E2 53.36G 2.13Gn
Hidaka-sammyaku *mdd.* Japan 106 D4 42.50G 143.00Dn
Hidalgo *rhan.* México 70 E5 20.50G 98.30Gn
Hidalgo del Parral México 70 C6 26.58G 105.40Gn
Higashi-suidō *cf.* Japan 106 A2 34.00G 129.30Dn
Higham Ferrers Lloegr 11 E3 52.18G 0.36Gn
Highbridge Lloegr 13 E3 51.13G 2.59Gn
Highclere Lloegr 10 D2 51.22G 1.22Gn
High Peak *m.* Lloegr 15 F2 53.22G 1.48Gn
High Seat *bryn* Lloegr 15 E3 54.23G 2.18Gn
Highworth Lloegr 10 D2 51.38G 1.42Gn
High Wycombe Lloegr 10 E2 51.38G 0.46Gn
Hiiumaa *ys.* Estonia 43 E2 58.50G 22.30Dn
Hijaz *n.* Saudi Arabia 94 E4 26.00G 37.30Dn
Hildesheim Yr Almaen 48 D5 52.09G 9.58Dn
Hillerød Denmarc 43 C1 55.56G 12.18Dn
Hillside Yr Alban 19 G1 56.45G 2.29Gn
Hilpsford, Pt. Lloegr 14 D3 54.02G 3.10Gn
Hilversum Yr Iseld. 42 E4 52.14G 5.12Dn
Himachal Pradesh *rhan.* India 96 F7 31.45G 77.30Dn
Himalaya *mdd.* Asia 97 G6 29.00G 84.00Dn
Hinckley Lloegr 10 D3 52.33G 1.21Gn
Hinderwell Lloegr 15 G3 54.32G 0.46Gn
Hindhead Lloegr 10 E2 51.06G 0.42Gn
Hindley Lloegr 14 E2 53.32G 2.35Gn
Hindu Kush *mdd.* Asia 95 K6 36.40G 70.00Dn
Hinnøya *ys.* Norwy 43 C5 68.30G 16.00Dn
Hiraman *a.* Kenya 87 B2 1.05D 39.55Dn
Hirosaki Japan 106 D4 40.34G 140.28Dn
Hiroshima Japan 106 B2 34.30G 132.27Dn
Hirson Ffrainc 42 D1 49.56G 4.05Dn
Hirwaun Cymru 12 D3 51.43G 3.30Gn
Hispaniola *ys.* Cb. America 71 J5 20.00G 71.00Gn
Hitachi Japan 106 D3 36.35G 140.40Dn
Hitchin Lloegr 11 E2 51.57G 0.16Gn
Hitra *ys.* Norwy 43 B3 63.30G 8.50Dn
Hiva Oa *ys.* Ysdd. Marquises 109 R5 9.45D 139.00Gn
Hjälmaren *ll.* Sweden 43 C2 59.10G 15.45Dn
Hjørring Denmarc 43 B2 57.28G 9.59Dn
Hlybokaye Belarus 55 J6 55.07G 27.42Dn
Hobart Awstralia 110 D1 42.54D 147.18Dn
Hobro Denmarc 43 B2 56.38G 9.48Dn
Hô Chi Minh Viet Nam 104 D6 10.46G 106.43Dn
Hoddesdon Lloegr 11 E2 51.46G 0.01Gn
Hodeida = Al Hudayah Yemen 94 F1 14.50G 42.58Dn
Hodnet Lloegr 10 C3 52.51G 2.35Gn
Hoek van Holland Yr Iseld. 42 D3 51.59G 4.08Dn
Hof Yr Almaen 48 E4 50.19G 11.56Dn
Höfn Gw. yr Iâ 43 Z2 64.16G 15.10Gn
Hofsjökull *m.* Gw. yr Iâ 43 Y2 64.50G 19.00Gn
Hofūf = Al Hufūf Saudi Arabia 95 G4 25.20G 49.34Dn
Hohhot China 103 K6 40.49G 111.37Dn
Hokkaidō *ys.* Japan 106 D4 43.00G 144.00Dn
Holbæk Denmarc 43 B1 55.42G 11.41Dn
Holbeach Lloegr 11 F3 52.48G 0.01Dn
Holbeach, Cors Lloegr 11 F3 52.50G 0.05Dn
Holbrook U.D.A. 64 D3 34.58G 110.00Gn
Holderness *n.* Lloegr 15 G2 53.45G 0.05Gn
Holguín Cuba 71 I5 20.54G 76.15Gn
Hollabrunn Awstria 54 E3 48.34G 16.05Dn
Holland, De *rhan.* Yr Iseld. 42 D3 52.00G 4.30Dn
Holland, G. *rhan.* Yr Iseld. 42 D4 52.37G 4.50Dn
Hollesley, Bae Lloegr 11 G3 52.02G 1.33Dn
Hollington Lloegr 11 F1 50.51G 0.32Dn
Hollingworth Lloegr 15 F2 53.28G 1.59Gn
Holme-on-Spalding-Moor Lloegr 15 G2 53.50G 0.47Gn
Holmfirth Lloegr 15 F2 53.34G 1.48Gn
Holon Israel 94 D5 32.01G 34.46Dn
Holstebro Denmarc 43 B2 56.22G 8.38Dn
Holsworthy Lloegr 13 C2 50.48G 4.21Gn
Holt Lloegr 11 G3 52.55G 1.04Dn
Holy,Ys. Lloegr 15 F4 55.41G 1.47Gn
Homa Bay *tref* Kenya 87 A2 0.32D 34.27Dn
Homayunshahr Iran 95 H5 32.42G 51.28Dn
Homburg Yr Almaen 42 G1 49.19G 7.20Dn
Home, Bae Canada 63 L4 69.00G 66.00Gn
Homs Syria 94 E5 34.44G 36.43Dn
Homyel Belarus 55 L5 52.25G 31.00Dn
Hondo *a.* México 70 G4 18.33G 88.22Gn
Honduras Cb. America 70 G4 15.00G 87.00Gn
Honduras, Gff. Môr Caribî 60 K3 16.20G 87.30Gn
Hønefoss Norwy 43 B3 60.10G 10.16Dn
Hong Kong China 103 K2 22.30G 114.10Dn
Honiara Ysdd. Solomon 111 E5 9.27D 159.57Dn
Honiton Lloegr 13 D2 50.48G 3.13Gn
Honley Lloegr 15 F2 53.34G 1.46Gn
Honolulu Ysdd. Hawaii 108 P9 21.19G 157.50Gn
Honshū *ys.* Japan 106 C3 36.00G 138.00Dn
Hood, M. U.D.A. 64 B6 45.23G 121.41Gn
Hood, Pt. Awstralia 110 A2 34.23D 119.34Dn
Hoogeveen Yr Iseld. 42 F4 52.44G 6.29Dn
Hook Lloegr 10 E2 51.17G 0.55Gn
Hook, Pr. Gwer. Iwerdd. 20 E2 52.07G 6.55Gn
Hooper Bay *tref* U.D.A. 62 B4 61.29G 166.10Gn
Hoorn Yr Iseld. 42 E4 52.38G 5.03Dn
Hopedale Canada 63 L3 55.30G 60.10Gn
Hope, Loch Yr Alban 19 E3 58.27G 4.38Gn
Hope, Pt. U.D.A. 59 V4 68.00G 167.00Gn
Horley Lloegr 11 E2 51.11G 0.11Gn
Horlivka Ukrain 55 P3 48.17G 38.05Dn
Hormuz, Cf. Asia 95 I4 26.35G 56.20Dn
Horn *p.* Gw. yr Iâ 43 X2 66.28G 22.27Gn
Horn, Yr De America 75 C1 55.47D 67.00Gn
Hornavar *ll.* Sweden 43 D4 66.15G 17.40Dn
Horncastle Lloegr 15 G2 53.13G 0.08Gn
Hornepayne Canada 65 J6 49.14G 84.48Gn
Hornsea Lloegr 15 G2 53.55G 0.10Gn
Horodnya Ukrain 55 L4 51.54G 31.37Dn
Horodok Ukrain 55 H3 49.48G 23.39Dn
Horrabridge Lloegr 13 C2 50.30G 4.05Gn
Horsens Denmarc 43 B1 55.53G 9.53Dn
Horsham Awstralia 110 D2 36.45D 142.15Dn
Horsham Lloegr 11 E2 51.04G 0.20Gn
Horten Norwy 43 B2 59.25G 10.30Dn
Horwich Lloegr 14 E2 53.37G 2.33Gn
Hospitalet de Llobregat Sbaen 46 G4 41.20G 2.06Dn
Hotan China 102 E5 37.07G 79.57Dn
Houffalize Gw. Belg 42 E2 50.08G 5.50Dn
Houghton-le-Spring Lloegr 15 F3 54.51G 1.28Gn
Houghton Regis Lloegr 11 E2 51.51G 0.30Gn

Hourn, Loch Yr Alban **18 D2** 57.05G 5.35Gn
Houston U.D.A. **65 G2** 29.45G 95.25Gn
Hovd Mongolia **102 G7** 48.00G 91.45Dn
Hove Lloegr **11 E1** 50.50G 0.10Gn
Hoveton Lloegr **11 G3** 52.45G 1.23Dn
Hövsgöl Nuur *ll.* Mongolia **103 I8** 51.00G 100.30Dn
Howden Lloegr **15 G2** 53.45G 0.52Gn
Howland, Ys. Cefn. Tawel **108 N7** 0.48G 176.38Gn
Hoy *ys.* Yr Alban **19 F3** 58.51G 3.17Gn
Hoyanger Norwy **43 A3** 61.13G 6.05Dn
Hoyerswerda Yr Almaen **48 G4** 51.26G 14.14Dn
Hradec Králové Gwer. Tsiec **54 D4** 50.13G 15.50Dn
Huacho Periw **76 C3** 11.05D 77.36Gn
Huaibei China **103 L4** 33.58G 116.50Dn
Huainan China **103 L4** 32.41G 117.06Dn
Huallaga *a.* Periw **76 C4** 5.05D 75.36Gn
Huambo Angola **86 A3** 12.47D 15.44Dn
Huancayo Periw **76 C3** 12.15D 75.12Gn
Huang *a.* China **103 L5** 37.55G 118.46Dn
Huangshi China **103 L4** 30.13G 115.05Dn
Huascarán *m.* Periw **74 B6** 9.20D 77.36Gn
Hubei *rhan.* China **103 K4** 31.15G 112.15Dn
Hubli India **96 E4** 15.20G 75.14Dn
Hucknall Lloegr **15 F2** 53.03G 1.12Gn
Huddersfield Lloegr **15 F2** 53.38G 1.49Gn
Hudiksvall Sweden **43 D3** 61.45G 17.10Dn
Hudson *a.* U.D.A. **65 L5** 40.45G 74.00Gn
Hudson, Bae Canada **63 J3** 58.00G 86.00Gn
Hudson, Cf. Canada **63 K4** 62.00G 70.00Gn
Huê Viet Nam **104 D7** 16.28G 107.35Dn
Huelva Sbaen **46 B2** 37.15G 6.56Gn
Huércal-Overa Sbaen **46 E2** 37.23G 1.56Gn
Huesca Sbaen **46 E5** 42.02G 0.25Gn
Huila *m.* Colombia **76 C5** 3.00G 75.59Gn
Huizhou China **103 K2** 23.05G 114.29Dn
Hulin China **106 B5** 45.44G 132.59Dn
Hull Canada **65 K6** 45.26G 75.45Gn
Hulun Nur *ll.* China **103 L7** 49.00G 117.20Dn
Humber, Aber Afon Lloegr **15 G2** 53.40G 0.12Gn
Humphreys, Cp. *m.* U.D.A. **64 D4** 35.21G 111.41Gn
Húnaflói *b.* Gw. yr Iâ **43 X2** 65.45G 20.50Gn
Hunan *rhan.* China **103 K3** 27.30G 111.30Dn
Hunchun China **106 B4** 42.55G 130.28Dn
Hunchun *a.* China **106 B4** 42.42G 130.10Dn
Hundested Denmarc **54 B6** 55.58G 11.52Dn
Hungerford Lloegr **10 D2** 51.25G 1.30Gn
Hunjiang China **103 N6** 41.59G 126.30Dn
Hunmanby Lloegr **15 G3** 54.11G 0.19Gn
Hunsrück *mdd.* Yr Almaen **48 C3** 49.44G 7.05Dn
Hunstanton Lloegr **11 F3** 52.57G 0.30Dn
Huntingdon Lloegr **11 E3** 52.20G 0.11Gn
Huntington U.D.A. **65 J4** 38.25G 82.26Gn
Huntly Yr Alban **19 G2** 57.27G 2.49Gn
Huntsville Ala. U.D.A. **65 I3** 34.44G 86.35Gn
Huntsville Tex. U.D.A. **65 G3** 30.44G 95.35Gn
Hurghada Yr Aifft **94 D4** 27.17G 33.47Dn
Huri, Bryniau Kenya **87 B3** 3.30G 37.47Dn
Huron U.D.A. **64 G5** 44.22G 98.12Gn
Huron, Ll. Canada/U.D.A. **65 J5** 45.00G 82.30Gn
Hurstpierpoint Lloegr **11 E1** 50.56G 0.11Gn
Husum Yr Almaen **48 D6** 54.29G 9.04Dn
Hutton Rudby Lloegr **15 F3** 54.27G 1.17Gn
Hvannadalshnúkur *m.* Gw. yr Iâ **43 Y1** 64.02G 16.35Gn
Hvar *ys.* Croatia **56 C5** 43.10G 16.45Dn
Hwlffordd Cymru **12 C3** 51.48G 4.59Gn
Hwngari Ewrop **54 F2** 47.30G 19.00Dn
Hwngari, Gwastadedd *n.* Hwngari **34 E2** 46.30G 19.00Dn
Hyargas Nuur *ll.* Mongolia **102 G7** 49.20G 93.40Dn
Hyderabad India **97 F4** 17.22G 78.26Dn
Hyderabad Pakistan **96 D6** 25.23G 68.24Dn
Hyères Ffrainc **44 G3** 43.07G 6.08Dn
Hyrynsalmi Y Ffindir **43 G4** 64.41G 28.30Dn
Hythe Caint Lloegr **11 G2** 51.04G 1.05Dn
Hythe Hampshire Lloegr **10 D1** 50.51G 1.24Gn
Hyvinkää Y Ffindir **43 F3** 60.37G 24.50Dn

I

Ialomiţa *a.* România **56 H6** 44.41G 27.52Dn
Iar Connaught *n.* Gwer. Iwerdd. **20 B3** 53.20G 9.20Gn
Iaşi România **55 J2** 47.09G 27.38Dn
Ibadan Nigeria **84 E2** 7.23G 3.56Dn
Ibagué Colombia **74 B7** 4.25G 75.20Gn
Ibar *a.* Iwgo. **56 E5** 43.44G 20.44Dn
Ibarra Ecuador **76 C5** 0.23G 77.50Gn
Ibb Yemen **94 F1** 13.58G 44.11Dn
Ibiapaba, Serra da *mdd.* Brasil **77 F4** 5.30D 41.00Gn
Ibiza/ Eivissa *ys.* Sbaen **46 F3** 39.00G 1.23Dn
Ibiza/ Eivissa *tref* Sbaen **46 F3** 38.55G 1.30Dn
Ibra' Oman **95 I3** 22.41G 58.32Dn
Ibstock Lloegr **10 D3** 52.42G 1.23Gn
Ica Periw **76 C3** 14.02D 75.48Gn
Ichinomiya Japan **106 C3** 35.18G 136.48Dn
Ichinoseki Japan **106 D3** 38.55G 141.10Dn
Icklesham Lloegr **11 F1** 50.54G 0.39Dn
Idaho *rhan.* U.D.A. **64 C6** 45.00G 115.00Gn
Idaho Falls *tref* U.D.A. **64 D5** 43.30G 112.01Gn
Idar-Oberstein Yr Almaen **42 G1** 49.43G 7.19Dn
Idfu Yr Aifft **94 D3** 24.58G 32.50Dn
Idhān Awbarī *diff.* Libya **52 F2** 27.30G 11.30Dn
Ídhi *m.* Groeg **56 G1** 35.13G 24.45Dn
Idlib Syria **57 M1** 35.57G 36.38Dn
Ieper (Ypres) Gw. Belg **42 B2** 50.51G 2.53Dn
Igan Malaysia **104 E4** 2.51G 111.43Dn
Iganga Uganda **87 A3** 0.36G 33.29Dn
Iggesund Sweden **43 D3** 61.39G 17.10Dn
Iglesias Yr Eidal **50 C3** 39.18G 8.32Dn
Iğneada, P. Twrci **57 I4** 41.50G 28.05Dn
Igoumenítsa Groeg **56 E3** 39.32G 20.14Dn
Iguaçú *a.* Brasil **77 E2** 25.33D 54.35Gn
Iguaçú, Rh. Brasil/Ariannin **77 E2** 25.35D 54.22Gn
Iisalmi Y Ffindir **43 F3** 63.34G 27.08Dn
IJmuiden Yr Iseld. **42 D4** 52.28G 4.37Dn
IJssel *a.* Yr Iseld. **42 E4** 52.34G 5.50Dn
IJsselmeer *ll.* Yr Iseld. **42 E4** 52.45G 5.20Dn
Ikaahuk (Sachs Harbour) Canada **62 F5** 72.00G 124.30Gn
Ikaría *ys.* Groeg **56 G2** 37.35G 26.10Dn
Iki-shima *ys.* Japan **106 A2** 33.47G 129.43Dn
Ilagan Pili. **105 G7** 17.07G 121.53Dn
Ilchester Lloegr **13 E3** 51.00G 2.41Gn
Ilebo Gwer. Ddem. Congo **86 B4** 4.20D 20.35Dn
Ileret Kenya **87 B3** 4.22G 36.13Dn
Ilford Lloegr **11 F2** 51.33G 0.06Dn
Ilfracombe Lloegr **13 C3** 51.13G 4.08Gn
Ilhéus Brasil **77 G3** 14.50D 39.06Gn
Iliamna, Ll. U.D.A. **62 C3** 59.30G 155.00Gn
Iligan Pili. **105 G5** 8.12G 124.13Dn
Ilkeston Lloegr **15 F1** 52.59G 1.19Gn
Ilkley Lloegr **15 F2** 53.56G 1.49Gn
Illinois *rhan.* U.D.A. **65 I5** 40.00G 89.00Gn
Illizi Algeria **84 E4** 26.20G 8.20Dn
Ilminster Lloegr **13 E2** 50.55G 2.56Gn
Iloilo Pili. **105 G6** 10.45G 122.33Dn
Ilorin Nigeria **84 E2** 8.32G 4.34Dn
Iman *a.* Ffed. Rwsia **106 B5** 45.55G 133.45Dn
Imandra, Llyn Ffed. Rwsia **43 H4** 67.30G 32.45Dn
Imatra Y Ffindir **43 G3** 61.14G 28.50Dn
Immingham Lloegr **15 G2** 53.37G 0.12Gn
Imperatriz Brasil **77 F4** 5.32D 47.28Gn
Imphal India **97 I5** 24.47G 93.55Dn
Inambari *a.* Periw **76 D3** 12.38D 69.50Gn
Inarijärvi *ll.* Y Ffindir **43 F5** 69.00G 28.00Dn
Inchard, Loch Yr Alban **18 D3** 58.27G 5.05Gn
Inch'ini Terara *m.* Ethiopia **87 B3** 4.32G 37.02Dn
Inchkeith *ys.* Yr Alban **17 F4** 56.02G 3.08Gn
Inch'ŏn De Korea **103 N5** 37.30G 126.38Dn
Indals *a.* Sweden **43 D3** 62.30G 17.20Dn
India Asia **97 F4** 20.00G 78.00Dn
India, Cefnfor **117 M5**
Indiana *rhan.* U.D.A. **65 I5** 40.00G 86.00Gn
Indianapolis U.D.A. **65 I4** 39.45G 86.10Gn
Indian Ocean **117 M5**
Indigirka *a.* Ffed. Rwsia **59 Q5** 71.00G 148.45Dn
Indonesia Asia **104 F2** 6.00D 118.00Dn
Indore India **96 F5** 22.42G 75.54Dn
Indre *a.* Ffrainc **44 C5** 47.16G 0.19Gn
Indus *a.* Pakistan **96 D5** 24.00G 67.33Dn
Indus, Aberoedd A. Pakistan **96 D5** 24.00G 67.00Dn
İnebolu Twrci **57 K4** 41.57G 33.45Dn
İnegöl Twrci **57 I4** 40.06G 29.31Dn
Infiernillo, Ll. México **70 D4** 18.25G 102.00Gn
Infiesto Sbaen **46 C5** 43.21G 5.21Gn
Ingatestone Lloegr **11 F2** 51.41G 0.22Dn
Ingenio Ysdd. Dedwydd **46 Y1** 27.56G 15.26Gn
Ingleborough *m.* Lloegr **15 E3** 54.10G 2.23Gn
Ingleton Lloegr **15 E3** 54.09G 2.29Gn
Ingoldmells Lloegr **15 H2** 53.12G 0.21Dn
Ingolstadt Yr Almaen **48 E3** 48.46G 11.27Dn
Inhambane Moçambique **86 C2** 23.51D 35.29Dn
Inhul *a.* Ukrain **55 M2** 46.57G 32.00Dn
Inhulets' *a.* Ukrain **55 M2** 46.39G 32.38Dn
Inis Bó Finne *ys.* Gwer. Iwerdd. **20 A3** 53.38G 10.15Gn
Inishowen *gor.* Gwer. Iwerdd. **20 D5** 55.13G 7.17Gn
Inishowen, Pr. Gwer. Iwerdd. **16 C3** 55.15G 6.56Gn
Inishtrahull, Sn. Gwer. Iwerdd. **16 B3** 55.25G 7.20Gn
Inis Meáin *ys.* Gwer. Iwerdd. **20 B3** 53.06G 9.36Gn
Inis Mór *ys.* Gwer. Iwerdd. **20 B3** 53.07G 9.45Gn
Inis Muirí *ys.* Gwer. Iwerdd. **20 C4** 54.26G 8.40Gn
Inis Óirr *ys.* Gwer. Iwerdd. **20 B3** 53.04G 9.32Gn
Inis Toirc *ys.* Gwer. Iwerdd. **20 A3** 53.42G 10.09Gn
Inis Trá Tholl *ys.* Gwer. Iwerdd. **20 D5** 55.27G 7.14Gn
Inn *a.* Ewrop **54 C3** 48.33G 13.26Dn
Innsbruck Awstria **54 B2** 47.17G 11.25Dn
Inny *a.* Gwer. Iwerdd. **20 D3** 53.32G 7.50Gn
Inowrocław Gw. Pwyl **54 F5** 52.49G 18.12Dn
In Salah Algeria **84 E4** 27.12G 2.29Dn
Insch Yr Alban **19 G2** 57.21G 2.36Gn
Inukjuak Canada **63 K3** 58.25G 78.18Gn
Inuvik Canada **62 E4** 68.16G 133.40Gn
Inveraray Yr Alban **16 D4** 56.14G 5.05Gn
Inverbervie Yr Alban **19 G1** 56.51G 2.19Gn
Invercargill Seland Newydd **111 F1** 46.25D 168.21Dn
Inverclyde *rhan.* Yr Alban **8 C4** 55.55G 4.50Gn
Invergordon Yr Alban **19 E2** 57.42G 4.10Gn
Inverkeithing Yr Alban **17 F4** 56.02G 3.25Gn
Inverness (Inbhirnis) Yr Alban **19 E2** 57.27G 4.15Gn
Inverurie Yr Alban **19 G2** 57.17G 2.23Gn
Ioánnina Groeg **56 E3** 39.39G 20.49Dn
Iona *ys.* Yr Alban **16 C4** 56.20G 6.25Gn
Ionia, Môr Môr Can. **53 G4** 38.30G 18.45Dn
Ionia, Ysdd. Groeg **56 D3** 38.45G 20.00Dn
Iorddonen, Gwlad Asia **94 E5** 31.00G 36.00Dn
Íos *ys.* Groeg **56 G2** 36.42G 25.20Dn
Iowa *rhan.* U.D.A. **65 H5** 42.00G 93.00Gn
Iowa City U.D.A. **65 H5** 41.39G 91.30Gn
Ipatinga Brasil **77 F3** 19.32D 42.32Gn
Ipoh Malaysia **104 C4** 4.36G 101.02Dn
Ipswich Lloegr **11 G3** 52.04G 1.09Dn
Iput' *a.* Belarus **55 L5** 52.25G 31.00Dn
Iqaluit Canada **63 L4** 63.45G 68.30Gn
Iquique Chile **76 C2** 20.15D 70.08Gn
Iquitos Periw **76 C4** 3.51D 73.13Gn
Iráklion Groeg **56 G1** 35.20G 25.08Dn
Iran Asia **95 H5** 32.00G 54.30Dn
Iran, Cn. *mdd.* Indonesia/Malaysia **104 F4** 3.20G 115.00Dn
Iranshahr Iran **95 J4** 27.14G 60.42Dn
Irapuato México **70 D5** 20.40G 101.40Gn
Iraq Asia **94 F5** 33.00G 44.00Dn
Irbid Gw. Iorddonen **94 E5** 32.33G 35.51Dn
Irian Jaya *rhan.* Indonesia **105 J3** 4.00D 138.00Dn
Iringa Tanzania **86 C4** 7.49D 35.39Dn
Iriri *a.* Brasil **77 E4** 3.50D 52.40Gn
Irkutsk Ffed. Rwsia **59 M3** 52.18G 104.15Dn
Iron Mountain *tref* U.D.A. **65 I6** 45.51G 88.03Gn
Ironwood U.D.A. **65 H6** 46.25G 89.59Gn
Irosin Pili. **105 G6** 12.45G 124.02Dn
Irrawaddy *a.* Myanmar **97 J4** 17.45G 95.25Dn
Irrawaddy, Aberoedd A. Myanmar **97 I4** 15.30G 95.00Dn
Irsha *a.* Ukrain **55 K4** 50.45G 29.30Dn
Irthing *a.* Lloegr **14 E3** 54.52G 2.50Gn
Irtysh *a.* Asia **58 I4** 61.00G 68.40Dn
Irún Sbaen **46 E5** 43.20G 1.48Gn
Irvine Yr Alban **16 E3** 55.37G 4.40Gn
Isabela Pili. **105 G5** 6.40G 121.59Dn
Isabela, Ys. Ysdd. Galápagos **76 A4** 0.40D 91.20Gn
Isabelia, Cordillera *mdd.* Nicaragua **71 G3** 13.30G 85.00Gn
Ísafjördhur Gw. yr Iâ **43 X2** 66.05G 23.06Gn
Isar *a.* Yr Almaen **48 F3** 48.48G 12.57Dn
Ischia *ys.* Yr Eidal **50 E4** 40.43G 13.54Dn
Ise Japan **106 C2** 34.29G 136.41Dn
Iseldiroedd, Yr Ewrop **42 E4** 52.00G 5.30Dn
Isère, Pt. Guyane Ffrengig **74 D7** 5.45G 53.53Gn
Ishikari *a.* Japan **106 D4** 43.15G 141.21Dn
Ishim *a.* Asia **58 J3** 57.50G 71.00Dn
Ishinomaki Japan **106 D3** 38.25G 141.18Dn
Isiolo Kenya **87 B3** 0.20G 37.36Dn
Isiro Gwer. Ddem. Congo **86 B5** 2.50G 27.40Dn
Iskenderun Twrci **57 M2** 36.37G 36.08Dn
Iskenderun, Gff. Twrci **57 L2** 36.40G 35.50Dn
Iskŭr *a.* Bwlgaria **56 G5** 43.42G 24.27Dn
Isla *a.* Angus Yr Alban **17 F4** 56.32G 3.21Gn
Isla *a.* Moray Yr Alban **19 G2** 57.30G 2.47Gn
Islamabad Pakistan **96 E7** 33.40G 73.08Dn
Islay *ys.* Yr Alban **16 C3** 55.45G 6.20Gn
Ismâ'ilîya Yr Aifft **94 D5** 30.36G 32.15Dn
Isparta Twrci **57 J2** 37.46G 30.32Dn
Israel Asia **94 D5** 32.00G 34.50Dn
Issyk Kul *ll.* Kyrgyzstan **102 D6** 43.30G 77.20Dn
İstanbul Twrci **57 I4** 41.02G 28.58Dn
Istra *gor.* Croatia **56 A6** 45.12G 13.55Dn
Itabuna Brasil **77 G3** 14.48D 39.18Gn
Itacoatiara Brasil **77 E4** 3.06D 58.22Gn
Itaituba Brasil **77 E4** 4.17D 55.59Gn
Itajaí Brasil **77 F2** 26.50D 48.39Gn
Itambé *m.* Brasil **77 F3** 18.23D 43.21Gn
Itapicuru *a.* Bahia Brasil **77 G3** 11.50D 37.30Gn
Itapicuru *a.* Maranhão Brasil **77 F4** 2.53D 44.15Gn
Itiquira *a.* Brasil **77 E3** 18.01D 57.29Gn
Ituí *a.* Brasil **76 C4** 4.38D 70.19Gn
Iturup *ys.* Ffed. Rwsia **106 E4** 45.00G 147.30Dn
Ituxi *a.* Brasil **76 D4** 7.20D 64.50Gn
Itzehoe Yr Almaen **48 D5** 53.56G 9.32Dn
Ivaí *a.* Brasil **77 E2** 23.20D 53.23Gn
Ivalo Y Ffindir **43 F5** 68.41G 27.30Dn
Ivano-Frankivs'k Ukrain **55 I3** 48.55G 24.42Dn
Ivanovo Ffed. Rwsia **58 G3** 57.00G 41.00Dn
Ivittuut Grønland **63 N4** 61.10G 48.00Gn
Ivybridge Lloegr **13 D2** 50.24G 3.56Gn
Iwaki Japan **106 D3** 36.58G 140.58Dn
Iwanai Japan **106 D4** 43.01G 140.32Dn
Iwerddon, Gogledd *rhan.* D.U. **16 C2** 54.40G 6.45Gn
Iwerddon, Gwer. Ewrop **20 D3** 53.00G 8.00Gn
Iwerddon, Môr D.U./Gwer. Iwerdd. **14 C1** 53.40G 5.00Gn
Iwerddon Newydd *ys.* P.G.N. **110 E5** 2.30D 151.30Dn
Iwerydd, Cefnfor **116**
Iwerydd, Cefnfor De **72**
Iwgoslafia Ewrop **56 E5** 43.00G 21.00Dn
Iwo Nigeria **84 E2** 7.38G 4.11Dn
Ixworth Lloegr **11 F3** 52.18G 0.50Dn
Izabal, Ll. Guatemala **70 G4** 15.30G 89.00Gn
Izhevsk Ffed. Rwsia **58 H3** 56.49G 53.11Dn
Izmayil Ukrain **55 K1** 45.20G 28.50Dn
İzmir (Smyrna) Twrci **56 H3** 38.24G 27.09Dn
Izozog, Corsydd *n.* Bolivia **77 D3** 18.30D 62.05Gn
Izu-shotō *ysdd.* Japan **106 C2** 34.20G 139.20Dn
Izyum Ukrain **55 O3** 49.12G 37.19Dn

J

Jabal Mahrat *mdd.* Yemen **95 H2** 17.00G 52.10Dn
Jabalón *a.* Sbaen **46 C3** 38.55G 4.07Gn
Jabalpur India **97 F5** 23.10G 79.59Dn
Jablah Syria **57 L1** 35.22G 35.56Dn
Jaboatão Brasil **77 G4** 8.05D 35.00Gn
Jaca Sbaen **46 E5** 42.34G 0.33Gn
Jackson U.D.A. **65 H3** 32.20G 90.11Gn
Jacksonville U.D.A. **65 J3** 30.20G 81.40Gn
Jacmel Haiti **71 J4** 18.18G 72.32Gn
Jacobabad Pakistan **96 D6** 28.16G 68.30Dn
Jacuí *a.* Brasil **77 E1** 29.56D 51.13Gn
Jacuípe *a.* Brasil **77 G3** 12.44D 39.01Gn
Jaén Sbaen **46 D2** 37.46G 3.48Gn
Jaffna Sri Lanka **97 G2** 9.38G 80.02Dn
Jagdalpur India **97 G4** 19.04G 82.05Dn
Jahrom Iran **95 H4** 28.30G 53.30Dn
Jaipur India **96 F6** 26.53G 75.50Dn
Jaisalmer India **96 E6** 26.55G 70.54Dn
Jakarta Indonesia **104 D2** 6.08D 106.45Dn
Jakobstad Y Ffindir **43 E3** 63.41G 22.40Dn
Jalalabad Afghan. **95 L5** 34.26G 70.28Dn
Jalapa México **70 E4** 19.45G 96.48Gn
Jalgaon India **96 F5** 21.01G 75.39Dn
Jalisco *rhan.* México **70 D5** 21.00G 103.00Gn
Jalna India **96 F4** 19.50G 75.58Dn
Jalón *a.* Sbaen **46 E4** 41.47G 1.02Gn
Jalu Libya **53 H2** 29.02G 21.33Dn
Jamaica Cb. America **71 I4** 18.00G 77.00Gn
Jamanxim *a.* Brasil **77 E4** 4.43D 56.18Gn
Jambi Indonesia **104 C3** 1.36D 103.39Dn
James *a.* U.D.A. **64 G5** 42.50G 97.15Gn
James, Bae Canada **63 J3** 53.00G 80.00Gn
Jamestown U.D.A. **64 G6** 46.54G 98.42Gn
Jammu Jammu a Kashmir **96 E7** 32.44G 74.52Dn
Jammu a Kashmir Asia **96 F7** 33.30G 76.00Dn
Jamnagar India **96 E5** 22.28G 70.06Dn
Jampur Pakistan **96 E6** 28.45G 70.36Dn
Jämsänkoski Y Ffindir **43 F3** 61.54G 25.10Dn
Jamshedpur India **97 H5** 22.47G 86.12Dn
Jan Mayen *ys.* Cefn. Arctig **34 C5** 72.00G 8.00Gn
Japan Asia **106 C3** 36.00G 138.00Dn
Japan, Ffos *n.* Cefn. Tawel **117 Q7**
Japan, Môr Asia **106 C3** 40.00G 135.00Dn
Japurá *a.* Brasil **76 D4** 3.00D 64.30Gn
Jardines de la Reina *ysdd.* Cuba **71 I5** 20.30G 79.00Gn
Järpen Sweden **43 C3** 63.20G 13.30Dn
Järvenpää Y Ffindir **43 F3** 60.29G 25.06Dn
Jarvis, Ys. Cefn. Tawel **108 P6** 0.23D 160.02Gn
Jask Iran **95 I4** 25.40G 57.45Dn
Jatapu *a.* Brasil **77 E4** 2.20D 58.10Gn
Jaú Brasil **77 F2** 22.11D 48.35Gn
Jawa (Java) *ys.* Indonesia **104 D2** 7.30D 110.00Dn
Jawa, Môr Indonesia **104 E3** 5.00D 111.00Dn
Jaya, Cp. *m.* Indonesia **105 J3** 4.00D 137.15Dn
Jayapura Indonesia **105 K3** 2.28D 140.38Dn
Jebel Abyad, Llwyfandir *n.* Sudan **94 C2** 19.00G 29.00Dn
Jedburgh Yr Alban **17 G3** 55.29G 2.33Gn
Jedda = Jiddah Saudi Arabia **94 E3** 21.30G 39.10Dn
Jefferson City U.D.A. **65 H4** 38.33G 92.10Gn
Jelenia Góra Gw. Pwyl **54 D4** 50.55G 15.45Dn
Jelgava Latvia **43 E2** 56.39G 23.40Dn
Jember Indonesia **104 E2** 8.07D 113.45Dn
Jena Yr Almaen **48 E4** 50.56G 11.35Dn
Jendouba Tunisia **52 E4** 36.30G 8.45Dn
Jequié Brasil **77 F3** 13.52D 40.06Gn
Jequitinhonha *a.* Brasil **77 G3** 16.46D 39.45Gn
Jérémie Haiti **71 J4** 18.40G 74.09Gn
Jerez de la Frontera Sbaen **46 B2** 36.41G 6.08Gn
Jersey *ys.* Ysdd. y Sianel **13 Z8** 49.13G 2.08Gn
Jerwsalem (Yerushalayim) Israel/Gw. Iorddonen **94 E5** 31.47G 35.13Dn
Jesi Yr Eidal **50 E5** 43.32G 13.15Dn
Jesup U.D.A. **65 J3** 31.36G 81.54Gn
Jhang Maghiana Pakistan **95 L5** 31.16G 72.20Dn
Jhansi India **97 F6** 25.27G 78.34Dn
Jiamusi China **103 O7** 46.50G 130.21Dn
Ji'an China **103 L3** 27.08G 115.00Dn
Jiangsu *rhan.* China **103 L4** 34.00G 119.00Dn
Jiangxi *rhan.* China **103 L3** 27.25G 115.20Dn
Jiayi Taiwan **103 M2** 23.38G 120.27Dn
Jibou România **54 H2** 47.15G 23.17Dn
Jiddah (Jedda) Saudi Arabia **94 E3** 21.30G 39.10Dn
Jiddat al Harasis *n.* Oman **95 I2** 19.50G 56.10Dn
Jiehkkevarri *m.* Norwy **43 E5** 69.22G 19.55Dn
Ješjávri *ll.* Norwy **43 F5** 69.40G 24.10Dn
Jihlava Gwer. Tsiec **54 D3** 49.24G 15.35Dn
Jilib Somalia **86 D5** 0.28G 42.50Dn
Jilin China **103 N6** 43.53G 126.35Dn
Jilin *rhan.* China **103 N6** 43.00G 127.30Dn
Jilong Taiwan **103 M3** 25.10G 121.43Dn
Jima Ethiopia **85 H2** 7.39G 36.47Dn
Jinan China **103 L5** 36.50G 117.00Dn
Jingdezhen China **103 L3** 29.16G 117.11Dn
Jingmen China **103 K4** 31.02G 112.06Dn
Jinhua China **103 L3** 29.06G 119.40Dn
Jining Nei Monggol China **103 K6** 40.56G 113.00Dn
Jining Shantung China **103 L5** 35.25G 116.40Dn
Jinja Uganda **87 A3** 0.27G 33.14Dn
Jinka Ethiopia **87 B4** 5.45G 36.43Dn
Jinzhou China **103 M6** 41.07G 121.06Dn
Jiparaná *a.* Brasil **77 D4** 8.05D 62.52Gn
Jipe, Ll. Tanzania **87 B2** 3.35D 37.45Dn
Jiu *a.* România **56 F5** 43.44G 23.52Dn
Jiujiang China **103 L3** 29.41G 116.03Dn
Jiwani Pakistan **95 J4** 25.02G 61.50Dn
Jixi China **103 O7** 45.17G 131.00Dn
Jīzan Saudi Arabia **94 F2** 16.56G 42.33Dn
João Pessoa Brasil **77 G4** 7.06D 34.53Gn
Jodhpur India **96 E6** 26.18G 73.08Dn
Joensuu Y Ffindir **43 G3** 62.35G 29.46Dn
Jōetsu Japan **106 C3** 37.06G 138.15Dn
Johannesburg G.D.A. **86 B2** 26.10D 28.02Dn
John o Groats Yr Alban **19 F3** 58.39G 3.04Gn
Johnston Cymru **12 B3** 51.46G 5.00Gn
Johnstone Yr Alban **16 E3** 55.50G 4.30Gn
Johnston, Ys. Cefn. Tawel **108 O8** 16.45G 169.32Gn
Johor Bahru Malaysia **104 C4** 1.29G 103.40Dn
Joinville Brasil **77 F2** 26.20D 48.49Gn
Jokkmokk Sweden **43 D4** 66.37G 19.50Dn
Jolo *ys.* Pili. **104 G5** 5.55G 121.20Dn
Jones, Sn. Canada **63 J5** 76.00G 85.00Gn
Jönköping Sweden **43 C2** 57.45G 14.10Dn
Jonquière Canada **63 K2** 48.26G 71.06Gn
Joplin U.D.A. **65 H4** 37.04G 94.31Gn
Jörn Sweden **43 D4** 65.04G 20.00Dn
Jos Nigeria **84 E3** 9.54G 8.53Dn
Joseph Bonaparte, Gff. Awstralia **110 B4** 14.00D 128.30Dn
Jos, Llwyfandir *n.* Nigeria **82 D5** 10.00G 9.00Dn
Juan Fernández, Ysdd. Chile **109 W3** 34.20D 80.00Gn
Juàzeiro Brasil **77 F4** 9.25D 40.30Gn
Juàzeiro do Norte Brasil **77 G4** 7.10D 39.18Gn
Juba Sudan **85 H2** 4.50G 31.35Dn
Jubba *a.* Somalia **85 I2** 0.20D 42.53Dn
Júcar *a.* Sbaen **46 E3** 39.10G 0.15Gn
Juchitán México **70 F4** 16.27G 95.05Gn
Judenburg Awstria **54 D2** 47.10G 14.40Dn
Juelsminde Denmarc **54 A6** 55.43G 10.01Dn
Juist *ys.* Yr Almaen **42 F5** 53.43G 7.00Dn
Juiz de Fora Brasil **76 F2** 21.47D 43.23Gn
Juliaca Periw **76 C3** 15.29D 70.09Gn
Junction City U.D.A. **64 G4** 39.02G 96.51Gn
Juneau U.D.A. **62 E3** 58.20G 134.20Gn
Jungfrau *m.* Y Swistir **44 G5** 46.30G 8.00Dn
Junggar, Basn *n.* Asia **102 F7** 45.20G 86.30Dn
Jura *mdd.* Ewrop **44 G5** 46.55G 6.45Dn
Jura *ys.* Yr Alban **16 D4** 56.00G 5.55Gn
Jura, Sn. Yr Alban **16 D3** 56.00G 5.45Gn
Juruá *a.* Brasil **76 D4** 2.30D 65.40Gn
Juruena *a.* Brasil **77 E4** 7.20D 57.30Gn
Jutaí *a.* Brasil **76 D4** 2.35D 67.00Gn
Juventud, Ys. Cuba **71 H5** 21.40G 82.40Gn
Jyväskylä Y Ffindir **43 F3** 62.16G 25.50Dn

K

K2 *m.* Asia **96 F8** 35.53G 76.32Dn
Kaambooni Somalia **87 C2** 1.36D 41.36Dn
Kaambooni, P. Somalia **87 C2** 1.36D 41.36Dn
Kabaena *ys.* Indonesia **105 G2** 5.25D 122.00Dn
Kabalo Gwer. Ddem. Congo **86 B4** 6.02D 26.55Dn
Kabarnet Kenya **87 B3** 0.28G 35.45Dn
Kabul Afghan. **95 K5** 34.30G 69.10Dn
Kabwe Zambia **86 B3** 14.29D 28.25Dn
Kachchh, Gff. India **96 D5** 22.30G 69.30Dn
Kachug Ffed. Rwsia **103 J8** 53.58G 105.55Dn
Kadam *m.* Uganda **87 A3** 1.45G 34.44Dn
Kadavu *ys.* Fiji **111 G4** 19.05D 178.15Dn
Kadirli Twrci **57 M2** 37.22G 36.05Dn
Kadugli Sudan **85 G3** 11.01G 29.43Dn
Kaduna Nigeria **84 E3** 10.28G 7.25Dn
Kaesong G. Korea **103 N5** 37.59G 126.30Dn
Kafirévs, P. Groeg **56 G3** 38.11G 24.30Dn
Kaga Bandoro G.C.A. **85 F2** 7.00G 19.10Dn
Kagoshima Japan **106 B2** 31.37G 130.32Dn
Kagul Moldova **55 K1** 45.58G 28.10Dn
Kahraman Maraş Twrci **57 M2** 37.34G 36.54Dn
Kaifeng China **103 K4** 34.47G 114.20Dn
Kaimana Indonesia **105 I3** 3.39D 133.44Dn
Kairouan Tunisia **84 F5** 35.40G 10.04Dn
Kaiserslautern Yr Almaen **48 C3** 49.27G 7.47Dn
Kai, Ysdd. Indonesia **105 I2** 5.45D 132.55Dn
Kaiyuan China **103 I2** 23.42G 103.09Dn
Kajaani Y Ffindir **43 F4** 64.14G 27.37Dn
Kajiado Kenya **87 B2** 1.50D 36.48Dn
Kakamega Kenya **87 A3** 0.14G 34.46Dn
Kakhovka, Cr. Ukrain **55 N2** 47.33G 34.40Dn
Kakinada India **97 G4** 16.59G 82.20Dn
Kaktovik U.D.A. **62 D5** 70.08G 143.50Gn
Kakuma Kenya **87 A3** 3.38G 34.48Dn
Kalacha Dida Kenya **87 B3** 3.09G 37.30Dn
Kalahari, Diffeithwch Botswana **86 B2** 23.55D 23.00Dn
Kalajoki Y Ffindir **43 E4** 64.15G 24.00Dn
Kalámai Groeg **56 F2** 37.02G 22.05Dn
Kalamaria Groeg **56 F4** 40.33G 22.55Dn
Kalecik Twrci **57 K4** 40.06G 33.22Dn
Kalemie Gwer. Ddem. Congo **86 B4** 5.57D 29.10Dn
Kalgoorlie Awstralia **110 B2** 30.49D 121.29Dn
Kaliakra, P. Bwlgaria **57 I5** 43.23G 28.29Dn
Kalimantan *n.* Indonesia **104 E3** 1.00D 113.00Dn
Kaliningrad Ffed. Rwsia **54 G6** 54.40G 20.30Dn
Kalininskaya Ffed. Rwsia **57 N6** 45.31G 38.41Dn
Kalispell U.D.A. **64 D6** 48.12G 114.19Gn
Kalisz Gw. Pwyl **54 F4** 51.46G 18.02Dn
Kalix *a.* Sweden **43 E4** 65.50G 23.10Dn
Kallavesi *ll.* Y Ffindir **43 G3** 62.45G 28.00Dn
Kalmar Sweden **43 D2** 56.39G 16.20Dn
Kaltag U.D.A. **62 C4** 64.20G 158.44Gn
Kaluga Ffed. Rwsia **55 O6** 54.31G 36.16Dn

Kalundborg Denmarc **43 B1** 55.42G 11.06Dn
Kama *a.* Ffed. Rwsia **58 H3** 55.30G 52.00Dn
Kamaishi Japan **106 D3** 39.16G 141.53Dn
Kambo Ho *m.* G. Korea **106 A4** 41.45G 129.20Dn
Kamchatka, Gor. Ffed. Rwsia **59 R3** 56.00G 160.00Dn
Kamenskoye Ffed. Rwsia **59 S4** 62.31G 165.15Dn
Kamensk-Ural'skiy Ffed. Rwsia **58 I3** 56.29G 61.49Dn
Kamina Gwer. Ddem. Congo **86 B4** 8.46D 25.00Dn
Kamloops Canada **62 F3** 50.39G 120.24Gn
Kampala Uganda **86 C5** 0.19G 32.35Dn
Kampen Yr Iseld. **42 E4** 52.33G 5.55Dn
Kâmpóng Cham Cambodia **104 D6** 11.59G 105.26Dn
Kâmpôt Cambodia **104 C6** 10.37G 104.11Dn
Kamuli Uganda **87 A3** 0.55G 33.08Dn
Kam''yanets'-Podil's'kyy Ukrain **55 J3** 48.40G 26.36Dn
Kamyshin Ffed. Rwsia **58 G3** 50.05G 45.24Dn
Kananga Gwer. Ddem. Congo **86 B4** 5.53D 22.26Dn
Kanazawa Japan **106 C3** 36.35G 136.40Dn
Kanchipuram India **97 F3** 12.50G 79.44Dn
Kandahar Afghan. **95 K5** 31.36G 65.47Dn
Kandalaksha Ffed. Rwsia **43 H4** 67.09G 32.31Dn
Kandalakskaya, Gff. Ffed. Rwsia **43 H4** 66.30G 34.00Dn
Kandıra Twrci **57 J4** 41.05G 30.08Dn
Kandy Sri Lanka **97 G2** 7.18G 80.43Dn
Kangan Iran **95 H4** 27.50G 52.07Dn
Kangaroo, Ys. Awstralia **110 C2** 35.45D 137.30Dn
Kangavar Iran **95 G5** 34.29G 47.55Dn
Kangchenjunga *m.* Asia **97 H6** 27.44G 88.11Dn
Kangding China **103 I4** 30.05G 102.04Dn
Kangean, Ysdd. Indonesia **104 F2** 7.00D 115.45Dn
Kangetet Kenya **87 B3** 1.59G 36.05Dn
Kangiqsualujjuaq Canada **63 L3** 58.35G 65.59Gn
Kangiqsujuaq Canada **63 K4** 61.30G 72.00Gn
Kangmar China **102 F3** 28.32G 89.41Dn
Kangnŭng De Korea **106 A3** 37.30G 129.02Dn
Kanin, Gor. Ffed. Rwsia **58 G4** 68.00G 45.00Dn
Kanin, P. Ffed. Rwsia **58 G4** 68.38G 43.20Dn
Kankaanpää Y Ffindir **43 E3** 61.47G 22.25Dn
Kankakee U.D.A. **65 I5** 41.08G 87.52Gn
Kankan Guinée **84 D3** 10.22G 9.11Gn
Kanker India **97 G5** 20.17G 81.30Dn
Kano Nigeria **84 E3** 12.00G 8.31Dn
Kanpur India **97 G6** 26.27G 80.14Dn
Kansas *rhan.* U.D.A. **64 G4** 38.00G 99.00Gn
Kansas City U.D.A. **65 H4** 39.02G 94.33Gn
Kansk Ffed. Rwsia **59 L3** 56.11G 95.20Dn
Kanta *m.* Ethiopia **87 B4** 6.12G 35.37Dn
Kanton, Ys. Kiribati **108 N6** 2.50D 171.40Gn
Kanye Botswana **86 B2** 24.58D 25.17Dn
Kaoko, Tir *n.* Namibia **86 A3** 18.30D 13.30Dn
Kaolack Sénégal **84 C3** 14.09G 16.04Gn
Kapchorwa Uganda **87 A3** 1.27G 34.32Dn
Kapenguria Kenya **87 B3** 1.13G 35.07Dn
Kapfenberg Awstria **54 D2** 47.27G 15.18Dn
Kapoeta Sudan **87 A3** 4.47G 33.35Dn
Kaposvár Hwngari **54 E2** 46.22G 17.47Dn
Kapsabet Kenya **87 B3** 0.10G 35.07Dn
Kapuskasing Canada **63 J2** 49.25G 82.30Gn
Kaputir Kenya **87 B3** 2.04G 35.30Dn
Kara-Bogaz Gol, Bae Turkmenistan **58 H2** 41.20G 53.40Dn
Karabük Twrci **57 K4** 41.12G 32.36Dn
Karachi Pakistan **96 D5** 24.51G 67.02Dn
Kara Dag *m.* Twrci **57 N4** 40.23G 39.02Dn
Karaganda Kazakhstan **102 C7** 49.53G 73.07Dn
Karaj Iran **95 H6** 35.48G 50.58Dn
Karakelong *ys.* Indonesia **105 H4** 4.20G 126.50Dn
Karakoram, Cn. *mdd.* Jammu a Kashmir **96 F8** 35.30G 76.30Dn
Karaman Twrci **57 K2** 37.11G 33.13Dn
Karamay China **102 E7** 45.48G 84.30Dn
Kara, Môr Ffed. Rwsia **58 I5** 73.00G 65.00Dn
Karand Iran **95 G5** 34.16G 46.15Dn
Karasburg Namibia **86 A2** 28.00D 18.46Dn
Karasuk Ffed. Rwsia **58 J3** 53.45G 78.01Dn
Karbala Iraq **94 F5** 32.37G 44.03Dn
Karcag Hwngari **54 G2** 47.19G 20.56Dn
Kardhítsa Groeg **56 E3** 39.22G 21.59Dn
Kärdla Estonia **43 E2** 59.00G 22.42Dn
Kareima Sudan **85 H3** 18.32G 31.48Dn
Kariba, Ll. Zimbabwe/Zambia **86 B3** 16.50D 28.00Dn
Karimata, Cf. Indonesia **104 D3** 3.00D 109.00Dn
Karkinitskiy, Gff. Ukrain **55 M1** 45.50G 32.45Dn
Karliyaka Twrci **56 H3** 38.24G 27.07Dn
Karlovac Croatia **56 B6** 45.30G 15.34Dn
Karlovy Vary Gwer. Tsiec **54 C4** 50.14G 12.53Dn
Karlshamn Sweden **43 C2** 56.10G 14.50Dn
Karlskoga Sweden **43 C2** 59.19G 14.33Dn
Karlskrona Sweden **43 C2** 56.10G 15.35Dn
Karlsruhe Yr Almaen **48 D3** 49.00G 8.24Dn
Karlstad Sweden **43 C2** 59.24G 13.32Dn
Karmøy *ys.* Norwy **43 A2** 59.15G 5.05Dn
Karnataka *rhan.* India **96 F3** 14.45G 76.00Dn
Karnobat Bwlgaria **56 H5** 42.40G 27.00Dn
Karoo Bach *n.* G.D.A. **86 B1** 33.40D 21.40Dn
Karoo Mawr *n.* G.D.A. **86 B1** 32.50D 22.30Dn
Karora Sudan **85 H3** 17.42G 38.22Dn
Kárpathos *ys.* Groeg **56 H1** 35.35G 27.08Dn
Karstula Y Ffindir **43 F3** 62.53G 24.50Dn
Kartal Twrci **57 I4** 40.54G 29.12Dn
Karun *a.* Iran **95 G5** 30.25G 48.12Dn
Karunga, Bae Kenya **87 A2** 0.53D 34.07Dn
Karymskoye Ffed. Rwsia **59 N3** 51.40G 114.20Dn
Kasai *a.* Gwer. Ddem. Congo **86 A4** 3.10D 16.13Dn
Kasama Zambia **86 C3** 10.10D 31.11Dn
Kasese Uganda **86 C5** 0.14G 30.08Dn
Kashan Iran **95 H5** 33.59G 51.31Dn
Kashi China **102 D5** 39.29G 76.02Dn
Kashiwazaki Japan **106 C3** 37.22G 138.33Dn
Kashmar Iran **95 I6** 35.12G 58.26Dn
Kásos *ys.* Groeg **56 H1** 35.22G 26.56Dn
Kassala Sudan **85 H3** 15.24G 36.30Dn
Kassel Yr Almaen **48 D4** 51.18G 9.30Dn
Kasserine Tunisia **52 E4** 35.11G 8.48Dn
Kastamonu Twrci **57 K4** 41.22G 33.47Dn
Kastoría Groeg **56 E4** 40.32G 21.15Dn
Kastsyukovichy Belarus **55 M5** 53.20G 32.01Dn
Katakwi Uganda **87 A3** 1.54G 33.58Dn
Kateríni Groeg **56 F4** 40.16G 22.30Dn
Katesh Tanzania **87 B2** 4.32D 35.21Dn
Kates Needle *m.* Canada **62 E3** 57.02G 132.05Gn
Katha Myanmar **97 J5** 24.11G 96.20Dn
Katherina, Gebel *m.* Yr Aifft **94 D4** 28.30G 33.57Dn
Katherine Awstralia **110 C4** 14.29D 132.20Dn
Kathmandu Nepal **97 H6** 27.42G 85.19Dn
Kathua *a.* Kenya **87 B2** 1.34D 40.00Dn
Katima Mulilo Zambia **86 B3** 17.27D 24.10Dn
Katowice Gw. Pwyl **54 F4** 50.15G 18.59Dn
Katrine, Loch Yr Alban **16 E4** 56.15G 4.30Gn
Katrineholm Sweden **43 D2** 58.59G 16.15Dn
Katsina Nigeria **84 E3** 13.00G 7.32Dn
Kattegat *cf.* Denmarc/Sweden **43 B2** 57.00G 11.20Dn
Kauai *ys.* Ysdd. Hawaii **108 P9** 22.05G 159.30Gn
Kauhajoki Y Ffindir **43 E3** 62.26G 22.10Dn
Kaunas Lithuania **55 H6** 54.52G 23.55Dn
Kaura-Namoda Nigeria **84 E3** 12.39G 6.38Dn
Kavála Groeg **56 G4** 40.56G 24.24Dn
Kavir-i-Namak *n.* Iran **95 I5** 34.55G 58.00Dn
Kawasaki Japan **106 C3** 35.30G 139.45Dn
Kayes Mali **84 C3** 14.26G 11.28Gn
Kayseri Twrci **57 L3** 38.42G 35.28Dn
Kazachye Ffed. Rwsia **59 P5** 70.46G 136.15Dn
Kazakstan Asia **115 M8** 48.00G 52.30Dn
Kazan Ffed. Rwsia **58 G3** 55.45G 49.10Dn
Kazanlŭk Bwlgaria **56 G5** 42.38G 25.26Dn
Kazan-rettō *ysdd.* Japan **108 J9** 25.00G 141.00Dn
Kazerun Iran **95 H4** 29.35G 51.39Dn
Kéa *ys.* Groeg **56 G2** 37.36G 24.20Dn
Keady G. Iwerddon **16 C2** 54.15G 6.43Gn
Kearney U.D.A. **64 G5** 40.42G 99.04Gn
Keban, Cr. Twrci **57 N3** 38.50G 39.00Dn
Kebkabiya Sudan **94 B1** 13.39G 24.05Dn
Kebnekaise *m.* Sweden **43 D4** 67.55G 18.30Dn
Kebock, Pr. Yr Alban **18 C3** 58.02G 6.22Gn
Keçiören Twrci **57 K4** 39.57G 32.50Dn
Kecskemét Hwngari **54 F2** 46.54G 19.42Dn
Kedainiai Lithuania **43 E1** 55.17G 23.58Dn
Keen, M. Yr Alban **19 G1** 56.58G 2.56Gn
Keetmanshoop Namibia **86 A2** 26.36D 18.08Dn
Keewatin Canada **65 H6** 49.46G 94.34Gn
Kefallinía *ys.* Groeg **56 E3** 38.15G 20.33Dn
Keflavík Gw. yr Iâ **43 X2** 64.01G 22.35Gn
Kegworth Lloegr **10 D3** 52.50G 1.16Gn
Keighley Lloegr **15 F2** 53.52G 1.54Gn
Keitele *ll.* Y Ffindir **43 F3** 62.59G 26.00Dn
Keith Yr Alban **19 G2** 57.32G 2.57Gn
Kelifskiy Uzboy *n.* Turkmenistan **95 J6** 37.40G 64.00Dn
Kelkit *a.* Twrci **57 M4** 40.46G 36.32Dn
Kellet, P. Canada **62 F5** 72.00G 125.30Gn
Kells Gwer. Iwerdd. **20 E3** 53.44G 6.53Gn
Kelo Tchad **84 F2** 9.21G 15.50Dn
Kelowna Canada **62 G2** 49.50G 119.29Gn
Kelso Yr Alban **17 G3** 55.36G 2.26Gn
Keluang Malaysia **104 C4** 2.01G 103.18Dn
Kelvedon Lloegr **11 F2** 51.50G 0.43Dn
Kem' Ffed. Rwsia **58 F4** 64.58G 34.39Dn
Kemerovo Ffed. Rwsia **58 K3** 55.25G 86.10Dn
Kemi Y Ffindir **43 F4** 65.45G 24.28Dn
Kemi *a.* Y Ffindir **43 F4** 65.47G 24.28Dn
Kemijärvi Y Ffindir **43 F4** 66.40G 27.21Dn
Kemijärvi *ll.* Y Ffindir **43 F4** 66.36G 27.24Dn
Kemnay Yr Alban **19 G2** 57.14G 2.27Gn
Kempston Lloegr **11 E3** 52.07G 0.30Gn
Kempten Yr Almaen **48 E2** 47.44G 10.19Dn
Kemp, Tir *n.* Antarctica **112** 69.00D 62.00Dn
Kenai U.D.A. **62 C4** 60.35G 151.19Gn
Kenamuke, Gwern Sudan **87 A4** 5.30G 34.00Dn
Kendal Lloegr **14 E3** 54.19G 2.44Gn
Kendari Indonesia **105 G3** 3.57D 122.36Dn
Kendawangan Indonesia **104 E3** 2.32D 110.13Dn
Kengtung Myanmar **97 J5** 21.16G 99.39Dn
Kenilworth Lloegr **10 D3** 52.22G 1.35Gn
Kénitra Moroco **84 D5** 34.20G 6.34Gn
Kenmare Gwer. Iwerdd. **20 B1** 51.53G 9.36Gn
Kenmare, Bae *moryd* Gwer. Iwerdd. **20 B1** 51.45G 10.00Gn
Kennet *a.* Lloegr **10 E2** 51.28G 0.57Gn
Kennewick U.D.A. **64 C6** 46.12G 119.07Gn
Kenora Canada **63 I2** 49.47G 94.26Gn
Kent *a.* Lloegr **14 E3** 54.14G 2.50Gn
Kentucky *rhan.* U.D.A. **65 I4** 38.00G 85.00Gn
Kenya Affrica **87 B3** 0.00 38.00Dn
Kenya, M. Kenya **87 B2** 0.10D 37.19Dn
Kerala *rhan.* India **96 F3** 10.30G 76.30Dn
Kerch Ukrain **55 O1** 45.22G 36.27Dn
Kerema P.G.N. **110 D5** 7.59D 145.46Dn
Keren Eritrea **94 E2** 15.46G 38.28Dn
Kerguélen, Ysdd. Cefn. India **108 B2** 49.15D 69.10Dn
Kericho Kenya **87 B2** 0.22D 35.15Dn
Kerinci, M. Indonesia **104 C3** 1.45D 101.20Dn
Kerio *a.* Kenya **87 B3** 3.00G 36.14Dn
Kerio, Dyffryn *n.* Kenya **87 B3** 1.10G 35.45Dn
Kerki Turkmenistan **95 K6** 37.53G 65.10Dn
Kérkira *ys.* Groeg **56 D3** 39.35G 19.50Dn
Kérkira (Corfu) *tref* Groeg **56 D3** 39.37G 19.50Dn
Kerma Sudan **94 D2** 19.38G 30.25Dn
Kermadec, Ysdd. Cefn. Tawel **108 N3** 30.00D 178.30Gn
Kerman Iran **95 I5** 30.18G 57.05Dn
Kerman, Diffeithwch Iran **95 I4** 28.30G 58.00Dn
Kermanshah Iran **95 G5** 34.19G 47.04Dn
Kern *a.* U.D.A. **64 C4** 35.25G 119.00Gn
Kerry *rhan.* Gwer. Iwerdd. **20 B2** 52.07G 9.35Gn
Kerry, Pr. Gwer. Iwerdd. **20 B2** 52.24G 9.56Gn
Keruguya Kenya **87 B2** 0.30D 37.16Dn
Keryneia Cyprus **57 K1** 35.20G 33.20Dn
Keşan Twrci **56 H4** 40.51G 26.37Dn
Kesennuma Japan **106 D3** 38.54G 141.34Dn
Kessingland Lloegr **11 G3** 52.25G 1.41Dn
Keswick Lloegr **14 D3** 54.35G 3.09Gn
Ketapang Indonesia **104 E3** 1.50D 110.02Dn
Ketchikan U.D.A. **62 E3** 55.25G 131.40Gn
Kettering Lloegr **10 E3** 52.24G 0.44Gn
Keweenaw, Bae U.D.A. **65 I6** 47.00G 88.00Gn
Key, Loch Gwer. Iwerdd. **20 C4** 54.00G 8.15Gn
Keyala Sudan **87 A3** 4.27G 32.52Dn
Keynsham Lloegr **10 C2** 51.25G 2.30Gn
Khabarovsk Ffed. Rwsia **59 P2** 48.32G 135.08Dn
Khairpur Pakistan **96 D6** 27.30G 68.50Dn
Khalkís Groeg **56 F3** 38.27G 23.36Dn
Khambhat, Gff. India **96 E5** 20.30G 72.00Dn
Khanabad Afghan. **95 K6** 36.42G 69.08Dn
Khandwa India **96 F5** 21.49G 76.23Dn
Khanewal Pakistan **95 L5** 30.18G 71.56Dn
Khaniá Groeg **56 G1** 35.30G 24.02Dn
Khanka, Ll. Ffed. Rwsia **59 P2** 45.00G 132.30Dn
Khanpur Pakistan **96 E6** 28.39G 70.39Dn
Khanty-Mansiysk Ffed. Rwsia **58 I4** 61.00G 69.00Dn
Kharagpur India **97 H5** 22.23G 87.22Dn
Kharkiv Ukrain **55 O4** 50.00G 36.15Dn
Khartoum = Al Khartūm Sudan **85 H3** 15.33G 32.35Dn
Khash Iran **95 J4** 28.14G 61.15Dn
Khashm el Girba Sudan **94 E2** 14.58G 35.35Dn
Khaskovo Bwlgaria **56 G4** 41.57G 25.33Dn
Khatanga Ffed. Rwsia **59 M5** 71.50G 102.31Dn
Khayelitsha G.D.A. **86 A1** 34.03D 18.40Dn
Khenchela Algeria **52 E4** 35.26G 7.08Dn
Khenifra Moroco **52 B3** 33.00G 5.40Gn
Khersan *a.* Iran **95 G5** 31.29G 48.53Dn
Kherson Ukrain **55 M2** 46.39G 32.38Dn
Khíos *tref* Groeg **56 H3** 38.22G 26.08Dn
Khíos (Chios) *ys.* Groeg **56 G3** 38.23G 26.04Dn
Khmel'nyts'kyy Ukrain **55 J3** 49.25G 27.02Dn
Khojand Tajikistan **102 B6** 40.14G 69.40Dn
Kholmsk Ffed. Rwsia **59 Q2** 47.02G 142.03Dn
Khon Kaen Gw. Thai **104 C7** 16.25G 102.50Dn
Khorinsk Ffed. Rwsia **103 J8** 52.14G 109.52Dn
Khorramabad Iran **95 G5** 33.29G 48.21Dn
Khorugh Tajikistan **95 L6** 37.32G 71.32Dn
Khouribga Moroco **52 B3** 32.54G 6.57Gn
Khowst Afghan. **95 K5** 33.22G 69.57Dn
Khulna Bangla. **97 H5** 22.49G 89.34Dn
Khunsar Iran **95 H5** 33.10G 50.19Dn
Khvoy Iran **94 G6** 38.32G 45.02Dn
Khyber, Bwlch Asia **95 L5** 34.06G 71.05Dn
Kiambu Kenya **87 B2** 1.10D 36.51Dn
Kiantajärvi *ll.* Y Ffindir **43 G4** 65.05G 29.10Dn
Kibaya Tanzania **87 B1** 5.19D 36.34Dn
Kibre Mengist Ethiopia **87 B4** 5.52G 39.00Dn
Kidderminster Lloegr **10 C3** 52.24G 2.13Gn
Kidepo, Parc Cen. Dyffryn Uganda **87 A3** 3.50G 33.45Dn
Kidlington Lloegr **10 D2** 51.50G 1.17Gn
Kidsgrove Lloegr **15 E2** 53.06G 2.15Gn
Kiel Yr Almaen **48 E6** 54.20G 10.08Dn
Kiel, Bae Yr Almaen **48 E6** 54.30G 10.30Dn
Kiel, Camlas Yr Almaen **48 D6** 53.54G 9.12Dn
Kielce Gw. Pwyl **54 G4** 50.52G 20.37Dn
Kielder, Cr. *ll.* Lloegr **15 E4** 55.14G 2.30Gn
Kiev Ukrain **55 L4** 50.28G 30.29Dn
Kiev, Cr. Ukrain **55 L4** 51.00G 30.25Dn
Kigali Rwanda **86 C4** 1.59D 30.05Dn
Kigoma Tanzania **86 B4** 4.52D 29.36Dn
Kikinda Iwgo. **56 E6** 45.51G 20.30Dn
Kikládhes (Cyclades) *ysdd.* Groeg **56 G2** 37.00G 25.00Dn
Kıklar Dagı *mdd.* Twrci **57 O4** 40.35G 40.30Dn
Kikori P.G.N. **105 K2** 7.25D 144.13Dn
Kikori *a.* P.G.N. **105 K2** 7.30D 144.20Dn
Kikwit Gwer. Ddem. Congo **86 A4** 5.02D 18.51Dn
Kilbrannan, Sn. Yr Alban **16 D3** 55.37G 5.25Gn
Kilcormac Gwer. Iwerdd. **20 D3** 53.10G 7.43Gn
Kilcullen Gwer. Iwerdd. **20 E3** 53.08G 6.47Gn
Kildare Gwer. Iwerdd. **20 E3** 53.10G 6.55Gn
Kildare *rhan.* Gwer. Iwerdd. **20 E3** 53.10G 6.50Gn
Kilifi Kenya **87 B2** 3.36D 39.52Dn
Kilimanjaro *m.* Tanzania **87 B2** 3.02D 37.20Dn
Kilimanjaro, Parc Cen. Tanzania **87 B2** 3.00D 37.20Dn
Kilis Twrci **57 M2** 36.43G 37.07Dn
Kilkee Gwer. Iwerdd. **20 B2** 52.41G 9.40Gn
Kilkeel G. Iwerddon **16 D2** 54.04G 6.00Gn
Kilkenny Gwer. Iwerdd. **20 D2** 52.39G 7.16Gn
Kilkenny *rhan.* Gwer. Iwerdd. **20 D2** 52.35G 7.15Gn
Kilkís Groeg **56 F4** 40.59G 22.51Dn
Killala, Bae Gwer. Iwerdd. **20 B4** 54.15G 9.10Gn
Killarney Gwer. Iwerdd. **20 B2** 52.04G 9.32Gn
Killin Yr Alban **16 E4** 56.29G 4.19Gn
Killíni *m.* Groeg **56 F2** 37.56G 22.22Dn
Killorglin Gwer. Iwerdd. **20 B2** 52.05G 9.47Gn
Killybegs Gwer. Iwerdd. **20 C4** 54.38G 8.29Gn
Kilmallock Gwer. Iwerdd. **20 C2** 52.25G 8.35Gn
Kilmarnock Yr Alban **16 E3** 55.37G 4.30Gn
Kilmelford Yr Alban **16 D4** 56.16G 5.29Gn
Kilmichael, Pt. Gwer. Iwerdd. **20 E2** 52.43G 6.10Gn
Kilrea G. Iwerddon **16 C2** 54.57G 6.34Gn
Kilrush Gwer. Iwerdd. **20 B2** 52.39G 9.30Gn
Kilsyth Yr Alban **16 E3** 55.59G 4.04Gn
Kilwinning Yr Alban **16 E3** 55.40G 4.41Gn
Kimberley G.D.A. **86 B2** 28.45D 24.46Dn
Kimberley, Llwyfandir Awstralia **110 B4** 17.20D 127.20Dn
Kimchaek G. Korea **103 N6** 40.41G 129.12Dn
Kinabalu, M. Malaysia **104 F5** 6.10G 116.40Dn
Kinango Kenya **87 B2** 4.06D 39.19Dn
Kinder Scout *bryn* Lloegr **15 F2** 53.23G 1.53Gn
Kindu Gwer. Ddem. Congo **86 B4** 3.00D 25.56Dn
Kingsbridge Lloegr **13 D2** 50.17G 3.46Gn
Kingsclere Lloegr **10 D2** 51.20G 1.14Gn
Kingscourt Gwer. Iwerdd. **20 E3** 53.55G 6.48Gn
Kings, Cp. U.D.A. **64 D5** 40.46G 110.23Gn
King's Lynn Lloegr **11 F3** 52.45G 0.25Dn
Kingsnorth Lloegr **11 F2** 51.06G 0.50Dn
Kingston Canada **65 K5** 44.14G 76.30Gn
Kingston Jamaica **71 I4** 17.58G 76.48Gn
Kingston upon Hull Lloegr **15 G2** 53.45G 0.20Gn
Kingston upon Hull *rhan.* Lloegr **9 E3** 53.45G 0.20Gn
Kingston-upon-Thames Lloegr **11 E2** 51.25G 0.17Gn
Kingstown St. Vincent **71 L3** 13.12G 61.14Gn
Kingsville U.D.A. **64 G2** 27.31G 97.52Gn
Kingswood Lloegr **10 C2** 51.27G 2.29Gn
Kings Worthy Lloegr **10 D2** 51.06G 1.18Gn
Kington (Ceintun) Lloegr **10 B3** 52.12G 3.02Gn
Kingussie Yr Alban **19 E2** 57.05G 4.04Gn
King William, Ys. Canada **63 I4** 69.00G 97.30Gn
King, Ys. Awstralia **110 D1** 40.00D 144.00Dn
Kinlochleven (Ceann Loch Lìobhainn) *tref* Yr Alban **18 E1** 56.43G 4.58Gn
Kinloss Yr Alban **19 F2** 57.38G 3.33Gn
Kinna Sweden **43 C2** 57.32G 12.42Dn
Kinnegad Gwer. Iwerdd. **20 D3** 53.27G 7.07Gn
Kinross Yr Alban **17 F4** 56.13G 3.27Gn
Kinsale Gwer. Iwerdd. **20 C1** 51.41G 8.32Gn
Kinshasa Gwer. Ddem. Congo **86 A4** 4.18D 15.18Dn
Kintore Yr Alban **19 G2** 57.14G 2.21Gn
Kintyre *gor.* Yr Alban **16 D3** 55.35G 5.35Gn
Kintyre, Pr. Yr Alban **16 D3** 55.17G 5.45Gn
Kiparissía Groeg **56 E2** 37.15G 21.40Dn
Kipini Kenya **87 C2** 2.31D 40.37Dn
Kircubbin G. Iwerddon **16 D2** 54.29G 5.32Gn
Kiribati Cefn. Tawel **108 N6** 4.00D 175.00Gn
Kırıkkale Twrci **57 K3** 39.51G 33.32Dn
Kiritimati *ys.* Kiribati **108 P7** 1.52G 157.20Gn
Kırkareli Twrci **56 H4** 41.44G 27.12Dn
Kirkbean Yr Alban **17 F2** 54.55G 3.36Gn
Kirkby Lloegr **14 E2** 53.29G 2.54Gn
Kirkby in Ashfield Lloegr **15 F2** 53.06G 1.15Gn
Kirkby Lonsdale Lloegr **14 E3** 54.13G 2.36Gn
Kirkbymoorside *tref* Lloegr **15 G3** 54.16G 0.56Gn
Kirkby Stephen Lloegr **15 E3** 54.27G 2.23Gn
Kirkcaldy Yr Alban **17 F4** 56.07G 3.10Gn
Kirkcolm Yr Alban **16 D2** 54.58G 5.05Gn
Kirkconnel Yr Alban **17 F3** 55.23G 3.59Gn
Kirkcudbright Yr Alban **17 E2** 54.50G 4.03Gn
Kirkenes Norwy **43 G5** 69.44G 30.05Dn
Kirkham Lloegr **14 E2** 53.47G 2.52Gn
Kirkintilloch Yr Alban **16 E3** 55.57G 4.10Gn
Kirkkonummi Y Ffindir **43 F3** 60.06G 24.20Dn
Kirkland Lake *tref* Canada **63 J2** 48.10G 80.02Gn
Kirk Michael Ynys Manaw **14 C3** 54.17G 4.35Gn
Kirkuk Iraq **94 F6** 35.28G 44.26Dn
Kirkwall Yr Alban **19 G3** 58.59G 2.58Gn
Kirov Ffed. Rwsia **55 N6** 54.01G 34.20Dn
Kirovohrad Ukrain **55 M3** 48.31G 32.15Dn
Kirovsk Ffed. Rwsia **43 G2** 59.52G 31.00Dn
Kirovsk Ffed. Rwsia **43 H4** 67.37G 33.39Dn
Kirriemuir Yr Alban **19 F1** 56.41G 3.01Gn
Kırşehir Twrci **57 L3** 39.09G 34.08Dn
Kirton in Lindsey Lloegr **15 G2** 53.29G 0.35Gn
Kiruna Sweden **43 E4** 67.53G 20.15Dn
Kisangani Gwer. Ddem. Congo **86 B5** 0.33G 25.14Dn
Kisii Kenya **87 A2** 0.40D 34.45Dn
Kismaayo Somalia **85 I1** 0.25D 42.31Dn
Kisoro Uganda **86 B4** 1.19D 29.42Dn
Kisumu Kenya **87 A2** 0.03D 34.47Dn
Kitakyūshū Japan **106 B2** 33.50G 130.50Dn
Kitale Kenya **87 B3** 0.59G 35.01Dn
Kitami Japan **106 D4** 43.51G 143.54Dn
Kitchener Canada **65 J5** 43.27G 80.30Gn
Kitgum Uganda **87 A3** 3.18G 32.52Dn
Kíthira *ys.* Groeg **56 F2** 36.15G 23.00Dn
Kíthnos *ys.* Groeg **56 G2** 37.25G 24.25Dn
Kitimat Canada **62 F3** 54.05G 128.38Gn
Kittilä Y Ffindir **43 F4** 67.40G 24.50Dn
Kitui Kenya **87 B2** 1.23D 38.00Dn
Kitui, Gwarchodfa Gen. De Kenya **87 B2** 1.45D 38.40Dn
Kitwe Zambia **86 B3** 12.48D 28.14Dn
Kiuruvesi Y Ffindir **43 F3** 63.38G 26.40Dn
Kivu, Ll. Rwanda/Gwer. Ddem. Congo **86 B4** 1.50D 29.10Dn
Kızıl Irmak *a.* Twrci **57 L4** 41.45G 35.57Dn
Kladno Gwer. Tsiec **54 D4** 50.10G 14.05Dn
Klagenfurt Awstria **54 D2** 46.38G 14.20Dn
Klaipeda Lithuania **54 G6** 55.43G 21.07Dn
Klamath Falls *tref* U.D.A. **64 B5** 42.14G 121.47Gn
Klazienaveen Yr Iseld. **42 F4** 52.43G 7.00Dn
Kleve Yr Almaen **42 F3** 51.47G 6.11Dn
Klimovo Ffed. Rwsia **55 M5** 52.24G 32.13Dn
Klintsy Ffed. Rwsia **55 M5** 52.45G 32.15Dn
Klyuchevskaya Sopka *m.* Ffed. Rwsia **59 S3** 56.00G 160.30Dn
Knaresborough Lloegr **15 F3** 54.01G 1.29Gn
Knin Croatia **56 C6** 44.02G 16.10Dn
Knock, Bryn Yr Alban **19 G2** 57.35G 2.47Gn
Knockadoon, Pr. Gwer. Iwerdd. **20 D1** 51.52G 7.51Gn
Knockalongy *m.* Gwer. Iwerdd. **20 C4** 54.12G 8.45Gn
Knockboy *m.* Gwer. Iwerdd. **20 B1** 51.48G 9.27Gn
Knocklayd *m.* G. Iwerddon **16 C3** 55.10G 6.15Gn
Knockmealdown, Mdd. Gwer. Iwerdd. **20 D2** 52.15G 7.55Gn
Knottingley Lloegr **15 F2** 53.42G 1.15Gn
Knowle Lloegr **10 D3** 52.23G 1.43Gn
Knoxville U.D.A. **65 J4** 36.00G 83.57Gn
Knutsford Lloegr **15 E2** 53.18G 2.22Gn
Kōbe Japan **106 C2** 34.42G 135.15Dn
København Denmarc **43 C1** 55.43G 12.34Dn
Koblenz Yr Almaen **48 C4** 50.21G 7.36Dn
Kobroör *ys.* Indonesia **105 I2** 6.10D 134.30Dn
Kobryn Belarus **55 I5** 52.16G 24.22Dn
Kočani Macedonia **56 F4** 41.55G 22.24Dn
Kōchi Japan **106 B2** 33.33G 133.52Dn
Kodiak U.D.A. **62 C3** 57.49G 152.30Gn
Kodiak, Ys. U.D.A. **62 C3** 57.00G 153.50Gn
Kōfu Japan **106 C3** 35.44G 138.34Dn
Køge Denmarc **43 C1** 55.28G 12.12Dn
Kohat Pakistan **95 L5** 33.37G 71.30Dn
Kokand Uzbekistan **102 C6** 40.33G 70.55Dn
Kokkola Y Ffindir **43 E3** 63.50G 23.10Dn
Kokpekty Kazakhstan **102 E7** 48.45G 82.25Dn
Kokshetau Kazakhstan **58 I3** 53.18G 69.25Dn
Kola Ffed. Rwsia **43 H5** 68.53G 33.01Dn
Kola, Gor. Ffed. Rwsia **58 F4** 67.00G 38.00Dn
Kolaka Indonesia **105 G3** 4.04D 121.38Dn
Kolding Denmarc **43 B1** 55.29G 9.30Dn
Kolguyev *ys.* Ffed. Rwsia **58 G4** 69.00G 49.00Dn
Kolhapur India **96 E4** 16.43G 74.15Dn
Köln (Cwlen) Yr Almaen **48 C4** 50.56G 6.57Dn
Kołobrzeg Gw. Pwyl **54 D6** 54.10G 15.35Dn
Kolomna Ffed. Rwsia **55 P6** 55.05G 38.45Dn
Kolomyya Ukrain **55 I3** 48.31G 25.00Dn
Koluli Eritrea **94 F1** 14.26G 40.20Dn
Kolvitskoye, Llyn Ffed. Rwsia **43 H4** 67.00G 33.20Dn
Kolwezi Gwer. Ddem. Congo **86 B3** 10.44D 25.28Dn
Kolyma *a.* Ffed. Rwsia **59 S4** 68.50G 161.00Dn
Kolyma, Cn. *mdd.* Ffed. Rwsia **59 R4** 63.00G 160.00Dn
Komatsu Japan **106 C3** 36.24G 136.27Dn
Kome, Ys. Uganda **87 A2** 0.06D 32.43Dn
Komotiní Groeg **56 G4** 41.07G 25.26Dn
Komsomolets *ys.* Ffed. Rwsia **59 L6** 80.20G 96.00Dn
Komsomolsk-na-Amure Ffed. Rwsia **59 P3** 50.32G 136.59Dn
Kondoa Tanzania **87 B2** 4.55D 35.48Dn
Kongsberg Norwy **43 B2** 59.42G 9.39Dn
Kongsvinger Norwy **43 C3** 60.13G 11.59Dn
Konin Gw. Pwyl **54 F5** 52.13G 18.16Dn
Konotop Ukrain **55 M4** 51.15G 33.14Dn
Konso Ethiopia **87 B4** 5.18G 37.30Dn
Konstanz Yr Almaen **48 D2** 47.40G 9.10Dn
Konya Twrci **57 K2** 37.51G 32.30Dn
Köping Sweden **43 C2** 59.31G 16.01Dn
Kora, Gwar. Gen. Kenya **87 B2** 0.30D 39.00Dn
Koraput India **97 G4** 18.49G 82.43Dn
Korçë Albania **56 E4** 40.37G 20.45Dn
Korcula *ys.* Croatia **56 C5** 42.56G 16.53Dn
Korea, Bae Asia **103 M5** 39.00G 124.00Dn
Korea, Cf. De Korea/Japan **103 N4** 35.00G 129.20Dn
Korea, De Asia **103 N5** 36.00G 128.00Dn
Korea, Gogledd Asia **103 N6** 40.00G 128.00Dn
Korenovsk Ffed. Rwsia **57 N6** 45.29G 39.28Dn
Körfez Twrci **57 I4** 40.48G 29.55Dn
Kōriyama Japan **106 D3** 37.23G 140.22Dn
Korkuteli Twrci **57 J2** 37.07G 30.11Dn
Korogwe Tanzania **87 B1** 5.09D 38.29Dn
Koror Palau **105 I5** 7.30G 134.30Dn
Korosten' Ukrain **55 K4** 51.00G 28.30Dn
Korsør Denmarc **43 B1** 55.19G 11.09Dn
Kortrijk Gw. Belg **42 C2** 50.49G 3.17Dn
Koryak, Cn. *mdd.* Ffed. Rwsia **59 T4** 62.20G 171.00Dn
Kos Groeg **56 H2** 36.53G 27.18Dn
Kos *ys.* Groeg **56 H2** 36.48G 27.10Dn
Kościerzyna Gw. Pwyl **54 E6** 54.08G 18.00Dn
Kosciusko, M. Awstralia **110 D2** 36.28D 148.17Dn
Košice Slofacia **54 G3** 48.44G 21.15Dn
Kosovska Mitrovica Iwgo. **56 E5** 42.54G 20.51Dn
Kosrae *ys.* Tal. Ffed. Micronesia **108 L7** 5.10G 163.05Dn
Kosti Sudan **85 H3** 13.11G 32.38Dn
Kostroma Ffed. Rwsia **58 G3** 57.46G 40.59Dn
Kostrzyn Gw. Pwyl **54 D5** 52.35G 14.40Dn
Kostyantynivka Ukrain **55 O3** 48.33G 37.45Dn
Koszalin Gw. Pwyl **54 E6** 54.12G 16.09Dn

Kota India 96 F6 25.11G 75.58Dn
Kota Bharu Malaysia 104 C5 6.07G 102.15Dn
Kotabumi Indonesia 104 C3 4.52D 104.59Dn
Kota Kinabalu Malaysia 104 F5 5.59G 116.04Dn
Kotel'nyy ys. Ffed. Rwsia 59 Q5 75.30G 141.00Dn
Kotido Uganda 87 A3 3.01G 34.08Dn
Kotlas Ffed. Rwsia 58 G4 61.15G 46.28Dn
Kotlik U.D.A. 62 B4 63.02G 163.33Gn
Kötlutangi p. Gw. yr Iâ 43 Y1 63.42G 18.40Gn
Kotor Iwgo. 56 D5 42.28G 18.47Dn
Kotovs'k Ukrain 55 K2 47.42G 29.30Dn
Kotuy a. Ffed. Rwsia 59 M5 71.40G 103.00Dn
Kotzebue U.D.A. 62 B4 66.51G 162.40Gn
Kouvola Y Ffindir 43 F3 60.54G 26.45Dn
Kovel' Ukrain 55 I4 51.12G 24.48Dn
Kozan Twrci 57 L2 37.27G 35.47Dn
Kozáni Groeg 56 E4 40.18G 21.48Dn
Krabi Gw. Thai 104 B5 8.04G 98.52Dn
Krâcheh Cambodia 104 D6 12.30G 106.03Dn
Kragujevac Iwgo. 56 E6 44.01G 20.55Dn
Kraków Gw. Pwyl 54 F4 50.03G 19.55Dn
Kraljevo Iwgo. 56 E5 43.44G 20.41Dn
Kramators'k Ukrain 55 O3 48.43G 37.33Dn
Kramfors Sweden 43 D3 62.55G 17.50Dn
Kranj Slovenija 54 D2 46.15G 14.21Dn
Krasnoarmiys'k Ukrain 55 O3 48.17G 37.14Dn
Krasnodar Ffed. Rwsia 58 F2 45.02G 39.00Dn
Krasnodar, Cr. Ffed. Rwsia 57 N6 45.00G 39.15Dn
Krasnohrad Ukrain 55 N3 49.22G 35.28Dn
Krasnokamensk Ffed. Rwsia 59 N3 50.10G 118.00Dn
Krasnovodsk Turkmenistan 58 H2 40.01G 53.00Dn
Krasnoyarsk Ffed. Rwsia 59 L3 56.05G 92.46Dn
Krefeld Yr Almaen 48 C4 51.20G 6.32Dn
Kremenchuk Ukrain 55 M3 49.03G 33.25Dn
Kremenchuk, Cr. Ukrain 55 M3 49.20G 32.30Dn
Krishna a. India 97 G4 16.00G 81.00Dn
Kristiansand Norwy 43 A2 58.08G 7.59Dn
Kristianstad Sweden 43 C2 56.02G 14.10Dn
Kristiansund Norwy 43 A3 63.15G 7.55Dn
Kristinehamn Sweden 43 C2 59.17G 14.09Dn
Kríti (Creta) ys. Groeg 56 G1 35.15G 25.00Dn
Krk ys. Croatia 56 B6 45.04G 14.36Dn
Kropotkin Ffed. Rwsia 53 L6 45.25G 40.35Dn
Krosno Gw. Pwyl 54 G3 49.42G 21.46Dn
Krung Thep (Bangkok) Gw. Thai 104 C6 13.45G 100.35Dn
Kruševac Iwgo. 56 E5 43.34G 21.20Dn
Krychaw Belarus 55 L5 53.40G 31.44Dn
Krymsk Ffed. Rwsia 57 M6 44.56G 38.00Dn
Kryvyy Rih' Ukrain 55 M2 47.55G 33.24Dn
Ksar El Boukhari Algeria 52 D4 35.53G 2.45Dn
Ksar el Kebir Moroco 52 B3 35.01G 5.54Gn
Kuala Lumpur Malaysia 104 C4 3.08G 101.42Dn
Kuala Terengganu Malaysia 104 C5 5.10G 103.10Dn
Kuantan Malaysia 104 C4 3.50G 103.19Dn
Kuban a. Ffed. Rwsia 57 M6 45.20G 37.17Dn
Kuching Malaysia 104 E4 1.32G 110.20Dn
Kugluktuk = Coppermine Canada 62 G4 67.49G 115.12Gn
Kuh-e Baba Afghan. 95 K5 34.40G 67.30Dn
Kuh-e Dinar m. Iran 95 H5 30.45G 51.39Dn
Kuh-e Sahand m. Iran 95 G6 37.37G 46.27Dn
Kuhmo Y Ffindir 43 G4 64.04G 29.30Dn
Kuito Angola 86 A3 12.25D 16.58Dn
Kūl a. Iran 95 I4 27.00G 55.45Dn
Kulal, M. Kenya 87 B3 2.44G 36.56Dn
Kuldiga Latvia 43 E2 56.58G 21.59Dn
Kŭlob Tajikistan 95 K6 37.55G 69.47Dn
Kulunda Ffed. Rwsia 102 D8 52.34G 78.58Dn
Kumamoto Japan 106 B2 32.50G 130.42Dn
Kumanovo Macedonia 56 E5 42.08G 21.40Dn
Kumasi Ghana 84 D2 6.45G 1.35Gn
Kumbakonam India 97 F3 10.59G 79.24Dn
Kumi Uganda 87 A3 1.26G 33.54Dn
Kumla Sweden 43 C2 59.08G 15.09Dn
Kumluca Twrci 57 J2 36.23G 30.17Dn
Kumo Nigeria 84 F3 10.02G 11.50Dn
Kunashir ys. Ffed. Rwsia 106 E4 44.25G 146.00Dn
Kungrad Uzbekistan 58 H2 43.05G 58.23Dn
Kunlun Shan mdd. China 102 E5 36.40G 85.00Dn
Kunming China 103 I3 25.04G 102.41Dn
Kuohijärvi ll. Y Ffindir 43 F3 61.20G 24.10Dn
Kuopio Y Ffindir 43 F3 62.51G 27.30Dn
Kupa a. Croatia 56 C6 45.30G 16.20Dn
Kupang Indonesia 105 G1 10.13D 123.38Dn
Kup"yans'k Ukrain 55 O3 49.41G 37.37Dn
Kuqa China 102 E6 41.43G 82.58Dn
Kŭrdzhali Bwlgaria 56 G4 41.39G 25.22Dn
Kure, Atol Ysdd. Hawaii 108 N9 28.25G 178.25Gn
Kuressaare Estonia 43 E2 58.12G 22.30Dn
Kurgan Ffed. Rwsia 58 I3 55.20G 65.20Dn
Kuria Muria, Ysdd. Oman 95 I2 17.30G 56.00Dn
Kurikka Y Ffindir 43 E3 62.37G 22.25Dn
Kuril Trench n. Cefn. Tawel 117 Q8
Kuril, Ysdd. Ffed. Rwsia 59 R2 46.00G 150.30Dn
Kurmuk Sudan 85 H3 10.33G 34.17Dn
Kurnool India 97 F4 15.51G 78.01Dn
Kursk Ffed. Rwsia 55 O4 51.45G 36.14Dn
Kuršumlija Iwgo. 56 E5 43.09G 21.16Dn
Kurume Japan 106 B2 33.20G 130.29Dn
Kurun a. Sudan 87 A4 5.40G 33.50Dn
Kurunegala Sri Lanka 97 G2 7.28G 80.23Dn
Kushiro Japan 106 D4 42.58G 144.24Dn
Kuskokwim a. U.D.A. 62 B4 60.50G 161.20Gn
Kuskokwim, Bae U.D.A. 62 B3 59.45G 162.25Gn
Kuskokwim, Mdd. U.D.A. 62 C4 62.50G 156.00Gn
Kustanay Kazakhstan 58 I3 53.15G 63.40Dn
Kütahya Twrci 57 I3 39.25G 29.56Dn
Kuujjuaq Canada 63 L3 58.10G 68.15Gn
Kuusamo Y Ffindir 43 G4 65.57G 29.15Dn
Kuwait Asia 95 G4 29.20G 47.40Dn
Kuwait tref Kuwait 95 G4 29.20G 48.00Dn
Kuznetsk Ffed. Rwsia 58 G3 53.08G 46.36Dn
Kvaløya ys. Norwy 43 D5 69.45G 18.20Dn
Kvarken Deheuol cf. Sweden/Y Ffindir 43 D3 60.20G 19.00Dn
Kwale Kenya 87 B2 4.10D 39.27Dn
KwaMashu G.D.A. 86 C2 29.45D 30.56Dn
Kwa Mtoro Tanzania 87 B1 5.14D 35.22Dn
Kwangju De Korea 103 N5 35.07G 126.52Dn
Kwania, Ll. Uganda 87 A3 1.48G 32.45Dn
Kwanobuhle G.D.A. 86 B1 33.30D 25.26Dn
Kwilu a. Gwer. Ddem. Congo 86 A4 3.18D 17.22Dn
Kwoka m. Indonesia 105 I3 1.30D 132.30Dn
Kyakhta Ffed. Rwsia 103 J8 50.22G 106.30Dn
Kyle of Lochalsh (Caol Loch Aillse) tref Yr Alban 18 D2 57.17G 5.43Gn
Kyoga, Ll. Uganda 86 C5 1.30G 33.00Dn
Kyōto Japan 106 C2 35.04G 135.50Dn
Kyrgyzstan Asia 102 C6 41.30G 75.00Dn
Kyūshū ys. Japan 106 B2 32.00G 131.00Dn
Kyustendil Bwlgaria 56 F5 42.18G 22.39Dn
Kyzyl Ffed. Rwsia 59 L3 51.42G 94.28Dn
Kzyl-Orda Kazakhstan 58 I2 44.52G 65.28Dn

L

Laâyoune = El Aaiún Gn. Sahara 84 C4 27.10G 13.11Gn
Labé Guinée 84 C3 11.17G 12.11Gn
Labrador n. Canada 63 L3 54.00G 61.30Gn
Labrador City Canada 63 L3 52.54G 66.50Gn
Labrador, Môr Canada/Grønland 63 M4 60.00G 55.00Gn
Laccadive, Ysdd. Cefn. India 96 E3 11.00G 72.00Dn
Laceby Lloegr 15 G2 53.33G 0.10Gn
La Chaux-de-Fonds Y Swistir 44 G5 47.07G 6.51Dn
Lachlan a. Awstralia 110 D2 34.21D 143.58Dn
La Coruña Sbaen 46 A5 43.22G 8.24Gn
La Crosse U.D.A. 65 H5 43.48G 91.15Gn
La Demanda, Sierra de mdd. Sbaen 46 D5 42.10G 3.20Gn
Ladhar Bheinn m. Yr Alban 18 D2 57.04G 5.35Gn
Ladiz Iran 95 J4 28.57G 61.18Dn
Ladoga, Ll. Ffed. Rwsia 58 F4 61.00G 32.00Dn
Ladybank Yr Alban 17 F4 56.17G 3.08Gn
Ladybower, Cr. Lloegr 15 F2 53.23G 1.42Gn
Lae P.G.N. 110 D5 6.45D 146.30Dn
Læsø ys. Denmarc 43 B2 57.16G 11.01Dn
Lafayette U.D.A. 65 H3 30.12G 92.18Gn
Lagan a. G. Iwerddon 16 D2 54.37G 5.54Gn
Laggan, Loch Yr Alban 19 E1 56.57G 4.30Gn
Lagh Bogal a. Kenya 87 B3 1.04G 40.10Dn
Lagh Bor a. Kenya/Somalia 87 C3 0.30G 42.04Dn
Lagh Dima a. Kenya/Somalia 87 C3 0.30G 41.09Dn
Lagh Kutulu a. Kenya 87 C3 2.10G 40.53Dn
Laghouat Algeria 52 D3 33.49G 2.55Dn
Lagh Walde Kenya 87 B3 2.48G 38.54Dn
La Gomera ys. Ysdd. Dedwydd 46 X2 28.08G 17.14Gn
Lagos Nigeria 84 E2 6.27G 3.28Dn
Lagos Portiwgal 46 A2 37.05G 8.40Gn
La Grande 2, Cr. Canada 63 K3 53.35G 77.10Gn
La Grande 3, Cr. Canada 63 K3 53.35G 74.55Gn
La Grande 4, Cr. Canada 63 K3 53.50G 73.30Gn
La Gran Sabana n. Venezuela 71 L2 5.20G 61.30Gn
La Habana Cuba 71 H5 23.07G 82.25Gn
Lahad Datu Malaysia 104 F5 5.05G 118.20Dn
Lahat Indonesia 104 C3 3.46D 103.32Dn
Laḥij Yemen 94 F1 13.04G 44.53Dn
Lahore Pakistan 96 E7 31.34G 74.22Dn
Lahti Y Ffindir 43 F3 61.00G 25.40Dn
Laidon, Loch Yr Alban 16 E4 56.39G 4.38Gn
Laihia Y Ffindir 43 E3 62.58G 22.01Dn
Lainio a. Sweden 43 E4 67.26G 22.37Dn
Lairg Yr Alban 19 E3 58.01G 4.25Gn
Laisamis Kenya 87 B3 1.38G 37.47Dn
Lajes Brasil 77 E2 27.48D 50.20Gn
La Junta U.D.A. 64 F4 37.59G 103.34Gn
Lake City U.D.A. 65 J3 30.05G 82.40Gn
Lakeland tref U.D.A. 65 J2 28.02G 81.59Gn
Lakeview U.D.A. 64 B5 42.13G 120.21Gn
Lakki Pakistan 95 L5 32.35G 70.58Dn
Lakonía, Gff. Groeg 56 F2 36.35G 22.42Dn
Lakse, Ffiord moryd Norwy 43 F5 70.40G 26.50Dn
Lakshadweep rhan. India 96 E3 11.00G 72.00Dn
La Línea de la Concepción Sbaen 46 C2 36.10G 5.21Gn
La Louvière Gw. Belg 42 D2 50.29G 4.11Dn
La Mancha n. Sbaen 46 D3 39.00G 2.30Gn
Lamar U.D.A. 64 F4 38.04G 102.37Gn
Lamard Iran 95 H4 27.22G 53.20Dn
la Martre, Ll. ll. Canada 62 G4 63.15G 116.55Gn
Lambay, Ys. Gwer. Iwerdd. 20 E3 53.30G 6.01Gn
Lambourn Lloegr 10 D2 51.31G 1.31Gn
Lambourn, Downs bryniau Lloegr 10 D2 51.32G 1.36Gn
Lamego Portiwgal 46 B4 41.05G 7.49Gn
Lamía Groeg 56 F3 38.53G 22.25Dn
Lamlash Yr Alban 16 D3 55.32G 5.08Gn
Lammermuir, Bryniau Yr Alban 17 G3 55.51G 2.40Gn
Lampang Gw. Thai 104 B7 18.16G 99.30Dn
Lamu Kenya 87 C2 2.20D 40.54Dn
Lamu, Ys. Kenya 87 C2 2.17D 40.52Dn
Lanark Yr Alban 17 F3 55.41G 3.47Gn
Lanark, De rhan. Yr Alban 8 D4 55.40G 3.45Gn
Lanark, Gogledd rhan. Yr Alban 8 D4 55.50G 3.50Gn
Lancaster Lloegr 14 E3 54.03G 2.48Gn
Lancaster, Cam. Lloegr 14 E2 54.00G 2.48Gn
Lancaster, Sn. Canada 63 J5 74.00G 85.00Gn
Landes n. Ffrainc 44 C4 44.40G 0.40Gn
Landguard, Pt. Lloegr 11 G2 51.55G 1.18Dn
Land's End p. Lloegr 13 B2 50.03G 5.45Gn
Landshut Yr Almaen 48 F3 48.31G 12.10Dn
Lanesborough Gwer. Iwerdd. 20 D3 53.40G 8.00Gn
Langavat, Loch Yr Alban 18 C2 57.48G 6.58Gn
Langavat, Loch Yr Alban 18 C3 58.04G 6.45Gn
Langeland ys. Denmarc 43 B1 54.50G 10.50Dn
Langholm Yr Alban 17 F3 55.09G 3.00Gn
Langøya ys. Norwy 43 C5 68.50G 15.00Dn
Langport Lloegr 13 E3 51.02G 2.51Gn
Langres Ffrainc 44 F5 47.53G 5.20Dn
Langsa Indonesia 104 B4 4.28G 97.59Dn
Langstrothdale Chase bryniau Lloegr 15 E3 54.13G 2.15Gn
Languedoc n. Ffrainc 44 E3 43.30G 3.00Dn
Lanivet Lloegr 13 C2 50.27G 4.45Gn
Länkäran Azerbaijan 95 G6 38.45G 48.50Dn
Lannion (Lannuon) Ffrainc 44 B6 48.44G 3.27Gn
Lansing U.D.A. 65 J5 42.44G 84.34Gn
Lanzarote ys. Ysdd. Dedwydd 46 Z2 29.00G 13.55Gn
Lanzhou China 103 I5 36.01G 103.45Dn
Laoag Pili. 104 G7 18.14G 120.36Dn
Lao Cai Viet Nam 104 C8 22.30G 104.00Dn
Laois rhan. Gwer. Iwerdd. 20 D2 53.00G 7.20Gn
Laon Ffrainc 42 C1 49.34G 3.37Dn
Laos Asia 104 C7 19.00G 104.00Dn
La Palma ys. Ysdd. Dedwydd 46 X2 28.50G 18.00Gn
La Palma del Condado Sbaen 46 B2 37.23G 6.33Gn
La Paz Bolivia 76 D3 16.30D 68.10Gn
La Paz México 70 B5 24.10G 110.17Gn
Lapdir n. Sweden/Y Ffindir 43 E5 68.10G 24.00Dn
La Pérouse, Cf. Ffed. Rwsia 106 D5 45.50G 142.30Dn
La Plata Ariannin 75 D3 34.52D 57.55Gn
La Plata, Río de moryd De America 75 D3 35.15D 56.45Gn
Lappajärvi ll. Y Ffindir 43 E3 63.05G 23.30Dn
Lappeenranta Y Ffindir 43 G3 61.04G 28.05Dn
Laptev, Môr Ffed. Rwsia 59 O5 74.30G 125.00Dn
Lapua Y Ffindir 43 E3 62.57G 23.00Dn
L'Aquila Yr Eidal 50 E5 42.22G 13.25Dn
Larache Moroco 46 B1 35.12G 6.10Gn
Laramie U.D.A. 64 E5 41.20G 105.38Gn
Laredo U.D.A. 64 G2 27.32G 99.22Gn
Largs Yr Alban 16 E3 55.48G 4.52Gn
La Rioja Ariannin 76 D2 29.26D 66.50Gn
Lárisa Groeg 56 F3 39.36G 22.24Dn
Larkana Pakistan 96 D6 27.32G 68.18Dn
Larnax (Larnaca) Cyprus 57 K1 34.54G 33.39Dn
Larne G. Iwerddon 16 D2 54.51G 5.50Gn
Larne, Loch G. Iwerddon 16 D2 54.50G 5.47Gn
La Rochelle Ffrainc 44 C5 46.10G 1.10Gn
La Roche-sur-Yon Ffrainc 44 C5 46.40G 1.25Gn
La Romana Gwer. Dom. 71 K4 18.27G 68.57Gn
La Ronge Canada 62 H3 55.07G 105.18Gn
Larvik Norwy 43 B2 59.04G 10.02Dn
La Sagra m. Sbaen 46 D2 37.58G 2.35Gn
Las Cruces U.D.A. 64 E3 32.18G 106.47Gn
La Selle m. Haiti 71 J4 18.23G 71.59Gn
La Serena Chile 76 C2 29.54D 71.16Gn
Las Marismas n. Sbaen 46 B2 37.05G 6.20Gn
Las Nieves, Copa m. Ysdd. Dedwydd 46 Y1 27.56G 15.34Gn
Las Palmas de Gran Canaria Ysdd. Dedwydd 46 Y2 28.08G 15.27Gn
La Spezia Yr Eidal 50 C6 44.07G 9.49Dn
Las Vegas U.D.A. 64 C4 36.10G 115.10Gn
Latacunga Ecuador 76 C4 0.58D 78.36Gn
Latakia Syria 94 E6 35.31G 35.47Dn
Latheron Yr Alban 19 F3 58.17G 3.22Gn
Latina Yr Eidal 50 E4 41.28G 12.52Dn
La Tortuga ys. Venezuela 71 K3 11.00G 65.20Gn
Latvia Ewrop 43 E2 57.00G 25.00Dn
Launceston Awstralia 110 D1 41.25D 147.07Dn
Launceston (Lanstefan) Lloegr 13 C2 50.38G 4.21Gn
Laurencekirk Yr Alban 19 G1 56.50G 2.30Gn
Lausanne Y Swistir 44 G5 46.32G 6.39Dn
Laut ys. Indonesia 104 F3 3.45D 116.20Dn
Laval Ffrainc 44 C6 48.04G 0.45Gn
Lavenham Lloegr 11 F3 52.06G 0.47Dn
Lawdar Yemen 95 G1 13.53G 45.53Dn
Laxey (Laksa) Ynys Manaw 14 C3 54.14G 4.24Gn
Laxford, Loch Yr Alban 18 D3 58.25G 5.06Gn
Laysan, Ys. Ysdd. Hawaii 108 N9 25.46G 171.44Gn
Leane, Loch Gwer. Iwerdd. 20 B2 52.03G 9.33Gn
Leatherhead Lloegr 11 E2 51.18G 0.20Gn
Łebork Gw. Pwyl 54 E6 54.33G 17.44Dn
Lecce Yr Eidal 50 H4 40.21G 18.11Dn
Lech a. Yr Almaen 48 E3 48.45G 10.51Dn
Lechlade Lloegr 10 D2 51.42G 1.40Gn
Ledbury Lloegr 10 C3 52.03G 2.25Gn
Lee a. Gwer. Iwerdd. 20 C1 51.53G 8.25Gn
Leech, Ll. U.D.A. 65 H6 47.10G 94.30Gn
Leeds Lloegr 15 F2 53.48G 1.34Gn
Leek Lloegr 15 E2 53.07G 2.02Gn
Leeming Lloegr 15 F3 54.18G 1.33Gn
Lee Moor tref Lloegr 13 C2 50.25G 4.01Gn
Leer Yr Almaen 48 C5 53.14G 7.27Dn
Leeuwarden/Ljouwert Yr Iseld. 42 E5 53.12G 5.48Dn
Leeuwin, P. Awstralia 110 A2 34.00D 115.00Dn
Leeward, Ysdd. Cb. America 71 L4 18.00G 61.00Gn
Legaspi Pili. 105 G6 13.10G 123.45Dn
Legnica Gw. Pwyl 54 E4 51.12G 16.10Dn
Leh Jammu a Kashmir 97 F7 34.09G 77.35Dn
Le Havre Ffrainc 44 D6 49.30G 0.06Dn
Leiah Pakistan 95 L5 30.58G 70.56Dn
Leicester (Caerlŷr) Lloegr 10 D3 52.39G 1.09Gn
Leichhardt a. Awstralia 110 C4 17.35D 139.48Dn
Leiden Yr Iseld. 42 D4 52.10G 4.30Dn
Leigh Lloegr 15 E2 53.30G 2.33Gn
Leighton Buzzard Lloegr 10 E2 51.55G 0.39Gn
Leinster, M. Gwer. Iwerdd. 20 E2 52.37G 6.47Gn
Leipzig Yr Almaen 48 F4 51.20G 12.20Dn
Leiston Lloegr 11 G3 52.13G 1.35Dn
Leith Yr Alban 17 F3 55.59G 2.09Gn
Leith, Bryn Lloegr 11 E2 51.11G 0.21Gn
Leitrim rhan. Gwer. Iwerdd. 20 D4 54.08G 8.00Gn
Leixlip Gwer. Iwerdd. 20 E3 53.22G 6.30Gn
Leizhou, Gor. China 103 J2 20.40G 109.30Dn
Lek a. Yr Iseld. 42 D3 51.55G 4.29Dn
Leksozero, Llyn Ffed. Rwsia 43 G3 63.40G 30.52Dn
Lelystad Yr Iseld. 42 E4 52.32G 5.29Dn
Le Mans Ffrainc 44 D5 48.01G 0.10Dn
Lemesos (Limassol) Cyprus 57 K1 34.40G 33.03Dn
Lena a. Ffed. Rwsia 59 O5 72.00G 127.10Dn
Leninsk-Kuznetskiy Ffed. Rwsia 58 K3 54.44G 86.13Dn
Lens Ffrainc 44 E7 50.26G 2.50Dn
Leoben Awstria 54 D2 47.23G 15.06Dn
Leominster (Llanllieni) Lloegr 10 C3 52.15G 2.43Gn
León México 70 D5 21.10G 101.42Gn
León Sbaen 46 C5 42.35G 5.34Gn
Leova Moldova 55 K2 46.29G 28.12Dn
Le-Puy-en-Velay Ffrainc 44 E4 45.03G 3.54Dn
Lérida/ Lleida Sbaen 46 F4 41.37G 0.38Dn
Lerpwl (Liverpool) Lloegr 14 E2 53.25G 3.00Gn
Lerum Sweden 43 C2 57.46G 12.12Dn
Lerwick Yr Alban 19 Y9 60.09G 1.09Gn
Lesatima m. Kenya 87 B2 0.17D 36.37Dn
Les Cayes Haiti 71 J4 18.15G 73.46Gn
Leshan China 103 I3 29.34G 103.42Dn
Leskovac Iwgo. 56 E5 43.00G 21.56Dn
Lesotho Affrica 86 B2 29.30D 28.00Dn
Les Sables-d'Olonne Ffrainc 44 C5 46.30G 1.47Gn
Lesser Slave, Ll. Canada 62 G3 55.30G 115.00Gn
Lestijärvi ll. Y Ffindir 43 F3 63.32G 24.40Dn
Lésvos ys. Groeg 56 G3 39.10G 26.16Dn
Leszno Gw. Pwyl 54 E4 51.51G 16.35Dn
Letchworth Lloegr 11 E2 51.58G 0.13Gn
Lethbridge Canada 62 G2 49.43G 112.48Gn
Leti, Ysdd. Indonesia 105 H2 8.20D 128.00Dn
Letterkenny Gwer. Iwerdd. 20 D4 54.56G 7.45Gn
Leuchars Yr Alban 17 G4 56.23G 2.53Gn
Leuser, M. Indonesia 104 B4 3.50G 97.10Dn
Leuven Gw. Belg 42 D2 50.53G 4.45Dn
Leven Lloegr 15 G2 53.54G 0.18Gn
Leven Yr Alban 17 G4 56.12G 3.00Gn
Leven, Loch A. a B. Yr Alban 18 D1 56.43G 5.05Gn
Leven, Loch P. a K. Yr Alban 17 F4 56.13G 3.23Gn
Levens Lloegr 14 E3 54.16G 2.47Gn
Leverkusen Yr Almaen 48 C4 51.02G 6.59Dn
Lévis Canada 65 L6 46.47G 71.12Gn
Levkás ys. Groeg 56 E3 38.44G 20.37Dn
Levkosia (Nicosia) Cyprus 57 K1 35.11G 33.23Dn
Lewes Lloegr 11 F1 50.53G 0.02Dn
Lewis ys. Yr Alban 18 C3 58.10G 6.40Gn
Lewis, Pt. p. Yr Alban 18 C3 58.31G 6.15Gn
Lexington U.D.A. 65 J4 38.02G 84.30Gn
Leyburn Lloegr 15 F3 54.19G 1.50Gn
Leyland Lloegr 14 E2 53.41G 2.42Gn
Leyte ys. Pili. 105 G6 10.40G 124.50Dn
L'gov Ffed. Rwsia 55 N4 51.41G 35.16Dn
Lhasa China 102 G3 29.41G 91.10Dn
Lhazê China 102 F3 29.08G 87.43Dn
Lhokseumawe Indonesia 104 B5 5.09G 97.09Dn
Lianyungang China 103 L4 34.37G 119.10Dn
Liaoning rhan. China 103 M6 41.30G 123.00Dn
Liaoyuan China 103 M6 42.53G 125.10Dn
Liard a. Canada 62 F4 61.56G 120.35Gn
Libanus Asia 94 E5 34.00G 36.00Dn
Libenge Gwer. Ddem. Congo 86 A5 3.39G 18.39Dn
Liberal U.D.A. 64 F4 37.03G 100.56Gn
Liberec Gwer. Tsiec 54 D4 50.48G 15.05Dn
Liberia Affrica 84 D2 6.30G 9.30Gn
Libin Gw. Belg 42 E1 49.58G 5.15Dn
Liboi Kenya 87 C3 0.23G 40.50Dn
Libourne Ffrainc 44 C4 44.55G 0.14Gn
Libreville Gabon 84 E2 0.30G 9.25Dn
Libya Affrica 84 F4 26.30G 17.00Dn
Libya, Diffeithwch Affrica 85 G4 23.00G 26.10Dn
Libya, Llwyfandir n. Affrica 94 C5 30.45G 26.00Dn
Lichfield (Caerlwytgoed) Lloegr 10 D3 52.40G 1.50Gn
Lichinga Moçambique 86 C3 13.19D 35.13Dn
Lida Belarus 55 I5 53.50G 25.19Dn
Liddel a. Lloegr/Yr Alban 17 G3 55.04G 2.57Gn
Lidköping Sweden 43 C2 58.30G 13.10Dn
Liechtenstein Ewrop 44 H5 47.08G 9.35Dn
Liège Gw. Belg 42 E2 50.38G 5.35Dn
Liège rhan. Gw. Belg 42 E2 50.32G 5.35Dn
Lieksa Y Ffindir 43 G3 63.13G 30.01Dn
Lienz Awstria 54 C2 46.50G 12.47Dn
Liepaja Latvia 43 E2 56.30G 21.00Dn
Liévin Ffrainc 42 B2 50.27G 2.49Dn
Liffey a. Gwer. Iwerdd. 20 E3 53.21G 6.14Gn
Lifford Gwer. Iwerdd. 20 D4 54.50G 7.29Gn
Liguria, Môr Môr Can. 50 C5 43.10G 9.00Dn
Likasi Gwer. Ddem. Congo 86 B3 10.58D 26.47Dn
Lilla Edet Sweden 43 C2 58.10G 12.25Dn
Lille Ffrainc 44 E7 50.39G 3.05Dn
Lille Gw. Belg 42 D3 51.14G 4.50Dn
Lillehammer Norwy 43 B3 61.06G 10.27Dn
Lilleshall Lloegr 10 C3 52.44G 2.24Gn
Lillestrøm Norwy 43 B2 59.58G 11.05Dn
Lilongwe Malaŵi 86 C3 13.58D 33.49Dn
Lima Periw 76 C3 12.06D 77.03Gn
Limassol = Lemesos Cyprus 57 K1 34.40G 33.03Dn
Limavady G. Iwerddon 16 C3 55.03G 6.57Gn
Limburg rhan. Gw. Belg 42 E3 51.00G 5.30Dn
Limburg rhan. Yr Iseld. 42 E3 51.15G 5.45Dn
Limeira Brasil 77 F2 22.34D 47.25Gn
Limerick Gwer. Iwerdd. 20 C2 52.40G 8.37Gn
Limerick rhan. Gwer. Iwerdd. 20 C2 52.30G 8.37Gn
Limingen ll. Norwy 43 C4 64.50G 13.40Dn
Límnos ys. Groeg 56 G3 39.55G 25.14Dn
Limoges Ffrainc 44 D4 45.50G 1.15Dn
Limousin n. Ffrainc 44 D4 45.30G 1.30Dn
Limoux Ffrainc 44 E3 43.04G 2.14Dn
Limpopo a. Moçambique 86 C2 25.14D 33.33Dn
Linares Sbaen 46 D3 38.05G 3.38Gn
Lincoln Lloegr 15 G2 53.14G 0.32Gn
Lincoln rhan. Lloegr 9 E3 53.10G 0.32Gn
Lincoln U.D.A. 64 G5 40.49G 96.41Gn
Lincoln, Gogledd rhan. Lloegr 9 E3 53.35G 0.40Gn
Lincoln, Gogledd Ddn. rhan. Lloegr 9 E3 53.33G 0.10Gn
Lincoln, Wolds bryniau Lloegr 15 G2 53.22G 0.08Gn
Lindesnes p. Norwy 43 A2 58.00G 7.05Dn
Lindfield Lloegr 11 E2 51.01G 0.05Gn
Líndhos Groeg 57 I2 36.05G 28.05Dn
Lindi Tanzania 86 C4 10.00D 39.41Dn
Line, Ysdd. Cefn. Tawel 108 P6 3.00D 155.00Gn
Linfen China 103 K5 36.07G 111.34Dn
Lingen Yr Almaen 48 C5 52.32G 7.19Dn
Lingfield Lloegr 11 E2 51.11G 0.01Gn
Linhares Brasil 77 F3 19.22D 40.04Gn
Linköping Sweden 43 C2 58.25G 15.35Dn
Linkou China 106 B5 45.18G 130.17Dn
Linlithgow Yr Alban 17 F3 55.58G 3.36Gn
Linney, Pr. Cymru 12 B3 51.37G 5.05Gn
Linnhe, Loch Yr Alban 16 D4 56.35G 5.25Gn
Linosa ys. Yr Eidal 50 E1 35.52G 12.50Dn
Linxia China 103 I5 35.31G 103.08Dn
Linz Awstria 54 D3 48.19G 14.18Dn
Lion, Gff. Ffrainc 44 F3 43.00G 4.15Dn
Lipari, Ysdd. Yr Eidal 50 F3 38.35G 14.45Dn
Lipetsk Ffed. Rwsia 55 P5 52.37G 39.36Dn
Liphook Lloegr 10 E2 51.05G 0.49Gn
Lipova România 54 G2 46.05G 21.40Dn
Lippe a. Yr Almaen 48 C4 51.38G 6.37Dn
Lisala Gwer. Ddem. Congo 86 B5 2.08G 21.37Dn
Lisboa Portiwgal 46 A3 38.44G 9.08Gn
Lisburn G. Iwerddon 16 C2 54.31G 6.03Gn
Liscannor, Bae Gwer. Iwerdd. 20 B2 52.55G 9.25Gn
Liskeard Lloegr 13 C2 50.27G 4.29Gn
Lismore Awstralia 110 E3 28.48D 153.17Dn
Lismore Gwer. Iwerdd. 20 D2 52.08G 7.59Gn
Lisnaskea G. Iwerddon 16 B2 54.15G 7.28Gn
Liss Lloegr 10 E2 51.03G 0.53Gn
Listowel Gwer. Iwerdd. 20 B2 52.27G 9.30Gn
Lithuania Ewrop 55 H6 55.00G 24.00Dn
Littleborough Lloegr 15 E2 53.39G 2.05Gn
Little Cayman ys. Ysdd. Cayman 71 H4 19.40G 80.00Gn
Little Dart a. Lloegr 13 D2 50.54G 3.53Gn
Little Falls tref U.D.A. 65 H6 45.59G 94.21Gn
Littlehampton Lloegr 11 E1 50.48G 0.32Gn
Little Inagua ys. Bahamas 71 J5 21.30G 73.00Gn
Littleport Lloegr 11 F3 52.27G 0.18Dn
Little Rock tref U.D.A. 65 H3 34.42G 92.17Gn
Liupanshui China 103 I3 26.50G 104.45Dn
Liuzhou China 103 J2 24.17G 109.15Dn
Līvāni Latvia 55 J7 56.20G 26.12Dn
Liverpool (Lerpwl) Lloegr 14 E2 53.25G 3.00Gn
Livingston Yr Alban 17 F3 55.54G 3.31Gn
Livingstone Zambia 86 B3 17.50D 25.53Dn
Livny Ffed. Rwsia 55 O5 52.25G 37.35Dn
Livorno Yr Eidal 50 D5 43.33G 10.18Dn
Lizard Lloegr 13 B1 49.58G 5.12Gn
Lizard, Pt. Lloegr 13 B1 49.57G 5.15Gn
Ljubljana Slovenija 54 D2 46.04G 14.28Dn
Ljungan a. Sweden 43 D3 62.20G 17.19Dn
Ljungby Sweden 43 C2 56.49G 13.55Dn
Ljusdal Sweden 43 D3 61.49G 16.09Dn
Llanes Sbaen 46 C5 43.25G 4.45Gn
Llanos n. Colombia/Venezuela 74 B7 5.30G 72.00Gn
Llerena Sbaen 46 C3 38.14G 6.00Gn
Lloydminster Canada 62 H3 53.18G 110.00Gn
Llullaillaco m. Chile/Ariannin 76 D2 24.43D 68.30Gn
Lobito Angola 86 A3 12.20D 13.34Dn
Lochaline (Loch Àlainn) Yr Alban 16 D4 56.32G 5.47Gn
Loch a Tuath Yr Alban 18 C3 58.16G 6.15Gn
Lochboisdale (Loch Baghasdail) tref Yr Alban 18 B2 57.09G 7.19Gn
Lochgelly Yr Alban 17 F4 56.08G 3.19Gn

Lochgilphead Yr Alban 16 D4 56.02G 5.26Gn
Lochinver (Loch an Inbhir) *tref* Yr Alban 18 D3 58.09G 5.13Gn
Lochmaben Yr Alban 17 F3 55.08G 3.27Gn
Lochmaddy (Loch nam Madadh) *tref* Yr Alban 18 B2 57.36G 7.10Gn
Lochnagar *m.* Yr Alban 19 F1 56.57G 3.15Gn
Loch nan Clar Yr Alban 19 E3 58.18G 4.10Gn
Lochranza Yr Alban 16 D3 55.42G 5.18Gn
Loch Roag Gorllewinol Yr Alban 18 C3 58.17G 6.52Gn
Lochy, Loch Yr Alban 18 E1 56.58G 4.57Gn
Lockerbie Yr Alban 17 F3 55.07G 3.21Gn
Loddon Lloegr 11 G3 52.30G 1.29Dn
Lodwar Kenya 87 B3 3.07G 35.38Dn
Łódź Gw. Pwyl 54 F4 51.49G 19.28Dn
Lofoten *ysdd.* Norwy 43 C5 68.15G 13.50Dn
Lofusa Sudan 87 A3 3.44G 33.18Dn
Logan, M. Canada 62 D4 60.45G 140.00Gn
Loggerheads Lloegr 10 C3 52.55G 2.23Gn
Logone *a.* Cameroun/Tchad 82 E6 12.10G 15.00Dn
Logroño Sbaen 46 D5 42.28G 2.26Gn
Loire *a.* Ffrainc 44 C5 47.18G 2.00Gn
Loja Ecuador 76 C4 3.59D 79.16Gn
Loja Sbaen 46 C2 37.10G 4.09Gn
Lokan tekojärvi *cr.* Y Ffindir 43 F4 67.55G 27.40Dn
Lokeren Gw. Belg 42 C3 51.06G 3.59Dn
Lokichar Kenya 87 B3 2.23G 35.40Dn
Lokichokio Kenya 87 A3 4.19G 34.16Dn
Løkken Norwy 43 B3 63.06G 9.43Dn
Lokoja Nigeria 84 E2 7.49G 6.44Dn
Lokwa Kangole Kenya 87 B3 3.32G 35.50Dn
Loliondo Tanzania 87 B2 2.04D 35.38Dn
Lolland *ys.* Denmarc 43 B1 54.50G 11.30Dn
Lom Bwlgaria 56 F5 43.49G 23.13Dn
Lomami *a.* Gwer. Ddem. Congo 86 B5 0.45G 24.10Dn
Lombok *ys.* Indonesia 104 F2 8.30D 116.20Dn
Lomé Togo 84 E2 6.10G 1.21Dn
Lommel Gw. Belg 42 E3 51.15G 5.18Dn
Lomond, Loch Yr Alban 16 E4 56.07G 4.36Gn
Łomża Gw. Pwyl 54 H5 53.11G 22.04Dn
London Canada 63 J2 42.58G 81.15Gn
Londonderry G. Iwerddon 16 B2 55.00G 7.20Gn
Londonderry, P. Awstralia 110 B4 13.58D 126.55Dn
London (Llundain) Lloegr 11 E2 51.32G 0.06Gn
Longa, Cf. Ffed. Rwsia 59 T5 70.00G 178.00Dn
Long Ashton Lloegr 10 C2 51.26G 2.37Gn
Long Beach *tref* U.D.A. 64 C3 33.57G 118.15Gn
Long Bennington Lloegr 15 G1 52.59G 0.45Gn
Long Eaton Lloegr 10 D3 52.54G 1.16Gn
Longford Gwer. Iwerdd. 20 D3 53.44G 7.48Gn
Longford *rhan.* Gwer. Iwerdd. 20 D3 53.42G 7.45Gn
Longhorsley Lloegr 15 F4 55.15G 1.46Gn
Longhoughton Lloegr 15 F4 55.26G 1.36Gn
Long I. U.D.A. 65 L5 40.50G 73.00Gn
Longido Tanzania 87 B2 2.43D 36.41Dn
Longlac *tref* Canada 63 J2 49.47G 86.34Gn
Long, Loch Yr Alban 16 E4 56.05G 4.52Gn
Longmount U.D.A. 64 F5 40.10G 105.06Gn
Longridge Lloegr 14 E2 53.50G 2.37Gn
Long Stratton Lloegr 11 G3 52.29G 1.14Dn
Longton Lloegr 14 E2 53.44G 2.48Gn
Longtown Lloegr 14 E4 55.01G 2.58Gn
Longuyon Ffrainc 42 E1 49.26G 5.36Dn
Long Xuyên Viet Nam 104 D6 10.23G 105.25Dn
Long, Ys. Bahamas 71 J5 23.00G 75.00Gn
Lons-le-Saunier Ffrainc 44 F5 46.40G 5.33Dn
Lookout, P. U.D.A. 65 K3 34.34G 76.34Gn
Loolmalasin *m.* Tanzania 87 B2 3.06D 35.46Dn
Loop, Pt. Gwer. Iwerdd. 20 B2 52.33G 9.56Gn
Lop Nur *ll.* China 102 G6 40.30G 90.30Dn
Lopphavet *moryd* Norwy 43 E5 70.30G 21.00Dn
Loralai Pakistan 95 K5 30.22G 68.36Dn
Lorca Sbaen 46 E2 37.40G 1.41Gn
Lord Howe, Ys. Cefn. Tawel 111 E2 31.33D 159.06Dn
Lordsburg U.D.A. 64 E3 32.22G 108.43Gn
Lorient (An Oriant) Ffrainc 44 B5 47.45G 3.21Gn
Lorn, Moryd Yr Alban 16 D4 56.20G 5.40Gn
Losai, Gwar. Gen. Kenya 87 B3 1.30G 37.15Dn
Los Angeles Chile 75 B3 37.28D 72.21Gn
Los Angeles U.D.A. 64 C3 34.00G 118.17Gn
Los Canarios Ysdd. Dedwydd 46 X2 28.28G 17.52Gn
Los Canarreos, Ysr. Cuba 71 H5 21.40G 82.30Gn
Los Chonos, Ysr. *ysdd.* Chile 75 B2 45.00D 74.00Gn
Los Estados, Ys. Ariannin 75 C1 54.45D 64.00Gn
Los Llanos de Aridane Ysdd. Dedwydd 46 X2 28.39G 17.54Gn
Los Mochis México 70 C6 25.45G 108.57Gn
Los Roques *ysdd.* Venezuela 71 K3 12.00G 67.00Gn
Lossie *a.* Yr Alban 19 F2 57.43G 3.18Gn
Lossiemouth Yr Alban 19 F2 57.43G 3.18Gn
Los Taques Venezuela 71 J3 11.50G 70.16Gn
Los Teques Venezuela 71 K3 10.25G 67.01Gn
Los Testigos *ys.* Antilles Lleiaf 71 L3 11.24G 63.07Gn
Lostwithiel Lloegr 13 C2 50.24G 4.41Gn
Lot *a.* Ffrainc 44 D4 44.17G 0.22Dn
Lotagipi, Gwern Kenya/Sudan 87 A3 4.40G 34.30Dn
Lothian, Dwyrain *rhan.* Yr Alban 8 D4 55.55G 2.40Gn
Lothian, Gorllewin *rhan.* Yr Alban 8 D4 55.55G 3.30Gn
Lotikipi, Gwastadedd *n.* Kenya 87 A3 4.25G 34.30Dn
Lotta *a.* Ffed. Rwsia 43 H5 68.36G 31.06Dn
Louang Namtha Laos 104 C8 21.01G 101.27Dn
Louangphrabang Laos 104 C7 19.53G 102.10Dn
Loughborough Lloegr 10 D3 52.47G 1.11Gn
Loughrea Gwer. Iwerdd. 20 C3 53.11G 8.36Gn
Loughton Lloegr 11 F2 51.39G 0.03Dn
Louisiana *rhan.* U.D.A. 65 H3 31.00G 92.30Gn
Louisville U.D.A. 65 I4 38.13G 85.45Gn
Loukhi Ffed. Rwsia 43 H4 66.05G 33.04Dn
Lourdes Ffrainc 44 C3 43.06G 0.02Gn
Louth *rhan.* Gwer. Iwerdd. 20 E3 53.45G 6.30Gn
Louth Lloegr 15 H2 53.23G 0.00
Lověch Bwlgaria 56 G5 43.08G 24.44Dn
Lovozero Ffed. Rwsia 43 H5 68.01G 35.08Dn
Lowell U.D.A. 65 L5 42.39G 71.18Gn
Lowestoft Lloegr 11 G3 52.29G 1.44Dn
Łowicz Gw. Pwyl 54 F5 52.06G 19.55Dn
Loyal, Loch Yr Alban 19 E3 58.23G 4.21Gn
Loyauté, Ysdd. Cal. New. 111 F3 21.00D 167.00Dn
Loyne, Loch Yr Alban 18 D2 57.06G 5.01Gn
Lozova Ukrain 55 O3 48.54G 36.20Dn
Lualaba *a.* G.C.A. 82 F4 2.00G 15.00Dn
Luanda Angola 86 A4 8.50D 13.20Dn
Luangwa *a.* Zambia 82 F3 14.59D 30.14Dn
Luarca Sbaen 46 B5 43.33G 6.31Gn
Lubango Angola 86 A3 14.55D 13.30Dn
Lubbock U.D.A. 64 F3 33.35G 101.53Gn
Lübeck Yr Almaen 48 E5 53.52G 10.40Dn
Lübeck, Bae Yr Almaen 48 E6 54.05G 11.00Dn
Lublin Gw. Pwyl 54 H4 51.18G 22.31Dn
Lubnaig, Loch Yr Alban 16 E4 56.17G 4.18Gn
Lubny Ukrain 55 M4 50.01G 33.00Dn
Lubuklinggau Indonesia 104 C3 3.24D 102.56Dn
Lubumbashi Gwer. Ddem. Congo 86 B3 11.41D 27.29Dn
Luce, Bae Yr Alban 16 E2 54.45G 4.47Gn
Lucena Pili. 105 G6 13.56G 121.37Dn
Lucena Sbaen 46 C2 37.25G 4.29Gn
Lučenec Slofacia 54 F3 48.20G 19.40Dn
Lucknow India 97 G6 26.50G 80.54Dn
Lüderitz Namibia 86 A2 26.38D 15.10Dn
Ludgershall Lloegr 10 D2 51.15G 1.38Gn
Ludhiana India 96 F7 30.56G 75.52Dn
Ludlow (Llwydlo) Lloegr 10 C3 52.23G 2.42Gn
Ludvika Sweden 43 C3 60.08G 15.14Dn
Ludwigshafen Yr Almaen 48 D3 49.29G 8.27Dn
Luena Angola 86 A3 11.46D 19.55Dn
Lufkin U.D.A. 65 H3 31.21G 94.47Gn
Luga Ffed. Rwsia 43 G2 58.42G 29.49Dn
Lugano Y Swistir 44 H5 46.01G 8.57Dn
Lugg *a.* Lloegr 10 C3 52.01G 2.38Gn
Lugo Sbaen 46 B5 43.00G 7.33Gn
Lugoj România 54 G1 45.42G 21.56Dn
Luhan'sk Ukrain 58 F2 48.35G 39.20Dn
Luing *ys.* Yr Alban 16 D4 56.14G 5.38Gn
Lule *a.* Sweden 43 E4 65.40G 21.48Dn
Luleå Sweden 43 E4 65.35G 22.10Dn
Lüleburgaz Twrci 56 H4 41.25G 27.23Dn
Lumberton U.D.A. 65 K3 34.37G 79.03Gn
Lunan, Bae Yr Alban 19 G1 56.38G 2.30Gn
Lund Sweden 43 C1 55.42G 13.10Dn
Lundy Lloegr 13 C3 51.10G 4.41Gn
Lune *a.* Lloegr 14 E3 54.03G 2.49Gn
Lüneburg Yr Almaen 48 E5 53.15G 10.24Dn
Lunéville Ffrainc 44 G6 48.36G 6.30Dn
Lungsod ng Quezon Pili. 104 G6 14.39G 121.01Dn
Luninyets Belarus 55 J5 52.18G 26.50Dn
Luoyang China 103 K4 34.48G 112.25Dn
Lure Ffrainc 44 G5 47.42G 6.30Dn
Lurgainn, Loch Yr Alban 18 D3 58.01G 5.12Gn
Lurgan G. Iwerddon 16 C2 54.28G 6.20Gn
Lusaka Zambia 86 B3 15.26D 28.20Dn
Lushoto Tanzania 87 B2 4.51D 38.19Dn
Luton Lloegr 11 E2 51.53G 0.25Gn
Luton *rhan.* Lloegr 9 E2 51.53G 0.25Gn
Luts'k Ukrain 55 I4 50.42G 25.15Dn
Lutterworth Lloegr 10 D3 52.28G 1.12Gn
Luxembourg Ewrop 42 F1 49.50G 6.15Dn
Luxembourg *rhan.* Gw. Belg 42 E1 49.58G 5.30Dn
Luxembourg *tref* Lux. 42 F1 49.37G 6.08Dn
Luxor Yr Aifft 94 D4 25.41G 32.24Dn
Luzern Y Swistir 44 H5 47.03G 8.17Dn
Luziânia Brasil 77 F3 16.18D 47.57Gn
Luzon *ys.* Pili. 105 G7 17.50G 121.00Dn
Luzon, Cf. Cefn. Tawel 104 G8 20.20G 122.00Dn
L'viv Ukrain 55 I3 49.50G 24.03Dn
Lycksele Sweden 43 D4 64.34G 18.40Dn
Lydd Lloegr 11 F1 50.57G 0.56Dn
Lydford Lloegr 13 C2 50.39G 4.06Gn
Lydney Lloegr 10 C2 51.43G 2.32Gn
Lyepyel' Belarus 55 K6 54.48G 28.40Dn
Lyme, Bae Lloegr 10 C1 50.40G 2.55Gn
Lyme Regis Lloegr 10 C1 50.44G 2.57Gn
Lymington Lloegr 10 D1 50.46G 1.32Gn
Lynchburg U.D.A. 65 K4 37.24G 79.10Gn
Lyndhurst Lloegr 10 D1 50.53G 1.33Gn
Lynmouth Lloegr 13 D3 51.15G 3.50Gn
Lynn Lake *tref* Canada 62 H3 56.51G 101.01Gn
Lynton Lloegr 13 D3 51.14G 3.50Gn
Lyon Ffrainc 44 F4 45.46G 4.50Dn
Lyon *a.* Yr Alban 16 E4 56.37G 3.59Gn
Lysychans'k Ukrain 55 P3 48.53G 38.25Dn
Lytchett Minster Lloegr 10 C1 50.44G 2.04Gn
Lytham St. Anne's Lloegr 14 D2 53.45G 3.01Gn

LL

Llai Cymru 12 D5 53.06G 2.58Gn
Llanandras Cymru 12 E4 52.17G 3.00Gn
Llanarth Cymru 12 C4 52.12G 4.18Gn
Llanbadarn Fawr Cymru 12 C4 52.24G 4.05Gn
Llanbedr Pont Steffan Cymru 12 C4 52.06G 4.06Gn
Llanberis Cymru 12 C5 53.07G 4.07Gn
Llandeilo Cymru 12 D3 51.54G 4.00Gn
Llandrindod Cymru 12 D4 52.15G 3.23Gn
Llandudno Cymru 12 D5 53.19G 3.49Gn
Llandwrog Cymru 12 C5 53.04G 4.20Gn
Llandysul Cymru 12 C4 52.03G 4.20Gn
Llanegwad Cymru 12 C3 51.53G 4.09Gn
Llanelwy Cymru 12 D5 53.16G 3.26Gn
Llanelli Cymru 12 C3 51.41G 4.11Gn
Llanfair Caereinion Cymru 12 D4 52.39G 3.20Gn
Llanfairfechan Cymru 12 D5 53.15G 3.58Gn
Llanfairpwllgwyngyll Cymru 12 C5 53.12G 4.13Gn
Llanfair-ym-Muallt Cymru 12 D4 52.09G 3.24Gn
Llanfair-yn-Neubwll Cymru 12 C5 53.15G 4.33Gn
Llanfyllin Cymru 12 D4 52.47G 3.17Gn
Llangadog Cymru 12 D3 51.56G 3.53Gn
Llangefni Cymru 12 C5 53.15G 4.20Gn
Llangeler Cymru 12 C4 52.01G 4.24Gn
Llangelynin Cymru 12 C4 52.38G 4.06Gn
Llangoed Cymru 12 C5 53.18G 4.05Gn
Llangollen Cymru 12 D4 52.58G 3.10Gn
Llanidloes Cymru 12 D4 52.28G 3.31Gn
Llanilltud Fawr Cymru 13 D3 51.24G 3.29Gn
Llanllieni (Leominster) Lloegr 10 C3 52.15G 2.43Gn
Llanllwchaiarn Cymru 12 D4 52.33G 3.17Gn
Llanllyfni Cymru 12 C5 53.03G 4.17Gn
Llanrwst Cymru 12 D5 53.08G 3.48Gn
Llanrhymni Cymru 13 D3 51.32G 3.07Gn
Llansannan Cymru 12 D5 53.11G 3.35Gn
Llansawel *tref* Cymru 12 D3 51.37G 3.50Gn
Llantrisant Cymru 12 D3 51.33G 3.23Gn
Llanwnda Cymru 12 C5 53.05G 4.18Gn
Llanybydder Cymru 12 C4 52.04G 4.10Gn
Llanymddyfri Cymru 12 D3 51.59G 3.49Gn
Llawnog Cymru 12 D4 52.32G 3.27Gn
Llinon (Shannon) *a.* Gwer. Iwerdd. 20 C2 52.39G 8.43Gn
Lloegr D.U. 10-15
Llundain (London) Lloegr 11 E2 51.32G 0.06Gn
Llundain Fwyaf *rhan.* Lloegr 9 E2 51.31G 0.06Gn
Llwchwr *a.* Cymru 12 C3 51.43G 4.04Gn
Llwydlo (Ludlow) Lloegr 10 C3 52.23G 2.42Gn
Llwyfandiroedd Uchel Algeria 52 C3 34.00G 0.10Gn
Llychlyn *n.* Ewrop 34 E4 65.00G 18.00Dn
Llydaw *n.* Ffrainc 44 B6 48.00G 3.00Gn
Llygad Iwerddon *ys.* Gwer. Iwerdd. 20 E3 53.25G 6.04Gn
Llŷn, P. Cymru 12 C4 52.50G 4.35Gn

M

Ma'an Gw. Iorddonen 94 E5 30.11G 35.43Dn
Maas = Meuse *a.* Yr Iseld. 42 D3 51.44G 4.42Dn
Maaseik Gw. Belg 42 E3 51.08G 5.48Dn
Maastricht Yr Iseld. 42 E2 50.51G 5.42Dn
Mablethorpe Lloegr 15 H2 53.21G 0.14Gn
Macaé Brasil 77 F2 22.21D 41.48Gn
Macapá Brasil 77 E5 0.01G 51.01Gn
Macas Ecuador 76 C4 2.22D 78.08Gn
Macau Asia 103 K2 22.13G 113.36Dn
Macclesfield Lloegr 15 E2 53.16G 2.09Gn
McCook U.D.A. 64 F5 40.15G 100.45Gn
Macdonnell, Cni. *mdd.* Awstralia 110 C3 23.30D 132.00Dn
Macduff Yr Alban 19 G2 57.40G 2.30Gn
Macedo de Cavaleiros Portiwgal 46 B4 41.32G 6.58Gn
Macedonia Ewrop 56 E4 41.15G 21.15Dn
Maceió Brasil 77 G4 9.34D 35.47Gn
Macgillycuddy's Reeks *mdd.* Gwer. Iwerdd. 20 B2 52.00G 9.45Gn
McGrath U.D.A. 62 C4 62.58G 155.40Gn
Mach Pakistan 95 K4 29.52G 67.20Dn
Machakos Kenya 87 B2 1.31D 37.15Dn
Machala Ecuador 76 C4 3.20D 79.57Gn
Machilipatnam India 97 G4 16.13G 81.12Dn
Machrihanish Yr Alban 16 D3 55.25G 5.44Gn
Mackay Awstralia 110 D3 21.10D 149.10Dn
Mackay, Ll. Awstralia 110 B3 22.30D 128.58Dn
Mackenzie *a.* Canada 62 E4 69.20G 134.00Gn
Mackenzie King, Ys. Canada 62 G5 77.30G 112.00Gn
Mackenzie, Mdd. Canada 62 E4 64.00G 130.00Gn
McKinley, M. U.D.A. 62 C4 63.00G 151.00Gn
MacLeod, Ll. Awstralia 110 A3 24.10D 113.35Dn
Macomer Yr Eidal 50 C4 40.16G 8.45Dn
Mâcon Ffrainc 44 F5 46.18G 4.50Dn
Macon U.D.A. 65 J3 32.47G 83.37Gn
Macquarie, Ys. Cefn. Tawel 108 K1 54.29D 158.58Dn
Macroom Gwer. Iwerdd. 20 C1 51.53G 8.59Gn
Machynlleth Cymru 12 D4 52.35G 3.51Gn
Madadeni G.D.A. 86 C2 27.43D 30.02Dn
Madagascar Affrica 86 D2 20.00D 46.30Dn
Madeira *a.* Brasil 77 E4 3.50D 58.30Gn
Madeira *ys.* Cefn. Iwerydd 84 C5 32.45G 17.00Gn
Madeley Lloegr 10 C3 52.39G 2.28Gn
Madhya Pradesh *rhan.* India 97 F5 23.00G 79.30Dn
Madīnat ath Thawrah Syria 57 N1 35.50G 38.35Dn
Madini *a.* Bolivia 76 D3 12.32D 66.50Gn
Madison U.D.A. 65 I5 43.04G 89.22Gn
Mado Gashi Kenya 87 B3 0.40G 39.11Dn
Madras = Chennai India 97 G3 13.05G 80.18Dn
Madre de Dios *a.* Bolivia 76 D3 11.00D 66.30Gn
Madre, Morlyn México 70 E5 25.00G 97.30Gn
Madre, Sierra *mdd.* Cb. America 60 K3 15.00G 90.00Gn
Madrid Sbaen 46 D4 40.25G 3.43Gn
Madukani Tanzania 87 B2 3.52D 35.46Dn
Madura *ys.* Indonesia 104 E2 7.00D 113.30Dn
Madurai India 97 F2 9.55G 78.07Dn
Maebashi Japan 106 C3 36.30G 139.04Dn
Maenorbŷr Cymru 12 C3 51.39G 4.48Gn
Maesteg Cymru 12 D3 51.36G 3.40Gn
Maestra, Sierra *mdd.* Cuba 71 I5 20.10G 76.30Gn
Mafia, Ys. Tanzania 86 C4 7.50D 39.50Dn
Mafraq Gw. Iorddonen 94 E5 32.20G 36.12Dn
Magadan Ffed. Rwsia 59 R3 59.38G 150.50Dn
Magadi Kenya 87 B2 1.52D 36.18Dn
Magallanes, Cf. Chile 75 B1 53.00D 71.00Gn
Magdalena *a.* Colombia 74 B7 10.56G 74.58Gn
Magdalena México 70 B7 30.38G 110.59Gn
Magdalena, Bae México 70 B5 24.30G 112.00Gn
Magdeburg Yr Almaen 48 E5 52.08G 11.36Dn
Magee, Ys. *gor.* G. Iwerddon 16 D2 54.49G 5.44Gn
Magerøya *ys.* Norwy 43 F5 71.00G 25.50Dn
Maggiore, Ll. Yr Eidal 50 C7 46.00G 8.37Dn
Maghâgha Yr Aifft 53 J2 28.39G 30.50Dn
Maghera G. Iwerddon 16 C2 54.51G 6.42Gn
Magherafelt G. Iwerddon 16 C2 54.45G 6.38Gn
Maghull Lloegr 14 E2 53.31G 2.56Gn
Magilligan, Pt. G. Iwerddon 16 C3 55.11G 6.58Gn
Magnitogorsk Ffed. Rwsia 58 H3 53.28G 59.06Dn
Magny-en-Vexin Ffrainc 42 A1 49.09G 1.47Dn
Magu Tanzania 87 A2 2.35D 33.27Dn
Maguarinho, P. Brasil 77 F4 0.15D 48.23Gn
Magwe Myanmar 97 J5 20.10G 95.00Dn
Mahabad Iran 95 G6 36.44G 45.44Dn
Mahagi Gwer. Ddem. Congo 85 H2 2.16G 30.59Dn
Mahajanga Madagascar 86 D3 15.40D 46.20Dn
Maharashtra *rhan.* India 96 E4 20.00G 75.00Dn
Mahé, Ys. Seychelles 85 J1 4.41D 55.30Dn
Mahilyow Belarus 55 L5 53.54G 30.20Dn
Mahón Sbaen 46 H3 39.55G 4.18Dn
Maicao Colombia 71 J3 11.25G 72.10Gn
Maidenhead Lloegr 10 E2 51.32G 0.44Gn
Maidstone Lloegr 11 F2 51.17G 0.32Dn
Maiduguri Nigeria 84 F3 11.53G 13.16Dn
Main *a.* G. Iwerddon 16 C2 54.43G 6.19Gn
Mai-Ndombe, Ll. Gwer. Ddem. Congo 86 A4 2.00D 18.20Dn
Maine *rhan.* U.D.A. 65 M6 45.00G 69.00Gn
Mainz Yr Almaen 48 D3 50.00G 8.16Dn
Maio *ys.* Cabo Verde 84 B3 15.10G 23.10Gn
Maiquetía Venezuela 71 K3 10.03G 66.57Gn
Maitland Awstralia 110 E2 32.33D 151.33Dn
Maizuru Japan 106 C3 35.30G 135.20Dn
Maíz, Ysdd. Nicaragua 71 H3 12.12G 83.00Gn
Majene Indonesia 104 F3 3.33D 118.59Dn
Maji Ethiopia 87 B4 6.11G 35.38Dn
Makale Indonesia 104 F3 3.06D 119.53Dn
Makassar, Cf. Indonesia 104 F3 3.00D 118.00Dn
Makgadikgadi, Pant Heli *n.* Botswana 86 B2 20.50D 25.45Dn
Makhachkala Ffed. Rwsia 58 G2 42.59G 47.30Dn
Makindu Kenya 87 B2 2.18D 37.50Dn
Makiyivka Ukrain 55 P3 48.01G 38.00Dn
Makkah (Mecca) Saudi Arabia 94 E3 21.26G 39.49Dn
Makran *n.* Asia 95 J4 25.40G 62.00Dn
Makurdi Nigeria 84 E2 7.44G 8.35Dn
Mala, P. Panamá 71 I2 7.30G 80.00Gn
Malabar, Arfordir *n.* India 96 F3 11.00G 75.00Dn
Malabo Guinea Gyhyd. 84 E2 3.45G 8.48Dn
Maladzyechna Belarus 55 J6 54.16G 26.50Dn
Málaga Sbaen 46 C2 36.43G 4.25Gn
Malahide Gwer. Iwerdd. 20 E3 53.27G 6.09Gn
Malaita *ys.* Ysdd. Solomon 111 F5 9.00D 161.00Dn
Malakal Sudan 85 H2 9.31G 31.40Dn
Malakula *ys.* Vanuatu 111 F4 16.15D 167.30Dn
Malang Indonesia 104 E2 7.59D 112.45Dn
Malanje Angola 86 A4 9.36D 16.21Dn
Mälaren *ll.* Sweden 43 D2 59.30G 17.00Dn
Malatya Twrci 57 N3 38.22G 38.18Dn
Malaŵi Affrica 86 C3 13.00D 34.00Dn
Malaya *n.* Malaysia 104 C4 5.00G 102.00Dn
Malayer Iran 95 G5 34.19G 48.51Dn
Malaysia Asia 104 D5 5.00G 110.00Dn
Malaysia Orynysol *rhan.* Malaysia 104 C4 5.00G 102.00Dn
Malbork Gw. Pwyl 54 F6 54.02G 19.01Dn
Malden, Ys. Kiribati 108 P6 4.03D 154.49Gn
Maldives Cefn. India 96 E2 6.20G 73.00Dn
Maldon Lloegr 11 F2 51.43G 0.41Dn
Maléa, P. Groeg 56 F2 36.27G 23.11Dn
Malgomaj *ll.* Sweden 43 D4 64.45G 16.00Dn
Mali Affrica 84 D3 16.00G 3.00Gn
Malili Indonesia 104 G3 2.38D 121.06Dn
Malindi Kenya 87 C2 3.14D 40.07Dn
Malin, Pr. Gwer. Iwerdd. 20 D5 55.22G 7.24Gn
Mallaig Yr Alban 18 D1 57.00G 5.50Gn
Mallawi Yr Aifft 53 J2 27.44G 30.50Dn
Mallorca *ys.* Sbaen 46 G3 39.35G 3.00Dn
Mallow Gwer. Iwerdd. 20 C2 52.08G 8.39Gn
Malmédy Gw. Belg 42 F2 50.25G 6.02Dn
Malmesbury Lloegr 10 C2 51.35G 2.05Gn
Malmö Sweden 43 C1 55.35G 13.00Dn
Måløy Norwy 43 A3 61.57G 5.06Dn
Malpas Lloegr 14 E2 53.01G 2.46Gn
Malpelo, Ys. Cefn. Tawel 60 K2 4.00G 81.35Gn
Malta Ewrop 50 F1 35.55G 14.25Dn
Maltby Lloegr 15 F2 53.25G 1.12Gn
Malton Lloegr 15 G3 54.09G 0.48Gn
Maluku *ysdd.* Indonesia 108 H6 2.00D 128.00Dn
Maluku, Môr Cefn. Tawel 105 H4 2.00G 126.30Dn
Malvern, Bryniau Lloegr 10 C3 52.07G 2.19Gn
Malvinas = Ysdd. Falkland De America 75 C1 52.00D 60.00Gn
Mamelodi G.D.A. 86 B2 25.41D 28.22Dn
Mamoré *a.* Brasil/Bolivia 76 D3 9.41D 65.20Gn
Mamuju Indonesia 104 F3 2.41D 118.55Dn
Manacapuru Brasil 77 D4 3.16D 60.37Gn
Manacor Sbaen 46 G3 39.32G 3.12Dn
Manadao Indonesia 105 G4 1.30G 124.58Dn
Managua Nicaragua 70 G3 12.06G 86.18Gn
Managua, Ll. Nicaragua 70 G3 12.10G 86.30Gn
Mananjary Madagascar 86 D2 21.13D 48.20Dn
Manaus Brasil 77 E4 3.06D 60.00Gn
Manavgat Twrci 57 J2 36.47G 31.28Dn
Manaw, Ynys D.U. 14 C3 54.15G 4.30Gn
Manceinion (Manchester) Lloegr 15 E2 53.30G 2.15Gn
Manceinion Fwyaf *rhan.* Lloegr 9 D3 53.30G 2.18Gn
Manchester U.D.A. 65 L5 42.59G 71.28Gn
Manchester (Manceinion) Lloegr 15 E2 53.30G 2.15Gn
Manchuria *n.* Asia 90 O7 45.00G 125.00Dn
Mand *a.* Iran 95 H4 28.09G 51.16Dn
Mandala, Cp. Indonesia 105 K3 4.45D 140.15Dn
Mandalay Myanmar 97 J5 21.57G 96.04Dn
Mandalgovĭ Mongolia 103 J7 45.40G 106.10Dn
Mandera Kenya 87 C3 3.55G 41.50Dn
Mandioré, Lagoa *ll.* Brasil/Bolivia 77 E3 18.05D 57.30Gn
Manfredonia Yr Eidal 50 F4 41.38G 15.54Dn
Mangaia *ys.* Ysdd. Cook 108 P4 21.56D 157.56Gn
Mangalia România 57 I5 43.50G 28.35Dn
Mangalore India 96 E3 12.54G 74.51Dn
Mangaung G.D.A. 86 B2 29.30D 26.30Dn
Mangoky *a.* Madagascar 86 D2 21.20D 43.30Dn
Mangotsfield Lloegr 10 C2 51.29G 2.29Gn
Mangu Kenya 87 B2 0.58D 36.57Dn
Manihiki *ys.* Ysdd. Cook 108 O5 10.24D 161.01Gn
Manila Pili. 104 G6 14.36G 120.59Dn
Manipur *rhan.* India 97 I5 25.00G 93.40Dn
Manisa Twrci 56 H3 38.37G 27.28Dn
Manitoba *rhan.* Canada 62 I3 54.00G 96.00Gn
Manitoba, Ll. Canada 62 I3 51.35G 99.00Gn
Manizales Colombia 74 B7 5.03G 75.32Gn
Manmad India 96 E5 20.15G 74.27Dn
Mannheim Yr Almaen 48 D3 49.30G 8.28Dn
Manningtree Lloegr 11 G2 51.56G 1.03Dn
Manokwari Indonesia 105 I3 0.53D 134.05Dn
Manorhamilton Gwer. Iwerdd. 20 C4 54.18G 8.14Gn
Manra *ys.* Kiribati 108 N6 4.29D 172.10Gn
Manresa Sbaen 46 F4 41.43G 1.50Dn
Mansa Zambia 86 B3 11.10D 28.52Dn
Mansel, Ys. Canada 63 J4 62.00G 80.00Gn
Mansfield Lloegr 15 F2 53.09G 1.12Gn
Mansfield U.D.A. 65 J5 40.46G 82.31Gn
Manston Lloegr 10 C1 50.57G 2.16Gn
Manta Ecuador 76 B4 0.59D 80.44Gn
Mantova Yr Eidal 50 D6 45.09G 10.47Dn
Manukau Seland Newydd 111 G2 36.59D 174.53Dn
Manyara, Ll. Tanzania 87 B2 3.36D 35.44Dn
Manzanares Sbaen 46 D3 39.00G 3.23Gn
Manzhouli China 103 L7 49.36G 117.28Dn
Maoke, Cn. *mdd.* Indonesia 105 J3 4.00D 137.30Dn
Mapuera *a.* Brasil 77 E4 1.10D 57.00Gn
Maputo Moçambique 86 C2 25.58D 32.35Dn
Maraba Brasil 77 F4 5.23D 49.10Gn
Maracaibo Venezuela 71 J3 10.44G 71.37Gn
Maracaibo, Ll. Venezuela 71 J2 10.00G 71.30Gn
Maracaju, Serra de *mdd.* Brasil 77 E2 21.38D 55.10Gn
Maracay Venezuela 71 K3 10.20G 67.28Gn
Maracá, Ys. Brasil 77 E5 2.00G 50.30Gn
Maradah Libya 85 F4 29.14G 19.13Dn
Maradi Niger 84 E3 13.29G 7.10Dn
Maragheh Iran 95 G6 37.25G 46.13Dn
Marajó, Ys. Brasil 77 F4 1.00D 49.30Gn
Maralal Kenya 87 B3 1.04G 36.41Dn
Marand Iran 95 G6 38.25G 45.50Dn
Maranhão *rhan.* Brasil 77 F4 6.00D 45.30Gn
Marañón *a.* Periw 76 C4 4.00D 73.30Gn
Marathón Groeg 56 G3 38.10G 23.59Dn
Marazion Lloegr 13 B2 50.08G 5.29Gn
Marbella Sbaen 46 C2 36.31G 4.53Gn
Marburg Yr Almaen 48 D4 50.49G 8.36Dn
March Lloegr 11 F3 52.33G 0.05Dn
Marche-en-Famenne Gw. Belg 42 E2 50.13G 5.21Dn
Mar Chiquita, Ll. Ariannin 77 D1 30.42D 62.36Gn
Mardan Pakistan 95 L5 34.14G 72.05Dn
Mar del Plata Ariannin 75 D3 38.00D 57.32Gn
Mardin Twrci 94 F6 37.19G 40.43Dn
Maree, Loch Yr Alban 18 D2 57.41G 5.28Gn
Maresfield Lloegr 11 F1 51.00G 0.05Dn
Margarita *ys.* Venezuela 71 L3 11.00G 64.00Gn
Margate Lloegr 11 G2 51.23G 1.24Dn
Margery, Bryn Lloegr 15 F2 53.26G 1.42Gn
Marhanets' Ukrain 55 N2 47.37G 34.40Dn
Mariana, Ffos *n.* Cefn. Tawel 117 Q6
Mariana, Ysdd. Gogledd Cefn. Tawel 105 K7 15.00G 145.00Dn
Marianna U.D.A. 65 I3 30.45G 85.15Gn
Marías, Islas *ysdd.* México 70 C5 21.25G 106.30Gn
Mariato, Pt. *p.* Panamá 71 H2 7.12G 80.52Gn

Maria van Diemen, P. Seland Newydd **111 G2** 34.29D 172.39Dn
Ma'rib Yemen **94 G2** 15.01G 45.30Dn
Maribor Slovenija **54 D2** 46.35G 15.40Dn
Marie Byrd, Tir Antarctica **112** 80.00D 130.00Gn
Marie Galante *ys.* Guadeloupe **71 L4** 15.54G 61.11Gn
Mariehamn Y Ffindir **43 D3** 60.05G 19.55Dn
Mariental Namibia **86 A2** 24.38D 17.58Dn
Mariestad Sweden **43 C2** 58.44G 13.50Dn
Marijampolė Lithuania **54 H6** 54.31G 23.20Dn
Marília Brasil **77 E2** 22.13D 50.20Gn
Maringá Brasil **77 E2** 23.36D 52.02Gn
Maritsa *a.* Bwlgaria **56 H4** 41.40G 26.25Dn
Mariupol' Ukrain **55 O2** 47.05G 37.34Dn
Marka Somalia **86 D5** 1.42G 44.47Dn
Markermeer *ll.* Yr Iseld. **42 E4** 52.30G 5.15Dn
Market Deeping Lloegr **11 E3** 52.40G 0.20Gn
Market Drayton Lloegr **10 C3** 52.55G 2.30Gn
Market Harborough Lloegr **10 E3** 52.29G 0.55Gn
Markethill G. Iwerddon **16 C2** 54.17G 6.31Gn
Market Rasen Lloegr **15 G2** 53.24G 0.20Gn
Market Weighton Lloegr **15 G2** 53.52G 0.40Gn
Markha *a.* Ffed. Rwsia **59 O4** 63.37G 119.00Dn
Marlborough Lloegr **10 D2** 51.26G 1.44Gn
Marlborough, Downs *bryniau* Lloegr **10 D2** 51.28G 1.48Gn
Marlow Lloegr **10 E2** 51.35G 0.48Gn
Marmande Ffrainc **44 D4** 44.30G 0.10Dn
Marmara *ys.* Twrci **57 H4** 40.38G 27.37Dn
Marmara, Môr Twrci **57 I4** 40.45G 28.15Dn
Marmaris Twrci **57 I2** 36.52G 28.17Dn
Marne *a.* Ffrainc **44 E6** 48.50G 2.25Dn
Marne-la-Vallée Ffrainc **44 E6** 48.50G 2.30Dn
Marondera Zimbabwe **86 C3** 18.11D 31.31Dn
Maroni *a.* Guyane Ffrengig **74 D7** 5.30G 54.00Gn
Marotiri *ys.* Polynesia Ffrengig **109 Q4** 27.55D 143.26Gn
Maroua Cameroun **84 F3** 10.35G 14.20Dn
Marple Lloegr **15 E2** 53.23G 2.05Gn
Marquette U.D.A. **65 I6** 46.33G 87.23Gn
Marquises, Ysdd. Cefn. Tawel **109 R6** 9.00D 139.30Gn
Marrakech Moroco **84 D5** 31.49G 8.00Gn
Marra, Llwyfandir Sudan **94 B1** 13.00G 23.50Dn
Marsa Alam Yr Aifft **94 D4** 25.03G 34.44Dn
Marsa al Burayqah Libya **85 F5** 30.25G 19.35Dn
Marsabit Kenya **87 B3** 2.20G 37.59Dn
Marsabit,Gwar. Gen. Kenya **87 B3** 2.20G 37.58Dn
Marsala Yr Eidal **50 E2** 37.48G 12.27Dn
Marsa Matrûh Yr Aifft **94 C5** 31.21G 27.15Dn
Marseille Ffrainc **44 F3** 43.18G 5.22Dn
Mar, Serra do *mdd.* Brasil **77 F2** 28.00D 49.40Gn
Marsfjället *m.* Sweden **43 C4** 65.10G 15.20Dn
Marshall, Ysdd. Cefn. Tawel **108 L8** 10.00G 167.00Dn
Märsta Sweden **43 D2** 59.37G 17.52Dn
Martaban Myanmar **97 J4** 16.32G 97.35Dn
Martaban, Gff. Cefn. India **97 J4** 15.10G 96.30Dn
Martapura Indonesia **104 C3** 4.20D 104.22Dn
Martin Slofacia **54 F3** 49.05G 18.55Dn
Martinique *ys.* Ysdd. Windward **71 L3** 14.40G 61.00Gn
Martinsville U.D.A. **65 K4** 36.43G 79.53Gn
Martin Vaz, Ysdd. Cefn. Iwerydd **72 H4** 20.30D 28.51Gn
Martock Lloegr **13 E2** 50.59G 2.46Gn
Mary Turkmenistan **95 J6** 37.42G 61.54Dn
Maryborough Awstralia **110 E3** 25.32D 152.36Dn
Maryland *rhan.* U.D.A. **65 K4** 39.00G 76.30Gn
Maryport Lloegr **14 D3** 54.43G 3.30Gn
Masai Mara, Gwar. Gen. Kenya **87 A2** 1.25D 35.05Dn
Masai, Step *n.* Tanzania **87 B2** 5.00D 37.00Dn
Masan De Korea **103 N5** 35.10G 128.35Dn
Masbate Pili. **105 G6** 12.21G 123.36Dn
Masbate *ys.* Pili. **105 G6** 12.00G 123.30Dn
Mascara Algeria **52 D4** 35.24G 0.08Dn
Maseno Kenya **87 A3** 0.00 34.32Dn
Maseru Lesotho **86 B2** 29.19D 27.29Dn
Mashhad Iran **95 I6** 36.16G 59.34Dn
Masinga, Cr. Kenya **87 B2** 1.10D 37.40Dn
Masirah *ys.* Oman **95 I3** 20.30G 58.50Dn
Masirah, Gff. Oman **95 I2** 20.00G 58.10Dn
Masjed Soleyman Iran **95 G5** 31.59G 49.18Dn
Mask, Loch Gwer. Iwerdd. **20 B3** 53.38G 9.22Gn
Mason City U.D.A. **65 H5** 43.10G 93.10Gn
Massachusetts *rhan.* U.D.A. **65 L5** 42.20G 72.00Gn
Massakory Tchad **84 F3** 13.02G 15.43Dn
Massawa Eritrea **85 H3** 15.36G 39.29Dn
Massif Central *mdd.* Ffrainc **44 E4** 45.00G 3.30Dn
Mastung Pakistan **95 K4** 29.48G 66.51Dn
Masuda Japan **106 B2** 34.42G 131.51Dn
Masvingo Zimbabwe **86 C2** 20.10D 30.49Dn
Maswe, Gwar. Anifeiliaid Tanzania **87 A2** 2.30D 34.00Dn
Matadi Gwer. Ddem. Congo **86 A4** 5.50D 13.32Dn
Matam Sénégal **84 C3** 15.40G 13.18Gn
Matamoros México **70 E6** 25.50G 97.31Gn
Matanzas Cuba **71 H5** 23.04G 81.35Gn
Matara Sri Lanka **97 G2** 5.57G 80.32Dn
Mataram Indonesia **104 F2** 8.36D 116.07Dn
Mataró Sbaen **46 G4** 41.32G 2.27Dn
Matera Yr Eidal **50 G4** 40.41G 16.36Dn
Matheniko, Gwar. Anifeiliaid Uganda **87 A3** 2.55G 34.25Dn
Mathura India **97 F6** 27.30G 77.30Dn
Matlock Lloegr **15 F2** 53.08G 1.32Gn
Mato Grosso *rhan.* Brasil **77 E3** 13.00D 55.00Gn
Mato Grosso, Llwyfandir *n.* Brasil **77 E3** 15.00D 55.00Gn
Mato Grosso do Sul *rhan.* Brasil **77 E2** 20.00D 54.30Gn
Matrah Oman **95 I3** 23.37G 58.33Dn
Matsu, Ysdd. Taiwan **103 M3** 26.12G 120.00Dn
Matsue Japan **106 B3** 35.29G 133.00Dn
Matsumoto Japan **106 C3** 36.18G 137.58Dn
Matsusaka Japan **106 C2** 34.34G 136.32Dn
Matsuyama Japan **106 B2** 33.50G 132.47Dn
Matterhorn *m.* Y Swistir **44 G4** 45.58G 7.38Dn
Maturín Venezuela **71 L2** 9.45G 63.16Gn
Mau *m.* Kenya **87 B2** 0.30D 35.50Dn
Maubeuge Ffrainc **42 C2** 50.17G 3.58Dn
Mauchline Yr Alban **16 E3** 55.31G 4.23Gn
Maug, Ysdd. Ysdd. G. Mariana **105 L8** 20.02G 14.19Dn
Maughold, Pr. Ynys Manaw **14 C3** 54.18G 4.19Gn
Maui *ys.* Ysdd. Hawaii **108 P9** 20.45G 156.15Gn
Mauke *ys.* Ysdd. Cook **108 P5** 19.49D 157.41Gn
Maumere Indonesia **105 G2** 8.35D 122.13Dn
Maun Botswana **86 B2** 19.52D 23.40Dn
Mauritania Affrica **84 C3** 20.00G 10.00Gn
Mauritius Cefn. India **115 L4** 20.10D 58.00Dn
May, Ys. Yr Alban **17 G4** 56.12G 2.32Gn
Maya *a.* Ffed. Rwsia **59 P4** 60.25G 134.28Dn
Maya, Mdd. Belize **70 G4** 16.30G 89.00Gn
Mayaguana *ys.* Bahamas **71 J5** 22.30G 73.00Gn
Mayagüez Puerto Rico **71 K4** 18.13G 67.09Gn
Mayamey Iran **95 I6** 36.27G 55.40Dn
Mayar *m.* Yr Alban **19 F1** 56.50G 3.16Gn
Maybole Yr Alban **16 E3** 55.21G 4.41Gn
Mayen Yr Almaen **42 G2** 50.19G 7.14Dn
Mayenne *a.* Ffrainc **44 C5** 47.30G 0.37Gn
Maykop Ffed. Rwsia **53 L5** 44.37G 40.48Dn
Mayo Canada **62 E4** 63.45G 135.45Gn
Mayo *rhan.* Gwer. Iwerdd. **20 B3** 53.47G 9.07Gn
Mayotte *ys.* Cefn. India **86 D3** 12.50D 45.10Dn
Mazar-e Sharif Afghan. **95 K6** 36.43G 67.05Dn
Mazatlán México **70 C5** 23.11G 106.25Gn
Mažeikiai Lithuania **54 H7** 56.06G 23.06Dn
Mazury, Llynnoedd Gw. Pwyl **54 G5** 53.50G 21.40Dn
Mazyr Belarus **55 K5** 52.02G 29.10Dn
Mbabane Gw. Swazi **86 C2** 26.20D 31.08Dn
Mbale Uganda **87 A3** 1.02G 34.11Dn
Mbandaka Gwer. Ddem. Congo **86 A5** 0.03G 18.28Dn
M'banza Congo Angola **86 A4** 6.18D 14.16Dn
Mbarara Uganda **86 C4** 0.36D 30.40Dn
Mbeya Tanzania **86 C4** 8.54D 33.29Dn
Mbuji-Mayi Gwer. Ddem. Congo **86 B4** 6.10D 23.39Dn
Mbulu Tanzania **87 B2** 3.51D 35.32Dn
M'Clintock, Sianel Canada **62 H5** 71.20G 102.00Gn
M'Clure, Cf. Canada **62 G5** 74.30G 116.00Gn
Mdantsane G.D.A. **86 B1** 32.54D 27.54Dn
Mead, Ll. U.D.A. **64 D4** 36.10G 114.25Gn
Mealasta, Ys. Yr Alban **18 B3** 58.05G 7.07Gn
Meall a'Bhuiridh *m.* Yr Alban **16 E4** 56.37G 4.50Gn
Meath *rhan.* Gwer. Iwerdd. **20 E3** 53.30G 6.30Gn
Meaux Ffrainc **44 E6** 48.58G 2.54Dn
Mecca = Makkah Saudi Arabia **94 E3** 21.26G 39.49Dn
Mechelen Gw. Belg **42 D3** 51.01G 4.28Dn
Mecheria Algeria **52 C3** 33.33G 0.17Gn
Meckenheim Yr Almaen **42 G2** 50.37G 7.02Dn
Medan Indonesia **104 B4** 3.35G 98.39Dn
Medellín Colombia **71 I2** 6.15G 75.36Gn
Meden *a.* Lloegr **15 G2** 53.19G 0.55Gn
Medenine Tunisia **84 F5** 33.24G 10.25Dn
Medetsiz *m.* Twrci **57 L2** 37.33G 34.38Dn
Medicine Hat Canada **62 G3** 50.03G 110.41Gn
Medina = Al Madīnah Saudi Arabia **94 E3** 24.30G 39.35Dn
Medina del Campo Sbaen **46 C4** 41.20G 4.55Gn
Medway *a.* Lloegr **11 F2** 51.24G 0.31Dn
Medway, Trefi *rhan.* Lloegr **9 F2** 51.24G 0.33Dn
Meerut India **97 F6** 29.00G 77.42Dn
Mēga Ethiopia **87 B3** 4.02G 38.19Dn
Mēga, Sgarp *n.* Ethiopia **87 B3** 4.00G 38.10Dn
Mégara Groeg **56 F3** 38.00G 23.21Dn
Meghalaya *rhan.* India **97 I6** 25.30G 91.00Dn
Meiktila Myanmar **97 J5** 20.53G 95.54Dn
Meiningen Yr Almaen **48 E4** 50.34G 10.25Dn
Meissen Yr Almaen **48 F4** 51.10G 13.28Dn
Meizhou China **103 L2** 24.20G 116.15Dn
Mejicana *m.* Ariannin **76 D2** 29.00D 67.50Gn
Mek'ele Ethiopia **94 E1** 13.33G 39.30Dn
Meknès Moroco **84 D5** 33.53G 5.37Gn
Mekong *a.* Asia **104 D6** 10.00G 106.20Dn
Mekong, Aberoedd A. Viet Nam **104 D6** 10.00G 106.20Dn
Melaka Malaysia **104 C4** 2.11G 102.16Dn
Melaka, Cf. Cefn. India **104 C4** 3.00G 100.30Dn
Melbourn Lloegr **11 F3** 52.05G 0.01Dn
Melbourne Awstralia **110 D2** 37.45D 144.58Dn
Melby Yr Alban **19 Y9** 60.19G 1.40Gn
M. Elgon, Parc Cen. Uganda **87 A3** 1.05G 34.20Dn
Melilla Sbaen **84 D5** 35.17G 2.57Gn
Melitopol' Ukrain **55 N2** 46.51G 35.22Dn
Melka Guba Ethiopia **87 B3** 4.52G 39.18Dn
Melksham Lloegr **10 C2** 51.22G 2.09Gn
Melrose Yr Alban **17 G3** 55.36G 2.43Gn
Meltham Lloegr **15 F2** 53.36G 1.52Gn
Melton Mowbray Lloegr **10 E3** 52.46G 0.53Gn
Melun Ffrainc **44 E6** 48.32G 2.40Dn
Melvich (Mealbhaich) Yr Alban **19 F3** 58.32G 3.55Gn
Melville Canada **62 H3** 50.57G 102.49Gn
Melville, Bae Grønland **63 L5** 75.00G 63.00Gn
Melville, Gor. Canada **63 J4** 68.00G 84.00Gn
Melville, Ys. Awstralia **110 C4** 11.30D 131.00Dn
Melville, Ys. Canada **62 G5** 75.30G 110.00Gn
Melvin, Loch Gwer. Iwerdd./G. Iwerdd. **16 A2** 54.25G 8.10Gn
Memberamo *a.* Indonesia **105 J3** 1.45D 137.25Dn
Memmingen Yr Almaen **48 E2** 47.59G 10.11Dn
Memphis U.D.A. **65 I4** 35.05G 90.00Gn
Menai, Afon Cymru **12 C5** 53.17G 4.20Gn
Mendawai *a.* Indonesia **104 E3** 3.17D 113.20Dn
Mende Ffrainc **44 E4** 44.32G 3.30Dn
Menderes *a.* Twrci **56 H2** 37.30G 27.05Dn
Mendip,Bryniau Lloegr **13 E3** 51.15G 2.40Gn
Mendosa, P. Ariannin **75 C2** 48.08D 65.55Gn
Mendoza Ariannin **75 C3** 33.00D 68.52Gn
Menongue Angola **86 A3** 14.40D 17.41Dn
Menorca *ys.* Sbaen **46 H3** 40.00G 4.00Dn
Mentawai, Ysdd. Indonesia **104 B3** 2.50D 99.00Dn
Mentok Indonesia **104 D3** 2.04D 105.12Dn
Menzel Bourguiba Tunisia **52 E4** 37.10G 9.48Dn
Meppel Yr Iseld. **42 F4** 52.42G 6.12Dn
Meppen Yr Almaen **42 G4** 52.42G 7.17Dn
Merano/Meran Yr Eidal **50 D7** 46.41G 11.10Dn
Merauke Indonesia **105 K2** 8.30D 140.22Dn
Merced U.D.A. **64 B4** 37.17G 120.29Gn
Mere Lloegr **10 C2** 51.05G 2.16Gn
Mergui Myanmar **97 J3** 12.26G 98.34Dn
Mergui, Ysr. *ysdd.* Myanmar **97 J3** 11.30G 98.30Dn
Mérida México **70 G5** 20.59G 89.39Gn
Mérida Sbaen **46 B3** 38.55G 6.20Gn
Mérida Venezuela **71 J2** 8.24G 71.08Gn
Mérida, Cordillera de *mdd.* Venezuela **71 J2** 8.00G 71.30Gn
Meridian U.D.A. **65 I3** 32.21G 88.42Gn
Merkys *a.* Lithuania **55 I6** 54.05G 24.03Dn
Merowe Sudan **85 H3** 18.30G 31.49Dn
Merrick *m.* Yr Alban **16 E3** 55.08G 4.29Gn
Mersch Lux. **42 F1** 49.44G 6.05Dn
Mersi *a.* Lloegr **14 E2** 53.22G 2.37Gn
Mersi, Glannau *rhan.* Lloegr **9 D3** 53.28G 3.00Gn
Mersin Twrci **57 L2** 36.47G 34.37Dn
Merti Kenya **87 B3** 1.07G 38.39Dn
Merthyr Tudful Cymru **12 D3** 51.45G 3.23Gn
Merthyr Tudful *rhan.* Cymru **9 D2** 51.45G 3.23Gn
Méru Ffrainc **42 B1** 49.14G 2.08Dn
Meru Kenya **87 B3** 0.03G 37.38Dn
Meru *m.* Tanzania **87 B2** 3.16D 36.53Dn
Merzifon Twrci **57 L4** 40.52G 35.28Dn
Merzig Yr Almaen **42 F1** 49.26G 6.39Dn
Mesolóngion Groeg **56 E3** 38.23G 21.23Dn
Mesopotamia *n.* Iraq **85 I5** 33.30G 44.30Dn
Messina Yr Eidal **50 F3** 38.13G 15.34Dn
Messíni, Gff. Groeg **56 F2** 36.50G 22.05Dn
Mesta (Néstos) *a.* Groeg **56 G4** 40.51G 24.48Dn
Meta *a.* Venezuela **74 C7** 6.10G 67.30Gn
Metheringham Lloegr **15 G2** 53.09G 0.22Gn
Methwold Lloegr **11 F3** 52.30G 0.33Dn
Metković Croatia **56 C5** 43.03G 17.38Dn
Metlika Slovenija **54 D1** 45.39G 15.19Dn
Metz Ffrainc **44 G6** 49.07G 6.11Dn
Meuse (Maas) *a.* Yr Iseld. **42 D3** 51.44G 4.42Dn
Mevagissey Lloegr **13 C2** 50.16G 4.48Gn
Mexborough Lloegr **15 F2** 53.29G 1.18Gn
Mexicali México **70 A7** 32.26G 115.30Gn
México Cb. America **70 D5** 20.00G 100.00Gn
México *rhan.* México **70 E4** 19.45G 99.30Gn
México, Gff. G. America **70 F5** 25.00G 90.00Gn
Meymaneh Afghan. **95 J6** 35.54G 64.43Dn
Mezen Ffed. Rwsia **58 G4** 65.50G 44.20Dn
Mezen *a.* Ffed. Rwsia **35 H4** 65.50G 44.18Dn
Mezha *a.* Ffed. Rwsia **55 L6** 55.47G 31.24Dn
Mezitli Twrci **57 L2** 36.45G 34.30Dn
Mezquital *a.* México **70 C5** 21.58G 105.30Gn
Mfanganu, Ys. Kenya **87 A2** 0.27D 34.00Dn
Miami-Fort Lauderdale U.D.A. **65 J2** 25.45G 80.10Gn
Miandowab Iran **95 G6** 36.57G 46.06Dn
Mīāneh Iran **95 G6** 37.23G 47.45Dn
Mianwali Pakistan **95 L5** 32.32G 71.33Dn
Miass Ffed. Rwsia **58 I3** 55.00G 60.00Dn
Michigan *rhan.* U.D.A. **65 I5** 45.00G 85.00Gn
Michigan, Ll. U.D.A. **65 I5** 44.00G 87.00Gn
Michipicoten River *tref* Canada **65 J6** 47.57G 84.55Gn
Michipicoten, Ys. Canada **65 I6** 47.40G 85.50Gn
Michoacán *rhan.* México **70 D4** 19.20G 101.00Gn
Michurinsk Ffed. Rwsia **58 G3** 52.54G 40.30Dn
Micronesia, Taleithiau Ffed. Cefn. Tawel **108 K7** 7.50G 155.00Dn
Middlesbrough Lloegr **15 F3** 54.34G 1.13Gn
Middlesbrough *rhan.* Lloegr **9 E4** 54.33G 1.13Gn
Middleton Lloegr **15 E2** 53.33G 2.12Gn
Middleton-in-Teesdale Lloegr **15 E3** 54.38G 2.05Gn
Middleton St. George Lloegr **15 F3** 54.30G 1.28Gn
Middlewich Lloegr **15 E2** 53.12G 2.28Gn
Midhurst Lloegr **10 E1** 50.59G 0.44Gn
Midland U.D.A. **64 F3** 32.00G 102.05Gn
Midleton Gwer. Iwerdd. **20 C1** 51.55G 8.12Gn
Midlothian *rhan.* Yr Alban **8 D4** 55.50G 3.10Gn
Midway, Ysdd. Ysdd. Hawaii **108 N9** 28.15G 177.25Gn
Miekojärvi *ll.* Y Ffindir **43 F4** 66.35G 24.20Dn
Mikhaylovskiy Ffed. Rwsia **102 D8** 51.41G 79.47Dn
Mikkeli Y Ffindir **43 F3** 61.44G 27.15Dn
Milano Yr Eidal **50 C6** 45.28G 9.16Dn
Milas Twrci **57 H2** 37.18G 27.48Dn
Milborne Port Lloegr **13 E2** 50.58G 2.28Gn
Mildenhall Lloegr **11 F3** 52.20G 0.30Dn
Mildura Awstralia **110 D2** 34.14D 142.13Dn
Miles City U.D.A. **64 E6** 46.24G 105.48Gn
Milk *a.* U.D.A. **64 E6** 47.55G 106.15Gn
Millárs *a.* Sbaen **46 E3** 39.58G 0.01Gn
Millau Ffrainc **44 E4** 44.06G 3.05Dn
Mille Lacs, Ll. U.D.A. **65 H6** 46.15G 93.40Gn
Milleur, Pt. Yr Alban **16 D3** 55.01G 5.07Gn
Millom Lloegr **14 D3** 54.13G 3.16Gn
Millport Yr Alban **16 E3** 55.45G 4.56Gn
Milnthorpe Lloegr **14 E3** 54.14G 2.47Gn
Mílos *ys.* Groeg **56 G2** 36.40G 24.26Dn
Milton Keynes Lloegr **10 E3** 52.03G 0.42Gn
Milton Keynes *rhan.* Lloegr **9 E3** 52.03G 0.42Gn
Milwaukee U.D.A. **65 I5** 43.03G 87.56Gn
Mimizan Ffrainc **44 C4** 44.12G 1.14Gn
Mīnab Iran **95 I4** 27.07G 57.05Dn
Minas Gerais *rhan.* Brasil **77 F3** 18.00D 45.00Gn
Minatitlán México **70 F4** 17.59G 94.32Gn
Minch *cf.* Yr Alban **18 D3** 58.10G 5.50Gn
Minch Bach *cf.* Yr Alban **18 C2** 57.40G 6.45Gn
Mindanao *ys.* Pili. **105 H5** 7.30G 125.00Dn
Mindelo Cabo Verde **84 B3** 16.54G 25.00Gn
Mindoro *ys.* Pili. **104 G6** 13.00G 121.00Dn
Mindoro, Cf. Cefn. Tawel **104 G6** 12.30G 120.10Dn
Mindra, M. România **56 F6** 45.20G 23.32Dn
Minehead Lloegr **13 D3** 51.12G 3.29Gn
Mingulay *ys.* Yr Alban **18 B1** 56.48G 7.37Gn
Minna Nigeria **84 E2** 9.39G 6.32Dn
Minneapolis-St. Paul U.D.A. **65 H5** 45.00G 93.15Gn
Minnesota *rhan.* U.D.A. **65 H5** 46.00G 95.00Gn
Miño *a.* Sbaen **46 A4** 41.50G 8.52Gn
Minot U.D.A. **64 F6** 48.16G 101.19Gn
Minsk Belarus **55 J5** 53.51G 27.30Dn
Minsterly Lloegr **10 C3** 52.38G 2.56Gn
Mintlaw Yr Alban **19 G2** 57.31G 2.00Gn
Miranda Brasil **77 E2** 19.22D 57.15Gn
Miranda de Ebro Sbaen **46 D5** 42.41G 2.57Gn
Mirandela Portiwgal **46 B4** 41.28G 7.10Gn
Mirbaț Oman **95 H2** 17.00G 54.45Dn
Miri Malaysia **104 E4** 4.28G 114.00Dn
Mirim, Morlyn *ll.* Brasil **75 D3** 33.10D 53.30Gn
Mirpur Khas Pakistan **96 D6** 25.33G 69.05Dn
Mirzapur India **97 G6** 25.09G 82.34Dn
Miskolc Hwngari **54 G3** 48.07G 20.47Dn
Misoöl *ys.* Indonesia **105 I3** 1.50D 130.10Dn
Mişrātah Libya **84 F5** 32.24G 15.04Dn
Missinaibi *a.* Canada **63 J3** 50.44G 81.29Gn
Mississippi *rhan.* U.D.A. **65 I3** 33.00G 90.00Gn
Mississippi *a.* U.D.A. **65 I2** 28.55G 89.05Gn
Mississippi, Delta U.D.A. **65 I2** 29.00G 89.10Gn
Missoula U.D.A. **64 D6** 46.52G 114.00Gn
Missouri *rhan.* U.D.A. **65 H4** 39.00G 93.00Gn
Missouri *a.* U.D.A. **65 H4** 38.40G 90.20Gn
Mistassini, Ll. Canada **63 K3** 50.45G 73.40Gn
Mistissini = Baie-du-Poste Canada **63 K3** 50.20G 73.30Gn
Mitchell *a.* Awstralia **110 D4** 15.12D 141.40Dn
Mitchell U.D.A. **64 G5** 43.40G 98.01Gn
Mitchell, M. U.D.A. **65 J4** 35.57G 82.16Gn
Mitchelstown Gwer. Iwerdd. **20 C2** 52.16G 8.19Gn
Mitilíni Groeg **56 H3** 39.06G 26.34Dn
Mito Japan **106 D3** 36.30G 140.29Dn
Mittimatalik (Pond Inlet) *tref* Canada **63 K5** 72.40G 77.59Gn
Mitumba, Mynyddoedd Gwer. Ddem. Congo **86 B4** 8.00D 28.00Dn
Miyako Japan **106 D3** 39.40G 141.59Dn
Miyazaki Japan **106 B2** 31.58G 131.50Dn
Mizdah Libya **52 F3** 31.26G 12.59Dn
Mizen, Pr. Corc Gwer. Iwerdd. **20 B1** 51.27G 9.50Gn
Mizen, Pr. Wicklow Gwer. Iwerdd. **20 E2** 52.52G 6.03Gn
Mizoram *rhan.* India **97 I5** 23.40G 92.40Dn
Mjölby Sweden **43 C2** 58.19G 15.10Dn
Mkomazi Tanzania **87 B2** 4.41D 38.02Dn
Mkomazi, Gwar. Anifeiliaid Tanzania **87 B2** 4.00D 38.00Dn
Mljet *ys.* Croatia **56 C5** 42.45G 17.30Dn
Mmabatho G.D.A. **86 B2** 25.46D 25.37Dn
Mobile U.D.A. **65 I3** 30.40G 88.05Gn
Mobile, Bae U.D.A. **65 I3** 30.30G 87.50Gn
Mobridge U.D.A. **64 F6** 45.31G 100.25Gn
Moçambique Affrica **86 C3** 18.00D 35.00Dn
Moçambique *tref* Moçambique **86 D3** 15.00D 40.55Dn
Moçambique, Sianel Cefn. India **86 D3** 16.00D 42.30Dn
Mochudi Botswana **86 B2** 24.26D 26.07Dn
Modbury Lloegr **13 D2** 50.21G 3.53Gn
Modena Yr Eidal **50 D6** 44.39G 10.55Dn
Modica Yr Eidal **50 F2** 36.51G 14.51Dn
Moelfre Cymru **12 C5** 53.21G 4.15Gn
Moel Sych *m.* Cymru **12 D4** 52.52G 3.22Gn
Moffat Yr Alban **17 F3** 55.20G 3.27Gn
Mogadishu = Muqdisho Somalia **85 I2** 2.02G 45.21Dn
Mohyliv Podil's'kyy Ukrain **55 J3** 48.29G 27.49Dn
Mo i Rana Norwy **43 C4** 66.20G 14.12Dn
Moji das Cruzes Brasil **77 F2** 23.33D 46.14Gn
Mojos, Glaswelltir *n.* Bolivia **76 D3** 15.00D 65.00Gn
Molde Norwy **43 A3** 62.44G 7.08Dn
Moldova Ewrop **55 K2** 47.30G 28.30Dn
Mole *a.* Lloegr **13 D2** 50.58G 3.53Gn
Molopo *a.* G.D.A. **86 B2** 28.30D 20.07Dn
Mombasa Kenya **87 B2** 4.04D 39.40Dn
Mombetsu Japan **106 D4** 44.21G 143.18Dn
Møn *ys.* Denmarc **43 C1** 54.58G 12.20Dn
Môn, Ynys *rhan.* Cymru **9 C3** 53.16G 4.25Gn
Mona, Sianel Gwer. Dom. **71 K4** 18.10G 68.00Gn
Mona, Ys. Puerto Rico **71 K4** 18.06G 67.54Gn
Monach, Sn. Yr Alban **18 B2** 57.34G 7.35Gn
Monach, Ysdd. Yr Alban **18 B2** 57.32G 7.38Gn
Monaco Ewrop **44 G3** 43.40G 7.25Dn
Monadhliath, Mdd. Yr Alban **19 E2** 57.09G 4.08Gn
Monaghan Gwer. Iwerdd. **20 E4** 54.15G 6.58Gn
Monaghan *rhan.* Gwer. Iwerdd. **20 E4** 54.10G 7.00Gn
Monar, Loch Yr Alban **18 D2** 57.25G 5.05Gn
Monchegorsk Ffed. Rwsia **43 H4** 67.55G 33.01Dn
Mönchengladbach Yr Almaen **48 C4** 51.12G 6.25Dn
Monclova México **70 D6** 26.55G 101.20Gn
Moncton Canada **63 L2** 46.06G 64.50Gn
Mondego *a.* Portiwgal **46 A4** 40.09G 8.52Gn
Mondovì Yr Eidal **50 B6** 44.24G 7.50Dn
Moneymore G. Iwerddon **16 C2** 54.42G 6.41Gn
Monforte Sbaen **46 B5** 42.32G 7.30Gn
Monga Gwer. Ddem. Congo **86 B5** 4.05G 22.56Dn
Mongolia Asia **103 I7** 46.30G 104.00Dn
Mongolia Fewnol *rhan.* China **103 K6** 41.30G 112.00Dn
Mongora Pakistan **95 L5** 34.47G 72.22Dn
Mongu Zambia **86 B3** 15.10D 23.09Dn
Moniaive Yr Alban **17 F3** 55.12G 3.55Gn
Monroe U.D.A. **65 H3** 32.31G 92.06Gn
Monrovia Liberia **84 C2** 6.20G 10.46Gn
Mons Gw. Belg **42 C2** 50.27G 3.57Dn
Montana *rhan.* U.D.A. **64 D6** 47.00G 110.00Gn
Montargis Ffrainc **44 E5** 48.00G 2.44Dn
Montauban Ffrainc **44 D4** 44.01G 1.20Dn
Montbéliard Ffrainc **44 G5** 47.31G 6.48Dn
Mont-de-Marsan *tref* Ffrainc **44 C3** 43.54G 0.30Gn
Montdidier Ffrainc **42 B1** 49.39G 2.34Dn
Monte Alegre *tref* Brasil **77 E4** 2.01D 54.04Gn
Monte Carlo Monaco **44 G3** 43.44G 7.25Dn
Montecristo *ys.* Yr Eidal **50 D5** 42.20G 10.19Dn
Montego Bay *tref* Jamaica **71 I4** 18.27G 77.56Gn
Montélimar Ffrainc **44 F4** 44.33G 4.45Dn
Monte Lindo *a.* Paraguay **77 E2** 23.57D 57.10Gn
Montemorelos México **70 E6** 25.12G 99.50Gn
Montería Colombia **71 I2** 8.45G 75.54Gn
Monterrey México **70 D6** 25.40G 100.20Gn
Monte Santu, P. Yr Eidal **50 C4** 40.05G 9.44Dn
Montes Claros Brasil **77 F3** 16.45D 43.52Gn
Montevideo Uruguay **75 D3** 34.55D 56.10Gn
Montgomery U.D.A. **65 I3** 32.22G 86.20Gn
Montluçon Ffrainc **44 E5** 46.20G 2.36Dn
Montmagny Canada **63 K2** 46.59G 70.33Gn
Montpelier U.D.A. **65 L5** 44.16G 72.34Gn
Montpellier Ffrainc **44 E3** 43.36G 3.53Dn
Montréal Canada **63 K2** 45.30G 73.36Gn
Montreuil Ffrainc **42 A2** 50.28G 1.46Dn
Montrose U.D.A. **64 E4** 38.29G 107.53Gn
Montrose Yr Alban **19 G1** 56.43G 2.29Gn
Montserrat *ys.* Ysdd. Leeward **71 L4** 16.45G 62.14Gn
Monywa Myanmar **97 I5** 22.07G 95.11Dn
Monza Yr Eidal **50 C6** 45.35G 9.16Dn
Monzón Sbaen **46 F4** 41.52G 0.10Dn
Moore, Ll. Awstralia **110 A3** 29.30D 117.30Dn
Moorhead U.D.A. **64 G6** 46.51G 96.44Gn
Moose Jaw Canada **62 H3** 50.23G 105.35Gn
Moosonee Canada **63 J3** 51.18G 80.40Gn
Mopti Mali **84 D3** 14.29G 4.10Gn
Môr Canoldir, Y 52-53
Môr Celtaidd, Y D.U./Gwer. Iwerdd. **13 A3** 51.20G 6.30Gn
Môr Coch, Y Affrica/Asia **85 H4** 20.00G 39.00Dn
Môr Cwrel, Tiriogaeth Ysdd. y Austa. **110 E4** 15.00D 153.00Dn
Môr Cwrel, Y Cefn. Tawel **110 E4** 13.00D 150.00Dn
Môr Du, Y Ewrop **57 L5** 43.00G 35.00Dn
Môr Gwyn, Y Ffed. Rwsia **58 F4** 65.30G 38.00Dn
Môr Marw, Y Gw. Iorddonen **94 E5** 31.25G 35.30Dn
Môr Melyn, Y Asia **103 M5** 35.00G 123.00Dn
Môr Tywod Mawr, Y *n.* Yr Aifft/Libya **94 C4** 28.00G 25.00Dn
Môr Udd, Y (Y Sianel) Ffrainc/D.U. **44 C7** 50.15G 1.00Gn
Môr y Gogledd Ewrop **34 D3** 56.00G 4.00Dn
Mora Sweden **43 C3** 61.00G 14.30Dn
Morar, Loch Yr Alban **18 D1** 56.56G 5.40Gn
Morava *a.* Iwgo. **56 E6** 44.43G 21.02Dn
Moray *rhan.* Yr Alban **8 D5** 57.30G 3.20Gn
Moray, Moryd Yr Alban **19 F2** 57.45G 3.50Gn
Morbach Yr Almaen **42 G1** 49.48G 7.07Dn
Morden Canada **62 I2** 49.15G 98.10Gn
More, Loch Yr Alban **18 E3** 58.16G 4.51Gn
Morecambe Lloegr **14 E3** 54.03G 2.52Gn
Morecambe, Bae Lloegr **14 E3** 54.05G 3.00Gn
Moree Awstralia **110 D3** 29.29D 149.53Dn
Morehead P.G.N. **105 K2** 8.55D 141.33Dn
Morelia México **70 D4** 19.40G 101.11Gn
Morelos *rhan.* México **70 E4** 18.40G 99.00Gn
Morena, Sierra *mdd.* Sbaen **46 C3** 38.10G 5.00Gn
Moretonhampstead Lloegr **13 D2** 50.39G 3.45Gn
Morgan City U.D.A. **65 H2** 29.41G 91.13Gn
Morgannwg, Bro *rhan.* Cymru **9 D2** 51.27G 3.22Gn
Mori Japan **106 D4** 42.07G 140.30Dn
Morioka Japan **106 D3** 39.43G 141.10Dn
Moriston *a.* Yr Alban **18 E2** 57.12G 4.37Gn
Morlaix (Montroulez) Ffrainc **44 B6** 48.35G 3.50Gn
Morley Lloegr **15 F2** 53.45G 1.36Gn
Moroco Affrica **84 D5** 31.00G 5.00Gn
Moro, Gff. Pili. **105 G5** 6.30G 123.20Dn
Morogoro Tanzania **86 C4** 6.49D 37.40Dn
Mörön Mongolia **103 I7** 49.36G 100.08Dn
Morondava Madagascar **86 D2** 20.17D 44.17Dn

Morón de la Frontera Sbaen **46 C2** ...37.08G 5.27Gn
Moroni Comoros **86 D3** ...11.40D 43.19Dn
Morotai *ys.* Indonesia **105 H4** ...2.10G 128.30Dn
Moroto Uganda **87 A3** ...2.30G 34.40Dn
Moroto, M. Uganda **87 A3** ...2.30G 34.46Dn
Morpeth Lloegr **15 F4** ...55.10G 1.40Gn
Morro, P. Chile **76 C2** ...27.06D 71.00Gn
Morrosquillo, Gff. Colombia **71 I2** ...9.30G 75.50Gn
Morte, Bae Lloegr **13 C3** ...51.10G 4.14Gn
Mortehoe Lloegr **13 C3** ...51.12G 4.12Gn
Mortes *a.* Brasil **77 E3** ...11.59D 50.25Gn
Morungole *m.* Uganda **87 A3** ...3.50G 34.02Dn
Morvern *n.* Yr Alban **16 D4** ...56.37G 5.45Gn
Mosborough Lloegr **15 F2** ...53.19G 1.21Gn
Moscow = Moskva Ffed. Rwsia **58 F3** .55.45G 37.42Dn
Mosel *a.* Yr Almaen **48 C4** ...50.23G 7.37Dn
Moshi Tanzania **87 B2** ...3.20D 37.21Dn
Mosjöen Norwy **43 C4** ...65.50G 13.10Dn
Moskva (Moscow) Ffed. Rwsia **58 F3** .55.45G 37.42Dn
Mosquitos, Arfordir *n.* Nicaragua **71 H3** 13.00G 84.00Gn
Mosquitos, Gff. Panamá **71 H2** ...9.00G 81.00Gn
Moss Norwy **43 B2** ...59.26G 10.41Dn
Mossoró Brasil **77 G4** ...5.10D 37.20Gn
Mostaganem Algeria **52 D4** ...35.56G 0.05Dn
Mostar Bosna. **56 C5** ...43.20G 17.50Dn
Mosul = Al Mawşil Iraq **94 F6** ...36.21G 43.08Dn
Møsvatnet *ll.* Norwy **43 A2** ...59.55G 8.00Dn
Motala Sweden **43 C2** ...58.34G 15.05Dn
Motherwell Yr Alban **17 F3** ...55.48G 4.00Gn
Motril Sbaen **46 D2** ...36.45G 3.31Gn
Moulins Ffrainc **44 E5** ...46.34G 3.20Dn
Moulmein Myanmar **97 J4** ...16.20G 97.50Dn
Moundou Tchad **84 F2** ...8.36G 16.02Dn
Mount, Bae Lloegr **13 B2** ...50.05G 5.25Gn
Mount Gambier *tref* Awstralia **110 D2** .37.51D 140.50Dn
Mount Isa *tref* Awstralia **110 C3** ...20.50D 139.29Dn
Mountmellick Gwer. Iwerdd. **20 D3** ...53.08G 7.21Gn
Mountrath Gwer. Iwerdd. **20 D3** ...53.00G 7.28Gn
Mountsorrel *tref* Lloegr **10 D3** ...52.44G 1.07Gn
Mourdi, Pant *n.* Tchad **94 B2** ...18.00G 23.30Dn
Mourne *a.* G. Iwerddon **16 B2** ...54.50G 7.29Gn
Mourne, Mdd. G. Iwerddon **16 C2** ...54.10G 6.02Gn
Mousa *ys.* Yr Alban **19 Y8** ...60.00G 1.10Gn
Mouscron Gw. Belg **42 C2** ...50.46G 3.10Dn
Mouzon Ffrainc **42 E1** ...49.36G 5.05Dn
Moville Gwer. Iwerdd. **16 B3** ...55.11G 7.03Gn
Moy *a.* Gwer. Iwerdd. **20 B4** ...54.10G 9.09Gn
Moyale Kenya **87 B3** ...3.31G 39.01Dn
M'Saken Tunisia **52 F4** ...35.42G 10.33Dn
Msambweni Kenya **87 B2** ...4.27D 39.28Dn
Mtelo *m.* Kenya **87 B3** ...1.40G 35.23Dn
Mtsensk Ffed. Rwsia **55 O5** ...53.18G 36.35Dn
Mtwara Tanzania **86 D3** ...10.17D 40.11Dn
Muar Malaysia **104 C4** ...2.01G 102.35Dn
Muarabungo Indonesia **104 C3** ...1.29D 102.06Dn
Muchinga, Mdd. Zambia **82 G3** ...12.00D 31.00Dn
Much Wenlock Lloegr **10 C3** ...52.36G 2.34Gn
Muck *ys.* Yr Alban **18 C1** ...56.50G 6.14Gn
Muckish, M. Gwer. Iwerdd. **16 A3** ...55.06G 7.59Gn
Muckle Roe *ys.* Yr Alban **19 Y9** ...60.22G 1.26Gn
Mudan *a.* China **106 A5** ...46.26G 129.51Dn
Mudanjiang China **103 N6** ...44.36G 129.42Dn
Muğla Twrci **57 I2** ...37.12G 28.22Dn
Muhammad, P. Yr Aifft **53 J2** ...27.42G 34.13Dn
Muhammad Qol Sudan **94 E3** ...20.53G 37.09Dn
Mühlhausen Yr Almaen **48 E4** ...51.12G 10.27Dn
Muhos Y Ffindir **43 F4** ...64.49G 26.00Dn
Mui Ethiopia **87 B4** ...5.59G 35.29Dn
Muine Bheag Gwer. Iwerdd. **20 E2** ...52.41G 6.59Gn
Muirkirk Yr Alban **16 E3** ...55.31G 4.04Gn
Muirneag *m.* Yr Alban **18 C3** ...58.24G 6.21Gn
Mukachevo Ukrain **54 H3** ...48.26G 22.45Dn
Mukalla Yemen **95 G1** ...14.34G 49.09Dn
Mukono Uganda **87 A3** ...0.21G 32.27Dn
Mulanje, M. Malaŵi **86 C3** ...15.57D 35.33Dn
Mulhacén *m.* Sbaen **46 D2** ...37.04G 3.22Gn
Mulhouse Ffrainc **44 G5** ...47.45G 7.21Dn
Muling *a.* China **106 B5** ...45.53G 133.40Dn
Mull *ys.* Yr Alban **16 D4** ...56.28G 5.56Gn
Mull, Pr. Yr Alban **19 G4** ...59.23G 2.53Gn
Mull, Sn. *cf.* Yr Alban **16 D4** ...56.32G 5.55Gn
Mullaghareirk, Mdd. Gwer. Iwerdd. **20 B2**
52.20G 9.10Gn
Mullet, Gor. *gor.* Gwer. Iwerdd. **20 A4** ...54.10G 10.05Gn
Mullingar Gwer. Iwerdd. **20 D3** ...53.31G 7.21Gn
Multan Pakistan **96 E7** ...30.10G 71.36Dn
Mumbai (Bombay) India **96 E4** ...18.56G 72.51Dn
Muna *ys.* Indonesia **105 G2** ...5.00D 122.30Dn
München Yr Almaen **48 E3** ...48.08G 11.35Dn
Mundesley Lloegr **11 G3** ...52.53G 1.24Dn
Mundford Lloegr **11 F3** ...52.31G 0.39Dn
Munger India **97 H6** ...25.24G 86.29Dn
Munim *a.* Brasil **77 F4** ...2.51D 44.05Gn
Münster Yr Almaen **48 C4** ...51.58G 7.37Dn
Muojärvi *ll.* Y Ffindir **43 G4** ...65.56G 29.40Dn
Muonio *a.* Sweden/Y Ffindir **43 E4** ...67.13G 23.30Dn
Muonio Y Ffindir **43 E4** ...67.52G 23.45Dn
Muqdisho (Mogadishu) Somalia **85 I2** .2.02G 45.21Dn
Murallón *m.* Ariannin/Chile **75 B2** ...49.48D 73.26Gn
Murang'a Kenya **87 B2** ...0.43D 37.10Dn
Murat Ffrainc **44 D3** ...43.28G 1.19Dn
Murchison *a.* Awstralia **110 A3** ...27.30D 114.10Dn
Murcia Sbaen **46 E2** ...37.59G 1.08Gn
Mureş *a.* România **54 G2** ...46.16G 20.10Dn
Müritz, Ll. Yr Almaen **48 F5** ...53.25G 12.45Dn
Murmansk Ffed. Rwsia **58 F4** ...68.59G 33.08Dn
Murom Ffed. Rwsia **58 G3** ...55.04G 42.04Dn
Muroran Japan **106 D4** ...42.21G 140.59Dn
Murray *a.* Awstralia **110 C2** ...35.23D 139.20Dn
Murray Bridge *tref* Awstralia **110 C2** ...35.10D 139.17Dn
Murrumbidgee *a.* Awstralia **110 D2** ...34.38D 143.10Dn
Mururoa *ys.* Polynesia Ffrengig **109 Q4** 22.00D 140.00Gn
Murwara India **97 G5** ...23.49G 80.28Dn
Murzuq Libya **84 F4** ...25.56G 13.57Dn
Muscat Oman **95 I3** ...23.36G 58.37Dn
Musgrave, Cadwyni *mdd.* Awstralia **110 C3**
26.30D 131.10Dn
Muskegon U.D.A. **65 I5** ...43.13G 86.10Gn
Muskogee U.D.A. **65 G4** ...35.45G 95.21Gn
Musmar Sudan **94 E2** ...18.13G 35.38Dn
Musoma Tanzania **87 A2** ...1.29D 33.48Dn
Musselburgh Yr Alban **17 F3** ...55.57G 3.04Gn
Mut Twrci **57 K2** ...36.38G 33.27Dn
Mût Yr Aifft **94 C4** ...25.29G 28.59Dn
Mutare Zimbabwe **86 C3** ...18.58D 32.38Dn
Mutis *m.* Indonesia **105 G2** ...9.35D 124.15Dn
Mutsu Japan **106 D4** ...41.16G 141.12Dn
Muzaffargarh Pakistan **95 L5** ...30.04G 71.12Dn
Muzaffarpur India **97 H6** ...26.07G 85.23Dn
Mwanza Tanzania **87 A2** ...2.30D 32.54Dn
Mwene-Ditu Gwer. Ddem. Congo **86 B4** .7.01D 23.27Dn
Mweru, Ll. Zambia/Gwer. Ddem. Congo **86 B4**
9.00D 28.40Dn
Mwmbwls, Y Cymru **12 C3** ...51.34G 4.00Gn
Myanmar Asia **97 J5** ...21.00G 95.00Dn
Myingyan Myanmar **97 J5** ...21.25G 95.20Dn
Mykolayiv Ukrain **55 M2** ...46.57G 32.00Dn
Mynwy *a.* Lloegr/Cymru **12 E3** ...51.49G 2.42Gn
Mynwy, sir *rhan.* Cymru **9 D2** ...51.44G 2.50Gn
Mynydd Crwn, Y Awstralia **110 E2** ...30.26D 152.15Dn
Mynydd Gwyn, Cp. U.D.A. **64 C4** ...37.40G 118.15Gn
Mynyddoedd Du Cymru **12 D3** ...51.52G 3.09Gn
Mynyddoedd Gleision U.D.A. **64 C6** .45.00G 118.00Gn
Mynyddoedd Mwyn Ewrop **48 F4** ...50.30G 12.50Dn
Mynyddoedd Pontig Twrci **57 M4** ...40.32G 38.00Dn
Mynyddoedd yr Arfordir Canada **62 F3**
55.30G 128.00Gn
Mysore India **96 F3** ...12.18G 76.37Dn
My Tho Viet Nam **104 D6** ...10.21G 106.21Dn
Mytishchi Ffed. Rwsia **55 O6** ...55.54G 37.47Dn
Mzuzu Malaŵi **86 C3** ...11.26D 34.02Dn

N

Naas Gwer. Iwerdd. **20 E3** ...53.13G 6.41Gn
Naberera Tanzania **87 B2** ...4.10D 36.57Dn
Naberezhnye Chelny Ffed. Rwsia **58 H3**
55.42G 52.20Dn
Nabeul Tunisia **52 F4** ...36.28G 10.44Dn
Nacala Moçambique **86 D3** ...14.30D 40.37Dn
Nador Moroco **52 C4** ...35.12G 2.55Gn
Næstved Denmarc **43 B1** ...55.14G 11.47Dn
Naga Pili. **105 G6** ...13.36G 123.12Dn
Naga, Tir *rhan.* India **97 I6** ...26.10G 94.30Dn
Nagano Japan **106 C3** ...36.39G 138.10Dn
Nagaoka Japan **106 C3** ...37.30G 138.50Dn
Nagaon India **97 I6** ...26.20G 92.41Dn
Nagasaki Japan **106 A2** ...32.45G 129.52Dn
Nagercoil India **96 F2** ...8.11G 77.30Dn
Nagha Kalat Pakistan **95 K4** ...27.24G 65.08Dn
Nagichot Sudan **87 A3** ...4.16G 33.34Dn
Nagoya Japan **106 C3** ...35.08G 136.53Dn
Nagpur India **97 F5** ...21.10G 79.12Dn
Nagykanizsa Hwngari **54 E2** ...46.27G 17.01Dn
Naha Japan **103 N3** ...26.10G 127.40Dn
Nahanni *a.* Canada **62 F4** ...61.00G 123.20Gn
Nahavand Iran **95 G5** ...34.13G 48.23Dn
Nailsworth Lloegr **10 C2** ...51.41G 2.12Gn
Nain Canada **63 L3** ...56.30G 61.45Gn
Na'īn Iran **95 H5** ...32.52G 53.05Dn
Nairn Yr Alban **19 F2** ...57.35G 3.52Gn
Nairn *a.* Yr Alban **19 F2** ...57.35G 3.52Gn
Nairobi Kenya **87 B2** ...1.17D 36.50Dn
Nairobi *rhan.* Kenya **87 B2** ...1.15D 36.50Dn
Naivasha Kenya **87 B2** ...0.44D 36.26Dn
Naivasha, Ll. Kenya **87 B2** ...0.45D 36.22Dn
Najafabad Iran **95 H5** ...32.38G 51.23Dn
Najd *rhan.* Saudi Arabia **94 F3** ...25.00G 43.00Dn
Najin G. Korea **106 B4** ...42.10G 130.20Dn
Najran Saudi Arabia **94 F2** ...17.28G 44.06Dn
Nakhodka Ffed. Rwsia **59 P2** ...42.53G 132.54Dn
Nakhon Pathom Gw. Thai **97 J3** ...13.50G 100.01Dn
Nakhon Ratchasima Gw. Thai **104 C7** 15.02G 102.12Dn
Nakhon Sawan Gw. Thai **104 C7** ...15.35G 100.10Dn
Nakhon Si Thammarat Gw. Thai **104 B5** 8.29G 99.55Dn
Naknek U.D.A. **62 C3** ...58.45G 157.00Gn
Nakskov Denmarc **43 B1** ...54.50G 11.10Dn
Nakuru Kenya **87 B2** ...0.16D 36.04Dn
Nalut Libya **84 F5** ...31.53G 10.59Dn
Namakwa, Tir *n.* Namibia **86 A2** ...25.30D 17.00Dn
Namakzar-e Shadad *n.* Iran **95 I5** ...30.00G 59.00Dn
Namanga Kenya **87 B2** ...2.31D 36.47Dn
Namangan Uzbekistan **102 C6** ...40.59G 71.41Dn
Nam Co *ll.* China **102 G4** ...30.40G 90.30Dn
Nam Dinh Viet Nam **104 D8** ...20.25G 106.12Dn
Namib, Diffeithwch Namibia **86 A2** ...22.50D 14.40Dn
Namibe Angola **86 A3** ...15.10D 12.10Dn
Namibia Affrica **86 A2** ...22.00D 17.00Dn
Namlea Indonesia **105 H3** ...3.15D 127.07Dn
Nampo G. Korea **103 N5** ...38.40G 125.30Dn
Nampula Moçambique **86 C3** ...15.09D 39.14Dn
Namsos Norwy **43 B4** ...64.28G 11.30Dn
Namur Gw. Belg **42 D2** ...50.28G 4.52Dn
Namur *rhan.* Gw. Belg **42 D2** ...50.20G 4.45Dn
Nan Gw. Thai **104 C7** ...18.45G 100.42Dn
Nanaimo Canada **64 B6** ...49.08G 123.58Gn
Nanao Japan **106 C3** ...37.03G 136.58Dn
Nanchang China **103 L3** ...28.38G 115.56Dn
Nanchong China **103 J4** ...30.54G 106.06Dn
Nancy Ffrainc **44 G6** ...48.42G 6.12Dn
Nandurbar India **96 E5** ...21.22G 74.15Dn
Nanjing China **103 L4** ...32.00G 118.40Dn
Nan Ling *mdd.* China **103 K3** ...25.20G 112.30Dn
Nanning China **103 J2** ...22.50G 108.19Dn
Nanortalik Grønland **63 N4** ...60.09G 45.15Gn
Nanping China **103 L3** ...26.40G 118.07Dn
Nansio Tanzania **87 A2** ...2.07D 33.03Dn
Nantes (Naoned) Ffrainc **44 C5** ...47.14G 1.35Gn
Nantong China **103 M4** ...32.05G 120.59Dn
Nantucket, Ys. U.D.A. **65 M5** ...41.16G 70.00Gn
Nantwich Lloegr **14 E2** ...53.05G 2.31Gn
Nant-y-moch,Cr. Cymru **12 D4** ...52.28G 3.50Gn
Nanumea *ys.* Tuvalu **108 M6** ...5.40D 176.10Dn
Nanyuki Kenya **87 B2** ...0.01G 37.08Dn
Nao, P. Sbaen **46 F3** ...38.42G 0.15Dn
Napamute U.D.A. **62 C4** ...61.31G 158.45Gn
Napier Seland Newydd **111 G2** ...39.30D 176.54Dn
Naples U.D.A. **65 J2** ...26.09G 81.48Gn
Napo *a.* Periw **76 C4** ...3.30D 73.10Gn
Napoli Yr Eidal **50 F4** ...40.50G 14.14Dn
Narbonne Ffrainc **44 E3** ...43.11G 3.00Dn
Narborough Caerlŷr Lloegr **10 D3** ...52.35G 1.11Gn
Narborough Norfolk Lloegr **11 F3** ...52.42G 0.35Dn
Nares, Cf. Canada **63 K5** ...78.30G 72.00Gn
Narmada *a.* India **96 E5** ...21.40G 73.00Dn
Narodnaya *m.* Ffed. Rwsia **58 I4** ...65.00G 61.00Dn
Narok Kenya **87 B2** ...1.05D 35.55Dn
Närpes Y Ffindir **43 E3** ...62.28G 21.19Dn
Narva Estonia **43 G2** ...59.22G 28.17Dn
Narvik Norwy **43 D5** ...68.26G 17.25Dn
Naryan Mar Ffed. Rwsia **58 H4** ...67.37G 53.02Dn
Naryn Kyrgyzstan **102 D6** ...41.24G 76.00Dn
Nasareth Israel **94 E5** ...32.41G 35.16Dn
Nashville U.D.A. **65 I4** ...36.10G 86.50Gn
Näsijärvi *ll.* Y Ffindir **43 E3** ...61.30G 23.50Dn
Nasik India **96 E5** ...20.00G 73.52Dn
Nassau Bahamas **71 I6** ...25.03G 77.20Gn
Nassau *ys.* Ysdd. Cook **108 O5** ...11.33D 165.25Gn
Nasser, Ll. Yr Aifft **94 D3** ...22.40G 32.00Dn
Nässjö Sweden **43 C2** ...57.39G 14.40Dn
Nata Tanzania **87 A2** ...2.00D 34.28Dn
Natal Brasil **77 G4** ...5.46D 35.15Gn
Natchez U.D.A. **65 H3** ...31.22G 91.24Gn
Natron, Ll. Tanzania **87 B2** ...2.18D 36.05Dn
Natuna Besar *ys.* Indonesia **104 D4** ...4.00G 108.20Dn
Natuna, Ysdd. Indonesia **104 D4** ...3.00G 108.50Dn
Nauru Cefn. Tawel **108 L6** ...0.32D 166.55Dn
Navalmoral de la Mata Sbaen **46 C3** ...39.54G 5.33Gn
Navan Gwer. Iwerdd. **20 E3** ...53.39G 6.42Gn
Navapolatsk Belarus **55 K6** ...55.34G 28.40Dn
Naver *a.* Yr Alban **19 E3** ...58.29G 4.12Gn
Naver, Loch Yr Alban **19 E3** ...58.17G 4.20Gn
Navlya Ffed. Rwsia **55 N5** ...52.51G 34.30Dn
Návplion Groeg **56 F2** ...37.33G 22.47Dn
Nawabshah Pakistan **96 D6** ...26.15G 68.26Dn
Naxçivan Azerbaijan **95 G6** ...39.12G 45.22Dn
Náxos *ys.* Groeg **56 G2** ...37.03G 25.30Dn
Nayarit *rhan.* México **70 D5** ...21.30G 105.00Gn
Nazas *a.* México **70 D6** ...25.34G 103.25Gn
Nazca Periw **76 C3** ...14.53D 74.54Gn
Naze, Y *p.* Lloegr **11 G2** ...51.53G 1.17Dn
Nazilli Twrci **57 I2** ...37.55G 28.20Dn
Nazret Ethiopia **85 H2** ...8.32G 39.22Dn
Nazwá Oman **95 I3** ...22.56G 57.33Dn
N'dalatando Angola **86 A4** ...9.12D 14.54Dn
Ndéle G.C.A. **85 G2** ...8.24G 20.39Dn
Ndeni *ys.* Ysdd. Solomon **111 F4** ...10.30D 166.00Dn
N'Djamena Tchad **84 F3** ...12.10G 14.59Dn
Ndola Zambia **86 B3** ...13.00D 28.39Dn
Ndoto *m.* Kenya **87 B3** ...1.42G 37.10Dn
Neagh, Loch G. Iwerddon **16 C2** ...54.36G 6.26Gn
Nebitdag Turkmenistan **95 H6** ...39.31G 54.24Dn
Neblina, Cp. *m.* Colombia/Brasil **76 D5** ...0.50G 66.00Gn
Nebraska *rhan.* U.D.A. **64 F5** ...41.30G 100.00Gn
Nebrodi, Mdd. Yr Eidal **50 F2** ...38.00G 14.50Dn
Nechisar, Parc Cen. Ethiopia **87 B4** ...6.00G 37.50Dn
Neckar *a.* Yr Almaen **48 D3** ...49.32G 8.26Dn
Necker, Ys. Ysdd. Hawaii **108 O9** ...23.35G 164.42Gn
Nedd *a.* Cymru **12 D3** ...51.39G 3.50Gn
Needham Market Lloegr **11 G3** ...52.09G 1.02Dn
Needles U.D.A. **64 D3** ...34.51G 114.36Gn
Needles, Y *p.* Lloegr **10 D1** ...50.39G 1.35Gn
Neftekumsk Ffed. Rwsia **58 G2** ...44.46G 44.10Dn
Nefyn Cymru **12 C4** ...52.55G 4.31Gn
Negēlē Ethiopia **87 B4** ...5.20G 39.36Dn
Negev *diff.* Israel **94 D5** ...30.42G 34.55Dn
Negotin Iwgo. **56 F6** ...44.14G 22.33Dn
Negra, Cordillera *mdd.* Periw **76 C4** ...10.00D 78.00Gn
Negra, P. Periw **76 B4** ...6.06D 81.09Gn
Negro *a.* Ariannin **75 C2** ...41.00D 62.48Gn
Negro *a.* Amazonas Brasil **77 D4** ...3.30D 60.00Gn
Negro *a.* Mato Grosso do Sul Brasil **77 E3** 19.15D 57.15Gn
Negro, P. Moroco **46 C1** ...35.41G 5.17Gn
Negros *ys.* Pili. **105 G5** ...10.00G 123.00Dn
Neijiang China **103 J3** ...29.32G 105.03Dn
Neiva Colombia **74 B7** ...2.58G 75.15Gn
Nek'emte Ethiopia **85 H2** ...9.02G 36.31Dn
Neksø Denmarc **54 D6** ...55.04G 15.09Dn
Nelkan Ffed. Rwsia **59 P3** ...57.40G 136.04Dn
Nellore India **97 G3** ...14.29G 80.00Dn
Nelson Canada **62 G2** ...49.29G 117.17Gn
Nelson *a.* Canada **63 I3** ...57.00G 93.20Gn
Nelson Lloegr **15 E2** ...53.50G 2.14Gn
Nelson Seland Newydd **111 G1** ...41.16D 173.15Dn
Nelspruit G.D.A. **86 C2** ...25.27D 30.58Dn
Neman *a.* Ewrop **54 G6** ...55.23G 21.15Dn
Neman Ffed. Rwsia **54 H6** ...55.02G 22.02Dn
Nementcha, Mdd. Algeria/Tunisia **52 E4** 35.00G 7.00Dn
Nenagh Gwer. Iwerdd. **20 C2** ...52.52G 8.13Gn
Nene *a.* Lloegr **11 F3** ...52.49G 0.12Dn
Nenjiang China **103 N7** ...49.10G 125.15Dn
Nepal Asia **97 G6** ...28.00G 84.00Dn
Nephin *m.* Gwer. Iwerdd. **20 B4** ...54.00G 9.25Gn
Neris *a.* Lithuania **55 H6** ...54.52G 23.55Dn
Ness *a.* Yr Alban **19 E2** ...57.27G 4.15Gn
Ness, Loch Yr Alban **19 E2** ...57.16G 4.30Gn
Neston Lloegr **14 D2** ...53.17G 3.03Gn
Néstos = Mesta *a.* Groeg **56 G4** ...40.51G 24.48Dn
Netley Lloegr **10 D1** ...50.52G 1.19Gn
Nettilling, Ll. Canada **63 K4** ...66.30G 70.40Gn
Neubrandenburg Yr Almaen **48 F5** ...53.33G 13.16Dn
Neuchâtel Y Swistir **44 G5** ...47.00G 6.56Dn
Neuchâtel, Ll. Y Swistir **44 G5** ...46.55G 6.55Dn
Neufchâteau Gw. Belg **42 E1** ...49.51G 5.26Dn
Neumünster Yr Almaen **48 E6** ...54.05G 10.01Dn
Neunkirchen Yr Almaen **42 G1** ...49.21G 7.12Dn
Neuquén Ariannin **75 C3** ...38.55D 68.55Gn
Neustrelitz Yr Almaen **48 F5** ...53.22G 13.05Dn
Neuwied Yr Almaen **48 C4** ...50.26G 7.28Dn
Nevada *rhan.* U.D.A. **64 C4** ...39.00G 117.00Gn
Nevada, Sierra *mdd.* Sbaen **46 D2** ...37.04G 3.20Gn
Nevada, Sierra *mdd.* U.D.A. **64 C4** ...37.30G 119.00Gn
Nevers Ffrainc **44 E5** ...47.00G 3.09Dn
Nevėžis *a.* Lithuania **55 H6** ...54.52G 23.55Dn
Nevis, Loch Yr Alban **18 D1** ...57.00G 5.40Gn
Nevsehir Twrci **57 L3** ...38.38G 34.43Dn
New Addington Lloegr **11 E2** ...51.21G 0.01Gn
New Alresford Lloegr **10 D2** ...51.06G 1.10Gn
Newark U.D.A. **65 L5** ...40.44G 74.11Gn
Newark-on-Trent Lloegr **15 G2** ...53.06G 0.48Gn
New Bedford U.D.A. **65 L5** ...41.38G 70.55Gn
New Bern U.D.A. **65 K4** ...35.05G 77.04Gn
Newbiggin-by-the-Sea Lloegr **15 F4** ...55.11G 1.30Gn
Newbridge Gwer. Iwerdd. **20 E3** ...53.11G 6.48Gn
Newburgh Yr Alban **17 F4** ...56.21G 3.15Gn
Newbury Lloegr **10 D2** ...51.24G 1.19Gn
Newcastle Awstralia **110 E2** ...32.55D 151.46Dn
Newcastle G. Iwerddon **16 D2** ...54.13G 5.54Gn
Newcastle-under-Lyme Lloegr **10 C3** ...53.02G 2.15Gn
Newcastle-upon-Tyne Lloegr **15 F3** ...54.58G 1.36Gn
Newcastle West Gwer. Iwerdd. **20 B2** ...52.27G 9.04Gn
New Cumnock Yr Alban **16 E3** ...55.24G 4.11Gn
New Delhi India **96 F6** ...28.37G 77.13Dn
Newent Lloegr **10 C2** ...51.56G 2.24Gn
Newfoundland *ys.* Canada **63 M2** ...48.30G 56.00Gn
Newfoundland/ Terre-Neuve *rhan.* Canada **63 L3**
55.00G 60.00Gn
New Galloway Yr Alban **16 E3** ...55.05G 4.09Gn
New Hampshire *rhan.* U.D.A. **65 L5** ...44.00G 71.30Gn
New Haven U.D.A. **65 L5** ...41.14G 72.50Gn
New Jersey *rhan.* U.D.A. **65 L5** ...40.00G 74.30Gn
New Liskeard Canada **65 K6** ...47.31G 79.41Gn
Newmarket Lloegr **11 F3** ...52.15G 0.23Dn
Newmarket on-Fergus Gwer. Iwerdd. **20 C2**
52.46G 8.55Gn
New Mexico *rhan.* U.D.A. **64 E3** ...34.00G 106.00Gn
New Milton Lloegr **10 D1** ...50.45G 1.39Gn
Newnham Lloegr **10 C2** ...51.48G 2.27Gn
New/ Nouveau-Brunswick *rhan.* Canada **63 L2**
47.00G 66.00Gn
New Orleans U.D.A. **65 H2** ...30.00G 90.03Gn
New Pitsligo Yr Alban **19 G2** ...57.35G 2.12Gn
Newport Amwythig Lloegr **10 C3** ...52.47G 2.22Gn
Newport Essex Lloegr **11 F2** ...51.58G 0.13Dn
Newport Hampshire Lloegr **10 D1** ...50.43G 1.18Gn
Newport News U.D.A. **65 K4** ...36.59G 76.26Gn
Newport Pagnell Lloegr **10 E3** ...52.05G 0.42Gn
New Providence *ys.* Bahamas **71 I6** ...25.03G 77.25Gn
Newquay Lloegr **13 B2** ...50.24G 5.06Gn
New Romney Lloegr **11 F1** ...50.59G 0.58Dn
New Ross Gwer. Iwerdd. **20 E2** ...52.23G 6.59Gn
Newry G. Iwerddon **16 C2** ...54.11G 6.20Gn
Newry, Cam. G. Iwerddon **16 C2** ...54.15G 6.22Gn
New Scone Yr Alban **17 F4** ...56.25G 3.25Gn
Newton Abbot Lloegr **13 D2** ...50.32G 3.37Gn
Newton Aycliffe Lloegr **15 F3** ...54.36G 1.34Gn
Newtonhill Yr Alban **19 G2** ...57.02G 2.08Gn
Newton-le-Willows Lloegr **14 E2** ...53.28G 2.38Gn
Newton Mearns Yr Alban **16 E3** ...55.46G 4.18Gn
Newtonmore Yr Alban **19 E2** ...57.03G 4.10Gn
Newton Stewart Yr Alban **16 E2** ...54.57G 4.29Gn
Newtownabbey G. Iwerddon **16 D2** ...54.40G 5.57Gn
Newtownards G. Iwerddon **16 D2** ...54.35G 5.42Gn
Newtown St. Boswells Yr Alban **17 G3** .55.35G 2.40Gn
Newtownstewart G. Iwerddon **16 B2** ...54.43G 7.25Gn
New York (Efrog Newydd) U.D.A. **65 L5**
40.40G 73.50Gn
Neyriz Iran **95 H4** ...29.12G 54.17Dn
Neyshabur Iran **95 I6** ...36.13G 58.49Dn
Ngaoundéré Cameroun **84 F2** ...7.20G 13.35Dn
Ngorongoro, Ardal Gadwraeth Tanzania **87 B2**
3.00D 35.30Dn
Nguigmi Niger **84 F3** ...14.00G 13.11Dn
Ngulu *ys.* Tal. Ffed. Micronesia **105 J5** .8.30G 137.30Dn
Nha Trang Viet Nam **104 D6** ...12.15G 109.10Dn
Niamey Niger **84 E3** ...13.32G 2.05Dn
Niangara Gwer. Ddem. Congo **85 G2** ...3.45G 27.54Dn
Nias *ys.* Indonesia **104 B4** ...1.05G 97.30Dn
Nicaragua Cb. America **71 H3** ...13.00G 85.00Gn
Nicaragua, Ll. Nicaragua **71 G3** ...11.30G 85.30Gn
Nice Ffrainc **44 G3** ...43.42G 7.16Dn
Nicobar, Ysdd. India **97 I2** ...8.00G 94.00Dn
Nicosia = Levkosia Cyprus **57 K1** ...35.11G 33.23Dn
Nicoya, Gff. Costa Rica **71 H2** ...9.30G 85.00Gn
Nidd *a.* Lloegr **15 F3** ...54.01G 1.12Gn
Nidzica Gw. Pwyl **54 G5** ...53.22G 20.26Dn
Niers *a.* Yr Iseld. **42 E3** ...51.43G 5.56Dn
Nieuwpoort Gw. Belg **42 B3** ...51.08G 2.45Dn
Niğde Twrci **57 L2** ...37.58G 34.42Dn
Niger Affrica **84 E3** ...17.00G 10.00Dn
Niger *a.* Nigeria **84 E2** ...4.15G 6.05Dn
Nigeria Affrica **84 E2** ...9.00G 9.00Dn
Nigg, Bae Yr Alban **19 E2** ...57.42G 4.01Gn
Niigata Japan **106 C3** ...37.58G 139.02Dn
Nijmegen Yr Iseld. **42 E3** ...51.50G 5.52Dn
Nikel' Ffed. Rwsia **43 G5** ...69.20G 29.44Dn
Nikolayevsk-na-Amure Ffed. Rwsia **59 Q3**
53.20G 140.44Dn
Nikopol' Ukrain **55 N2** ...47.34G 34.25Dn
Niksar Twrci **57 M4** ...40.35G 36.59Dn
Nikšić Iwgo. **56 D5** ...42.48G 18.56Dn
Nikumaroro *ys.* Kiribati **108 N6** ...4.40D 174.32Gn
Nîl *a.* Yr Aifft **94 D5** ...31.30G 30.25Dn
Nîl Albert *a.* Uganda **85 H2** ...3.30G 32.00Dn
Nilgiri, Br. India **96 F3** ...11.30G 77.30Dn
Nîl Las *a.* Sudan **85 H3** ...15.45G 32.25Dn
Nîl Wen *a.* Sudan **85 H3** ...15.45G 32.25Dn
Nîmes Ffrainc **44 F3** ...43.50G 4.21Dn
Ningbo China **103 M3** ...29.54G 121.33Dn
Ningxia *rhan.* China **103 J5** ...37.00G 106.00Dn
Ninigo, Grŵp *ysdd.* P.G.N. **105 K3** ...2.00D 143.00Dn
Nioro Mali **84 D3** ...15.12G 9.35Gn
Niort Ffrainc **44 C5** ...46.19G 0.27Gn
Nipigon Canada **63 J2** ...49.02G 88.26Gn
Nipigon, Ll. Canada **63 J2** ...49.50G 88.30Gn
Niš Iwgo. **56 E5** ...43.20G 21.54Dn
Niterói Brasil **77 F2** ...22.45D 43.06Gn
Nith *a.* Yr Alban **17 F3** ...55.00G 3.35Gn
Nitra Slofacia **54 F3** ...48.20G 18.05Dn
Niue *ys.* Ysdd. Cook **108 O5** ...19.02D 169.52Gn
Nivelles Gw. Belg **42 D2** ...50.36G 4.20Dn
Nizamabad India **97 F4** ...18.40G 78.05Dn
Nizhneudinsk Ffed. Rwsia **59 L3** ...54.55G 99.00Dn
Nizhnevartovsk Ffed. Rwsia **58 J3** ...60.57G 76.40Dn
Nizhniy Novgorod Ffed. Rwsia **58 G3** .56.20G 44.00Dn
Nizhniy Tagil Ffed. Rwsia **58 I3** ...58.00G 60.00Dn
Nizhyn Ukrain **55 L4** ...51.03G 31.54Dn
Nizip Twrci **57 M2** ...37.02G 37.47Dn
Nkongsamba Cameroun **84 E2** ...4.59G 9.53Dn
Nobeoka Japan **106 B2** ...32.36G 131.40Dn
Nogales México **70 B7** ...31.20G 111.00Gn
Nogent-le-Rotrou Ffrainc **44 D6** ...48.19G 0.50Dn
Nogent-sur-Oise Ffrainc **42 B1** ...49.17G 2.28Dn
Nogwak-san *m.* De Korea **106 A3** ...37.20G 128.50Dn
Nohfelden Yr Almaen **42 G1** ...49.35G 7.09Dn
Noirmoutier, Ys. Ffrainc **44 B5** ...47.00G 2.15Gn
Nok Kundi Pakistan **95 J4** ...28.46G 62.46Dn
Nome U.D.A. **62 B4** ...64.30G 165.30Gn
Nomoi, Ysdd. Tal. Ffed. Micronesia **108 K7**
5.21G 153.42Dn
Nonthaburi Gw. Thai **104 C6** ...13.48G 100.31Dn
Nordaustlandet Norwy **58 E6** ...80.00G 22.00Dn
Norden Yr Almaen **42 G5** ...53.34G 7.13Dn
Nordhausen Yr Almaen **48 E4** ...51.31G 10.48Dn
Nordhorn Yr Almaen **42 G4** ...52.27G 7.05Dn
Nordvik Ffed. Rwsia **59 N5** ...73.40G 110.50Dn
Nore *a.* Gwer. Iwerdd. **20 E2** ...52.25G 6.58Gn
Norfolk *rhan.* Lloegr **9 F3** ...52.39G 1.00Dn
Norfolk U.D.A. **65 K4** ...36.54G 76.18Gn
Norfolk, Ys. Cefn. Tawel **111 F3** ...28.58D 168.03Dn
Noril'sk Ffed. Rwsia **59 K4** ...69.21G 88.02Dn
Normandie *n.* Ffrainc **44 C6** ...48.50G 0.40Gn
Normanton Awstralia **110 D4** ...17.40D 141.05Dn
Norra Storfjället *m.* Sweden **43 C4** ...65.54G 15.10Dn
Norrköping Sweden **43 D2** ...58.35G 16.10Dn
Norrtälje Sweden **43 D2** ...59.46G 18.43Dn
Norseman Awstralia **110 B2** ...32.15D 121.47Dn
Norte, P. Brasil **77 F5** ...1.40G 49.55Gn
Northallerton Lloegr **15 F3** ...54.20G 1.26Gn
Northampton Lloegr **10 E3** ...52.14G 0.54Gn
Northampton *rhan.* Lloegr **9 E3** ...52.15G 1.00Gn
North Battleford Canada **62 H3** ...52.47G 108.19Gn
North Bay *tref* Canada **63 K2** ...46.20G 79.28Gn
North Berwick Yr Alban **17 G4** ...56.04G 2.43Gn
North Cave Lloegr **15 G2** ...53.47G 0.39Gn
North Hykeham Lloegr **15 G2** ...53.10G 0.36Gn
North Platte U.D.A. **64 F5** ...41.09G 100.45Gn
North Shields Lloegr **15 F4** ...55.01G 1.26Gn

North Somercotes Lloegr 15 H2 53.28G 0.08Gn
North Sunderland Lloegr 15 F4 55.34G 1.39Gn
North Tidworth Lloegr 10 D2 51.14G 1.40Gn
Northumberland *rhan.* Lloegr 8 D4 55.12G 2.00Gn
North Walsham Lloegr 11 G3 52.49G 1.22Dn
Northwich Lloegr 15 E2 53.16G 2.30Gn
Norton Lloegr 15 G3 54.08G 0.47Gn
Norton, Sn. *b.* U.D.A. 62 B4 63.50G 164.00Gn
Norton Fitzwarren Lloegr 13 D3 51.02G 3.09Gn
Norway House *tref* Canada 62 I3 53.59G 97.50Gn
Norwich Lloegr 11 G3 52.38G 1.17Dn
Norwy Ewrop 43 B3 65.00G 13.00Dn
Norwy, Môr Ewrop 34 D4 66.00G 2.00Dn
Nos de Cachi *m.* Ariannin 76 D2 24.50D 66.25Gn
Noshiro Japan 106 D4 40.13G 140.06Dn
Noss, Ynys Yr Alban 19 Y9 60.08G 1.01Gn
Nottingham Lloegr 10 D3 52.57G 1.10Gn
Nottingham *rhan.* Lloegr 9 E3 52.57G 1.10Gn
Nottingham, Swydd *rhan.* Lloegr 9 E3 53.10G 1.00Gn
Nouâdhibou Mauritania 84 C4 20.54G 17.01Gn
Nouakchott Mauritania 84 C3 18.09G 15.58Gn
Nouméa Cal. New. 111 F3 22.16D 166.27Dn
Noup, Pr. Yr Alban 19 F4 59.20G 3.04Gn
Nouvelle Calédonie (Caledonia Newydd) *ys.* Cefn. Tawel 111 F3 22.00D 165.00Dn
Nova Friburgo Brasil 77 F2 22.16D 42.32Gn
Nova Iguaçu Brasil 77 F2 22.45D 43.27Gn
Nova Kakhovka Ukrain 55 M2 46.51G 33.26Dn
Novara Yr Eidal 50 C6 45.27G 8.37Dn
Nova Scotia/ Nouvelle-Écosse *rhan.* Canada 63 L2 45.00G 64.00Gn
Novaya Sibir' *ys.* Ffed. Rwsia 59 Q5 75.20G 148.00Dn
Novaya Zemlya *ys.* Ffed. Rwsia 58 H5 74.00G 56.00Dn
Nové Zámky Slofacia 54 F2 47.59G 18.11Dn
Novgorod Ffed. Rwsia 58 F3 58.30G 31.20Dn
Novi Pazar Iwgo. 56 E5 43.08G 20.28Dn
Novi Sad Iwgo. 56 D6 45.16G 19.52Dn
Novodvinsk Ffed. Rwsia 58 G4 64.25G 40.42Dn
Novo Hamburgo Brasil 77 E2 29.37D 51.07Gn
Novohrad-Volyns'kyy Ukrain 55 J4 50.34G 27.32Dn
Novokuznetsk Ffed. Rwsia 58 K3 53.45G 87.12Dn
Novomoskovsk Ffed. Rwsia 55 P6 54.06G 38.15Dn
Novomoskovs'k Ukrain 55 N3 48.38G 35.15Dn
Novorossiysk Ffed. Rwsia 58 F2 44.44G 37.46Dn
Novosibirsk Ffed. Rwsia 58 K3 55.04G 82.55Dn
Novosibirskiye, Ysdd. Ffed. Rwsia 59 Q5 76.00G 144.00Dn
Novyy Oskol Ffed. Rwsia 55 O4 50.46G 37.52Dn
Novyy Port Ffed. Rwsia 58 J4 67.38G 72.33Dn
Nowshera Pakistan 95 L5 34.01G 71.59Dn
Nowy Sącz Gw. Pwyl 54 G3 49.39G 20.40Dn
Noyabr'sk Ffed. Rwsia 58 J4 63.10G 75.40Dn
Noyon Ffrainc 42 C1 49.35G 3.00Dn
Nu'aym *n.* Oman 95 I3 22.30G 56.30Dn
Nuba, Ll. Yr Aifft 94 D3 22.20G 31.40Dn
Nuba, Mdd. Sudan 94 D1 12.00G 31.00Dn
Nubia, Diffeithwch Sudan 85 H4 21.00G 34.00Dn
Nuevo Laredo México 70 E6 27.30G 99.30Gn
Nuevo León *rhan.* México 70 E6 26.00G 99.00Gn
Nui *ys.* Tuvalu 111 G5 7.12D 177.10Dn
Nukufetau *ys.* Tuvalu 111 G5 8.00D 178.25Dn
Nuku Hiva *ys.* Ysdd. Marquises 109 Q6 8.56D 140.00Gn
Nukunono *ys.* Cefn. Tawel 108 N6 9.10D 171.55Gn
Nukus Uzbekistan 58 H2 42.28G 59.07Dn
Nullarbor, Gwastadedd *n.* Awstralia 110 B2 31.30D 128.00Dn
Numazu Japan 106 C3 35.08G 138.50Dn
Nunavut *rhan.* Canada 63 I4 67.00G 96.00Gn
Nuneaton Lloegr 10 D3 52.32G 1.29Gn
Nunivak, Ys. U.D.A. 62 B3 60.00G 166.30Gn
Nuoro Yr Eidal 50 C4 40.19G 9.20Dn
Nuqrah Saudi Arabia 94 F4 25.35G 41.28Dn
Nurmes Y Ffindir 43 G3 63.32G 29.10Dn
Nürnberg Yr Almaen 48 E3 49.27G 11.05Dn
Nu (Salween) *a.* Myanmar 97 J4 16.30G 97.33Dn
Nushki Pakistan 95 K4 29.33G 66.01Dn
Nyahururu Kenya 87 B3 0.02G 36.22Dn
Nyala Sudan 85 G3 12.01G 24.50Dn
Nyambeni, Bryniau Kenya 87 B3 0.15G 38.00Dn
Nyanza *rhan.* Kenya 87 A2 0.30D 34.20Dn
Nyasa, Ll. Affrica 86 C3 12.00D 34.30Dn
Nyborg Denmarc 43 B1 55.19G 10.49Dn
Nybro Sweden 43 C2 56.44G 15.55Dn
Nyeri Kenya 87 B2 0.25D 36.56Dn
Nyíregyháza Hwngari 54 G2 47.59G 21.43Dn
Nyiru, M. Kenya 87 B3 2.09G 36.50Dn
Nykarleby Y Ffindir 43 E3 63.22G 23.30Dn
Nykøbing Denmarc 43 B1 54.47G 11.53Dn
Nyköping Sweden 43 D2 58.45G 17.03Dn
Nynäshamn Sweden 43 D2 58.54G 17.55Dn
Nyurba Ffed. Rwsia 59 N4 63.18G 118.28Dn
Nzoia *a.* Kenya 87 A3 0.03G 33.58Dn

O

Oadby Lloegr 10 D3 52.37G 1.07Gn
Oahe, Ll. U.D.A. 64 F6 45.45G 100.20Gn
Oahu *ys.* Ysdd. Hawaii 108 P9 21.30G 158.00Gn
Oakengates Lloegr 10 C3 52.42G 2.29Gn
Oakham Lloegr 10 E3 52.40G 0.43Gn
Oakland U.D.A. 64 B4 37.50G 122.15Gn
Oa, Pr. *p.* Yr Alban 16 C3 55.36G 6.20Gn
Oates, Tir *n.* Antarctica 112 70.00D 155.00Dn
Oaxaca México 70 E4 17.05G 96.41Gn
Oaxaca *rhan.* México 70 E4 17.30G 97.00Gn
Ob *a.* Ffed. Rwsia 58 I4 66.50G 69.00Dn
Ob, Gff. Ffed. Rwsia 58 J4 68.30G 74.00Dn
Oban (An t-Oban) Yr Alban 16 D4 56.26G 5.28Gn
Obi *ys.* Indonesia 105 H3 1.45D 127.30Dn
Obidos Brasil 77 E4 1.55D 55.31Gn
Obihiro Japan 106 D4 42.55G 143.00Dn
Obninsk Ffed. Rwsia 55 O6 55.15G 36.41Dn
Oboyan' Ffed. Rwsia 55 O4 51.13G 36.17Dn
Ocean Falls *tref* Canada 62 F3 52.24G 127.42Gn
Ochakiv Ukrain 55 L2 46.37G 31.33Dn
Ochil, Bryniau Yr Alban 17 F4 56.16G 3.25Gn
Ódáðahraun *mdd.* Gw. yr Iâ 43 Y2 65.00G 17.30Gn
Ōdate Japan 106 D4 40.16G 140.34Dn
Ödemiş Twrci 57 I3 38.12G 28.00Dn
Odense Denmarc 43 B1 55.24G 10.25Dn
Odessa U.D.A. 64 F3 31.50G 102.23Gn
Odessa Ukrain 55 L2 46.30G 30.46Dn
Odintsovo Ffed. Rwsia 55 O6 55.38G 37.18Dn
Odorheiu Secuiesc România 55 I2 46.18G 25.18Dn
Odra/ Oder *a.* Gw. Pwyl/Yr Almaen 54 D5 53.30G 14.36Dn
Ofanto *a.* Yr Eidal 50 G4 41.22G 16.12Dn
Offaly *rhan.* Gwer. Iwerdd. 20 D3 53.15G 7.30Gn
Offenbach am Main Yr Almaen 48 D4 50.06G 8.46Dn
Offenburg Yr Almaen 48 C3 48.29G 7.57Dn
Ogaden *n.* Ethiopia 85 I2 7.50G 45.40Dn
Ōgaki Japan 106 C3 35.25G 136.36Dn
Ogasawara-shotō *ysdd.* Japan 108 J9 27.00G 142.10Dn
Ogbomoso Nigeria 84 E2 8.05G 4.11Dn
Ogden U.D.A. 64 D5 41.14G 111.59Gn
Ogilvie *a.* Canada 62 E4 66.10G 134.10Gn
Oglio *a.* Yr Eidal 50 D6 45.02G 10.39Dn
Ogoki *a.* Canada 65 I7 51.35G 86.00Gn
Ogulin Croatia 56 B6 45.17G 15.14Dn
O'Higgins, Ll. Chile 75 B2 48.53D 73.10Gn
Ohio U.D.A. 65 J5 40.00G 83.00Gn
Ohio *a.* U.D.A. 65 I4 37.07G 89.10Gn
Ohrid Macedonia 56 E4 41.06G 20.48Dn
Ohrid, Ll. Albania/Macedonia 56 E4 41.00G 20.43Dn
Oich, Loch Yr Alban 18 E2 57.04G 4.46Gn
Oil City U.D.A. 65 K5 41.26G 79.30Gn
Oise *a.* Ffrainc 44 E6 49.00G 2.10Dn
Oita Japan 106 B2 33.15G 131.40Dn
Oiti *m.* Groeg 56 F3 38.48G 22.15Dn
Ojinaga México 70 D6 29.35G 104.26Gn
Ojos del Salado *m.* Chile/Ariannin 76 D2 27.05D 68.05Gn
Okanogan *a.* U.D.A. 64 B6 47.45G 120.05Gn
Okavango, Delta Botswana 86 B3 19.30D 23.00Dn
Okaya Japan 106 C3 36.03G 138.00Dn
Okayama Japan 106 B2 34.40G 133.54Dn
Okeechobee, Ll. U.D.A. 65 J2 27.00G 80.45Gn
Okefenokee, Gwern *n.* U.D.A. 65 J3 30.40G 82.40Gn
Okehampton Lloegr 13 C2 50.44G 4.01Gn
Okha Ffed. Rwsia 59 Q3 53.35G 142.50Dn
Okha India 96 D5 22.25G 69.00Dn
Okhotsk Ffed. Rwsia 59 Q3 59.20G 143.15Dn
Okhotsk, Môr Ffed. Rwsia 59 Q3 55.00G 150.00Dn
Okhtyrka Ukrain 55 N4 50.19G 34.54Dn
Okinawa *ys.* Japan 103 N3 26.30G 128.00Dn
Oki-shotō *ysdd.* Japan 106 B3 36.10G 133.10Dn
Oklahoma *rhan.* U.D.A. 64 G4 35.00G 97.00Gn
Oklahoma City U.D.A. 64 G4 35.28G 97.33Gn
Oksskolten *m.* Norwy 43 C4 66.00G 14.24Dn
Oktyabrskoy Revolyutsii, Ys. Ffed. Rwsia 59 L5 79.30G 96.00Dn
Öland *ys.* Sweden 43 D2 56.50G 16.50Dn
Olbia Yr Eidal 50 C4 40.55G 9.29Dn
Old Crow Canada 62 E4 67.34G 139.43Gn
Oldenburg Yr Almaen 48 D5 53.08G 8.13Dn
Oldenzaal Yr Iseld. 42 F4 52.19G 6.55Dn
Oldham Lloegr 15 E2 53.33G 2.08Gn
Old Leake Lloegr 15 H2 53.02G 0.06Dn
Oldmeldrum Yr Alban 19 G2 57.20G 2.20Gn
Olean U.D.A. 65 K5 42.05G 78.26Gn
Olekminsk Ffed. Rwsia 59 O4 60.25G 120.00Dn
Olenek Ffed. Rwsia 59 N4 68.38G 112.15Dn
Olenek *a.* Ffed. Rwsia 59 O5 73.00G 120.00Dn
Oléron, Ys. Ffrainc 44 C4 45.55G 1.16Gn
Olevs'k Ukrain 55 J4 51.12G 27.35Dn
Olinda Brasil 77 G4 8.00D 34.51Gn
Oliva, Cordillera de *mdd.* Chile/Ariannin 76 D2 29.30D 70.00Gn
Olney Lloegr 10 E3 52.09G 0.42Gn
Olomouc Gwer. Tsiec 54 E3 49.36G 17.16Dn
Olongapo Pili. 104 G7 14.52G 120.16Dn
Oloron-Ste-Marie Ffrainc 44 C3 43.12G 0.35Gn
Olsztyn Gw. Pwyl 54 G5 53.48G 20.29Dn
Olteniţa România 56 H6 44.05G 26.31Dn
Oltet *a.* România 56 G6 44.13G 24.28Dn
Olym *a.* Ffed. Rwsia 55 P5 52.25G 38.05Dn
Olympus *m.* Cyprus 57 K1 34.55G 32.52Dn
Olympus *m.* Groeg 56 F4 40.04G 22.20Dn
Omagh G. Iwerddon 16 B2 54.35G 7.20Gn
Omaha U.D.A. 64 G5 41.15G 96.00Gn
Oman Asia 95 I3 22.30G 57.30Dn
Oman, Gff. Asia 95 I4 25.00G 58.00Dn
Ombersley Lloegr 10 C3 52.17G 2.13Gn
Ombrone *a.* Yr Eidal 50 D5 42.40G 11.00Dn
Omdurman = Umm Durmān Sudan 85 H3 15.37G 32.59Dn
Ommen Yr Iseld. 42 F4 52.32G 6.25Dn
Omolon *a.* Ffed. Rwsia 59 R4 68.50G 158.30Dn
Omono *a.* Japan 106 D3 39.44G 140.05Dn
Omo, Parc Cen. Ethiopia 87 B4 6.00G 35.40Dn
Omsk Ffed. Rwsia 58 J3 55.00G 73.22Dn
Omulew *a.* Gw. Pwyl 54 G5 53.05G 21.32Dn
Onchan (Kiondroghad) Ynys Manaw 14 C3 54.11G 4.27Gn
Ondjiva Angola 86 A3 17.03D 15.41Dn
Onega, Ll. Ffed. Rwsia 58 F4 62.00G 35.30Dn
Onesti România 55 J2 46.14G 26.44Dn
Ongole India 97 G4 15.31G 80.04Dn
Onitsha Nigeria 84 E2 6.10G 6.47Dn
Ono-i-Lau *ys.* Fiji 108 N4 19.00D 178.30Gn
Ontario *rhan.* Canada 63 J3 52.00G 86.00Gn
Ontario, Ll. G. America 65 K5 43.40G 78.00Gn
Ontong Java, Atol Ysdd. Solomon 111 E5 5.20D 159.30Dn
Oostende Gw. Belg 42 B3 51.13G 2.55Dn
Opochka Ffed. Rwsia 43 G2 56.41G 28.42Dn
Opole Gw. Pwyl 54 E4 50.40G 17.56Dn
Oradea România 54 G2 47.03G 21.55Dn
Oran Algeria 84 D5 35.45G 0.38Gn
Orange Ffrainc 44 F4 44.08G 4.48Dn
Orange *a.* G.D.A. 86 A2 28.43D 16.30Dn
Orange, P. Brasil 74 D7 4.25G 51.32Gn
Orangeburg U.D.A. 65 J3 33.28G 80.53Gn
Oranmore Gwer. Iwerdd. 20 C3 53.16G 8.56Gn
Orchila *ys.* Venezuela 71 K3 11.52G 66.10Gn
Orchy *a.* Yr Alban 16 E4 56.26G 5.00Gn
Ord, M. Awstralia 110 B4 17.19D 125.30Dn
Ordu Twrci 57 M4 41.00G 37.52Dn
Örebro Sweden 43 C2 59.17G 15.13Dn
Oregon *rhan.* U.D.A. 64 B5 44.00G 120.00Gn
Orel Ffed. Rwsia 55 O5 52.58G 36.04Dn
Orenburg Ffed. Rwsia 58 H3 51.50G 55.00Dn
Orense Sbaen 46 B5 42.20G 7.52Gn
Orford Ness *p.* Lloegr 11 G3 52.05G 1.36Dn
Orhei Moldova 55 K2 47.24G 28.50Dn
Orinoco *a.* Venezuela 74 C7 9.00G 61.30Gn
Orinoco, Delta *n.* Venezuela 74 C7 9.00G 61.30Gn
Orissa *rhan.* India 97 G5 20.15G 84.00Dn
Oristano Yr Eidal 50 C3 39.53G 8.36Dn
Oristano, Gff. Môr Can. 50 C3 39.50G 8.30Dn
Orivesi *ll.* Y Ffindir 43 G3 62.20G 29.30Dn
Orizaba México 70 E4 18.51G 97.08Gn
Orkney *rhan.* Yr Alban 8 D6 59.00G 3.00Gn
Orkney, Ysdd. Yr Alban 19 F4 59.00G 3.00Gn
Orkney, Ysdd. De Cefn. Iwerydd 112 60.50D 45.00Gn
Orlando U.D.A. 65 J2 28.33G 81.21Gn
Orléans Ffrainc 44 D5 47.54G 1.54Dn
Ormoc Pili. 105 G6 11.01G 124.36Dn
Ormskirk Lloegr 14 E2 53.35G 2.53Gn
Orne *a.* Ffrainc 44 C6 49.17G 0.10Gn
Örnsköldsvik Sweden 43 D3 63.19G 18.45Dn
Oronsay *ys.* Yr Alban 16 C4 56.01G 6.14Gn
Orosei Yr Eidal 50 C4 40.23G 9.40Dn
Orosei, Gff. Môr Can. 50 C4 40.15G 9.45Dn
Orrin *a.* Yr Alban 19 E2 57.31G 4.28Gn
Orsha Belarus 55 L6 54.30G 30.23Dn
Orsk Ffed. Rwsia 58 H3 51.13G 58.35Dn
Orşova România 56 F6 44.42G 22.22Dn
Oruro Bolivia 76 D3 18.05D 67.00Gn
Osa, Gor. Costa Rica 71 H2 8.20G 83.30Gn
Ōsaka Japan 106 C2 34.40G 135.30Dn
Oshakati Namibia 86 A3 17.47D 15.30Dn
Oshawa Canada 63 K2 43.53G 78.51Gn
Osizweni G.D.A. 86 C2 27.45D 30.11Dn
Ösjön *ll.* Sweden 43 C3 63.48G 15.40Dn
Oskarshamn Sweden 43 D2 57.16G 16.25Dn
Oskil = Oskol *a.* Ukrain 55 O3 49.08G 37.10Dn
Oskol (Oskil) *a.* Ukrain 55 O3 49.08G 37.10Dn
Oslo Norwy 43 B2 59.56G 10.45Dn
Osmancık Twrci 57 L4 40.58G 34.50Dn
Osmaniye Twrci 57 M2 37.04G 36.15Dn
Osnabrück Yr Almaen 48 D5 52.17G 8.03Dn
Osorno Chile 75 B2 40.35D 73.14Gn
Osorno Sbaen 46 C5 42.24G 4.22Gn
Oss Yr Iseld. 42 E3 51.46G 5.31Dn
Ossa *m.* Groeg 56 F3 39.47G 22.41Dn
Ossa, M. Awstralia 110 D1 41.52D 146.04Dn
Österdal *a.* Sweden 43 C3 61.03G 14.30Dn
Østerdalen *n.* Norwy 43 B3 62.00G 11.00Dn
Östersund Sweden 43 C3 63.10G 14.40Dn
Ostrava Gwer. Tsiec 54 F3 49.50G 18.15Dn
Ostrogozhsk Ffed. Rwsia 55 P4 50.52G 39.03Dn
Ostrov Ffed. Rwsia 43 G2 57.22G 28.22Dn
Ostrów Mazowiecka Gw. Pwyl 54 G5 52.50G 21.56Dn
Ostrzeszów Gw. Pwyl 54 E4 51.25G 17.55Dn
Osŭm *a.* Bwlgaria 56 G5 43.41G 24.51Dn
Ōsumi-kaikyō *cf.* Japan 106 B2 31.30G 131.00Dn
Osuna Sbaen 46 C2 37.14G 5.06Gn
Oswestry (Croesoswallt) Lloegr 10 B3 52.52G 3.03Gn
Otaru Japan 106 D4 43.14G 140.59Dn
Otjiwarongo Namibia 86 A2 20.30D 16.39Dn
Otley Lloegr 15 F2 53.54G 1.41Gn
Otranto Yr Eidal 50 H4 40.09G 18.30Dn
Otranto, Cf. Môr Can. 56 D4 40.10G 19.00Dn
Otta Norwy 43 B3 61.46G 9.33Dn
Ottawa Canada 63 K2 45.25G 75.43Gn
Ottawa *a.* Canada 63 K2 45.23G 73.55Gn
Ottawa, Ysdd. Canada 63 J3 59.50G 80.00Gn
Otter *a.* Lloegr 13 D2 50.38G 3.19Gn
Otterburn *tref* Lloegr 15 E4 55.14G 2.10Gn
Ottery *a.* Lloegr 13 C2 50.39G 4.20Gn
Ottignies Gw. Belg 42 D2 50.40G 4.34Dn
Oturkpo Nigeria 84 E2 7.16G 8.16Dn
Ouachita *a.* U.D.A. 65 H3 31.52G 91.48Gn
Ouachita, Mdd. U.D.A. 65 H3 34.40G 94.30Gn
Ouagadougou Burkina 84 D3 12.20G 1.40Gn
Ouargla Algeria 84 E5 32.00G 5.16Dn
Ouarzazate Moroco 84 D5 30.57G 6.50Gn
Oudenaarde Gw. Belg 42 C2 50.50G 3.37Dn
Ouésso Congo 86 A5 1.38G 16.03Dn
Ouezzane Moroco 52 B3 34.52G 5.35Gn
Oughter, Loch Gwer. Iwerdd. 20 D4 54.01G 7.28Gn
Ouistreham Ffrainc 44 C6 49.17G 0.15Gn
Oujda Moroco 84 D5 34.41G 1.45Gn
Oulainen Y Ffindir 43 F4 64.17G 24.50Dn
Oulton Lloegr 11 G3 52.28G 1.45Dn
Oulu Y Ffindir 43 F4 65.02G 25.27Dn
Oulujärvi *ll.* Y Ffindir 43 F4 64.30G 27.00Dn
Oundle Lloegr 11 E3 52.29G 0.29Gn
Oupeye Gw. Belg 42 E2 50.42G 5.39Dn
Ouse *a.* Dn. Efrog Lloegr 15 G2 53.41G 0.42Gn
Ouse *a.* Dn. Sussex Lloegr 11 F1 50.46G 0.03Dn
Ouse Fach *a.* Lloegr 11 F3 52.34G 0.20Dn
Ouse Fawr *a.* Lloegr 11 F3 52.47G 0.23Dn
Outokumpu Y Ffindir 43 G3 62.43G 29.05Dn
Out Skerries *ysdd.* Yr Alban 19 Z9 60.20G 0.45Gn
Ovambo, Tir *n.* Namibia 86 A3 17.45D 17.00Dn
Overijssel *rhan.* Yr Iseld. 42 F4 52.25G 6.30Dn
Övertorneå Sweden 43 E4 66.22G 23.40Dn
Oviedo Sbaen 46 C5 43.21G 5.50Gn
Ovruch Ukrain 55 K4 51.20G 28.50Dn
Owando Congo 86 A4 0.30D 15.48Dn
Owen, Argae Rhaeadr Uganda 87 A3 0.27G 33.10Dn
Owensboro U.D.A. 65 I4 37.46G 87.07Gn
Owen Sound *tref* Canada 63 J2 44.34G 80.56Gn
Owen Stanley, Cn. *mdd.* P.G.N. 110 D5 9.30D 148.00Dn
Owrtyn Cymru 12 E4 52.58G 2.56Gn
Öxarfjördhur *moryd* Gw. yr Iâ 43 Y2 66.12G 16.30Gn
Oxelösund Sweden 43 D2 58.40G 17.10Dn
Oxford (Rhydychen) Lloegr 10 D2 51.45G 1.15Gn
Oxnard U.D.A. 64 C3 34.12G 119.11Gn
Oxted Lloegr 11 F2 51.16G 0.01Dn
Oyama Japan 106 C3 36.18G 139.48Dn
Oykel *a.* Yr Alban 19 E2 57.52G 4.22Gn
Ozark, Llwyfandir U.D.A. 65 H4 36.00G 93.35Gn
Ózd Hwngari 54 G3 48.14G 20.18Dn

P

Pabbay *ys.* Ysdd. y Gn. Yr Alban 18 B1 56.51G 7.35Gn
Pabbay *ys.* Ysdd. y Gn. Yr Alban 18 B2 57.46G 7.14Gn
Pachuca México 70 E5 20.10G 98.44Gn
Padang Indonesia 104 C3 0.55D 100.21Dn
Padangpanjang Indonesia 104 C3 0.30D 100.26Dn
Paderborn Yr Almaen 48 D4 51.43G 8.44Dn
Padiham Lloegr 15 E2 53.49G 2.19Gn
Padova Yr Eidal 50 D6 45.27G 11.52Dn
Padre, Ys. U.D.A. 64 G2 27.00G 97.20Gn
Padstow (Lanwethenek) Lloegr 13 C2 50.33G 4.57Gn
Pafos (Paffos) Cyprus 57 K1 34.45G 32.25Dn
Pag *ys.* Croatia 56 B6 44.28G 15.00Dn
Pagadian Pili. 105 G5 7.50G 123.30Dn
Pagan *ys.* Ysdd. G. Mariana 105 L7 18.08G 145.46Dn
Paget, M. De Georgia 75 F1 54.23D 36.45Gn
Paignton Lloegr 13 D2 50.26G 3.34Gn
Päijänne *ll.* Y Ffindir 43 F3 61.30G 25.30Dn
Painswick Lloegr 10 C2 51.47G 2.11Gn
Paisley Yr Alban 16 E3 55.50G 4.26Gn
Pakistan Asia 96 D6 30.00G 70.00Dn
Pakokku Myanmar 97 J5 21.20G 95.10Dn
Pakxé Laos 104 D7 15.05G 105.50Dn
Palana Ffed. Rwsia 59 R3 59.05G 159.59Dn
Palau Cefn. Tawel 105 I5 7.00G 134.25Dn
Palawan *ys.* Pili. 104 F5 9.30G 118.30Dn
Palembang Indonesia 104 C3 2.59D 104.50Dn
Palencia Sbaen 46 C5 42.01G 4.34Gn
Palermo Yr Eidal 50 E3 38.09G 13.22Dn
Pali India 96 E6 25.46G 73.20Dn
Palk, Cf. India/Sri Lanka 97 F2 10.00G 79.40Dn
Pallisa Uganda 87 A3 1.08G 33.43Dn
Palma Ciutat de Mallorca Sbaen 46 G3 39.36G 2.39Dn
Palmas, P. Liberia 84 D2 4.30G 7.55Gn
Palmerston, Ys. Ysdd. Cook 108 O5 18.04D 163.10Gn
Palmerston North Seland Newydd 111 G1 40.21D 175.37Dn
Palmer, Tir *n.* Antarctica 112 74.00D 66.00Gn
Palmi Yr Eidal 50 F3 38.22G 15.50Dn
Palmira Colombia 74 B7 3.33G 76.17Gn
Palmyra Syria 94 E5 34.36G 38.15Dn
Palmyra, Ys. Cefn. Tawel 108 O7 5.52G 162.05Gn
Palopo Indonesia 104 G3 3.01D 120.12Dn
Palos, P. Sbaen 46 E2 37.38G 0.41Gn
Palu Indonesia 104 F3 0.54D 119.52Dn
Pamiers Ffrainc 44 D3 43.07G 1.36Dn
Pamir *mdd.* Tajikistan 102 C5 37.50G 73.30Dn
Pampa U.D.A. 64 F4 35.32G 100.58Gn
Pampas *n.* Ariannin 75 C3 35.00D 63.00Gn
Pamplona Sbaen 46 E5 42.49G 1.39Gn
Panaji India 96 E4 15.29G 73.50Dn
Panamá Cb. America 71 H2 9.00G 80.00Gn
Panamá *dinas* Panamá 71 I2 8.57G 79.30Gn
Panamá, Cam. Panamá 71 I2 9.21G 79.54Gn
Panama City U.D.A. 65 I3 30.10G 85.41Gn
Panamá, Culdir Cb. America 60 K2 9.00G 80.00Gn
Panamá, Gff. Panamá 71 I2 8.30G 79.00Gn
Panay *ys.* Pili. 105 G6 11.10G 122.30Dn
Panevėžys Lithuania 55 I6 55.44G 24.24Dn
Pangani Tanzania 87 B1 5.26D 38.59Dn
Pangkalanbuun Indonesia 104 E3 2.43D 111.38Dn
Pangkalpinang Indonesia 104 D3 2.05D 106.09Dn
Pangnirtung Canada 63 L4 66.05G 65.45Gn
Panjgur Pakistan 95 J4 26.58G 64.06Dn
Pantelleria *ys.* Yr Eidal 50 E2 36.48G 12.00Dn
Paola Yr Eidal 50 G3 39.21G 16.03Dn
Papa Stour *ys.* Yr Alban 19 Y9 60.20G 1.42Gn
Papa Westray *ys.* Yr Alban 19 G4 59.22G 2.54Gn
Papenburg Yr Almaen 42 G5 53.05G 7.25Dn
Papua, Gff. P.G.N. 110 D5 8.50D 145.00Dn
Papua Guinea Newydd Austa. 110 D5 6.00D 148.00Dn
Par Lloegr 13 C2 50.21G 4.43Gn
Pará *rhan.* Brasil 77 E4 4.00D 53.00Gn
Paracel, Ysdd. Môr De China 104 E7 16.20G 112.00Dn
Paragua *a.* Bolivia 77 D3 13.28D 61.50Gn
Paraguai (Paraguay) *a.* Ariannin 77 E2 27.30D 58.50Gn
Paraguay De America 77 E2 23.00D 58.00Gn
Paraguay = Paraguai *a.* Ariannin 77 E2 27.30D 58.50Gn
Paraíba *rhan.* Brasil 77 G4 7.30D 36.30Gn
Paraíba *a.* Brasil 75 E4 21.45D 41.10Gn
Parakou Benin 84 E2 9.23G 2.40Dn
Paramaribo Suriname 74 D7 5.52G 55.14Gn
Paraná Ariannin 77 D1 31.45D 60.30Gn
Paraná *a.* Ariannin 75 D3 34.00D 58.30Gn
Paraná *rhan.* Brasil 77 E2 24.30D 52.00Gn
Paranã *a.* Brasil 77 F3 12.30D 48.10Gn
Paranaguá Brasil 77 F2 25.32D 48.36Gn
Paranaíba *a.* Brasil 77 E3 20.00D 51.00Gn
Paranapanema *a.* Brasil 77 E2 22.30D 53.03Gn
Paranapiacaba, Serra *mdd.* Brasil 77 F2 24.30D 49.15Gn
Parczew Gw. Pwyl 54 H4 51.39G 22.54Dn
Pardo *a.* Bahia Brasil 77 G3 15.40D 39.38Gn
Pardo *a.* Mato Grosso do Sul Brasil 77 E2 21.56D 52.07Gn
Pardubice Gwer. Tsiec 54 D4 50.03G 15.45Dn
Parecis, Serra dos *mdd.* Brasil 77 E3 13.30D 60.00Gn
Parepare Indonesia 104 F3 4.03D 119.40Dn
Paria, Gor. Venezuela 71 L3 10.45G 62.30Gn
Pariñas, P. Periw 76 B4 4.45D 81.22Gn
Parintins Brasil 77 E4 2.36D 56.44Gn
Paris Ffrainc 44 E6 48.52G 2.20Dn
Parlwr Du, Y Cymru 12 D5 53.21G 3.20Gn
Parma Yr Eidal 50 D6 44.48G 10.18Dn
Parnaíba Brasil 77 F4 2.58D 41.46Gn
Parnaíba *a.* Brasil 77 F4 3.00D 42.00Gn
Parnassós *m.* Groeg 56 F3 38.33G 22.35Dn
Pärnu Estonia 43 F2 58.28G 24.30Dn
Paropamisus Afghan. 95 J5 35.00G 63.00Dn
Páros *ys.* Groeg 56 G2 37.04G 25.11Dn
Parrett *a.* Lloegr 13 E3 51.10G 3.00Gn
Parry, P. Canada 62 F5 70.10G 124.33Gn
Parry, P. Grønland 63 K5 76.50G 71.00Gn
Parry, Ysdd. Canada 62 H5 76.00G 106.00Gn
Parsęta *a.* Gw. Pwyl 54 D6 54.12G 15.33Dn
Parthenay Ffrainc 44 C5 46.39G 0.14Gn
Partry, Mdd. Gwer. Iwerdd. 20 B3 53.40G 9.30Gn
Paru *a.* Brasil 77 E4 1.33D 52.38Gn
Pasadena U.D.A. 64 C3 34.10G 118.09Gn
Pascua, Ys. (Ys. y Pasq) Cefn. Tawel 109 U4 27.08D 109.23Gn
Pashkovskiy Ffed. Rwsia 57 N6 45.01G 39.06Dn
Pasig Pili. 104 G6 14.30G 120.54Dn
Pasni Pakistan 95 J4 25.16G 63.28Dn
Passado, P. Ecuador 76 B4 0.22D 80.30Gn
Passau Yr Almaen 48 F3 48.35G 13.28Dn
Passero, P. Yr Eidal 50 F2 36.40G 15.08Dn
Passo Fundo Brasil 77 E2 28.16D 52.20Gn
Pastavy Belarus 55 J6 55.07G 26.50Dn
Pastaza *a.* Periw 76 C4 4.50D 76.25Gn
Pasto Colombia 74 B7 1.12G 77.17Gn
Patagonia *n.* Ariannin 75 C2 45.00D 68.00Gn
Patchway Lloegr 10 C2 51.30G 2.34Gn
Paterson U.D.A. 65 L5 40.55G 74.10Gn
Pate, Ys. Kenya 87 C2 2.07D 41.08Dn
Pathfinder, Cr. U.D.A. 64 E5 42.25G 106.55Gn
Patna India 97 H6 25.37G 85.12Dn
Patos de Minas Brasil 77 F3 18.35D 46.32Gn
Patos, Morlyn Brasil 77 E1 31.00D 51.10Gn
Pátrai Groeg 56 E3 38.15G 21.45Dn
Pátrai, Gff. Môr Can. 56 E3 38.15G 21.35Dn
Patrington Lloegr 15 G2 53.41G 0.02Gn
Pau Ffrainc 44 C3 43.18G 0.22Gn
Paulo Afonso Brasil 77 G4 9.25D 38.15Gn
Pavia Yr Eidal 50 C6 45.10G 9.10Dn
Pavlodar Kazakhstan 102 D8 52.21G 76.59Dn
Pavlohrad Ukrain 55 N3 48.34G 35.50Dn
Pavlovskaya Ffed. Rwsia 53 K6 46.18G 39.48Dn
Pazardzhik Bwlgaria 56 G5 42.12G 24.20Dn
Peace *a.* Canada 62 G3 59.00G 111.26Gn
Peacehaven Lloegr 11 E1 50.45G 0.01Gn
Peace River *tref* Canada 62 G3 56.15G 117.18Gn
Peale, M. U.D.A. 64 E4 38.26G 109.14Gn
Pearl *a.* U.D.A. 65 I3 30.15G 89.25Gn
Peć Iwgo. 56 E5 42.40G 20.17Dn
Pechora *a.* Ffed. Rwsia 58 H4 68.10G 54.00Dn
Pechora, Gff. Ffed. Rwsia 58 H4 69.00G 56.00Dn
Pecos U.D.A. 64 F3 31.25G 103.30Gn
Pecos *a.* U.D.A. 64 F2 29.45G 101.25Gn
Pécs Hwngari 54 F2 46.05G 18.14Dn

Pedro Juan Caballero Paraguay **77 E2** 22.30D 55.44Gn
Peebles Yr Alban **17 F3** 55.39G 3.12Gn
Peel *a.* Canada **62 E4** 68.13G 135.00Gn
Peel(Purt ny hInshey) Ynys Manaw **14 C3** 54.14G 4.42Gn
Pegasus, Bae Seland Newydd **111 G1** 43.15D 173.00Dn
Pegu Myanmar **97 J4** 17.18G 96.31Dn
Pegwell, Bae Lloegr **11 G2** 51.18G 1.25Dn
Peipus, Llyn. Ewrop **43 F2** 58.30G 27.30Dn
Pekalongan Indonesia **104 D2** 6.54D 109.37Dn
Pelat, M. Ffrainc **44 G4** 44.17G 6.41Dn
Peleng *ys.* Indonesia **105 G3** 1.30D 123.10Dn
Pelleluhu, Ysdd. P.G.N. **105 K3** 1.09D 144.23Dn
Pello Y Ffindir **43 E4** 66.47G 23.55Dn
Pelotas Brasil **77 E1** 31.45D 52.20Gn
Pemba Moçambique **86 D3** 13.02D 40.30Dn
Pemba, Sianel Tanzania **87 B2** 5.00D 39.20Dn
Pemba, Ys. Tanzania **87 B1** 5.10D 39.45Dn
Pembury Lloegr **11 F2** 51.07G 0.19Dn
Peña Nevada, Cp. *m.* México **70 E5** 23.49G 99.51Gn
Peñaranda de Bracamonte Sbaen **46 C4** 40.54G 5.13Gn
Penarlâg Cymru **12 D5** 53.11G 3.02Gn
Penarth Cymru **13 D3** 51.26G 3.11Gn
Penas, Gff. *gff.* Chile **75 B2** 47.20D 75.00Gn
Penbedw (Birkenhead) Lloegr **14 D2** 53.24G 3.01Gn
Pen-bre Cymru **12 C3** 51.42G 4.16Gn
Pen-Caer Cymru **12 B4** 52.03G 5.05Gn
Pencrug (Penkridge) Lloegr **10 C3** 54.44G 2.07Gn
Pendle, Bryn Lloegr **15 E2** 53.52G 2.18Gn
Pendlebury Lloegr **15 E2** 53.32G 2.21Gn
Penfro Cymru **12 C3** 51.41G 4.57Gn
Penfro, sir *rhan.* Cymru **9 C2** 51.50G 5.00Gn
Penicuik Yr Alban **17 F3** 55.49G 3.13Gn
Penitente, Serra do *mdd.* Brasil **77 F4** 9.00D 46.15Gn
Penkridge (Pencrug) Lloegr **10 C3** 54.44G 2.07Gn
Penmaendewi Cymru **12 B3** 51.55G 5.19Gn
Pennines, Y *bryniau* Lloegr **15 E3** 54.40G 2.20Gn
Pennsylvania *rhan.* U.D.A. **65 K5** 41.00G 78.00Gn
Penny, Cap Iâ *n.* Canada **63 L4** 67.10G 66.50Gn
Penrith Lloegr **14 E3** 54.40G 2.45Gn
Penryn Lloegr **13 B2** 50.10G 5.07Gn
Penrhyn Gobaith Da G.D.A. **86 A1** 34.20D 18.25Dn
Penrhyn Mawr *p.* Cymru **12 C4** 52.51G 4.46Gn
Penrhyn Y De Ddn. Awstralia **110 D1** 43.38D 146.48Dn
Penrhyn y Dwyrain Seland Newydd **111 G2** 37.45D 178.30Dn
Penrhyn y Gogledd Norwy **43 F5** 71.10G 25.45Dn
Penrhyn y Gogledd Seland Newydd **111 G2** 34.28D 173.00Dn
Penrhyn y G. On. Awstralia **108 G4** 21.48D 114.10Dn
Pensacola U.D.A. **65 I3** 30.30G 87.12Gn
Penticton Canada **64 C6** 49.29G 119.38Gn
Pentir Du Lloegr **13 B2** 49.59G 5.05Gn
Pentire, Pt. Lloegr **13 C2** 50.35G 4.55Gn
Pentland, Bryniau Yr Alban **17 F3** 55.50G 3.20Gn
Pentland, Moryd *cf.* Yr Alban **19 F3** 58.40G 3.00Gn
Pentland, Skerries Yr Alban **19 G3** 58.41G 2.55Gn
Pentywyn Cymru **12 C3** 51.44G 4.33Gn
Pen-y-bont ar Ogwr Cymru **13 D3** 51.30G 3.35Gn
Pen-y-bont ar Ogwr *rhan.* Cymru **9 D2** 51.33G 3.35Gn
Penygadair *m.* Cymru **12 D4** 52.40G 3.55Gn
Pen-y-Ghent *m.* Lloegr **15 E3** 54.10G 2.14Gn
Penygogarth Cymru **12 D5** 53.20G 3.52Gn
Penza Ffed. Rwsia **58 G3** 53.11G 45.00Dn
Penzance Lloegr **13 B2** 50.07G 5.32Gn
Penzhina, Gff. Ffed. Rwsia **59 S4** 61.00G 163.00Dn
Peoria U.D.A. **65 I5** 40.43G 89.38Gn
Pereira Colombia **74 B7** 4.47G 75.46Gn
Périgueux Ffrainc **44 D4** 45.12G 0.44Dn
Perija, Sierra de *mdd.* Venezuela **71 J2** 9.00G 73.00Gn
Perito Moreno Ariannin **75 B2** 46.35D 71.00Gn
Periw De America **76 C4** 10.00D 75.00Gn
Perlas, Pt. *p.* Nicaragua **71 H3** 12.23G 83.30Gn
Perm Ffed. Rwsia **58 H3** 58.01G 56.10Dn
Pernambuco *rhan.* Brasil **77 G4** 8.00D 39.00Gn
Pernik Bwlgaria **56 F5** 42.35G 23.03Dn
Péronne Ffrainc **42 B1** 49.56G 2.57Dn
Perpignan Ffrainc **44 E3** 42.42G 2.54Dn
Perranporth Lloegr **13 B2** 50.21G 5.09Gn
Pershore Lloegr **10 C3** 52.07G 2.04Gn
Perth Awstralia **110 A2** 31.58D 115.49Dn
Perth a Kinross *rhan.* Yr Alban **8 D5** 56.30G 3.40Gn
Perth (Peart) Yr Alban **17 F4** 56.24G 3.28Gn
Perugia Yr Eidal **50 E5** 43.06G 12.24Dn
Pervouralsk Ffed. Rwsia **58 H3** 56.59G 59.58Dn
Pesaro Yr Eidal **50 E5** 43.54G 12.54Dn
Pescara Yr Eidal **50 F5** 42.27G 14.13Dn
Pescara *a.* Yr Eidal **50 F5** 42.28G 14.13Dn
Peshawar Pakistan **96 E7** 34.01G 71.40Dn
Peshkopi Albania **56 E4** 41.41G 20.25Dn
Peski Karakumy *n.* Turkmenistan **95 I6** 37.45G 60.00Dn
Peterborough Canada **63 K2** 44.18G 78.19Gn
Peterborough Lloegr **11 E3** 52.35G 0.14Gn
Peterborough *rhan.* Lloegr **9 E3** 52.35G 0.14Gn
Peterhead Yr Alban **19 H2** 57.30G 1.46Gn
Peterlee Lloegr **15 F3** 54.45G 1.18Gn
Petersfield Lloegr **10 E2** 51.00G 0.56Gn
Petersville U.D.A. **62 C4** 62.30G 150.48Gn
Petra Velikogo, Bae Ffed. Rwsia **106 B4** 43.00G 132.00Dn
Petrich Bwlgaria **56 F4** 41.25G 23.13Dn
Petrolina Brasil **77 F4** 9.22D 40.30Gn
Petropavlovsk Kazakhstan **58 I3** 54.53G 69.13Dn
Petropavlovsk-Kamchatskiy Ffed. Rwsia **59 R3** 53.03G 158.43Dn
Petroșani România **56 F6** 45.25G 23.22Dn
Petrozavodsk Ffed. Rwsia **58 F4** 61.46G 34.19Dn
Petworth Lloegr **11 E1** 50.59G 0.37Gn
Pevensey Lloegr **11 F1** 50.49G 0.20Dn
Pewsey Lloegr **10 D2** 51.20G 1.46Gn
Pforzheim Yr Almaen **48 D3** 48.53G 8.41Dn
Phan Thiêt Viet Nam **104 D6** 10.56G 108.06Dn
Phatthalung Gw. Thai **104 C5** 7.38G 100.05Dn
Phayao Gw. Thai **104 B7** 19.10G 99.55Dn
Phet Buri Gw. Thai **104 B6** 13.01G 99.55Dn
Philadelphia U.D.A. **65 K5** 39.55G 75.10Gn
Philippeville Gw. Belg **42 D2** 50.12G 4.32Dn
Phitsanulok Gw. Thai **104 C7** 16.50G 100.15Dn
Phnom Penh Cambodia **104 C6** 11.35G 104.55Dn
Phoenix U.D.A. **64 D3** 33.30G 111.55Gn
Phoenix, Ysdd. Kiribati **108 N6** 4.00D 172.00Gn
Phôngsali Laos **104 C8** 21.40G 102.06Dn
Phrae Gw. Thai **104 C7** 18.07G 100.09Dn
Phuket Gw. Thai **104 B5** 8.00G 98.28Dn
Piacenza Yr Eidal **50 C6** 45.03G 9.42Dn
Pianosa *ys.* Yr Eidal **50 D5** 42.35G 10.05Dn
Pian-Upe, Gwar. Anifeiliaid Uganda **87 A3** 1.30G 34.40Dn
Piatra-Neamț România **55 J2** 46.56G 26.22Dn
Piauí *rhan.* Brasil **77 F4** 7.45D 42.30Gn
Piave *a.* Yr Eidal **50 E6** 45.33G 12.45Dn
Picardie *n.* Ffrainc **44 D6** 49.47G 2.00Dn
Pickering Lloegr **15 G3** 54.15G 0.46Gn
Pickering, Dyffryn *n.* Lloegr **15 G3** 54.11G 0.45Gn
Piedras Negras México **70 D6** 28.40G 100.32Gn
Pieksämäki Y Ffindir **43 F3** 62.18G 27.10Dn
Pielinen *ll.* Y Ffindir **43 G3** 63.20G 29.50Dn
Pierre U.D.A. **64 F5** 44.23G 100.20Gn
Pietermaritzburg G.D.A. **86 C2** 29.36D 30.24Dn
Pietersburg G.D.A. **86 B2** 23.54D 29.23Dn
Pihlajavesi *ll.* Y Ffindir **43 G3** 61.45G 29.10Dn
Pîl, Y Cymru **13 D3** 51.32G 3.42Gn
Piła Gw. Pwyl **54 E5** 53.09G 16.44Dn
Pilar Paraguay **77 E2** 26.52D 58.23Gn
Pilcomayo *a.* Ariannin/Paraguay **77 E2** 25.15D 57.43Gn
Pilica *a.* Gw. Pwyl **54 G4** 51.52G 21.17Dn
Pilipinas Asia **105 G6** 13.00G 123.00Dn
Pilipinas, Ffos *n.* Cefn. Tawel **117 P6**
Pimperne Lloegr **10 C1** 50.53G 2.09Gn
Pinang *ys.* Malaysia **104 C5** 5.30G 100.10Dn
Pınarbaşı Twrci **57 M3** 38.43G 36.23Dn
Pinar del Rio Cuba **71 H5** 22.24G 83.42Gn
Pindaré *a.* Brasil **77 F4** 3.10D 44.40Gn
Pindos, Mynyddoedd Albania/Groeg **56 E4** 39.40G 21.00Dn
Pine Bluff *tref* U.D.A. **65 H3** 34.13G 92.00Gn
Pinega Ffed. Rwsia **58 G4** 64.42G 43.28Dn
Pinerolo Yr Eidal **50 B6** 44.53G 7.21Dn
Pingdingshan China **103 K4** 33.38G 113.30Dn
Pingxiang Guangxi China **103 J2** 22.05G 106.46Dn
Pingxiang Jiangxi China **103 K3** 27.36G 113.48Dn
Piniós *a.* Groeg **56 F3** 39.51G 22.37Dn
Pinsk Belarus **55 J5** 52.08G 26.01Dn
Piombino Yr Eidal **50 D5** 42.56G 10.30Dn
Piotrków Trybunalski Gw. Pwyl **54 F4** 51.25G 19.42Dn
Pipa Dingzi *m.* China **106 A4** 44.00G 128.10Dn
Piracicaba Brasil **77 F2** 22.20D 47.40Gn
Piraiévs Groeg **56 F2** 37.56G 23.38Dn
Pírgos Groeg **56 E2** 37.42G 21.27Dn
Pirot Iwgo. **56 F5** 43.10G 22.32Dn
Pisa Yr Eidal **50 D5** 43.43G 10.24Dn
Pisco Periw **76 C3** 13.46D 76.12Gn
Písek Gwer. Tsiec **54 D3** 49.19G 14.10Dn
Pisuerga *a.* Sbaen **46 C4** 41.35G 5.40Gn
Pisz Gw. Pwyl **54 G5** 53.38G 21.49Dn
Pitcairn, Ys. Cefn. Tawel **109 R4** 25.04D 130.06Gn
Piteå Sweden **43 E4** 65.19G 21.30Dn
Pitești România **56 G6** 44.52G 24.51Dn
Pitlochry Yr Alban **19 F1** 56.44G 3.47Gn
Pittsburgh U.D.A. **65 K5** 40.26G 79.58Gn
Piura Periw **76 B4** 5.15D 80.38Gn
Plasencia Sbaen **46 B4** 40.02G 6.05Gn
Platinum U.D.A. **62 B3** 59.00G 161.50Gn
Platí, P. Groeg **56 F4** 40.26G 23.59Dn
Platte Ddl. *a.* U.D.A. **64 G5** 41.09G 100.55Gn
Platte Ogl. *a.* U.D.A. **64 F5** 41.09G 100.55Gn
Plauen Yr Almaen **48 F4** 50.29G 12.08Dn
Playa Blanca Ysdd. Dedwydd **46 Z2** 28.51G 13.49Gn
Plenty, Bae Seland Newydd **111 G2** 37.40D 176.50Dn
Pleven Bwlgaria **56 G5** 43.25G 24.39Dn
Pljevlja Iwgo. **56 D5** 43.22G 19.22Dn
Płock Gw. Pwyl **54 F5** 52.33G 19.43Dn
Ploiești România **56 H6** 44.57G 26.02Dn
Plomb du Cantal *m.* Ffrainc **44 E4** 45.04G 2.45Dn
Plovdiv Bwlgaria **56 G5** 42.09G 24.45Dn
Plungė Lithuania **54 G6** 55.52G 21.49Dn
Plymouth Lloegr **13 C2** 50.23G 4.09Gn
Plymouth *rhan.* Lloegr **9 C2** 50.23G 4.09Gn
Plympton Lloegr **13 C2** 50.24G 4.02Gn
Plymstock Lloegr **13 C2** 50.21G 4.05Gn
Plzeň Gwer. Tsiec **54 C3** 49.45G 13.22Dn
Po *a.* Yr Eidal **50 E6** 44.51G 12.30Dn
Pobeda, M. Ffed. Rwsia **59 Q4** 65.20G 145.50Dn
Pocatello U.D.A. **64 D5** 42.53G 112.26Gn
Pochep Ffed. Rwsia **55 M5** 52.55G 33.29Dn
Pocklington Lloegr **15 G2** 53.56G 0.48Gn
Poços de Caldas Brasil **77 F2** 21.48D 46.33Gn
Podgorica Iwgo. **56 D5** 42.30G 19.16Dn
Podkamennaya Tunguska *a.* Ffed. Rwsia **59 L4** 61.40G 90.00Dn
Podol'sk Ffed. Rwsia **55 O6** 55.23G 37.32Dn
P'ohang De Korea **106 A3** 36.00G 129.26Dn
Pohnpei *ys.* Tal. Ffed. Micronesia **108 K7** 6.55G 158.15Dn
Pointe-à-Pitre Guadeloupe **71 L4** 16.14G 61.32Gn
Pointe Noire *tref* Congo **84 F1** 4.46D 11.53Dn
Poitiers Ffrainc **44 D5** 46.35G 0.20Dn
Pokaran India **96 E6** 26.55G 71.55Dn
Polatlı Twrci **57 K3** 39.34G 32.08Dn
Polatsk Belarus **55 K6** 55.30G 28.43Dn
Polegate Lloegr **11 F1** 50.49G 0.15Dn
Pol-e-Khomrī Afghan. **95 K6** 35.55G 68.45Dn
Policastro, Gff. Môr Can. **50 F3** 40.00G 15.35Dn
Pollino, M. Yr Eidal **50 G3** 39.53G 16.11Dn
Polperro Lloegr **13 C2** 50.19G 4.31Gn
Poltava Ukrain **55 N3** 49.35G 34.35Dn
Polynesia Ffrengig Cefn. Tawel **109 Q5** 20.00D 140.00Gn
Pombal Portiwgal **46 A3** 39.55G 8.38Gn
Ponce Puerto Rico **71 K4** 18.00G 66.40Gn
Pondicherry India **97 F3** 11.59G 79.50Dn
Pond Inlet = Mittimatalik *tref* Canada **63 K5** 72.40G 77.59Gn
Ponferrada Sbaen **46 B5** 42.32G 6.31Gn
Ponta do Sol Cabo Verde **84 B3** 17.12G 25.03Gn
Ponta Grossa Brasil **77 E2** 25.07D 50.00Gn
Pontardawe Cymru **12 D3** 51.44G 3.51Gn
Pontefract Lloegr **15 F2** 53.42G 1.19Gn
Ponteland Lloegr **15 F4** 55.03G 1.43Gn
Pontevedra Sbaen **46 A5** 42.25G 8.39Gn
Pontianak Indonesia **104 D3** 0.05D 109.16Dn
Pontoise Ffrainc **44 E6** 49.03G 2.05Dn
Pont-Ste.-Maxence Ffrainc **42 B1** 49.18G 2.37Dn
Pontycymer Cymru **12 D3** 51.36G 3.35Gn
Pontypridd Cymru **12 D3** 51.36G 3.21Gn
Pont-y-pŵl Cymru **12 D3** 51.42G 3.01Gn
Ponza, Ysdd. Yr Eidal **50 E4** 40.56G 12.58Dn
Poole Lloegr **10 D1** 50.42G 1.58Gn
Poole *rhan.* Lloegr **9 E2** 50.42G 1.58Gn
Poole, Bae Lloegr **10 D1** 50.40G 1.55Gn
Pooley Bridge *tref* Lloegr **14 E3** 54.37G 2.49Gn
Poopó, Ll. Bolivia **76 D3** 19.00D 67.00Gn
Popayán Colombia **76 C5** 2.27G 76.32Gn
Poplar Bluff *tref* U.D.A. **65 H4** 36.40G 90.25Gn
Popocatépetl *m.* México **70 E5** 19.02G 98.38Gn
Poprad Slofacia **54 G3** 49.03G 20.18Dn
Porbandar India **96 D5** 21.40G 69.40Dn
Porcupine *a.* U.D.A. **62 D4** 66.25G 145.20Gn
Pori Y Ffindir **43 E3** 61.28G 21.45Dn
Porlock Lloegr **13 D3** 51.14G 3.36Gn
Poronaysk Ffed. Rwsia **59 Q2** 49.13G 142.55Dn
Porsangen *moryd* Norwy **43 F5** 70.30G 25.45Dn
Porsgrunn Norwy **43 B2** 59.10G 9.40Dn
Porsuk *a.* Twrci **57 J3** 39.41G 31.56Dn
Portadown G. Iwerddon **16 C2** 54.25G 6.27Gn
Portaferry G. Iwerddon **16 D2** 54.23G 5.33Gn
Portage la Prairie *tref* Canada **62 I2** 49.58G 98.20Gn
Portalegre Portiwgal **46 B3** 39.17G 7.25Gn
Port Angeles U.D.A. **64 B6** 48.06G 123.26Gn
Port Arthur U.D.A. **65 H2** 29.55G 93.56Gn
Port Askaig (Port Ascaig) Yr Alban **16 C3** 55.51G 6.07Gn
Port Augusta Awstralia **110 C2** 32.30D 137.46Dn
Port-au-Prince Haiti **71 J4** 18.33G 72.20Gn
Portavogie G. Iwerddon **16 D2** 54.26G 5.27Gn
Port Blair India **97 I3** 11.40G 92.30Dn
Port-de-Paix Haiti **71 J4** 19.57G 72.50Gn
Port Elizabeth G.D.A. **86 B1** 33.58D 25.36Dn
Port Ellen (Port an Eilein) Yr Alban **16 C3** 55.38G 6.12Gn
Port Erin Ynys Manaw **14 C3** 54.05G 4.45Gn
Port-Gentil Gabon **84 E1** 0.40D 8.50Dn
Port Glasgow Yr Alban **16 E3** 55.56G 4.40Gn
Port Harcourt Nigeria **84 E2** 4.43G 7.05Dn
Port Hawkesbury Canada **65 N6** 45.37G 61.21Gn
Port Hedland Awstralia **110 A3** 20.24D 118.36Dn
Port Hope Simpson Canada **63 M3** 52.18G 55.51Gn
Portimão Portiwgal **46 A2** 37.08G 8.32Gn
Port Isaac, Bae Lloegr **13 C2** 50.36G 4.50Gn
Portishead Lloegr **10 C2** 51.29G 2.46Gn
Portiwgal Ewrop **46 A3** 39.30G 8.05Gn
Portknockie Yr Alban **19 G2** 57.42G 2.52Gn
Portland Awstralia **110 D2** 38.21D 141.38Dn
Portland U.D.A. **65 L5** 43.41G 70.18Gn
Portland U.D.A. **64 B6** 45.32G 122.40Gn
Portland Bill *p.* Lloegr **10 C1** 59.31G 2.27Gn
Portland, Ynys *n.* Lloegr **10 C1** 50.32G 2.25Gn
Portlaoise Gwer. Iwerdd. **20 D3** 53.03G 7.20Gn
Portlethen Yr Alban **19 G2** 57.03G 2.07Gn
Port Lincoln Awstralia **110 C2** 34.43D 135.49Dn
Port Macquarie Awstralia **110 E2** 31.28D 152.25Dn
Port Moresby P.G.N. **110 D5** 9.30D 147.07Dn
Portnahaven (Port na h-Aibhne) Yr Alban **16 C3** 55.41G 6.31Gn
Porto Portiwgal **46 A4** 41.09G 8.37Gn
Pôrto Alegre Brasil **77 E1** 30.03D 51.10Gn
Port of Ness (Port Nis) Yr Alban **18 C3** 58.29G 6.14Gn
Port of Spain Trinidad **71 L3** 10.38G 61.31Gn
Porto-Novo Benin **84 E2** 6.30G 2.47Dn
Porto Torres Yr Eidal **50 C4** 40.49G 8.24Dn
Porto-Vecchio Ffrainc **44 H2** 41.35G 9.16Dn
Pôrto Velho Brasil **76 D4** 8.45D 63.54Gn
Portoviejo Ecuador **76 B4** 1.07D 80.28Gn
Portpatrick Yr Alban **16 D2** 54.51G 5.07Gn
Port Pirie Awstralia **110 C2** 33.11D 138.01Dn
Portree (Portrìgh) Yr Alban **18 C2** 57.24G 6.12Gn
Portrush G. Iwerddon **16 C3** 55.12G 6.40Gn
Portsmouth Lloegr **10 D1** 50.48G 1.06Gn
Portsmouth *rhan.* Lloegr **9 E2** 50.48G 1.06Gn
Portsoy Yr Alban **19 G2** 57.42G 2.42Gn
Portstewart G. Iwerddon **16 C3** 55.10G 6.43Gn
Port Talbot Cymru **12 D3** 51.35G 3.48Gn
Portumna Gwer. Iwerdd. **20 C3** 53.06G 8.13Gn
Port-Vila Vanuatu **111 F4** 17.44D 168.19Dn
Port William Yr Alban **16 E2** 54.46G 4.35Gn
Porthaethwy Cymru **12 C5** 53.14G 4.11Gn
Porthcawl Cymru **13 D3** 51.28G 3.42Gn
Porthleven Lloegr **13 B2** 50.05G 5.20Gn
Porthmadog Cymru **12 C4** 52.55G 4.08Gn
Porth Madryn Ariannin **75 C2** 42.45D 65.02Gn
Porth Tywyn Cymru **12 C3** 51.41G 4.17Gn
Posadas Ariannin **77 E2** 27.25D 55.48Gn
Poso Indonesia **104 G3** 1.23D 120.45Dn
Potenza Yr Eidal **50 F4** 40.40G 15.47Dn
Potosí Bolivia **76 D3** 19.34D 65.45Gn
Potsdam Yr Almaen **48 F5** 52.24G 13.04Dn
Poulaphouca, Cr. Gwer. Iwerdd. **20 E3** 53.08G 6.30Gn
Poulton-le-Fylde Lloegr **14 E2** 53.51G 3.00Gn
Pouthisat Cambodia **104 C6** 12.33G 103.55Dn
Powell, Ll. U.D.A. **64 D4** 37.30G 110.45Gn
Powick Lloegr **10 C3** 52.10G 2.14Gn
Powys *rhan.* Cymru **9 D3** 52.26G 3.26Gn
Poyang Hu *ll.* China **103 L3** 29.05G 116.20Dn
Požarevac Iwgo. **56 E6** 44.38G 21.12Dn
Poza Rica México **70 E5** 20.34G 97.26Gn
Poznań Gw. Pwyl **54 E5** 52.25G 16.53Dn
Pozoblanco Sbaen **46 C3** 38.23G 4.51Gn
Prabumulih Indonesia **104 C3** 3.29D 104.14Dn
Prachuap Khiri Khan Gw. Thai **104 B6** 11.50G 99.49Dn
Praha Gwer. Tsiec **54 D4** 50.05G 14.25Dn
Praia Cabo Verde **84 B3** 14.53G 23.30Gn
Prapat Indonesia **104 B4** 2.42G 98.56Dn
Prato Yr Eidal **50 D5** 43.52G 11.06Dn
Prawle, Pt. Lloegr **13 D2** 50.12G 3.43Gn
Pregel *a.* Ffed. Rwsia **54 G6** 54.41G 20.22Dn
Preparis, Ys. Myanmar **97 I3** 14.40G 93.40Dn
Prescott U.D.A. **64 D3** 34.34G 112.28Gn
Presidente Prudente Brasil **77 E2** 22.09D 51.24Gn
Prespa, Ll. Ewrop **56 E4** 40.53G 21.02Dn
Presque Isle *tref* U.D.A. **65 M6** 46.42G 68.01Gn
Prestatyn Cymru **12 D5** 53.20G 3.24Gn
Preston Lloegr **10 C1** 50.39G 2.25Gn
Preston Lloegr **14 E2** 53.46G 2.42Gn
Prestonpans Yr Alban **17 G3** 55.57G 3.00Gn
Prestwick Yr Alban **16 E3** 55.30G 4.36Gn
Pretoria G.D.A. **86 B2** 25.45D 28.12Dn
Préveza Groeg **56 E3** 38.58G 20.43Dn
Pribilof, Ysdd. U.D.A. **62 A3** 57.00G 170.00Gn
Prievidza Slofacia **54 F3** 48.47G 18.35Dn
Prilep Macedonia **56 E4** 41.20G 21.32Dn
Prince Albert Canada **62 H3** 53.13G 105.45Gn
Prince Alfred, P. Canada **62 F5** 74.30G 125.00Gn
Prince Charles, Ys. Canada **63 K4** 67.50G 76.00Gn
Prince Edward, Ysdd. Cefn. India **117 K3** 47.00D 37.00Dn
Prince Edward Island/ Île-du-Prince-Edouard *rhan.* Canada **63 L2** 46.15G 63.10Gn
Prince George Canada **62 F3** 53.55G 122.49Gn
Prince of Wales, Ys. Awstralia **110 D4** 10.55D 142.05Dn
Prince of Wales, Ys. Canada **63 I5** 73.00G 99.00Gn
Prince of Wales, Ys. U.D.A. **62 E3** 55.00G 132.30Gn
Prince Patrick, Ys. Canada **62 G5** 77.00G 120.00Gn
Prince Rupert Canada **62 E3** 54.09G 130.20Gn
Princes Risborough Lloegr **10 E2** 51.43G 0.50Gn
Príncipe *ys.* São Tomé a Príncipe **84 E2** 1.37G 7.27Dn
Pripryat *a.* Ewrop **55 L4** 51.08G 30.30Dn
Pripyat, Corsydd *n.* Belarus **55 J5** 52.15G 29.00Dn
Priština Iwgo. **56 E5** 42.39G 21.10Dn
Privas Ffrainc **44 F4** 44.44G 4.36Dn
Prizren Iwgo. **56 E5** 42.13G 20.42Dn
Probolinggo Indonesia **104 E2** 7.45D 113.09Dn
Probus (Lamprobus) Lloegr **13 C2** 50.17G 4.57Gn
Providence U.D.A. **65 L5** 41.50G 71.30Gn
Providence, P. Seland Newydd **111 F1** 46.01D 166.28Dn
Providencia, Ys. Colombia **71 H3** 13.21G 81.22Gn
Provins Ffrainc **44 E6** 48.34G 3.18Dn
Provo U.D.A. **64 D5** 40.15G 111.40Gn
Prudhoe Bay *tref* U.D.A. **62 D5** 70.20G 148.25Gn
Prüm Yr Almaen **42 F2** 50.12G 6.25Dn
Pruszków Gw. Pwyl **54 G5** 52.11G 20.48Dn
Prut *a.* Ewrop **55 K1** 45.29G 28.14Dn
Pruzhany Belarus **55 I5** 52.23G 24.28Dn
Prydain Newydd *ys.* P.G.N. **110 D5** 6.00D 143.00Dn
Prydain, Ysdd. Ewrop **34 C3** 54.00G 5.00Gn
Prydz, Bae Antarctica **112** 68.30D 74.00Dn
Pryluky Ukrain **55 M4** 50.35G 32.24Dn
Przemyśl Gw. Pwyl **54 H3** 49.48G 22.48Dn
Psará *ys.* Groeg **56 G3** 38.34G 25.35Dn
Psel *a.* Ukrain/Ffed. Rwsia **55 M3** 49.00G 33.30Dn
Pskov Ffed. Rwsia **58 E3** 57.48G 28.00Dn
Ptsich *a.* Belarus **55 K5** 52.09G 28.52Dn
Pucallpa Periw **76 C4** 8.21D 74.33Dn
Pudsey Lloegr **15 F2** 53.47G 1.40Gn
Puebla México **70 E4** 19.03G 98.10Gn
Puebla *rhan.* México **70 E4** 18.30G 98.00Gn
Pueblo U.D.A. **64 F4** 38.17G 104.38Gn
Puente-Genil Sbaen **46 C2** 37.24G 4.46Gn
Puerto de la Cruz Ysdd. Dedwydd **46 X2** 28.24G 16.33Gn
Puerto del Rosario Ysdd. Dedwydd **46 Z2** 28.29G 13.52Gn
Puertollano Sbaen **46 C3** 38.41G 4.07Gn
Puerto Maldonado Periw **76 D3** 12.37D 69.11Gn
Puerto Montt Chile **75 B2** 41.28D 73.00Gn
Puerto Natales Chile **75 B1** 51.41D 72.15Gn
Puerto Peñasco México **70 B7** 31.20G 113.35Gn
Puerto Princesa Pili. **104 F5** 9.46G 118.45Dn
Puerto Rico Cb. America **71 K4** 18.20G 66.30Gn
Pula Croatia **56 A6** 44.52G 13.53Dn
Pulborough Lloegr **11 E1** 50.58G 0.30Gn
Pułtusk Gw. Pwyl **54 G5** 52.42G 21.02Dn
Pumlumon *m.* Cymru **12 D4** 52.28G 3.47Gn
Pune India **96 E4** 18.34G 73.58Dn
Punjab *rhan.* India **96 F7** 30.30G 75.15Dn
Punta Arenas *tref* Chile **75 B1** 53.10D 70.56Gn
Pur *a.* Ffed. Rwsia **58 J4** 67.30G 75.30Dn
Purari *a.* P.G.N. **110 D5** 7.50D 145.10Dn
Purbeck, Ynys *n.* Lloegr **10 C1** 50.40G 2.05Gn
Puri India **97 H4** 19.49G 85.54Dn
Purmerend Yr Iseld. **42 D4** 52.30G 4.56Dn
Purus *a.* Brasil **77 D4** 3.15D 61.30Gn
Pusan De Korea **103 N5** 35.05G 129.02Dn
Puting, P. Indonesia **104 E3** 3.35D 111.52Dn
Puttalam Sri Lanka **97 F2** 8.02G 79.50Dn
Putumayo *a.* Brasil **76 D4** 3.00D 67.30Gn
Puvirnituq Canada **63 K3** 60.10G 77.20Gn
Puy de Dôme *m.* Ffrainc **44 E4** 45.46G 2.56Dn
Pwllheli Cymru **12 C4** 52.53G 4.25Gn
Pwyl, Gwlad Ewrop **54 F5** 52.30G 19.00Dn
Pyaozero, Llyn Ffed. Rwsia **43 G4** 66.00G 31.00Dn
Pyapon Myanmar **97 J4** 16.15G 95.40Dn
Pyasina *a.* Ffed. Rwsia **59 K5** 73.10G 84.55Dn
Pyè Myanmar **97 J4** 18.50G 95.14Dn
Pyhä *a.* Y Ffindir **43 F4** 64.30G 24.20Dn
Pyhäselkä *ll.* Y Ffindir **43 G3** 62.25G 29.55Dn
Pyinmana Myanmar **97 J4** 19.45G 96.12Dn
P'yŏngyang G. Korea **103 N5** 39.00G 125.47Dn
Pyramid, Ll. U.D.A. **64 C5** 40.00G 119.35Gn
Pyreneau *mdd.* Ffrainc/Sbaen **46 F5** 42.40G 0.30Dn
Pyrod, Pen Cymru **12 C3** 51.34G 4.18Gn
Pyryatyn Ukrain **55 M4** 50.14G 32.31Dn

Q

Qalat Afghan. **95 K5** 32.07G 66.54Dn
Qamanittuaq (Baker Lake) *tref* Canada **63 I4** 64.20G 96.10Gn
Qamdo China **102 H4** 31.11G 97.18Dn
Qatar Asia **95 H4** 25.20G 51.10Dn
Qayen Iran **95 I5** 33.44G 59.07Dn
Qazvīn Iran **95 G6** 36.16G 50.00Dn
Qena Yr Aifft **94 D4** 26.08G 32.42Dn
Qeshm Iran **95 I4** 26.58G 56.17Dn
Qiemo China **102 F5** 38.08G 85.33Dn
Qilian Shan *mdd.* China **102 H5** 38.30G 99.20Dn
Qingdao China **103 M5** 36.04G 120.22Dn
Qinghai *rhan.* China **102 H5** 36.15G 96.00Dn
Qinghai Hu *ll.* China **103 I5** 36.40G 100.00Dn
Qingjiang China **103 L4** 33.30G 119.15Dn
Qinhuangdao China **103 L5** 39.55G 119.37Dn
Qinzhou China **103 J2** 21.58G 108.34Dn
Qiqihar China **103 M7** 47.23G 124.00Dn
Qom Iran **95 H5** 34.40G 50.57Dn
Qomishēh Iran **95 H5** 32.01G 51.55Dn
Quang Ngai Viet Nam **104 D7** 15.09G 108.50Dn
Quang Tri Viet Nam **104 D7** 16.46G 107.11Dn
Quantock, Bryniau Lloegr **13 D3** 51.06G 3.12Gn
Quanzhou China **103 L2** 24.57G 118.36Dn
Quâttara, Pant *n.* Yr Aifft **94 C4** 30.00G 27.30Dn
Quchan Iran **95 I6** 37.04G 58.29Dn
Québec Canada **63 K2** 46.50G 71.15Gn
Québec *rhan.* Canada **63 K3** 51.00G 70.00Gn
Queenborough Lloegr **11 F2** 51.24G 0.46Dn
Queen Charlotte, Sn. Canada **62 F3** 51.00G 129.00Gn
Queen Charlotte, Ysdd. Canada **62 E3** 53.00G 132.30Gn
Queen Elizabeth, Ysdd. Canada **63 I5** 78.30G 99.00Gn
Queen Mary, Tir Antarctica **112** 72.00D 100.00Dn
Queen Maud, Gff. Canada **62 H4** 68.30G 100.00Gn
Queensland *rhan.* Awstralia **110 D3** 23.30D 144.00Dn
Quelimane Moçambique **86 C3** 17.53D 36.51Dn
Querétaro México **70 D5** 20.38G 100.23Gn
Querétaro *rhan.* México **70 D5** 21.03G 100.00Gn
Quetta Pakistan **96 D7** 30.15G 67.00Dn
Quezaltenango Guatemala **70 F3** 14.50G 91.30Gn
Quibdó Colombia **71 I2** 5.40G 76.38Gn
Quilon India **96 F2** 8.53G 76.38Dn
Quimper (Kemper) Ffrainc **44 A5** 48.00G 4.06Gn
Quincy U.D.A. **65 H4** 39.55G 91.22Gn
Qui Nhon Viet Nam **104 D6** 13.47G 109.11Dn
Quintana Roo *rhan.* México **70 G4** 19.00G 88.00Gn
Quito Ecuador **76 C4** 0.14D 78.30Gn
Quoich, Loch Yr Alban **18 D2** 57.04G 5.15Gn
Quoile *a.* G. Iwerddon **16 D2** 54.20G 5.42Gn
Quseir Yr Aifft **94 D4** 26.04G 34.15Dn
Quzhou China **103 L3** 28.57G 118.52Dn

R

Raahe Y Ffindir 43 F4 64.42G 24.30Dn
Raalte Yr Iseld. 42 F4 52.22G 6.17Dn
Raasay *ys.* Yr Alban 18 C2 57.25G 6.02Gn
Raasay, Sn. Yr Alban 18 C2 57.25G 6.05Gn
Raba Indonesia 104 F2 8.27D 118.45Dn
Rabat Moroco 84 D5 34.02G 6.51Gn
Rabigh Saudi Arabia 94 E3 22.48G 39.01Dn
Rabyānah, Môr Tywod *n.* Libya 94 B3 24.00G 22.00Dn
Rach Gia Viet Nam 104 D6 10.02G 105.05Dn
Radom Gw. Pwyl 54 G4 51.26G 21.10Dn
Radomsko Gw. Pwyl 54 F4 51.05G 19.25Dn
Radstock Lloegr 10 C2 51.17G 2.25Gn
Rafèa Saudi Arabia 94 F4 29.36G 43.32Dn
Rafsanjan Iran 95 I5 30.24G 56.00Dn
Ragusa Yr Eidal 50 F2 36.56G 14.44Dn
Rahimyar Khan Pakistan 96 E6 28.25G 70.18Dn
Raichur India 96 F4 16.15G 77.20Dn
Rainier, M. U.D.A. 64 B6 46.52G 121.45Gn
Raipur India 97 G5 21.16G 81.42Dn
Raivavae *ys.* Cefn. Tawel 109 Q4 23.52D 147.40Gn
Rajahmundry India 97 G4 17.01G 81.52Dn
Rajanpur Pakistan 96 E6 29.06G 70.19Dn
Rajapalaiyam India 96 F2 9.26G 77.36Dn
Rajasthan *rhan.* India 96 E6 27.00G 74.00Dn
Rajkot India 96 E5 22.18G 70.53Dn
Rakhiv Ukrain 55 I3 48.02G 24.10Dn
Rakitnoye Ffed. Rwsia 55 N4 50.52G 35.51Dn
Rakvere Estonia 43 F2 59.22G 26.28Dn
Raleigh U.D.A. 65 K4 35.46G 78.39Gn
Rame, Pr. Lloegr 13 C2 50.18G 4.13Gn
Ramhormoz Iran 95 G5 31.14G 49.37Dn
Ramlat Dahm *n.* Yemen 94 F2 17.00G 45.00Dn
Râmnica Vâlcea România 56 G6 45.06G 24.22Dn
Ramsbottom Lloegr 15 E2 53.38G 2.20Gn
Ramsey Lloegr 11 E3 52.27G 0.06Gn
Ramsey (Rhumsaa) Ynys Manaw 14 C3 54.19G 4.23Gn
Ramsey, Bae Ynys Manaw 14 C3 54.20G 4.20Gn
Ramsgate Lloegr 11 G2 51.20G 1.25Dn
Ramu Kenya 87 C3 3.55G 41.09Dn
Rancagua Chile 75 B3 34.10D 70.45Gn
Ranchi India 97 H5 23.22G 85.20Dn
Randalstown G. Iwerddon 16 C2 54.45G 6.20Gn
Randers Denmarc 43 B2 56.28G 10.03Dn
Rangiroa *ys.* Cefn. Tawel 109 Q5 15.00D 147.40Gn
Rangpur Bangla. 97 H6 25.45G 89.15Dn
Rankin Inlet *tref* Canada 63 I4 62.52G 92.00Gn
Rannoch, Gwaun *n.* Yr Alban 16 E4 56.38G 4.40Gn
Rannoch, Loch Yr Alban 19 E1 56.41G 4.20Gn
Ranong Gw. Thai 104 B5 9.58G 98.35Dn
Rantauprapat Indonesia 104 B4 2.05G 99.46Dn
Raoul *ys.* Cefn. Tawel 108 N4 29.15D 177.55Gn
Rapa *ys.* Cefn. Tawel 109 Q4 27.35D 144.20Gn
Rapallo Yr Eidal 50 C6 44.20G 9.14Dn
Raphoe Gwer. Iwerdd. 16 B2 54.52G 7.36Gn
Rapid City U.D.A. 64 F5 44.06G 103.14Gn
Rarotonga *ys.* Ysdd. Cook 108 P4 21.14D 159.46Gn
Ra's al Hadd *p.* Oman 95 I3 22.32G 59.49Dn
Ra's al Hilal *p.* Libya 53 H3 33.00G 22.10Dn
Ras Dashen *m.* Ethiopia 85 H3 13.20G 38.10Dn
Ra's Fartak *p.* Yemen 95 H2 15.38G 52.15Dn
Rasht Iran 95 G6 37.18G 49.38Dn
Ra's Madrakah *p.* Oman 95 I2 19.00G 57.50Dn
Ras Tannura Saudi Arabia 95 H4 26.40G 50.05Dn
Rat Buri Gw. Thai 104 B6 13.30G 99.50Dn
Rathdrum Gwer. Iwerdd. 20 E2 52.55G 6.14Gn
Rathenow Yr Almaen 48 F5 52.37G 12.21Dn
Rathfriland G. Iwerddon 16 C2 54.14G 6.10Gn
Rathkeale Gwer. Iwerdd. 20 C2 52.32G 8.56Gn
Rathlin, Ys. G. Iwerddon 16 C3 55.18G 6.12Gn
Rathluirc Gwer. Iwerdd. 20 C2 52.20G 8.40Gn
Raton U.D.A. 64 F4 36.54G 104.27Gn
Rattray, Pr. Yr Alban 19 H2 57.37G 1.50Gn
Rättvik Sweden 43 C3 60.56G 15.10Dn
Rauma Y Ffindir 43 E3 61.09G 21.30Dn
Raunds Lloegr 11 E3 52.21G 0.33Gn
Ravenna Yr Eidal 50 E6 44.25G 12.12Dn
Ravensthorpe Awstralia 110 B2 33.35D 120.02Dn
Rawaki *ys.* Kiribati 108 N6 3.43D 170.43Gn
Rawalpindi Pakistan 96 E7 33.40G 73.08Dn
Rawicz Gw. Pwyl 54 E4 51.37G 16.52Dn
Rawlins U.D.A. 64 E5 41.46G 107.16Gn
Rawson Ariannin 75 C2 43.15D 65.53Gn
Rawtenstall Lloegr 15 E2 53.42G 2.18Gn
Rayleigh Lloegr 11 F2 51.36G 0.36Dn
Razgrad Bwlgaria 56 H5 43.32G 26.30Dn
Reading Lloegr 10 E2 51.27G 0.57Gn
Reading *rhan.* Lloegr 9 E2 51.27G 0.57Gn
Reboly Ffed. Rwsia 43 G3 63.50G 30.49Dn
Rechytsa Belarus 55 L5 52.21G 30.24Dn
Recife Brasil 77 G4 8.06D 34.53Gn
Reconquista Ariannin 77 E2 29.08D 59.38Gn
Red *a.* U.D.A. 65 H3 31.10G 91.35Gn
Red, Llynnoedd U.D.A. 65 H6 48.00G 95.00Gn
Red Bluff U.D.A. 64 B5 40.11G 122.16Gn
Redcar Lloegr 15 F3 54.37G 1.04Gn
Redcar a Cleveland *rhan.* Lloegr 9 E4 54.35G 1.00Gn
Red Deer Canada 62 G3 52.15G 113.48Gn
Redding U.D.A. 64 B5 40.35G 122.24Gn
Redditch Lloegr 10 D3 52.18G 1.57Gn
Redhill Lloegr 11 E2 51.14G 0.11Gn
Red Lake *tref* Canada 63 I3 50.59G 93.40Gn
Redruth Lloegr 13 B2 50.14G 5.14Gn
Ree, Loch Gwer. Iwerdd. 20 D3 53.31G 7.58Gn
Regensburg Yr Almaen 48 F3 49.01G 12.07Dn
Reggane Algeria 84 E4 26.30G 0.30Dn
Reggio Yr Eidal 50 D6 44.40G 10.37Dn
Reggio di Calabria Yr Eidal 50 F3 38.07G 15.38Dn
Regina Canada 62 H3 50.30G 104.38Gn
Reigate Lloegr 11 E2 51.14G 0.13Gn
Reims Ffrainc 44 F6 49.15G 4.02Dn
Reindeer, Ll. Canada 62 H3 57.00G 102.20Gn
Reinosa Sbaen 46 C5 43.01G 4.09Gn
Reiphólsfjöll *m.* Gw. yr Iâ 43 X2 65.40G 22.25Gn
Reliance Canada 62 H4 62.45G 109.08Gn
Relizane Algeria 52 D4 35.45G 0.33Dn
Rena Norwy 43 B3 61.06G 11.20Dn
Renfrew *rhan.* Yr Alban 8 C4 55.50G 4.30Gn
Renfrew, Dwyrain *rhan.* Yr Alban 8 C3 55.45G 4.20Gn
Reni Moldova 55 K1 45.28G 28.17Dn
Rennell *ys.* Ysdd. Solomon 111 F4 11.45D 16.00Dn
Rennes (Roazhon) Ffrainc 44 C6 48.06G 1.40Gn
Reno U.D.A. 64 C4 39.32G 119.49Gn
Reno *a.* Yr Eidal 50 E6 44.36G 12.17Dn
Repulse Bay *tref* Canada 63 J4 66.35G 86.20Gn
Resistencia Ariannin 77 E2 27.28D 59.00Gn
Reşiţa România 56 E6 45.17G 21.53Dn
Resolute Bay *tref* Canada 63 I5 74.40G 95.00Gn
Resolution, Ys. Canada 63 L4 61.30G 65.00Gn
Retford Lloegr 15 G2 53.19G 0.55Gn
Rethel Ffrainc 42 D1 49.31G 4.22Dn
Réthimnon Groeg 56 G1 35.22G 24.29Dn
Réunion *ys.* Cefn. India 117 L4 20.00D 55.00Dn
Reus Sbaen 46 F4 41.10G 1.06Dn
Reutlingen Yr Almaen 48 D3 48.30G 9.13Dn
Revillagigedo, Ysdd. México 70 B4 19.00G 111.00Gn
Rewa India 97 G5 24.32G 81.18Dn
Reykjavík Gw. yr Iâ 43 X2 64.09G 21.58Gn
Reynosa México 70 E6 26.09G 97.10Gn
Ré, Ys. Ffrainc 44 C5 46.10G 1.26Gn
Rezekne Latvia 43 F2 56.30G 27.22Dn
Rhein *a.* Ewrop 34 D3 51.53G 6.03Dn
Rheine Yr Almaen 42 G4 52.17G 7.26Dn
Rhode Island *rhan.* U.D.A. 65 L5 41.30G 71.30Gn
Rhodes = Ródhos *ys.* Groeg 57 I2 36.12G 28.00Dn
Rhône *a.* Ffrainc 44 F3 43.25G 4.45Dn
Riau, Ysr. Indonesia 104 C4 0.50G 104.00Dn
Ribble *a.* Lloegr 14 E2 53.45G 2.44Gn
Ribe Denmarc 43 B1 55.19G 8.47Dn
Ribeira *a.* Brasil 77 F2 24.44D 47.31Gn
Ribeirão Prêto Brasil 77 F2 21.09D 47.48Gn
Riberalta Bolivia 76 D3 10.59D 66.06Gn
Richmond Lloegr 15 F3 54.24G 1.43Gn
Richmond U.D.A. 65 K4 37.34G 77.27Gn
Rifstangi *p.* Gw. yr Iâ 43 Y2 66.32G 16.10Gn
Riga Latvia 43 F2 56.53G 24.08Dn
Riga, Gff. Latvia 43 E2 57.30G 23.50Dn
Rigside Yr Alban 17 F3 55.35G 3.46Gn
Riihimäki Y Ffindir 43 F3 60.45G 24.45Dn
Rijeka Croatia 56 B6 45.20G 14.25Dn
Rimini Yr Eidal 50 E6 44.01G 12.34Dn
Rimouski Canada 63 L2 48.27G 68.32Gn
Ringkøbing Denmarc 43 B2 56.06G 8.15Dn
Ringvassøy *ys.* Norwy 43 D5 70.00G 19.00Dn
Ringwood Lloegr 10 D1 50.50G 1.48Gn
Riobamba Ecuador 76 C4 1.44D 78.40Gn
Rio Branco Brasil 76 D3 10.00D 67.49Gn
Río Cuarto *tref* Ariannin 75 C3 33.08D 64.20Gn
Rio de Janeiro Brasil 77 F2 22.50D 43.17Gn
Rio de Janeiro *rhan.* Brasil 77 F2 22.00D 42.30Gn
Río Gallegos Ariannin 75 C1 51.35D 69.15Gn
Rio Grande *tref* Brasil 77 E1 32.03D 52.18Gn
Rio Grande/ Río Bravo *a.* G. America 64 G2 25.55G 97.08Gn
Rio Grande *a.* Nicaragua 71 H3 12.48G 83.30Gn
Rio Grande do Norte *rhan.* Brasil 77 G4 6.00D 36.30Gn
Rio Grande do Sul *rhan.* Brasil 77 E2 30.00D 53.30Gn
Ríohacha Colombia 71 J3 11.34G 72.58Gn
Rio Verde *tref* Brasil 77 E3 17.50D 50.55Gn
Ripley Lloegr 15 F2 53.03G 1.24Gn
Ripon Lloegr 15 F3 54.08G 1.31Gn
Rivera Uruguay 77 E1 30.54D 55.31Gn
Rivière-du-Loup *tref* Canada 63 L2 47.50G 69.32Gn
Rivne Ukrain 55 J4 50.39G 26.10Dn
Riyadh Saudi Arabia 95 G3 24.39G 46.44Dn
Rıze Twrci 57 O4 41.03G 40.31Dn
Roadford, Cr. Lloegr 13 C2 50.42G 4.14Gn
Roanne Ffrainc 44 F5 46.02G 4.05Dn
Roanoke U.D.A. 65 K4 37.15G 79.58Gn
Roanoke *a.* U.D.A. 65 K4 36.00G 76.35Gn
Robertsfors Sweden 43 E4 64.12G 20.50Dn
Roberval Canada 63 K2 48.31G 72.16Gn
Roca, P. Portiwgal 46 A3 38.40G 9.31Gn
Rocha Uruguay 75 D3 34.30D 54.22Gn
Rochdale Lloegr 15 E2 53.36G 2.10Gn
Rochefort Ffrainc 44 C4 45.57G 0.58Gn
Rochefort Gw. Belg 42 E2 50.10G 5.13Dn
Rochester Lloegr 11 F2 51.22G 0.30Dn
Rochester U.D.A. 65 K5 43.12G 77.37Gn
Rochford Lloegr 11 F2 51.36G 0.42Dn
Rockford U.D.A. 65 I5 42.16G 89.06Gn
Rockhampton Awstralia 110 E3 23.22D 150.32Dn
Rockies G. America 60 I6 42.30G 109.30Gn
Rockingham, Fforest *n.* Lloegr 11 E3 52.30G 0.30Gn
Rock Springs U.D.A. 64 E5 41.35G 109.13Gn
Rodel(Roghadal) Yr Alban 18 C2 57.47G 6.58Gn
Rodez Ffrainc 44 E4 44.21G 2.34Dn
Ródhos *tref* Groeg 57 I2 36.24G 28.15Dn
Ródhos (Rhodes) *ys.* Groeg 57 I2 36.12G 28.00Dn
Rodopi, Mdd. Bwlgaria 56 G4 41.35G 24.35Dn
Roe *a.* G. Iwerddon 16 C3 55.06G 7.00Gn
Roermond Yr Iseld. 42 E3 51.12G 6.00Dn
Roeselare Gw. Belg 42 C2 50.57G 3.06Dn
Rogaguado, Ll. Bolivia 76 D3 13.00D 65.40Gn
Rokiškis Lithuania 43 F1 55.59G 25.32Dn
Rolla U.D.A. 65 H4 37.56G 91.55Gn
Roma (Rhufain) Yr Eidal 50 E4 41.54G 12.29Dn
Roma *ys.* Indonesia 105 H2 7.45D 127.20Dn
Romain, P. U.D.A. 65 K3 33.01G 79.23Gn
România Ewrop 53 H6 46.30G 24.00Dn
Rombas Ffrainc 42 F1 49.15G 6.10Dn
Romford Lloegr 11 F2 51.35G 0.11Dn
Romney, Cors *n.* Lloegr 11 F2 51.03G 0.55Dn
Romny Ukrain 55 M4 50.45G 33.30Dn
Romsey Lloegr 10 D1 51.00G 1.29Gn
Rona *ys.* Yr Alban 18 D2 57.33G 5.59Gn
Ronaldsay, De *ys.* Yr Alban 19 G3 58.47G 2.56Gn
Ronaldsay, Gogledd *ys.* Yr Alban 19 G4 59.23G 2.26Gn
Ronaldsay, Moryd G. *moryd* Yr Alban 19 G4 59.20G 2.25Gn
Ronas, Bryn Yr Alban 19 Y9 60.32G 1.26Gn
Ronda Sbaen 46 C2 36.45G 5.10Gn
Rondônia *rhan.* Brasil 76 D3 12.10D 62.30Gn
Rondonópolis Brasil 77 E3 16.29D 54.37Gn
Rønne Denmarc 43 C1 55.07G 14.43Dn
Ronneby Sweden 54 D6 56.12G 15.18Dn
Ronse Gw. Belg 42 C2 50.45G 3.36Dn
Roosendaal Yr Iseld. 42 D3 51.32G 4.28Dn
Roosevelt, M. Canada 62 F3 58.26G 125.20Gn
Roosevelt, Ys. Antarctica 112 79.00D 161.00Gn
Roquefort Ffrainc 44 C4 44.02G 0.19Gn
Roraima *rhan.* Brasil 77 D5 2.00G 62.00Gn
Roraima, M. Guyana 74 C7 5.11G 60.44Gn
Røros Norwy 43 B3 62.35G 11.23Dn
Rosa, M. Yr Eidal/Y Swistir 44 G4 45.56G 7.51Dn
Rosario Ariannin 75 C3 33.00D 60.40Gn
Roscoff (Roscô) Ffrainc 44 A6 48.44G 4.00Gn
Roscommon Gwer. Iwerdd. 20 C3 53.38G 8.13Gn
Roscommon *rhan.* Gwer. Iwerdd. 20 C3 53.38G 8.11Gn
Roscrea Gwer. Iwerdd. 20 D2 52.57G 7.49Gn
Roseau Dominica 71 L4 15.18G 61.23Gn
Roseburg U.D.A. 64 B5 43.13G 123.21Gn
Rosenheim Yr Almaen 48 F2 47.51G 12.09Dn
Roslavl' Ffed. Rwsia 55 M5 53.55G 32.53Dn
Ross, Môr Antarctica 112 73.00D 170.00Gn
Ross, Sgafell Iâ Antarctica 112 82.00D 170.00Gn
Rossel, Ys. P.G.N. 110 E4 11.27D 154.05Dn
Rossington Lloegr 15 F2 53.29G 1.01Gn
Rosslare Harbour Gwer. Iwerdd. 20 E2 52.17G 6.23Gn
Ross Mull *gor.* Yr Alban 16 C4 56.19G 6.10Gn
Rosso Mauritania 84 C3 16.29G 15.53Gn
Ross-on-Wye (Rhosan ar Wy, Y) Lloegr 10 C2 51.55G 2.36Gn
Røssvatnet *ll.* Norwy 43 C4 65.50G 14.00Dn
Rostock Yr Almaen 48 F6 54.06G 12.09Dn
Rostov-na-Donu Ffed. Rwsia 58 F2 47.15G 39.45Dn
Rota *ys.* Ysdd. G. Mariana 105 L6 14.10G 145.15Dn
Rothbury Lloegr 15 F4 55.19G 1.54Gn
Rother *a.* Lloegr 11 E1 50.57G 0.32Gn
Rotherham Lloegr 15 F2 53.26G 1.21Gn
Rothes Yr Alban 19 F2 57.31G 3.14Gn
Rothesay Yr Alban 16 D3 55.50G 5.03Gn
Rothwell Lloegr 10 E3 52.25G 0.48Gn
Roti *ys.* Indonesia 105 G1 10.30D 123.10Dn
Rotterdam Yr Iseld. 42 D3 51.55G 4.29Dn
Rotuma *ys.* Fiji 111 G4 11.00D 176.00Dn
Roubaix Ffrainc 44 E7 50.42G 3.10Dn
Rouen Ffrainc 44 D6 49.26G 1.05Dn
Round, Bryn Lloegr 15 F3 54.24G 1.03Gn
Rousay *ys.* Yr Alban 19 F4 59.10G 3.02Gn
Rovaniemi Y Ffindir 43 F4 66.29G 25.40Dn
Royale, Ys. U.D.A. 65 I6 48.00G 88.45Gn
Royal Leamington Spa Lloegr 10 D3 52.18G 1.32Gn
Royal Tunbridge Wells Lloegr 11 F2 51.07G 0.16Dn
Royan Ffrainc 44 C4 45.37G 1.01Gn
Roye Ffrainc 42 B1 49.42G 2.48Dn
Royston Lloegr 11 E3 52.03G 0.01Gn
Royton Lloegr 15 E2 53.34G 2.08Gn
Rozdil'na Ukrain 55 L2 46.50G 30.02Dn
Rub'al Khali *diff.* Saudi Arabia 95 H3 20.20G 52.30Dn
Rubha Coigeach *p.* Yr Alban 18 D3 58.06G 5.25Gn
Rubha Hunish *p.* Yr Alban 18 C2 57.42G 6.21Gn
Rubha Robhanais *p.* Yr Alban 18 D2 57.51G 5.49Gn
Rubtsovsk Ffed. Rwsia 58 K3 51.29G 81.10Dn
Rudnaya Pristan' Ffed. Rwsia 106 C4 43.46G 135.14Dn
Rudnya Ffed. Rwsia 55 L6 54.55G 31.07Dn
Rudnyy Kazakhstan 58 I3 53.00G 63.05Dn
Rufiji *a.* Tanzania 86 C4 8.02D 39.17Dn
Rugby Lloegr 10 D3 52.23G 1.16Gn
Rugby U.D.A. 64 G6 48.24G 99.59Gn
Rugeley Lloegr 10 D3 52.47G 1.56Gn
Rügen *ys.* Yr Almaen 48 F6 54.30G 13.30Dn
Ruhr *a.* Yr Almaen 48 C4 51.27G 6.41Dn
Rukwa, Ll. Tanzania 86 C4 8.00D 32.20Dn
Rum *ys.* Yr Alban 18 C1 57.00G 6.20Gn
Ruma Iwgo. 56 D6 44.59G 19.51Dn
Rum Cay *ys.* Bahamas 71 J5 23.41G 74.53Gn
Runcorn Lloegr 14 E2 53.20G 2.44Gn
Rundu Namibia 86 A3 17.52D 19.49Dn
Ruoqiang China 102 F5 39.00G 88.00Dn
Rurutu *ys.* Cefn. Tawel 108 P4 22.25D 151.20Gn
Ruse Bwlgaria 56 G5 43.50G 25.59Dn
Rushden Lloegr 11 E3 52.17G 0.36Gn
Ruteng Indonesia 104 G2 8.35D 120.28Dn
Rutland *rhan.* Lloegr 9 E3 52.40G 0.43Gn
Rutland Water *ll.* Lloegr 10 E3 52.39G 0.40Gn
Rutog China 102 D4 33.30G 79.40Dn
Ruza Ffed. Rwsia 55 O6 55.40G 36.12Dn
Rvdsar Iran 95 H6 37.12G 50.00Dn
Rwanda Affrica 86 B4 2.00D 30.00Dn
Rwsia, Ffed. Ewrop/Asia 58 J4 62.00G 80.00Dn
Rwsia, Uwchdiroedd Canolbarth *n.* Ffed. Rwsia 55 O5 53.00G 37.00Dn
Ryan, Loch Yr Alban 16 D2 54.56G 5.02Gn
Ryazan' Ffed. Rwsia 55 P6 54.37G 39.43Dn
Ryazhsk Ffed. Rwsia 55 Q5 53.40G 40.07Dn
Rybinsk Ffed. Rwsia 58 F3 58.01G 38.52Dn
Rybinsk, Cr. Ffed. Rwsia 58 F3 58.30G 38.25Dn
Rybnik Gw. Pwyl 54 F4 50.06G 18.32Dn
Ryde Lloegr 10 D1 50.44G 1.09Gn
Rye Lloegr 11 F1 50.57G 0.46Dn
Rye *a.* Lloegr 15 G3 54.10G 0.42Gn
Rye, Bae Lloegr 11 F1 50.53G 0.48Dn
Ryōtsu Japan 106 C3 38.06G 138.28Dn
Ryūkyū, Ysdd. Japan 103 N3 26.00G 126.00Dn
Rzeszów Gw. Pwyl 54 H4 50.04G 22.00Dn

RH

Rhaeadr Gwy Cymru 12 D4 52.19G 3.30Gn
Rhaglan Cymru 12 E3 51.46G 2.51Gn
Rhisga Cymru 12 D3 51.36G 3.06Gn
Rhiwabon Cymru 12 D4 52.59G 3.03Gn
Rhondda Cymru 12 D3 51.39G 3.30Gn
Rhondda Cynon Taf *rhan.* Cymru 9 D2 51.38G 3.25Gn
Rhosan ar Wy, Y (Ross-on-Wye) Lloegr 10 C2 51.55G 2.36Gn
Rhosllanerchrugog Cymru 12 D5 53.03G 3.04Gn
Rhufain = Roma Yr Eidal 50 E4 41.54G 12.29Dn
Rhuthun Cymru 12 D5 53.07G 3.18Gn
Rhydaman Cymru 12 C3 51.48G 4.00Gn
Rhydychen (Oxford) Lloegr 10 D2 51.45G 1.15Gn
Rhydychen *rhan.* Lloegr 9 E2 51.46G 1.20Gn
Rhyl, Y Cymru 12 D5 53.19G 3.29Gn

S

Saale *a.* Yr Almaen 48 E4 51.58G 11.53Dn
Saarbrücken Yr Almaen 48 C3 49.15G 6.58Dn
Saaremaa *ys.* Estonia 43 E2 58.30G 22.30Dn
Saarlouis Yr Almaen 42 F1 49.21G 6.45Dn
Šabac Iwgo. 56 D6 44.45G 19.41Dn
Sabadell Sbaen 46 G4 41.33G 2.07Dn
Sabah *rhan.* Malaysia 104 F5 5.00G 117.00Dn
Sabana, Ysr. Cuba 71 H5 23.30G 80.00Gn
Sabha Libya 84 F4 27.04G 14.25Dn
Sabinas México 70 D6 27.51G 101.10Gn
Sabkhat al Hayshah *n.* Libya 53 G3 31.30G 15.15Dn
Sable, P. Canada 63 L2 43.30G 65.50Gn
Sable, P. U.D.A. 65 J2 25.00G 81.20Gn
Sable, Ys. Canada 63 M2 44.00G 60.00Gn
Şabya Saudi Arabia 94 F2 17.09G 42.37Dn
Sabzevar Iran 95 I6 36.13G 57.38Dn
Sachs Harbour = Ikaahuk Canada 62 F5 72.00G 124.30Gn
Sacramento U.D.A. 64 B4 38.32G 121.30Gn
Sacramento, Mdd. U.D.A. 64 E3 33.10G 105.50Gn
Sado *ys.* Japan 106 C3 38.00G 138.20Dn
Sado *a.* Portiwgal 46 A3 38.29G 8.55Gn
Säffle Sweden 43 C2 59.08G 12.55Dn
Saffron Walden Lloegr 11 F3 52.02G 0.15Dn
Safi Moroco 84 D5 32.20G 9.17Gn
Safonovo Ffed. Rwsia 55 M6 55.08G 33.16Dn
Sagar India 97 F5 23.50G 78.44Dn
Sagunto/ Sagunt Sbaen 46 E3 39.40G 0.17Gn
Sahara *diff.* Affrica 84 F3 24.00G 12.00Dn
Sahara, Gn. Affrica 84 C4 25.00G 13.30Gn
Sa'idabad Iran 95 I4 29.28G 55.43Dn
Saidpur Bangla. 97 H6 25.48G 89.00Dn
Saimaa *ll.* Y Ffindir 43 F3 61.20G 28.00Dn
Sain Ffraid, Bae Cymru 12 B3 51.48G 5.03Gn
St. Abb, Pr. Yr Alban 17 G3 55.54G 2.07Gn
St. Agnes Lloegr 13 B2 50.18G 5.13Gn
St. Agnes *ys.* Lloegr 13 A1 49.53G 6.20Gn
St. Alban, Pr. Lloegr 10 C1 50.35G 2.04Gn
St. Albans Lloegr 11 E2 51.46G 0.21Gn
St.-Amand-les-Eaux Ffrainc 42 C2 50.27G 3.26Dn
St.-Amand-Montrond *tref* Ffrainc 44 E5 46.43G 2.29Dn
St. Andrews Yr Alban 17 G4 56.20G 2.48Gn
St. Ann, Pr. Cymru 12 B3 51.41G 5.11Gn
St. Anne Ysdd. y Sianel 13 Z9 49.43G 2.12Gn
St. Anthony Canada 63 M3 51.24G 55.37Gn
St. Augustine U.D.A. 65 J2 29.54G 81.19Gn
St. Austell Lloegr 13 C2 50.20G 4.48Gn
St. Austell, Bae Lloegr 13 C2 50.16G 4.43Gn
St. Barthélémy *ys.* Ysdd. Leeward 71 L4 17.55G 62.50Gn
St. Bees Lloegr 14 D3 54.29G 3.36Gn
St. Bees, Pr. Lloegr 14 D3 54.31G 3.39Gn
St. Bernard, B. Mawr Yr Eidal/Y Swistir 44 G4 45.52G 7.11Dn
St. Brelade Ysdd. y Sianel 13 Z8 49.12G 2.13Gn
St.-Brieuc (St Brieg) Ffrainc 44 B6 48.31G 2.45Gn
St. Catherine, Pt. Lloegr 10 D1 50.34G 1.18Gn
St. Catharines Canada 65 K5 43.10G 79.15Gn
St. Cloud U.D.A. 65 H6 45.34G 94.10Gn
St. Columb Major Lloegr 13 C2 50.26G 4.56Gn
St. Croix *a.* U.D.A. 65 H5 44.40G 92.42Gn
St. Croix *ys.* Ysdd. V.(U.D.A.) 71 L4 17.45G 64.35Gn
St.-Dié Ffrainc 44 G6 48.17G 6.57Dn
St.-Dizier Ffrainc 44 F6 48.38G 4.58Dn
Saintes Ffrainc 44 C4 45.44G 0.38Gn
St.-Étienne Ffrainc 44 F4 45.26G 4.26Dn
Saintfield G. Iwerddon 16 D2 54.28G 5.50Gn
St. Gallen Y Swistir 44 H5 47.25G 9.23Dn
St.-Gaudens Ffrainc 44 D3 43.07G 0.44Dn
St. George's Grenada 71 L3 12.04G 61.44Gn
St. Germans Lloegr 13 C2 50.24G 4.18Gn
St. Gofan, Pen Cymru 12 C3 51.36G 4.55Gn
St. Helena *ys.* Cefn. Iwerydd 116 I5 16.00D 6.00Gn
St. Helena, Bae G.D.A. 86 A1 32.35D 18.00Dn
St. Helens Lloegr 14 E2 53.28G 2.43Gn
St. Helens, M. U.D.A. 64 B6 46.12G 122.11Gn
St. Helier Ysdd. y Sianel 13 Z8 49.12G 2.07Gn
St. Ives Caergrawnt Lloegr 11 E3 52.20G 0.05Gn
St. Ives Cernyw Lloegr 13 B2 50.13G 5.29Gn
St. Ives, Bae Lloegr 13 B2 50.14G 5.26Gn
St.-Jean, Ll. Canada 65 L6 48.35G 72.00Gn
St. John Canada 63 L2 45.16G 66.03Gn
St. John *a.* Canada 63 L2 45.30G 66.05Gn
St. John *ys.* Ysdd. V.(U.D.A.) 71 K4 18.21G 64.48Gn
St. John Ysdd. y Sianel 13 Z8 49.15G 2.08Gn
St. John, Pt. G. Iwerddon 16 D2 54.13G 5.39Gn
St. John's Antigua 71 L4 17.07G 61.51Gn
St. John's Canada 63 M2 47.34G 52.41Gn
St. Joseph U.D.A. 65 H4 39.45G 94.51Gn
St. Joseph, Ll. *ll.* Canada 63 I3 51.05G 90.35Gn
St. Just Lloegr 13 B2 50.07G 5.41Gn
St. Keverne (Lanheverne) Lloegr 13 B2 50.03G 5.05Gn
St. Kilda *ys.* Yr Alban 18 A2 57.49G 8.34Gn
St. Kitts-Nevis Ysdd. Leeward 71 L4 17.20G 62.45Gn
St. Laurent/ St. Lawrence *a.* Canada/U.D.A. 63 L2 48.45G 68.30Gn
St. Lawrence, Gff. Canada 63 L2 48.00G 62.00Gn
St. Lawrence, Ys. U.D.A. 62 A4 63.00G 170.00Gn
St.-Lô Ffrainc 44 C6 49.07G 1.05Gn
St. Louis Sénégal 84 C3 16.01G 16.30Gn
St. Louis U.D.A. 65 H4 38.40G 90.15Gn
St. Lucia Ysdd. Windward 71 L3 14.05G 61.00Gn
St. Magnus, Bae Yr Alban 19 Y9 60.25G 1.35Gn
St.-Malo Ffrainc 44 B6 48.39G 2.00Gn
St. Malo, Gff. Ffrainc 44 B6 49.00G 2.00Gn
St. Margaret's Hope Yr Alban 19 G3 58.50G 2.57Gn
St. Martin *ys.* Ysdd. Leeward 71 L4 18.05G 63.05Gn
St. Martin Ysdd. y Sianel 13 Y9 49.27G 2.34Gn
St. Martin Ysdd. y Sianel 13 Z8 49.13G 2.03Gn
St. Martin's *ys.* Lloegr 13 A1 49.57G 6.16Gn
St. Mary's *ys.* Lloegr 13 A1 49.55G 6.16Gn
St. Matthew, Ys. U.D.A. 62 A4 60.30G 172.45Gn
St. Maurice *a.* Canada 65 L6 46.21G 72.31Gn
St. Mawes Lloegr 13 B2 50.10G 5.01Gn
St. Moritz Y Swistir 44 H5 46.30G 9.51Dn
St. Nazaire (St-Nazer) Ffrainc 44 B5 47.17G 2.12Gn
St. Neots Lloegr 11 E3 52.14G 0.16Gn
St.-Niklaas Gw. Belg 42 D3 51.10G 4.09Dn
St.-Omer Ffrainc 42 B2 50.45G 2.15Dn
St. Ouen Ysdd. y Sianel 13 Z8 49.13G 2.14Gn
St. Peter Port Ysdd. y Sianel 13 Y9 49.27G 2.32Gn
St. Petersburg Ffed. Rwsia 58 F3 59.55G 30.25Dn
St. Pierre a Miquelon *ysdd.* G. America 63 M2 47.00G 56.15Gn
St. Pölten Awstria 54 D3 48.13G 15.37Dn
St.-Quentin Ffrainc 44 E6 49.51G 3.17Dn
St. Sampson Ysdd. y Sianel 13 Y9 49.29G 2.31Gn
St. Vincent a'r Grenadines Cb. America 71 L3 13.10G 61.15Gn
St.-Vith Gw. Belg 42 F2 50.15G 6.08Dn
St. Wendel Yr Almaen 42 G1 49.27G 7.10Dn
Saipan *ys.* Ysdd. G. Mariana 105 L7 15.12G 145.43Dn
Saith Pen Gwer. Iwerdd. 20 C1 51.34G 8.42Gn
Sajama *m.* Bolivia 76 D3 18.06D 69.00Gn
Sakai Japan 106 C2 34.37G 135.28Dn
Sakakah Saudi Arabia 94 F5 29.59G 40.12Dn
Sakakawea, Ll. U.D.A. 64 F6 47.30G 102.20Gn
Sakarya Twrci 57 J4 40.45G 30.23Dn
Sakarya *a.* Twrci 57 J4 41.08G 30.36Dn
Sakata Japan 106 C3 38.55G 139.51Dn
Sakhalin *ys.* Ffed. Rwsia 59 Q3 50.00G 143.00Dn
Sakura Japan 106 D3 35.43G 140.13Dn
Sal *ys.* Cabo Verde 84 B3 16.45G 23.00Gn
Sala Sweden 43 D2 59.55G 16.38Dn
Salado *a.* Ariannin 77 D1 31.40D 60.41Gn
Salado *a.* México 70 E6 26.46G 98.55Gn
Şalalah Oman 95 H2 17.00G 54.04Dn
Salamanca Sbaen 46 C4 40.58G 5.40Gn
Salavat Ffed. Rwsia 58 H3 53.22G 55.50Dn
Salayar *ys.* Indonesia 104 G2 6.07D 120.28Dn
Sala-y-Gómez, Ys. Cefn. Tawel 109 U4 26.28D 105.28Gn
Salcombe Lloegr 13 D2 50.14G 3.47Gn
Saldanha G.D.A. 86 A1 33.00D 17.56Dn
Sale Awstralia 110 D2 38.06D 147.06Dn
Sale Lloegr 15 E2 53.26G 2.19Gn
Salehurst Lloegr 11 F1 50.58G 0.29Dn
Salekhard Ffed. Rwsia 58 I4 66.33G 66.35Dn

Salem India **97 F3** 11.38G 78.08Dn
Salem U.D.A. **64 B5** 44.57G 123.01Gn
Salerno Yr Eidal **50 F4** 40.41G 14.45Dn
Salerno, Gff. Môr Can. **50 F4** 40.30G 14.45Dn
Salford Lloegr **15 E2** 53.30G 2.17Gn
Salgado *a.* Brasil **77 G4** 4.27D 37.46Gn
Salihli Twrci **57 I3** 38.29G 28.08Dn
Salihorsk Belarus **55 J5** 52.41G 27.29Dn
Salina U.D.A. **64 G4** 38.50G 97.37Gn
Salinas U.D.A. **64 B4** 36.40G 121.38Gn
Salinas Grandes, Pant Heli *n.* Ariannin **76 D2** 29.37D 64.56Gn
Salisbury (Caersallog) Lloegr **10 D2** 51.04G 1.48Gn
Salisbury U.D.A. **65 K4** 38.22G 75.37Gn
Salisbury, Gwastadedd *n.* Lloegr **10 D2** 51.15G 1.55Gn
Salitre *a.* Brasil **77 F4** 9.23D 40.35Gn
Salluit Canada **63 K4** 62.10G 75.40Gn
Salmon *a.* U.D.A. **64 C6** 45.50G 116.50Gn
Salmon Arm Canada **62 G3** 50.41G 119.18Gn
Salmon River, Mdd. U.D.A. **64 D5** 44.30G 114.30Gn
Salo Y Ffindir **43 E3** 60.23G 23.10Dn
Sal'sk Ffed. Rwsia **53 L6** 46.30G 41.33Dn
Salta Ariannin **76 D2** 24.46D 65.28Gn
Saltash Lloegr **13 C2** 50.25G 4.13Gn
Saltcoats Yr Alban **16 E3** 55.37G 4.47Gn
Saltee, Ysdd. Gwer. Iwerdd. **20 E2** 52.08G 6.36Gn
Saltillo México **70 D6** 25.30G 101.00Gn
Salt Lake City U.D.A. **64 D5** 40.45G 111.55Gn
Salto Uruguay **77 E1** 31.23D 57.58Gn
Salton, Môr *ll.* U.D.A. **64 C3** 33.25G 115.45Gn
Salvador Brasil **77 G3** 12.58D 38.20Gn
Salween = Nu *a.* Myanmar **97 J4** 16.30G 97.33Dn
Salyan Azerbaijan **95 G6** 39.36G 48.59Dn
Salzburg Awstria **54 C2** 47.54G 13.03Dn
Salzgitter Yr Almaen **48 E5** 52.02G 10.22Dn
Samandağı Twrci **57 L2** 36.07G 35.55Dn
Samani Japan **106 D4** 42.09G 142.50Dn
Samar *ys.* Pili. **105 H6** 11.45G 125.15Dn
Samara Ffed. Rwsia **58 H3** 53.10G 50.15Dn
Samara *a.* Ukrain **55 N3** 48.27G 35.07Dn
Samarinda Indonesia **104 F3** 0.30D 117.09Dn
Samarra' Iraq **94 F5** 34.13G 43.52Dn
Sambalpur India **97 G5** 21.28G 84.04Dn
Sambas Indonesia **104 D4** 1.20G 109.15Dn
Sambre *a.* Gw. Belg **42 D2** 50.29G 4.52Dn
Same Tanzania **87 B2** 4.04D 37.44Dn
Samoa Cefn. Tawel **108 N5** 13.55D 172.00Gn
Samoa America *ysdd.* Cefn. Tawel **108 O5** 14.20D 170.00Gn
Sámos *ys.* Groeg **56 H2** 37.44G 26.45Dn
Samothráki *ys.* Groeg **56 G4** 40.26G 25.35Dn
Sampit Indonesia **104 E3** 2.34D 112.59Dn
Samsun Twrci **57 M4** 41.17G 36.22Dn
San Mali **84 D3** 13.21G 4.57Gn
San'a Yemen **94 F2** 15.23G 44.14Dn
San Ambrosio *ys.* Chile **109 X4** 26.28D 79.53Gn
Sanandaj Iran **95 G6** 35.18G 47.01Dn
San Andrés, Ys. Colombia **71 H3** 12.35G 81.42Gn
San Antonio U.D.A. **64 G2** 29.25G 98.30Gn
San Antonio, P. Cuba **71 H5** 21.50G 84.57Gn
San Benedicto, Ys. México **70 B4** 19.10G 110.50Gn
San Bernardino U.D.A. **64 C3** 34.07G 117.18Gn
San Blas, P. U.D.A. **65 I2** 29.40G 85.25Gn
Sanclêr Cymru **12 C3** 51.48G 4.30Gn
San Cristóbal Venezuela **71 J2** 7.46G 72.15Gn
San Cristobal *ys.* Ysdd. Solomon **111 F4** 10.40D 162.00Dn
San Cristóbal de la Laguna Ysdd. Dedwydd **46 X2** 28.29G 16.19Gn
San Cristóbal, Ys. Ysdd. Galápagos **76 B4** 0.50D 89.30Gn
Sanda, Ys. Yr Alban **16 D3** 55.17G 5.34Gn
Sandakan Malaysia **104 F5** 5.52G 118.04Dn
Sandane Norwy **43 A3** 61.47G 6.14Dn
Sanday *ys.* Yr Alban **19 G4** 59.15G 2.33Gn
Sanday, Sn. Yr Alban **19 G4** 59.11G 2.35Gn
Sandbach Lloegr **15 E2** 53.09G 2.23Gn
Sandhurst Lloegr **10 E2** 51.21G 0.49Gn
San Diego U.D.A. **64 C3** 32.45G 117.10Gn
Sandnes Norwy **43 A2** 58.51G 5.45Dn
Sandnessjøen Norwy **43 C4** 66.01G 12.40Dn
Sandoway Myanmar **97 I4** 18.28G 94.20Dn
Sandown Lloegr **10 D1** 50.39G 1.09Gn
Sandpoint *tref* U.D.A. **64 C6** 48.17G 116.34Gn
Sandray *ys.* Yr Alban **18 B1** 56.53G 7.31Gn
Sandviken Sweden **43 D3** 60.38G 16.50Dn
Sandwich Lloegr **11 G2** 51.16G 1.21Dn
Sandwich, Ysdd. De Cefn. Iwerydd **72 H1** 58.00D 27.00Gn
Sandy Lloegr **11 E3** 52.08G 0.18Gn
Sandy, P. Awstralia **110 E3** 24.42D 153.17Dn
Sandy Lake *tref* Canada **63 I3** 53.00G 93.00Gn
San Felipe México **70 B7** 31.03G 114.52Gn
San Félix *ys.* Chile **109 W4** 26.23D 80.05Gn
San Fernando Pili. **104 G7** 16.39G 120.19Dn
San Fernando Sbaen **46 B2** 36.28G 6.12Gn
San Fernando de Apure Venezuela **71 K2** 7.53G 67.15Gn
San Francisco U.D.A. **64 B4** 37.45G 122.27Gn
San Francisco, P. Ecuador **76 B5** 0.38G 80.08Gn
San Francisco de Paula, P. Ariannin **75 C2** 49.44D 67.38Gn
Sangha *a.* Congo **82 E4** 1.10D 16.47Dn
Sangihe, Ysdd. Indonesia **105 H4** 2.45G 125.20Dn
Sangkulirang Indonesia **104 F4** 1.00G 117.58Dn
Sangli India **96 E4** 16.55G 74.37Dn
Sangmélima Cameroun **84 F2** 2.57G 11.56Dn
Sangre de Cristo, Mdd. *mdd.* U.D.A. **64 E4** 37.30G 106.00Gn
Sangue *a.* Brasil **77 E3** 11.00D 58.30Gn
San Jorge, Gff. *gff.* Ariannin **75 C2** 46.00D 66.00Gn
San José Costa Rica **71 H3** 9.59G 84.04Gn
San José *ys.* México **70 B6** 25.00G 110.38Gn
San Jose U.D.A. **64 B4** 37.20G 121.55Gn
San Juan Ariannin **76 D1** 31.33D 68.31Gn
San Juan *a.* Costa Rica **71 H3** 10.50G 83.40Gn
San Juan Puerto Rico **71 K4** 18.29G 66.08Gn
San Juan *a.* U.D.A. **64 D4** 37.20G 110.05Gn
San Juan, Mdd. U.D.A. **64 E4** 37.30G 107.00Gn
San Juan Bautista Paraguay **77 E2** 26.37D 57.06Gn
Şanlıurfa Twrci **57 N2** 37.08G 38.45Dn
Sanlúcar de Barrameda Sbaen **46 B2** 36.46G 6.21Gn
San Lucas, P. México **70 B5** 22.50G 110.00Gn
San Luis, Ll. Bolivia **76 D3** 13.40D 64.00Gn
San Luis Obispo U.D.A. **64 B4** 35.16G 120.40Gn
San Luis Potosí México **70 D5** 22.10G 101.00Gn
San Luis Potosí *rhan.* México **70 D5** 23.00G 100.00Gn
San Marino Ewrop **50 E5** 43.55G 12.27Dn
San Marino *tref* San Marino **50 E5** 43.55G 12.27Dn
San Martín *a.* Bolivia **76 D3** 13.05D 63.48Gn
San Martín, Ll. Ariannin **75 B2** 49.00D 72.30Gn
San Matías, Gff. *gff.* Ariannin **75 C2** 41.30D 64.00Gn
San Miguel *a.* Bolivia **76 D3** 12.25D 64.25Gn
San Miguel El Salvador **70 G3** 13.28G 88.10Gn
San Miguel de Tucumán Ariannin **76 D2** 26.47D 65.15Gn
Sanming China **103 L3** 26.25G 117.35Dn
San Pablo Pili. **104 G6** 13.58G 121.10Dn
San Pedro Paraguay **77 E2** 24.08D 57.08Gn
San Pedro, Sierra de *mdd.* Sbaen **46 B3** 39.20G 6.20Gn
San Pedro Sula Honduras **70 G4** 15.26G 88.01Gn
San Pietro *ys.* Yr Eidal **50 C3** 39.09G 8.16Dn
Sanquhar Yr Alban **17 F3** 55.22G 3.56Gn
San Quintín, P. México **64 C3** 30.20G 116.00Gn
San Remo Yr Eidal **50 B5** 43.48G 7.46Dn
San Salvador *ys.* Bahamas **71 J5** 24.00G 74.32Gn
San Salvador El Salvador **70 G3** 13.40G 89.10Gn
San Salvador de Jujuy Ariannin **76 D2** 24.10D 65.20Gn
San Sebastian de la Gomera Ysdd. Dedwydd **46 X2** 28.06G 17.06Gn
San Severo Yr Eidal **50 F4** 41.40G 15.24Dn
San Siôr, Sianel D.U./Gwer. Iwerdd. **20 E1** 52.00G 6.00Gn
Santa Ana El Salvador **70 G3** 14.00G 89.31Gn
Santa Ana U.D.A. **64 C3** 33.44G 117.54Gn
Santa Barbara U.D.A. **64 C3** 34.25G 119.41Gn
Santa Catarina *rhan.* Brasil **77 E2** 27.00D 50.00Gn
Santa Clara Cuba **71 H5** 22.25G 79.58Gn
Santa Cruz Bolivia **76 D3** 17.58D 63.14Gn
Santa Cruz, Ys. Ysdd. Galápagos **76 A4** 0.40D 90.20Gn
Santa Cruz, Ysdd. Ysdd. Solomon **111 F4** 10.30D 166.00Dn
Santa Cruz de la Palma Ysdd. Dedwydd **46 X2** 28.41G 17.46Gn
Santa Cruz de Tenerife Ysdd. Dedwydd **46 X2** 28.27G 16.14Gn
Santa Cruz do Sul Brasil **77 E2** 29.42D 52.25Gn
Santa Elena, Bae Ecuador **76 B4** 2.10D 80.50Gn
Santa Elena, P. Costa Rica **70 G3** 10.54G 85.56Gn
Santa Fé Ariannin **77 D1** 31.38D 60.43Gn
Santa Fe U.D.A. **64 E4** 35.41G 105.57Gn
Santa Isabel *ys.* Ysdd. Solomon **111 E5** 8.00D 159.00Dn
Santa Maria Brasil **77 E2** 29.40D 53.47Gn
Santa Maria *a.* México **70 C7** 31.10G 107.05Gn
Santa Maria U.D.A. **64 B3** 34.56G 120.25Gn
Santa Maria di Leuca, P. Yr Eidal **50 H3** 39.47G 18.24Dn
Santa Marta Colombia **71 J3** 11.18G 74.10Gn
Santander Sbaen **46 D5** 43.28G 3.48Gn
Santarém Brasil **76 E4** 2.26D 54.41Gn
Santarém Portiwgal **46 A3** 39.14G 8.40Gn
Santa Rosa Ariannin **75 C3** 36.00D 64.40Gn
Santa Rosa U.D.A. **64 B4** 38.26G 122.34Gn
Santa Rosalía México **70 B6** 27.20G 112.20Gn
Santiago Chile **75 B3** 33.30D 70.40Gn
Santiago Gwer. Dom. **71 J4** 19.30G 70.42Gn
Santiago Sbaen **46 A5** 42.52G 8.33Gn
Santiago de Cuba Cuba **71 I5** 20.00G 75.49Gn
Santo André Brasil **77 F2** 23.39D 46.29Gn
Santo Antão *ys.* Cabo Verde **84 B3** 17.00G 25.10Gn
Santo Domingo Gwer. Dom. **71 K4** 18.30G 69.57Gn
Santoña Sbaen **46 D5** 43.27G 3.26Gn
Santos Brasil **77 F2** 23.56D 46.22Gn
San Valentín *m.* Chile **75 B2** 46.33D 73.20Gn
São Carlos Brasil **77 F2** 22.01D 47.54Gn
São Francisco *a.* Brasil **77 G3** 10.10D 36.40Gn
São José do Rio Prêto Brasil **77 F2** 20.50D 49.20Gn
São Luís Brasil **77 F4** 2.34D 44.16Gn
São Marcos, Bae Brasil **77 F4** 2.30D 44.15Gn
Saône *a.* Ffrainc **44 F4** 45.46G 4.52Dn
São Paulo Brasil **77 F2** 23.33D 46.39Gn
São Roque, P. Brasil **77 G4** 5.00D 35.00Gn
São Sebastião, Ys. Brasil **77 F2** 23.53D 45.17Gn
São Tiago *ys.* Cabo Verde **84 B3** 15.00G 23.40Gn
São Tomé *ys.* São Tomé a Príncipe **84 E2** 0.19G 6.43Dn
São Tomé, P. Brasil **75 E4** 21.54D 40.59Gn
São Tomé a Príncipe Affrica **84 E2** 1.00G 7.00Dn
São Vicente Brasil **77 F2** 23.57D 46.23Gn
Sã Paulo *rhan.* Brasil **77 F2** 22.05D 48.00Gn
Sapporo Japan **106 D4** 43.05G 141.21Dn
Sapri Yr Eidal **50 F4** 40.04G 15.38Dn
Saqqaq Grønland **63 M5** 70.00G 52.00Gn
Saqqez Iran **95 G6** 36.14G 46.15Dn
Sarab Iran **95 G6** 37.56G 47.35Dn
Sara Buri Gw. Thai **104 C6** 14.32G 100.53Dn
Sarajevo Bosna. **56 D5** 43.52G 18.26Dn
Sarandë Albania **56 E3** 39.52G 20.00Dn
Saransk Ffed. Rwsia **58 G3** 54.12G 45.10Dn
Sarasota U.D.A. **65 J2** 27.20G 82.32Gn
Saratov Ffed. Rwsia **58 G3** 51.30G 45.55Dn
Saravan Iran **95 J4** 27.25G 62.17Dn
Sarawak *rhan.* Malaysia **104 E4** 3.00G 114.00Dn
Sardegna *ys.* Yr Eidal **50 C4** 40.00G 9.00Dn
Sardindida, Gwastadedd *n.* Kenya **87 C3** 2.30G 40.00Dn
Sarektjåkkå *m.* Sweden **43 D4** 67.25G 17.45Dn
Sar-e Pol Afghan. **95 K6** 36.13G 65.55Dn
Sargodha Pakistan **96 E7** 32.01G 72.40Dn
Sarh Tchad **85 F2** 9.08G 18.22Dn
Sarī Iran **95 H6** 36.33G 53.06Dn
Sarigan *ys.* Ysdd. G. Mariana **105 L7** 16.43G 145.47Dn
Sarıyer Twrci **57 I4** 41.11G 29.03Dn
Sark *ys.* Ysdd. y Sianel **13 Y9** 49.26G 2.22Gn
Şarkişla Twrci **57 M3** 39.21G 36.27Dn
Särna Sweden **43 C3** 61.40G 13.10Dn
Sarny Ukrain **55 J4** 51.21G 26.31Dn
Sarn y Cewri *n.* G. Iwerddon **16 C3** 55.14G 6.31Gn
Saros, Gff. Twrci **56 H4** 40.32G 26.25Dn
Sarpsborg Norwy **43 B2** 59.17G 11.06Dn
Sarrebourg Ffrainc **44 G6** 48.43G 7.03Dn
Sarria Sbaen **46 B5** 42.47G 7.25Gn
Sarthe *a.* Ffrainc **44 C5** 47.29G 0.30Gn
Sasebo Japan **106 A2** 33.10G 129.42Dn
Saskatchewan *rhan.* Canada **62 H3** 55.00G 105.00Gn
Saskatchewan *a.* Canada **62 H3** 53.25G 100.15Gn
Saskatchewan Ddl. *a.* Canada **62 H3** 53.15G 105.05Gn
Saskatoon Canada **62 H3** 52.10G 106.40Gn
Sassandra Côte d'Ivoire **84 D2** 4.58G 6.08Gn
Sassari Yr Eidal **50 C4** 40.43G 8.33Dn
Sassnitz Yr Almaen **48 F6** 54.32G 13.40Dn
Satpura, Cn. *mdd.* India **96 F5** 21.50G 76.00Dn
Satu Mare România **54 H2** 47.48G 22.52Dn
Saudhárkrókur Gw. yr Iâ **43 Y2** 65.45G 19.39Gn
Saudi Arabia Asia **94 F3** 25.00G 44.00Dn
Sault Sainte Marie Canada **63 J2** 46.32G 84.20Gn
Sault Sainte Marie U.D.A. **65 J6** 46.30G 84.21Gn
Saumlakki Indonesia **105 I2** 7.59D 131.22Dn
Saundersfoot Cymru **12 C3** 51.43G 4.42Gn
Saurimo Angola **86 B4** 9.38D 20.20Dn
Sava *a.* Iwgo. **56 E6** 44.50G 20.26Dn
Savaii *ys.* Samoa **108 N5** 13.36D 172.27Gn
Savannah U.D.A. **65 J3** 32.09G 81.01Gn
Savannah *a.* U.D.A. **65 J3** 32.10G 81.00Gn
Savannakhét Laos **104 C7** 16.34G 104.55Dn
Save *a.* Moçambique **86 C2** 21.00D 35.01Dn
Savona Yr Eidal **50 C6** 44.18G 8.28Dn
Sawel, M. G. Iwerddon **16 B2** 54.49G 7.03Gn
Sawston Lloegr **11 F3** 52.07G 0.11Dn
Sawtry Lloegr **11 E3** 52.27G 0.15Gn
Sawu *ys.* Indonesia **105 G1** 10.30D 121.50Dn
Sawu, Môr Cefn. Tawel **105 G2** 9.30D 122.30Dn
Saxilby Lloegr **15 G2** 53.17G 0.40Gn
Saxmundham Lloegr **11 G3** 52.13G 1.29Dn
Sayan Dwyreiniol *mdd.* Ffed. Rwsia **59 L3** 53.30G 98.00Dn
Sayan Gorllewinol *mdd.* Ffed. Rwsia **59 L3** 53.00G 92.00Dn
Sayhut Yemen **95 H2** 15.12G 51.12Dn
Sāylac Somalia **85 I3** 11.21G 43.30Dn
Saynshand Mongolia **103 K6** 44.58G 110.10Dn
Sbaen Ewrop **46 C4** 40.00G 4.00Gn
Scafell Pike *m.* Lloegr **14 D3** 54.27G 3.12Gn
Scalasaig Yr Alban **16 C4** 56.04G 6.12Gn
Scalby Lloegr **15 G3** 54.18G 0.26Gn
Scalp *m.* Donegal Gwer. Iwerdd. **16 B3** 55.05G 7.22Gn
Scalp *m.* Galway Gwer. Iwerdd. **20 C3** 53.00G 8.29Gn
Scalpay *ys.* Ucheldir Yr Alban **18 D2** 57.18G 5.58Gn
Scalpay *ys.* Ysdd. y Gn. Yr Alban **18 C2** 57.52G 6.40Gn
Scapa Flow *cf.* Yr Alban **19 F3** 58.53G 3.05Gn
Scarba *ys.* Yr Alban **16 D4** 56.11G 5.42Gn
Scarborough Lloegr **15 G3** 54.17G 0.24Gn
Scarp *ys.* Yr Alban **18 B3** 58.02G 7.07Gn
Schaffhausen Y Swistir **44 H5** 47.42G 8.38Dn
Schagen Yr Iseld. **42 D4** 52.47G 4.47Dn
Schefferville Canada **63 L3** 54.50G 67.00Gn
Schelde *a.* Gw. Belg **42 D3** 51.13G 4.25Dn
Schelde Ddwyreiniol *moryd* Yr Iseld. **42 C3** 51.35G 3.57Dn
Schelde Orllewinol *moryd* Yr Iseld. **42 C3** 51.25G 3.40Dn
Schiehallion *m.* Yr Alban **19 E1** 56.40G 4.08Gn
Schiermonnikoog *ys.* Yr Iseld. **42 F5** 53.28G 6.15Dn
Schleswig Yr Almaen **48 D6** 54.32G 9.34Dn
Schwaben, Alpau *mdd.* Yr Almaen **48 D3** 48.20G 9.30Dn
Schwaner, Cn. Indonesia **104 E3** 0.45D 113.20Dn
Schwedt Yr Almaen **48 G5** 53.04G 14.17Dn
Schweinfurt Yr Almaen **48 E4** 50.03G 10.16Dn
Schwerin Yr Almaen **48 E5** 53.38G 11.25Dn
Scilly, Ynysoedd Lloegr **13 A1** 49.55G 6.20Gn
Scilly, Ynysoedd *rhan.* Lloegr **9 B1** 49.55G 6.20Gn
Scole Lloegr **11 G3** 52.22G 1.10Dn
Scottsbluff U.D.A. **64 F5** 41.52G 103.40Gn
Scourie Yr Alban **18 D3** 58.20G 5.09Gn
Scranton U.D.A. **65 K5** 41.25G 75.40Gn
Scridain, Loch Yr Alban **16 C4** 56.22G 6.06Gn
Scunthorpe Lloegr **15 G2** 53.35G 0.38Gn
Scuol Y Swistir **44 I5** 46.48G 10.18Dn
Seaford Lloegr **11 F1** 50.46G 0.08Dn
Seamer Lloegr **15 G3** 54.14G 0.27Gn
Seascale Lloegr **14 D3** 54.24G 3.29Gn
Seaton Cumbria Lloegr **14 D3** 54.41G 3.31Gn
Seaton Dyfnaint Lloegr **13 D2** 50.43G 3.05Gn
Seaton Delaval Lloegr **15 F4** 55.05G 1.31Gn
Seattle U.D.A. **64 B6** 47.35G 122.20Gn
Sebastián Vizcaíno, Bae México **70 B6** 28.20G 114.45Gn
Sechura, Bae Periw **76 B4** 5.30D 81.00Gn
Secunderabad India **97 F4** 17.27G 78.27Dn
Sedan Ffrainc **44 F6** 49.42G 4.57Dn
Sedbergh Lloegr **14 E3** 54.20G 2.31Gn
Seefin *m.* Gwer. Iwerdd. **20 D2** 52.13G 7.36Gn
Segovia Sbaen **46 C4** 40.57G 4.07Gn
Segura, Sierra de *mdd.* Sbaen **46 D3** 38.00G 2.50Gn
Seiland *ys.* Norwy **43 E5** 70.30G 23.00Dn
Seinäjoki Y Ffindir **43 E3** 62.45G 22.55Dn
Seine *a.* Ffrainc **44 D6** 49.28G 0.25Dn
Seine, Bae Ffrainc **44 C6** 49.40G 0.30Gn
Sekondi-Takoradi Ghana **84 D2** 4.59G 1.43Gn
Seland Newydd Austa. **111 G1** 41.00D 175.00Dn
Selaru *ys.* Indonesia **105 I2** 8.15D 131.00Dn
Selatan, P. Indonesia **104 E3** 4.20D 114.45Dn
Selatan, Ys. Indonesia **104 C3** 3.00D 100.18Dn
Selattyn Lloegr **10 B3** 52.54G 3.05Gn
Selawik U.D.A. **62 C4** 66.35G 160.10Gn
Selby Lloegr **15 F2** 53.47G 1.05Gn
Selfas *n.* Brasil **76 D4** 8.00D 68.00Gn
Selkirk Canada **62 I3** 50.10G 96.52Gn
Selkirk Yr Alban **17 G3** 55.33G 2.51Gn
Sellindge Lloegr **11 G2** 51.07G 1.00Dn
Selsey Lloegr **10 E1** 50.44G 0.47Gn
Selsey Bill *p.* Lloegr **10 E1** 50.44G 0.47Gn
Selwyn, Cn. *mdd.* Awstralia **110 C4** 21.35D 140.35Dn
Selwyn, Mdd. Canada **62 E4** 63.00G 130.00Gn
Seman *a.* Albania **56 D4** 40.53G 19.25Dn
Semarang Indonesia **104 E2** 6.58D 110.29Dn
Semenivka Ukrain **55 M5** 52.08G 32.36Dn
Seminoe, Cr. U.D.A. **64 E5** 42.05G 106.50Gn
Semipalatinsk Kazakhstan **102 E8** 50.26G 80.16Dn
Semnan Iran **95 H6** 35.31G 53.24Dn
Semois *a.* Ffrainc/Gw. Belg **42 D1** 49.53G 4.45Dn
Sendai Japan **106 D3** 38.20G 140.50Dn
Sénégal Affrica **84 C3** 14.15G 14.15Gn
Sénégal *a.* Sénégal/Mauritania **84 C3** 16.00G 16.28Gn
Senja *ys.* Norwy **43 D5** 69.20G 17.30Dn
Senlis Ffrainc **42 B1** 49.12G 2.35Dn
Sennar Sudan **85 H3** 13.31G 33.38Dn
Sens Ffrainc **44 E6** 48.12G 3.18Dn
Sept-Îles *tref* Canada **63 L3** 50.13G 66.22Gn
Seram *ys.* Indonesia **105 H3** 3.10D 129.30Dn
Seram, Môr Cefn. Tawel **105 H3** 2.50D 128.00Dn
Serang Indonesia **104 D2** 6.07D 106.09Dn
Seremban Malaysia **104 C4** 2.42G 101.54Dn
Serengeti, Gwastadeddau *n.* Kenya **87 B2** 3.30D 37.50Dn
Serengeti, Parc Cen. Tanzania **87 A2** 2.20D 34.55Dn
Serere Uganda **87 A3** 1.31G 33.25Dn
Seret *a.* Ukrain **55 I3** 48.38G 25.52Dn
Sergipe *rhan.* Brasil **77 G3** 11.00D 37.00Gn
Seria Brunei **104 E4** 4.39G 114.23Dn
Serov Ffed. Rwsia **58 I3** 59.42G 60.32Dn
Serowe Botswana **86 B2** 22.25D 26.44Dn
Serpukhov Ffed. Rwsia **55 O6** 54.53G 37.25Dn
Serrai Groeg **56 F4** 41.04G 23.32Dn
Serui Indonesia **105 J3** 1.53D 136.15Dn
Sestroretsk Ffed. Rwsia **43 G3** 60.09G 29.58Dn
Sète Ffrainc **44 E3** 43.25G 3.43Dn
Sete Lagoas Brasil **77 F3** 19.29D 44.15Gn
Setesdal *n.* Norwy **43 A2** 59.20G 7.25Dn
Sétif Algeria **84 E5** 36.09G 5.26Dn
Seto-naikai *cf.* Japan **106 B2** 34.00G 132.30Dn
Settat Moroco **84 D5** 33.04G 7.37Gn
Settle Lloegr **15 E3** 54.05G 2.18Gn
Setúbal Portiwgal **46 A3** 38.31G 8.54Gn
Setúbal, Bae Portiwgal **46 A3** 38.20G 9.00Gn
Seul, Ll. *ll.* Canada **65 H7** 50.20G 92.30Gn
Sevastopol' Ukrain **55 M1** 44.36G 33.31Dn
Sevenoaks Lloegr **11 F2** 51.16G 0.12Dn
Severn *a.* Canada **63 J3** 56.00G 87.40Gn
Severnaya Zemlya *ysdd.* Ffed. Rwsia **59 L5** 80.00G 96.00Dn
Severo-Kurilsk Ffed. Rwsia **59 R3** 50.40G 156.01Dn
Sevilla Sbaen **46 C2** 37.24G 5.59Gn
Seward U.D.A. **62 D4** 60.05G 149.34Gn
Seward, Gor. U.D.A. **62 B4** 65.00G 164.10Gn
Seychelles Cefn. India **85 J1** 5.00D 55.00Dn
Seydhisfjördhur Gw. yr Iâ **43 Z2** 65.16G 14.02Gn
Seydişehir Twrci **57 J2** 37.25G 31.51Dn
Seym *a.* Ffed. Rwsia **55 M4** 51.30G 32.30Dn
Sfântu Gheorghe România **56 G6** 45.52G 25.50Dn
Sfax Tunisia **84 F5** 34.45G 10.43Dn
's-Gravenhage (Den Haag) Yr Iseld. **42 D4** 52.05G 4.16Dn
Sgurr Dhomhnuill *m.* Yr Alban **18 D1** 56.47G 5.25Gn
Sgurr Mor *m.* Yr Alban **18 D2** 57.41G 5.01Gn
Shaanxi *rhan.* China **103 J4** 34.00G 109.00Dn
Shaftesbury Lloegr **10 C2** 51.00G 2.12Gn
Shahr-e Kord Iran **95 H5** 32.40G 50.52Dn
Shandong *rhan.* China **103 L5** 35.45G 117.30Dn
Shandong, Gor. China **103 M5** 37.00G 121.30Dn
Shanghai China **103 M4** 31.13G 121.25Dn
Shangqiu China **103 L4** 34.21G 115.40Dn
Shangzhi China **106 A5** 45.13G 127.59Dn
Shanklin Lloegr **10 D1** 50.38G 1.10Gn
Shannon (Llinon) *a.* Gwer. Iwerdd. **20 C2** 52.39G 8.43Gn
Shannon, Aber Afon *moryd* Gwer. Iwerdd. **20 B2** 52.29G 9.57Gn
Shantar, Ysdd. Ffed. Rwsia **59 P3** 55.00G 138.00Dn
Shanxi *rhan.* China **103 K5** 36.45G 112.00Dn
Shaoguan China **103 K2** 24.54G 113.33Dn
Shaoxing China **103 M3** 30.02G 120.35Dn
Shaoyang China **103 K3** 27.43G 111.24Dn
Shap Lloegr **14 E3** 54.32G 2.40Gn
Shapinsay *ys.* Yr Alban **19 G4** 59.03G 2.51Gn
Shaqra Saudi Arabia **94 G4** 25.17G 45.14Dn
Sharja E.A.U. **95 I4** 25.20G 55.26Dn
Shark, Bae Awstralia **108 G4** 25.30D 113.30Dn
Shashemene Ethiopia **85 H2** 7.13G 38.33Dn
Shashi China **103 K4** 30.16G 112.20Dn
Shasta, M. U.D.A. **64 B5** 41.35G 122.12Gn
Shawinigan Canada **65 L6** 46.33G 72.45Gn
Shchigry Ffed. Rwsia **55 O4** 51.52G 36.54Dn
Shebele *a.* Somalia **85 I2** 0.30G 43.10Dn
Sheberghan Afghan. **95 K6** 36.40G 65.42Dn
Sheelin, Loch Gwer. Iwerdd. **20 D3** 53.48G 7.20Gn
Sheep Haven *b.* Gwer. Iwerdd. **16 B3** 55.12G 7.52Gn
Sheerness Lloegr **11 F2** 51.26G 0.47Dn
Sheffield Lloegr **15 F2** 53.23G 1.28Gn
Shelby U.D.A. **64 D6** 48.30G 111.52Gn
Shelekhov, Gff. Ffed. Rwsia **59 R4** 61.00G 158.00Dn
Shelikof, Cf. U.D.A. **62 C3** 58.00G 153.45Gn
Shengena *m.* Tanzania **87 B2** 4.17D 37.52Dn
Shenyang China **103 M6** 41.50G 123.26Dn
Shenzhen China **103 K2** 22.32G 114.08Dn
Shepetivka Ukrain **55 J4** 50.12G 27.01Dn
Sheppey, Ynys Lloegr **11 F2** 51.24G 0.50Dn
Shepshed Lloegr **10 D3** 52.46G 1.17Gn
Shepton Mallet Lloegr **13 E3** 51.11G 2.31Gn
Sherborne Lloegr **10 C1** 50.56G 2.31Gn
Sherbrooke Canada **63 K2** 45.24G 71.54Gn
Shereiq Sudan **94 D2** 18.44G 33.37Dn
Sheridan U.D.A. **64 E5** 44.48G 107.05Gn
Sheringham Lloegr **11 G3** 52.56G 1.11Dn
's-Hertogenbosch Yr Iseld. **42 E3** 51.42G 5.19Dn
Sherwood, Fforest *n.* Lloegr **15 G2** 53.10G 0.55Gn
Shetland *rhan.* Yr Alban **8 E7** 60.20G 1.15Gn
Shetland, Ysdd. Yr Alban **19 Y9** 60.20G 1.15Gn
Shetland, Ysdd. De Antarctica **112** 62.00D 60.00Gn
Shiant, Ysdd. Yr Alban **18 C2** 57.54G 6.20Gn
Shibam Yemen **95 G2** 15.56G 48.38Dn
Shibīn el Kôm Yr Aifft **53 J3** 30.33G 31.00Dn
Shiel, Loch Yr Alban **18 D1** 56.50G 5.35Gn
Shieldaig (Sildeag) Yr Alban **18 D2** 57.31G 5.40Gn
Shifnal Lloegr **10 C3** 52.40G 2.23Gn
Shijiazhuang China **103 K5** 38.04G 114.28Dn
Shikarpur Pakistan **96 D6** 27.58G 68.42Dn
Shikoku *ys.* Japan **106 B2** 33.30G 133.00Dn
Shikoku, Mdd. Japan **106 B2** 34.00G 134.00Dn
Shikotan-to *ys.* Ffed. Rwsia **106 E4** 43.47G 148.45Dn
Shildon Lloegr **15 F3** 54.37G 1.39Gn
Shillong India **97 I6** 25.34G 91.53Dn
Shimoga India **96 F3** 13.56G 75.31Dn
Shimoni Kenya **87 B2** 4.38D 39.20Dn
Shimonoseki Japan **106 B2** 34.02G 130.58Dn
Shin, Loch Yr Alban **19 E3** 58.06G 4.32Gn
Shingū Japan **106 C2** 33.44G 135.59Dn
Shining Tor *bryn* Lloegr **15 E2** 53.16G 2.01Gn
Shipley Lloegr **15 F2** 53.50G 1.47Gn
Shipston on Stour Lloegr **10 D3** 52.04G 1.38Gn
Shīraz Iran **95 H4** 29.36G 52.33Dn
Shire *a.* Moçambique **86 C3** 17.44D 35.17Dn
Shizuishan China **103 J5** 39.17G 106.52Dn
Shizuoka Japan **106 C2** 35.00G 138.28Dn
Shklow Belarus **55 L6** 54.16G 30.16Dn
Shkodër Albania **56 D5** 42.03G 19.30Dn
Shkodër, Ll. Albania/Iwgo. **56 D5** 42.10G 19.18Dn
Sholapur India **96 F4** 17.43G 75.56Dn
Shostka Ukrain **55 M4** 51.53G 33.30Dn
Shpola Ukrain **55 L3** 49.00G 31.25Dn
Shreveport U.D.A. **65 H3** 32.30G 93.46Gn
Shrewsbury (Amwythig) Lloegr **10 C3** 52.42G 2.45Gn
Shuangjiang China **103 H2** 23.25G 99.49Dn
Shuangyashan China **103 O7** 46.37G 131.22Dn
Shumagin, Ysdd. U.D.A. **62 C3** 55.00G 160.00Gn
Shumen Bwlgaria **56 H5** 43.15G 26.55Dn
Shuqrah Yemen **95 G1** 13.21G 45.42Dn
Shushtar Iran **95 G5** 32.04G 48.53Dn
Shwebo Myanmar **97 J5** 22.35G 95.42Dn
Shwegyin Myanmar **97 J4** 17.56G 96.59Dn
Shymkent Kazakhstan **102 B6** 42.16G 69.05Dn
Siahan, Cn *mdd.* Pakistan **95 J4** 27.30G 64.30Dn
Sianel, Y (Y Môr Udd) Ffrainc/D.U. **44 C7** 50.15G 1.00Gn
Sianel Ten Degree Cefn. India **97 I2** 10.00G 92.30Dn
Sianel y Gogledd D.U. **16 D2** 55.00G 5.30Gn
Šiauliai Lithuania **54 H6** 55.51G 23.20Dn
Siaya Kenya **87 A3** 0.05G 34.18Dn
Šibenik Croatia **56 B5** 43.45G 15.55Dn
Siberia *n.* Asia **117 O9** 62.00G 110.00Dn
Siberia, Gwastadedd Gn. *n.* Ffed. Rwsia **58 J4** 60.00G 75.00Dn

Siberia, Llwyfandir Canolbarth n. Ffed. Rwsia 59 M4 66.00G 108.00Dn
Siberia, Môr Dn. Ffed. Rwsia 59 S5 73.00G 160.00Dn
Siberut ys. Indonesia 104 B3 1.30D 99.00Dn
Sibi Pakistan 96 D6 29.31G 67.54Dn
Sibiloi, Parc Cen. Kenya 87 B3 4.00G 36.30Dn
Sibiu România 56 G6 45.47G 24.09Dn
Sibolga Indonesia 104 B4 1.42G 98.48Dn
Sibsey Lloegr 15 H2 53.02G 0.01Dn
Sibu Malaysia 104 E4 2.18G 111.49Dn
Sibut G.C.A. 85 F2 5.46G 19.06Dn
Sichuan rhan. China 103 I4 30.30G 103.00Dn
Sicilia ys. Yr Eidal 50 E2 37.30G 14.00Dn
Sidi bel Abbès Algeria 84 D5 35.15G 0.39Gn
Sidi Kacem Moroco 52 B3 34.15G 5.39Gn
Sidlaw, Bryniau Yr Alban 17 F4 56.31G 3.10Gn
Sidmouth Lloegr 13 D2 50.40G 3.13Gn
Sidoan Indonesia 104 G4 0.19G 120.12Dn
Sidon Libanus 94 E5 33.32G 35.22Dn
Siedlce Gw. Pwyl 54 H5 52.10G 22.18Dn
Siegen Yr Almaen 48 D4 50.52G 8.02Dn
Siena Yr Eidal 50 D5 43.19G 11.20Dn
Sierra Leone Affrica 84 C2 8.30G 12.00Gn
Sierra Madre Deheuol mdd. México 70 E4 17.00G 100.00Gn
Sierra Madre Dwyreiniol mdd. México 70 D5 24.00G 101.00Gn
Sierra Madre Gorllewinol mdd. México 70 C6 25.00G 105.00Gn
Sierra Nevada del Cocuy m. Colombia 71 J2 6.30G 72.21Gn
Siglufjördhur Gw. yr Iâ 43 Y2 66.09G 18.55Gn
Sigüenza Sbaen 46 D4 41.04G 2.38Gn
Sihanoukville Cambodia 104 C6 10.32G 103.28Dn
Siilinjärvi Y Ffindir 43 F3 63.05G 27.40Dn
Siirt Twrci 94 F6 37.56G 41.56Dn
Sikar India 96 F6 27.33G 75.12Dn
Sikasso Mali 84 D3 11.18G 5.38Gn
Sikeston U.D.A. 65 I4 36.53G 89.35Gn
Sikhote-Alin, Cn. mdd. Ffed. Rwsia 59 P2 45.20G 136.50Dn
Sikkim rhan. India 97 H6 27.30G 88.30Dn
Sil a. Sbaen 46 B5 42.24G 7.15Gn
Silesia, Llwyfandir mdd. Gw. Pwyl 54 F4 50.30G 19.30Dn
Silifke Twrci 57 K2 36.22G 33.57Dn
Siling Co ll. China 102 F4 31.40G 88.30Dn
Silistra Bwlgaria 56 H6 44.07G 27.17Dn
Siljan ll. Sweden 43 C3 60.50G 14.40Dn
Šilutė Lithuania 54 G6 55.18G 21.30Dn
Silver City U.D.A. 64 E3 32.47G 108.16Gn
Silverstone Lloegr 10 D3 52.05G 1.03Gn
Silverton Lloegr 13 D2 50.49G 3.29Gn
Simanggang Malaysia 104 E4 1.10G 111.32Dn
Simbirsk Ffed. Rwsia 58 G3 54.19G 48.22Dn
Simen, Mdd. Ethiopia 94 E1 13.30G 37.50Dn
Simeuluë ys. Indonesia 104 B4 2.30G 96.00Dn
Simferopol' Ukrain 55 N1 44.57G 34.05Dn
Simojärvi ll. Y Ffindir 43 F4 66.06G 27.03Dn
Simplon, Bwlch Y Swistir 44 H5 46.15G 8.03Dn
Simpson, Diffeithwch Awstralia 110 C3 25.00D 136.50Dn
Sinai gor. Yr Aifft 94 D4 29.00G 34.00Dn
Sinaloa rhan. México 70 C5 25.00G 107.30Gn
Sincelejo Colombia 71 I2 9.17G 75.23Gn
Sinclair, Bae Yr Alban 19 F3 58.30G 3.07Gn
Sines Portiwgal 46 A2 37.58G 8.52Gn
Singa Sudan 94 D1 13.09G 33.56Dn
Singapore Asia 104 C4 1.20G 103.45Dn
Singapore tref Singapore 104 C4 1.20G 103.45Dn
Singaraja Indonesia 104 F2 8.06D 115.07Dn
Singida Tanzania 86 C4 4.45D 34.42Dn
Singkawang Indonesia 104 D4 0.57G 108.57Dn
Sinj Croatia 56 C5 43.42G 16.38Dn
Sinkat Sudan 94 E2 18.50G 36.50Dn
Sinop Twrci 57 L5 42.02G 35.09Dn
Sint Maarten ys. Ant. Iseld. 71 L4 18.05G 63.05Gn
Sion Mills G. Iwerddon 16 B2 54.47G 7.30Gn
Sioux City U.D.A. 64 G5 42.30G 96.28Gn
Sioux Falls tref U.D.A. 64 G5 43.34G 96.42Gn
Sioux Lookout tref Canada 63 I3 50.07G 91.54Gn
Sipacate Guatemala 70 F3 13.56G 91.10Gn
Siping China 103 M6 43.15G 124.25Dn
Sipura ys. Indonesia 104 B3 2.10D 99.40Dn
Sira a. Norwy 43 A2 58.13G 6.13Dn
Siracusa Yr Eidal 50 F2 37.05G 15.17Dn
Siret a. România 55 J1 45.28G 27.56Dn
Sirte Libya 85 F5 31.10G 16.39Dn
Sirte, Gff. Libya 85 F5 31.45G 17.50Dn
Sisak Croatia 56 C6 45.30G 16.21Dn
Sisimiut Grønland 63 M4 66.55G 53.50Gn
Sisophon Cambodia 104 C6 13.37G 102.58Dn
Sisteron Ffrainc 44 F4 44.16G 5.56Dn
Sitía Groeg 56 H1 35.13G 26.06Dn
Sitka U.D.A. 62 E3 57.05G 135.20Gn
Sittard Yr Iseld. 42 E2 51.00G 5.52Dn
Sittingbourne Lloegr 11 F2 51.20G 0.43Dn
Sittwe Myanmar 97 I5 20.09G 92.55Dn
Sivas Twrci 57 M3 39.44G 37.01Dn
Siverek Twrci 57 N2 37.46G 39.19Dn
Sivrihisar Twrci 57 J3 39.29G 31.32Dn
Siwa Yr Aifft 94 C4 29.11G 25.31Dn
Sjælland ys. Denmarc 43 B1 55.30G 12.00Dn
S. Jorge, Gff. Sbaen 46 F4 40.50G 1.10Dn
Skaftárós b. Gw. yr Iâ 43 Y1 63.40G 17.48Gn
Skagen Denmarc 43 B2 57.44G 10.36Dn
Skagerrak cf. Denmarc/Norwy 43 B2 57.45G 8.55Dn
Skagway U.D.A. 62 E3 59.23G 135.20Gn
Skaill Yr Alban 19 G3 58.57G 2.43Gn
Skara Sweden 43 C2 58.23G 13.25Dn
Skarżysko-Kamienna Gw. Pwyl 54 G4 51.08G 20.53Dn
Skegness Lloegr 15 H2 53.09G 0.20Dn
Skellefte a. Sweden 43 E4 64.44G 21.07Dn
Skellefteå Sweden 43 E4 64.45G 21.00Dn
Skelmersdale Lloegr 14 E2 53.34G 2.49Gn
Skerries Gwer. Iwerdd. 20 E3 53.34G 6.07Gn
Ski Norwy 43 B2 59.43G 10.52Dn
Skibbereen Gwer. Iwerdd. 20 B1 51.33G 9.15Gn
Skiddaw m. Lloegr 14 D3 54.40G 3.09Gn
Skien Norwy 43 B2 59.14G 9.37Dn
Skikda Algeria 84 E5 36.50G 6.58Dn
Skipton Lloegr 15 E2 53.57G 2.01Gn
Skíros ys. Groeg 56 G3 38.50G 24.33Dn
Skive Denmarc 43 B2 56.34G 9.03Dn
Skokholm, Ys. Cymru 12 B3 51.42G 5.17Gn
Skomer, Ys. Cymru 12 B3 51.45G 5.18Gn
Skopje Macedonia 56 E4 41.58G 21.27Dn
Skövde Sweden 43 C2 58.24G 13.52Dn
Skovorodino Ffed. Rwsia 59 O3 54.00G 123.53Dn
Skye (An t-Eilean Sgiathanach) ys. Yr Alban 18 C2 57.20G 6.15Gn
Slamet m. Indonesia 104 D2 7.10D 109.10Dn
Slaney a. Gwer. Iwerdd. 20 E2 52.21G 6.30Gn
Slatina România 56 G6 44.26G 24.23Dn
Slave a. Canada 62 G4 61.10G 113.30Gn
Slave Lake tref Canada 62 G3 55.17G 114.43Gn
Slavyansk-na-Kubani Ffed. Rwsia 57 N6 45.14G 38.08Dn
Sleaford Lloegr 15 G2 53.00G 0.22Gn
Sleat, Sn. Yr Alban 18 D2 57.07G 5.45Gn
Sleights Lloegr 15 G3 54.26G 0.40Gn
Slieve Anierin m. Gwer. Iwerdd. 16 B2 54.06G 7.58Gn
Slieve Beagh m. G. Iwerddon 16 B2 54.21G 7.12Gn
Slievecallan m. Gwer. Iwerdd. 20 B2 52.50G 9.20Gn
Slieve Car m. Gwer. Iwerdd. 20 B4 54.04G 9.39Gn
Slieve Donard m. G. Iwerddon 16 D2 54.11G 5.56Gn
Slievenamon m. Gwer. Iwerdd. 20 D2 52.26G 7.37Gn
Slieve Snaght m. Gwer. Iwerdd. 20 D5 55.12G 7.20Gn
Sligo Gwer. Iwerdd. 20 C4 54.17G 8.28Gn
Sligo rhan. Gwer. Iwerdd. 20 C4 54.10G 8.35Gn
Sligo, Bae Gwer. Iwerdd. 20 C4 54.18G 8.40Gn
Sliven Bwlgaria 56 H5 42.41G 26.19Dn
Slobozia România 56 H6 44.34G 27.23Dn
Slofacia Ewrop 54 F3 49.00G 19.00Dn
Slot, Y cf. Ysdd. Solomon 111 E5 7.30D 157.00Dn
Slough Lloegr 11 E2 51.30G 0.35Gn
Slough rhan. Lloegr 9 E2 51.30G 0.35Gn
Slovenija Ewrop 54 D1 46.00G 14.30Dn
Slov"yans'k Ukrain 55 O3 48.51G 37.36Dn
Slovyechna a. Belarus 55 K4 51.41G 29.41Dn
Sluch a. Belarus/Ukrain 55 J5 52.08G 27.31Dn
Słupsk Gw. Pwyl 54 E6 54.28G 17.01Dn
Slutsk Belarus 55 J5 53.02G 27.31Dn
Slyne, Pr. Gwer. Iwerdd. 20 A3 53.25G 10.12Gn
Slyudyanka Ffed. Rwsia 103 I8 51.40G 103.40Dn
Smallwood, Cr. Canada 63 L3 54.00G 64.00Gn
Smarhon' Belarus 55 J6 54.28G 26.20Dn
Smila Ukrain 55 L3 49.15G 31.54Dn
Smoky a. Canada 62 G3 56.10G 117.21Gn
Smøla ys. Norwy 43 A3 63.20G 8.00Dn
Smolensk Ffed. Rwsia 55 M6 54.49G 32.04Dn
Smólikas m. Groeg 56 E4 40.06G 20.55Dn
Smolyan Bwlgaria 56 G4 41.34G 24.45Dn
Smyrna = İzmir Twrci 56 H3 38.24G 27.09Dn
Smyrna, Gff. Twrci 56 H3 38.30G 26.45Dn
Snæfell m. Gw. yr Iâ 43 Z2 64.48G 15.34Gn
Snaefell m. Ynys Manaw 14 C3 54.16G 4.28Gn
Snaith Lloegr 15 F2 53.42G 1.01Gn
Snake a. U.D.A. 64 C6 46.15G 119.00Gn
Snares, Ysdd. ysdd. Seland Newydd 108 L2 48.00D 166.30Dn
Sneek/Snits Yr Iseld. 42 E5 53.03G 5.40Dn
Snettisham Lloegr 11 F3 52.53G 0.30Dn
Snizort, Loch Yr Alban 18 C2 57.35G 6.30Gn
Snøtinden m. Norwy 43 C4 66.30G 14.00Dn
Snov a. Ukrain 55 L4 51.45G 31.45Dn
Soay ys. Yr Alban 18 C2 57.09G 6.13Gn
Sobral Brasil 77 F4 3.45D 40.20Gn
Sochi Ffed. Rwsia 58 F2 43.35G 39.46Dn
Société, Ysdd. Cefn. Tawel 108 P5 17.00D 150.00Gn
Socorro, Ys. México 70 B4 18.45G 110.58Gn
Socotra ys. Yemen 85 J3 12.30G 54.00Dn
Sodankylä Y Ffindir 43 F2 67.21G 26.31Dn
Söderhamn Sweden 43 D3 61.19G 17.10Dn
Södertälje Sweden 43 D2 59.11G 17.39Dn
Sodo Ethiopia 85 H2 6.52G 37.47Dn
Sofiya (Sofia) Bwlgaria 56 F5 42.41G 23.19Dn
Sogne, Ffiord moryd Norwy 43 A3 61.10G 5.50Dn
Sohâg Yr Aifft 94 D4 26.33G 31.42Dn
Soham Lloegr 11 F3 52.20G 0.20Dn
Soignies Gw. Belg 42 D2 50.35G 4.04Dn
Soissons Ffrainc 44 E6 49.23G 3.20Dn
Söke Twrci 56 H2 37.46G 27.26Dn
Sokhumi Georgia 57 O5 43.01G 41.01Dn
Sokółka Gw. Pwyl 54 H5 53.25G 23.31Dn
Sokoto Nigeria 84 E3 13.02G 5.15Dn
Sokoto a. Nigeria 84 E3 11.23G 4.05Dn
Solent, Y cf. Lloegr 10 D1 50.45G 1.20Gn
Solihull Lloegr 10 D3 52.26G 1.47Gn
Solikamsk Ffed. Rwsia 58 H3 59.40G 56.45Dn
Sollefteå Sweden 43 D3 63.09G 17.15Dn
Solomon, Môr Cefn. Tawel 110 E5 7.00G 153.00Dn
Solomon, Ysdd. Cefn. Tawel 111 F5 8.00D 160.00Dn
Sölvesborg Sweden 54 D6 56.03G 14.33Dn
Solway, Moryd Lloegr/Yr Alban 17 F2 54.52G 3.30Gn
Solwezi Zambia 86 B3 12.11D 26.23Dn
Soma Twrci 57 H3 39.10G 27.36Dn
Somalia Affrica 85 I2 5.30G 47.00Dn
Sombor Iwgo. 56 D6 45.48G 19.08Dn
Somerset, Ys. Canada 63 I5 73.00G 93.30Gn
Somerton Lloegr 13 E3 51.03G 2.44Gn
Sommen ll. Sweden 43 C2 58.05G 15.15Dn
Songea Tanzania 86 C3 10.42D 35.39Dn
Songkhla Gw. Thai 104 C5 7.13G 100.37Dn
Son La Viet Nam 104 C8 21.20G 103.55Dn
Sono a. Brasil 77 F4 8.59D 48.12Gn
Sonora rhan. México 70 B6 29.20G 110.40Gn
Sonora a. México 70 B6 28.45G 111.55Gn
Soria Sbaen 46 D4 41.46G 2.28Gn
Soroca Moldova 55 K3 48.08G 28.12Dn
Sorocaba Brasil 77 F2 23.30D 47.32Gn
Sorol ys. Tal. Ffed. Micronesia 105 K5 8.09G 140.25Dn
Sorong Indonesia 105 I3 0.50D 131.17Dn
Soroti Uganda 87 A3 1.42G 33.37Dn
Sørøya ys. Norwy 43 E5 70.30G 22.30Dn
Sorraia a. Portiwgal 46 A3 39.00G 8.51Gn
Sorsele Sweden 43 D4 65.32G 17.34Dn
Sortavala Ffed. Rwsia 43 G3 61.40G 30.40Dn
Soshanguve G.D.A. 86 B2 25.28D 28.11Dn
Sosna a. Ffed. Rwsia 55 P5 52.38G 38.50Dn
Sosnowiec Gw. Pwyl 54 F4 50.18G 19.08Dn
Souk Ahras Algeria 52 E4 36.17G 7.57Dn
Sŏul De Korea 103 N5 37.30G 127.00Dn
Souris a. Canada 64 G6 49.38G 99.35Gn
Sousse Tunisia 84 F5 35.48G 10.38Dn
Southam Lloegr 10 D3 52.16G 1.24Gn
Southampton Lloegr 10 D1 50.54G 1.23Gn
Southampton rhan. Lloegr 9 E2 50.54G 1.23Gn
Southampton, Ys. Canada 63 J4 64.30G 84.00Gn
South Anston Lloegr 15 F2 53.22G 1.13Gn
South Bank Lloegr 15 F3 54.35G 1.10Gn
South Bend U.D.A. 65 I5 41.40G 86.15Gn
Southborough Lloegr 11 F2 51.10G 0.15Dn
South Cave Lloegr 15 G2 53.46G 0.37Gn
Southend-on-Sea Lloegr 11 F2 51.32G 0.43Dn
Southend-on-Sea rhan. Lloegr 9 F2 51.32G 0.43Dn
Southery Lloegr 11 F3 52.32G 0.23Dn
South Horr Kenya 87 B3 2.10G 36.55Dn
South Kirkby Lloegr 15 F2 53.35G 1.25Gn
Southminster Lloegr 11 F2 51.40G 0.51Dn
South Molton Lloegr 13 D3 51.01G 3.50Gn
South Ockendon Lloegr 11 F2 51.32G 0.18Dn
Southport Awstralia 110 E3 27.58D 153.20Dn
Southport Lloegr 14 D2 53.38G 3.01Gn
South Shields Lloegr 15 F4 55.00G 1.24Gn
Southwell Lloegr 15 G2 53.05G 0.58Gn
Southwold Lloegr 11 G3 52.19G 1.41Dn
South Woodham Ferrers Lloegr 11 F2 51.39G 0.36Dn
South Wootton Lloegr 11 F3 52.47G 0.26Dn
Sovetsk Ffed. Rwsia 54 G6 55.02G 21.50Dn
Sovetskaya Gavan' Ffed. Rwsia 103 Q7 48.57G 140.16Dn
Soweto G.D.A. 86 B2 26.16D 27.51Dn
Spalding Lloegr 11 E3 52.47G 0.09Gn
Span Head bryn Lloegr 13 D3 51.09G 3.51Gn
Spárti Groeg 56 F2 37.04G 22.28Dn
Spartivento, P. Calabria Yr Eidal 50 G2 37.55G 16.04Dn
Spartivento, P. Sardegna Yr Eidal 50 C3 38.53G 8.51Dn
Spassk Dal'niy Ffed. Rwsia 106 B4 44.37G 132.37Dn
Spátha, P. Groeg 56 F1 35.42G 23.43Dn
Speke, Gff. Tanzania 87 A2 2.18D 33.25Dn
Spencer, Gff. Awstralia 110 C2 34.30D 136.10Dn
Spennymoor tref Lloegr 15 F3 54.43G 1.35Gn
Sperrin, Mdd. G. Iwerddon 16 B2 54.48G 7.06Gn
Spey a. Yr Alban 19 F2 57.40G 3.06Gn
Speyer Yr Almaen 48 D3 49.19G 8.26Dn
Spijkenisse Yr Iseld. 42 D3 51.52G 4.19Dn
Spilsby Lloegr 15 H2 53.10G 0.06Dn
Spitsbergen ysdd. Cefn. Arctig 58 D5 78.00G 19.00Dn
Split Croatia 56 C5 43.32G 16.27Dn
Spofforth Lloegr 15 F2 53.57G 1.26Gn
Spokane U.D.A. 64 C6 47.40G 117.25Gn
Sporádhes Gogleddol ysdd. Groeg 56 F3 39.00G 24.00Dn
Spratly, Ysdd. Môr De China 104 E5 9.00G 112.50Dn
Spree a. Yr Almaen 48 F5 52.32G 13.15Dn
Springfield Ill. U.D.A. 65 I4 39.49G 89.39Gn
Springfield Miss. U.D.A. 65 H4 37.11G 93.19Gn
Springhill Canada 65 N6 45.39G 64.03Gn
Sprowston Lloegr 11 G3 52.38G 1.22Dn
Spurn, Pr. Lloegr 15 H2 53.35G 0.08Dn
Srebrenica Bosna. 56 D6 44.06G 19.20Dn
Srednekolymsk Ffed. Rwsia 59 R4 67.27G 153.35Dn
Sretensk Ffed. Rwsia 103 L8 52.15G 117.52Dn
Sri Lanka Asia 97 G2 7.30G 80.50Dn
Srinagar Jammu a Kashmir 96 E7 34.08G 74.50Dn
Stadskanaal Yr Iseld. 42 F4 52.58G 6.59Dn
Staffa ys. Yr Alban 16 C4 56.26G 6.21Gn
Stafford Lloegr 10 C3 52.49G 2.09Gn
Stafford rhan. Lloegr 9 D3 52.50G 2.00Gn
Staines Lloegr 11 E2 51.29G 0.31Gn
Stalbridge Lloegr 10 C1 50.57G 2.22Gn
Stalham Lloegr 11 G3 52.46G 1.31Dn
Stalowa Wola Gw. Pwyl 54 H4 50.40G 22.05Dn
Stamford Lloegr 11 E3 52.39G 0.29Gn
Stamford Bridge tref Lloegr 15 G2 53.59G 0.53Gn
Standish Lloegr 14 E2 53.36G 2.41Gn
Stanley Lloegr 15 F3 54.53G 1.42Gn
Stanley Ysdd. Falkland 75 D1 51.45D 57.56Gn
Stanley, M. Uganda/Gwer. Ddem. Congo 82 G5 0.20G 30.50Dn
Stannington Lloegr 15 F4 55.06G 1.40Gn
Stanovoy, Cn. mdd. Ffed. Rwsia 59 O3 56.00G 125.40Dn
Stansted Mountfitchet Lloegr 11 F2 51.55G 0.12Dn
Stanton Lloegr 11 F3 52.19G 0.53Dn
Stara Zagora Bwlgaria 56 G5 42.26G 25.37Dn
Starbuck, Ys. Kiribati 108 P6 5.37D 155.55Gn
Stargard Szczecinski Gw. Pwyl 54 D5 53.21G 15.01Dn
Starokostyantyniv Ukrain 55 J3 49.48G 27.10Dn
Start, Bae Lloegr 13 D2 50.17G 3.35Gn
Start, Pt. Lloegr 13 D2 50.13G 3.38Gn
Staryy Oskol Ffed. Rwsia 55 O4 51.20G 37.50Dn
Stavanger Norwy 43 A2 58.58G 5.45Dn
Staveley Lloegr 15 F2 53.16G 1.20Gn
Stavropol' Ffed. Rwsia 53 L6 45.03G 41.59Dn
Stavropol, Ucheldiroedd Ffed. Rwsia 58 G2 45.00G 42.30Dn
Steenwijk Yr Iseld. 42 F4 52.47G 6.07Dn
Steep Holm (Ronech) ys. Lloegr 13 D3 51.20G 3.06Gn
Stefansson, Ys. Canada 62 H5 73.30G 105.30Gn
Steinfurt Yr Almaen 42 G4 52.09G 7.21Dn
Steinkjer Norwy 43 B3 64.00G 11.30Dn
Stenness, Loch Yr Alban 19 F4 59.00G 3.15Gn
Sterling U.D.A. 64 F5 40.37G 103.13Gn
Sterlitamak Ffed. Rwsia 58 H3 53.40G 55.59Dn
Stevenage Lloegr 11 E2 51.54G 0.11Gn
Stewart Canada 62 F3 55.56G 130.01Gn
Stewart a. Canada 62 E4 63.40G 139.25Gn
Stewarton Yr Alban 16 E3 55.41G 4.31Gn
Stewart, Ys. Seland Newydd 111 F1 47.02D 167.51Dn
Steyning Lloegr 11 E1 50.54G 0.19Gn
Steyr Awstria 54 D3 48.04G 14.25Dn
Stikine a. Canada 62 E3 56.45G 132.30Gn
Stilton Lloegr 11 E3 52.29G 0.17Gn
Stinchar a. Yr Alban 16 E3 55.06G 5.00Gn
Stirling Yr Alban 17 F4 56.07G 3.57Gn
Stirling rhan. Yr Alban 8 C5 56.10G 4.20Gn
Stjørdalshalsen Norwy 43 B3 63.30G 10.59Dn
Stob Choire Claurigh m. Yr Alban 18 E1 56.50G 4.49Gn
Stockholm Sweden 43 D2 59.20G 18.05Dn
Stockport Lloegr 15 E2 53.25G 2.11Gn
Stockton U.D.A. 64 B4 37.59G 121.20Gn
Stockton-on-Tees Lloegr 15 F3 54.34G 1.20Gn
Stockton-on-Tees rhan. Lloegr 9 E4 54.34G 1.20Gn
Stoer, Pt. Yr Alban 18 D3 58.16G 5.23Gn
Stoke on Trent Lloegr 10 C3 53.01G 2.11Gn
Stoke-on-Trent rhan. Lloegr 9 D3 53.01G 2.11Gn
Stokesay Lloegr 10 C3 52.25G 2.49Gn
Stokesley Lloegr 15 F3 54.27G 1.12Gn
Stolin Belarus 55 J4 51.52G 26.51Dn
Stone Lloegr 10 C3 52.55G 2.10Gn
Stonehaven Yr Alban 19 G1 56.58G 2.13Gn
Stony Rapids tref Canada 62 H3 59.14G 103.48Gn
Stora Lulevatten ll. Sweden 43 D4 67.00G 19.30Dn
Storavan ll. Sweden 43 D4 65.45G 18.10Dn
Støren Norwy 43 B3 63.03G 10.16Dn
Stornoway (Steòrnabhagh) Yr Alban 18 C3 58.12G 6.23Gn
Storr m. Yr Alban 18 C2 57.30G 6.11Gn
Storrington Lloegr 11 E1 50.55G 0.28Gn
Storsjön ll. Sweden 43 C3 63.10G 14.20Dn
Storskrymten m. Norwy 43 B3 62.20G 9.00Dn
Storuman Sweden 43 D4 65.05G 17.10Dn
Storuman ll. Sweden 43 D4 65.14G 16.50Dn
Stotfold Lloegr 11 E3 52.02G 0.13Gn
Stour a. Dorset Lloegr 10 D1 50.43G 1.47Gn
Stour a. Suffolk Lloegr 11 G2 51.56G 1.03Dn
Stour a. Warwick Lloegr 10 D3 52.11G 1.43Gn
Stourbridge Lloegr 10 C3 52.28G 2.08Gn
Stour Fawr a. Lloegr 11 G2 51.19G 1.15Dn
Stourport-on-Severn Lloegr 10 C3 52.21G 2.16Gn
Stowbtsy Belarus 55 J5 53.30G 26.44Dn
Stowmarket Lloegr 11 F3 52.11G 1.00Dn
Stow-on-the-Wold Lloegr 10 D2 51.55G 1.42Gn
Strabane G. Iwerddon 16 B2 54.50G 7.29Gn
Stradbroke Lloegr 11 G3 52.19G 1.16Dn
Stralsund Yr Almaen 48 F6 54.18G 13.06Dn
Stranda Norwy 43 A3 62.18G 6.56Dn
Strangford, Loch G. Iwerddon 16 D2 54.28G 5.35Gn
Stranorlar Gwer. Iwerdd. 16 B2 54.48G 7.47Gn
Stranraer Yr Alban 16 D2 54.54G 5.02Gn
Strasbourg Ffrainc 44 G6 48.35G 7.45Dn
Stratford-upon-Avon Lloegr 10 D3 52.12G 1.42Gn
Strathaven tref Yr Alban 16 E3 55.41G 4.05Gn
Strathbeg, Loch Yr Alban 19 H2 57.37G 1.53Gn
Strathbogie n. Yr Alban 19 G2 57.24G 2.50Gn
Strathmore n. Angus Yr Alban 17 F4 56.34G 3.10Gn
Strathmore n. Ucheldir Yr Alban 18 E3 58.25G 4.38Gn
Strathspey n. Yr Alban 19 F2 57.25G 3.25Gn
Strathy, Pt. Yr Alban 19 E3 58.35G 4.01Gn
Stratton Lloegr 13 C2 50.49G 4.31Gn
Stratton St. Margaret Lloegr 10 D2 51.35G 1.45Gn
Straubing Yr Almaen 48 F3 48.53G 12.35Dn
Straumnes p. Gw. yr Iâ 43 X2 66.30G 23.05Gn
Streatley Lloegr 10 D2 51.32G 1.10Gn
Street Lloegr 13 E3 51.07G 2.43Gn
Stretham Lloegr 11 F3 52.21G 0.14Dn
Stroma, Ys. Yr Alban 19 F3 58.41G 3.09Gn
Stromboli ys. Yr Eidal 50 F3 38.48G 15.14Dn
Stromness Yr Alban 19 F3 58.58G 3.19Gn
Strömsund Sweden 43 C3 63.51G 15.35Dn
Stronsay ys. Yr Alban 19 G4 59.07G 2.36Gn
Stronsay, Moryd Yr Alban 19 G4 59.05G 2.45Gn
Stroud Lloegr 10 C2 51.44G 2.12Gn
Struer Denmarc 43 B2 56.30G 8.37Dn
Strule a. G. Iwerddon 16 B2 54.43G 7.25Gn
Struma a. Groeg 56 F4 40.45G 23.51Dn
Strumica Macedonia 56 F4 41.26G 22.39Dn
Stryy Ukrain 55 H3 49.16G 23.51Dn
Stryy a. Ukrain 55 I3 49.16G 24.18Dn
Studley Lloegr 10 D3 52.16G 1.52Gn
Stupino Ffed. Rwsia 55 P6 54.53G 38.07Dn
Sturry Lloegr 11 G2 51.18G 1.07Dn
Sturt, Diffeithwch Awstralia 110 D3 28.30D 141.12Dn
Stuttgart Yr Almaen 48 D3 48.47G 9.12Dn
Styr a. Belarus/Ukrain 55 J5 52.07G 26.35Dn
Suakin Sudan 85 H3 19.04G 37.22Dn
Subotica Iwgo. 56 D7 46.04G 19.41Dn
Suceava România 55 J2 47.39G 26.19Dn
Suchan a. Ffed. Rwsia 106 B4 42.53G 132.56Dn
Suck a. Gwer. Iwerdd. 20 C3 53.16G 8.03Gn
Sucre Bolivia 76 D3 19.05D 65.15Gn
Sudak Ukrain 55 N1 44.52G 34.57Dn
Sudan Affrica 85 G3 14.00G 30.00Dn
Sudbury Canada 63 J2 46.30G 81.01Gn
Sudbury Lloegr 11 F3 52.03G 0.45Dn
Sudd, Gwern n. Sudan 85 H2 7.50G 30.00Dn
Sudety, Ucheldiroedd Gwer. Tsiec/Gw. Pwyl 54 E4 50.30G 16.30Dn
Suez = El Suweis Yr Aifft 94 D4 29.59G 32.33Dn
Suez, Cam. Yr Aifft 94 D5 30.40G 32.20Dn
Suez, Gff. Yr Aifft 94 D4 28.48G 33.00Dn
Suffolk rhan. Lloegr 9 F3 52.16G 1.00Dn
Suguta a. Kenya 87 B3 0.36G 36.04Dn
Suguti, Bae Tanzania 87 A2 1.44D 33.36Dn
Şuḩar Oman 95 I3 24.23G 56.43Dn
Suhl Yr Almaen 48 E4 50.37G 10.43Dn
Suir a. Gwer. Iwerdd. 20 D2 52.17G 7.00Gn
Suizhou China 103 K4 31.46G 113.22Dn
Sukabumi Indonesia 104 D2 6.55D 106.50Dn
Sukadana Indonesia 104 E3 1.15D 110.00Dn
Sukhinichi Ffed. Rwsia 55 N6 54.07G 35.21Dn
Sukkertoppen/Maniitsoq Grønland 63 M4 65.40G 53.00Gn
Sukkur Pakistan 96 D6 27.42G 68.54Dn
Sula ys. Norwy 43 A3 61.10G 4.50Dn
Sula, Ysdd. Indonesia 105 H3 1.50D 125.10Dn
Sulaiman, Cn. mdd. Pakistan 90 I5 30.00G 68.00Dn
Sulawesi ys. Indonesia 104 G3 2.00D 120.30Dn
Sulawesi, Môr Indonesia 105 G4 3.00G 122.00Dn
Sulina România 55 K1 45.08G 29.40Dn
Sullana Periw 76 B4 4.52D 80.39Gn
Sulmona Yr Eidal 50 E5 42.04G 13.57Dn
Sulu, Môr Cefn. Tawel 104 G5 8.00G 120.00Dn
Sulu, Ysr. Pili. 105 G5 5.30G 121.00Dn
Sumatera ys. Indonesia 104 C3 2.00D 102.00Dn
Sumba ys. Indonesia 104 F2 9.30D 119.55Dn
Sumbawa ys. Indonesia 104 F2 8.45D 117.50Dn
Sumburgh Yr Alban 19 Y8 59.53G 1.16Gn
Sumburgh, Pr. Yr Alban 19 Y8 59.51G 1.16Gn
Sumqayıt Azerbaijan 58 G2 40.35G 49.38Dn
Sumy Ukrain 55 N4 50.55G 34.49Dn
Sunart, Loch Yr Alban 18 D1 56.42G 5.45Gn
Sunda, Cf. Indonesia 104 C2 6.00D 105.50Dn
Sunderland Lloegr 15 F3 54.55G 1.22Gn
Sundsvall Sweden 43 D3 62.22G 17.20Dn
Sunga Tanzania 87 B2 4.25D 38.04Dn
Sungaipenuh Indonesia 104 C3 2.00D 101.28Dn
Sungurlu Twrci 57 L4 40.10G 34.23Dn
Suolijärvet ll. Y Ffindir 43 F4 66.18G 28.00Dn
Suonenjoki Y Ffindir 43 F3 62.40G 27.06Dn
Superior U.D.A. 65 H6 46.42G 92.05Gn
Superior, Ll. G. America 65 I6 48.00G 88.00Gn
Suq ash Shuyukh Iraq 95 G5 30.53G 46.28Dn
Sur Oman 95 I3 22.23G 59.32Dn
Surab Pakistan 95 K4 28.29G 66.16Dn
Surabaya Indonesia 104 E2 7.14D 112.45Dn
Surakarta Indonesia 104 E2 7.32D 110.50Dn
Surat India 96 E5 21.10G 72.54Dn
Surendranagar India 96 E5 22.42G 71.41Dn
Surgut Ffed. Rwsia 58 J4 61.13G 73.20Dn
Surigao Pili. 105 H5 9.47G 125.29Dn
Surin Gw. Thai 104 C6 14.53G 103.29Dn
Suriname De America 74 D7 4.00G 56.00Gn
Surrey rhan. Lloegr 9 E2 51.16G 0.30Gn
Surtsey ys. Gw. yr Iâ 43 X1 63.18G 20.37Gn
Susangerd Iran 95 G5 31.40G 48.06Dn
Sussex, Dn. rhan. Lloegr 9 F2 50.56G 0.12Dn
Sussex, Gn. rhan. Lloegr 9 E2 50.58G 0.30Gn
Sutak Jammu a Kashmir 97 F7 33.12G 77.28Dn
Sutherland n. Yr Alban 19 E3 58.20G 4.20Gn
Sutlej a. Pakistan 96 E6 29.26G 71.09Dn
Sutterton Lloegr 11 E3 52.54G 0.06Gn
Sutton Lloegr 11 F3 52.23G 0.07Dn
Sutton Bridge Lloegr 11 F3 52.46G 0.12Dn
Sutton Coldfield Lloegr 10 D3 52.33G 1.50Gn
Sutton in Ashfield Lloegr 15 F2 53.08G 1.16Gn
Suva Fiji 111 G4 18.08D 178.25Dn
Suvorov, Ys. Ysdd. Cook 108 O5 13.15D 163.05Gn
Suwałki Gw. Pwyl 54 H6 54.07G 22.56Dn
Suzhou Anhui China 103 L4 33.38G 117.02Dn

Suzhou Jiangsu China **103 M4** 31.21G 120.40Dn
Suzu Japan **106 C3** 37.20G 137.15Dn
Suzuka Japan **106 C2** 34.51G 136.35Dn
Svalbard *ysdd.* Norwy **58 D5** 76.00G 15.00Dn
Svapa *a.* Ffed. Rwsia **55 N4** 51.44G 34.56Dn
Sveg Sweden **43 C3** 62.02G 14.20Dn
Svendborg Denmarc **43 B1** 55.04G 10.38Dn
Svetogorsk Ffed. Rwsia **43 G3** 61.07G 28.50Dn
S. Vicente, P. Portiwgal **46 A2** 37.01G 8.59Gn
Svitavy Gwer. Tsiec **54 E3** 49.45G 16.27Dn
Svitlovods'k Ukrain **55 M3** 49.04G 33.15Dn
Svobodnyy Ffed. Rwsia **59 O3** 51.24G 128.05Dn
Swadlincote Lloegr **10 D3** 52.47G 1.34Gn
Swaffham Lloegr **11 F3** 52.38G 0.42Dn
Swains, Ys. Samoa **108 N5** 11.03D 171.06Gn
Swakopmund Namibia **86 A2** 22.40D 14.34Dn
Swale *a.* Lloegr **15 F3** 54.05G 1.20Gn
Swanage Lloegr **10 D1** 50.36G 1.59Gn
Swanley Lloegr **11 F2** 51.24G 0.12Dn
Swazi, Gwlad Affrica **86 C2** 26.30D 31.30Dn
Sweden Ewrop **43 C2** 63.00G 16.00Dn
Sweetwater U.D.A. **64 F3** 32.37G 100.25Gn
Swift Current *tref* Canada **62 H3** 50.17G 107.49Gn
Swilly, Loch Gwer. Iwerdd. **20 D5** 55.10G 7.32Gn
Swindon Lloegr **10 D2** 51.33G 1.47Gn
Swindon *rhan.* Lloegr **9 E2** 51.33G 1.47Gn
Swineshead Lloegr **11 E3** 52.57G 0.10Gn
Świnoujście Gw. Pwyl **54 D5** 53.55G 14.18Dn
Swistir, Y Ewrop **44 G5** 47.00G 8.00Dn
Swnt, Y Lloegr **13 C2** 50.20G 4.10Gn
Swnt Mewnol Yr Alban **18 D2** 57.25G 5.55Gn
Swnt y Gogledd Yr Alban **19 G4** 59.18G 2.45Gn
Swords Gwer. Iwerdd. **20 E3** 53.28G 6.13Gn
Sybil, Pt. Gwer. Iwerdd. **20 A2** 52.10G 10.27Gn
Sydney Awstralia **110 E2** 33.55D 151.10Dn
Sydney Mines *tref* Canada **63 L2** 46.10G 60.10Gn
Syktyvkar Ffed. Rwsia **58 H4** 61.42G 50.45Dn
Sylarna *m.* Norwy/Sweden **43 C3** 63.01G 12.13Dn
Sylt *ys.* Yr Almaen **43 B1** 54.50G 8.20Dn
Syracuse U.D.A. **65 K5** 43.03G 76.10Gn
Syrdar'ya *a.* Asia **58 I2** 46.00G 61.12Dn
Syria Asia **94 E5** 35.00G 38.00Dn
Syria, Diffeithwch Asia **94 E5** 32.00G 39.00Dn
Syzran Ffed. Rwsia **58 G3** 53.10G 48.29Dn
Szczecin Gw. Pwyl **54 D5** 53.25G 14.32Dn
Szczecinek Gw. Pwyl **54 E5** 53.42G 16.41Dn
Szczytno Gw. Pwyl **54 G5** 53.34G 21.00Dn
Szeged Hwngari **54 G2** 46.16G 20.08Dn
Székesfehérvár Hwngari **54 F2** 47.12G 18.25Dn
Szekszárd Hwngari **54 F2** 46.22G 18.44Dn
Szombathely Hwngari **54 E2** 47.12G 16.38Dn

T

Tabas Iran **95 I5** 33.36G 56.55Dn
Tabasco *rhan.* México **70 F4** 18.30G 93.00Gn
Tabatinga, Serra da *mdd.* Brasil **77 F3** 10.00D 44.00Gn
Tábor Gwer. Tsiec **54 D3** 49.25G 14.41Dn
Tabora Tanzania **86 C4** 5.02D 32.50Dn
Tabrīz Iran **95 G6** 38.05G 46.18Dn
Tabuaeran *ys.* Kiribati **108 P7** 3.52G 159.20Gn
Tabuk Saudi Arabia **94 E4** 28.25G 36.35Dn
Täby Sweden **43 D2** 59.29G 18.04Dn
Tacloban Pili. **105 G6** 11.15G 124.59Dn
Tacna Periw **76 C3** 18.01D 70.15Gn
Tacoma U.D.A. **64 B6** 47.16G 122.30Gn
Tacuarembó Uruguay **77 E1** 31.42D 56.00Gn
Tadcaster Lloegr **15 F2** 53.53G 1.16Gn
Taegu De Korea **103 N5** 35.52G 128.36Dn
Taejŏn De Korea **103 N5** 36.20G 127.26Dn
Taf *a.* Cymru **12 C3** 51.45G 4.29Gn
Tafwys *a.* Lloegr **11 F2** 51.30G 0.05Dn
Taganrog Ffed. Rwsia **53 K6** 47.14G 38.55Dn
Taganrog, Gff. Ukrain/Ffed. Rwsia **53 K6** 47.00G 38.30Dn
Tagbilaran Pili. **105 G5** 9.38G 123.53Dn
Tagula, Ys. P.G.N. **110 E4** 11.30D 153.30Dn
Tahat, M. Algeria **84 E4** 23.20G 5.40Dn
Tahiti *ys.* Îs. de la Société **109 Q5** 17.37D 149.27Gn
Taibei Taiwan **103 M2** 25.05G 121.32Dn
Taidong Taiwan **103 M2** 22.49G 121.10Dn
Taimyr, Gor. Ffed. Rwsia **59 L5** 75.30G 99.00Dn
Taimyr, Ll. Ffed. Rwsia **59 M5** 74.20G 101.00Dn
Tain Yr Alban **19 E2** 57.49G 4.02Gn
Tainan Taiwan **103 M2** 23.01G 120.14Dn
Taínaron, P. Groeg **56 F2** 36.22G 22.28Dn
Taiping Malaysia **104 C4** 4.54G 100.42Dn
Taita, Bryniau Kenya **87 B2** 3.20D 38.17Dn
Taivalkoski Y Ffindir **43 G4** 65.35G 28.20Dn
Taivaskero *m.* Y Ffindir **43 E5** 68.02G 24.00Dn
Taiwan Asia **103 M2** 23.30G 121.00Dn
Taiwan, Cf. China/Taiwan **103 M2** 25.00G 120.00Dn
Taiyuan China **103 K5** 37.50G 112.30Dn
Taizhong Taiwan **103 M2** 24.09G 120.40Dn
Ta'izz Yemen **94 F1** 13.35G 44.02Dn
Tajikistan Asia **102 C5** 39.00G 70.30Dn
Tak Gw. Thai **104 B7** 16.47G 99.10Dn
Takabba Kenya **87 C3** 3.25G 40.11Dn
Takamatsu Japan **106 B2** 34.28G 134.05Dn
Takaoka Japan **106 C3** 36.47G 137.00Dn
Take-shima (Tok-tō) *ys.* Japan **106 B3** 30.51G 130.28Dn
Taklimakan Shamo *diff.* China **102 E5** 38.10G 82.00Dn
Talagang Pakistan **95 L5** 32.55G 72.25Dn
Talara Periw **76 B4** 4.38D 81.18Gn
Talaud, Ysdd. Indonesia **105 H4** 4.20G 126.50Dn
Talavera de la Reina Sbaen **46 C3** 39.58G 4.50Gn
Talca Chile **75 B3** 35.28D 71.40Gn
Talcahuano Chile **75 B3** 36.40D 73.10Gn
Taldykorgan Kazakhstan **102 D6** 45.02G 78.23Dn
Talgarth Cymru **12 D3** 51.59G 3.15Gn
Taliabu *ys.* Indonesia **105 G3** 1.50D 124.55Dn
Tallahassee U.D.A. **65 J3** 30.28G 84.19Gn
Tallinn Estonia **43 F2** 59.22G 24.48Dn
Taloyoak Canada **63 I4** 69.30G 93.20Gn
Talsi Latvia **43 E2** 57.15G 22.36Dn
Taltson *a.* Canada **62 G4** 61.35G 112.12Gn
Tama, Gwar. Natur Ethiopia **87 B4** 6.00G 36.00Dn
Tamale Ghana **84 D2** 9.26G 0.49Gn
Tamanrasset Algeria **84 E4** 22.50G 5.31Dn
Tamar *a.* Lloegr **13 C2** 50.28G 4.13Gn
Tamaulipas *rhan.* México **70 E5** 24.00G 98.20Gn
Tambach Kenya **87 B3** 0.32G 35.32Dn
Tambacounda Sénégal **84 C3** 13.45G 13.40Gn
Tambelan, Ysdd. Indonesia **104 D4** 0.59G 107.35Dn
Tambov Ffed. Rwsia **58 G3** 52.44G 41.28Dn
Tambre *a.* Sbaen **46 A5** 42.50G 8.55Gn
Tâmega *a.* Portiwgal **46 A4** 41.04G 8.17Gn
Tamiahua, Morlyn México **70 E5** 21.30G 97.20Gn
Tamil Nadu *rhan.* India **97 F3** 11.15G 79.00Dn
Tampa-St. Petersburg U.D.A. **65 J2** 27.58G 82.38Gn
Tampere Y Ffindir **43 E3** 61.32G 23.45Dn
Tampico México **70 E5** 22.18G 97.52Gn
Tamworth Awstralia **110 E2** 31.07D 150.57Dn
Tamworth Lloegr **10 D3** 52.38G 1.42Gn
Tana *a.* Kenya **87 C2** 2.32D 40.32Dn
Tana, Ffiord *moryd* Norwy **43 G5** 70.40G 28.30Dn
Tana, Ll. Ethiopia **85 H3** 12.00G 37.20Dn
Tanami, Diffeithwch Awstralia **110 C4** 19.50D 130.50Dn
Tanana U.D.A. **62 C4** 65.11G 152.10Gn
Tanaro *a.* Yr Eidal **50 C6** 45.01G 8.46Dn
Tando Adam Pakistan **96 D6** 25.46G 68.40Dn
Tandragee G. Iwerddon **16 C1** 54.21G 6.26Gn
Tanega-shima *ys.* Japan **106 B2** 30.32G 131.00Dn
Tanga Tanzania **87 B1** 5.07D 39.05Dn
Tanganyika, Ll. Affrica **86 B4** 5.37D 29.30Dn
Tanger Moroco **84 D5** 35.48G 5.45Gn
Tangshan China **103 L5** 39.37G 118.05Dn
Tanimbar, Ysdd. Indonesia **105 I2** 7.50D 131.30Dn
Tanjay Pili. **105 G5** 9.31G 123.10Dn
Tanjungkarang Telukbetung Indonesia **104 D2** 5.28D 105.16Dn
Tanjungpandan Indonesia **104 D3** 2.44D 107.36Dn
Tanjungredeb Indonesia **104 F4** 2.09G 117.29Dn
Tank Pakistan **95 L5** 32.13G 70.23Dn
Tanna *ys.* Vanuatu **111 F4** 19.30D 169.20Dn
Tanta Yr Aifft **94 D5** 30.48G 31.00Dn
Tanzania Affrica **86 C4** 5.00D 35.00Dn
Tao'an China **103 M7** 45.25G 122.46Dn
Taourirt Moroco **52 C3** 34.25G 2.53Gn
Tapachula México **70 F3** 14.54G 92.15Gn
Tapajós *a.* Brasil **77 E4** 2.40D 55.30Gn
Tapauá *a.* Brasil **76 D4** 5.40D 64.20Gn
Tapi *a.* India **96 E5** 21.05G 72.45Dn
Taquari *a.* Brasil **77 E3** 19.00D 57.27Gn
Tar *a.* Gwer. Iwerdd. **20 D2** 52.15G 7.48Gn
Tara *a.* Iwgo. **56 D5** 43.23G 18.47Dn
Tarābulus (Tripoli) Libya **84 F5** 32.58G 13.12Dn
Tarakan Indonesia **104 F4** 3.20G 117.38Dn
Tarancón Sbaen **46 D4** 40.01G 3.01Gn
Tarangire, Parc Cen. Tanzania **87 B2** 4.00D 36.00Dn
Taranto Yr Eidal **50 G4** 40.28G 17.14Dn
Taranto, Gff. Yr Eidal **50 G4** 40.00G 17.20Dn
Tarapoto Periw **76 C4** 6.31D 76.23Gn
Tarbat Ness *p.* Yr Alban **19 F2** 57.52G 3.46Gn
Tarbert A. a B. Yr Alban **16 D3** 55.57G 5.45Gn
Tarbert A. a B. Yr Alban **16 D3** 55.51G 5.25Gn
Tarbert (An Tairbeart) Ysdd. y Gn. Yr Alban **18 C2** 57.55G 6.50Gn
Tarbert, Loch Dwyreiniol Yr Alban **18 C2** 57.52G 6.43Gn
Tarbes Ffrainc **44 D3** 43.14G 0.05Dn
Târgu-Jiu România **56 F6** 45.03G 23.17Dn
Târgu Mureş România **55 I2** 46.33G 24.34Dn
Târgu Secuiesc România **55 J2** 46.00G 26.08Dn
Tari P.G.N. **105 K2** 5.52D 142.58Dn
Tariandir Canada *n.* G. America **60 K7** 50.00G 80.00Gn
Tarija Bolivia **76 D2** 21.33D 64.45Gn
Tarīm Yemen **95 G2** 16.03G 49.00Dn
Tarim, Basn *n.* China **102 E5** 40.00G 82.00Dn
Tarime Tanzania **87 A2** 1.20D 34.20Dn
Tarleton Lloegr **14 E2** 53.41G 2.50Gn
Tarn *a.* Ffrainc **44 D4** 44.15G 1.15Dn
Tarnica *m.* Gw. Pwyl **54 H3** 49.05G 22.44Dn
Tarnów Gw. Pwyl **54 G4** 50.01G 20.59Dn
Taroudannt Moroco **52 B3** 30.31G 8.55Gn
Tarragona Sbaen **46 F4** 41.07G 1.15Dn
Tarrasa Sbaen **46 F4** 41.34G 2.00Dn
Tarsus Twrci **57 L2** 36.52G 34.52Dn
Tartu Estonia **43 F2** 58.20G 26.44Dn
Ţarţūs Syria **57 L1** 34.55G 35.52Dn
Tashkent Uzbekistan **102 B6** 41.16G 69.13Dn
Tasikmalaya Indonesia **104 D2** 7.20D 108.16Dn
Tasmania *rhan.* Awstralia **110 D1** 42.00D 147.00Dn
Tasman, Môr Cefn. Tawel **111 F2** 38.00D 160.00Dn
Tatarbunary Ukrain **55 K1** 45.49G 29.34Dn
Tatar, Gff. Ffed. Rwsia **59 Q2** 47.40G 141.00Dn
Tatarsk Ffed. Rwsia **58 J3** 55.14G 76.00Dn
Tatvan Twrci **94 F6** 38.31G 42.15Dn
Taubaté Brasil **77 F2** 23.00D 45.36Gn
Taung-gyi Myanmar **97 J5** 20.49G 97.01Dn
Taunton Lloegr **13 D3** 51.01G 3.07Gn
Taunus *mdd.* Yr Almaen **48 D4** 50.07G 8.10Dn
Taupo, Ll. Seland Newydd **111 G2** 38.45D 175.30Dn
Taverham Lloegr **11 G3** 52.40G 1.13Dn
Tavira Portiwgal **46 B2** 37.07G 7.39Gn
Tavistock Lloegr **13 C2** 50.33G 4.09Gn
Tavoy Myanmar **97 J3** 14.07G 98.18Dn
Tavy *a.* Lloegr **13 C2** 50.27G 4.10Gn
Taw *a.* Lloegr **13 C3** 51.05G 4.05Gn
Tawau Malaysia **104 F4** 4.16G 117.54Dn
Tawe *a.* Cymru **12 D3** 51.38G 3.56Gn
Tawitawi *ys.* Pili. **104 G5** 5.05G 120.00Dn
Tay *a.* Yr Alban **17 F4** 56.21G 3.18Gn
Tay, Loch Yr Alban **16 E4** 56.32G 4.08Gn
Tay, Moryd Yr Alban **17 F4** 56.24G 3.08Gn
Tayma' Saudi Arabia **94 E4** 27.37G 38.30Dn
Tây Ninh Viet Nam **104 D6** 11.21G 106.07Dn
Tayport Yr Alban **17 G4** 56.27G 2.53Gn
Taytay Pili. **104 F6** 10.47G 119.32Dn
Taz *a.* Ffed. Rwsia **58 J4** 67.30G 78.50Dn
Taza Moroco **52 C3** 34.16G 4.01Gn
Tchad Affrica **85 F3** 13.00G 19.00Dn
Tchad, Ll. Affrica **84 F3** 13.30G 14.00Dn
Te Anau, Ll. Seland Newydd **111 F1** 45.25D 167.43Dn
Tébessa Algeria **52 E4** 35.22G 8.08Dn
Tebingtinggi Indonesia **104 B4** 3.20G 99.08Dn
Tecuci România **55 J1** 45.49G 27.27Dn
Tedzhen Turkmenistan **95 J6** 37.26G 60.30Dn
Tees *a.* Lloegr **15 F3** 54.35G 1.11Gn
Tees, Bae Lloegr **15 F3** 54.40G 1.07Gn
Tefé *a.* Brasil **76 D4** 3.35D 64.47Gn
Tegid, Ll. Cymru **12 D4** 52.53G 3.38Gn
Tegucigalpa Honduras **70 G3** 14.05G 87.14Gn
Teguise Ysdd. Dedwydd **46 Z2** 29.03G 13.36Gn
Tehran Iran **95 H6** 35.40G 51.26Dn
Tehuantepec, Gff. México **70 F4** 16.00G 95.00Gn
Teide, Copa *m.* Ysdd. Dedwydd **46 X2** 28.17G 16.39Gn
Teifi *a.* Cymru **12 C4** 52.05G 4.41Gn
Teign *a.* Lloegr **13 D2** 50.32G 3.36Gn
Teignmouth Lloegr **13 D2** 50.33G 3.30Gn
Teith *a.* Yr Alban **17 E4** 56.09G 4.00Gn
Tejo *a.* Portiwgal **46 A3** 39.00G 8.57Gn
Tekirdağ Twrci **56 H4** 40.59G 27.30Dn
Tel Aviv-Yafo/Jaffa Israel **94 D5** 32.05G 34.46Dn
Teles Pires *a.* Brasil **77 E4** 7.20D 57.30Gn
Telford Lloegr **10 C3** 52.42G 2.30Gn
Telford a'r Wrekin *rhan.* Lloegr **9 D3** 52.42G 2.30Gn
Teme *a.* Lloegr **10 C3** 52.10G 2.13Gn
Temirtau Kazakhstan **102 C8** 50.05G 72.55Dn
Temple U.D.A. **64 G3** 31.06G 97.22Gn
Temple Ewell Lloegr **11 G2** 51.09G 1.16Dn
Templemore Gwer. Iwerdd. **20 D2** 52.48G 7.51Gn
Temryuk Ffed. Rwsia **57 M6** 45.16G 37.24Dn
Temuco Chile **75 B3** 38.45D 72.40Gn
Tena Ecuador **76 C4** 1.00D 77.48Gn
Tenasserim Myanmar **97 J3** 12.05G 99.00Dn
Tenbury Wells Lloegr **10 C3** 52.18G 2.35Gn
Tendō Japan **106 D3** 38.22G 140.22Dn
Tenerife *ys.* Ysdd. Dedwydd **46 X2** 28.10G 16.30Gn
Tengiz, Ll. Kazakhstan **102 B8** 50.30G 69.00Dn
Tennessee *rhan.* U.D.A. **65 I4** 36.00G 86.00Gn
Tennessee *a.* U.D.A. **65 I4** 37.10G 88.25Gn
Tenryū *a.* Japan **106 C2** 34.42G 137.44Dn
Tenterden Lloegr **11 F2** 51.04G 0.42Dn
Teófilo Otôni Brasil **77 F3** 17.52D 41.31Gn
Tepic México **70 D5** 21.30G 104.51Gn
Teplice Gwer. Tsiec **54 C4** 50.40G 13.50Dn
Teraina *ys.* Kiribati **108 O7** 4.30G 160.02Gn
Teramo Yr Eidal **50 E5** 42.40G 13.43Dn
Terebovlya Ukrain **55 I3** 49.18G 25.44Dn
Teresina Brasil **77 F4** 4.50D 42.50Gn
Tergnier Ffrainc **42 C1** 49.39G 3.18Dn
Termez Uzbekistan **95 K6** 37.15G 67.15Dn
Terminillo, M. Yr Eidal **50 E5** 42.29G 13.00Dn
Términos, Morlyn México **70 F4** 18.30G 91.30Gn
Termoli Yr Eidal **50 F4** 41.58G 14.59Dn
Tern *a.* Lloegr **10 C3** 52.40G 2.38Gn
Ternate Indonesia **105 H4** 0.48G 127.23Dn
Terneuzen Yr Iseld. **42 C3** 51.20G 3.50Dn
Terni Yr Eidal **50 E5** 42.34G 12.44Dn
Ternopil' Ukrain **55 I3** 49.35G 25.39Dn
Terrace Canada **62 F3** 54.31G 128.32Gn
Terre Haute U.D.A. **65 I4** 39.27G 87.24Gn
Terrington, Cors Lloegr **11 F3** 52.47G 0.15Dn
Terschelling *ys.* Yr Iseld. **42 E5** 53.25G 5.25Dn
Teseney Eritrea **94 E2** 15.05G 36.41Dn
Teslin Canada **62 E4** 60.10G 132.42Gn
Test *a.* Lloegr **10 D1** 50.55G 1.29Gn
Tetas, P. Chile **76 C2** 23.32D 70.39Gn
Tetbury Lloegr **10 C2** 51.37G 2.09Gn
Tete Moçambique **86 C3** 16.10D 33.30Dn
Tetney Lloegr **15 G2** 53.30G 0.01Gn
Tétouan Moroco **84 D5** 35.34G 5.22Gn
Teuco *a.* Ariannin **75 C4** 25.64D 60.19Gn
Tevere (Tiber) *a.* Yr Eidal **50 E4** 41.45G 12.16Dn
Teviot *a.* Yr Alban **17 G3** 55.36G 2.26Gn
Teviothead Yr Alban **17 G3** 55.20G 2.56Gn
Tewkesbury Lloegr **10 C2** 51.59G 2.09Gn
Texarkana U.D.A. **65 H3** 33.28G 94.02Gn
Texas *rhan.* U.D.A. **64 G3** 32.00G 100.00Gn
Texel *ys.* Yr Iseld. **42 D5** 53.05G 4.47Dn
Texoma, Ll. U.D.A. **64 G3** 34.00G 96.40Gn
Tezpur India **97 I6** 26.38G 92.49Dn
Thabana Ntlenyana Lesotho **82 E2** 29.48D 29.26Dn
Thai, Gwlad Asia **104 C7** 16.00G 101.00Dn
Thai Binh Viet Nam **104 D8** 20.27G 106.20Dn
Thai Nguyên Viet Nam **104 D8** 21.31G 105.55Dn
Thal, Diffeithwch Pakistan **95 L5** 31.30G 71.40Dn
Thame Lloegr **10 E2** 51.44G 0.58Gn
Thame *a.* Lloegr **10 D2** 51.38G 1.10Gn
Thanet, Ynys *n.* Lloegr **11 G2** 51.22G 1.20Dn
Thanh Hoa Viet Nam **104 D7** 19.50G 105.48Dn
Thar, Diffeithwch India **96 E6** 28.00G 72.00Dn
Thásos *ys.* Groeg **56 G4** 40.40G 24.39Dn
Thatcham Lloegr **10 D2** 51.25G 1.15Gn
Thaton Myanmar **97 J4** 16.56G 97.20Dn
Thaxted Lloegr **11 F2** 51.57G 0.21Dn
The Calf *m.* Lloegr **14 E3** 54.21G 2.32Gn
Thelon *a.* Canada **62 I4** 64.23G 96.15Gn
Theodore Roosevelt *a.* Brasil **77 D4** 7.33D 60.24Gn
The Old Man of Coniston *m.* Lloegr **14 D3** 54.22G 3.08Gn
The Pas Canada **62 H3** 53.50G 101.15Gn
Thesalonica, Gff. Môr Can. **56 F4** 40.10G 23.00Dn
Thessaloníki (Thesalonica) Groeg **56 F4** 40.38G 22.56Dn
Thet *a.* Lloegr **11 F3** 52.25G 0.44Dn
Thetford Lloegr **11 F3** 52.25G 0.44Dn
Thetford Mines Canada **65 L6** 46.05G 71.18Gn
Thiers Ffrainc **44 E4** 45.51G 3.33Dn
Thiès Sénégal **84 A3** 14.48G 16.56Gn
Thika Kenya **87 B2** 1.04D 37.04Dn
Thimbu Bhutan **97 H6** 27.29G 89.40Dn
Thionville Ffrainc **44 G6** 49.22G 6.11Dn
Thíra *ys.* Groeg **56 G2** 36.24G 25.27Dn
Thirlmere *ll.* Lloegr **14 D3** 54.32G 3.04Gn
Thirsk Lloegr **15 F3** 54.15G 1.20Gn
Thisted Denmarc **43 B2** 56.57G 8.42Dn
Thomastown Gwer. Iwerdd. **20 D2** 52.31G 7.08Gn
Thompson Canada **62 I3** 55.45G 97.54Gn
Thornaby-on-Tees Lloegr **15 F3** 54.34G 1.18Gn
Thornbury (Gaer, Y) Lloegr **10 C2** 51.36G 2.31Gn
Thorne Lloegr **15 G2** 53.36G 0.56Gn
Thornhill Yr Alban **17 F3** 55.15G 3.46Gn
Thornton Lloegr **14 E2** 53.53G 3.00Gn
Thrapston Lloegr **11 E3** 52.24G 0.32Gn
Thuin Gw. Belg **42 D2** 50.21G 4.20Dn
Thule/ Qaanaaq Grønland **63 L5** 77.30G 69.29Gn
Thun Y Swistir **44 G5** 46.46G 7.38Dn
Thunder Bay *tref* Canada **63 J2** 48.25G 89.14Gn
Thüringen, Fforest *mdd.* Yr Almaen **48 E4** 50.40G 10.50Dn
Thurles Gwer. Iwerdd. **20 D2** 52.41G 7.50Gn
Thursby Lloegr **14 D3** 54.51G 3.03Gn
Thurso Yr Alban **19 F3** 58.35G 3.32Gn
Thurso *a.* Yr Alban **19 F3** 58.35G 3.32Gn
Thurso, Bae Yr Alban **19 F3** 58.35G 3.32Gn
Tianjin China **103 L5** 39.08G 117.12Dn
Tian Shan *mdd.* Asia **102 D6** 42.00G 80.30Dn
Tianshui China **103 J4** 34.25G 105.58Dn
Tiaret Algeria **52 D4** 35.28G 1.21Dn
Tibaji *a.* Brasil **77 E2** 22.45D 51.01Gn
Tibati Cameroun **84 F2** 6.25G 12.33Dn
Tiber = Tevere *a.* Yr Eidal **50 E4** 41.45G 12.16Dn
Tiberias, Ll. Israel **94 E5** 32.49G 35.36Dn
Tibesti *mdd.* Tchad **85 F4** 21.00G 17.30Dn
Tibet = Xizang Zizhiqu *rhan.* China **102 F4** 32.20G 86.00Dn
Tibet, Llwyfandir *n.* China **102 F4** 34.00G 86.15Dn
Tiburón *ys.* México **70 B6** 29.00G 112.25Gn
Ticehurst Lloegr **11 F2** 51.02G 0.23Dn
Tidjikja Mauritania **84 C3** 18.29G 11.31Gn
Tiel Yr Iseld. **42 E3** 51.53G 5.26Dn
Tielt Gw. Belg **42 C3** 51.00G 3.20Dn
Tienen Gw. Belg **42 D2** 50.49G 4.56Dn
Tierra del Fuego *ys.* De America **75 C1** 54.00D 68.30Gn
Tiétar *a.* Sbaen **46 C3** 39.50G 6.00Gn
Tiflis Georgia **58 G2** 41.43G 44.48Dn
Tighina Moldova **55 K2** 46.50G 29.29Dn
Tigre *a.* Periw **76 C4** 4.30D 74.05Gn
Tigre *a.* Venezuela **71 L2** 9.20G 62.30Gn
Tigris *a.* Asia **95 G5** 31.00G 47.27Dn
Tihamah *n.* Saudi Arabia **94 F2** 20.00G 40.30Dn
Tijuana México **70 A7** 32.29G 117.10Gn
Tikhoretsk Ffed. Rwsia **53 L6** 45.52G 40.07Dn
Tikrīt Iraq **94 F5** 34.36G 43.42Dn
Tiksi Ffed. Rwsia **59 O5** 71.40G 128.45Dn
Tilburg Yr Iseld. **42 E3** 51.34G 5.05Dn
Tilbury Lloegr **11 F2** 51.28G 0.23Dn
Tilehurst Lloegr **10 D2** 51.27G 1.02Gn
Till *a.* Lloegr **15 E4** 55.41G 2.12Gn
Tillabéri Niger **84 E3** 14.28G 1.27Dn
Tillicoultry Yr Alban **17 F4** 56.09G 3.45Gn
Timashevsk Ffed. Rwsia **53 K6** 45.38G 38.56Dn
Timbuktu = Tombouctou Mali **84 D3** 16.49G 2.59Gn
Timiş *a.* Iwgo./România **56 E6** 44.49G 20.28Dn
Timişoara România **54 G1** 45.47G 21.15Dn
Timmins Canada **63 J2** 48.30G 81.20Gn
Timon Brasil **77 F4** 5.08D 42.52Gn
Timor *ys.* Indonesia **105 H2** 9.30D 125.00Dn
Timor, Môr Austa. **110 B4** 13.00D 122.00Dn
Timrå Sweden **43 D3** 62.29G 17.20Dn
Tindouf Algeria **84 D4** 27.42G 8.10Gn
Tinian *ys.* Ysdd. G. Mariana **105 L6** 14.58G 145.38Dn
Tínos *ys.* Groeg **56 G2** 37.36G 25.08Dn
Tintagel Lloegr **13 C2** 50.40G 4.45Gn
Tinto *m.* Yr Alban **17 F3** 55.36G 3.40Gn
Tipperary Gwer. Iwerdd. **20 C2** 52.29G 8.10Gn
Tipperary *rhan.* Gwer. Iwerdd. **20 D2** 52.37G 7.55Gn
Tiptree Lloegr **11 F2** 51.48G 0.46Dn
Tiracambu, Serra do *mdd.* Brasil **77 F4** 4.00D 46.30Gn
Tiranë Albania **56 D4** 41.20G 19.48Dn
Tiraspol Moldova **55 K2** 46.50G 29.38Dn
Tiree *ys.* Yr Alban **16 C4** 56.30G 6.50Gn
Tirga Mor *m.* Yr Alban **18 C2** 58.00G 6.59Gn
Tiriogaethau'r G. On. *rhan.* Canada **62 I4** 66.00G 110.00Gn
Tiriogaeth y Gogledd *rhan.* Awstralia **110 C4** 20.00D 133.00Dn
Tir Mawr *ys.* Ysdd. Orkney Yr Alban **19 F3** 59.00G 3.10Gn
Tir Mawr *ys.* Ysdd. Shetland Yr Alban **19 Y9** 60.15G 1.22Gn
Tirreno, Môr Môr Can. **50 D4** 40.00G 12.00Dn
Tirso *a.* Yr Eidal **50 C3** 39.52G 8.33Dn
Tiruchchirappalli India **97 F3** 10.50G 78.43Dn
Tiruppur India **96 F3** 11.05G 77.20Dn
Tisa = Tisza *a.* Iwgo. **56 E6** 45.09G 20.16Dn
Tisza (Tisa) *a.* Iwgo. **56 E6** 45.09G 20.16Dn
Titicaca, Ll. Bolivia/Periw **76 D3** 16.00D 69.00Gn
Titovo Užice Iwgo. **56 D5** 43.52G 19.51Dn
Tiverton Lloegr **13 D2** 50.54G 3.30Gn
Tivoli Yr Eidal **50 E4** 41.58G 12.48Dn
Tizi Ouzou Algeria **52 D4** 36.44G 4.05Dn
Tiznit Moroco **84 D4** 29.43G 9.44Gn
Tkhab *m.* Ffed. Rwsia **57 N6** 44.34G 38.23Dn
Tlaxcala México **70 E4** 19.20G 98.12Gn
Tlaxcala *rhan.* México **70 E4** 19.45G 98.20Gn
Tlemcen Algeria **84 D5** 34.53G 1.21Gn
Toamasina Madagascar **86 D3** 18.10D 49.23Dn
Tobago *ys.* De America **71 L3** 11.15G 60.40Gn
Toba, Ll. Indonesia **104 B4** 2.45G 98.50Dn
Tobelo Indonesia **105 H4** 1.45G 127.59Dn
Tobermory (Tobar Mhoire) Yr Alban **16 C4** 56.37G 6.04Gn
Toboali Indonesia **104 D3** 3.00D 106.30Dn
Tobol *a.* Ffed. Rwsia **58 I3** 58.15G 68.12Dn
Tobol'sk Ffed. Rwsia **58 I3** 58.15G 68.12Dn
Tocantins *rhan.* Brasil **77 F3** 10.15D 48.30Gn
Tocantins *a.* Brasil **77 F4** 2.40D 49.20Gn
Tocopilla Chile **76 C2** 22.05D 70.12Gn
Todmorden Lloegr **15 E2** 53.43G 2.07Gn
Toft Yr Alban **19 Y9** 60.27G 1.11Gn
Togian, Ysdd. Indonesia **105 G3** 0.20D 122.00Dn
Togo Affrica **84 E2** 8.30G 1.00Dn
Tok U.D.A. **62 D4** 63.20G 143.10Gn
Tokara-rettō *ysdd.* Japan **106 A1** 29.30G 129.00Dn
Tokat Twrci **57 M4** 40.20G 36.35Dn
Tokelau *ys.* Cefn. Tawel **108 N6** 9.00D 171.45Gn
Tokmak Ukrain **55 N2** 47.13G 35.43Dn
Tok-tō = Take-shima *ys.* Japan **106 B3** 30.51G 130.28Dn
Tokushima Japan **106 B2** 34.03G 134.34Dn
Tōkyō Japan **106 C3** 35.40G 139.45Dn
Tôlañaro Madagascar **86 D2** 25.01D 47.00Dn
Toledo Sbaen **46 C3** 39.52G 4.02Gn
Toledo U.D.A. **65 J5** 41.40G 83.35Gn
Toledo, Mdd. Sbaen **46 C3** 39.35G 4.30Gn
Tolentino Yr Eidal **50 E5** 43.12G 13.17Dn
Toliara Madagascar **86 D2** 23.20D 43.41Dn
Tolitoli Indonesia **104 G4** 1.05G 120.50Dn
Tollesbury Lloegr **11 F2** 51.44G 0.51Dn
Tolsta, Pr. Yr Alban **18 C3** 58.20G 6.10Gn
Toluca México **70 E4** 19.20G 99.40Gn
Tol'yatti Ffed. Rwsia **58 G3** 53.32G 49.24Dn
Tomakomai Japan **106 D4** 42.39G 141.33Dn
Tomanivi *m.* Fiji **111 G4** 17.36D 178.09Dn
Tomaszów Lubelski Gw. Pwyl **55 H4** 50.28G 23.25Dn
Tomaszów Mazowiecki Gw. Pwyl **54 G4** 51.32G 20.01Dn
Tombigbee *a.* U.D.A. **65 I3** 31.05G 87.55Gn
Tombouctou (Timbuktu) Mali **84 D3** 16.49G 2.59Gn
Tomelloso Sbaen **46 D3** 39.09G 3.01Gn
Tomini, Gff. Indonesia **104 G3** 0.30D 120.45Dn
Tomsk Ffed. Rwsia **58 K3** 56.30G 85.05Dn
Tona, Gff. Ffed. Rwsia **59 P5** 72.00G 136.10Dn
Tonbridge Lloegr **11 F2** 51.12G 0.16Dn
Tondano Indonesia **105 G4** 1.19G 124.56Dn
Tone *a.* Lloegr **13 E3** 51.04G 2.56Gn
Tonga Cefn. Tawel **108 N5** 20.00D 175.00Gn
Tongareva Ysdd. Cook **108 P6** 9.00D 158.00Gn
Tongatapu, Grŵp *ysdd.* Tonga **108 N4** 21.10D 175.10Gn
Tongeren Gw. Belg **42 E2** 50.47G 5.28Dn
Tonghua China **103 N6** 41.40G 126.52Dn
Tongking, Gff. Asia **104 D8** 20.00G 107.50Dn
Tongliao China **103 M6** 43.37G 122.15Dn
Tongling China **103 L4** 30.57G 117.40Dn
Tongue (Tunga) Yr Alban **19 E3** 58.28G 4.26Gn
Tongue, Sn. *moryd* Yr Alban **19 E3** 58.27G 4.26Gn
Tônlé Sab *ll.* Cambodia **104 C6** 12.50G 104.00Dn
Tønsberg Norwy **43 B2** 59.16G 10.25Dn
Toowoomba Awstralia **110 E3** 27.35D 151.54Dn
Topeka U.D.A. **65 G4** 39.03G 95.41Gn
Topozero, Llyn Ffed. Rwsia **43 H4** 65.45G 32.00Dn
Topsham Lloegr **13 D2** 50.40G 3.27Gn
Tor, Bae Lloegr **13 D2** 50.25G 3.30Gn
Torbat-e-Heydarīyeh Iran **95 I6** 35.16G 59.13Dn
Torbat-e Jam Iran **95 J6** 35.15G 60.37Dn
Torbay *rhan.* Lloegr **9 D2** 50.27G 3.31Gn
Tordesillas Sbaen **46 C4** 41.30G 5.00Gn

Torfaen rhan. Cymru 9 D2 51.42G 3.01Gn
Torino Yr Eidal 50 B6 45.04G 7.40Dn
Tori-shima ys. Japan 108 J9 30.28G 140.18Dn
Tormes a. Sbaen 46 B4 41.18G 6.29Gn
Torne a. Sweden 43 E4 67.13G 23.30Dn
Torne, Ll. Sweden 43 D5 68.15G 19.20Dn
Tornio Y Ffindir 43 F4 65.52G 24.10Dn
Toronto Canada 63 K2 43.42G 79.25Gn
Tororo Uganda 87 A3 0.39G 34.10Dn
Toros, Mdd. Twrci 57 K2 37.15G 34.00Dn
Torpoint tref Lloegr 13 C2 50.23G 4.12Gn
Torquay Lloegr 13 D2 50.27G 3.31Gn
Torre del Greco Yr Eidal 50 F4 40.44G 14.22Dn
Torremolinos Sbaen 46 C2 36.37G 4.30Gn
Torrens, Ll. Awstralia 110 C2 31.00D 137.50Dn
Torreón México 70 D6 25.34G 103.25Gn
Torres, Cf. Cefn. Tawel 110 D4 10.30D 142.20Dn
Tôrres Vedras Portiwgal 46 A3 39.05G 9.15Gn
Torres, Ysdd. Vanuatu 111 F4 13.45D 166.30Dn
Torrevieja/Torrevella Sbaen 46 E2 37.59G 0.40Gn
Torridge a. Lloegr 13 C2 51.01G 4.12Gn
Torridon, Loch Yr Alban 18 D2 57.35G 5.50Gn
Torridon (Toirbheartan) Yr Alban 18 D2 57.32G 5.30Gn
Torshavn Føroyar 58 B4 62.02G 6.47Gn
Tortolas, M. las Chile/Ariannin 76 D2 29.55D 69.55Gn
Tortosa Sbaen 46 F4 40.49G 0.31Dn
Toruń Gw. Pwyl 54 F5 53.01G 18.35Dn
Tory, Ys. Gwer. Iwerdd. 20 C5 55.15G 8.15Gn
Tosno Ffed. Rwsia 43 G2 59.38G 30.46Dn
Totland Lloegr 10 D1 50.40G 1.32Gn
Totnes Lloegr 13 D2 50.26G 3.41Gn
Totton Lloegr 10 D1 50.55G 1.29Gn
Tottori Japan 106 B3 35.32G 134.12Dn
Toubkal m. Moroco 84 D5 31.03G 7.57Gn
Touggourt Algeria 84 E5 33.08G 6.04Dn
Toulon Ffrainc 44 F3 43.07G 5.53Dn
Toulouse Ffrainc 44 D3 43.33G 1.24Dn
Toungoo Myanmar 97 J4 19.00G 96.30Dn
Touraine n. Ffrainc 44 D5 47.00G 1.00Dn
Tournai Gw. Belg 42 C2 50.36G 3.23Dn
Tournon-sur-Rhône Ffrainc 44 F4 45.04G 4.50Dn
Tours Ffrainc 44 D5 47.23G 0.42Dn
Tove a. Lloegr 10 E3 52.03G 0.42Gn
Towada Japan 106 D4 40.36G 140.47Dn
Towcester Lloegr 10 E3 52.07G 0.56Gn
Townsville Awstralia 110 D4 19.13D 146.48Dn
Towori, Gff. Indonesia 105 G3 2.00D 122.30Dn
Towot Sudan 87 A4 6.11G 34.23Dn
Toyama Japan 106 C3 36.42G 137.14Dn
Toyama-wan b. Japan 106 C3 37.00G 137.20Dn
Toyota Japan 106 C3 35.05G 137.09Dn
Tozeur Tunisia 52 E3 33.55G 8.08Dn
Trâblous (Tripoli) Libanus 94 E5 34.27G 35.50Dn
Trabzon Twrci 57 N4 41.00G 39.43Dn
Traeth Coch Cymru 12 C5 53.20G 4.10Gn
Trafalgar, P. Sbaen 46 B2 36.10G 6.02Gn
Tralee Gwer. Iwerdd. 20 B2 52.16G 9.42Gn
Tralee, Bae Gwer. Iwerdd. 20 B2 52.18G 9.55Gn
Trallwng, Y Cymru 12 D4 52.40G 3.09Gn
Tramore Gwer. Iwerdd. 20 D2 52.10G 7.10Gn
Tranås Sweden 43 C2 58.03G 15.00Dn
Trangan ys. Indonesia 105 I2 6.30D 134.15Dn
Transilvania, Alpau mdd. România 34 F2 45.35G 24.40Dn
Trapani Yr Eidal 50 E3 38.02G 12.30Dn
Trasimeno, Ll. Yr Eidal 50 E5 43.09G 12.07Dn
Traverse City U.D.A. 65 I5 44.46G 85.38Gn
Travnik Bosna. 56 C6 44.14G 17.40Dn
Trawsfynydd, Llyn Cymru 12 D4 52.55G 3.55Gn
Trebišov Slofacia 54 G3 48.40G 21.47Dn
Trecelyn Cymru 12 D3 51.41G 3.09Gn
Tredegar Cymru 12 D3 51.47G 3.16Gn
Trefaldwyn Cymru 12 D4 52.34G 3.09Gn
Trefdraeth Cymru 12 C4 52.01G 4.51Gn
Trefdraeth, Bae Cymru 12 C4 52.03G 4.53Gn
Treforys Cymru 12 D3 51.40G 3.55Gn
Trefyclo Cymru 12 D4 52.21G 3.02Gn
Trefynwy Cymru 12 E3 51.48G 2.43Gn
Treffynnon Cymru 12 D5 53.17G 3.13Gn
Tregaron Cymru 12 D4 52.14G 3.56Gn
Treig, Loch Yr Alban 18 E1 56.48G 4.41Gn
Trelew Ariannin 75 C2 43.20D 65.25Gn
Trelleborg Sweden 43 C1 55.22G 13.10Dn
Tremadog, Bae Cymru 12 C4 52.52G 4.14Gn
Trent a. Lloegr 15 G2 53.41G 0.41Gn
Trento Yr Eidal 50 D7 46.04G 11.08Dn
Trenton U.D.A. 65 L5 40.15G 74.43Gn
Tresco ys. Lloegr 13 A1 49.57G 6.20Gn
Tres Picos m. Ariannin 75 C3 38.13D 61.50Gn
Treviso Yr Eidal 50 E6 45.40G 12.14Dn
Trevose, Pr. p. Lloegr 13 B2 50.33G 5.05Gn
Trier Yr Almaen 48 C3 49.45G 6.39Dn
Trieste Yr Eidal 50 E6 45.40G 13.47Dn
Tríkala Groeg 56 E3 39.34G 21.46Dn
Trim Gwer. Iwerdd. 20 E3 53.34G 6.47Gn
Trincomalee Sri Lanka 97 G2 8.34G 81.13Dn
Trindade ys. Cefn. Iwerydd 72 H4 20.30D 29.15Gn
Tring Lloegr 10 E2 51.48G 0.40Gn
Trinidad Bolivia 76 D3 15.00D 64.50Gn
Trinidad ys. De America 71 L3 10.20G 61.10Gn
Trinidad U.D.A. 64 F4 37.11G 104.31Gn
Trinidad a Tobago De America 71 L3 10.30G 61.20Gn
Tripoli = Tarābulus Libya 84 F5 32.58G 13.12Dn
Tripoli = Trâblous Libanus 94 E5 34.27G 35.50Dn
Trípolis Groeg 56 F2 37.31G 22.21Dn
Tripolitania n. Libya 52 F3 31.00G 12.00Dn
Tripura rhan. India 97 I5 23.45G 91.45Dn
Tristan da Cunha ys. Cefn. Iwerydd 116 I4 38.00D 12.00Gn
Trivandrum India 96 F2 8.41G 76.57Dn
Trnava Slofacia 54 E3 48.23G 17.35Dn
Trobriand, Ysdd. P.G.N. 110 E5 8.35D 151.05Dn
Troisdorf Yr Almaen 42 G2 50.50G 7.07Dn
Trois-Rivières tref Canada 63 K2 46.21G 72.34Gn
Troitsko-Pechorsk Ffed. Rwsia 58 H4 62.40G 56.08Dn
Trollhättan Sweden 43 C2 58.17G 12.20Dn
Trombetas a. Brasil 77 E4 2.00D 55.40Gn
Tromsø Norwy 43 D5 69.42G 19.00Dn
Trondheim Norwy 43 B3 63.36G 10.23Dn
Troon Yr Alban 16 E3 55.33G 4.40Gn
Trossachs n. Yr Alban 16 E4 56.15G 4.25Gn
Trostan m. G. Iwerddon 16 C3 55.03G 6.10Gn
Troup, Pr. Yr Alban 19 G2 57.41G 2.18Gn
Trout, Ll. Canada 65 H7 51.13G 93.20Gn
Trowbridge Lloegr 10 C2 51.18G 2.12Gn
Troyes Ffrainc 44 F6 48.18G 4.05Dn
Trubchevsk Ffed. Rwsia 55 M5 52.36G 33.46Dn
Trujillo Periw 74 B6 8.06D 79.00Gn
Truro Canada 63 L2 45.24G 63.18Gn
Truro Lloegr 13 B2 50.17G 5.02Gn
Tsaratanana, Uwchd. mdd. Madagascar 86 D3 14.00D 49.00Dn
Tsavo a. Kenya 87 B2 2.59D 38.29Dn
Tsavo, Parc Cen. Kenya 87 B2 3.00D 38.30Dn
Tsetserleg Mongolia 103 I7 47.26G 101.22Dn
Tsimlyansk, Cr. Ffed. Rwsia 35 H2 48.00G 43.00Dn
Tsna a. Belarus 55 J5 52.10G 27.03Dn
Tsu Japan 106 C2 34.43G 136.35Dn
Tsuchiura Japan 106 D3 36.05G 140.12Dn
Tsugaru-kaikyō cf. Japan 106 D4 41.30G 140.50Dn
Tsumeb Namibia 86 A3 19.13D 17.42Dn
Tsuruga Japan 106 C3 35.40G 136.05Dn
Tsushima ys. Japan 106 A2 34.30G 129.20Dn
Tuam Gwer. Iwerdd. 20 C3 53.32G 8.52Gn
Tuamotu, Ysdd. Cefn. Tawel 109 Q5 17.00D 142.00Gn
Tuapse Ffed. Rwsia 53 K3 44.06G 39.05Dn
Tuban Indonesia 104 E2 6.55D 112.01Dn
Tubbercurry Gwer. Iwerdd. 20 C4 54.03G 8.47Gn
Tübingen Yr Almaen 48 D3 48.31G 9.02Dn
Tubruq Libya 85 G5 32.06G 23.58Dn
Tubuai ys. Cefn. Tawel 109 Q4 23.23D 149.27Gn
Tucson U.D.A. 64 D3 32.15G 110.57Gn
Tucumcari U.D.A. 64 F4 35.11G 103.44Gn
Tucuruí Brasil 77 F4 3.42D 49.44Gn
Tucuruí, Cr. Brasil 77 F4 4.35D 49.33Gn
Tudela Sbaen 46 E5 42.04G 1.37Gn
Tuguegarao Pili. 105 G7 17.36G 121.44Dn
Tui Sbaen 46 A5 42.03G 8.38Gn
Tuineje Ysdd. Dedwydd 46 Y2 28.18G 14.03Gn
Tukangbesi, Ysdd. Indonesia 105 G2 5.30D 124.00Dn
Tukums Latvia 43 E2 56.58G 23.10Dn
Tula Ffed. Rwsia 55 O6 54.11G 37.38Dn
Tulcea România 55 K1 45.10G 28.50Dn
Tul'chyn Ukrain 55 K3 48.40G 28.49Dn
Tulít'a = Fort Norman Canada 62 F4 64.55G 125.29Gn
Tullamore Gwer. Iwerdd. 20 D3 53.17G 7.31Gn
Tulle Ffrainc 44 D4 45.16G 1.46Dn
Tullow Gwer. Iwerdd. 20 E2 52.48G 6.43Gn
Tullybrack m. G. Iwerddon 16 B2 54.23G 7.52Gn
Tulsa U.D.A. 64 G4 36.07G 95.58Gn
Tumaco Colombia 76 C5 1.51G 78.46Gn
Tumba, Ll. Gwer. Ddem. Congo 86 A4 0.45D 18.00Dn
Tumbes Periw 76 B4 3.37D 80.27Gn
Tumen China 106 B4 42.56G 129.47Dn
Tumen a. China/G. Korea 106 B4 42.19G 130.40Dn
Tumkur India 96 F3 13.20G 77.06Dn
Tummel a. Yr Alban 17 F4 56.39G 3.40Gn
Tummel, Loch Yr Alban 19 F1 56.43G 3.55Gn
Tump Pakistan 95 J4 26.06G 62.24Dn
Tumucumaque, Serra mdd. De America 77 E5 2.20G 54.50Gn
Tunceli Twrci 57 N3 39.07G 39.34Dn
Tundzha a. Bwlgaria 56 H5 42.00G 26.35Dn
Tunguska Isaf a. Ffed. Rwsia 59 K4 65.50G 88.00Dn
Tunis Tunisia 84 F5 36.47G 10.10Dn
Tunisia Affrica 84 E5 34.00G 9.00Dn
Tunja Colombia 71 J2 5.33G 73.23Gn
Tunnsjøen ll. Norwy 43 C4 64.45G 13.25Dn
Tupelo U.D.A. 65 I3 34.15G 88.43Gn
Tupinambarama, Ys. n. Brasil 77 E4 3.00D 58.00Gn
Tura Ffed. Rwsia 59 M4 64.05G 100.00Dn
Turabah Saudi Arabia 94 F3 21.13G 41.39Dn
Turbarkas Lithuania 54 H6 55.05G 22.48Dn
Turbat Pakistan 96 C6 25.59G 63.04Dn
Turgay Kazakhstan 102 A7 49.38G 63.25Dn
Turgutlu Twrci 57 H3 38.30G 27.43Dn
Turhal Twrci 57 M4 40.23G 36.05Dn
Turkana, Ll. Kenya 87 B3 4.00G 36.00Dn
Turkmenistan Asia 115 L7 40.00G 60.00Dn
Turks, Ysdd. Ysdd. Turks a Caicos 71 J5 21.30G 71.10Gn
Turks a Caicos, Ysdd. Cb. America 71 J5 21.30G 71.50Gn
Turku/Åbo Y Ffindir 43 E3 60.27G 22.15Dn
Turkwel a. Kenya 87 B3 3.08G 35.39Dn
Turneffe, Ysdd. Belize 70 G4 17.30G 87.45Gn
Turnhout Gw. Belg 42 D3 51.19G 4.57Dn
Tŭrnovo Bwlgaria 56 G5 43.04G 25.39Dn
Turnu Măgurele România 56 G5 43.43G 24.53Dn
Turpan China 102 F6 42.55G 89.06Dn
Turquino m. Cuba 71 I5 20.05G 76.50Gn
Turriff Yr Alban 19 G2 57.32G 2.29Gn
Tuscaloosa U.D.A. 65 I3 33.12G 87.33Gn
Tutbury Lloegr 10 D3 52.52G 1.40Gn
Tuticorin India 97 F2 8.48G 78.10Dn
Tuttlingen Yr Almaen 48 D2 47.59G 8.49Dn
Tutuila ys. Samoa 108 N5 14.18D 170.42Gn
Tuvalu Cefn. Tawel 111 G5 8.00D 178.00Dn
Tuxford Lloegr 15 G2 53.14G 0.54Gn
Tuxtla Gutiérrez México 70 F4 16.45G 93.09Gn
Tuzla Bosna. 56 D6 44.33G 18.41Dn
Tuz, Ll. Twrci 57 K3 38.45G 33.24Dn
Tver Ffed. Rwsia 58 F3 56.47G 35.57Dn
Tweed a. Yr Alban 17 G3 55.46G 2.00Gn
Twin Falls tref U.D.A. 64 D5 42.34G 114.30Gn
Twrci Asia 57 K3 39.00G 33.00Dn
Twyford Lloegr 10 E2 51.29G 0.51Gn
Tyddewi Cymru 12 B3 51.54G 5.16Gn
Tyler U.D.A. 65 G3 32.22G 95.18Gn
Tynda Ffed. Rwsia 59 O3 55.11G 124.34Dn
Tyne a. Lloegr 15 F4 55.00G 1.25Gn
Tyne Ddeheuol a. Lloegr 15 E3 54.59G 2.08Gn
Tyne Ogleddol a. Lloegr 15 E3 54.59G 2.08Gn
Tyne a Wear rhan. Lloegr 8 E4 54.57G 1.35Gn
Tynemouth Lloegr 15 F4 55.01G 1.24Gn
Tynset Norwy 43 B3 62.17G 10.47Dn
Tyrone rhan. G. Iwerddon 20 D4 54.30G 7.15Gn
Tyrus Libanus 94 E5 33.16G 35.12Dn
Tyumen Ffed. Rwsia 58 I3 57.11G 65.29Dn
Tywi a. Cymru 12 C3 51.46G 4.22Gn

U

Uaupés Brasil 76 D4 0.00 67.10Gn
Ubangi a. Congo/Gwer. Ddem. Congo 86 A4 0.25D 17.50Dn
Úbeda Sbaen 46 D3 38.01G 3.22Gn
Uberaba Brasil 77 F3 19.47D 47.57Gn
Uberlândia Brasil 77 F3 18.57D 48.17Gn
Ubon Ratchathani Gw. Thai 104 C7 15.15G 104.50Dn
Ucayali a. Periw 76 C4 4.00D 73.30Gn
Uckfield Lloegr 11 F1 50.58G 0.06Dn
Ucheldir rhan. Yr Alban 8 C5 57.42G 5.00Gn
Udaipur India 96 E5 24.36G 73.47Dn
Uddevalla Sweden 43 B2 58.20G 11.56Dn
Uddjaure ll. Sweden 43 D4 65.55G 17.50Dn
Udine Yr Eidal 50 E7 46.03G 13.15Dn
Udon Thani Gw. Thai 104 C7 17.29G 102.45Dn
Udupi India 96 E3 13.21G 74.45Dn
Ueda Japan 106 C3 36.27G 138.13Dn
Uele a. Gwer. Ddem. Congo 86 B5 4.08G 22.25Dn
Uelzen Yr Almaen 48 E5 52.58G 10.34Dn
Ufa Ffed. Rwsia 58 H3 54.45G 55.58Dn
Uganda Affrica 86 C5 1.00G 33.00Dn
Ugie Ogleddol a. Yr Alban 19 H2 57.31G 1.48Gn
Uglegorsk Ffed. Rwsia 59 Q2 49.01G 142.04Dn
Ugra a. Ffed. Rwsia 55 N6 54.30G 36.10Dn
Uíge Angola 86 A4 7.40D 15.09Dn
Uig (Uige) Yr Alban 18 C2 57.35G 6.22Gn
Uinta, Mdd. U.D.A. 64 D5 40.45G 110.30Gn
Uist, De ys. Yr Alban 18 B2 57.15G 7.20Gn
Uist, Gogledd ys. Yr Alban 18 B2 57.35G 7.20Gn
Ujung Pandang Indonesia 104 F2 5.09D 119.28Dn
Ukerewe, Ys. Tanzania 87 A2 2.00D 33.00Dn
Ukhta Ffed. Rwsia 58 H4 63.33G 53.44Dn
Ukiah U.D.A. 64 B4 39.09G 123.12Gn
Ukrain Ewrop 55 L3 49.00G 30.00Dn
Ulaangom Mongolia 102 G7 49.59G 92.00Dn
Ulan Bator Mongolia 103 J7 47.54G 106.52Dn
Ulan-Ude Ffed. Rwsia 59 M3 51.55G 107.40Dn
Ulchin De Korea 106 A3 37.00G 129.26Dn
Uliastay Mongolia 102 H7 47.42G 96.52Dn
Ulithi ys. Tal. Ffed. Micronesia 105 J6 10.00G 139.40Dn
Ullapool (Ullabol) Yr Alban 18 D2 57.54G 5.10Gn
Ullswater ll. Lloegr 14 E3 54.34G 2.52Gn
Ullung do ys. De Korea 106 B3 37.30G 130.55Dn
Ulm Yr Almaen 48 E3 48.24G 10.00Dn
Ulsan De Korea 106 A3 35.32G 129.21Dn
Ulster, Cam. Gwer. Iwerdd. 16 B2 54.14G 7.00Gn
Ulundi G.D.A. 86 C2 28.17D 31.28Dn
Ulva ys. Yr Alban 16 C4 56.29G 6.12Gn
Ulverston Lloegr 14 D3 54.13G 3.07Gn
Uman' Ukrain 55 L3 48.45G 30.10Dn
Umboi ys. P.G.N. 110 D5 5.35D 148.00Dn
Ume a. Sweden 43 E3 63.43G 20.20Dn
Umeå Sweden 43 E3 63.50G 20.15Dn
Umingmaktok (Bathurst Inlet) tref Canada 62 H4 66.48G 108.00Gn
Umm Durmān (Omdurman) Sudan 85 H3 15.37G 32.59Dn
Umm Keddada Sudan 94 C1 13.33G 26.35Dn
Umm Ruwaba Sudan 94 D1 12.54G 31.13Dn
Umm Sa'ad Libya 53 I3 31.33G 25.03Dn
Umtata G.D.A. 86 B1 31.35D 28.47Dn
Umuarama Brasil 77 E2 24.00D 53.20Gn
Una a. Croatia/Bosna. 56 C6 45.16G 16.55Dn
Unayzah Saudi Arabia 94 F4 26.05G 43.57Dn
Ungava, Bae Canada 63 L3 59.00G 67.30Gn
Unggi G. Korea 106 B4 42.19G 130.24Dn
Ungwana, Bae Kenya 87 C2 2.40D 40.23Dn
Unimak, Ys. U.D.A. 62 B3 54.50G 164.00Gn
Unini a. Brasil 77 D4 1.40D 61.40Gn
Unol Daleithiau America G. America 64 F4 39.00G 100.00Gn
Unst ys. Yr Alban 19 Z9 60.45G 0.55Gn
Upa a. Ffed. Rwsia 55 O5 54.00G 36.15Dn
Upavon Lloegr 10 D2 51.17G 1.49Gn
Upemba, Ll. Gwer. Ddem. Congo 86 B4 8.35D 26.28Dn
Upernavik Grønland 63 M5 72.50G 56.00Gn
Upington G.D.A. 86 B2 28.26D 21.12Dn
Upolu ys. Samoa 108 N5 13.55D 171.45Gn
Upper Tean Lloegr 10 D3 52.57G 1.59Gn
Uppingham Lloegr 10 E3 52.36G 0.43Gn
Uppsala Sweden 43 D2 59.55G 17.38Dn
Upton upon Severn Lloegr 10 C3 52.04G 2.12Gn
Ural a. Ffed. Rwsia/Kazakhstan 58 H2 47.00G 52.00Dn
Ural, Mdd. Ffed. Rwsia 58 H3 60.00G 59.00Dn
Ural'sk Kazakhstan 58 H3 51.19G 51.20Dn
Uranium City Canada 62 H3 59.32G 108.43Gn
Urawa Japan 106 C3 35.51G 139.39Dn
Ure a. Lloegr 15 F3 54.05G 1.20Gn
Urengoy Ffed. Rwsia 58 J4 65.59G 78.30Dn
Urie a. Yr Alban 19 G2 57.16G 2.22Gn
Urmia Iran 94 G6 37.32G 45.02Dn
Urmia, Ll. Iran 94 G6 37.40G 45.28Dn
Uruapán México 70 D4 19.26G 102.04Gn
Urubamba a. Periw 76 C3 10.43D 73.55Gn
Urucara Brasil 77 E4 2.32D 57.45Gn
Uruguaiana Brasil 77 E2 29.45D 57.05Gn
Uruguay De America 75 D3 33.00D 55.00Gn
Uruguay a. Uruguay 75 D3 34.00D 58.30Gn
Ürümqi China 102 F6 43.43G 87.38Dn
Uşak Twrci 57 I3 38.42G 29.25Dn
Ushuaia Ariannin 75 C1 54.47D 68.20Gn
Usol'ye-Sibirskoye Ffed. Rwsia 59 M3 52.48G 103.40Dn
Ussuri a. Ffed. Rwsia 106 B5 45.36G 133.20Dn
Ussuriysk Ffed. Rwsia 59 P2 43.48G 131.59Dn
Ustica ys. Yr Eidal 50 E3 38.42G 13.11Dn
Ust-Ilimsk Ffed. Rwsia 59 M3 58.05G 102.40Dn
Ust-Kamchatsk Ffed. Rwsia 59 S3 56.14G 162.28Dn
Ust-Kamenogorsk Kazakhstan 102 E8 50.00G 82.40Dn
Ust-Kut Ffed. Rwsia 59 M3 56.40G 105.50Dn
Ust-Maya Ffed. Rwsia 59 P4 60.25G 134.28Dn
Ust Olenek Ffed. Rwsia 59 N5 72.59G 120.00Dn
Ust Urt, Llwyfandir n. Asia 58 H2 43.30G 55.00Dn
Utah rhan. U.D.A. 64 D4 39.00G 112.00Gn
Utara, Ys. Indonesia 104 C3 2.42D 100.05Dn
Utena Lithuania 55 I6 55.30G 25.35Dn
Utica U.D.A. 65 K5 43.06G 75.05Gn
Utiel Sbaen 46 E3 39.33G 1.13Gn
Utrecht Yr Iseld. 42 E4 52.04G 5.07Dn
Utrecht rhan. Yr Iseld. 42 E4 52.04G 5.10Dn
Utrera Sbaen 46 C2 37.10G 5.47Gn
Utsunomiya Japan 106 C3 36.40G 139.52Dn
Uttaradit Gw. Thai 104 C7 17.20G 100.05Dn
Uttar Pradesh rhan. India 97 G6 27.40G 80.00Dn
Uttoxeter Lloegr 10 D3 52.53G 1.50Gn
Uusikaupunki Y Ffindir 43 E3 60.48G 21.30Dn
Uvs Nuur ll. Mongolia 102 G8 50.30G 92.30Dn
Uwajima Japan 106 B2 33.13G 132.32Dn
Uwchdiroedd Cymru Cymru 12 D4 52.33G 3.33Gn
Uwchdiroedd y De bryniau Yr Alban 17 F3 55.30G 3.30Gn
Uxbridge Lloegr 11 E2 51.33G 0.30Gn
Uyuni, Pant Heli ll. Bolivia 76 D2 20.30D 67.45Gn
Uzbekistan Asia 115 M8 42.00G 63.00Dn
Uzhgorod Ukrain 54 H3 48.38G 22.15Dn
Uzlovaya Ffed. Rwsia 55 P5 53.55G 38.11Dn

V

Vaal a. G.D.A. 86 B2 29.04D 23.37Dn
Vaasa Y Ffindir 43 E3 63.06G 21.36Dn
Vác Hwngari 54 F2 47.49G 19.10Dn
Vadodara India 96 E5 22.19G 73.14Dn
Vadsø Norwy 43 G5 70.05G 29.47Dn
Vaduz Liech. 44 H5 47.08G 9.32Dn
Værøy ys. Norwy 43 C4 67.40G 12.40Dn
Váh a. Slofacia 54 F2 47.40G 18.09Dn
Vaitupu ys. Tuvalu 111 G5 7.28D 178.41Dn
Valdai, Bryniau Ffed. Rwsia 35 G3 57.10G 33.00Dn
Valdepeñas Sbaen 46 D3 38.46G 3.24Gn
Valdés, Gor. Ariannin 75 C2 42.30D 64.00Gn
Valdez U.D.A. 62 D4 61.07G 146.17Gn
Valdivia Chile 75 B3 39.46D 73.15Gn
Val d'Or tref Canada 63 K2 48.07G 77.47Gn
Valdosta U.D.A. 65 J3 30.51G 83.51Gn
Valdres n. Norwy 43 B3 61.00G 9.10Dn
Valence Ffrainc 44 F4 44.56G 4.54Dn
Valencia Sbaen 46 E3 39.29G 0.24Gn
Valencia Venezuela 71 K3 10.14G 67.59Gn
Valencia, Gff. Sbaen 46 F3 39.38G 0.20Dn
Valencia de Alcántara Sbaen 46 B3 39.25G 7.14Gn
Valenciennes Ffrainc 44 E7 50.22G 3.32Dn
Valera Venezuela 71 J2 9.21G 70.38Gn
Valier, M. Ffrainc 44 D3 42.48G 1.04Dn
Valinco, Gff. Môr Can. 44 H2 41.40G 8.50Dn
Valjevo Iwgo. 56 D6 44.16G 19.56Dn
Valka Latvia 43 F2 57.44G 26.00Dn
Valkeakoski Y Ffindir 43 F3 61.17G 24.05Dn
Valkenswaard Yr Iseld. 42 E3 51.21G 5.27Dn
Valladolid Sbaen 46 C4 41.39G 4.45Gn
Valledupar Colombia 71 J3 10.10G 73.16Gn
Valletta Malta 50 F1 35.53G 14.31Dn
Valley City U.D.A. 64 G6 46.57G 97.58Gn
Valparaíso Chile 75 B3 33.05D 71.40Gn
Vals, P. Indonesia 105 J2 8.30D 137.30Dn
Valverde Ysdd. Dedwydd 46 X1 27.48G 17.55Gn
Vammala Y Ffindir 43 E3 61.20G 22.54Dn
Van Twrci 94 F6 38.28G 43.20Dn
Van, Ll. Twrci 94 F6 38.35G 42.52Dn
Vancouver Canada 62 F2 49.13G 123.06Gn
Vancouver, Ys. Canada 62 F2 50.00G 126.00Gn
Vänern ll. Sweden 43 C2 59.00G 13.15Dn
Vänersborg Sweden 43 C2 58.23G 12.19Dn
Vanimo P.G.N. 105 K3 2.40D 141.17Dn
Vännäs Sweden 43 D3 63.56G 19.50Dn
Vannes (Gwened) Ffrainc 44 B5 47.40G 2.44Gn
Vantaa Y Ffindir 43 F3 60.13G 25.01Dn
Vanua Levu ys. Fiji 111 G4 16.33D 179.15Dn
Vanuatu Cefn. Tawel 111 F4 16.00D 167.00Dn
Varanasi India 97 G6 25.20G 83.00Dn
Varanger, Ffiord moryd Norwy 43 G5 70.00G 29.30Dn
Varaždin Croatia 56 C7 46.18G 16.20Dn
Varberg Sweden 43 C2 57.06G 12.15Dn
Vardar a. Groeg 56 F4 40.31G 22.43Dn
Varese Yr Eidal 50 C6 45.48G 8.48Dn
Vârful Bihor m. România 54 H2 46.26G 22.43Dn
Vârful Moldoveanu m. România 56 G6 45.36G 24.32Dn
Varkaus Y Ffindir 43 F3 62.15G 27.45Dn
Varna Bwlgaria 57 H5 43.13G 27.57Dn
Värnamo Sweden 43 C2 57.11G 14.03Dn
Várpalota Hwngari 54 F2 47.12G 18.09Dn
Vasa Barris a. Brasil 77 G3 11.07D 37.08Gn
Vaslui România 55 J2 46.38G 27.44Dn
Västerås Sweden 43 D2 59.36G 16.32Dn
Västerdal a. Sweden 43 C3 60.32G 15.02Dn
Västervik Sweden 43 D2 57.45G 16.40Dn
Vasyl'kiv Ukrain 55 L4 50.12G 30.15Dn
Vatersay ys. Yr Alban 18 B1 56.56G 7.32Gn
Vatnajökull mdd. Gw. yr Iâ 43 Y2 64.20G 17.00Gn
Vättern ll. Sweden 43 C2 58.30G 14.30Dn
Vavau, Grŵp ysdd. Tonga 108 N5 19.50D 174.30Gn
Växjö Sweden 43 C2 56.52G 14.50Dn
Vaygach ys. Ffed. Rwsia 58 H5 70.00G 59.00Dn
Vechte a. Yr Iseld. 42 F4 52.39G 6.01Dn
Veendam Yr Iseld. 42 F5 53.08G 6.52Dn
Veenendaal Yr Iseld. 42 E4 52.03G 5.32Dn
Vega ys. Norwy 43 B4 65.40G 11.55Dn
Vejle Denmarc 43 B1 55.43G 9.33Dn
Velen Yr Almaen 42 F3 51.53G 6.59Dn
Veles Macedonia 56 E4 41.43G 21.49Dn
Vélez-Málaga Sbaen 46 C2 36.48G 4.05Gn
Velhas a. Brasil 74 E5 17.10D 44.49Gn
Velikiye Luki Ffed. Rwsia 58 F3 56.19G 30.31Dn
Velino, M. Yr Eidal 50 E5 42.09G 13.23Dn
Velizh Ffed. Rwsia 55 L6 55.36G 31.13Dn
Vellore India 97 F3 12.56G 79.09Dn
Vel'sk Ffed. Rwsia 58 G4 61.05G 42.06Dn
Venachar, Loch Yr Alban 16 E4 56.13G 4.19Gn
Vendôme Ffrainc 44 D5 47.48G 1.04Dn
Venezia (Fenis) Yr Eidal 50 E6 45.26G 12.20Dn
Venezuela De America 74 C7 7.00G 65.20Gn
Venezuela, Gff. Venezuela 71 J3 11.30G 71.00Gn
Venraij Yr Iseld. 42 E3 51.32G 5.58Dn
Venta a. Latvia 43 E2 57.22G 21.31Dn
Ventnor Lloegr 10 D1 50.36G 1.11Gn
Ventspils Latvia 43 E2 57.22G 21.31Dn
Vera Sbaen 46 E2 37.15G 1.51Gn
Veracruz México 70 E4 19.11G 96.10Gn
Veracruz rhan. México 70 E4 18.00G 95.00Gn
Vercelli Yr Eidal 50 C6 45.19G 8.26Dn
Verdalsøra Norwy 43 B3 63.47G 11.23Dn
Verde a. Brasil 77 E2 21.18D 51.50Gn
Verde a. Paraguay 77 E2 23.00D 57.45Gn
Verde a. U.D.A. 64 D3 33.22G 112.20Gn
Verdun Ffrainc 44 F6 49.10G 5.24Dn
Verín Sbaen 46 B4 41.55G 7.26Gn
Verkhoyansk Ffed. Rwsia 59 P4 67.25G 133.25Dn
Vermont rhan. U.D.A. 65 L5 44.00G 72.30Gn
Verona Yr Eidal 50 D6 45.27G 10.59Dn
Versailles Ffrainc 44 E6 48.48G 2.08Dn
Verviers Gw. Belg 42 E2 50.36G 5.52Dn
Vervins Ffrainc 42 C1 49.50G 3.55Dn
Verwood Lloegr 10 D1 50.53G 1.53Gn
Vesoul Ffrainc 44 G5 47.38G 6.09Dn
Vesterålen ysdd. Norwy 43 C5 68.55G 15.00Dn
Vestmannaeyjar ysdd. Gw. yr Iâ 43 X1 63.30G 20.20Gn
Vesturhorn p. Gw. yr Iâ 43 Z2 64.17G 14.54Gn
Vesuvius m. Yr Eidal 50 F4 40.48G 14.25Dn
Vettore, M. Yr Eidal 50 E5 42.50G 13.18Dn
Veurne Gw. Belg 42 B3 51.04G 2.40Dn
Vézère a. Ffrainc 44 D4 44.53G 0.55Dn
Viana do Castelo Portiwgal 46 A4 41.41G 8.50Gn
Viangchang (Vientiane) Laos 104 C7 18.01G 102.48Dn
Viborg Denmarc 43 B2 56.28G 9.25Dn
Vibo Valentia Yr Eidal 50 G3 38.40G 16.06Dn
Vicenza Yr Eidal 50 D6 45.33G 11.32Dn
Vich/Vic Sbaen 46 G4 41.56G 2.15Dn
Vichy Ffrainc 44 E5 46.07G 3.25Dn
Victoria rhan. Awstralia 110 D2 37.20D 144.10Dn
Victoria a. Awstralia 110 B4 15.12D 129.43Dn
Victoria Canada 62 F2 48.26G 123.20Gn
Victoria U.D.A. 64 G2 28.48G 97.00Gn
Victoria, Ll. Affrica 86 C4 1.00D 33.00Dn
Victoria, M. Myanmar 97 I5 21.12G 93.55Dn

Victoria, M. P.G.N. 110 D5 8.55D 147.35Dn
Victoria, Rh. *n.* Zimbabwe/Zambia 86 B3 17.58D 25.45Dn
Victoria, Ys. Canada 62 G5 71.00G 110.00Gn
Victoria de las Tunas Cuba 71 I5 20.58G 76.59Gn
Vidin Bwlgaria 56 F5 43.58G 22.51Dn
Viedma Ariannin 75 C2 40.45D 63.00Gn
Viedma, Ll. Ariannin 75 B2 49.40D 72.30Gn
Vienne Ffrainc 44 F4 45.32G 4.54Dn
Vienne *a.* Ffrainc 44 D5 47.13G 0.05Gn
Vientiane = Viangchang Laos 104 C7 18.01G 102.48Dn
Vierzon Ffrainc 44 E5 47.14G 2.03Dn
Viet Nam Asia 104 D6 15.00G 108.00Dn
Vignemale, Copa *m.* Ffrainc 44 C3 42.46G 0.08Gn
Vigo Sbaen 46 A5 42.15G 8.44Gn
Vijayawada India 97 G4 16.34G 80.40Dn
Vik Gw. yr Iâ 43 Y1 63.25G 19.00Gn
Vikna *ys.* Norwy 43 B4 64.59G 11.00Dn
Vilaine *a.* Ffrainc 44 B5 47.30G 2.25Gn
Vila Real Portiwgal 46 B4 41.17G 7.45Gn
Vila Velha Brasil 77 F2 20.20D 40.17Gn
Vilcabamba, Cordillera *mdd.* Periw 76 C3 12.40D 73.20Gn
Vilhelmina Sweden 43 D4 64.38G 16.40Dn
Viljandi Estonia 43 F2 58.22G 25.30Dn
Vilkaviškis Lithuania 54 H6 54.39G 23.02Dn
Villach Awstria 54 C2 46.37G 13.51Dn
Villagarcía de Arosa Sbaen 46 A5 42.35G 8.45Gn
Villahermosa México 70 F4 18.00G 92.53Gn
Villaputzu Yr Eidal 50 C3 39.28G 9.35Dn
Villarrica Paraguay 77 E2 25.45D 56.28Gn
Villarrobledo Sbaen 46 D3 39.16G 2.36Gn
Villavicencio Colombia 74 B7 4.09G 73.38Gn
Villefranche-sur-Saône Ffrainc 44 F5 46.00G 4.43Dn
Villena Sbaen 46 E3 38.39G 0.52Gn
Villeneuve-sur-Lot Ffrainc 44 D4 44.25G 0.43Dn
Villers-Cotterêts Ffrainc 42 C1 49.15G 3.05Dn
Villeurbanne Ffrainc 44 F4 45.46G 4.54Dn
Vilnius Lithuania 55 I6 54.40G 25.19Dn
Vilvoorde Gw. Belg 42 D2 50.56G 4.25Dn
Vilyuysk Ffed. Rwsia 59 O4 63.46G 121.35Dn
Viña del Mar Chile 75 B3 33.02D 71.35Gn
Vindel *a.* Sweden 43 D3 63.56G 19.54Dn
Vinh Viet Nam 104 D7 18.42G 105.41Dn
Vinkovci Croatia 56 D6 45.17G 18.49Dn
Vinnytsya Ukrain 55 K3 49.11G 28.30Dn
Viranşehir Twrci 57 N2 37.13G 39.45Dn
Vire Ffrainc 44 C6 48.50G 0.53Gn
Virginia *rhan.* U.D.A. 65 K4 37.30G 79.00Gn
Virginia, Gn. *rhan.* U.D.A. 65 J4 39.00G 80.30Gn
Virgin, Ysdd.(D.U.) Cb. America 71 L4 18.30G 64.30Gn
Virgin, Ysdd. (U.D.A.) Cb. America 74 C8 18.30G 65.00Gn
Virton Gw. Belg 42 E1 49.35G 5.32Dn
Vis *ys.* Croatia 56 C5 43.03G 16.10Dn
Visby Sweden 43 D2 57.37G 18.20Dn
Viscount Melville, Sn. Canada 62 H5 74.30G 104.00Gn
Viseu Portiwgal 46 B4 40.40G 7.55Gn
Visginas Lithuania 55 J6 55.34G 26.20Dn
Vishakhapatnam India 97 G4 17.42G 83.24Dn
Viso, M. Yr Eidal 50 B6 44.38G 7.05Dn
Vistula = Wisła *a.* Gw. Pwyl 54 F6 54.23G 18.52Dn
Viterbo Yr Eidal 50 E5 42.26G 12.07Dn
Viti Levu *ys.* Fiji 111 G4 18.00D 178.00Dn
Vitim *a.* Ffed. Rwsia 59 N3 59.30G 112.36Dn
Vitória +Espírito Santo Brasil 77 F2 20.19D 40.21Gn
Vitória da Conquista Brasil 77 F3 14.53D 40.52Gn
Vitoria-Gasteiz Sbaen 46 D5 42.51G 2.40Gn
Vitsyebsk Belarus 55 L6 55.10G 30.14Dn
Vittel Ffrainc 44 F6 48.12G 5.57Dn
Vizcaíno, Sierra *mdd.* México 70 B6 27.20G 114.30Gn
Vizcaya, Bae (Biscay, Bae) Ffrainc 44 B4 45.30G 3.00Gn
Vizianagaram India 97 G4 18.07G 83.30Dn
Vlaardingen Yr Iseld. 42 D3 51.55G 4.20Dn
Vladimir Ffed. Rwsia 58 G3 56.08G 40.25Dn
Vladivostok Ffed. Rwsia 59 P2 43.09G 131.53Dn
Vlieland *ys.* Yr Iseld. 42 D5 53.15G 5.00Dn
Vlissingen (Flushing) Yr Iseld. 42 C3 51.27G 3.35Dn
Vlorë Albania 56 D4 40.28G 19.27Dn
Vltava *a.* Gwer. Tsiec 54 D4 50.22G 14.28Dn
Voe Yr Alban 19 Y9 60.21G 1.15Gn
Vohimena, P. Madagascar 86 D2 25.34D 45.10Dn
Voi Kenya 87 B2 3.23D 38.34Dn
Volda Norwy 43 A3 62.09G 6.05Dn
Volga *a.* Ffed. Rwsia 58 G2 45.45G 47.50Dn
Volga, Uwchdiroedd *bryniau* Ffed. Rwsia 35 H3 53.15G 45.45Dn
Volgograd Ffed. Rwsia 58 G2 48.45G 44.30Dn
Völklingen Yr Almaen 42 F1 49.15G 6.50Dn
Volnovakha Ukrain 55 O2 47.36G 37.32Dn
Volodymyr-Volyns'kyy Ukrain 55 I4 50.51G 24.19Dn
Vologda Ffed. Rwsia 58 F3 59.10G 39.55Dn
Volokonovka Ffed. Rwsia 55 O4 50.28G 37.52Dn
Vólos Groeg 56 F3 39.22G 22.57Dn
Volta, Ll. Ghana 84 E2 7.00G 0.00
Volta Ddu *a.* Ghana 84 D2 8.14G 2.11Gn
Volta Redonda Brasil 77 F2 22.31D 44.05Gn
Volta Wen *a.* Ghana 84 D2 9.13G 1.15Gn
Volzhskiy Ffed. Rwsia 58 G2 48.48G 44.45Dn
Vorkuta Ffed. Rwsia 58 I4 67.27G 64.00Dn
Voronezh Ffed. Rwsia 55 P4 51.40G 39.13Dn
Vosges *mdd.* Ffrainc 44 G5 48.00G 7.00Dn
Voss Norwy 43 A3 60.38G 6.25Dn
Vostok, Ys. Kiribati 108 P5 10.05D 152.23Gn
Vouziers Ffrainc 42 D1 49.24G 4.42Dn
Voznesens'k Ukrain 55 L2 47.34G 31.21Dn
Vranje Iwgo. 56 E5 42.34G 21.52Dn
Vratsa Bwlgaria 56 F5 43.12G 23.33Dn
Vrbas *a.* Bosna./Croatia 56 C6 45.06G 17.29Dn
Vršac Iwgo. 56 E6 45.08G 21.18Dn
Vung Tau Viet Nam 104 D6 10.21G 107.04Dn
Vuollerim Sweden 43 E4 66.26G 20.40Dn
Vyatka Ffed. Rwsia 58 G3 58.38G 49.38Dn
Vyaz'ma Ffed. Rwsia 55 N6 55.12G 34.17Dn
Vyborg Ffed. Rwsia 43 G3 60.45G 28.41Dn
Vychegda *a.* Ffed. Rwsia 35 H4 61.15G 46.28Dn

W

Wa Ghana 84 D3 10.07G 2.28Gn
Wabag P.G.N. 105 K2 5.28D 143.40Dn
Wabasca *a.* Canada 62 G3 58.22G 115.20Gn
Wabash *a.* U.D.A. 65 I4 38.25G 87.45Gn
Wabe Gestro *a.* Ethiopia 87 C3 4.11G 42.09Dn
Wabush Canada 63 L3 53.00G 66.50Gn
Waco U.D.A. 64 G3 31.33G 97.10Gn
Wad Pakistan 95 K4 27.21G 66.30Dn
Waddan Libya 85 F4 29.06G 16.03Dn
Wadden, Môr Yr Iseld. 42 E5 53.15G 5.05Dn
Waddington Lloegr 15 G2 53.10G 0.32Gn
Waddington, M. Canada 62 F3 51.30G 125.00Gn
Wadebridge Lloegr 13 C2 50.31G 4.51Gn
Wadhurst Lloegr 11 F2 51.03G 0.21Dn
Wadi Halfa Sudan 85 H4 21.55G 31.20Dn
Wad Medani Sudan 85 H3 14.24G 33.30Dn
Wagga Wagga Awstralia 110 D2 35.07D 147.24Dn
Wahanfa Fawr, Y *mdd.* Awstralia 110 D2 33.00D 151.00Dn
Wahpeton U.D.A. 64 G6 46.16G 96.36Gn
Waigeo *ys.* Indonesia 105 I3 0.05D 130.30Dn
Wainfleet All Saints Lloegr 15 H2 53.07G 0.16Dn
Waingapu Indonesia 104 G2 9.30D 120.10Dn
Waini, Pt. Guyana 74 D7 8.24G 59.48Gn
Wainwright U.D.A. 62 C5 70.39G 160.00Gn
Wajir Kenya 87 C3 1.46G 40.05Dn
Wakayama Japan 106 C2 34.12G 135.10Dn
Wake, Ys. Cefn. Tawel 108 L8 19.17G 166.36Dn
Wakefield Lloegr 15 F2 53.41G 1.31Gn
Wakkanai Japan 106 D5 45.26G 141.43Dn
Wałbrzych Gw. Pwyl 54 E4 50.48G 16.19Dn
Wallasey Lloegr 14 D2 53.26G 3.02Gn
Wallingford Lloegr 10 D2 51.36G 1.07Gn
Wallis, Ysdd. *ysdd.* Cefn. Tawel 108 N5 13.16D 176.15Gn
Walls, De *ys.* Yr Alban 19 F3 58.45G 3.07Gn
Walney, Ynys Lloegr 14 D3 54.05G 3.12Gn
Walsall Lloegr 10 D3 52.36G 1.59Gn
Waltham on the Wolds Lloegr 10 E3 52.49G 0.49Gn
Walton on Thames Lloegr 11 E2 51.23G 0.23Gn
Walvis Bay/ Walvisbaai *tref* Namibia 86 A2 22.50D 14.31Dn
Wanda Shan *mdd.* China 106 B5 45.55G 132.10Dn
Wandsworth Lloegr 11 E2 51.27G 0.11Gn
Wangqing China 106 A4 43.20G 129.48Dn
Wantage Lloegr 10 D2 51.35G 1.25Gn
Warangal India 97 F4 18.00G 79.35Dn
Warboys Lloegr 11 E3 52.24G 0.06Gn
Warburton *a.* Awstralia 110 C3 27.55D 137.15Dn
Ward, Bryn Yr Alban 19 F3 58.54G 3.20Gn
Ward's Stone *m.* Lloegr 14 E3 54.03G 2.36Gn
Wareham Lloegr 10 C1 50.41G 2.08Gn
Waremme Gw. Belg 42 E2 50.42G 5.15Dn
Warlingham Lloegr 11 E2 51.19G 0.04Gn
Warminster Lloegr 10 C2 51.12G 2.11Gn
Warrego *a.* Awstralia 110 D3 30.25D 145.18Dn
Warrenpoint G. Iwerddon 16 C2 54.06G 6.15Gn
Warri Nigeria 84 E2 5.36G 5.46Dn
Warrington Lloegr 14 E2 53.25G 2.38Gn
Warsop Lloegr 15 F2 53.13G 1.08Gn
Warszawa Gw. Pwyl 54 G5 52.15G 21.00Dn
Warta *a.* Gw. Pwyl 54 D5 52.45G 15.09Dn
Warwick Lloegr 10 D3 52.17G 1.36Gn
Warwick *rhan.* Lloegr 9 E3 52.10G 1.30Gn
Washington Lloegr 15 F3 54.55G 1.30Gn
Washington U.D.A. 65 K4 38.55G 77.00Gn
Washington *rhan.* U.D.A. 64 B6 47.00G 120.00Gn
Washington, M. U.D.A. 65 L5 44.17G 71.19Gn
Wash, Y *b.* Lloegr 11 F3 52.55G 0.15Dn
Waskaganish (Fort Rupert) Canada 63 K3 51.30G 79.45Gn
Wast Water *ll.* Lloegr 14 D3 54.25G 3.18Gn
Watampone Indonesia 104 G3 4.33D 120.20Dn
Watchet Lloegr 13 D3 51.10G 3.20Gn
Waterford Gwer. Iwerdd. 20 D2 52.16G 7.08Gn
Waterford *rhan.* Gwer. Iwerdd. 20 D2 52.10G 7.40Gn
Watergate, Bae Lloegr 13 B2 50.28G 5.06Gn
Waterloo U.D.A. 65 H5 42.30G 92.20Gn
Waterlooville Lloegr 10 D1 50.53G 1.02Gn
Water of Saughs *a.* Yr Alban 19 G1 56.47G 2.36Gn
Watertown U.D.A. 64 G5 44.54G 97.08Gn
Watford Lloegr 11 E2 51.40G 0.25Gn
Watlington Lloegr 10 D2 51.38G 1.00Gn
Watson Lake *tref* Canada 62 F4 60.07G 128.49Gn
Watten, Loch Yr Alban 19 F3 58.29G 3.20Gn
Watton Lloegr 11 F3 52.35G 0.50Dn
Wau Sudan 85 G2 7.40G 28.04Dn
Waun, Y Cymru 12 D4 52.56G 3.03Gn
Waveney *a.* Lloegr 11 G3 52.29G 1.46Dn
Wdig Cymru 12 C4 52.00G 5.00Gn
Weald, Y *n.* Lloegr 11 F2 51.05G 0.20Dn
Wear *a.* Lloegr 15 F3 54.55G 1.22Gn
Weddell, Môr Antarctica 112 73.00D 42.00Gn
Wedmore Lloegr 13 E3 51.14G 2.50Gn
Weener Yr Almaen 42 G5 53.11G 7.21Dn
Weert Yr Iseld. 42 E3 51.14G 5.40Dn
Weifang China 103 L5 36.44G 119.10Dn
Weihai China 103 M5 37.30G 122.04Dn
Weinan China 103 J4 34.25G 109.30Dn
Weldiya Ethiopia 85 H3 11.50G 39.36Dn
Welkom G.D.A. 86 B2 27.59D 26.44Dn
Welland *a.* Lloegr 11 E3 52.53G 0.00
Wellesley, Ysdd. Awstralia 110 C4 16.42D 139.30Dn
Wellingborough Lloegr 10 E3 52.18G 0.41Gn
Wellington Amwythig Lloegr 10 C3 52.42G 2.31Gn
Wellington Gwlad Yr Haf Lloegr 13 D2 50.58G 3.13Gn
Wellington Seland Newydd 111 G1 41.17D 174.46Dn
Wells Lloegr 13 E3 51.12G 2.39Gn
Wells, Ll. Awstralia 110 B3 26.50D 123.20Dn
Wells-next-the-Sea Lloegr 11 F3 52.57G 0.51Dn
Welmel Shet' *a.* Ethiopia 87 C4 5.37G 41.00Dn
Welwyn Garden City Lloegr 11 E2 51.48G 0.13Gn
Wem Lloegr 10 C3 52.52G 2.45Gn
Wembley Lloegr 11 E2 51.34G 0.18Gn
Wemyss Bay *tref* Yr Alban 16 E3 55.52G 4.52Gn
Wendo Ethiopia 85 H2 6.40G 38.27Dn
Wendover Lloegr 10 E2 51.46G 0.46Gn
Wenlock Edge *bryn* Lloegr 10 C3 52.33G 2.40Gn
Wensleydale *n.* Lloegr 15 E3 54.19G 2.04Gn
Wensum *a.* Lloegr 11 G3 52.37G 1.20Dn
Wenzhou China 103 M3 28.02G 120.40Dn
Werddon Fawr, Y Yr Aifft 94 D3 24.30G 30.40Dn
Wesel Yr Almaen 42 F3 51.39G 6.37Dn
Weser *a.* Yr Almaen 48 D5 53.15G 8.30Dn
Wessel, P. Awstralia 110 C4 10.59D 136.46Dn
Wessel, Ysdd. Awstralia 110 C4 11.30D 136.25Dn
West Bridgford Lloegr 10 D3 52.56G 1.08Gn
West Bromwich Lloegr 10 D3 52.32G 1.59Gn
Westbury Lloegr 10 C2 51.16G 2.11Gn
West Calder Yr Alban 17 F3 55.51G 3.34Gn
Wester Ross *n.* Yr Alban 18 D2 57.37G 5.20Gn
Westhill Yr Alban 19 G2 57.09G 2.16Gn
West Kirby Lloegr 14 D2 53.22G 3.11Gn
West Lavington Lloegr 10 D2 51.17G 2.00Gn
West Linton Yr Alban 17 F3 55.45G 3.21Gn
West Malling Lloegr 11 F2 51.18G 0.25Dn
Westmeath *rhan.* Gwer. Iwerdd. 20 D3 53.30G 7.30Gn
West Mersea Lloegr 11 F2 51.46G 0.55Dn
Weston-super-Mare Lloegr 10 C2 51.20G 2.59Gn
West Palm Beach *tref* U.D.A. 65 J2 26.42G 80.05Gn
Westport Gwer. Iwerdd. 20 B3 53.48G 9.32Gn
Westray *ys.* Yr Alban 19 G4 59.18G 2.58Gn
Westray, Moryd Yr Alban 19 F4 59.13G 3.00Gn
West-Terschelling Yr Iseld. 42 E5 53.22G 5.13Dn
Westward Ho! Lloegr 13 C3 51.02G 4.15Gn
Wetar *ys.* Indonesia 105 H2 7.45D 126.00Dn
Wete Tanzania 87 B1 5.03D 39.44Dn
Wetherby Lloegr 15 F2 53.56G 1.23Gn
Wetzlar Yr Almaen 48 D4 50.33G 8.30Dn
Wewak P.G.N. 105 K3 3.35D 143.35Dn
Wexford Gwer. Iwerdd. 20 E2 52.20G 6.28Gn
Wexford *rhan.* Gwer. Iwerdd. 20 E2 52.25G 6.30Gn
Wexford, Bae Gwer. Iwerdd. 20 E2 52.25G 6.15Gn
Wexford, Harbwr Gwer. Iwerdd. 12 A4 52.25G 6.30Gn
Weybridge Lloegr 11 E2 51.23G 0.28Gn
Weyburn Canada 64 F6 49.41G 103.52Gn
Weymouth Lloegr 10 C1 50.36G 2.28Gn
Whalsay *ys.* Yr Alban 19 Z9 60.22G 0.59Gn
Whangarei Seland Newydd 111 G2 35.43D 174.20Dn
Wharfe *a.* Lloegr 15 F2 53.50G 1.07Gn
Wheeler, Cp. *m.* Nev. U.D.A. 64 D4 38.59G 114.29Gn
Wheeler, Cp. *m.* N. Mex. U.D.A. 64 E4 36.34G 105.25Gn
Whernside *m.* Lloegr 15 E3 54.14G 2.25Gn
Whernside Fawr *m.* Lloegr 15 F3 54.09G 1.59Gn
Whitburn Yr Alban 17 F3 55.52G 3.41Gn
Whitby Lloegr 15 G3 54.29G 0.37Gn
Whitchurch (Eglwys Wen, Yr) Lloegr 10 C3 52.58G 2.42Gn
White *a.* U.D.A. 65 H3 33.53G 91.10Gn
White, Ll. Awstralia 110 B3 21.05D 129.00Dn
Whitecourt Canada 62 G3 54.10G 115.38Gn
Whitehaven Lloegr 14 D3 54.33G 3.35Gn
Whitehead G. Iwerddon 16 D2 54.45G 5.43Gn
Whitehill Lloegr 10 E2 51.06G 0.52Gn
Whitehorse Canada 62 E4 60.41G 135.08Gn
Whitesand, Bae Lloegr 13 C2 50.20G 4.20Gn
Whitfield Lloegr 11 G2 51.09G 1.15Dn
Whithorn Yr Alban 16 E2 54.44G 4.25Gn
Whitley Bay *tref* Lloegr 15 F4 55.03G 1.25Gn
Whitney, M. U.D.A. 64 C4 36.35G 118.17Gn
Whitstable Lloegr 11 G2 51.21G 1.02Dn
Whittlesey Lloegr 11 E3 52.34G 0.08Gn
Whyalla Awstralia 110 C2 33.04D 137.34Dn
Wichita U.D.A. 64 G4 37.43G 97.20Gn
Wichita Falls *tref* U.D.A. 64 G3 33.55G 98.30Gn
Wick Yr Alban 19 F3 58.26G 3.06Gn
Wick *a.* Yr Alban 19 F3 58.26G 3.06Gn
Wickford Lloegr 11 F2 51.38G 0.31Dn
Wickham Lloegr 10 D1 50.54G 1.11Gn
Wickham Market Lloegr 11 G3 52.09G 1.21Dn
Wicklow Gwer. Iwerdd. 20 E2 52.59G 6.03Gn
Wicklow *rhan.* Gwer. Iwerdd. 20 E3 53.00G 6.25Gn
Wicklow,Mdd. Gwer. Iwerdd. 20 E2 53.06G 6.20Gn
Wicklow, Pr. Gwer. Iwerdd. 20 F2 52.58G 6.00Gn
Widecombe in the Moor Lloegr 13 D2 50.35G 3.48Gn
Wide, Moryd Yr Alban 19 F4 59.02G 3.00Gn
Widnes Lloegr 14 E2 53.22G 2.44Gn
Wieluń Gw. Pwyl 54 F4 51.14G 18.34Dn
Wien Awstria 54 E3 48.13G 16.22Dn
Wiener Neustadt Awstria 54 E2 47.49G 16.15Dn
Wiesbaden Yr Almaen 48 D4 50.05G 8.15Dn
Wigan Lloegr 14 E2 53.33G 2.38Gn
Wigston Lloegr 10 D3 52.35G 1.08Gn
Wigton Lloegr 14 D3 54.50G 3.09Gn
Wigtown Yr Alban 16 E2 54.52G 4.26Gn
Wigtown, Bae Yr Alban 16 E2 54.47G 4.15Gn
Wijchen Yr Iseld. 42 E3 51.48G 5.44Dn
Wildhorn *m.* Y Swistir 44 G5 46.22G 7.22Dn
Wilhelmshaven Yr Almaen 48 D5 53.32G 8.07Dn
Wilkes, Tir *n.* Antarctica 112 69.00D 130.00Dn
Willebroek Gw. Belg 42 D3 51.04G 4.22Dn
William, M. Awstralia 110 D2 37.20D 142.41Dn
Williams Lake *tref* Canada 62 F3 52.08G 122.09Gn
Williamsport U.D.A. 65 K5 41.16G 77.03Gn
Willingdon Lloegr 11 F1 50.47G 0.15Dn
Williston U.D.A. 64 F6 48.09G 103.39Gn
Williston, Ll. Canada 62 F3 55.00G 126.00Gn
Williton Lloegr 13 D3 51.09G 3.20Gn
Willmar U.D.A. 65 G6 45.06G 95.00Gn
Wills, Ll. Awstralia 110 B3 21.15D 128.40Dn
Wilmington Del. U.D.A. 65 K4 39.46G 75.31Gn
Wilmington G.C. U.D.A. 65 K3 34.14G 77.55Gn
Wilmslow Lloegr 15 E2 53.19G 2.14Gn
Wilson, Pr. *p.* Awstralia 110 D2 39.06D 146.23Dn
Wilton Lloegr 10 D2 51.05G 1.52Gn
Wiltshire *rhan.* Lloegr 9 D2 51.20G 2.00Gn
Wiltz Lux. 42 E1 49.59G 5.53Dn
Wimblington Lloegr 11 F3 52.31G 0.06Dn
Wimborne Minster Lloegr 10 C1 50.48G 2.00Gn
Wimereux Ffrainc 42 A2 50.46G 1.37Dn
Winam, Gff. Kenya 87 A2 0.15D 34.30Dn
Wincanton Lloegr 13 E3 51.03G 2.24Gn
Winchester (Caerwynt) Lloegr 10 D2 51.04G 1.19Gn
Windermere Lloegr 14 E3 54.24G 2.56Gn
Windermere *ll.* Lloegr 14 E3 54.20G 2.56Gn
Windhoek Namibia 86 A2 22.34D 17.06Dn
Windrush *a.* Lloegr 10 D2 51.42G 1.25Gn
Windsor Canada 65 J5 42.18G 83.00Gn
Windsor Lloegr 11 E2 51.29G 0.38Gn
Windsor a Maidenhead *rhan.* Lloegr 9 E2 51.29G 0.38Gn
Windward, Sianel *cf.* Môr Caribî 71 J4 20.00G 74.00Gn
Windward, Ysdd. Cb. America 71 L3 13.00G 60.00Gn
Wingate Lloegr 15 F3 54.44G 1.23Gn
Winisk *a.* Canada 63 J3 55.20G 85.20Gn
Winkleigh Lloegr 13 D2 50.49G 3.57Gn
Winnebago, Ll. U.D.A. 65 I5 44.00G 88.25Gn
Winnipeg Canada 62 I2 49.53G 97.10Gn
Winnipeg, Ll. Canada 62 I3 52.45G 98.00Gn
Winnipegosis, Ll. Canada 62 H3 52.00G 100.00Gn
Winsford Lloegr 14 E2 53.12G 2.31Gn
Winslow Lloegr 10 E2 51.57G 0.54Gn
Winston-Salem U.D.A. 65 J4 36.05G 80.05Gn
Winterswijk Yr Iseld. 42 F3 51.58G 6.44Dn
Winterthur Y Swistir 44 H5 47.30G 8.45Dn
Winterton Lloegr 15 G2 53.39G 0.37Gn
Wirksworth Lloegr 15 F2 53.05G 1.34Gn
Wirral (Cilgwri) *n.* Lloegr 14 D2 53.18G 3.02Gn
Wisbech Lloegr 11 F3 52.39G 0.10Dn
Wisconsin *rhan.* U.D.A. 65 H5 45.00G 90.00Gn
Wishaw Yr Alban 17 F3 55.47G 3.55Gn
Wisła (Vistula) *a.* Gw. Pwyl 54 F6 54.23G 18.52Dn
Wismar Yr Almaen 48 E5 53.54G 11.28Dn
Witham Lloegr 11 F2 51.48G 0.38Dn
Witham *a.* Lloegr 15 H1 52.56G 0.04Dn
Witheridge Lloegr 13 D2 50.55G 3.42Gn
Withernsea Lloegr 15 H2 53.43G 0.02Dn
Witney Lloegr 10 D2 51.47G 1.29Gn
Wittenberge Yr Almaen 48 E5 52.59G 11.45Dn
Wittlich Yr Almaen 42 F1 49.59G 6.54Dn
Witu Kenya 87 C2 2.25D 40.27Dn
Wiveliscombe Lloegr 13 D3 51.02G 3.20Gn
Wivenhoe Lloegr 11 F2 51.51G 0.59Dn
Wkra *a.* Gw. Pwyl 54 G5 52.27G 20.44Dn
Włocławek Gw. Pwyl 54 F5 52.39G 19.01Dn
Wokam *ys.* Indonesia 105 I2 5.45D 134.30Dn
Woking Lloegr 11 E2 51.20G 0.34Gn
Wokingham Lloegr 10 E2 51.25G 0.50Gn
Wokingham *rhan.* Lloegr 9 E2 51.25G 0.50Gn
Woleai, Atol *ys.* Tal. Ffed. Micronesia 105 K5 7.24G 143.52Dn
Wolfsburg Yr Almaen 48 E5 52.27G 10.49Dn
Wollaston, Ll. Canada 62 H3 58.15G 103.30Gn
Wollongong Awstralia 110 E2 34.25D 150.52Dn
Wolsingham Lloegr 15 F3 54.44G 1.52Gn
Wolvega Yr Iseld. 42 E4 52.53G 6.00Dn
Wolverhampton Lloegr 10 C3 52.35G 2.06Gn
Wombwell Lloegr 15 F2 53.31G 1.23Gn
Wŏnju De Korea 103 N5 37.24G 127.52Dn
Wŏnsan G. Korea 103 N5 39.07G 127.26Dn
Woodbridge Lloegr 11 G3 52.06G 1.19Dn
Woodcote Lloegr 10 D2 51.32G 1.04Gn
Woodhall Spa Lloegr 15 G2 53.10G 0.12Gn
Woodlark, Ys. P.G.N. 110 E5 9.05D 152.50Dn
Woods, Ll. y Canada 63 I2 49.15G 94.45Gn
Woodstock Lloegr 10 D2 51.51G 1.20Gn
Wooler Lloegr 15 E4 55.33G 2.01Gn
Wootton Bassett Lloegr 10 D2 51.32G 1.55Gn
Worcester G.D.A. 86 A1 33.39D 19.26Dn
Worcester U.D.A. 65 L5 42.14G 71.48Gn
Worcester (Caerwrangon) Lloegr 10 C3 52.12G 2.12Gn
Workington Lloegr 14 D3 54.39G 3.34Gn
Worksop Lloegr 15 F2 53.19G 1.09Gn
Worland U.D.A. 64 E5 44.01G 107.58Gn
Worms Yr Almaen 48 D3 49.38G 8.23Dn
Worth Lloegr 11 E2 51.03G 0.08Gn
Worthing Lloegr 11 E1 50.49G 0.21Gn
Worthington U.D.A. 64 G5 43.37G 95.36Gn
Wowoni *ys.* Indonesia 105 G3 4.10D 123.10Dn
Wragby Lloegr 15 G2 53.17G 0.18Gn
Wrangell U.D.A. 62 E3 56.28G 132.23Gn
Wrangel, Ys. Ffed. Rwsia 59 U5 71.00G 180.00
Wrangle Lloegr 15 H2 53.03G 0.09Dn
Wrath, P. Yr Alban 18 D3 58.37G 5.01Gn
Wrecsam Cymru 12 E5 53.05G 3.00Gn
Wrecsam *rhan.* Cymru 9 D3 53.00G 3.00Gn
Wrigley Canada 62 F4 63.16G 123.39Gn
Wrocław Gw. Pwyl 54 E4 51.05G 17.00Dn
Wuhai China 103 J5 39.50G 106.40Dn
Wuhan China 103 K4 30.35G 114.19Dn
Wuhu China 103 L4 31.23G 118.25Dn
Wuppertal Yr Almaen 48 C4 51.15G 7.10Dn
Würzburg Yr Almaen 48 D3 49.48G 9.57Dn
Wuvulu, Ys. P.G.N. 105 K3 1.44D 142.50Dn
Wuwei China 103 I5 38.00G 102.54Dn
Wuxi China 103 M4 31.35G 120.19Dn
Wuzhou China 103 K2 23.30G 111.21Dn
Wyddfa, Yr *m.* Cymru 12 C5 53.05G 4.05Gn
Wyddgrug, Yr Cymru 12 D5 53.10G 3.08Gn
Wye Lloegr 11 F2 51.11G 0.56Dn
Wylye *a.* Lloegr 10 D2 51.04G 1.48Gn
Wymondham Lloegr 11 G3 52.34G 1.07Dn
Wyndham Awstralia 110 B4 15.29D 128.05Dn
Wyoming *rhan.* U.D.A. 64 E5 43.00G 108.00Gn
Wysg *a.* Cymru 12 D3 51.34G 2.59Gn
Wysg, Cr. Cymru 12 D3 51.56G 3.42Gn
Wythall Lloegr 10 D3 52.22G 1.52Gn
Wytheville U.D.A. 65 J4 36.57G 81.07Gn
Wyth, Ynys *rhan.* Lloegr 9 E1 50.40G 1.17Gn

X

Xai Xai Moçambique 86 C2 25.05D 33.38Dn
Xankändi Azerbaijan 95 G6 39.48G 46.45Dn
Xánthi Groeg 56 G4 41.07G 24.55Dn
Xavantes, Serra dos *mdd.* Brasil 77 F3 12.00D 49.00Gn
Xiamen China 103 L2 24.26G 118.07Dn
Xi'an China 103 J4 34.16G 108.54Dn
Xiangfan China 103 K4 32.20G 112.05Dn
Xiangkhoang Laos 104 C7 19.11G 103.23Dn
Xiangtan China 103 K3 27.55G 112.47Dn
Xichang China 103 I3 27.52G 102.16Dn
Xigazê China 102 F3 29.18G 88.50Dn
Xi Jiang *a.* China 90 M5 22.23G 113.20Dn
Xingtai China 103 K5 37.08G 114.29Dn
Xingu *a.* Brasil 77 E4 2.00D 52.30Gn
Xining China 103 I5 36.35G 101.55Dn
Xinjiang Uygur Zizhiqu *rhan.* China 102 E6 41.15G 87.00Dn
Xintai China 103 L5 35.56G 117.49Dn
Xinxiang China 103 K5 35.16G 113.51Dn
Xinzhu Taiwan 103 M2 24.48G 120.59Dn
Xizang Zizhiqu (Tibet) *rhan.* China 102 F4 32.20G 86.00Dn
Xuzhou China 103 L4 34.17G 117.18Dn

Y

Yabēlo Ethiopia 87 B3 4.54G 38.05Dn
Yabelo, Gwar. Natur Ethiopia 87 B3 5.00G 38.20Dn
Yablonovy, Cn *mdd.* Ffed. Rwsia 59 N3 53.20G 115.00Dn
Yacuma *a.* Bolivia 76 D3 13.40D 65.20Gn
Yaghargradzor Armenia 95 G6 39.44G 45.19Dn
Yagodnoye Ffed. Rwsia 59 Q4 62.34G 149.33Dn
Yakima U.D.A. 64 B6 46.37G 120.30Gn
Yakumo Japan 106 D4 42.14G 140.19Dn
Yaku-shima *ys.* Japan 106 B2 30.20G 130.40Dn
Yakutsk Ffed. Rwsia 59 O4 62.10G 129.20Dn
Yala Gw. Thai 104 C5 6.32G 101.15Dn
Yalta Ukrain 55 N1 44.30G 34.09Dn
Yamagata Japan 106 D3 38.16G 140.19Dn
Yamal, Gor. Ffed. Rwsia 58 I5 70.20G 70.00Dn
Yaman Tau *m.* Ffed. Rwsia 58 H3 54.20G 58.10Dn
Yamoussoukro Côte d'Ivoire 84 D2 6.49G 5.17Gn
Yamuna *a.* India 97 G6 25.20G 81.49Dn
Yana *a.* Ffed. Rwsia 59 P5 71.30G 135.00Dn
Yanbu'al Baḩr Saudi Arabia 94 E3 24.07G 38.04Dn
Yangon Myanmar 97 J4 16.45G 96.20Dn
Yangquan China 103 K5 37.52G 113.29Dn
Yangtze (Chang) *a.* China 103 M4 31.40G 121.15Dn
Yanji China 103 N6 42.45G 129.25Dn
Yantai China 103 M5 37.30G 121.22Dn
Yaoundé Cameroun 84 F2 3.51G 11.31Dn

Yap *ys.* Tal. Ffed. Micronesia **105 J5** . . .9.30G 138.09Dn
Yapen *ys.* Indonesia **105 J3** 1.45D 136.10Dn
Yaqui *a.* México **70 B6** 27.40G 110.30Gn
Yare *a.* Lloegr **11 G3** 52.34G 1.45Dn
Yariga-take *m.* Japan **106 C3** 36.21G 137.39Dn
Yarlung Zangbo (Brahmaputra) *a.* Asia **97 H5**
23.50G 89.45Dn
Yarm Lloegr **15 F3** 54.30G 1.21Gn
Yarmouth Canada **63 L2** 43.50G 66.08Gn
Yarmouth Lloegr **10 D1** 50.42G 1.29Gn
Yaroslavl Ffed. Rwsia **58 F3** 57.34G 39.52Dn
Yartsevo Ffed. Rwsia **55 M6** 55.06G 32.43Dn
Yasawa, Grŵp *ysdd.* Fiji **111 G4** 16.47D 171.31Dn
Yasyel'da *a.* Belarus **55 J5** 52.08G 26.20Dn
Yata, Llwyfandir *n.* Kenya **87 B2** 2.00D 38.00Dn
Yatagan Twrci **57 I2** 37.22G 28.08Dn
Yate Lloegr **10 C2** 51.31G 2.24Gn
Yatton Lloegr **10 C2** 51.24G 2.49Gn
Yavari *a.* Periw **76 C4** 4.30D 70.00Gn
Yavi, Cerro *m.* Venezuela **71 K2** 5.32G 65.59Gn
Yawatahama Japan **106 B2** 33.27G 132.24Dn
Yazd Iran **95 H5** 31.54G 54.22Dn
Yealmpton Lloegr **13 D2** 50.21G 4.00Gn
Yefremov Ffed. Rwsia **55 P5** 53.08G 38.08Dn
Yegor'yevsk Ffed. Rwsia **55 P6** 55.21G 39.01Dn
Yekaterinburg Ffed. Rwsia **58 I3** 56.52G 60.35Dn
Yelets Ffed. Rwsia **55 P5** 52.36G 38.30Dn
Yell *ys.* Yr Alban **19 Y9** 60.35G 1.05Gn
Yell, Sn. Yr Alban **19 Y9** 60.35G 1.15Gn
Yellowknife Canada **62 G4** 62.30G 114.29Gn
Yellowstone *a.* U.D.A. **64 F6** 47.55G 103.45Gn
Yemen Asia **95 G2** 15.55G 48.30Dn
Yenakiyevo Ukrain **55 P3** 48.14G 38.15Dn
Yenisey *a.* Ffed. Rwsia **59 K4** 69.00G 86.00Dn
Yenisey, Gff. Ffed. Rwsia **58 J5** 73.00G 79.00Dn
Yeniseysk Ffed. Rwsia **59 L3** 58.27G 92.13Dn
Yeovil Lloegr **13 E2** 50.57G 2.38Gn
Yerevan Armenia **58 G2** 40.10G 44.31Dn
Yermentau Kazakhstan **102 C8** 51.35G 73.10Dn
Yeşilırmak *a.* Twrci **57 M4** 41.22G 36.37Dn
Yes Tor *m.* Lloegr **13 C2** 50.42G 4.00Gn
Yevpatoriya Ukrain **55 M1** 45.12G 33.20Dn
Yeysk Ffed. Rwsia **53 K6** 46.43G 38.17Dn
Yibin China **103 I3** 28.50G 104.35Dn
Yichang China **103 K4** 30.43G 111.22Dn
Yichun China **103 N7** 47.41G 129.10Dn
Yinchuan China **103 J5** 38.30G 106.19Dn
Yingkou China **103 M6** 40.40G 122.17Dn
Yining China **102 E6** 43.57G 81.23Dn
Yirga Ch'efē Ethiopia **87 B4** 6.05G 38.09Dn
Yli-Kitka *ll.* Y Ffindir **43 G4** 66.10G 28.30Dn
Ylitornio Y Ffindir **43 E4** 66.19G 23.40Dn
Y Llethr *m.* Cymru **12 D4** 52.50G 4.00Gn
Ylöjärvi Y Ffindir **43 E3** 61.35G 23.35Dn
Ynys Bŷr Cymru **12 C3** 51.38G 4.43Gn
Ynys Ddu *n.* Yr Alban **19 E2** 57.35G 4.15Gn
Ynys y De Seland Newydd **111 G1** . . .43.00D 171.00Dn
Ynys y Gogledd Seland Newydd **111 G2**
39.00D 175.00Gn
Ynysoedd Dedwydd, Yr Cefn. Iwerydd **46 X2**
29.00G 15.00Gn
Ynysoedd y Bae Honduras **70 G4** 16.10G 86.30Gn
Ynysoedd y Gorllewin *rhan.* Yr Alban **8 B6**
57.40G 7.10Gn
Ynysoedd yr Haf *ysdd.* Yr Alban **18 D3** .58.01G 5.26Gn
Ynysoedd y Sianel D.U. **13 Z9** 49.28G 2.13Gn
39.00D 175.00Dn
Yogyakarta Indonesia **104 E2** 7.48D 110.24Dn
Yokohama Japan **106 C3** 35.28G 139.28Dn
Yokosuka Japan **106 C3** 35.20G 139.32Dn
Yonago Japan **106 B3** 35.27G 133.20Dn
Yŏngil, Bae De Korea **106 A3** 36.00G 129.30Dn
Yonne *a.* Ffrainc **44 E6** 48.22G 2.57Dn
York (Efrog) Lloegr **15 F2** 53.58G 1.07Gn
York, Gor. Penrhyn Awstralia **110 D4** .12.40D 142.20Dn
York, P. Awstralia **110 D4** 10.58D 142.40Dn
York, P. Grønland **63 L5** 75.50G 66.30Gn
Yorkton Canada **62 H3** 51.12G 102.29Gn
Youghal Gwer. Iwerdd. **20 D1** 51.58G 7.51Gn
Youngstown U.D.A. **65 J5** 41.05G 80.40Gn
Yozgat Twrci **57 L3** 39.50G 34.48Dn
Ypres = Ieper Gw. Belg **42 B2** 50.51G 2.53Dn
Ystad Sweden **43 C1** 55.25G 13.50Dn
Ystalyfera Cymru **12 D3** 51.47G 3.47Gn
Ystwyth *a.* Cymru **12 C4** 52.24G 4.06Gn
Ythan *a.* Yr Alban **19 G2** 57.20G 2.01Gn
Yuba City U.D.A. **64 B4** 39.08G 121.27Gn
Yūbari Japan **106 D4** 43.04G 141.59Dn
Yucatán *rhan.* México **70 G5** 20.40G 89.00Gn
Yucatán *gor.* México **70 F4** 19.00G 90.00Gn
Yucátan, Cf. Môr Caribî **70 G5** 21.30G 86.00Gn
Yueyang China **103 K3** 29.22G 113.10Dn
Yukon *a.* U.D.A. **62 B4** 62.35G 164.20Gn
Yukon, Tir *rhan.* Canada **62 E4** 65.00G 135.00Gn
Yulin China **103 K2** 22.38G 110.10Dn
Yuma U.D.A. **64 D3** 32.40G 114.39Gn
Yumen China **102 H5** 40.19G 97.12Dn
Yunak Twrci **57 J3** 38.50G 31.42Dn
Yungas *n.* Bolivia **76 D3** 16.20D 65.00Gn
Yunjinghong China **104 C8** 21.59G 100.49Dn
Yunnan *rhan.* China **103 I2** 24.30G 101.30Dn
Yushu China **102 H4** 33.06G 96.48Dn
Yuxi China **103 I2** 24.24G 102.29Dn
Yuzhno-Sakhalinsk Ffed. Rwsia **59 Q2** 46.58G 142.45Dn
Yuzhnoukrayinsk Ukrain **55 L2** 47.51G 31.09Dn

Z

Zaandam Yr Iseld. **42 D4** 52.27G 4.49Dn
Zabīd Yemen **94 F1** 14.12G 43.19Dn
Zabol Iran **95 J5** 31.00G 61.32Dn
Zacatecas México **70 D5** 22.48G 102.33Gn
Zacatecas *rhan.* México **70 D5** 24.00G 103.00Gn
Zadar Croatia **56 B6** 44.08G 15.14Dn
Zafra Sbaen **46 B3** 38.25G 6.25Gn
Zagazig Yr Aifft **94 D5** 30.36G 31.30Dn
Zagreb Croatia **56 B6** 45.49G 15.58Dn
Zagros, Mdd. Iran **95 H5** 32.00G 51.00Dn
Zahedan Iran **95 J4** 29.32G 60.54Dn
Zahlah Libanus **94 E5** 33.50G 35.55Dn
Zaječar Iwgo. **56 F5** 43.55G 22.15Dn
Zakhō Iraq **94 F6** 37.09G 42.40Dn
Zákinthos (Zante) *ys.* Groeg **56 E2** 37.46G 20.46Dn
Zălau România **54 H2** 47.11G 23.03Dn
Zambezi *a.* Moçambique/Zambia **86 C3** 18.15D 35.55Dn
Zambia Affrica **86 B3** 14.00D 28.00Dn
Zamboanga Pili. **105 G5** 6.55G 122.05Dn
Zamora Ecuador **76 C4** 4.05D 79.01Gn
Zamora Sbaen **46 C4** 41.30G 5.45Gn
Zamość Gw. Pwyl **54 H4** 50.43G 23.15Dn
Zanjan Iran **95 G6** 36.40G 48.30Dn
Zante = Zákinthos *ys.* Groeg **56 E2** . . .37.46G 20.46Dn
Zanzibar Tanzania **86 C4** 6.10D 39.12Dn
Zanzibar, Ys. Tanzania **86 C4** 6.10D 39.12Dn
Zaozhuang China **103 L4** 34.40G 117.30Dn
Zapolyarnyy Ffed. Rwsia **43 G5** 69.28G 31.04Dn
Zaporizhzhya Ukrain **55 N2** 47.50G 35.10Dn
Zapovednik *m.* Ffed. Rwsia **106 C5** . .45.16G 136.15Dn
Zara Twrci **57 M3** 39.55G 37.44Dn
Zaragoza Sbaen **46 E4** 41.39G 0.54Gn
Zarand Iran **95 I5** 30.50G 56.35Dn
Zaraza Venezuela **71 K2** 9.23G 65.20Gn
Zaria Nigeria **84 E3** 11.01G 7.44Dn
Zarqa Gw. Iorddonen **94 E5** 32.04G 36.05Dn
Żary Gw. Pwyl **54 D4** 51.40G 15.10Dn
Zarzis Tunisia **52 F3** 33.34G 11.04Dn
Zaysan Kazakhstan **102 E7** 47.30G 84.57Dn
Zaysan, Ll. Kazakhstan **102 E7** 48.00G 83.30Dn
Zeebrugge Gw. Belg **42 C3** 51.20G 3.13Dn
Zeeland *rhan.* Yr Iseld. **42 C3** 51.30G 3.45Dn
Zelenograd Ffed. Rwsia **55 O6** 56.00G 37.16Dn
Zémio G.C.A. **85 G2** 5.00G 25.09Dn
Zengfeng Shan *m.* China **106 A4** 42.36G 128.56Dn
Zenica Bosna. **56 C6** 44.12G 17.55Dn
Zêzere *a.* Portiwgal **46 A3** 39.28G 8.20Gn
Zhambyl Kazakhstan **102 C6** 42.50G 71.25Dn
Zhangguangcai Ling *mdd.* China **106 A4**
46.40G 129.36Dn
Zhangjiakou China **103 K6** 41.00G 114.50Dn
Zhangping China **103 L3** 25.25G 117.28Dn
Zhanjiang China **103 K2** 21.05G 110.12Dn
Zhaoqing China **103 K2** 23.02G 112.29Dn
Zhaotong China **103 I3** 27.20G 103.39Dn
Zhashkiv Ukrain **55 L3** 49.12G 30.05Dn
Zhejiang *rhan.* China **103 M3** 29.15G 120.00Dn
Zheleznogorsk Ffed. Rwsia **55 N5** 52.19G 35.19Dn
Zhengzhou China **103 K4** 34.35G 113.38Dn
Zhezkazgan Kazakhstan **102 B7** 47.48G 67.24Dn
Zhlobin Belarus **55 K5** 52.50G 30.00Dn
Zhmerynka Ukrain **55 K3** 49.00G 28.02Dn
Zhob Pakistan **95 K5** 31.21G 69.31Dn
Zhob *a.* Pakistan **95 K5** 32.04G 69.50Dn
Zhuzhou China **103 K3** 27.53G 113.07Dn
Zhytkavichy Belarus **55 J5** 52.12G 27.49Dn
Zhytomyr Ukrain **55 K4** 50.18G 28.40Dn
Zibo China **103 L5** 36.50G 118.00Dn
Ziel, M. Awstralia **110 C3** 23.24D 132.23Dn
Zielona Góra Gw. Pwyl **54 D4** 51.57G 15.30Dn
Zigong China **103 I3** 29.20G 104.42Dn
Žilina Slofacia **54 F3** 49.14G 18.46Dn
Zima Ffed. Rwsia **103 I8** 53.58G 102.02Dn
Zimbabwe Affrica **86 B3** 18.00D 30.00Dn
Zimnicea România **56 G5** 43.38G 25.22Dn
Zinder Niger **84 E3** 13.46G 8.58Dn
Zlatoust Ffed. Rwsia **58 H3** 55.10G 59.38Dn
Zlín Gwer. Tsiec **54 E3** 49.13G 17.41Dn
Znam'yanka Ukrain **55 M3** 48.42G 32.40Dn
Znojmo Gwer. Tsiec **54 E3** 48.52G 16.05Dn
Zolochiv Ukrain **55 I3** 49.48G 24.51Dn
Zolotonosha Ukrain **55 M3** 49.39G 32.05Dn
Zonguldak Twrci **57 J4** 41.26G 31.47Dn
Zouar Tchad **85 F4** 20.27G 16.32Dn
Zouérat Mauritania **84 C4** 22.44G 12.21Gn
Zrenjanin Iwgo. **56 E6** 45.22G 20.23Dn
Zugspitze *m.* Yr Almaen **54 B2** 47.24G 10.59Dn
Zújar *a.* Sbaen **46 C3** 38.58G 5.40Gn
Zülpich Yr Almaen **42 F2** 50.41G 6.39Dn
Zunyi China **103 J3** 27.41G 106.50Dn
Zürich Y Swistir **44 H5** 47.23G 8.33Dn
Zutphen Yr Iseld. **42 F4** 52.08G 6.12Dn
Zūwarah Libya **52 F3** 32.56G 12.06Dn
Zvolen Slofacia **54 F3** 48.35G 19.08Dn
Zwickau Yr Almaen **48 F4** 50.43G 12.30Dn
Zwolle Yr Iseld. **42 F4** 52.31G 6.06Dn
Zyryanovsk Kazakhstan **102 E7** 49.45G 84.16Dn

Canllawiau Golygyddol

Atgynhyrchwyd o ragair Dafydd Orwig i'r *Atlas Cymraeg* gwreiddiol, a mân amrywiadau i adlewyrchu rhai gwahaniaethau o ran cynnwys rhwng *Yr Atlas Cymraeg* a'r *Atlas Cymraeg Newydd*.

Wrth lunio'r canllawiau [golygyddol] roeddem yn ymwybodol o'r ffactorau a ganlyn:

(a) yr angen am atlas Cymraeg i ymestyn tiriogaeth yr iaith;
(b) yr angen i barchu enwau tramor yn eu priod ieithoedd;
(c) y ffaith ein bod yn byw yng nghysgod iaith rymusaf y byd a bod defnyddwyr yr atlas hwn yn mynd i weld mapiau Saesneg yn amlach o lawer na rhai Cymraeg.

Gan hynny cyfaddawd rhwng safbwyntiau simplistig yn aml yw rhai o'n polisïau.

Dyma grynodeb o'r prif ganllawiau:

1. GWLEDYDD

(a) Lle bo enw traddodiadol Cymraeg, ei ddefnyddio, e.e. Ariannin, Libanus, Seland Newydd.
(b) Cymreigio ambell enw neu ran o enw, e.e. Emiradau Arabaidd Unedig, Gogledd Korea, Guinea Gyhydeddol.
(c) Lle nad oes enw Cymraeg nac ymgais i Gymreigio'r enw:
(i) Gwyddor Rufeinig – cadw'r sillafiad cywir gan gynnwys yr acenion, e.e. Brasil, Grønland, México, Zimbabwe.
(ii) Gwyddor Anrufeinig – cadw'r fersiwn ryngwladol a arddelir gan y gwledydd, e.e. Afghanistan, Kuwait, Libya, Saudi Arabia.

2. TALEITHIAU, SIROEDD AC ATI

(a) Lle bo enw traddodiadol Cymraeg, ei ddefnyddio, e.e. Caint, Dwyrain a Gorllewin Fflandrys, Gwlad yr Haf.
(b) Cymreigio ambell enw neu ran o enw, e.e. De Cymru Newydd, Gogledd a De Dakota, Trefi Medway.
(c) Yn gyffredinol cadw at y brodorol, swyddogol, e.e. Basse-Normandie, Castilla-la Nueva, Mato Grosso, Queensland.

3. ARWEDDION FFISEGOL

(a) Cyfieithu'r rhan fwyaf o'r elfennau cyntaf Saesneg, Ffrangeg ac Eidaleg a chadw'r enwau mewn ieithoedd eraill.
(b) Wrth gyfieithu'r elfennau cyntaf penderfynwyd cadw'r ail neu'r drydedd elfen yn y gwreiddiol, e.e. Gff. (am *Gwlff*) Panamá, Ll. (am *Llyn*) Great Slave, Mdd. (am *Mynyddoedd*) Salmon River, P. (am *Penrhyn*) São Roque.

Ymysg yr eithriadau y mae rhai arweddion ac enwau lliw iddynt, e.e. M. (am *Mynydd*) Gwyn, Mdd. (am *Mynyddoedd*) Gleision.
(c) Pan fo ardal fynyddig yn gyfyngedig i un wlad tueddir i gadw enw'r wlad arni, e.e. Appennini, Massif Central, Rockies. Ceir rhai eithriadau megis Fforest Ddu a Mdd. Mwyn. Pan fo'r mynyddoedd yn croesi ffin, ac felly iddynt ddau enw, penderfynwyd Cymreigio, e.e. Alpau Morol, Carpatiau, Dolomitiau.

4. ANHEDDAU

A. Gwyddor Rufeinig

(a) Lle bo enw traddodiadol Cymraeg ar anheddiad y tu allan i Gymru, fe'i rhoddir mewn cromfachau o dan neu ar ôl yr enw brodorol, swyddogol, e.e. Köln (Cwlen), Oxford (Rhydychen), Roma (Rhufain).
(b) Yn gyffredinol cedwir at y ffurfiau swyddogol, e.e. Antwerpen, Ciudad de México, München, Québec.
(c) Lle bo dwy iaith yn gyd-swyddogol, defnyddir y ddau enw gan roi'r un rhyngwladol yn gyntaf, e.e. Cape Town/Kaapstad, Gerona/Girona, Thule/Qaanaaq.
(ch) Roddir triniaeth arbennig i'r gwledydd Celtaidd gan roi llawer o enwau anheddau yn y ddwy iaith, gan nodi'r ffurf frodorol mewn cromfachau. [Yn *Yr Atlas Cymraeg*, 1987, bu'n bosibl cynnwys ffurfiau Gwyddeleg enwau anheddau yng Ngweriniaeth Iwerddon, gan ddilyn patrwm (c) uchod. Gan fod graddfa'r map o Iwerddon yn llai o lawer yn *Yr Atlas Cymraeg Newydd* ni fu'n ymarferol bosibl ymgorffori'r ffurfiau Gwyddeleg, ac eithrio ar gyfer Corc a Dulyn.]

B. Gwyddor Anrufeinig

(a) Lle bo enw traddodiadol Cymraeg (o'r Beibl fel rheol) fe'i rhoddir mewn cromfachau ar ôl yr enw swyddogol, e.e. Antakya (Antioch), Dimashq (Damascus), Izmir (Smyrna).
(b) Derbyniwyd ffurf argraffiad Saesneg yr atlas ar y mwyafrif o enwau anheddau yn Asia. Mae enwau anheddau China mewn Pin Yin.
(c) Gyda'r Arabeg derbyniwyd y rhan fwyaf o'r enwau fel y maent ond rhoddir trawslythreniad cydnabyddedig o'r Arabeg uwchben y fersiwn arferol i rai trefi pwysig gan nodi'r ffurf arferol mewn cromfachau, e.e. El Iskandarîya (Alexandria), Tarābulus (Tripoli).

Cyhoeddwyd gan Uned Iaith Genedlaethol Cymru,
Cyd-bwyllgor Addysg Cymru,
245 Rhodfa'r Gorllewin, Caerdydd CF5 2YX

Mae Uned Iaith Genedlaethol Cymru yn rhan o WJEC CBAC Cyf., cwmni a gyfyngir gan warant ac a reolir gan awdurdodau unedol Cymru.

Yr Atlas Cymraeg Newydd
Addasiad Cymraeg o *Collins-Longman Student Atlas*
(Argraffiad diwygiedig 1998)

Cyhoeddwyd dan nawdd Cynllun Adnoddau
Cyd-bwyllgor Addysg Cymru

Argraffiad cyntaf 1999

ISBN 1 86085 377 3

Cyhoeddwyd yr addasiad hwn o *Collins-Longman Student Atlas, Revised Edition*, trwy gytundeb â HarperCollins Publishers ac Addison Wesley Longman Limited, Llundain.

Mae'r mapiau yn yr atlas hwn wedi'u trwyddedu i HarperCollins Atlases ac yn deillio o gronfeydd data © HarperCollins Publishers.

Argraffwyd yn y Dwyrain Pell

Cyfeiriadau
Social Trends 25, argraffiad 1995, Gwasg Ei Mawrhydi
Regional Trends 30, argraffiad 1995, Gwasg Ei Mawrhydi
FAO Yearbook Production 1994
World Health Statistics Annual 1994
UN Monthly Bulletin of Statistics
UN World Population Chart 1994
World Bank Atlas 1995
World Resources 1994-5

Ffotograffau
Delweddau lloeren: Science Photo Library
Clawr: Images Colour Library

Cydnabyddiaethau
General Bathymetric Chart of the Oceans (GEBCO)
Instituto Geográfico e Cartográfico, São Paulo, Brasil
Rheolwyr Porthladd Dinas Rotterdam, Rotterdam, Yr Iseldiroedd
Y Sefydliad Hydrograffig Rhyngwladol, Monaco
Y Sefydliad Atlas a Mapio Thematig Cenedlaethol, Calcutta, India
Y Weinyddiaeth Gynllunio a Datblygu Cenedlaethol, Nairobi, Kenya